Introduction to
Behaviorally Statistical Data Analysis
using Minitab & SixSigma Tools for Excel

Minitab & SixSigma Tools 통계자료분석

원 태 연 Ph.D.

Innovation Strategy Analysis
Six Sigma Ways
CRM
Behaviorally
Business Decisions

홍릉과학출판사

머리말

우리나라의 통계학 강의는 주로 이론 중심으로 이루어져 왔습니다. 거의 모든 통계서적들이 이론을 설명하는데 치우쳐 있기 때문에, 통계학을 전공하는 사람들이나 전공하지 않는 사람들에게 통계학을 배우고 통계분석기법을 익히는 것이 매우 공허하고 머리 아픈 일이었으며, 이론을 이해할 지라도 실제 적용할 때 많은 어려움을 느끼고 있는 실정입니다. 따라서 통계자료분석을 절실히 필요로 하면서도 통계분석을 가까이 하지 못하는 경우가 많은 것이 사실입니다. 복잡한 통계이론을 배우지 않고도 통계분석법을 사용할 수 있게 하는 것이 현실적으로 절실히 필요합니다. 사실 통계분석법을 활용하기 위해서 모든 사람이 통계이론을 숙지할 필요는 없습니다. 통계이론가가 아닌 일반적인 분석자들은 통계의 기본원리와 사용법을 숙지하고 결과를 옳게 해석하고 활용하는 지혜를 배우는 것으로 충분합니다. 마치, 자동차를 운전하는 사람이 자동차의 구조와 원리를 모두 다 알아야 하는 것이 아니듯이 분석자도 복잡한 통계이론을 모두 이해할 필요가 없으며, 이론을 개발하는 것은 통계학자가 해야 할 일입니다. 물론 분석자들도 통계학의 원리를 알면 좋겠지만 그러기에는 너무 많은 시간과 노력이 필요하므로 효율적인 학습이 필요합니다. 통계학자들이 통계이론과 방법을 발전시켜 나가고, 일반 분석자들은 이것을 어떻게 활용 및 적용할 것인가를 배우는 것으로 충분합니다. 어려워 통계를 제대로 사용하지 못하던 많은 사람들이 Minitab과 SixSigma Tools를 사용하여 손쉽게 자신의 데이터를 분석하고, 통계자료를 정보로서 활용할 수 있도록 제작되었으므로 보다 짧은 시간과 노력으로 전문적인 통계조사 분석가가 될 수 있으리라 확신합니다.

원태연, Ph.D.

원 태 연, Ph.D.

중앙대학교 대학원 통계학과 석사, 박사

중앙대학교 응용통계학과 졸업

- 현, 한나라당 여의도연구소 정책자문위원
- 현, 중앙대학교 대학원 강사/ 창업경영대학원 외래교수
- 07' 한나라당 대통령후보 경선관리위원회 여론조사 전문가위원 역임
- 07' 여의도연구소 정책조사팀 자문위원 역임
- Global Consulting Group BI 본부장/이사 역임
- 99~06`, LG 전자 Learning Center 기술교육 외래교수, TQ Six Sigma 자문교수 역임
- 2000′ LG 전자 CU Six Sigma 연구회 사외 자문교수 역임
- KSA 2001년도 교육과정개발 TFT 자문위원 역임
- KSA 연구소 Six Sigma 품질혁신전략 교재개발 위원 역임
- KSA (QM) 교육부 통계분과 자문위원 역임

저 서

1. PASW(SPSS) 바이블, 원태연, 미정, 근간
2. Six Sigma 통계적 사고, 원태연, 미정, 근간
3. EXCEL SixSigma Tools 2007 GuideBook, 원태연, 미정, 근간
4. Minitab & SixSigma Tools 통계자료분석, 홍릉과학출판사, 2010
5. SPSS 서베이리서치, 원태연, 홍릉과학출판사, 2010
6. 통계조사분석 - PASW18 개정판, 원태연, 한나래출판사, 2009
7. EXCEL 고객만족 전략분석, 원태연, 홍릉과학출판사, 2009
8. SPSS 통계자료 시각화분석, 원태연, 홍릉과학출판사, 2009
9. 마케팅 조사 통계분석, 원태연 외 1인, 교우사, 2004
10. 시각화 통계분석 원리, 원태연 외 1인, 교우사, 2004
11. 다변량 시각화 데이터 분석법, 원태연, 교우사, 2004
12. 일변량 시각화 데이터 분석법, 원태연, 교우사, 2004
13. 경영혁신전략을 위한 고객정보 조사분석, 원태연, 교우사, 2004
14. 시계열 자료와 단순화 분석 Series II, 원태연 외 1인, SPSS 아카데미, 2003
15. 시계열 자료와 단순화 분석 Series I, 원태연 외 1인, SPSS 아카데미, 2001
16. 고객정보조사분석 , 원태연, SPSS 아카데미, 2001
17. 시각화 데이터 분석법 -BASIC , 원태연, SPSS 아카데미, 2001
18. 시각화 데이터 분석법 -Advanced , 원태연, SPSS 아카데미, 2001
19. 통계조사분석- 10k 개정판, 원태연 외 1인, SPSS 아카데미, 2001
20. 마케팅조사 분석론 -은행 고객만족도 조사- , 원태연 외 2인, 율곡출판사, 2000
21. 시각화 통계분석 원리, 원태연, SPSS 아카데미, 2000
22. 마케팅조사 통계분석, 원태연 외 1인, SPSS 아카데미, 1998
23. 통계조사분석 7.5K, 원태연 외 1인, SPSS 아카데미, 1998
24. SAS를 이용한 통계자료분석, 원태연 외 1인, 중앙대학교 출판부, 1995

기타 생략함....

경영혁신 Tools 개발

- ⊙ 10` DoE MasterWare 7 개발(Excel 2007용)...
- ⊙ 09` CSM Analyzer 7 개발(Excel 2007용)
- ⊙ 09` SixSigma Tools 2007b 개발(Excel 2007용)
- ⊙ 10` SPC MasterWare 개발중…
- ⊙ 10` 수요예측 모듈 개발예정…
- ⊙ 06` X-SPI V4.0, 한국경영혁신컨설팅과 제휴(www.kmiway.com)
- ⊙ Six Sigma Project 수행 Tools 개발 (TQ-6Sigma Tools V1.0 for LGE) 완료 - LG 전자 CU 내에서 사용권 허용 …

내용

Introduction to
Behaviorally Statistical Data Analysis
using Minitab & SixSigma Tools for Excel

I

Six Sigma와 Minitab

Six Sigma Academy에서는 Minitab사의 통계팩키지를 유일한 추천 통계 소프트웨어로 인정하고 있다. Six Sigma Academy의 Dr. Harry는 「Minitab」을 추천하는 이유를 다음과 같이 서술하고 있다. 『「Minitab」은 사용하기가 쉽고, 클라이언트의 제조, 엔지니어링, 경영품질 등의 향상을 지원하는 많은 기능을 갖추고 있다. 또 Minitab사는 Six Sigma Academy에 협력하여 주문제작(order made)한 특수기능을 첨가하는 일에도 적극적이다.』 Air Academy Associates에서도 집적 제작한 Excel VBA Addin 프로그램인 통계도구와 더불어 Minitab사의 패키지도 사용하고 있다.

Minitab사는 1972년에 통계툴 「Minitab」을 개발한 이래로 38년 가까이 소프트웨어 사업의 실적을 가지고 2,000개교 이상의 대학과 80개국 이상의 기업을 고객으로 유치하고 있는 유력한 기업이다. GE에 있어서도 「Minitab」은 추천 통계팩키지로 인정하고 있다. Cooperate license와 같이 소프트웨어 사용권은 물론, Document, 교육자료제공, 교육, 기술지원도 일괄적으로 제공하고, GE의 Six Sigma 활동을 지원하는 통계적 문제해결도구의 하나로써 사용되고 있다. 6σ 기준을 달성하기 위해서는 사내의 지도자에 대한 교육활동이 반드시 필요하므로 Minitab사는 패키지 판매에 그치지 않고, 교육기관이 제공하는 교육프로그램과

일체가 되는 마케팅 활동도 펼치고 있다.

「Minitab 15」는 파레토 그림, SPC 관리도 등의 기본기능을 사용하여 TRANSECTION에 따라 평균시간, 통계적 신뢰수준 등을 계산하기 위한 통합 통계팩키지이다. 「Minitab」은 주로 기초 통계학 교육용으로 또는 기술자와 품질관리담당자를 위한 프로세스 개선용으로 개발되었다. GUI(graphical user interface)에 입각한 풀다운 메뉴, 대화상자를 갖추고 있기 때문에 쉽게 프리젠테이션·스타일의 높은 해상도의 결과물을 얻을 수 있다. 데이터베이스는 DDE, ODBC로 사용할 수 있으며, Excel, Lotus 1-2-3, Quattro Pro, dBASE, 텍스트 등의 파일도 데이터 호환이 가능하다.(평가판 다운로드:Minitab 홈을 방문하면 받을 수 있다.)

그렇다 하더라도 Minitab이 실전에 완전히 부합하는 패키지는 아니다. 사용하더라도 부족한 부분이 많아 EXCEL을 병행하여 사용하고 있다. 일반적으로 통계 패키지들은 보고서에 직접 활용할 정도의 미려하고 보기 좋게 정리된 결과물을 제공한다고 하기보다는 다분히 통계적 이론 중심의 결과물을 제공하고 있다. SAS, PASW(SPSS), S-Plus, Minitab, STATISTICA 등 거의 모든 통계패키지들이 역시 그러하다. 대부분의 통계패키지는 나름대로 미려한 결과 이미지를 주장하고 있으나 그 결과를 그대로 사용한 적이 거의 없을 정도로 실전에서는 편집 및 수정 또는 완전 가공된 상태의 결과 이미지를 사용하게 된다. 핵심을 말하면 이들 통계패키지의 결과가 통계적이지, 분석적이지 못하다는 것이다. 실전에서의 분석은 하나의 통계적 기법의 결과만을 사용하여 분석하는 경우는 거의 없다. 동일한 분석을 여러 번 반복하여 출력한 결과를 다시 시각화 하거나 재분석하여 또 다른 결과를 산출하게 되거나 서로 다른 통계기법들을 결합 활용하여 전략적인 분석 결과를 산출해야만 우리가 원하는 행동지향적인 분석을 얻을 수 있는 경우가 많다.

초기버전 1.0은 TQ-Six Sigma Tools에서…

2000년에 LG전자 러닝센터에서 강의하던 해 Six Sigma 일환의 강의를 진행하면서 TQ-SixSigma Tools란 이름으로 개발을 시작하게 되었다. 그 후 개인적으로 6시그마에 대한 열정과 데이터 분석결과를 시각화하는데 초점을 맞추어 수정보완을 거듭한 가운데 2007년 8월 TQ-SixSigma Tools V5.0을 완료하게 되었으며, 2009년 3월에 EXCEL 2007버전에 대응하는 "SixSigma Tools 2007"로 업그레이드되고 이와 동시에 고객만족에 대한 모듈을 확장하여 개발한 "CSM Analyzer 7"을 개발 완료하였다. 그리고 실험계획법의 최적화 방법모듈인 "DoE MasterWare 7"도 개발에 착수하여 완료하였다. "SixSigma Tools 2007" 평가판은 첨부된 CD에 포함되어 있으며 차후 개선된 평가판은 저자의 e-mail (tywon@naver.com)로 문의하기 바란다.

일반적으로 Six Sigma를 추진할 경우에 통계분석활용에 대하여…

일반적으로 사용되고 있는 통계팩키지의 활용이 쉽지 않고 출력결과자체가 통계적 기반을 위주로 출력됨으로 이를 활용하여 현업에 적용하기 위해서는 능수능란한 응용력과 다양한 경험이 필수적이라 할 수 있다. 그리고 기존의 통계용 소프트웨어는 어느 정도의 활용수준에 이르기 위해서는 개인의 열정적인 노력과 많은 시간이 소요되며, 집중적인 사내교육 및 훈련이 필요하다. 이는 Six Sigma 경영혁신의 전문인력 양성에 있어서 많은 시간과 비용을 초래하는 것으로 Six Sigma의 비용절감이라는 측면에 위배되는 치명적인 문제점이 되고 있다. 게다가 출력결과 자체도 그다지 현실적이지도 못하여 실제로 현업에 적용되는 데는 많은 통찰력을 요구하게 된다. 그리고 최근에 Six Sigma 경영혁신은 사무간접 부문, 마케팅, 홍보 분야뿐만 아니라 서비스 기업, 정부기관 및 공공기업 등으로 급속히 확산됨에 따라서 짧은 시간 내에 많은 전문인력을 양성하여 신속하고 정확하게 개선을 추진하기가 쉽지 않은 일이 되었다. 또한, 제조업 분야에서 활용한 데이터분석 도구인 실험계획법, 다구찌 실험계획, 반응표면분석

등은 이러한 서비스 공공분야에는 적용되지 않는 통계적 분석도구로 그 활용도가 거의 없는 도구로 이러한 도구에만 숙달된 기존의 전문인력(MBB, BB)들의 역할에 제약이 있을 수밖에 없으며 이들의 재교육이 절실해 졌다.

한편 공사기업들의 내부에 가장 범용으로 사용하는 프로그램이 MS Office이며, 이 오피스에서도 EXCEL과 PowerPoint의 활용도가 가장 높다고 할 수 있다. 그러므로 엑셀 기반의 Six Sigma 프로젝트 분석도구로서 개발하는 것이 가장 합리적이라고 할 수 있으며, 이렇게 함으로서 내부의 많은 전문인력들이 접근하기가 쉽고, 따로 사용법을 익히고 숙달되는 시간을 혁신적으로 줄일 수 있으며, 최종 출력결과를 해석하고 이를 행동전략으로 변환하는 방법만을 익히면 되는 것이다. 이러한 관점에서 상기의 시각화 도구들은 그 힘을 유감없이 발휘할 것이다.

Introduction to
Behaviorally Statistical Data Analysis
using Minitab & SixSigma Tools for Excel

1

Minitab 시스템 사용법

1.1 Minitab 시작, 환경설정, 종료

처음으로 Minitab을 설치한 후 Minitab을 실행하고, 앞으로 학습할 때 보다 편리한 정보와 결과물을 확인하기 위하여 기본적인 Minitab 환경을 설정하는 방법 그리고 종료하는 방법을 익힌다.

1.1.1 Minitab 시작

1. "시작 ▸ 프로그램 ▸ Minitab Solutions ▸ Minitab 15 Statistical Software English"을 클릭한다.
2. 바탕화면의 Minitab 바로가기를 만들어 놓은 경우, Minitab 아이콘 을 더블 클릭한다.

1.1.2 Minitab **환경설정**

Minitab 설치 후 실행하면 Session 창에 'MTB>' 프롬프트가 나타나지 않는다. 그러므로 다음과 같은 절차에 따라 기본적인 환경을 설정한다.

1. Tools ▸ Options... 선택하고 다음과 같이 지정한다.

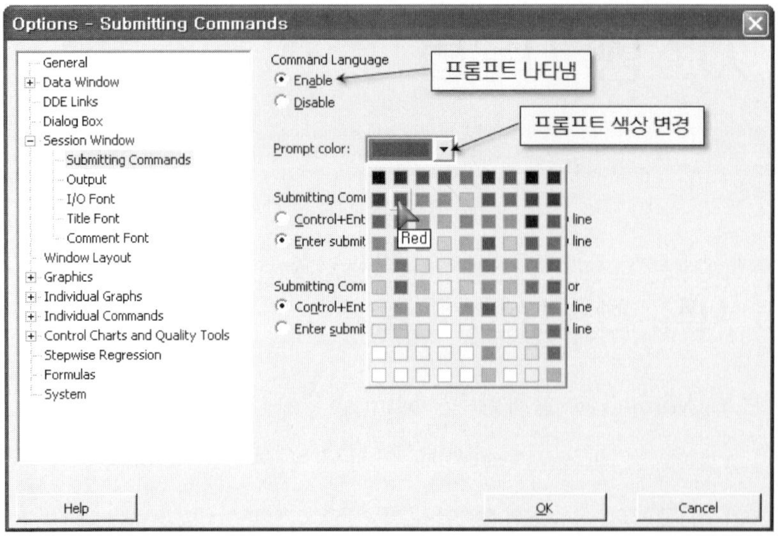

2. OK 단추를 누른다.

윈도우 설계를 다음과 같이 배정하는 것이 앞으로 작업하는데 편리한 점이 많다.

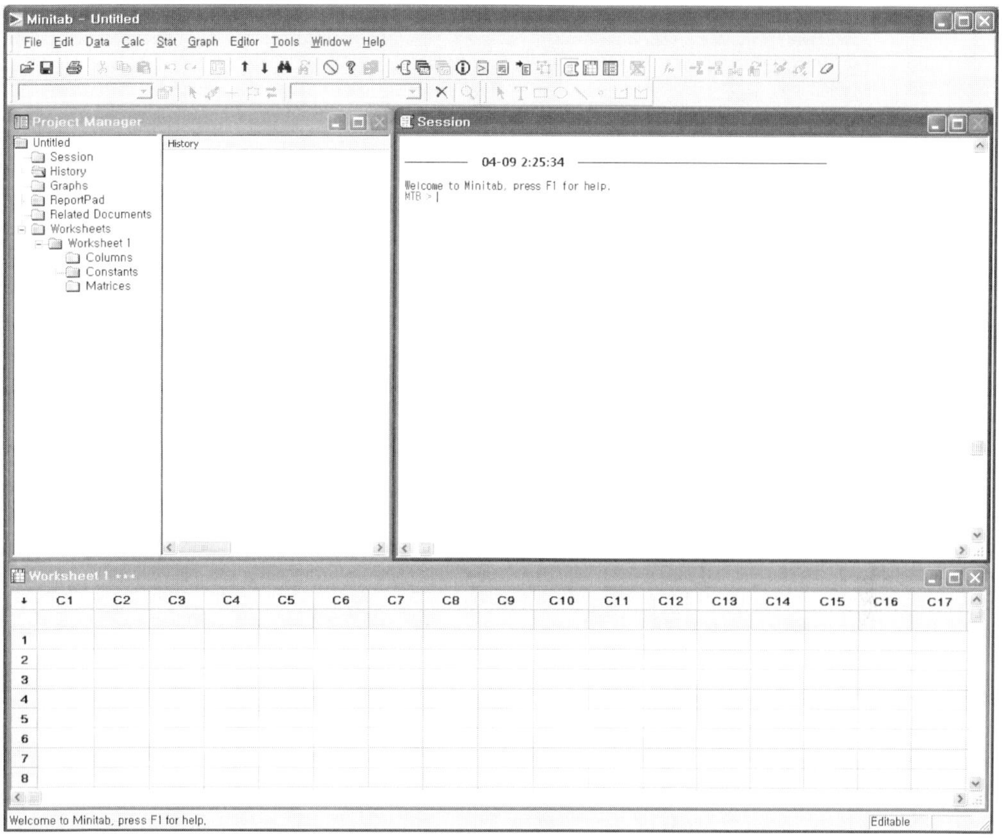

이와 같은 화면배정 상태를 Minitab을 사용할 때마다 유지하기 위하여 윈도우 배정상태를 저장해야 한다.

1. Tools ▸ Options...
2. Windows Layout > Save the current window layout 체크
3. [OK] 단추를 누른다.

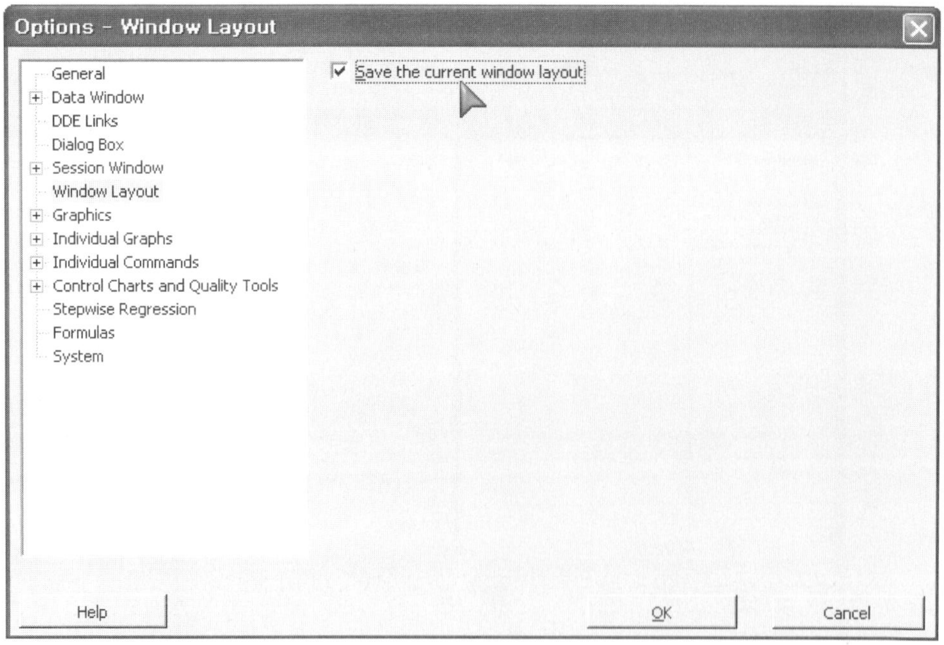

이제 Minitab을 시작할 때마다 사용자가 배정한 윈도우 상태로 나타날 것이다.

1.1.3 Minitab 종료

Minitab을 종료하는 방법은 다음과 같이 3가지 방법이 있다.

1. 제목줄 오른쪽에서 ☒을 누른다.

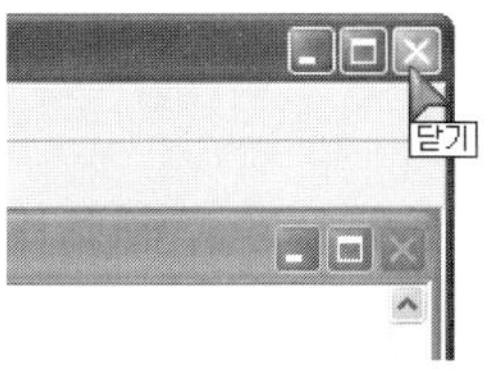

2. 또는 Session 창에서 'STOP'을 입력하고 Enter↵키를 누른다.

   MTB> STOP Enter↵

3. 메뉴에서 File ▸ Exit 선택

1.2 Minitab의 기본환경

Minitab의 4가지의 기본 창과 그래프 창, 여러 가지 도구들로 구성되어 있다.

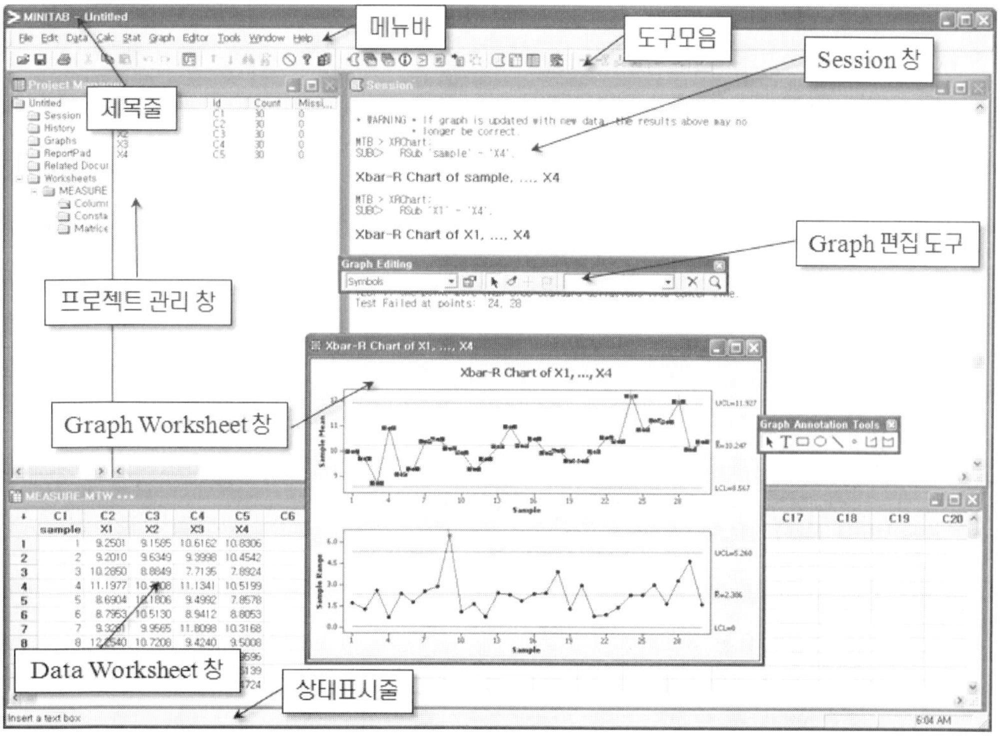

1.2.1 Minitab 창

- Session 창 : Minitab 출력 결과를 보여준다. 또한 명령어 방식을 사용할 수도 있다.
- Worksheet 창 : Minitab의 데이터 창과 그래프 창, 한 번에 여러 개의 Worksheet 창을 열어서 사용할 수 있다.
- 프로젝트 관리 창 : Project Manager에는 프로젝트의 여러 부분을 탐색하고, 보거나, 조작할 수 있는 폴더들이 있으며 폴더 또는 폴더 내용을 마우스 오른쪽 단추로 클릭하여 세션 창 출력, History 창, 그래프, 워크시트, 명령어 및 관련 프로젝트 영역을 관리할 수 있는 다양

한 창을 보고 관리할 수 있다. 폴더별로 내용 및 용도는 다음 표와 같다.

폴 더	내 용	용 도
Session	● 명령별로 정렬된 모든 세션 창 출력 ● 모든 그래프	세션 창 출력을 관리한다. 예는 다음과 같다. ● 세션 창 출력으로 이동 ● 세션 창 출력 또는 그래프를 복사, 삭제, 이름 바꾸기, 인쇄 ● 세션창 출력 또는 그래프를 ReportPad에 추가
History	사용한 모든 명령	● 복잡한 명령 순서 반복 ● 명령을 사용하여 Exec 및 매크로 생성
Graph	현재 프로젝트의 모든 그래프 리스트	그래프를 관리한다. 예는 다음과 같다. ● 그래프 배열, 이름 바꾸기, 바둑판 ● 식 배열 또는 제거 ● 그래프를 ReportPad에 추가
ReportPad	기본적인 워드프로세싱 도구	● 프로젝트 작업 보고서 생성, 배열 또는 편집 ● ReportPad 내용을 기능이 다양한 워드프로세서로 이동하여 추가 편집 및 레이아웃
Related Docu	Minitab 프로젝트와관련된 프로그램 파일, 문서 또는 인터넷 URL리스트	프로젝트와 관련된 Minitab 외부 파일에 신속하게 액세스하여 편리하게 참고할 수 있다.
Worksheet	현재 열려 있는 각 워크시트의 열, 상수, 행렬 및 설계 폴더	다음과 같은 워크시트 요약 정보를 표시한다. ● 열 개수, 결측값, 열 설명 ● 상수 ● 행렬 ● 설계 요약

1.2.2 Minitab 메뉴와 도구

- 메뉴 막대는 명령어를 선택하는 부분이다.

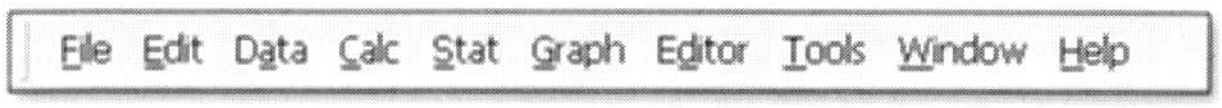

- 도구모음은 일반적으로 사용되는 기능을 단추로 모아 둔 부분이다.

- 상태표시줄은 메뉴 또는 도구에 마우스 포인터를 위치시키면 설명이 표시해 준다.

- 단축메뉴(shortcut menus)는 Minitab 창 위에서 마우스 오른쪽 단추를 누르면 나타난다. 이 메뉴는 해당하는 창에서 일반적으로 사용될 수 있는 메뉴가 나타난다.

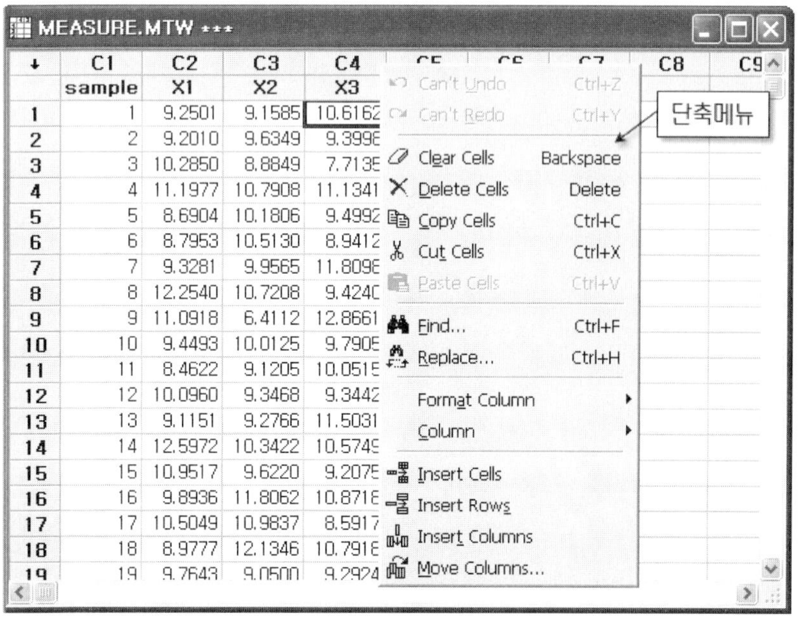

- 그래프 편집 파레트는 도구 파레트와 속성 파레트로 그래프를 편집할 때 그래프의 각 요소를 변경하거나 추가할 때 사용된다.

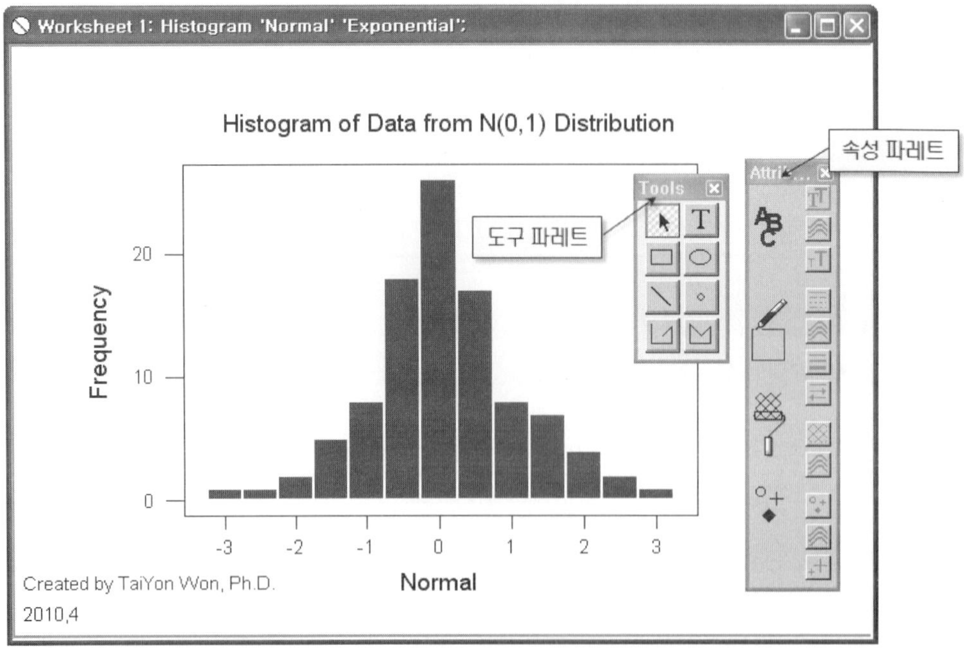

1.3 데이터 입력 및 처리

데이터를 입력하는 방법은 Minitab Worksheet, 워드패드나, 메모장, 흔글, Excel 등 입력할 수 있는 모든 것을 다 사용할 수 있다. 그러나 Minitab의 Worksheet를 이용하지 않고 다른 응용소프트웨어를 이용하여 입력하는 경우에는 반드시 Minitab이 읽을 수 있는 형식의 파일로 저장해야 된다.

1.3.1 데이터 입력

Worksheet에는 숫자(numeric), 문자(text), 날짜/시간(date/time) 등 3가지 종류로 구분하여 데이터 입력할 수 있다. 이러한 데이터는 칼럼, 상수, 행렬 등으로 구분되어 보관된다. 여기에서 칼럼은 일반적으로 변수를 의미한다. 앞으로 칼럼과 변수는 용어를 혼용하여 사용하기로 한다. 칼럼에 입력할 수 있는 형식은 숫자, 문자, 날짜/시간 데이터 등을 입력할 수 있다. 숫자형식은 숫자데이터(numeric data), 문자형식은 문자, 숫자, 공백문자, 특수문자 등을 포함하는 문자들을 입력할 수 있다. 예를 들어 '실험번호 4', '표본1', 'Yes' 등의 문자를 입력할 수 있다. 또 날짜/시간형식은 년-월-일-시간의 데이터를 입력할 수 있으며 사용자 형식도 지정할 수 있다.

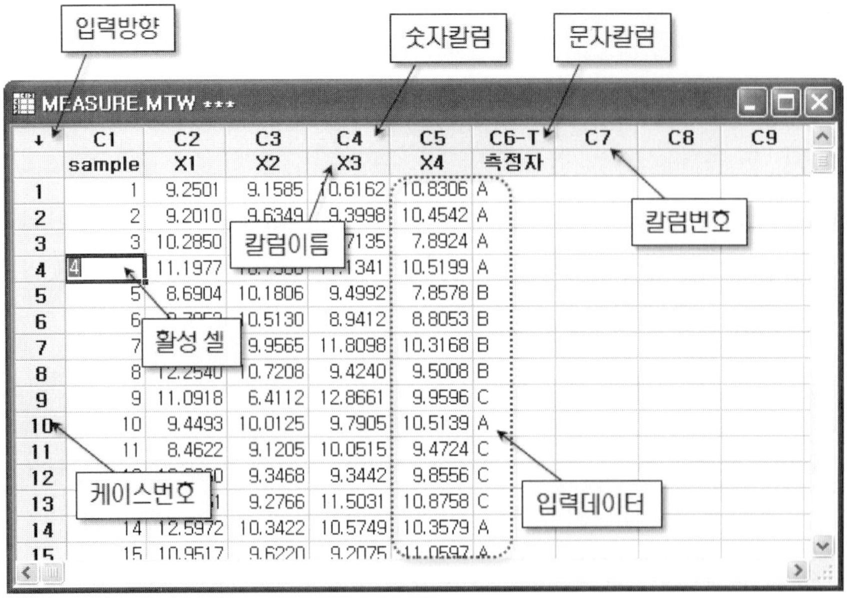

형　식	표시방법	입력형식	사용제한
칼럼(Column)	Cn으로 표시 (C1, C2,…)	숫자, 문자, 날짜/시간	컴퓨터 메모리에 따라서만 제한됨 (최대 4000개)
행렬(Matrix)	Mn으로 표시 (M1, M2,…)	숫자가 입력된 사각형 블럭	100 행렬 (M1 ~ M100)
상수(Constant)	Kn으로 표시 (K1, K2,…)	하나의 숫자 또는 문자열	1000개 (K1 ~ K1000)

주의! ☞ 행렬과 상수는 Worksheet에 나타나지 않지만 Worksheet 내에 저장되어 있다. 이는 Project Manager 창에서 Worksheet 하위의 Constants와 Matrices를 클릭해 보면 알 수 있다.

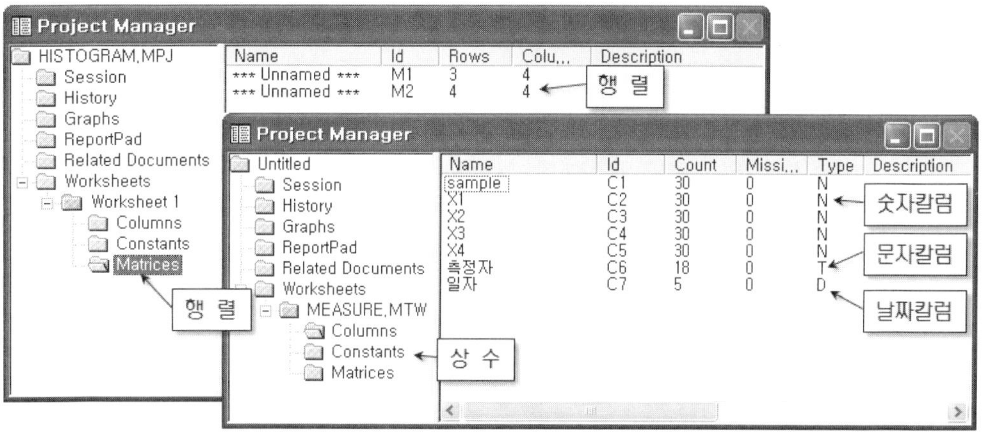

Project Manager 창에서 Worksheet 하위 폴더는 현재 작업 중인 워크시트에 등록된 데이터를 종류별로 요약하여 나타내 준다. 위의 창을 보면 변수는 C1, C2, …, C7이고, Type 열을 보면 N은 숫자(numeric)를, T는 문자(text)를, D는 날짜(Date)를 의미한다. 그리고 각 칼럼에 입력된 데이터의 수와 결측값(missing value)의 수, 변수이름을 표시해 준다. 상수인 K1으로 표시되고 저장된 값을 확인할 수 있으며 행렬로 정의된 M1은 3×4 행렬임을 알 수 있으며 출력하여 보고 싶다면 Session 창에서 "MTB> Print M1 Enter↵"하면 Session 창에 나타난다.

1.3.2 패턴 데이터 입력

1에서 100까지의 자연수를 입력하거나 1, 2, 3을 연속적으로 5번 입력하는 일정한 규칙을 가지고 있는 데이터를 입력할 경우 보다 편리하게 데이터를 입력할 수 있다. 특히 설문조사에서 설문의 일련번호를 일괄적으로 입력하거나 분산분석(ANOVA)에서 요인을 설계할 경우 요인의 수준을 입력하는데 유용하게 사용할 수 있다.

1. Calc ▸ Make Patterned Data ▸ Simple Set of Numbers...

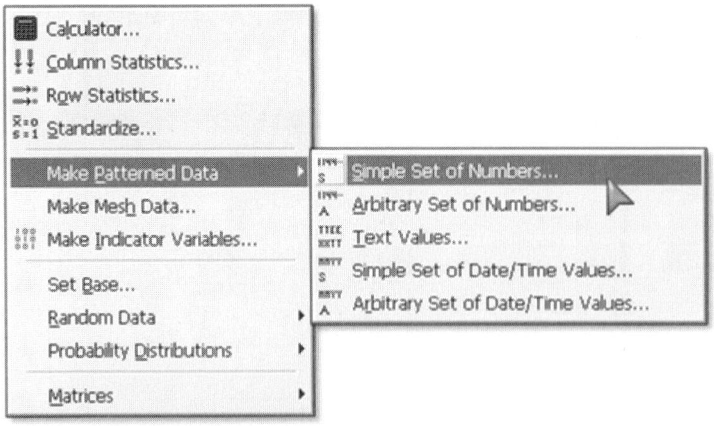

2. 다음 대화상자와 같이 지정한다.

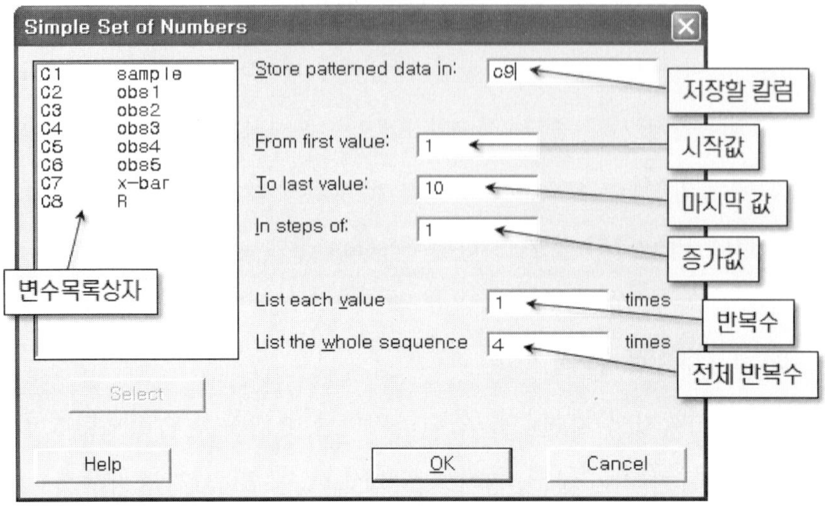

☞ 변수목록상자: 현재 사용하는 Worksheet의 칼럼, 상수, 행렬 등의 목록을 표시해 준다. 그리고 위의 대화상자를 실행하면 Session 창에 다음과 같은 명령문이 나타난다.

```
MTB > Set c9
DATA>    4( 1 : 10 / 1 )1
DATA>    End.
```

다음은 데이터가 일정한 규칙이 없는 경우 데이터를 쉽게 입력하는 방법을 알아보자. 예를 들어 다음과 같은

[데이터] 5 5.5 6.5 7.5 8 30 20 10 9 8 7 6 5 4 3 2 1 0

을 입력한다면

1. Calc ▸ Make Patterned Data ▸ Arbitrary Set of Numbers...
2. 대화상자에 다음과 같은 규칙으로 데이터의 표현형식을 지정한다.

시작값:끝값/증가값

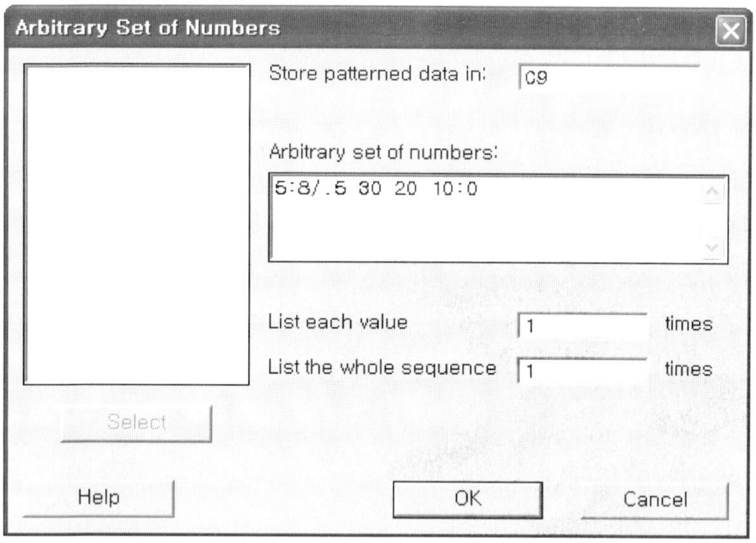

증가값이 1인 경우는 '/증가값'을 생략할 수 있다. 다음은 Session 창에 나타난 명령어이다.

```
MTB > Set C9
DATA>    1( 5:8/.5 30 20 10:0 )1
DATA>    End.
```

두 번째 줄에서 괄호 앞에 '1'은 전체 반복수를 의미하며, 괄호 뒤의 '1'은 각

값의 반복수를 의미한다.

다음은 일정한 규칙성이 있는 문자데이터를 입력하여 보자. '적색'이 세 번, '하늘색'이 세 번, '밝은 파랑'이 세 번 입력되고 전체가 2번 반복되는 경우는 다음과 같이 설정한다.

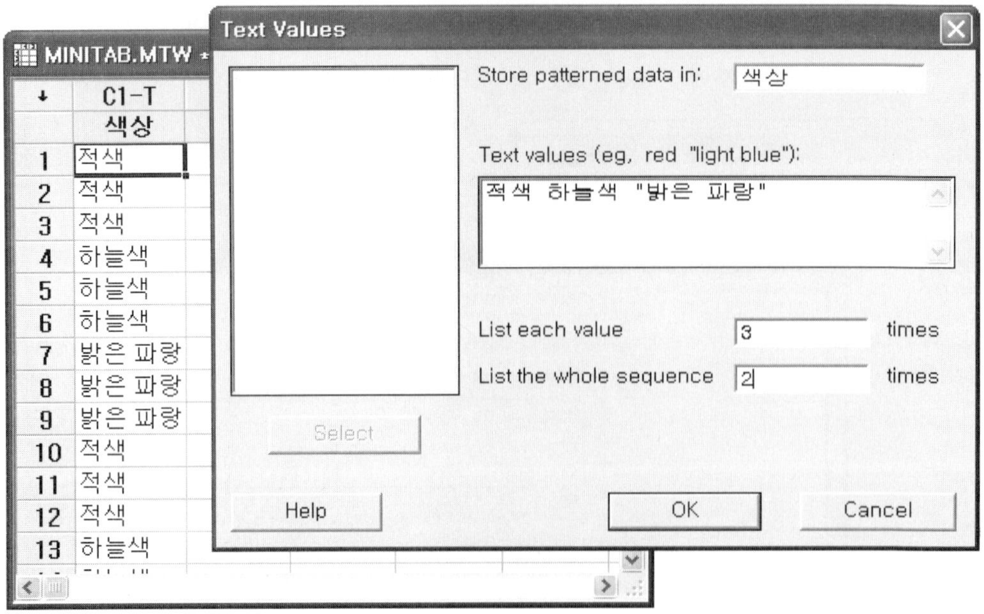

1.3.3 **날짜 형식 데이터 입력**

날짜 데이터를 입력할 때는 OS가 한글 또는 영문이냐에 따라 날짜 형식이 달라지므로 다음을 주의해야 한다. 윈도우에서는 컨트롤 패널에 날짜표현형식을 디폴트로 인식한다. 그러므로 한글 윈도우에서는 yy-m-d (10-1-5)의 형식 또는 yyyy-mm-dd (2010-01-05), yyyy-m-dd (2010-1-05) 등으로 입력해야 한다. 영문 윈도우에서는 m/d/yy (1/5/10)을 디폴트 형식으로 인식한다. 또한 mm/d/yy (01/5/10)과 m/d/yyyy (1/5/2010)도 동일하게 인식한다. d-mmm-yy (5-Jan-10)과 d-mmmm-yy (5-January-10)도 인식한다.

[날짜 형식]

입 력 형 식	내 용	보 기
yy-mm-dd	한국식 날짜	10-01-05
m/d/yy	미국식 날짜	1/5/10
m-d-yy	월, 일, 년	1-5-10
d.m.yy	유럽식 날짜	5.1.10
d-mmm-yy	국제표준	5-Jan-10
mmm-yy	월-년	Jan-10
h:mm:ss.ss	24-시간	22:11:24.31
h:mm:ss.ss AM/PM	12-시간	10:11:24.31 PM

"1월"라는 이름의 칼럼에 2010-1-1, 2010-1-2,…, 2010-1-31을 입력하려면 다음과 같은 절차에 따라 입력한다.

1. Calc ▸ Make Patterned Data ▸ Simple Set of Date/Time Values...을 선택
2. Store patterned data in: 에 '1월'을 입력한다.
3. Start Date: 에 10-1-1을 입력하고, End Date: 에 10-1-31을 입력한다.
4. 기타 다른 필드는 디폴트값을 사용한다. 즉 일자, 증가치 1, 각 값의 반복과 전체 데이터의 반복하지 않으므로 디폴트 1을 사용한다. OK 를 클릭하여 실행한다.

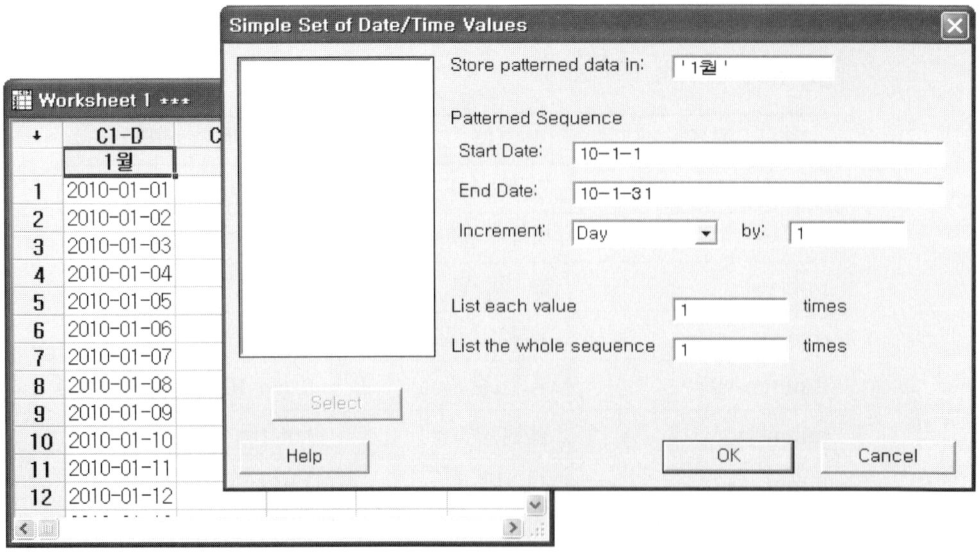

주의! ☞ Minitab의 디폴트 date/time 형식은 Windows Control Panel 의 설정에 따라 달라진다. 그러므로 한글 윈도우에서는 2010-01-25의 형식으로 지정해야 한다. 물론 Minitab에서 칼럼포멧에서 날짜형식을 변경할 수 있다.

주의! ☞ 변수이름(칼럼이름)을 숫자로 시작할 경우는 반드시 단일따옴표(')로 묶어 준다. 즉 ' '1월' '로 입력해야 한다.

2010년도 월 데이터를 입력할 경우는 다음과 같이 지정한다.

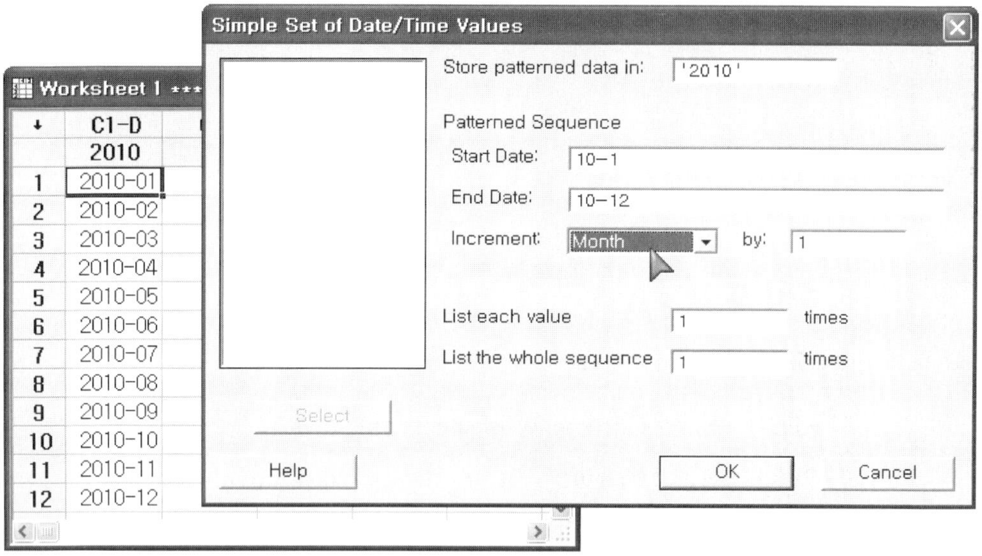

주의! ☞ 변수이름(칼럼이름)을 숫자만으로 입력할 경우는 반드시 숫자를 단일 따옴표(')로 묶어 준다. 즉 ' '2010' '으로 입력한다.

1.3.4 변수이름 입력

변수이름은 공백문자를 포함하여 영문은 최대 31 문자까지 한글은 15자까지 입력할 수 있다. 칼럼(C1, C2, … 등) 다음 셀에 더블클릭하면 변수(칼럼)이름을 입력할 수 있다.

[변수이름 입력]

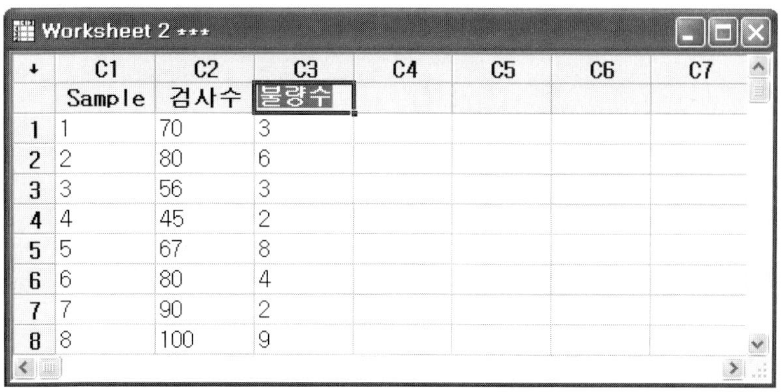

다른 방법으로 Session 창에서 다음과 같이 명령어를 사용하여 입력할 수도 있다.

```
MTB > NAME C1 'Sample' C2 '검사수' C3 '불량수'
```

1.3.5 파일 저장

1. File ▸ Save Current Worksheet As...
2. 저장하고자 하는 파일이름과 파일형식을 지정하고 [저장(S)] 단추를 누른다.

[워크시트 저장 대화상자]

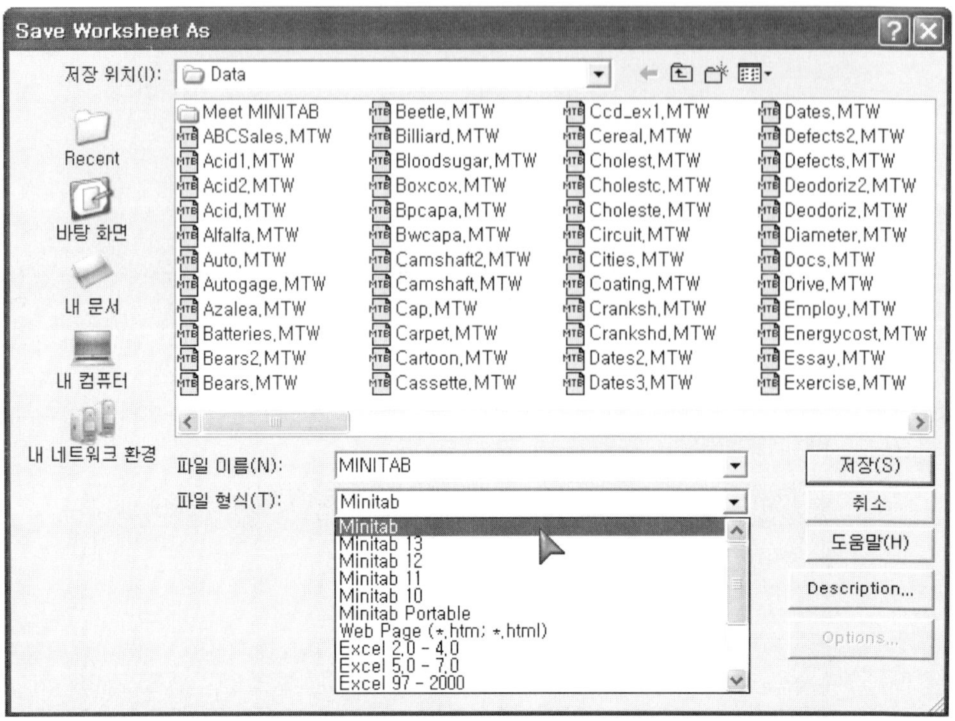

현재 작업중인 창을 활성창(active window)이라고 한다. 각 활성창에 따라 저장되는 디폴트 파일 확장명은 다음과 같다.

[표] Minitab 파일 형식

창	확장명	설 명
Worksheet 창	MTW MPJ MTP XLS WB1 WQ1 WK1 WR1 DBF TXT	MINITAB 워크시트 저장 형식 MINITAB 프로젝트 형식 ASCII 형태로 범용 컴퓨터에서 이용 가능한 형식 엑셀 파일 형식 Quattro Pro 파일 형식 Quattro Pro 파일 형식 Lotus 1-2-3 파일 형식 Symphony 파일 형식 dBase 파일 형식 Text 형식
Session 창	TXT RTF LIS	일반 텍스트 형식 (ASCII 형식) Rich 텍스트 형식 일반 텍스트 형식 (ASCII 형식)
Graph 창	MGF BMP TIFF JPG	MINITAB 그래픽 형식 일반적인 그림 응용소프트웨어에서 읽을 수 있는 그림형식
History 창	TXT MAC	일반 텍스트 형식 MINITAB Macro 파일 (ASCII 형식)
Info 창	TXT	일반 텍스트 형식

1.4 파일 열기/불러오기

1.4.1 Worksheet 파일 불러오기

Minitab 전용파일은 프로젝트 파일과 워크시트 파일이 있다. 우선 워크시트 파일을 불러오기 위해서는 다음과 같은 절차를 따른다.

1. File ▸ Open Worksheet...
2. 파일을 선택하고 [열기(O)] 단추를 누른다.

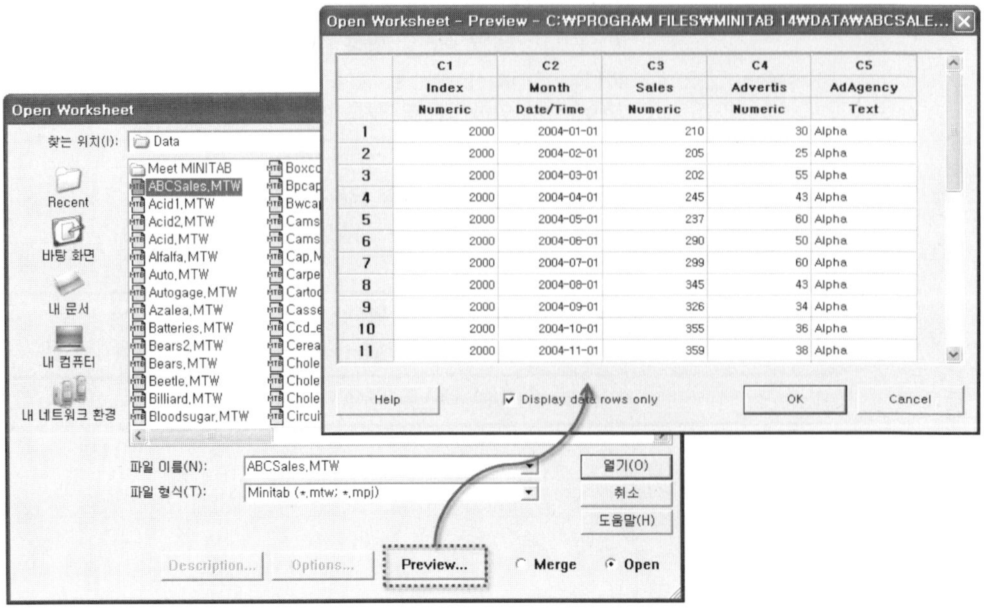

1.4.2 Project 파일 불러오기

프로젝트 파일을 불러오기 위하여 다음의 절차를 따른다.

1. File ▸ Open Project... (Ctrl+O)또는 도구모음에서 [열기 아이콘] 단추를 누른다.
2. 프로젝트 파일을 선택하고 [열기(O)] 단추를 누른다.

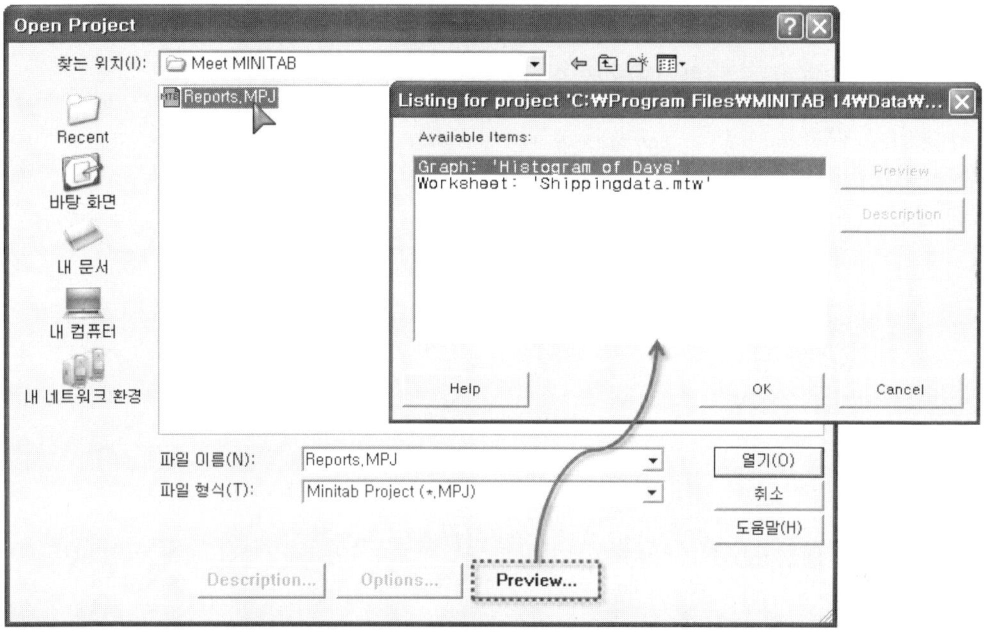

1.4.3 ASCII 데이터 파일 불러오기

ASCII 데이터 파일은 고정형식(fixed format)과 자유형식(free format)으로 읽어 들일 수 있다. 고정형식은 ASCII 데이터 파일에 입력된 각 변수의 변수값 모두가 동일한 입력열 위치에 입력되어 있는 경우이며, 자유형식은 서로 다른 변수의 값들이 하나 이상의 공백으로 구분되어 있으며, 각 변수의 케이스들이 서로 다른 위치에 입력되어 있는 경우이다. 즉 고정형식의 ASCII 데이터 파일은 SPSS에서 데이터를 읽어 들일 때, 읽어 드려야 할 변수의 입력열의 위치를 지정하여 읽는 방식이며, 자유형식은 변수의 입력열의 위치를 지정하지 않고 읽는 방식이다.

고정형식

```
1  m  02/03/52  15 3   $57,000
2  m  05/23/58  16 1   $40,200
3  f   07/26/29  12 1   $21,450
4  f   04/15/47  11 1   $21,900
5  m  02/09/55  15 1
6  m  08/22/58  15 1
```

자유형식

```
1  m  02/03/52  15 3 $57,000
2 m 05/23/58 16 1 $40,200
 3 f 7/26/29  12 1     $21,450
4 f 04/15/47 8 1 $21,900
 5 m 2/9/55 15 1 $45,000
6 m 08/22/58 15 1 $32,100
```

Minitab을 이용하여 데이터를 읽어 들일 때 자유형식은 고정형식에 비해 입력열의 위치를 표시하지 않는다는 점에서 편리한 점이 있으나 읽어 들인 변수값들이 소수점이하 2자리까지 표시된다. 이는 분석결과에 나타나는 변수값들도 동일하게 적용되어 시각적으로 보기에도 좋지 않다. 그러므로 ASCII 데이터를 읽어 들인 다음에 데이터 편집창에서 소수점 이하 2자리를 0자리로 바꾸어 주어야 한다. 또한 자유형식은 ASCII 데이터 파일을 작성할 때 서로 다른 변수의 변수값을 하나 이상의 공백(blank)으로 구분하여 입력해야 한다.

고정형식은 입력하는 데이터의 자리수만을 맞추어 입력한다면 데이터를 구분하기 위한 공백(space)은 입력할 필요가 없으며 읽어 들인 데이터의 자리수는 지정한 입력열의 위치에 맞추어 표시되므로 정수값들이 정확하게 표시된다. 고정형식은 자유형식에 비해 입력열 위치를 표시해 주어야 한다는 점이 불편한 점이라 할 수 있다. 일반적으로 설문지를 통한 조사자료는 특별한 경우를 제외하고 고정형식을 사용하기를 권한다.

1.4.4 자유형식(free format)파일 불러오기

1. D:\Minitab 데이터\autospec1.dat

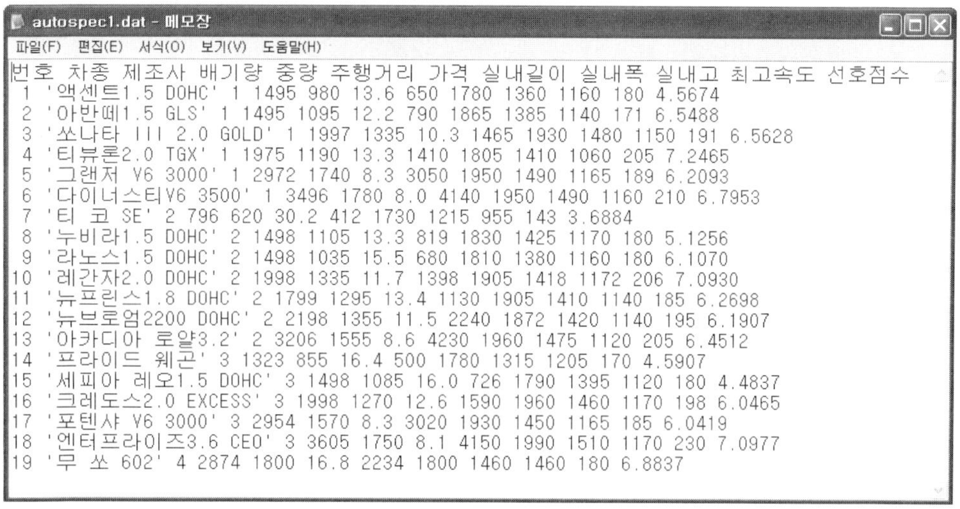

autospec1.dat - 메모장

파일(F) 편집(E) 서식(O) 보기(V) 도움말(H)

```
번호 차종 제조사 배기량 중량 주행거리 가격 실내길이 실내폭 실내고 최고속도 선호점수
 1 '액센트1.5 DOHC' 1 1495 980 13.6 650 1780 1360 1160 180 4.5674
 2 '아반떼1.5 GLS' 1 1495 1095 12.2 790 1865 1385 1140 171 6.5488
 3 '쏘나타 III 2.0 GOLD' 1 1997 1335 10.3 1465 1930 1480 1150 191 6.5628
 4 '티뷰론2.0 TGX' 1 1975 1190 13.3 1410 1805 1410 1060 205 7.2465
 5 '그랜저 V6 3000' 1 2972 1740 8.3 3050 1950 1490 1165 189 6.2093
 6 '다이너스티V6 3500' 1 3496 1780 8.0 4140 1950 1490 1160 210 6.7953
 7 '티 코 SE' 2 796 620 30.2 412 1730 1215 955 143 3.6884
 8 '누비라1.5 DOHC' 2 1498 1105 13.3 819 1830 1425 1170 180 5.1256
 9 '라노스1.5 DOHC' 2 1498 1035 15.5 680 1810 1380 1160 180 6.1070
10 '레간자2.0 DOHC' 2 1998 1335 11.7 1398 1905 1418 1172 206 7.0930
11 '뉴프린스1.8 DOHC' 2 1799 1295 13.4 1130 1905 1410 1140 185 6.2698
12 '뉴브로엄2200 DOHC' 2 2198 1355 11.5 2240 1872 1420 1140 195 6.1907
13 '아카디아 로얄3.2' 2 3206 1555 8.6 4230 1960 1475 1120 205 6.4512
14 '프라이드 웨곤' 3 1323 855 16.4 500 1780 1315 1205 170 4.5907
15 '세피아 레오1.5 DOHC' 3 1498 1085 16.0 726 1790 1395 1120 180 4.4837
16 '크레도스2.0 EXCESS' 3 1998 1270 12.6 1590 1960 1460 1170 198 6.0465
17 '포텐샤 V6 3000' 3 2954 1570 8.3 3020 1930 1450 1165 185 6.0419
18 '엔터프라이즈3.6 CEO' 3 3605 1750 8.1 4150 1990 1510 1170 230 7.0977
19 '무 쏘 602' 4 2874 1800 16.8 2234 1800 1460 1460 180 6.8837
```

2. File > Open Worksheet... 선택하고 'autospec1.dat를 선택한다.

3. Options... 단추를 누르고 다음과 같이 지정한다. 그리고 OK 단추를 누른다.

[Option 대화상자]

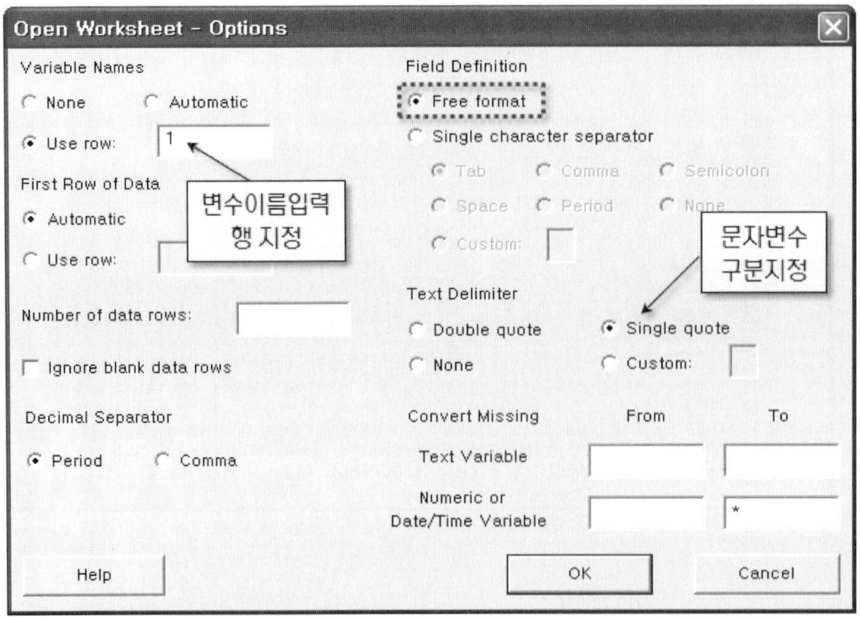

Option 대화상자의 **Variable Names** 에서 ⦿ **Use row:** 1 을 지정하여 변수이름을 입력한 행의 번호를 지정한다. 그리고 읽어 들일 파일에 문자들 ' '으로 묶어 입력하였으므로 **Text Delimiter** 에서 ⦿ **Single quote** 을 지정한다.

4. Preview... 단추를 눌러 읽어 들일 형식이 정확한 지를 확인한다.

[Preview 창]

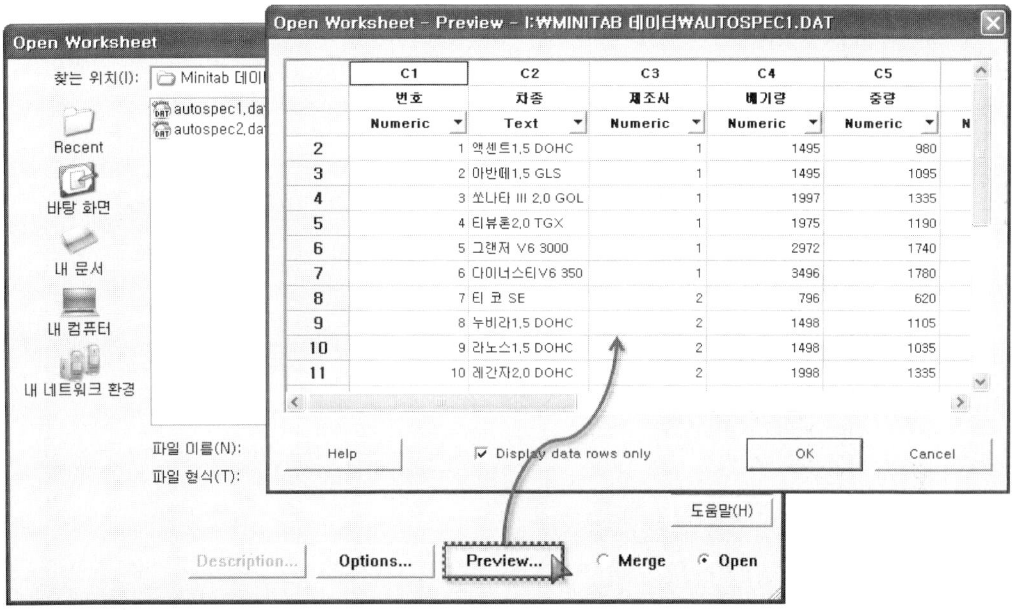

5. 열기(O) 단추를 누르면 Worksheet 데이터가 나타난다.

autospec1.dat ***

↓	C1	C2-T	C3	C4	C5	C6	C7	C8	C9	C10	C11	C12
	번호	차종	제조사	배기량	중량	주행거리	가격	실내길이	실내폭	실내고	최고속도	선호점수
1	1	액센트1.5 DOHC	1	1495	980	13.6	650	1780	1360	1160	180	4.5674
2	2	아반떼1.5 GLS	1	1495	1095	12.2	790	1865	1385	1140	171	6.5488
3	3	쏘나타 III 2.0 GOLD	1	1997	1335	10.3	1465	1930	1480	1150	191	6.5628
4	4	티뷰론2.0 TGX	1	1975	1190	13.3	1410	1805	1410	1060	205	7.2465
5	5	그랜저 V6 3000	1	2972	1740	8.3	3050	1950	1490	1165	189	6.2093
6	6	다이너스티V6 3500	1	3496	1780	8.0	4140	1950	1490	1160	210	6.7953
7	7	티 코 SE	2	796	620	30.2	412	1730	1215	955	143	3.6884
8	8	누비라1.5 DOHC	2	1498	1105	13.3	819	1830	1425	1170	180	5.1256
9	9	라노스1.5 DOHC	2	1498	1035	15.5	680	1810	1380	1160	180	6.1070
10	10	레간자2.0 DOHC	2	1998	1335	11.7	1398	1905	1418	1172	206	7.0930
11	11	뉴프린스1.8 DOHC	2	1799	1295	13.4	1130	1905	1410	1140	185	6.2698
12	12	뉴브로엄2200 DOHC	2	2198	1355	11.5	2240	1872	1420	1140	195	6.1907
13	13	아카디아 로얄3.2	2	3206	1555	8.6	4230	1960	1475	1120	205	6.4512
14	14	프라이드 웨곤	3	1323	855	16.4	500	1780	1315	1205	170	4.5907
15	15	세피아 레오1.5 DOHC	3	1498	1085	16.0	726	1790	1395	1120	180	4.4837
16	16	크레도스2.0 EXCESS	3	1998	1270	12.6	1590	1960	1460	1170	198	6.0465
17	17	포텐샤 V6 3000	3	2954	1570	8.3	3020	1930	1450	1165	185	6.0419
18	18	엔터프라이즈3.6 CEO	3	3605	1750	8.1	4150	1990	1510	1170	230	7.0977
19	19	무 쏘 602	4	2874	1800	16.8	2234	1800	1460	1460	180	6.8837

1.4.5 고정형식(fixed format)파일 불러오기

텍스트로 작성한 파일을 고정형식으로 불러오는 방법을 알아보자.

1. D:\Minitab 데이터\autospec2.dat

[Fixed Format 파일(data 파일)]

autospec2.dat - 메모장

파일(F) 편집(E) 서식(O) 보기(V) 도움말(H)

```
 1 액센트1.5 DOHC        1 1495  980 13.6  650 1780 1360 1160 180 4.5674
 2 아반떼1.5 GLS         1 1495 1095 12.2  790 1865 1385 1140 171 6.5488
 3 쏘나타 III 2.0 GOLD   1 1997 1335 10.3 1465 1930 1480 1150 191 6.5628
 4 티뷰론2.0 TGX         1 1975 1190 13.3 1410 1805 1410 1060 205 7.2465
 5 그랜저 V6 3000        1 2972 1740  8.3 3050 1950 1490 1165 189 6.2093
 6 다이너스티V6 3500     1 3496 1780  8.0 4140 1950 1490 1160 210 6.7953
 7 티 코 SE              2  796  620 30.2  412 1730 1215  955 143 3.6884
 8 누비라1.5 DOHC        2 1498 1105 13.3  819 1830 1425 1170 180 5.1256
 9 라노스1.5 DOHC        2 1498 1035 15.5  680 1810 1380 1160 180 6.1070
10 레간자2.0 DOHC        2 1998 1335 11.7 1398 1905 1418 1172 206 7.0930
11 뉴프린스1.8 DOHC      2 1799 1295 13.4 1130 1905 1410 1140 185 6.2698
12 뉴브로엄2200 DOHC     2 2198 1355 11.5 2240 1872 1420 1140 195 6.1907
13 아카디아 로얄3.2      2 3206 1555  8.6 4230 1960 1475 1120 205 6.4512
14 프라이드 웨곤         3 1323  855 16.4  500 1780 1315 1205 170 4.5907
15 세피아 레오1.5 DOHC   3 1498 1085 16.0  726 1790 1395 1120 180 4.4837
16 크레도스2.0 EXCESS    3 1998 1270 12.6 1590 1960 1460 1170 198 6.0465
17 포텐샤 V6 3000        3 2954 1570  8.3 3020 1930 1450 1165 185 6.0419
18 엔터프라이즈3.6 CEO   3 3605 1750  8.1 4150 1990 1510 1170 230 7.0977
19 무 쏘 602             4 2874 1800 16.8 2234 1800 1460 1460 180 6.8837
```

2. File ▸ Other Files ▸ Import Special Text...

[Fixed Format 형식 지정 대화상자]

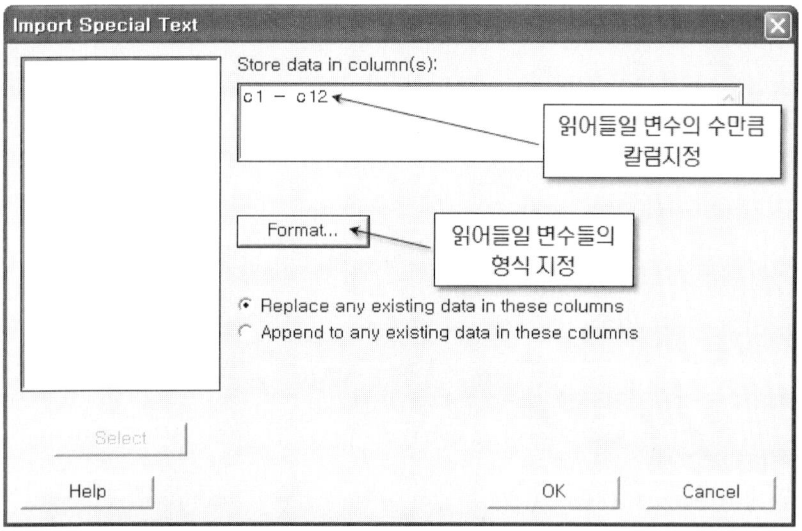

3. Format... 단추를 눌러 다음과 같이 FORMAT 문을 지정한다.

[Format 대화상자]

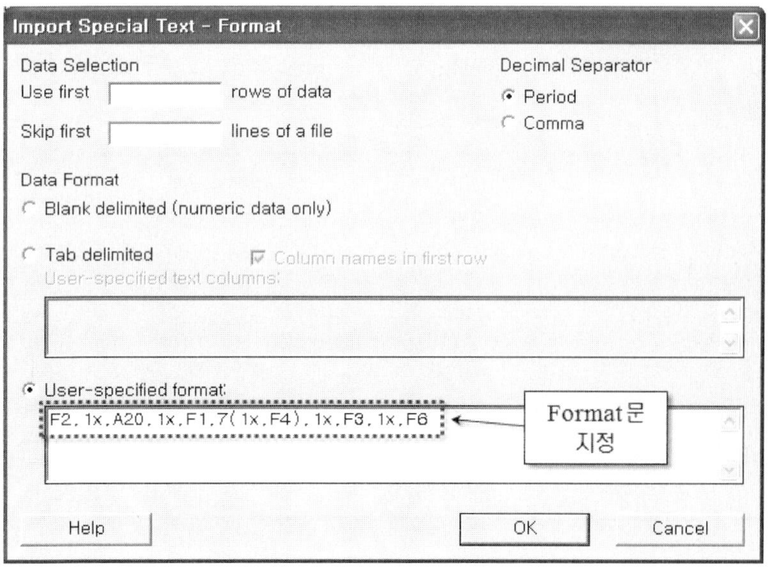

Format 형식

F2,1x,A20,1x,F1,7(1x,F4),1x,F3,1x,F6

F2 : 한 자리 숫자 (F2 : 두 자리 숫자)

1X : 공백 한 칸 뛰기

A20 : 20개의 문자를 읽음

7(1x, F4) : 한 칸 뛰고 4자리 숫자를 7번 반복하여 읽음

/ : 다음 줄로 이동

4. [OK] 단추를 누르면 ASCII 파일지정 대화상자가 나타난다.

5. 파일지정 대화상자에서 ASCII 파일을 지정하고 [열기(O)] 단추를 누르면 데이터를 읽어 들인다.

[Import Text 파일 불러오기]

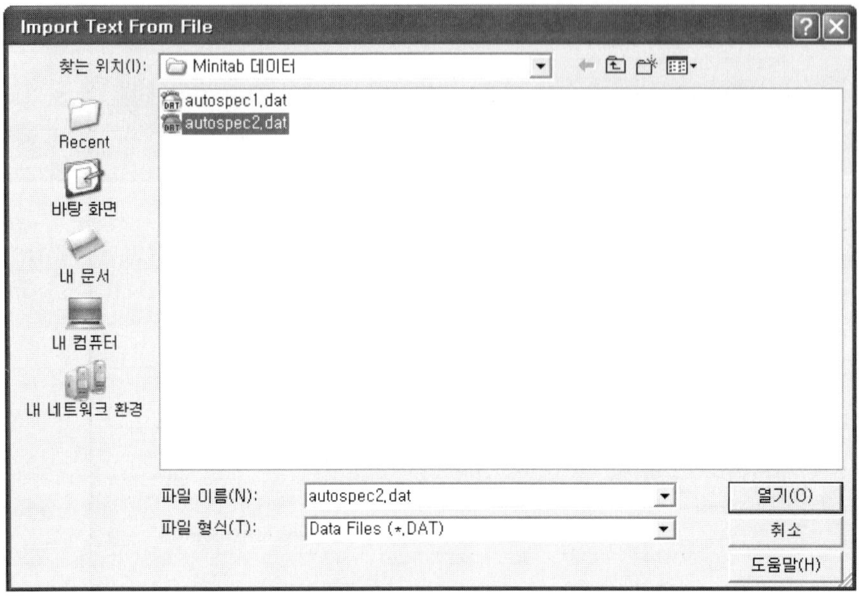

주의! ☞ 만일 한글문자 변수값이 공백으로 떨어져 있는 경우 문자일기 형식 A20을 사용하면 한글문자의 자리수를 인식하지 못하는 경우도 있다. 이

는 한글은 2byte 체계고 영문 1byte 체계이기 때문에 일어나는 오류이다. 즉 한글 한문자는 영문 2문자인 셈이다. 그런데 Minitab은 이를 인지하여 구별해내지 못하는 버전이 있을 수 있다. 희한하게도 R13에서는 읽을 수 있었으나 R14, R15에서는 읽지 못하는 사례를 필자는 확인하였다. 다른 버전에서는 이 문제를 해결했으리라 기대해 본다. 참고로 이런 경우 EXCEL에서 데이터 읽고 이를 복사하여 붙여넣기하여 사용하는 것이 더 간단하다.

1.4.6 엑셀 파일 불러오기

앞에서 ASCII 파일을 읽는 과정을 살펴보았다. 그러나 이러한 방법은 원시적이다. 그리고 Minitab의 명령문도 익히기 어렵고 복잡한 편이다. 그러니 매우 간단하게 원 데이터를 다루는 방법 중의 하나는 Excel에서 원 데이터를 다루는 것이다. 즉 그 파일이 아스키든 다른 형식의 파일이든 거의 모든 형식의 파일을 엑셀로 읽을 수 있으며 데이터를 관리하기에도 엑셀이 매우 우수하며 대부분의 학생뿐만 아니라 직장인, 연구원 등 많은 기관이나 단체 내부에 엑셀을 사용하는 인구가 상당히 많다. 그러니 Excel은 이미 보편화되었고 엑셀 활용수준도 다른 소프트웨어에 비해 매우 높은 편이다. 그리고 웬만한 데이터 분석도 능히 수행해낼 수 있고 다양하고 미려한 도표와 도식들도 사용할 수 있다. 특히 프리젠테이션 도구인 PowerPoint와의 연계성도 매우 우수함으로 Excel의 활용을 적극 추천하는 바이다.

이제 엑셀파일을 읽어 보기로 하자.

1. File ▸ Open Worksheet...
2. 파일형식을 Excel (*.xlsx)로 지정한다.
3. 엑셀파일을 'autospec'을 선택하고 [열기(O)] 단추를 누른다.

[워크시트 불러오기 대화상자]

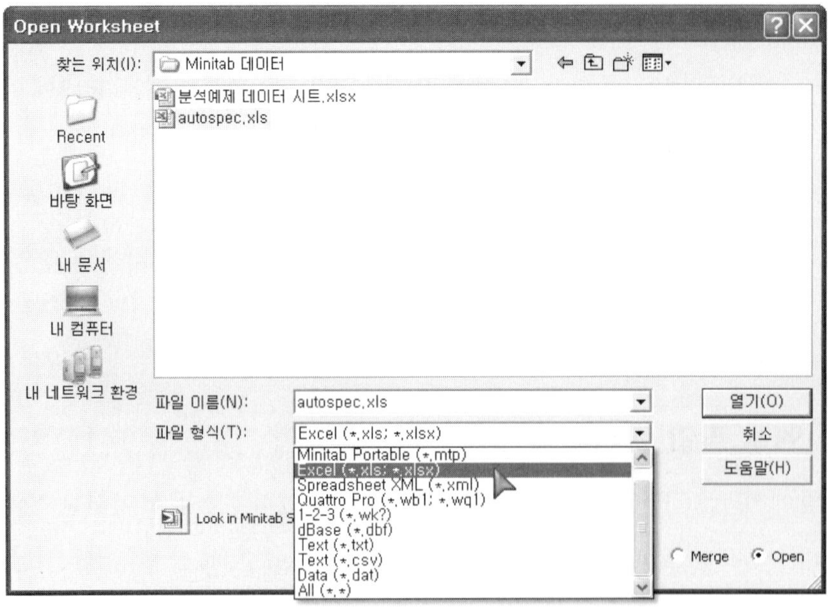

4. Worksheet에 변수이름과 변수값들을 확인할 수 있다.

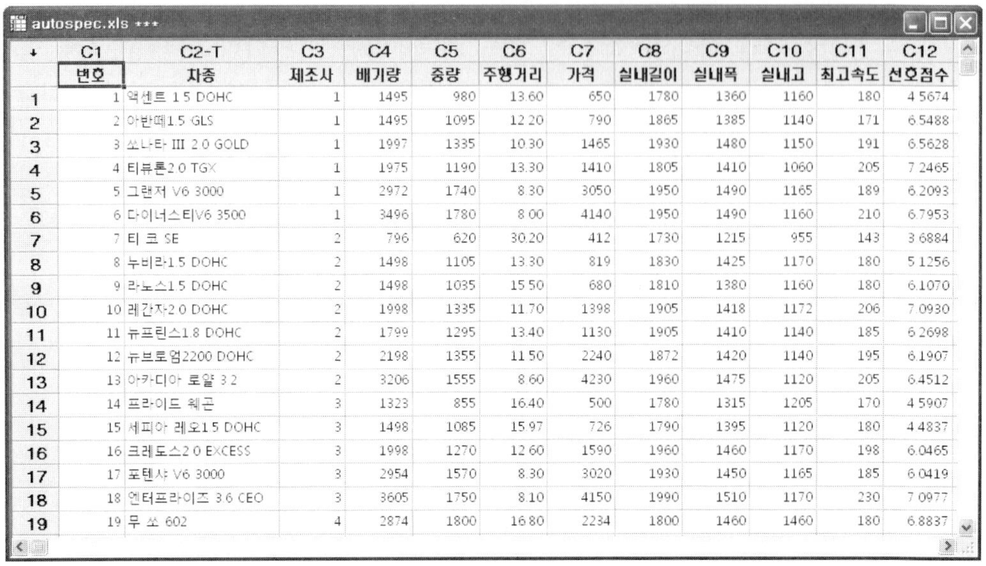
autospec.xls ***

↓	C1	C2-T	C3	C4	C5	C6	C7	C8	C9	C10	C11	C12
	번호	차종	제조사	배기량	중량	주행거리	가격	실내길이	실내폭	실내고	최고속도	선호점수
1	1	엑센트 1.5 DOHC	1	1495	980	13.60	650	1780	1360	1160	180	4.5674
2	2	아반떼1.5 GLS	1	1495	1095	12.20	790	1865	1385	1140	171	6.5488
3	3	쏘나타 III 2.0 GOLD	1	1997	1335	10.30	1465	1930	1480	1150	191	6.5628
4	4	티뷰론2.0 TGX	1	1975	1190	13.30	1410	1805	1410	1060	205	7.2465
5	5	그랜저 V6 3000	1	2972	1740	8.30	3050	1950	1490	1165	189	6.2093
6	6	다이너스티V6 3500	1	3496	1780	8.00	4140	1950	1490	1160	210	6.7953
7	7	티 코 SE	2	796	620	30.20	412	1730	1215	955	143	3.6884
8	8	누비라1.5 DOHC	2	1498	1105	13.30	819	1830	1425	1170	180	5.1256
9	9	라노스1.5 DOHC	2	1498	1035	15.50	680	1810	1380	1160	180	6.1070
10	10	레간자2.0 DOHC	2	1998	1335	11.70	1398	1905	1418	1172	206	7.0930
11	11	뉴프린스1.8 DOHC	2	1799	1295	13.40	1130	1905	1410	1140	185	6.2698
12	12	뉴브로엄2200 DOHC	2	2198	1355	11.50	2240	1872	1420	1140	195	6.1907
13	13	아카디아 로얄 3.2	2	3206	1555	8.60	4230	1960	1475	1120	205	6.4512
14	14	프라이드 웨곤	3	1323	855	16.40	500	1780	1315	1205	170	4.5907
15	15	세피아 레오1.5 DOHC	3	1498	1085	15.97	726	1790	1395	1120	180	4.4837
16	16	크레도스2.0 EXCESS	3	1998	1270	12.60	1590	1960	1460	1170	198	6.0465
17	17	포텐샤 V6 3000	3	2954	1570	8.30	3020	1930	1450	1165	185	6.0419
18	18	엔터프라이즈 3.6 CEO	3	3605	1750	8.10	4150	1990	1510	1170	230	7.0977
19	19	무 쏘 602	4	2874	1800	16.80	2234	1800	1460	1460	180	6.8837

1.5 Worksheet의 편집 방법

1.5.1 데이터 삭제

▶ 칼럼 삭제

1. measure.mtw 파일을 워크시트 창에 읽어 들인다.
2. C5에 포인터를 놓고 마우스 왼쪽 단추를 눌러 변수를 선택한다.

   Tip! ☞ 여러 칼럼을 선택할 경우 칼럼이나 칼럼이름(C#) 부분에서 끌기하면 여러 칼럼을 선택할 수 있다.

3. 선택된 C5 위에서 마우스 오른쪽 단추 누르면 단축메뉴가 나타난다.

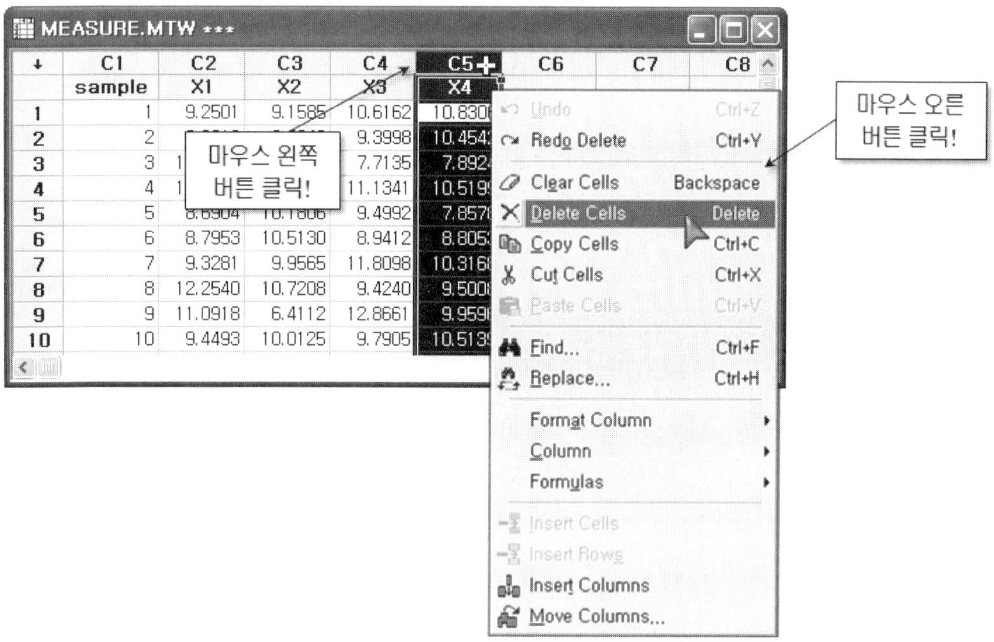

4. 단축 메뉴에서 'Delete Cells'를 선택한다.

   Tip1 ☞ 2. 이후에서 Del키를 누르면 간단하게 칼럼이 삭제된다.

   Tip2 ☞ 바로 직전에 삭제된 칼럼을 다시 복구하려면 Edit ▸ Undo Delete (또는 Ctrl+Z)를 선택한다.

▶ **행 삭제**

1. measure.mtw 파일을 워크시트 창에 읽어 들인다.
2. 삭제하고자 하는 행에 포인터를 놓고 마우스 왼쪽 단추를 눌러 행을 선택한다.

   Tip ☞ 여러 행을 선택할 경우 행번호 부분에서 끌기하면 여러 행을 선택할 수 있다.

3. 선택된 행 위에서 마우스 오른쪽 단추 누르면 단축메뉴가 나타난다.
4. 단축 메뉴에서 'Delete Cells'를 선택한다.

   Tip1 ☞ 2. 이후에서 [Del]키를 누르면 간단하게 행이 삭제된다.

   Tip2 ☞ 바로 직전에 삭제된 행을 다시 복구하려면 Edit ▸ Undo Delete (또는 [Ctrl]+[Z])를 선택한다.

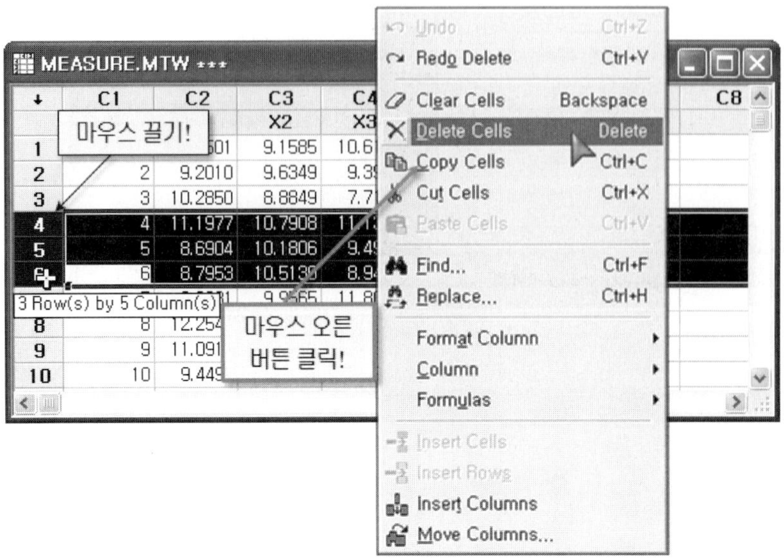

▶ **셀 삭제**

1. measure.mtw 파일을 워크시트 창에 읽어 들인다.
2. 삭제하고자 하는 셀에 포인터를 놓고 마우스 왼쪽 단추를 눌러 셀을 선택한다.

   Tip ☞ 여러 셀을 선택할 경우 셀에서 끌기하면 여러 셀을 선택할 수 있다.

3. 선택된 셀 위에서 마우스 오른쪽 단추 누르면 단축메뉴가 나타난다.

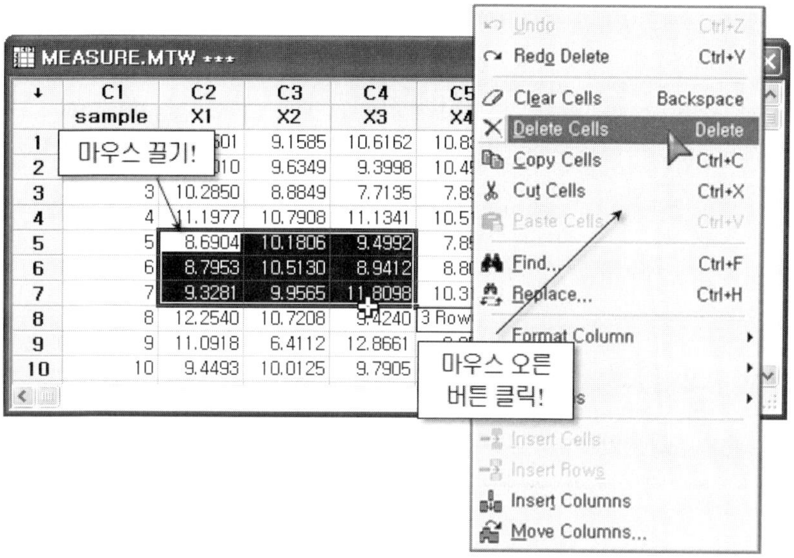

4. 단축 메뉴에서 'Delete Cells'를 선택한다.

Tip1 ☞ 2. 이후에서 Del키를 누르면 간단하게 셀이 삭제된다.

Tip2 ☞ 바로 직전에 삭제된 셀을 다시 복구하려면 Edit ▸ Undo Delete (또는 Ctrl+Z)를 선택한다.

1.5.2 데이터 추가

X2(C3 열)와 X3(C4 열) 사이에 새로운 열을 추가하거나 2번째 행과 3번째 행 사이에 새로운 행을 추가 또는 특정 셀을 추가하는 하는 방법을 알아보자.

1. 추가하고자 하는 위치의 열, 행 또는 셀을 마우스로 선택한다.

2. 선택된 위치에서 마우스 오른쪽 단추를 누르면 다음과 같은 단축메뉴가 나타난다.

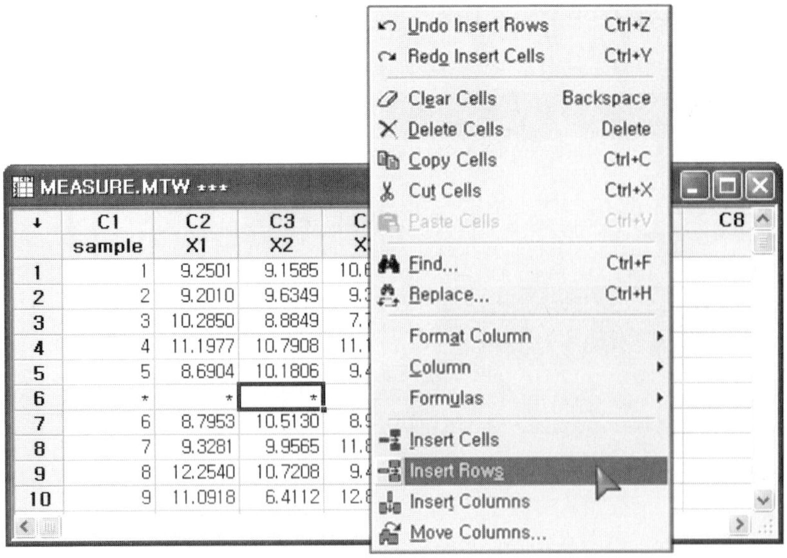

3. 단축메뉴에서 Insert Rows, Insert Columns, 또는 Insert Cells를 선택한다.

4. 삽입된 행, 열, 셀에 데이터를 입력한다.

[Worksheet 창 단축 메뉴]

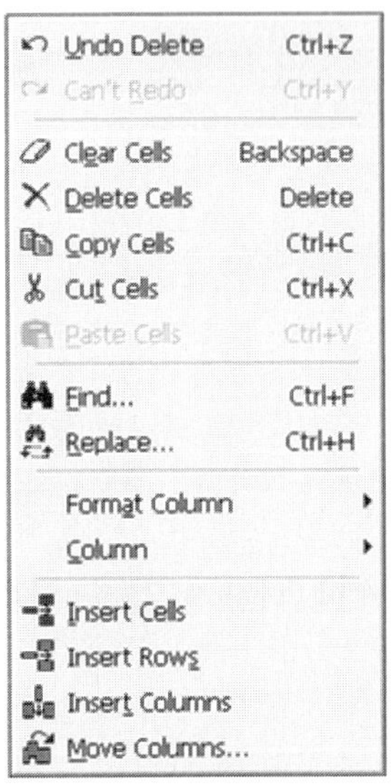

Undo Delete/Insert	복구(이전 상태로)
Can't Redo	재복구
Clear Cells	내용만 삭제
Delete Cells	셀 삭제
Copy Cells	셀 복사
Cut Cells	셀 잘라내기
Paste Cells	셀 붙여넣기
Find	찾기
Replace	바꾸기
Format Column ▸	칼럼 형식
Set Column ▸	칼럼 설정
Insert Cells	셀 삽입
Insert Rows	행 삽입
Insert Columns	열 삽입
Move Columns...	열 이동

1.5.3 데이터 복사, 이동, 잘라내기, 붙여넣기

- **행(Row) 또는 열(Column)을 복사하고자 할 경우**

1. 행 번호, 또는 변수이름을 마우스로 누름
2. 마우스의 오른쪽 단추를 누른 다음 복사(Copy) 선택 (또는 Ctrl+C)
3. 복사하고자 하는 곳에 마우스로 누름
4. 마우스의 오른쪽 단추를 누른 다음 붙여넣기(Paste) 선택 (또는 Ctrl+V)

- **특정한 셀을 복사하고자 할 경우**

1. 복사하고자 하는 셀을 마우스로 끌기하여 선택
2. 마우스의 오른쪽 단추를 누른 다음 복사(Copy) 선택 (또는 Ctrl+C)
3. 복사하고자 하는 곳에 마우스로 누름
4. 마우스의 오른쪽 단추를 누른 다음 붙여넣기(Paste) 선택 (또는 Ctrl+V)

- **행(Row) 또는 열(Column)을 이동하고자 할 경우**

1. 행 번호, 또는 변수이름을 마우스로 누름
2. 마우스의 오른쪽 단추를 누른 다음 잘라내기(Cut) 선택 (또는 Ctrl+X)
3. 이동하고자 하는 곳에 마우스로 누름
4. 마우스의 오른쪽 단추를 누른 다음 붙여넣기(Paste) 선택 (또는 Ctrl+V)

- **특정한 셀을 이동하고자 할 경우**

1. 이동하고자 하는 셀을 마우스로 끌기 하여 선택
2. 마우스의 오른쪽 단추를 누른 다음 잘라내기(Cut) 선택 (또는 Ctrl+X)
3. 이동하고자 하는 곳에 마우스로 누름
4. 마우스의 오른쪽 단추를 누르고 붙여넣기(Paste) 선택 (또는 Ctrl+V)

1.6 데이터 계산/변환/출력

1.6.1 새로운 변수계산

데이터를 읽은 후 새로운 변수를 계산하여 칼럼에 저장하는 방법을 익히기로 하자. 여기에서 사용하는 데이터는 measure.mtw로 저장되어 있으며, 전체 30개의 표본을 조사하여 4번씩 반복측정한 데이터이다. 행별로 합계, 평균, 표준편차, 범위를 계산하여 보자.

1. measure.mtw 워크시트 파일을 읽어 들인다.

MEASURE.MTW ***

↓	C1	C2	C3	C4	C5	C6	C7	C8	C9
	sample	X1	X2	X3	X4				
1	1	9.2501	9.1585	10.6162	10.8306				
2	2	9.2010	9.6349	9.3998	10.4542				
3	3	10.2850	8.8849	7.7135	7.8924				
4	4	11.1977	10.7908	11.1341	10.5199				
5	5	8.6904	10.1806	9.4992	7.8578				
6	6	8.7953	10.5130	8.9412	8.8053				
7	7	9.3281	9.9565	11.8098	10.3168				
8	8	12.2540	10.7208	9.4240	9.5008				
9	9	11.0918	6.4112	12.8661	9.9596				
10	10	9.4493	10.0125	9.7905	10.5139				
11	11	8.4622	9.1205	10.0515	9.4724				

2. Calc ▸ Calculator...

3. 행을 기준으로 합계를 빈 칼럼에 저장하기 위하여 다음과 같이 지정한다.

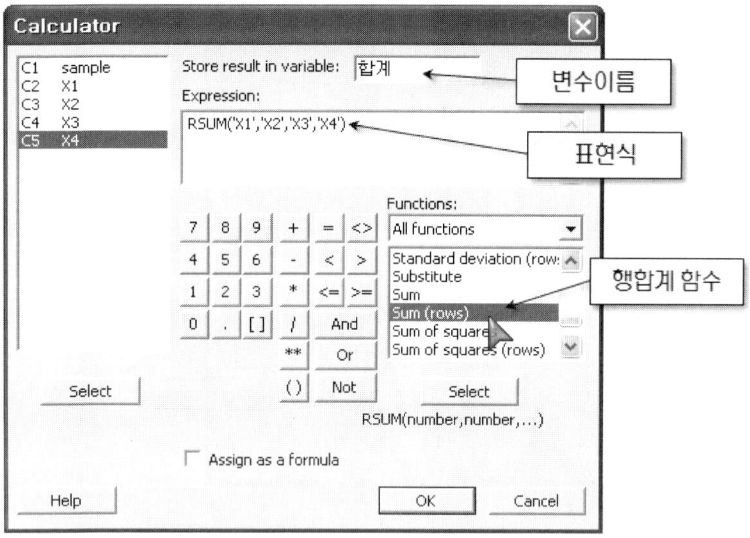

Tip ☞ 위 대화상자의 표현식에서 “RSUM(c2,c3,c4,c5)”로 지정해도 동일하며 또한 “RSUM(x1,x2,x3,x4)”로 변수이름에 묶어준 단일따옴표를 생략해도 된다.

4. 평균, 표준편차, 범위 등도 동일한 방법으로 계산한다. 함수는 다음과 같다.

행 기준 평 균 : RMEAN(X1,X2,X3,X4)

행 기준 표준편차 : RSTDEV(X1,X2,X3,X4)

행 기준 범 위 : RRANGE(X1,X2,X3,X4)

Tip ☞ 위 와 같이 명령을 일괄처리하기 위하여 ‘Command Line Editor' 사용하면 매우 간단하게 4가지 통계량을 계산할 수 있다. 다음과 같이 프로젝트 관리 창의 History 폴더에서 합계를 계산한 명령어를 끌기하여 블록으로 선택하고 마우스 오른 단추를 눌러 나타나는 팝업메뉴에서 다음과 같이 선택하고 편집하여 일괄처리한다. 이러한 방법을 필자는 자주 사용하고 있다. 프로그램을 매우 효율적으로 사용할 수 있으므로 잘 숙지할 필요가 있다.

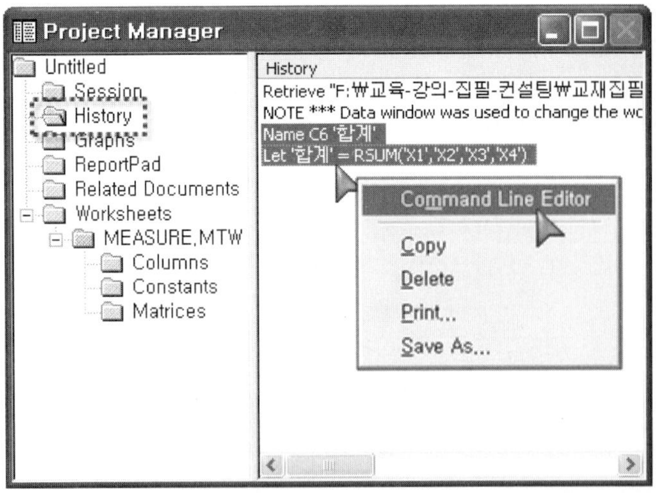

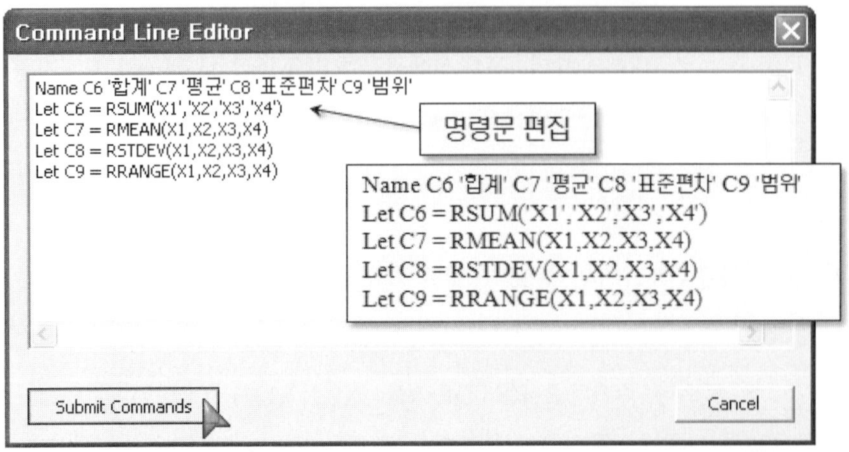

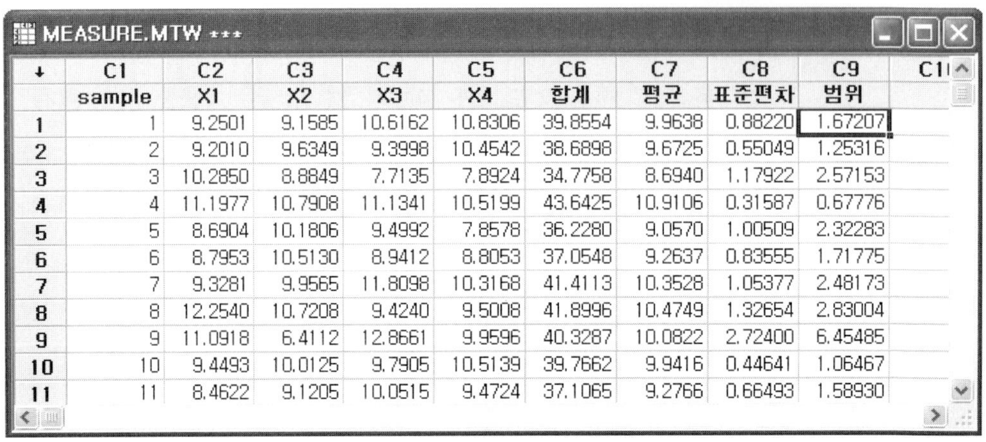
MEASURE.MTW ***

↓	C1 sample	C2 X1	C3 X2	C4 X3	C5 X4	C6 합계	C7 평균	C8 표준편차	C9 범위
1	1	9.2501	9.1585	10.6162	10.8306	39.8554	9.9638	0.88220	1.67207
2	2	9.2010	9.6349	9.3998	10.4542	38.6898	9.6725	0.55049	1.25316
3	3	10.2850	8.8849	7.7135	7.8924	34.7758	8.6940	1.17922	2.57153
4	4	11.1977	10.7908	11.1341	10.5199	43.6425	10.9106	0.31587	0.67776
5	5	8.6904	10.1806	9.4992	7.8578	36.2280	9.0570	1.00509	2.32283
6	6	8.7953	10.5130	8.9412	8.8053	37.0548	9.2637	0.83555	1.71775
7	7	9.3281	9.9565	11.8098	10.3168	41.4113	10.3528	1.05377	2.48173
8	8	12.2540	10.7208	9.4240	9.5008	41.8996	10.4749	1.32654	2.83004
9	9	11.0918	6.4112	12.8661	9.9596	40.3287	10.0822	2.72400	6.45485
10	10	9.4493	10.0125	9.7905	10.5139	39.7662	9.9416	0.44641	1.06467
11	11	8.4622	9.1205	10.0515	9.4724	37.1065	9.2766	0.66493	1.58930

1.6.2 데이터 리코딩(Code)

1. autospec.xls 파일을 Worksheet에 읽어 들인다.

Tip ☞ autospec.xls 파일을 Minitab 창안에 끌어놓기(drag & drop)하면 워크시트로 읽어 들인다. 물론 엑셀에서 저장할 때 2003 이하 버전의 통합문서로 저장되어 있어야 한다.

AUTOSPEC.XLS ***

↓	C1	C2-T	C3	C4	C5	C6	C7	C8	C9	C10
	번호	차종	제조사	배기량	중량	주행거리	가격	실내길이	실내폭	실내고
1	1	액센트 1.5 DOHC	1	1495	980	13.60	650	1780	1360	1160
2	2	아반떼1.5 GLS	1	1495	1095	12.20	790	1865	1385	1140
3	3	쏘나타 III 2.0 GOLD	1	1997	1335	10.30	1465	1930	1480	1150
4	4	티뷰론2.0 TGX	1	1975	1190	13.30	1410	1805	1410	1060
5	5	그랜저 V6 3000	1	2972	1740	8.30	3050	1950	1490	1165
6	6	다이너스티V6 3500	1	3496	1780	8.00	4140	1950	1490	1160
7	7	티 코 SE	2	796	620	30.20	412	1730	1215	955
8	8	누비라1.5 DOHC	2	1498	1105	13.30	819	1830	1425	1170
9	9	라노스1.5 DOHC	2	1498	1035	15.50	680	1810	1380	1160
10	10	레간자2.0 DOHC	2	1998	1335	11.70	1398	1905	1418	1172
11	11	뉴프린스1.8 DOHC	2	1799	1295	13.40	1130	1905	1410	1140
12	12	뉴브로엄2200 DOHC	2	2198	1355	11.50	2240	1872	1420	1140
13	13	아카디아 로얄 3.2	2	3206	1555	8.60	4230	1960	1475	1120
14	14	프라이드 웨곤	3	1323	855	16.40	500	1780	1315	1205
15	15	세피아 레오1.5 DOHC	3	1498	1085	15.97	726	1790	1395	1120
16	16	크레도스2.0 EXCESS	3	1998	1270	12.60	1590	1960	1460	1170
17	17	포텐샤 V6 3000	3	2954	1570	8.30	3020	1930	1450	1165
18	18	엔터프라이즈 3.6 CEO	3	3605	1750	8.10	4150	1990	1510	1170
19	19	무 쏘 602	4	2874	1800	16.80	2234	1800	1460	1460

2. Data ▸ Code ▸ Numeric to Text...

C3 ☞ C3(제조사-text) : 1 ☞ 현대, 2 ☞ 대우, 3 ☞ 기아, 4 ☞ 쌍용

[데이터 리코딩 대화상자]

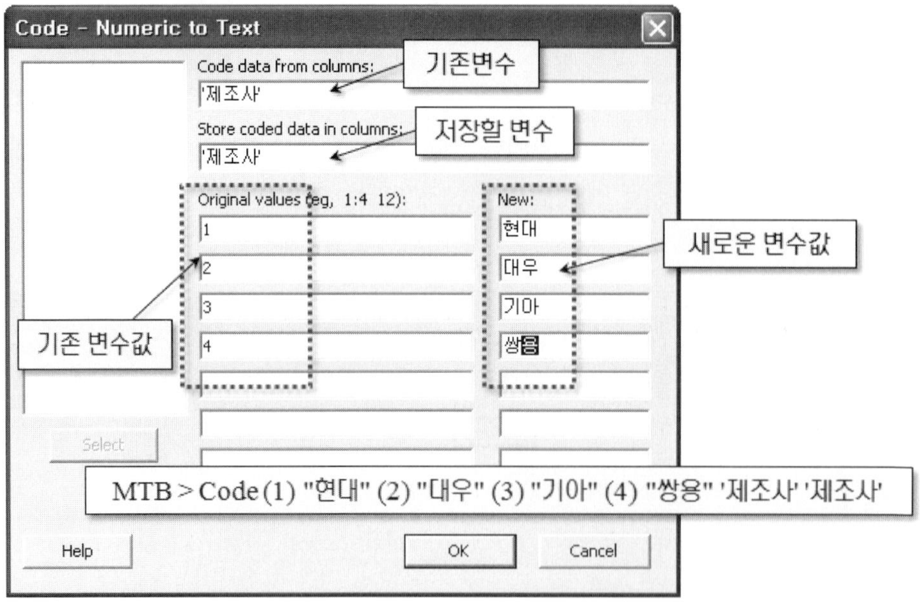

AUTOSPEC.XLS ***

↓	C1	C2-T	C3-T	C4	C5	C6	C7	C8	C9	C10
	번호	차종	제조사	배기량	중량	주행거리	가격	실내길이	실내폭	실내고
1	1	액센트 1.5 DOHC	현대	1495	980	13.60	650	1780	1360	1160
2	2	아반떼1.5 GLS	현대	1495	1095	12.20	790	1865	1385	1140
3	3	쏘나타 III 2.0 GOLD	현대	1997	1335	10.30	1465	1930	1480	1150
4	4	티뷰론2.0 TGX	현대	1975	1190	13.30	1410	1805	1410	1060
5	5	그랜저 V6 3000	현대	2972	1740	8.30	3050	1950	1490	1165
6	6	다이너스티V6 3500	현대	3496	1780	8.00	4140	1950	1490	1160
7	7	티 코 SE	대우	796	620	30.20	412	1730	1215	955
8	8	누비라1.5 DOHC	대우	1498	1105	13.30	819	1830	1425	1170
9	9	라노스1.5 DOHC	대우	1498	1035	15.50	680	1810	1380	1160
10	10	레간자2.0 DOHC	대우	1998	1335	11.70	1398	1905	1418	1172
11	11	뉴프린스1.8 DOHC	대우	1799	1295	13.40	1130	1905	1410	1140
12	12	뉴브로엄2200 DOHC	대우	2198	1355	11.50	2240	1872	1420	1140
13	13	아카디아 로얄 3.2	대우	3206	1555	8.60	4230	1960	1475	1120
14	14	프라이드 웨곤	기아	1323	855	16.40	500	1780	1315	1205
15	15	세피아 레오1.5 DOHC	기아	1498	1085	15.97	726	1790	1395	1120
16	16	크레도스2.0 EXCESS	기아	1998	1270	12.60	1590	1960	1460	1170
17	17	포텐샤 V6 3000	기아	2954	1570	8.30	3020	1930	1450	1165
18	18	엔터프라이즈 3.6 CEO	기아	3605	1750	8.10	4150	1990	1510	1170
19	19	무 쏘 602	쌍용	2874	1800	16.80	2234	1800	1460	1460

[연습1] 문자로 코딩변경된 '제조사'를 다시 숫자로 변경해 볼 것

☞ 힌트> Data ▸ Code ▸ Text to Numeric

[연습2] C4의 열 1500CC 이하 ☞ 1, 1500CC 이상 ☞1 2로 리코딩 '배기량-집단'으로 저장

☞ 힌트> Numeric to Numeric의 Original values에서 범위를 지정

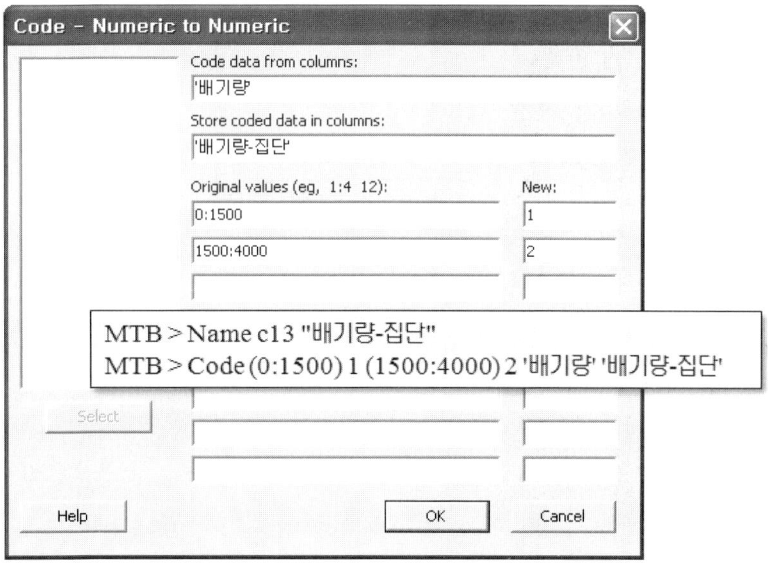

[연습3] '배기량-집단'의 변수값 1 ☞ 소형, 2 ☞ 중형으로 리코딩

☞ 힌트> Data ▸ Code ▸ Numeric to Text

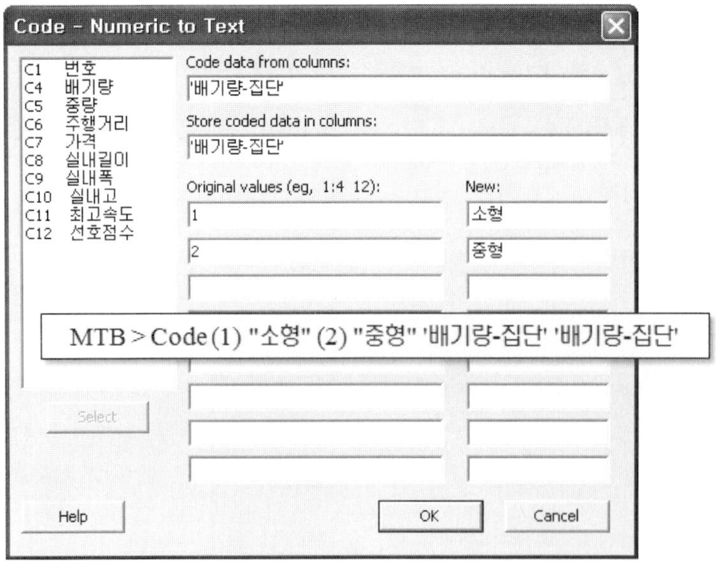

1.6.3 **데이터 출력**(Display Data)

현재 작업중인 Worksheet로부터 선택한 데이터를 Session 창에 출력해 준다. 칼럼, 행렬, 상수 등을 출력할 수 있다. 특히 Worksheet 창에 나타나 있지 않은 저장된 상수나 행렬의 내용을 알고 싶을 때 유용하게 사용된다. 데이터 출력에 대한 Session 명령어는 PRINT으로 다음과 같은 규칙으로 작성하면 된다.

```
PRINT C1 ... Cn M1 ... Mn  K1 ... Kn;
  FORMAT (포멧).
```

여기에서 부명령어 FORMAT는 생략할 수 있으며, 생략하면 디폴트 포멧으로 출력하게 된다. C2에서 C5까지 전체자리수가 10이고 소수점 이하자리수가 4로 출력하려면 다음과 같이 지정한다.

```
PRINT  C2-C5;
  FORMAT  (4F10.4).
```

다음은 FORMAT 부명령어에 포멧을 지정할 때 사용되는 항목이다. 이들 항목들은 데이터를 출력하거나 읽어 들일 때도 동일하게 사용된다.

형 식	설 명
Fw	전체자리수가 w인 숫자 (F-포멧)
Fw.d	전체자리수가 w, 소수점 이하자리수가 d인 숫자 (F-포멧)
Aw	전체자리수가 w인 문자나 문자열 (A-포멧)
DT	날짜/시간 데이터 형식 (DT-포멧)
X	공백(space)을 지정 (X-포멧)
Tn	n번째 칼럼으로 건너뛰기 (T-포멧)
n	반복수, 예) nFw, nAw
(	열기 괄호
)	닫기 괄호
,	포멧들을 구분하기 위한 콤마 구분자
/	새로운 라인으로 이동(다음 줄 처음으로 이동)

참고로, Iw, Gw, Gw.d, Ew, Ew.d, Dw, Dw.d 등도 사용할 수 있다. 기본적인 포멧형식은 Fw이다. 예기에서 w는 전체자리수를 의미한다. ‘F4’이라 지정하면 다음 4자리에 입력된 수를 읽어 들이며, 출력할 경우에는 4자리의 칼럼을 확보하고 숫자를 출력하게 된다. Fw.d 형식에서 d는 소수점 이하 자리수를 의미한다. 예를 들어 ‘F4.2’라고 표현하면 다음 4자리에 입력된 숫자를 읽어 들일 때 마지막 2자리 앞에 소수점을 삽입하게 된다. 또한 출력할 경우에는 4자리 칼럼을 확보하고 소수점 2자리로 Session 창에 출력하게 된다. DT-포멧은 날짜/시간 데이터를 출력하거나 읽을 수 있는 특수한 포멧이다. 예를 들어 DT8m/d/yy는 전체 8개 칸으로부터 m/d/yy 형식으로 날짜/시간 칼럼에 저장하거나 Session 창에 출력한다. FORMAT 부명령어는 공백을 건너뛰기하거나, 일부 데이터를 읽지 않거나 숫자데이터의 자리수를 지정하여 읽고자 하는 경우에 유용하게 사용할 수 있다.

앞에서 설명한 포맷 항목들은 일반적으로 FORTRAN 포멧의 규칙에 따라 결합된다. 예를 들어 다음의 명령어를 보기로 한다.

```
NAME C12 = 'Name'
READ 'Name' C1-C10;
 FILE "exam-01";
 FORMAT (A20, 10X, 10F1).
```

명령어의 마지막 라인에서 'A20'은 각 데이터 입력 라인에서 처음 20개의 칼럼은 'Name'(C12)이라는 칼럼이름으로 문자열을 읽어 들인다. 다음 '10X'는 10개의 칼럼(즉 21 번째 칼럼에서 30번째 칼럼까지)을 건너뛰기하라는 의미이며, 다음 칸 31번째 칼럼은 C1으로, 32번째 칼럼은 C2로, …, 40번째 칼럼은 C10으로 읽어 들인다. 즉 마지막 포맷 10F1은 반복수가 10이므로 F1(숫자 데이터 한자리)을 10번 반복하여 입력한 것과 같다. 즉, 다음 FORMAT 문과 동일하다.

```
NAME C12 = 'Name'
READ 'Name' C1-C10;
 FILE "exam-01";
 FORMAT (A20, 10X, F1, F1, F1, F1, F1, F1, F1, F1, F1, F1).
```

Minitab에서는 아래와 같이 표현되는 날짜/시간(DT)이라는 특수한 포맷이 있다.

```
READ C1;
 FILE "exam-02";
 FORMAT (DT8m/d/yy).
```

이는 처음 8개 칸을 C1에 날짜/시간 값으로 읽어 들인다. 이 경우 반드시 파일 내에 날짜/시간 데이터의 입력형식은 m/d/yy의 형식으로 입력되어 있어야 한다.

다음은 T-포멧과 슬래쉬(/), 괄호 앞에 반복수를 사용하는 예이다.

```
READ C11-C15;
  FILE "exam-03";
    FORMAT (F2.1, 2(1X,F3), T60, F4/F2).
```

이 예는 하나의 레코드가 두 개의 데이터 라인으로 입력된 경우이다. C11의 값은 1에서 2칼럼까지 입력되어 있고, 3칼럼은 건너뛰고 C12는 4에서 6칼럼까지, 7칼럼은 건너뛰고 C13은 8에서 10칼럼까지, 처음부터 60번째 칼럼으로 뛰어넘어 60에서 63칼럼까지 C14로 읽어 들이며, /는 두 번째 라인으로 이동하여 1에서 2칼럼까지 C15로 읽어 들인다.

1. Data ▸ Display Data...

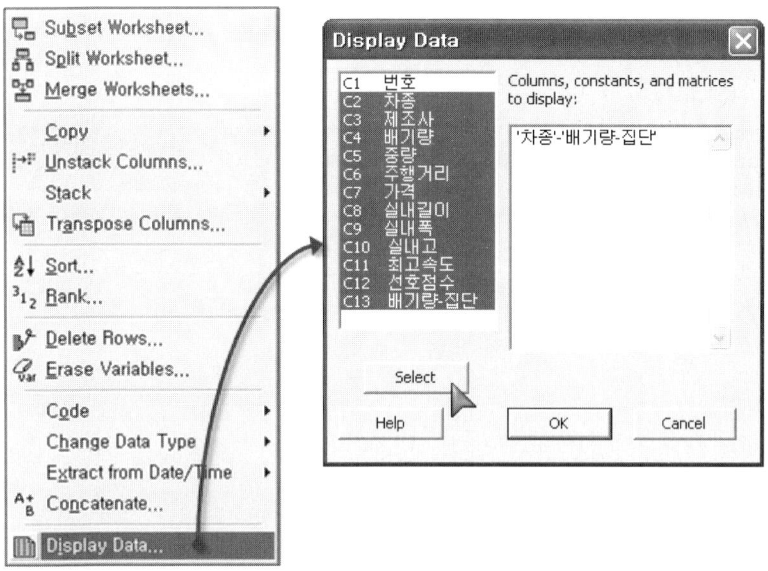

Data Display

선호평균　6.00053

Row	차종	제조사	배기량	중량	주행거리	가격	실내길이
1	액센트 1.5 DOHC	현대	1495	980	13.60	650	1780
2	아반떼1.5 GLS	현대	1495	1095	12.20	790	1865
3	쏘나타 III 2.0 GOLD	현대	1997	1335	10.30	1465	1930
4	티뷰론2.0 TGX	현대	1975	1190	13.30	1410	1805
5	그랜저 V6 3000	현대	2972	1740	8.30	3050	1950
6	다이너스티V6 3500	현대	3496	1780	8.00	4140	1950
7	티 코 SE	대우	796	620	30.20	412	1730

…생략…

1.6.4 결과 저장하기

Minitab 출력결과 저장

1. File ▸ Save Session Window As...

[출력 결과 저장 화면]

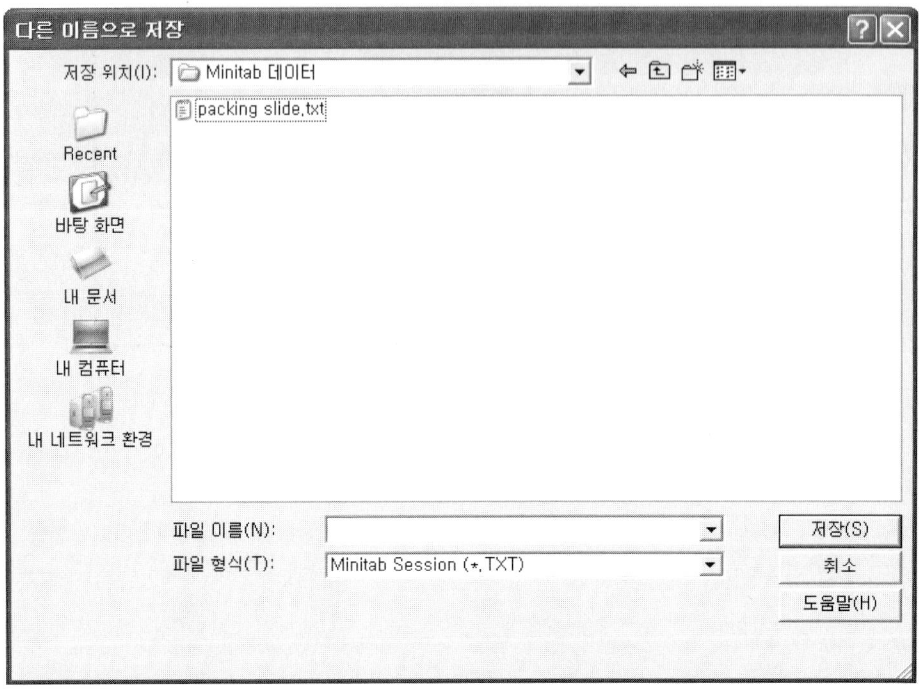

위와 같이 저장하면 Session 창에 출력된 모든 결과를 다 저장한단 그러나 일부만을 저장하고자 할 경우 저장하기를 원하는 부분을 끌기로 선택(또는 Shift

+ ← → ↑ ↓ Page Down Page Up 키를 이용 블록으로 선택하고)하고 File ▸ Save Session Window As...을 선택하여 저장하면 된다.

1.6.5 정렬(Sort)하기

1. AUTOSPEC.MTW를 Worksheet에 읽어 들인다.
2. Data ▸ Sort...

[정렬(Sort) 대화상자]

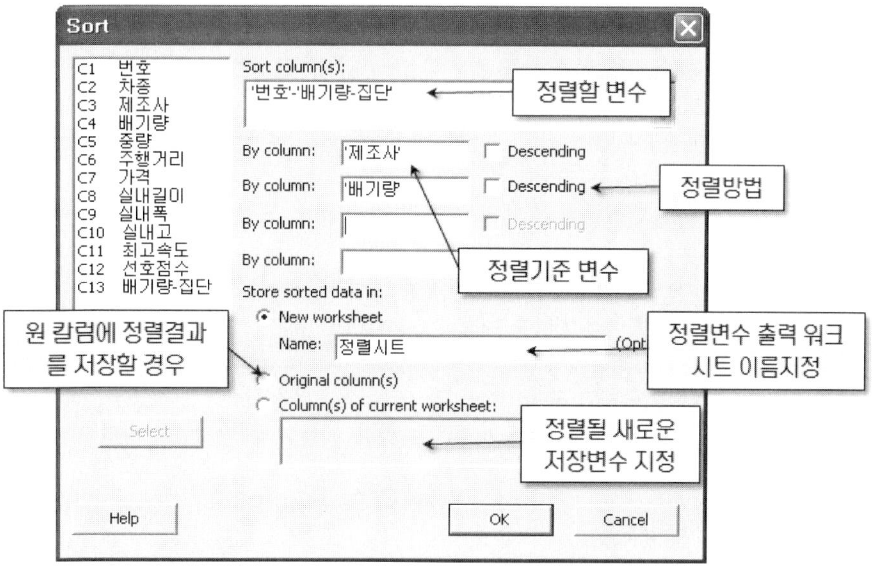

정렬할 변수와 정렬될 새로운 변수를 동일하게 지정하였기 때문에 새로운 변수를 만들지 않고 기존의 변수에 정렬된 결과를 보관하게 된다. 먼저 설정된 정렬기준변수가 '성별'이므로 성별에 따라 판매량이 오름차순(ascending order)으로 정렬된다. 정렬방식인 ☑ Descending 에 체크하면 내림차순(descending order)으로 정렬된다. 여기에서는 체크하지 않았기 때문에 오름차순으로 정렬된 것이다.

[정렬된 결과]

정렬시트 ***

↓	C1	C2-T	C3-T	C4	C5	C6	C7	C8	C9
	번호	차종	제조사	배기량	중량	주행거리	가격	실내길이	실내폭
1	14	프라이드 웨곤	기아	1323	855	16.40	500	1780	1315
2	15	세피아 레오1.5 DOHC	기아	1498	1085	15.97	726	1790	1395
3	16	크레도스2.0 EXCESS	기아	1998	1270	12.60	1590	1960	1460
4	17	포텐샤 V6 3000	기아	2954	1570	8.30	3020	1930	1450
5	18	엔터프라이즈 3.6 CEO	기아	3605	1750	8.10	4150	1990	1510
6	7	티 코 SE	대우	796	620	30.20	412	1730	1215
7	8	누비라1.5 DOHC	대우	1498	1105	13.30	819	1830	1425
8	9	라노스1.5 DOHC	대우	1498	1035	15.50	680	1810	1380
9	11	뉴프린스1.8 DOHC	대우	1799	1295	13.40	1130	1905	1410
10	10	레간자2.0 DOHC	대우	1998	1335	11.70	1398	1905	1418
11	12	뉴브로엄2200 DOHC	대우	2198	1355	11.50	2240	1872	1420
12	13	아카디아 로얄 3.2	대우	3206	1555	8.60	4230	1960	1475
13	19	무 쏘 602	쌍용	2874	1800	16.80	2234	1800	1460
14	1	액센트 1.5 DOHC	현대	1495	980	13.60	650	1780	1360
15	2	아반떼1.5 GLS	현대	1495	1095	12.20	790	1865	1385
16	4	티뷰론2.0 TGX	현대	1975	1190	13.30	1410	1805	1410
17	3	쏘나타 III 2.0 GOLD	현대	1997	1335	10.30	1465	1930	1480
18	5	그랜저 V6 3000	현대	2972	1740	8.30	3050	1950	1490
19	6	다이너스티V6 3500	현대	3496	1780	8.00	4140	1950	1490

1.6.6 **데이터 재구성**

한쪽 데이터를 다른 쪽 데이터로 복사하고, 일부분을 선택하여 복사할 수 있다. 이때 데이터를 복사하는 것은 앞에서 배웠고, 이 절에서는 데이터의 일부분만을 선택하여 복사하고자 할 때 어떻게 하는가에 대해서 알아보자.

▶ Data ‣ Copy ‣ Columns to Columns...

[복사 메뉴]

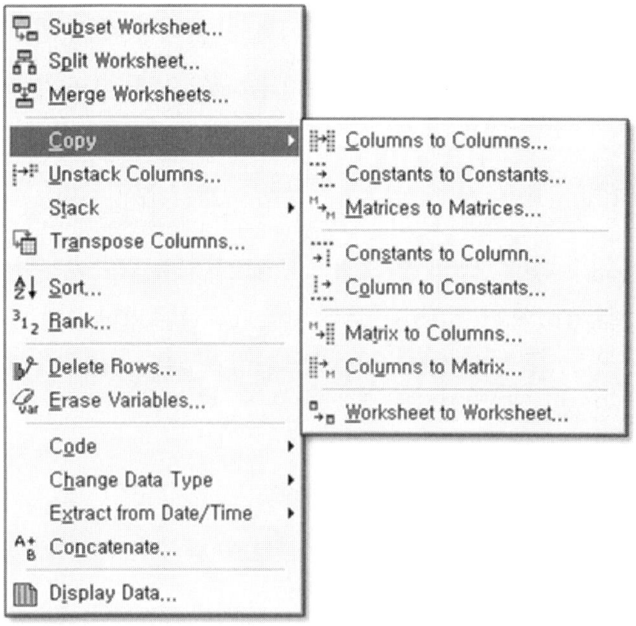

[칼럼 복사 대화상자]

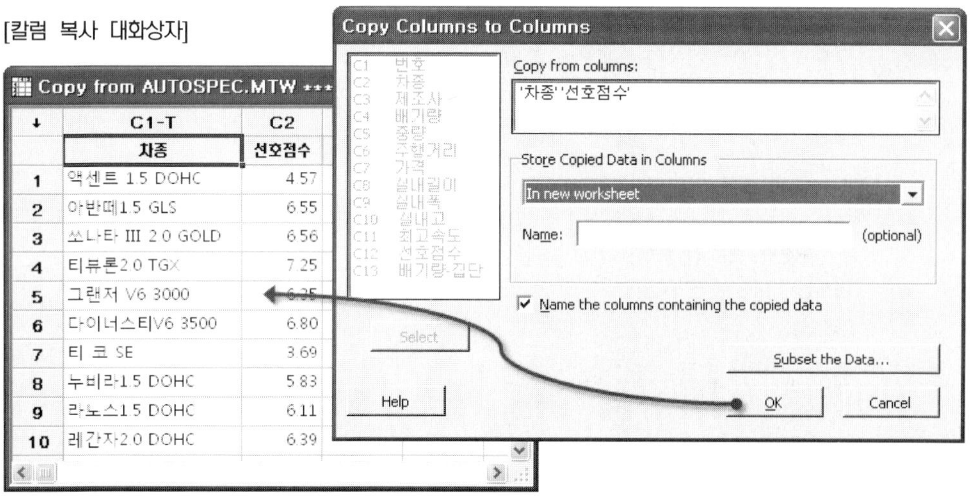

[연습1] '제조사'가 '현대'인 경우만 다른 워크시트에 복사

[연습2] '배기량-집단'이 '중형'인 것만 다른 워크시트에 복사

1.6.7 순위(rank) 부여하기

데이터를 크기 순서대로 나열한 후(오름차순)에 차례대로 순위(rank)를 부여한다. 이때 동일한 값이 존재하면 순위 값들의 평균값을 부여하거나 낮은 값 또는 높을 값을 부여할 수 있다. 이와 같이 동일한 값을 동률(ties)이라고 한다. 그리고 동률이 존재할 경우 평균값, 낮은 값, 높은 값, 순차적 값의 순위를 사용하느냐에 따라 평균순위, 낮은 순위, 높은 순위, 순차적 순위라고 한다. 그러므로 동률이 존재할 경우 부여하는 방법에 따라 순위도 달라진다.

기준변수	평균순위	낮은 순위	높은 순위	순차적 순위
10	1	1	1	1
15	3	2	4	2
15	3	2	4	2
15	3	2	4	2
16	5	5	5	3
20	6	6	6	4

Minitab 에서는 순위를 부여하는 방법으로 평균순위를 사용한다. 다음과 같은 데이터가 있을 때 순위를 부여해 보기로 한다.

1. 데이터를 Worksheet의 C1에 입력한다.
2. Data ▸ Rank...

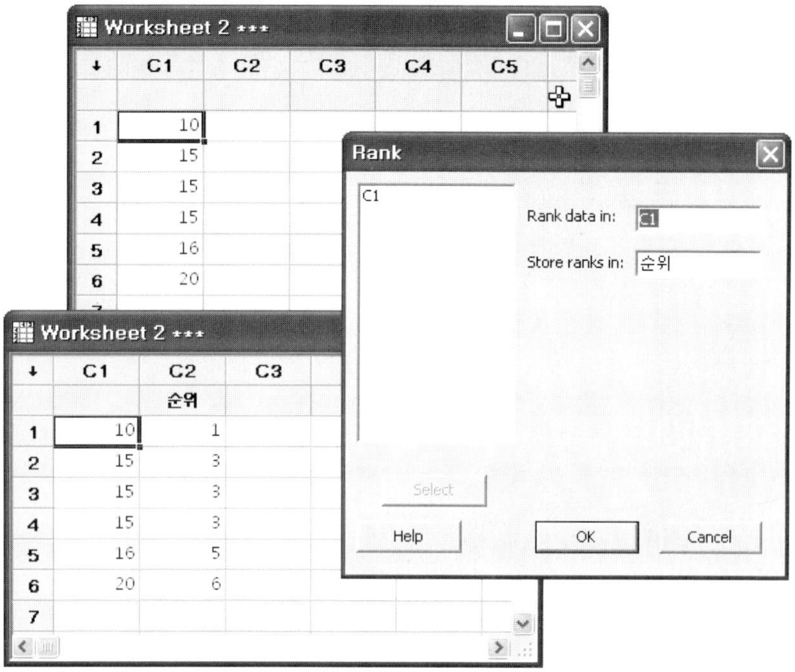

위의 결과를 보면 Minitab 에서는 순위를 부여할 때 평균순위를 사용함을 알 수 있다. 이와 같은 순위부여는 비모수 통계분석(nonparametric statistical analysis)에서 주로 사용된다. 다른 순위를 사용하려면 Excel에서 순위함수 '=RANK(number,ref,1)'를 사용하여 해결하도록 하자. 참고로 Rank 함수는 낮은 순위로 순위를 결정하게 되나 평균순위를 사용하려면 셀에 다음 연산식

=RANK(A2,$A$2:$A$7, 1) + (COUNT($A$2:$A$7) + 1 -

RANK(A2,$A$2:$A$7,0) - RANK(A2,$A$2:$A$7,1))/2

를 사용하면 된다. 이 연산식을 수정하면 여러 가지 순위를 계산할 수 있다.

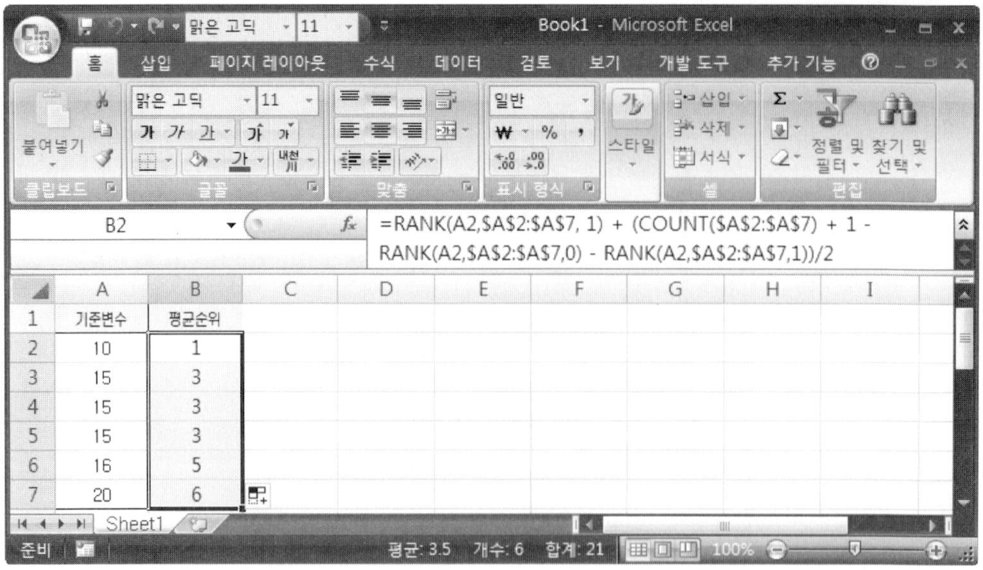

1.6.8 **표준화**(standardization)

표준화란 데이터를 평균이 '0', 표준편차가 '1'이 되도록 데이터의 척도를 변환하는 것을 말한다. 그렇다면 표준화는 어떤 경우에 사용하는가? 이는 데이터 분석에서 측정단위가 같지 않은 변수들은 서로 숫자를 비교하거나 정당한 모형을 적합할 수 없다. 그러므로 분석할 변수들의 측정단위가 다른 경우 변수값의 척도를 동일한 척도로 바꾸고자 할 경우에 유용하게 사용할 수 있다. 특히 다변량 분석에서 데이터가 가지는 변수들의 측정단위가 다른 경우에 통계적 거리는 반드시 표준화 후에 계산하여야 한다. 그래야 정당한 거리를 계산할 수 있으며 모형 적합시 해석상의 실수를 방지할 수 있다. 표준화 변수 z는 다음과 같이 정의된다.

$$z = \frac{x_i - \overline{x}}{s} \qquad \text{단, } \overline{x} = \frac{1}{n}\sum_{i=1}^{n} x_i \ , \quad s = \frac{1}{n-1}\sqrt{\sum_{i=1}^{n}(x_i - \overline{x})^2}$$

즉, 표준화 변수 z는 각 관측값에서 평균을 빼고, 표준편차로 나눈 값이다. 평균은 분포의 중심경향값이고 그 중심을 '0'으로 이동시킨다. 그리고 각 관측값들 중심인 '0'으로부터 퍼져있는 평균거리인 표준편차를 일정한 값 '1'로 조정해 줌으로써 변수들의 상대적 비교가 가능하게 된다.

'배기량' 데이터를 표준화하여 'Z배기량'에 저장해 보자.

▶ Calc ▸ Standardize...

[표준화 대화상자]

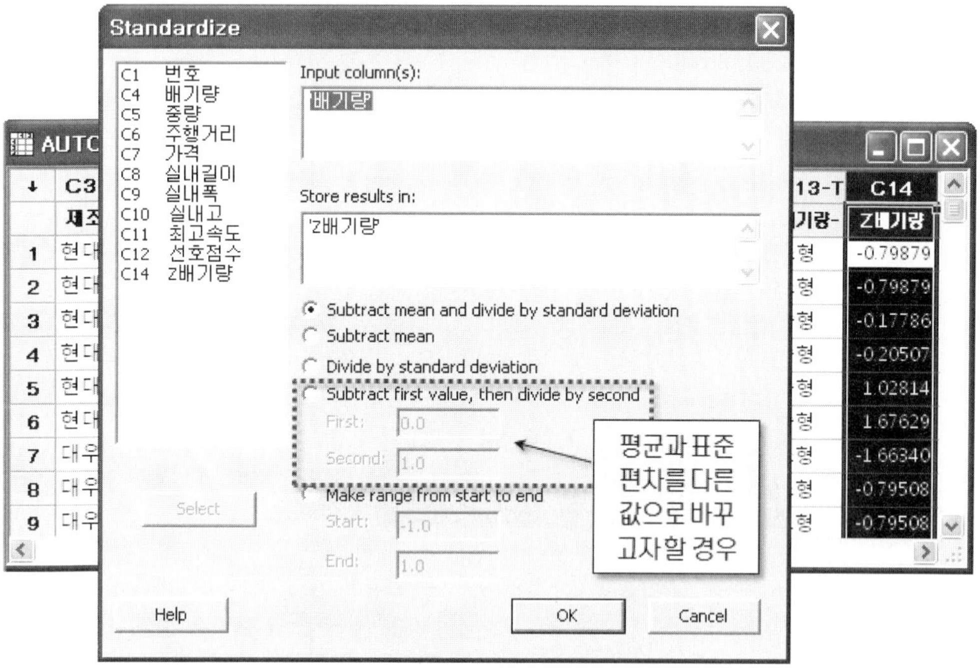

1.7 행렬(Matrix) 연산

행렬 데이터는 M1, M2, … 등으로 저장된다. 입력된 칼럼들을 행렬로, 또는 행렬을 칼럼으로 변환하여 저장할 수도 있다.

1.7.1 행렬의 입력

1열	2열	3열	4열	
24	13	52	85	1행
95	85	96	68	2행
25	95	56	83	3행
40	41	54	48	4행

행렬 : 행과 열로 이루어진 Data Set. 위의 행렬은 4×4 행렬이다.

▶ Calc ▸ Matrices ▸ Read...

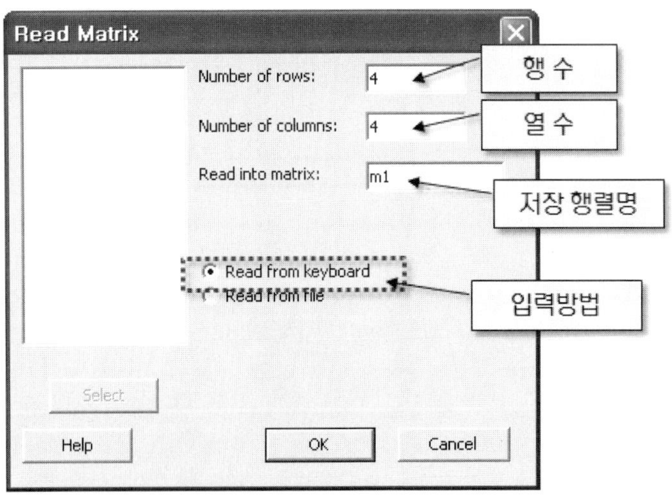

참고 : Read from file을 선택하고 OK 단추를 누르면 행렬 데이터가 입력된 파일을 지정할 수 있다.

Read from keyboard를 선택하면 Session 창에 DATA> 라는 프롬프트가 나타난다. 이곳에 데이터를 다음과 같이 입력한다.

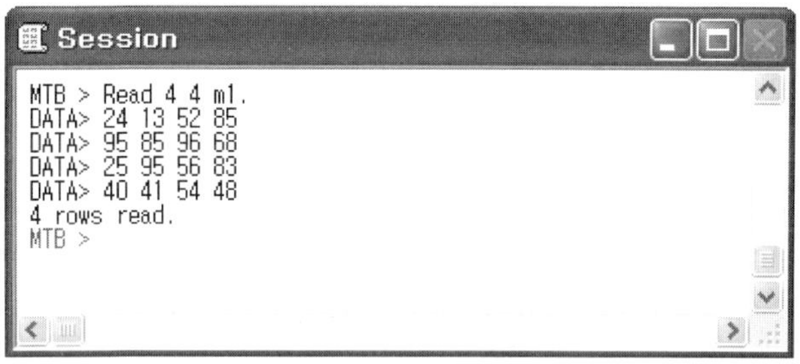

명령문 창에서 다음과 같이 입력하고 실행해도 된다.

1.7.2 Worksheet에서 행렬 입력

Worksheet에 입력된 데이터를 행렬로 저장하는 방법은 다음과 같다.

1. Worksheet에 행렬 데이터를 입력한다.

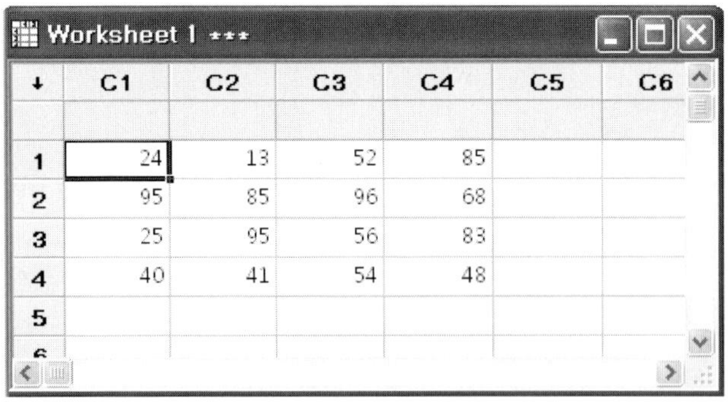

2. Data ▸ Copy ▸ Columns to Matrix...

[Worksheet에서 행렬로 복사]

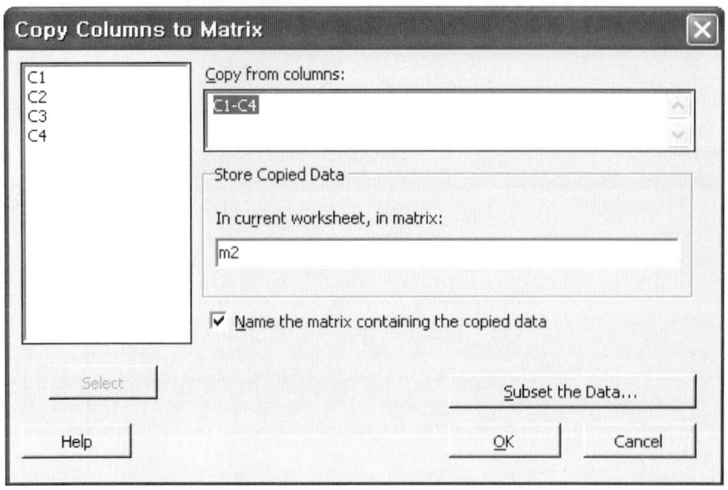

3. Session 창에서 'MTB> PRINT M2'라고 입력한 다음 Enter 키를 누르면 다음과 같이 Session 창에 행렬 M2가 나타난다.

1.7.3 행렬을 Worksheet로 입력

행렬을 Worksheet에 칼럼으로 저장하는 방법은 다음과 같다.

1. Data ▸ Copy ▸ Matrix to Columns...
2. 대화상자에서 다음과 같이 지정한다.

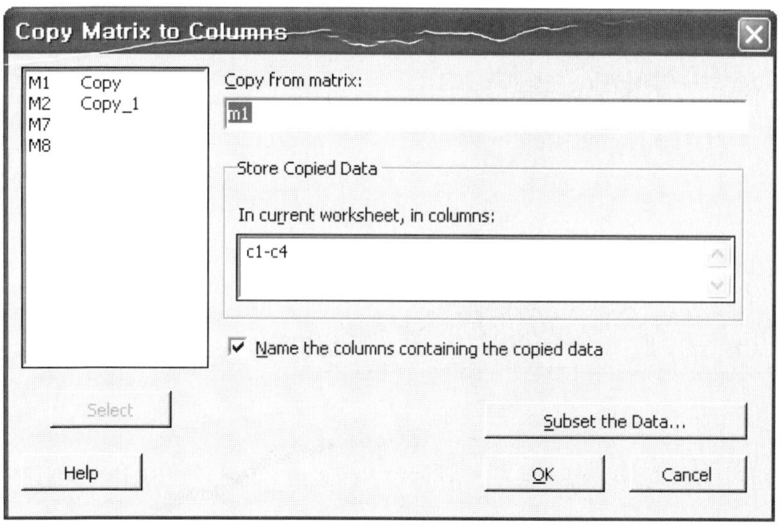

3. OK 단추를 누르면 Worksheet의 칼럼에 행렬데이터가 나타난다.

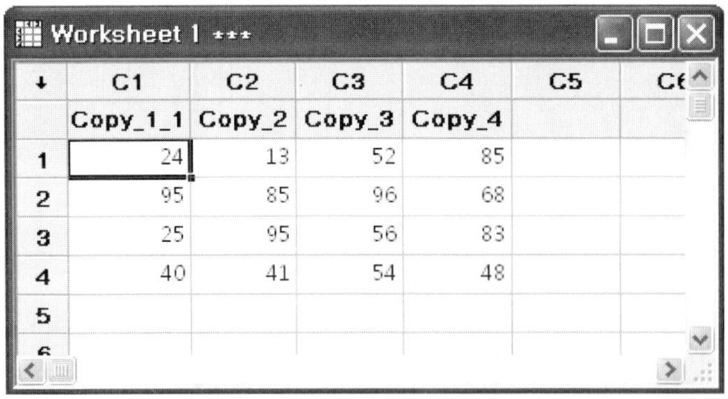

1.7.4 **역행렬 계산**

1. Calc ▸ Matrices ▸ Invert...

[역행렬 계산 대화상자]

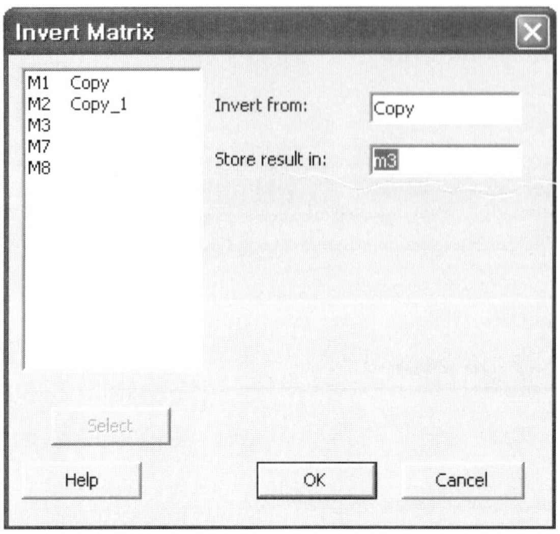

역행렬의 계산 결과를 보기 위하여 Session 창에서 'PRINT M3'을 입력하고 Enter↵ 키를 누른다.

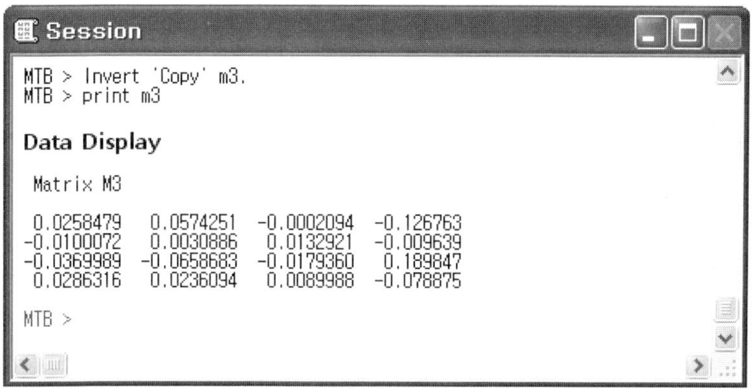

1.7.5 행렬의 연산

앞에서 저장한 행렬 M1과 그 역행렬인 M3인 두 행렬을 곱하면 단위행렬(unit matrix)이 된다. 이 두 행렬을 곱을 계산하여 확인해 보자.

1. Calc ▸ Matrices ▸ Arithmetic...

2. 행렬 곱셈 M1 * M3를 계산하기 위하여 다음과 같이 지정한다.

[행렬 연산 대화상자]

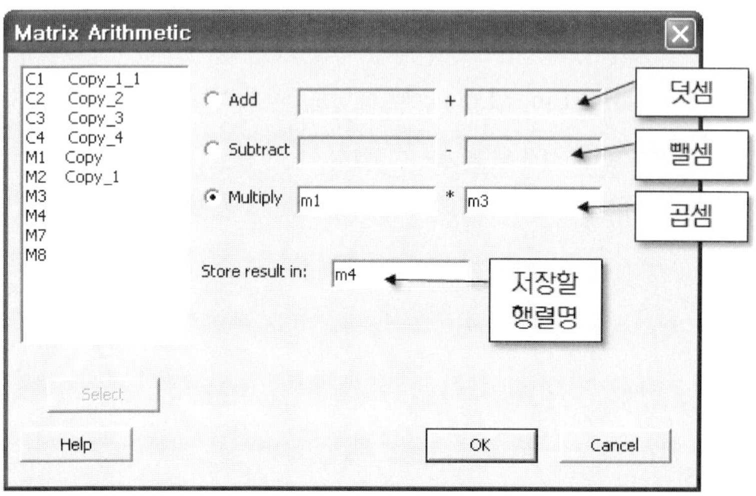

3. 결과를 확인하기 위하여 Session 창에서 'PRINT M4'를 입력하고 Enter↵키를 누른다.

행렬과 그 역행렬을 곱했으므로 대각원소가 모두 '1'이고 비대각원소는 모두 '0'인 단위행렬(unit matrix)이 계산되었음을 알 수 있다.

1.7.6 전치(Transpose) 행렬

전치행렬은 행과 열을 바꾸어 놓은 행렬을 말한다.

M7= $\begin{pmatrix} 1 & 2 & 3 \\ 4 & 5 & 6 \\ 7 & 8 & 9 \end{pmatrix}$이면 전치행렬 M7'=M8= $\begin{pmatrix} 1 & 4 & 7 \\ 2 & 5 & 8 \\ 3 & 5 & 9 \end{pmatrix}$이 된다.

1. Edit ▸Command Line Editor에 명령문을 입력하고 실행하면 Session 창에 명령문이 순차적으로 실행됨을 볼 수 있다.

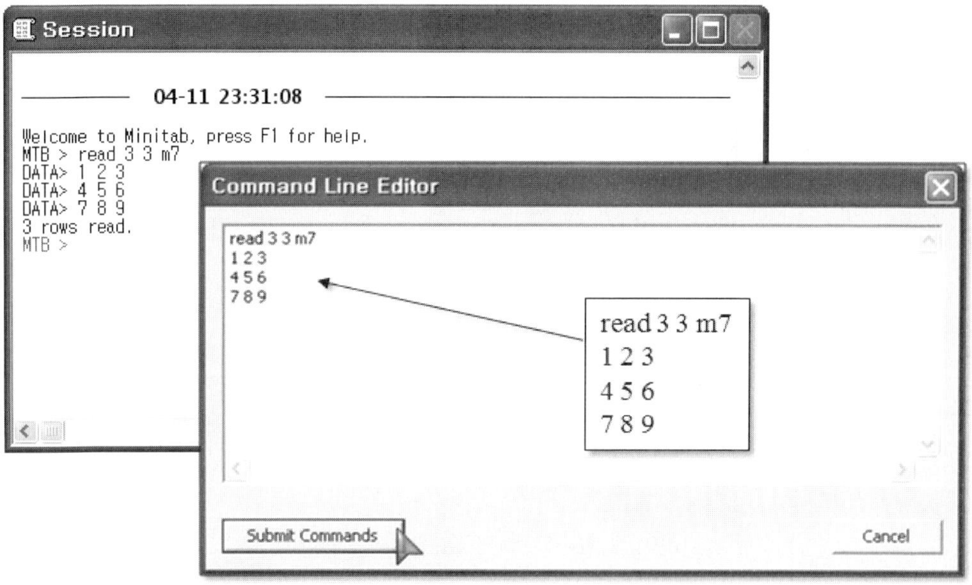

2. Calc ▸ Matrices ▸ Transpose...

[행렬의 Transpose 대화상자]

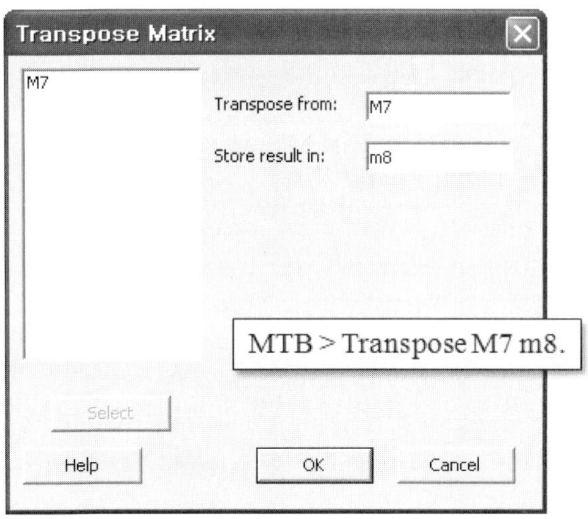

3. 결과를 확인하기 위하여 Session 창에서 PRINT M8을 입력하고 [Enter↵]를 누른다.

☞ Tips! > 이 과정을 일괄처리하기 위해서 다음과 같이 Edit ▸ Command Line Editor에 명령문을 입력하고 실행하면 동일한 결과를 얻을 수 있다.

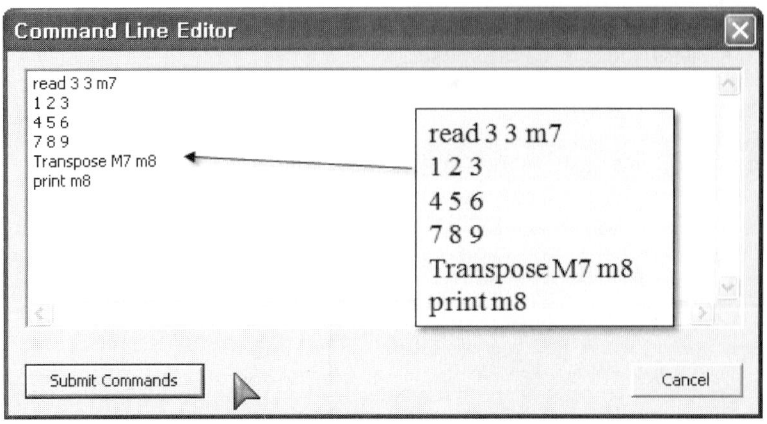

이러한 연산처리는 몇몇 명령문을 암기하여 일괄처리하는 방법을 사용하는 것이 더 효율적이므로 처음부터 일괄처리방법을 익히는 것이 좋다.

1.8 확률분포와 모의실험

통계적 모의실험을 위한 가짜 데이터를 사용하는 경우가 있다. 이러한 가짜 데이터를 난수(random number)라고 한다. 이는 보통 학습하기 위한 용도나 가상 현실의 조건을 주어 유사한 난수를 발생시킨 후에 이들 난수를 분석하여 실제로 어떻게 될지를 확률적으로 판단하기 위한 모의실험에 사용되기도 한다. 일반적으로 실전에서 자주 사용되지 않지만 실험이 시간, 공간, 비용, 기타 조건 등에 있어서 불리한 경우에는 필수적인 요소이므로 난수를 발생하여 난수들의 특성을 파악하는 법을 익혀 두기로 하자.

1.8.1 정수형 난수발생

주사위를 10,000번 던지는 실험을 하여 나타나는 눈금의 수를 칼럼에 저장해 보기로 하자.

1. Calc ▸ Random Data ▸ Integer...

[정수형 난수발생 대화상자]

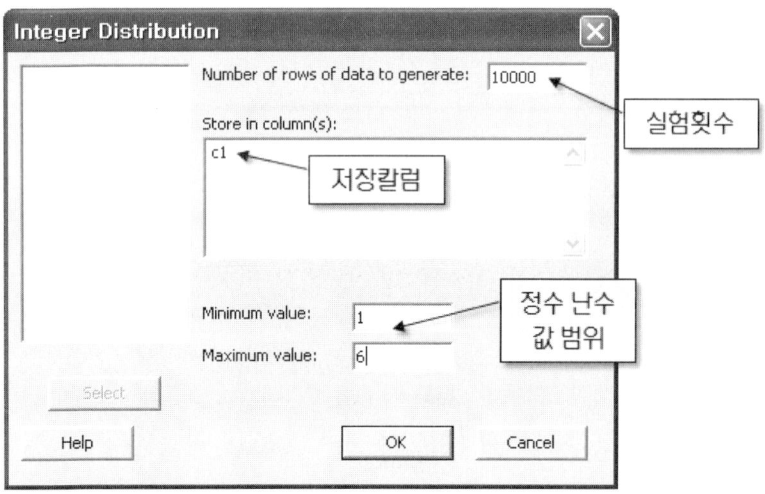

2. 난수발생 결과를 확인하기 위하여 Stat ▸ Tables ▸ Tally Individual

Variables...를 선택하여 다음과 같이 지정하고 실행한다.

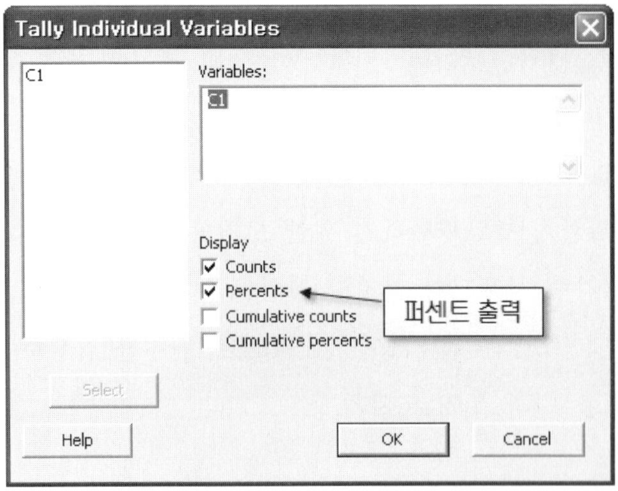

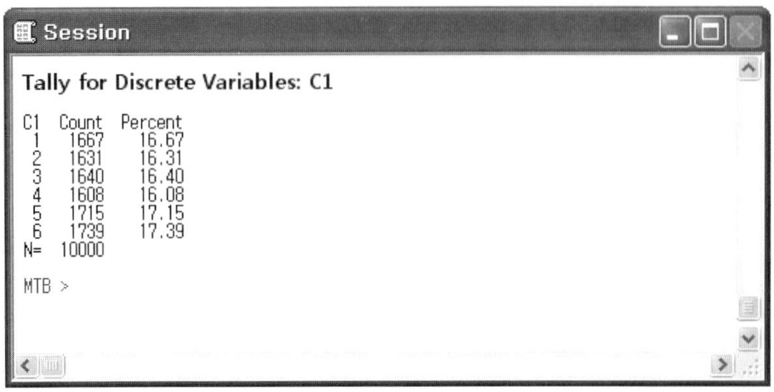

일괄처리 명령어 : **Edit ▸ Command Line Editor**

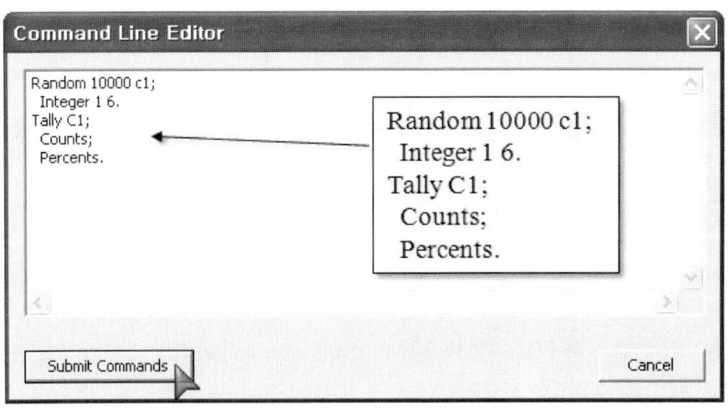

1.8.2 Bernoulli **난수발생**

사건이 성공과 실패라는 두 가지만 있는 경우 성공의 확률 0.8이라 가정하고 성공일 때 1, 실패일 때 0이라고 하면, 이 실험은 10,000번 반복한 난수를 생성하려면 다음 절차를 따른다.

1. Calc ▸ Random Data ▸ Bernoulli...

[베르누이 난수발생 대화상자]

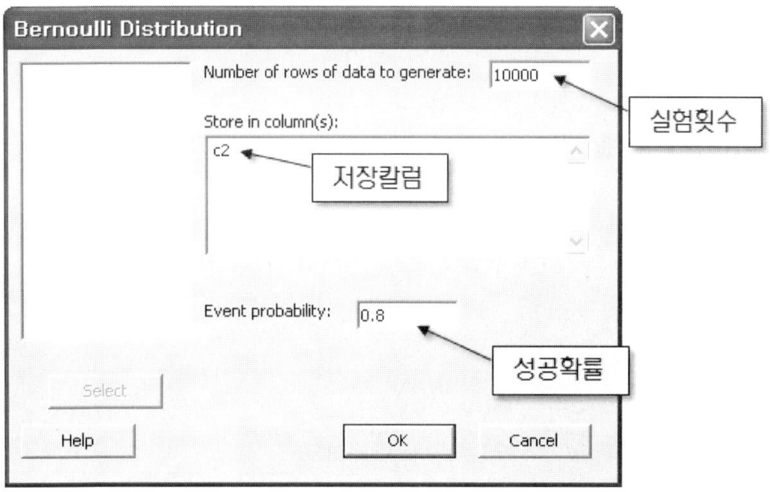

2. 난수발생 결과를 확인하기 위하여 Edit ▸Command Line Editor를 선택하여 다음과 같이 실행한다.

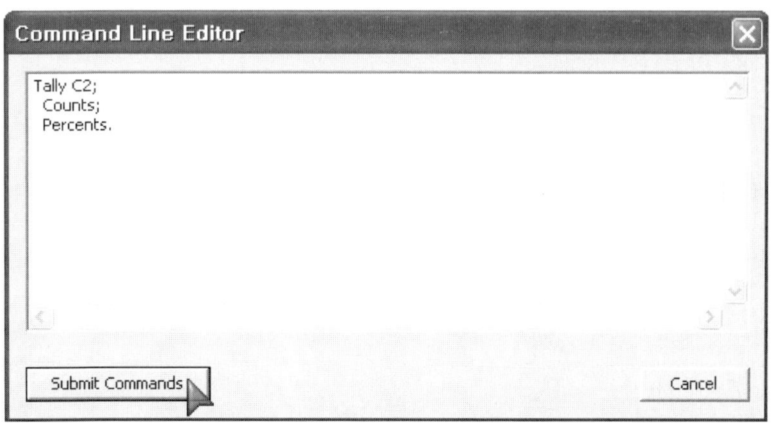

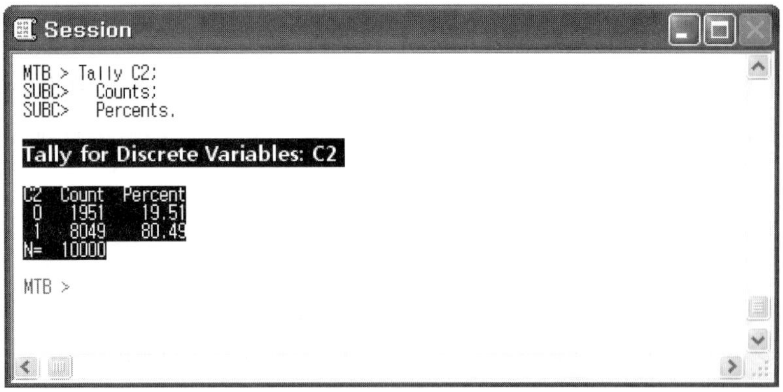

1.8.3 Normal **난수발생**

평균이 ‘0’이고 표준편차가 ‘1’인 표준정규분포 난수를 500개 발생해 보자. 그리고 발생된 난수를 히스토그램을 그려 보기로 한다.

1. Calc ▸ Random Data ▸ Normal...

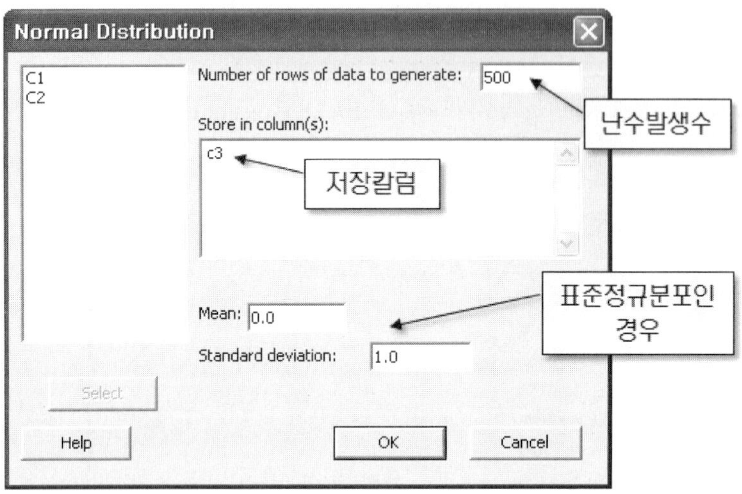

2. Graph ▸ Histogram...

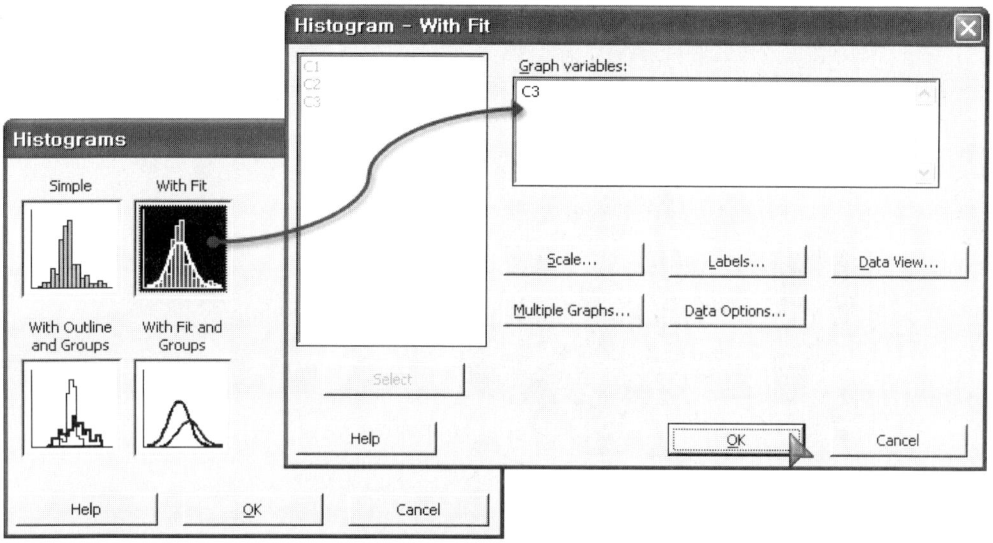

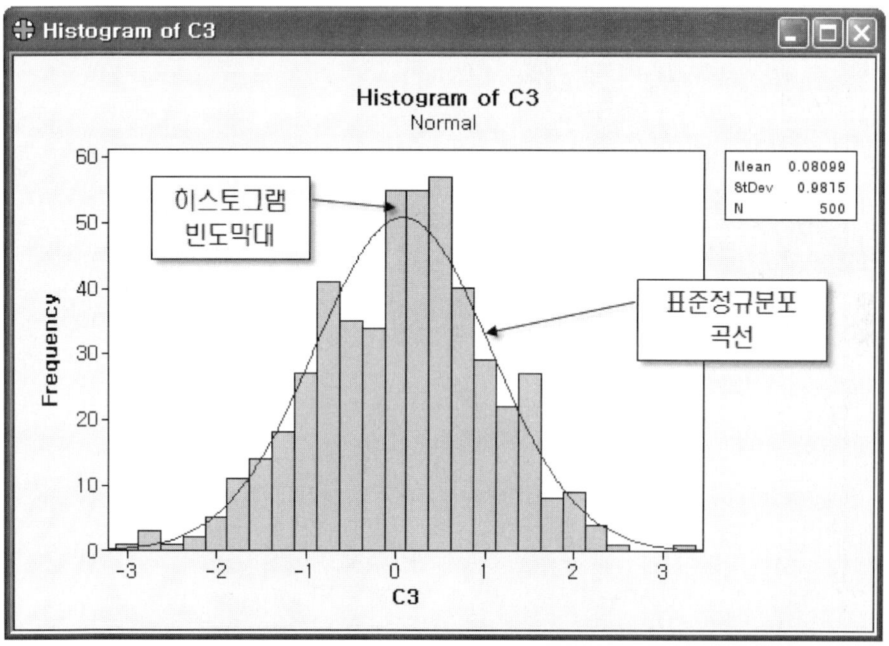

실선은 표준정규분포의 Pdf 함수를 나타낸 것이며 막대는 발생된 난수들의 구간별 빈도를 나타내고 있다. 이 두 분포의 형태가 유사할수록 난수가 표준정규분포에 얼마나 가까운지를 알 수 있다.

1.8.4 확률분포함수 계산하기

한 분포함수의 확률밀도함수(pdf), 누적분포함수(cdf), 역누적분포함수(inv.cdf)등을 계산하는 과정을 알면 다른 분포함수 역시 동일한 방법으로 계산할 수 있으므로 여기에서는 이항분포함수에 대해서만 살펴보기로 한다.

확률밀도함수(pdf)

1. Calc ▸ Probability Distributions ▸ Binomial...

시행 횟수가 5번이고 성공 확률이 0.7일 때의 확률값을 계산해 보자. 우선 다음의 명령어를 사용하여 C4열에 1에서 5까지 입력한 후

```
MTB > Set C4
DATA> 1(1 : 5 / 1 )1
DATA> End.
```

다음과 같이 지정한다.

[이항분포 대화상자]

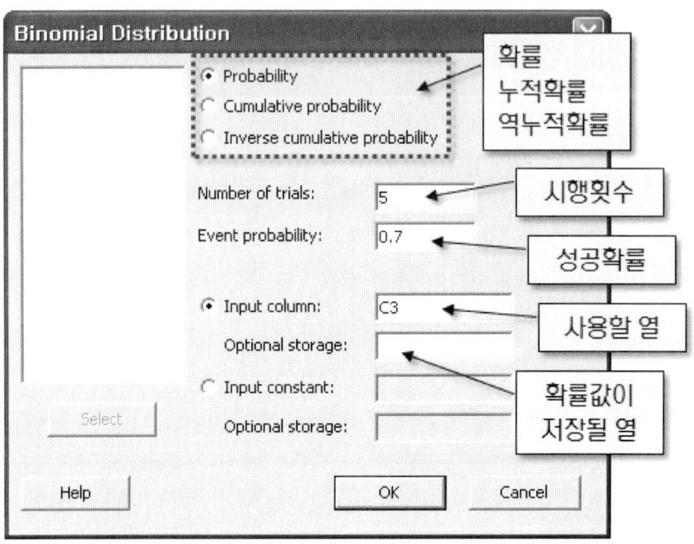

```
Probability Density Function

Binomial with n = 5 and p = 0.7

x  P( X = x )
1     0.02835
2     0.13230
3     0.30870
4     0.36015
5     0.16807
```

누적분포함수(CDF)

시행횟수 5, 성공확률 0.7인 분포의 3번까지 성공할 누적확률을 계산하려면 앞의 에서 Cumulative probability를 선택한 다음 Input constant 에서 '3'을 입력하고 실행한다.

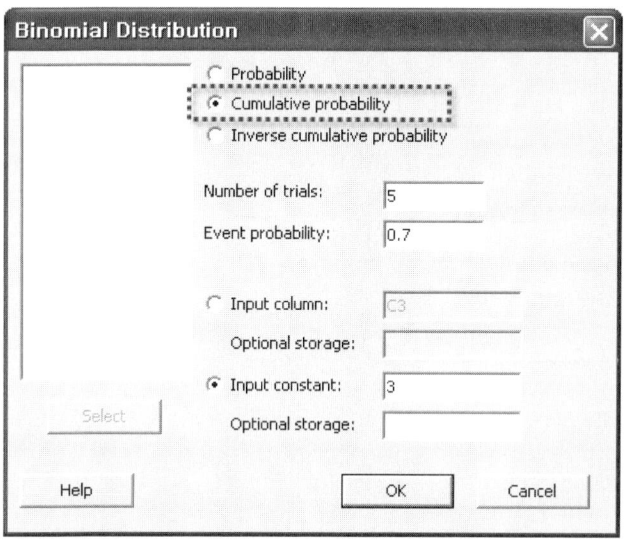


```
Cumulative Distribution Function

Binomial with n = 5 and p = 0.7

x  P( X <= x )
3      0.47178
```

누적확률 전체를 보고자 할 때에는 Optional storage에 누적확률이 저장될 열을 지정하면 워크시트 창에 나타난다.

역 누적분포함수(InvCDF)

시행횟수 5, 성공확률 0.7인 분포에서 확률이 누적확률이 0.65일 때의 횟수를 구하고 자하는 경우 대화상자에서 Inverse cumulative probability를 선택한 다음 Input constant 에서 0.65를 입력하고 실행한다.

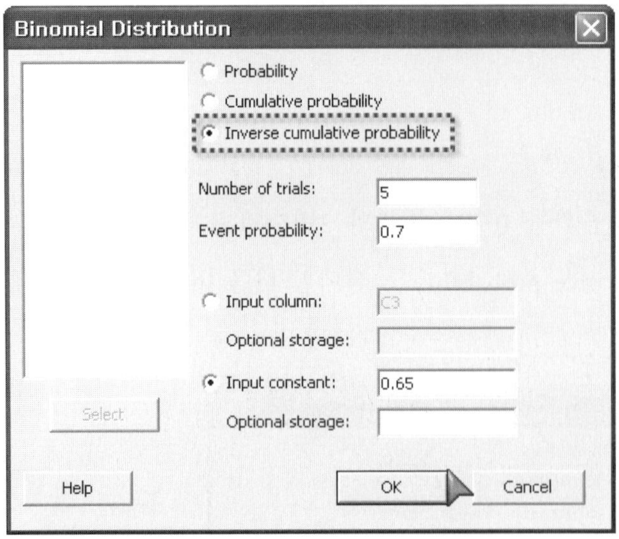


```
Inverse Cumulative Distribution Function

Binomial with n = 5 and p = 0.7

x  P( X <= x )       x  P( X <= x )
3      0.47178       4      0.83193
```

1.9 그래프

"하나의 도표는 수천 개의 수치보다 더 가치가 있다"라는 말이 있듯이 주어진 데이터를 잘 묘사하는 최선의 방법은 데이터를 눈으로 보고 쉽게 인지할 수 있도록 시각화하는 것이다. 이러한 시각화 데이터 분석의 결과 이미지를 만드는 방법 중 가장 널리 사용될 수 있는 것이 바로 그래프 표현법이라고 할 수 있다.

일반적으로 하나의 범주형 변수는 원도표나 막대도표로서 시각화할 수 있다. 그러나 원도표(pie chart)는 범주가 많은 경우에 각 조각(slice)들이 너무 조밀하게 나누어져 그 각의 크기를 한눈으로 비교하기가 힘든 경우가 종종 발생하게 된다. 그러므로 범주의 수가 5개 미만인 경우에 원도표를 사용하는 것이 바람직하다. 많은 범주를 가지는 변수에 대해서는 막대도표를 활용하는 것이 더 적절하다고 하겠다. 막대도표(bar chart)는 범주의 수에 상관없이 언제라도 활용할 수 있는 시각적 표현법이라고 할 수 있다. 두 개의 범주형 변수를 나타내는 방법으로 역시 막대도표의 수평누적 막대도표나 수직누적 막대도표를 활용하면 된다. 3개 이상의 범주형 변수는 사실상 표현하기 어려우며 표현한다고 해도 인지하기 쉽지 않은 것이 단점이다. 그러므로 시각화할 경우에 사람이 가장 잘 인지할 수 있는 차원의 수는 2차원이라고 해도 과언은 아닐 것이다. 한편 하나의 연속형 변수를 시각화하는 방법은 히스토그램을 그려 보는 것이다. 히스토그램은 평균과 표준편차, 표본크기 등의 수치적 정보(통계량)들도 나타내 준다. 그러므로 얼마나 중심인 평균으로부터 퍼

[Graph 메뉴]

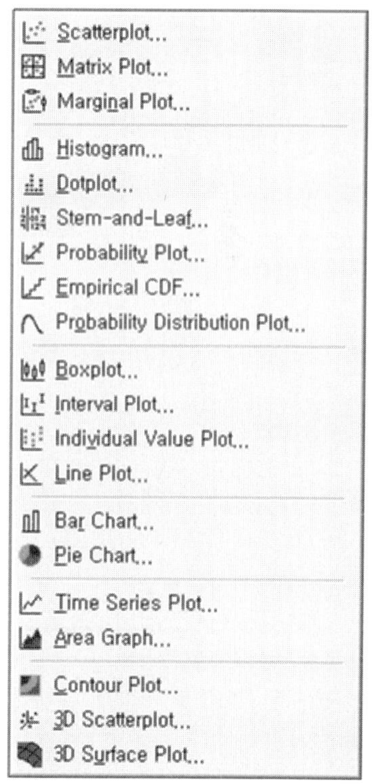

져 있는가와 분포의 모양이 뾰쪽한지, 치우쳐 있는지 등을 쉽게 볼 수 있도록 해준다. 둘 이상의 연속형 변수들의 시각적 표현법은 산점도(scatterplot)를 그려 보는 것이다. 산점도는 2차원 및 3차원 도표를 그릴 수 있으며 다차원의 경우는 행렬 산점도로 대신하여 간접적으로 확인하는 수밖에 없다. 그리고 범주형과 연속형 변수들을 시각화하는 방법으로 다중선도표를 주로 활용하다면 매우 효과적인 시각적 결과 이미지를 만들 수 있다. 이러한 기본적인 그래프 표현법들을 체험을 통하여 익힌다면 그 외의 다른 응용된 그래프나 도표들을 활용할 수 있는 능력을 가지게 된다. 또한 더 나아가 새로운 그래프 표현법을 자신 나름대로 개발하여 적용하고 활용할 수도 있게 될 것이다.

1.9.1 그래프 다루기

Frame : 그래프 외곽의 선, 라벨, 스케일 등을 지정

[Frame의 형태]

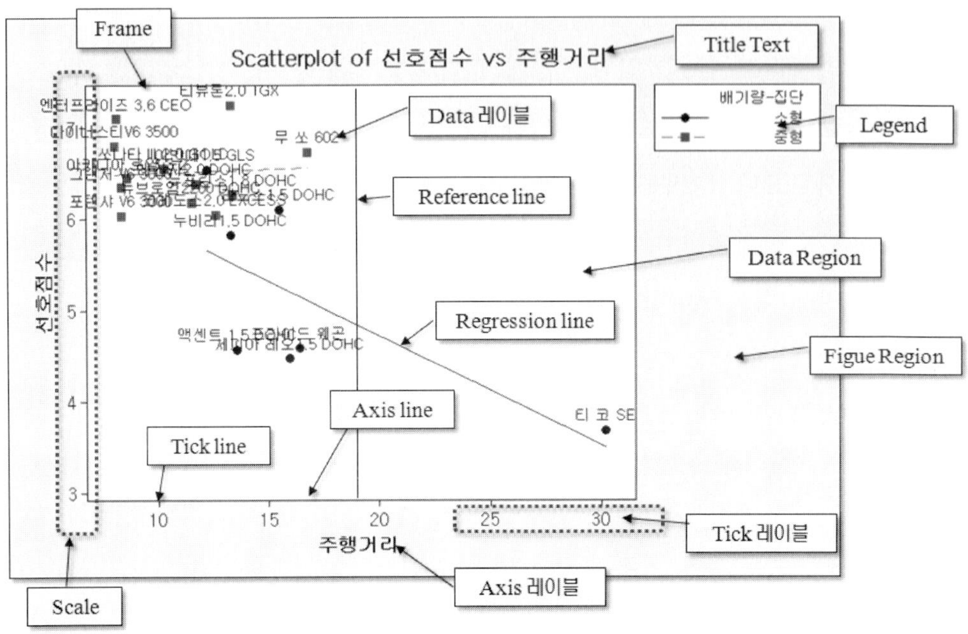

[Display에 따른 Graph 형태]

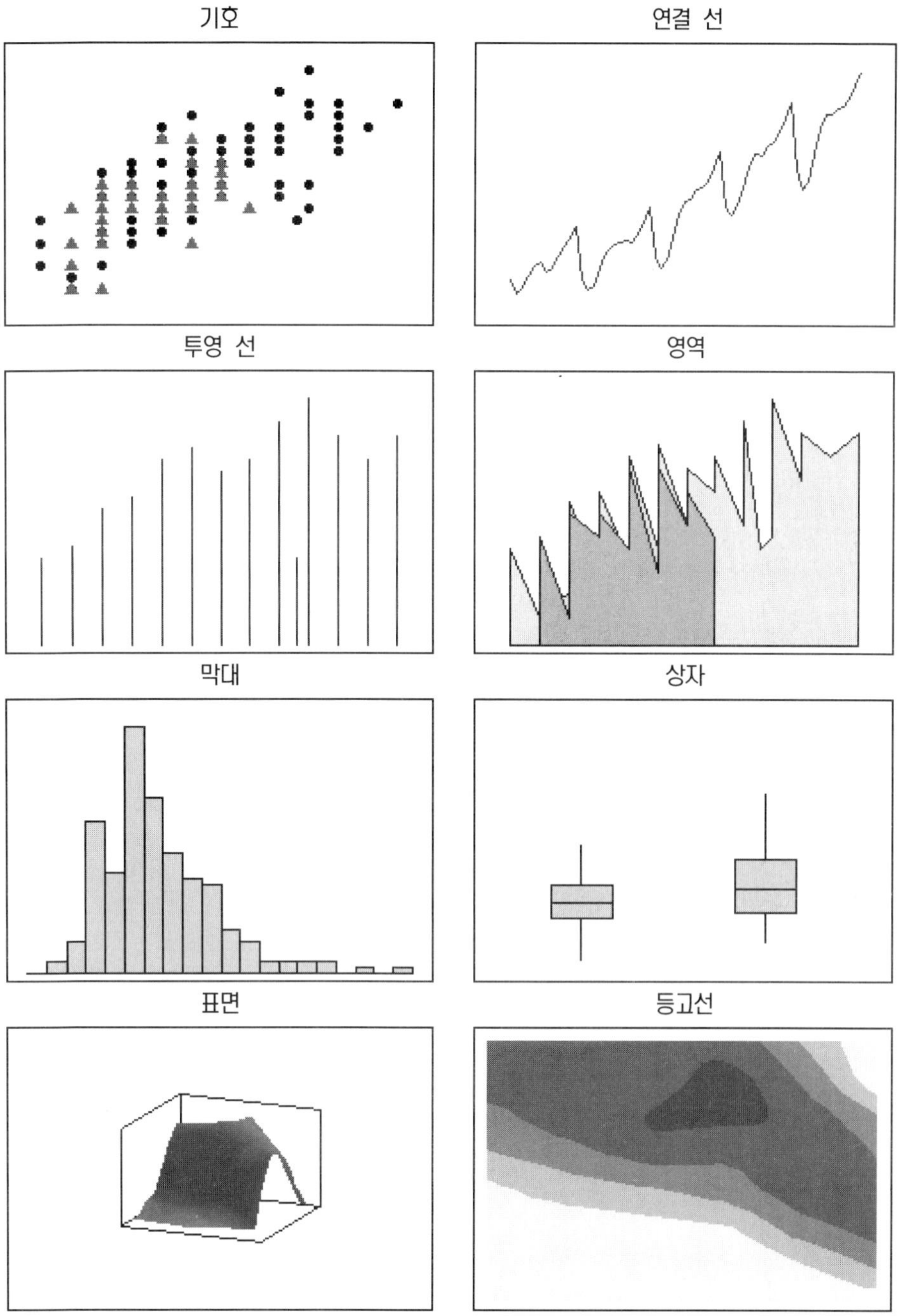

[Graph 영역 구성요소]

영역	예시	설명
Graph 그래프	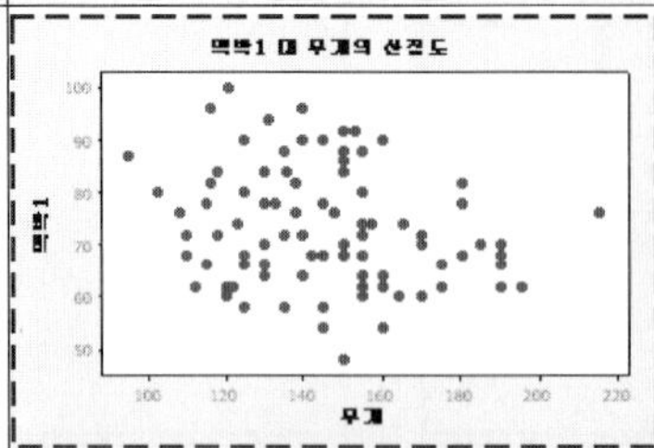	그래프 창 내의 영역이며, 여기서 점선 내부 영역을 말한다.
Figure 그림	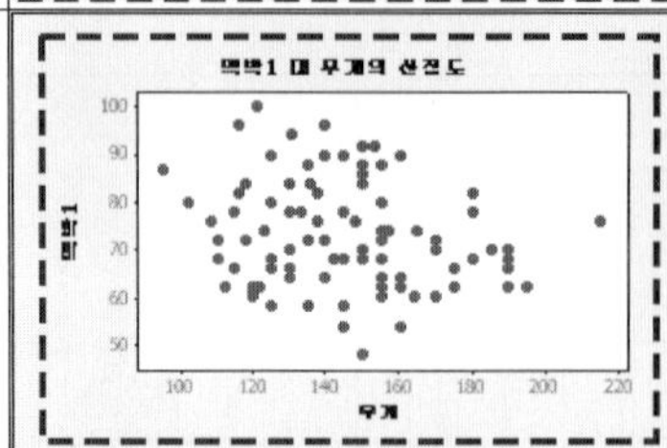	그래프 및 모든 레이블이 포함된 그래프 영역 내의 영역을 말한다.(옆 그림에서 점선 내부 영역).
Data 데이터	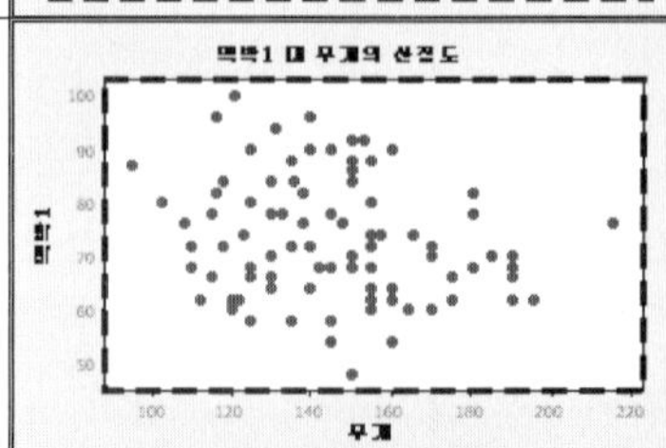	데이터가 표시된 영역을 말한다.(옆 그림에서 점선 내부 영역).
Legend 범례	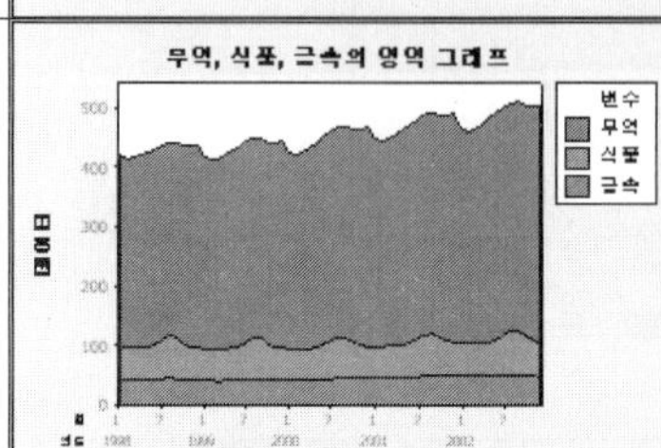	그래프의 각 기호를 설명하는 그래프 오른쪽 위 모서리의 상자 영역을 말한다. 기본적으로 겹쳐 있는 그래프 및 그룹화 변수가 있는 그래프에는 범례가 표시된다.
Output Tables 출력표	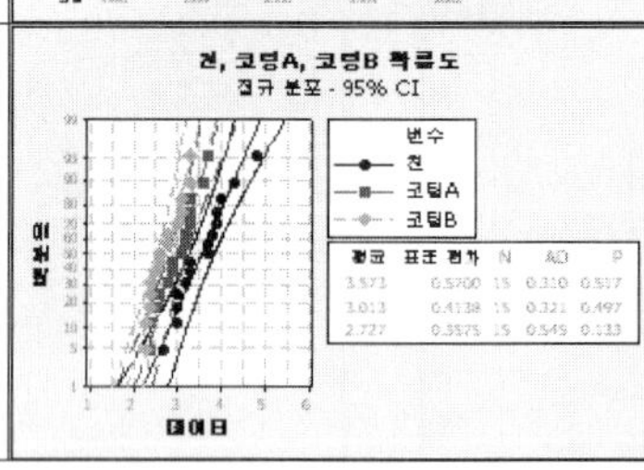	통계적 출력이 들어 있는 범례 아래의 상자 영역을 말한다. 출력표는 히스토그램, 확률도, 경험적 누적분포함수 그래프 및 일부 내장 그래프에서 표시된다.

[Graph 척도 항목]

척도 항목	예시	설명
축 및 눈금	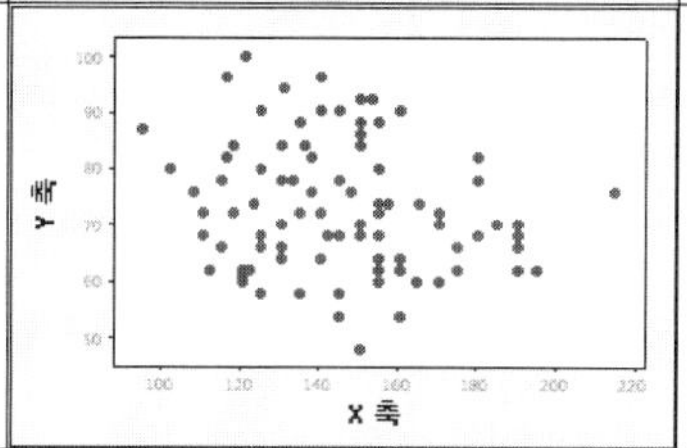	축 및 눈금의 배치와 표시를 지정합니다.
격자선	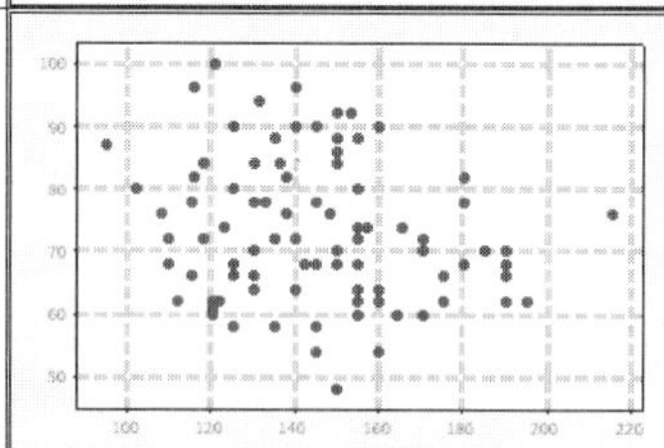	수평 축과 수직 축 모두에 주 격자선 및 보조 격자선을 표시합니다.
기준선	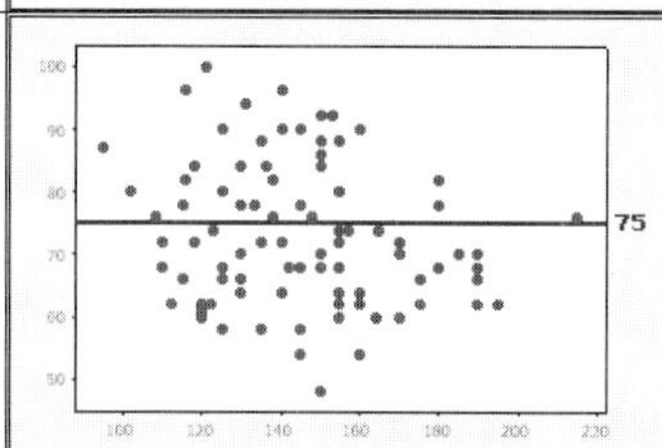	수평 축과 수직 축 모두에 기준선을 표시합니다.
백분위수 선	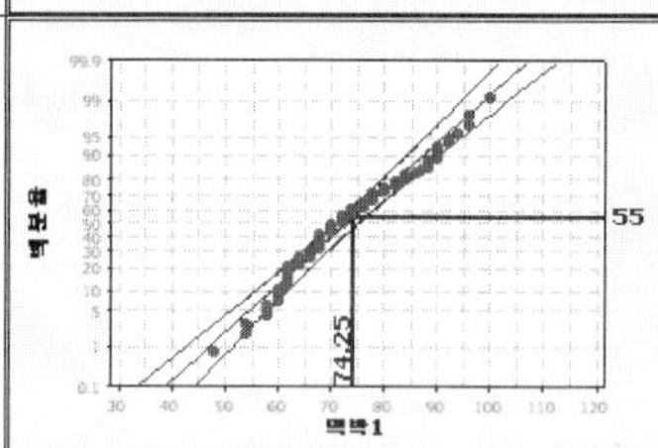	확률도 및 경험적 누적분포함수 그래프에 백분위수 선을 표시합니다.
시간 척도	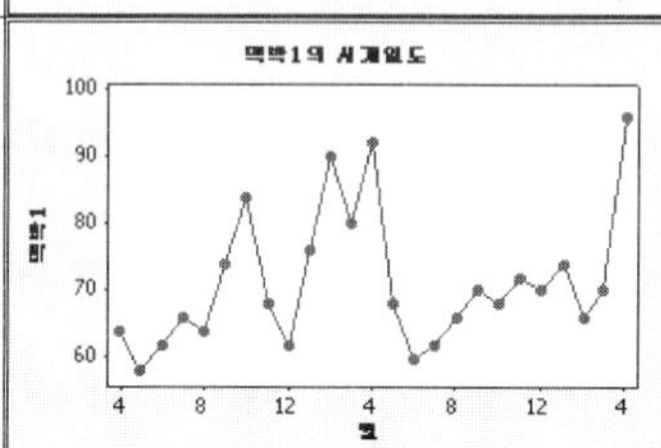	시계열도, 영역 그래프 및 관리도에서 시간 척도 및 시작값을 설정합니다.
2차 척도	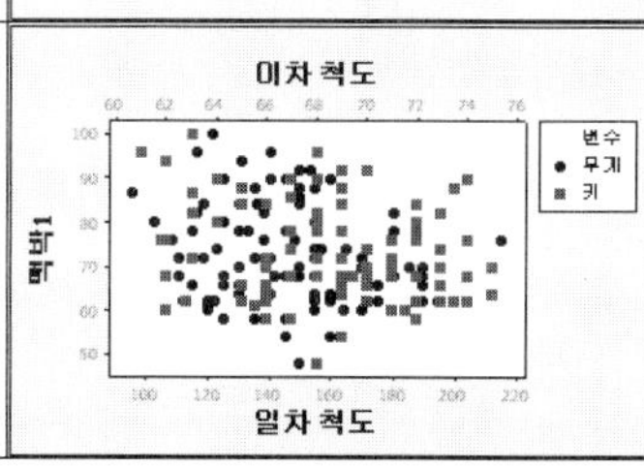	그래프 편집 기능을 사용하여 겹쳐진 산점도와 시계열도에 2차 척도를 추가합니다.

① Edit Attributes

Type

Code	Type	Name	Code	Type	Name
0		None	16	◆	Solid Diamond
1	○	Circle	17	◇	Dot Diamond
2	+	Plus	18	◇	Plus Diamond
3	×	Cross	19	△	Triangle
4	*	Asterisk	20	▲	Solid Triangle
5	·	Dot	21	△	Dot Triangle
6	●	Solid Circle	22	▷	Triangle Right
7	⊙	Dot Circle	23	▶	Solid Triangle Right
8	⊕	Plus Circle	24	▷	Dot Triangle Right
9	⊗	Cross Circle	25	◁	Triangle Left
10	◎	Circle Circle	26	◀	Solid Triangle Left
11	□	Square	27	◁	Dot Triangle Left
12	■	Solid Square	28	▽	Triangle Down
13	⊡	Dot Square	29	▼	Solid Triangle Down
14	⊠	Cross Square	30	▽	Dot Triangle Down
15	◇	Diamond			

Color

Code	Color	Code	Color	Code	Color
0	White				
1	Black	6	Magenta	11	Dark Cyan
2	Red	7	Yellow	12	Dark Magenta
3	Green	8	Dark Red	13	Dark Yellow
4	Blue	9	Dark Green	14	Dark Gray
5	Cyan	10	Dark Blue	15	Light Gray

② Annotation, Frame and Regions

Annotation : 텍스트 추가 등의 그래프상의 작업

Titles : 제목 입력

Footnotes : 그래프 밑에 설명 입력

Text　　　　: 그래프 상에 원하는 위치에 Text 입력

Data Labels : 그래프 상의 점들에 대한 설명 입력

선의 종류

Code	Line type	Name	Code	Line type	Name
0		None	4	_._._._._	Dash 1-Dot
1	________	Solid	5	_.._.._.._	Dash 2-Dot
2	------------	Dash	6	_..._..._	Dash 3-Dot
3	....	Dot	7	__ __ __	Long Dash

무늬

Code	Fill type	Name	Code	Fill type	Name
0	□	None	5		Horizontal line
1	□	Solid(바탕이 흰색)	6		Vertical line
2		Right slant	7		Cross line
3		Left slant	8		Dots
4		Cross slant	9		Squares

1.9.2 **원도표**(Pie Chart)

1. Graph ▸ Pie Chart...

2. '제조사'의 범주들에 대해 다음과 같이 원도표를 작성한다.

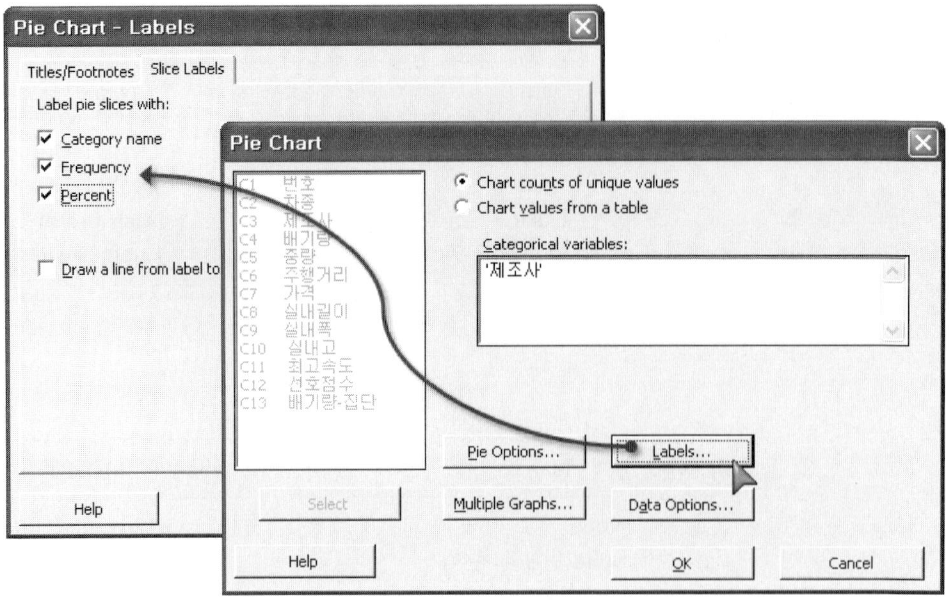

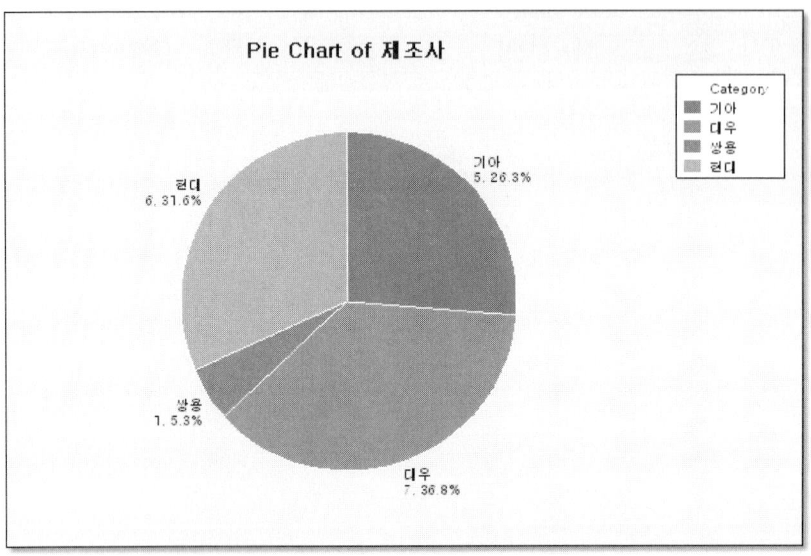

1.9.3 **막대도표**(bar chart)

1. Graph ▸ Bar Chart...

2. '제조사'의 범주들에 대해 다음과 같이 단순막대도표를 작성한다.

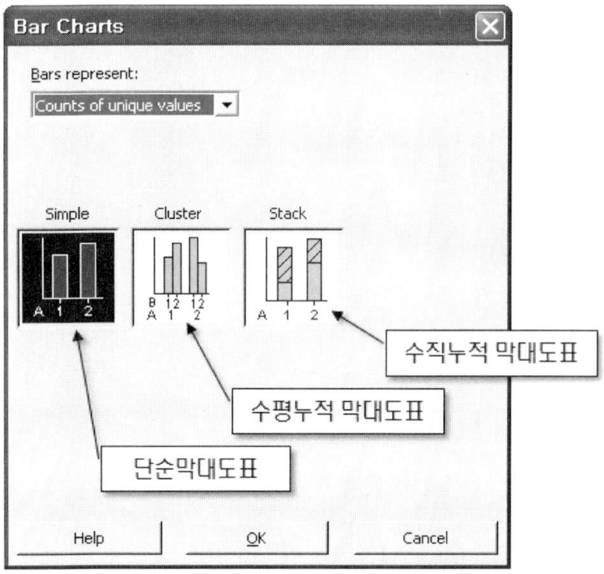

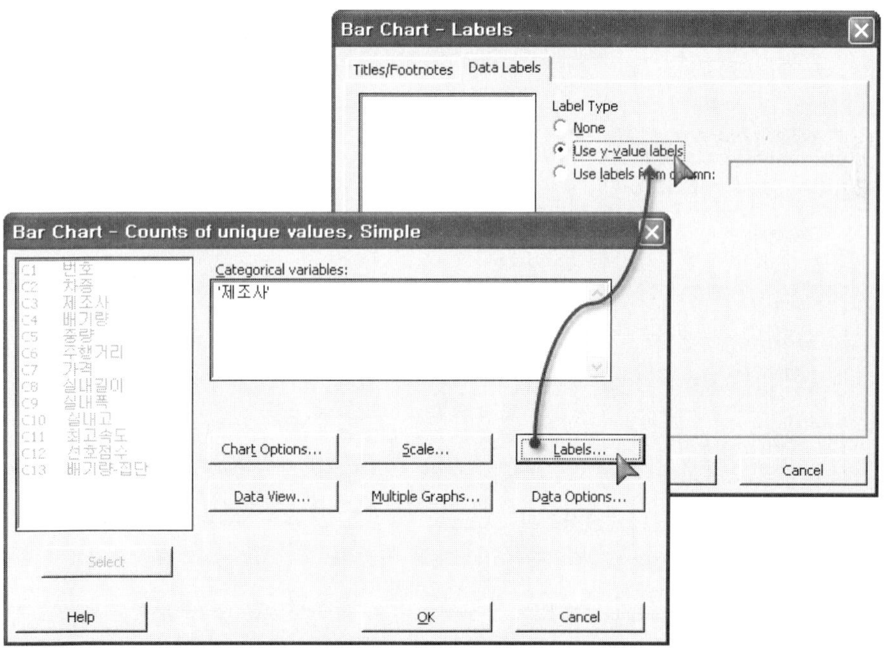

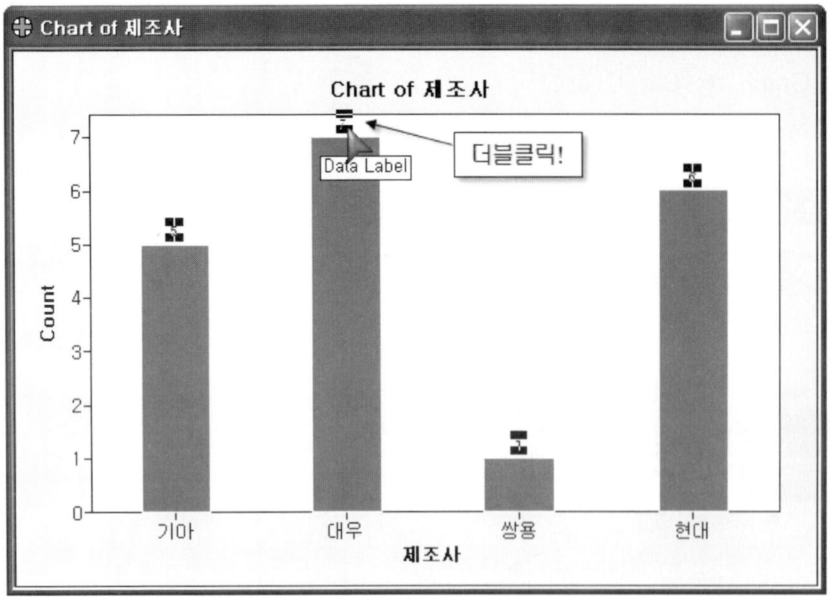

3. 빈도 레이블을 더블클릭하면 다음의 대화상자가 나타나며 여기에서 글꼴의 크기, 색상, 위치 등을 수정편집 한다.

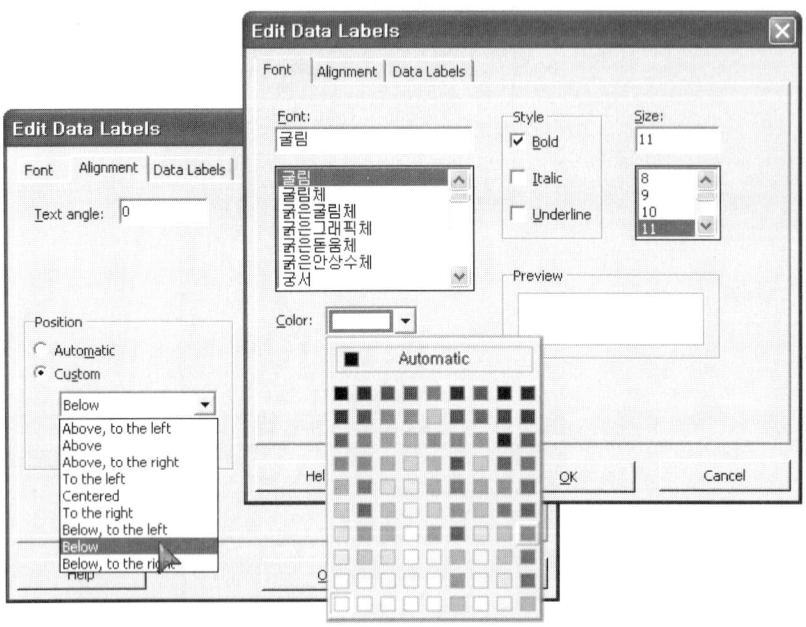

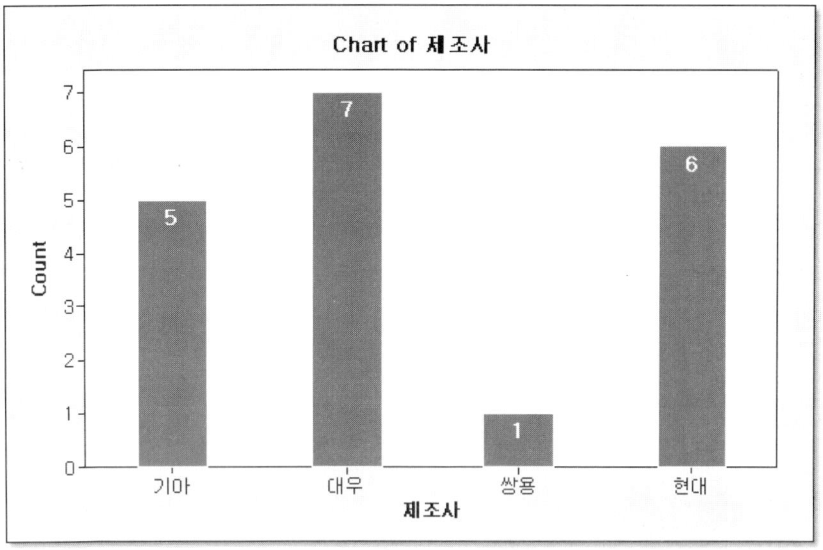

1.9.4 히스토그램(Histogram)

1. Graph ▸ Histogram...

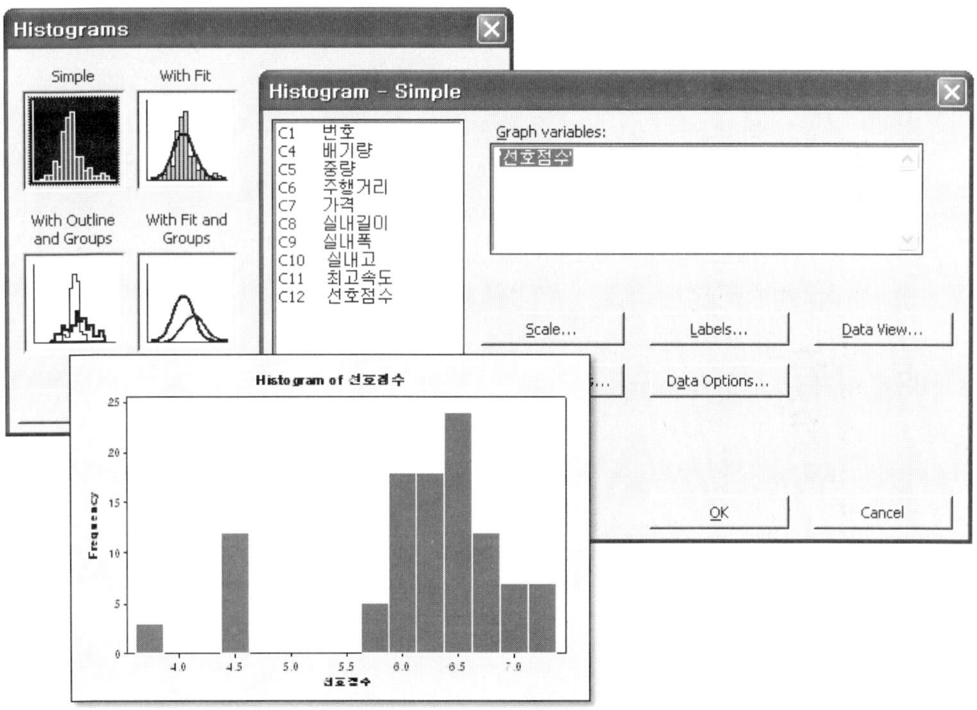

2. Graph ▸ Histogram...을 다시 선택하여 '배기량-집단별'로 정규분포곡선을 확인해 보자.

['배기량-집단'별 정규곡선]

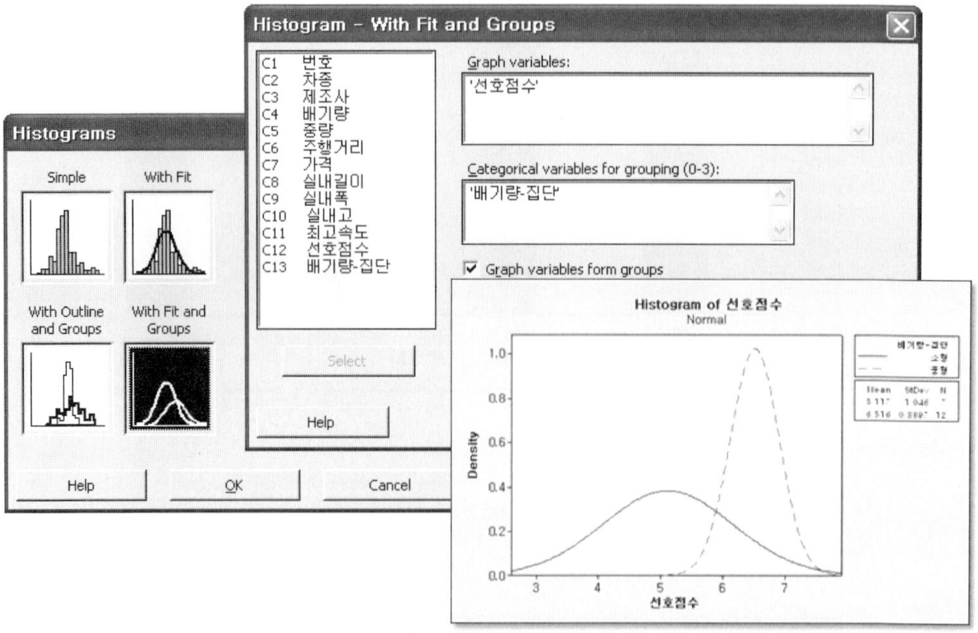

[100개의 정규난수N(0,1)에 대한 히스토그램과 정규곡선]

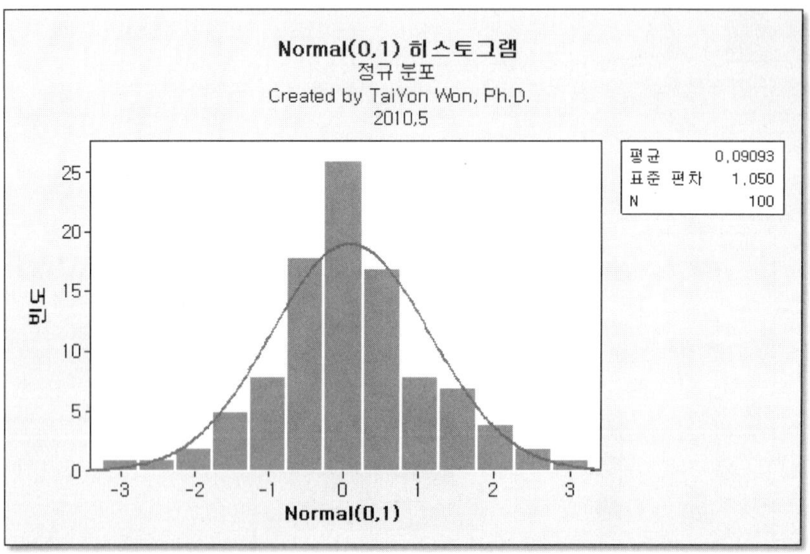

1.9.5 점도표(Dotplot)

▶ Graph ▸ Dotplot...

[Dotplot 대화상자]

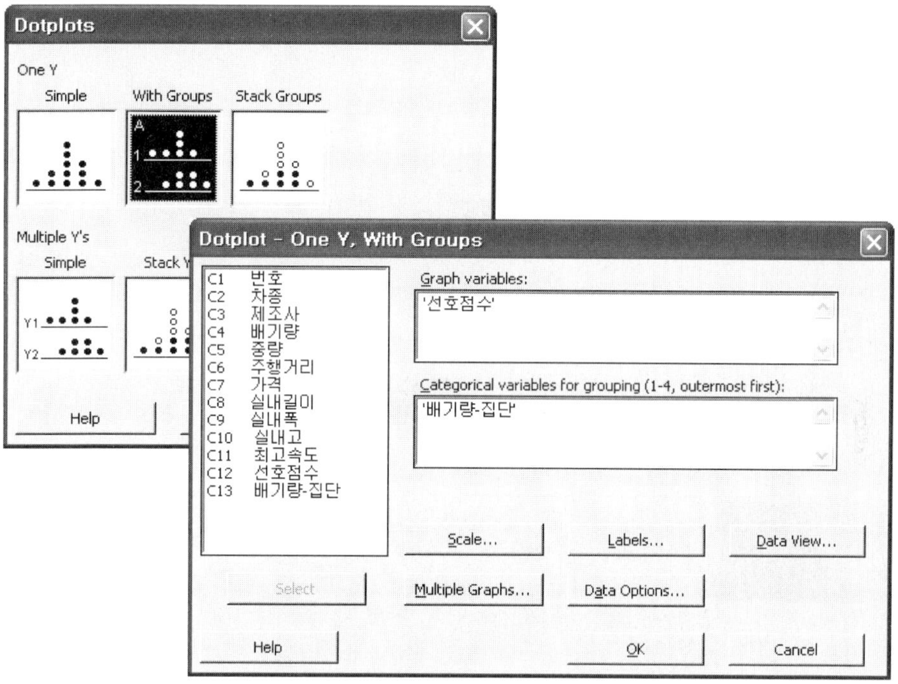

[성별에 따른 Dotplot]

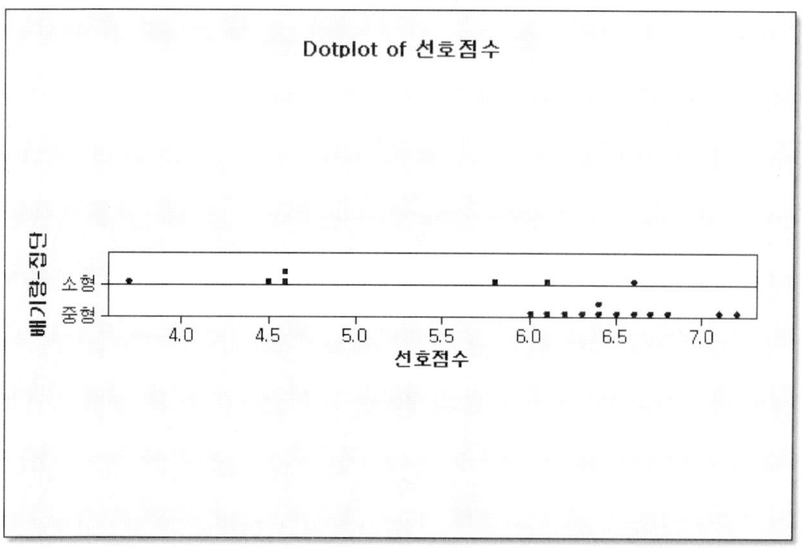

1.9.6 산점도(scatterplot)

산점도는 연속형 변수들의 관계를 그림으로 나타내 준다. 그러므로 연속형 변수들을 분석하기에 앞서 반드시 산점도를 그려보는 습관을 가지는 것이 매우 중요하다. 필자는 다른 어떤 그래프보다도 산점도를 많이 활용하고 있으며 상관분석 및 회귀모형뿐만 아니라 다변량 분석법에서도 산점도를 활용한 여러 가지 위치도(positioning map) 및 지각도(perceptual map) 등을 작성하는데도 활용하고 있다. 최대한 기능을 다 발휘하여 숙지 해두길 바란다.

1. Graph ▸ Scatterplot...

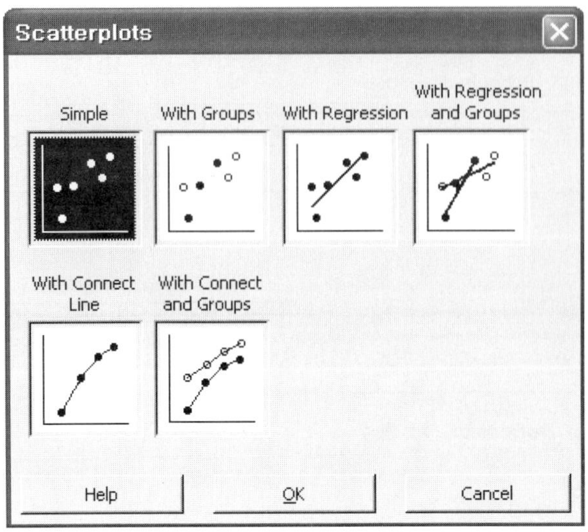

2. 단순산점도를 선택하고 다음과 같이 지정 후 실행한다.

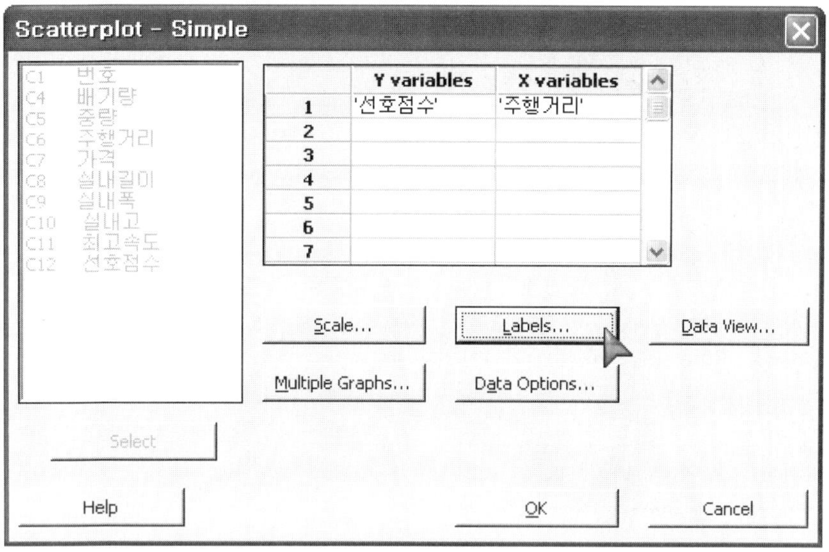
Scatterplot - Simple
C1 번호
C4 배기량
C5 중량
C6 주행거리
C7 가격
C8 실내길이
C9 실내폭
C10 실내고
C11 최고속도
C12 선호점수
Y variables
X variables
1 '선호점수' '주행거리'
Scale...
Labels...
Data View...
Multiple Graphs...
Data Options...
Select
Help
OK
Cancel

[산점에 레이블 표시]

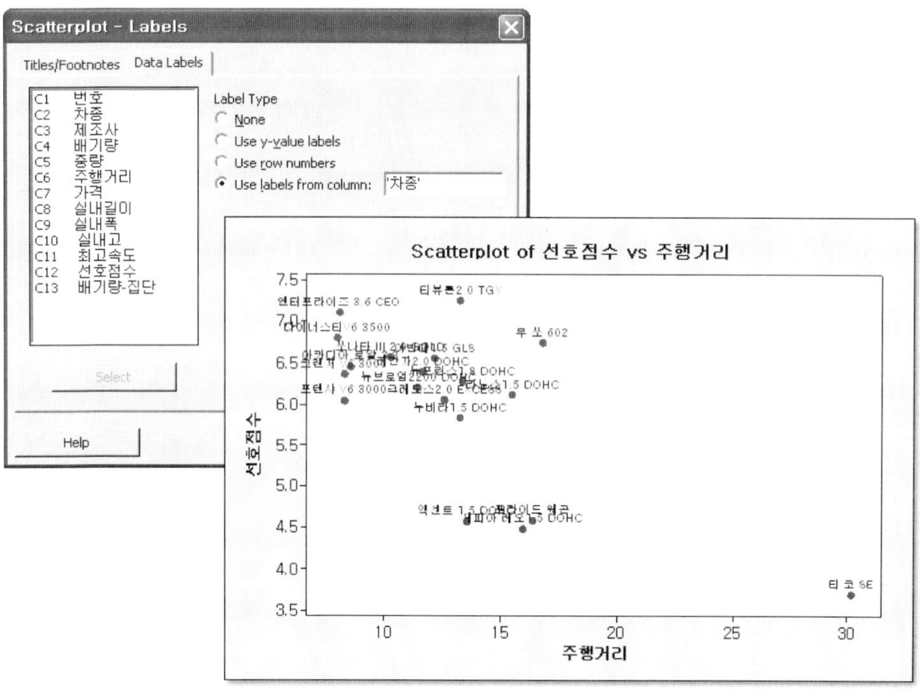
Scatterplot - Labels
Titles/Footnotes
Data Labels
C1 번호
C2 차종
C3 제조사
C4 배기량
C5 중량
C6 주행거리
C7 가격
C8 실내길이
C9 실내폭
C10 실내고
C11 최고속도
C12 선호점수
C13 배기량-집단
Label Type
None
Use y-value labels
Use row numbers
Use labels from column: '차종'
Select
Help
Scatterplot of 선호점수 vs 주행거리
선호점수
주행거리
티코 SE

[집단별 산점표시]

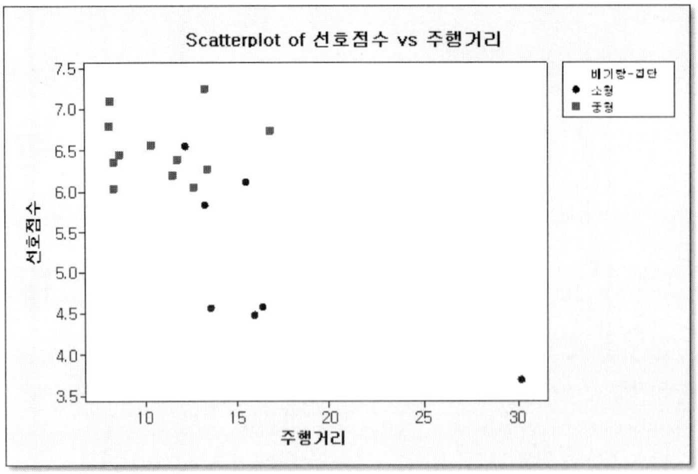

[집단별 산점표시 + 회귀선 적합]

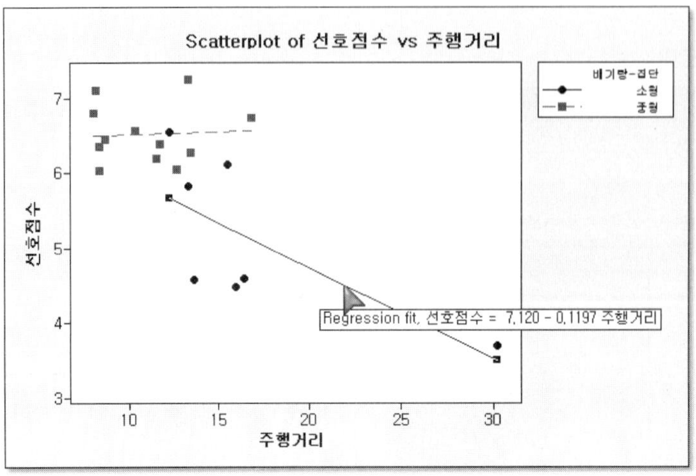

회귀선을 적합한 경우 해당 회귀선 위에 마우스 포인터를 놓으면 다음과 같이 회귀식이 나타난다.

1.9.7 **행렬도표**(Matrix Plot)

▶ Graph ▸ Matrix Plot...

[Matrix Plot 대화상자]

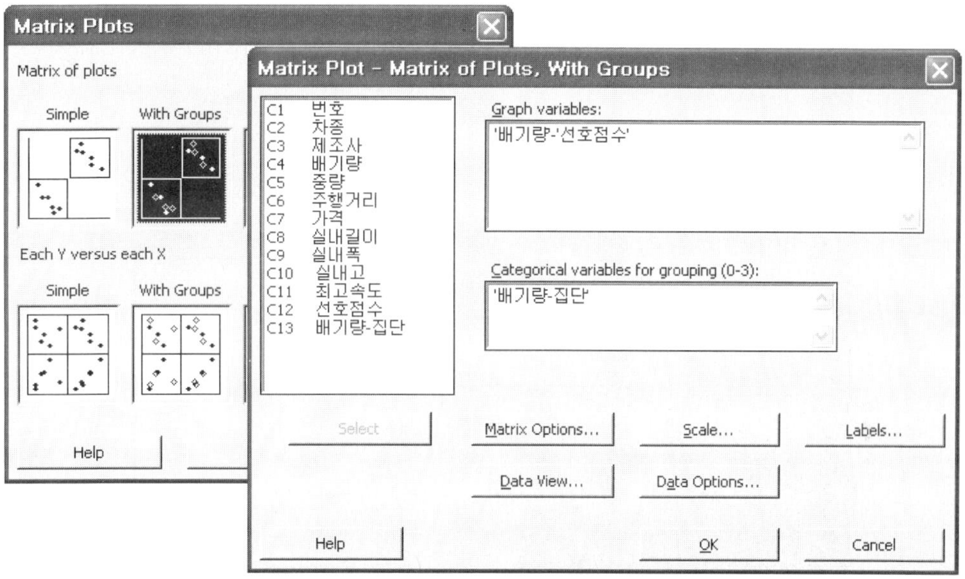

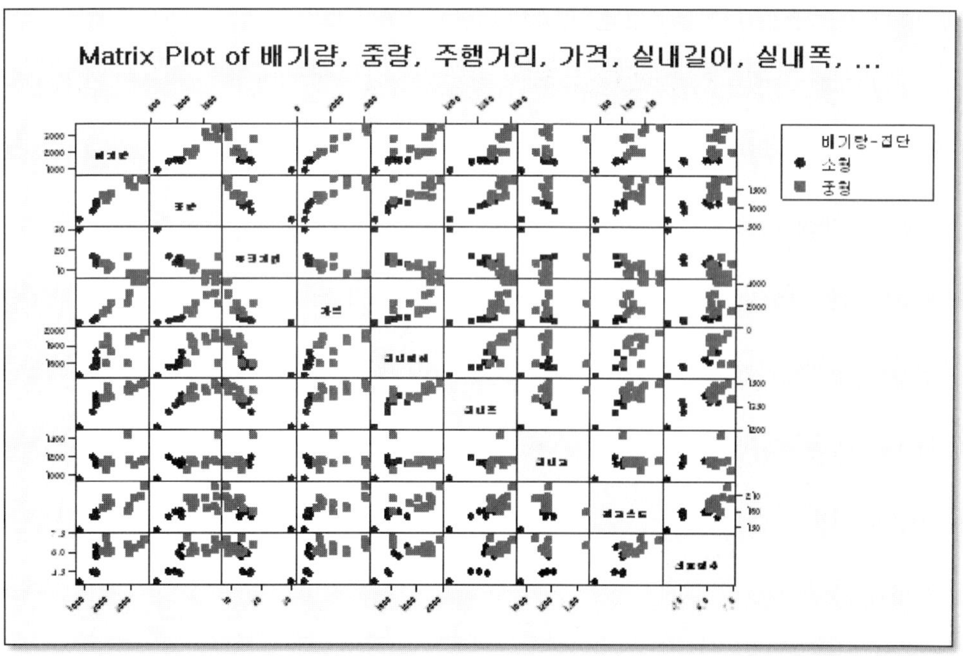

1.9.8 3차원 도표(3D Plot)

1. Graph > 3D Plot...

[3D Plot 대화상자]

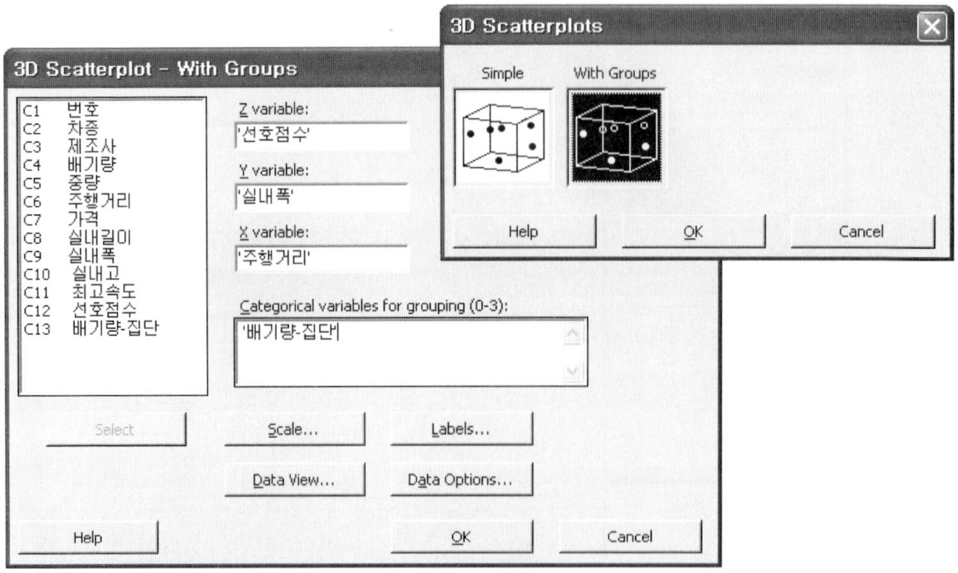

2. 절적히 회전시키면서 입체를 느껴보도록 한다.

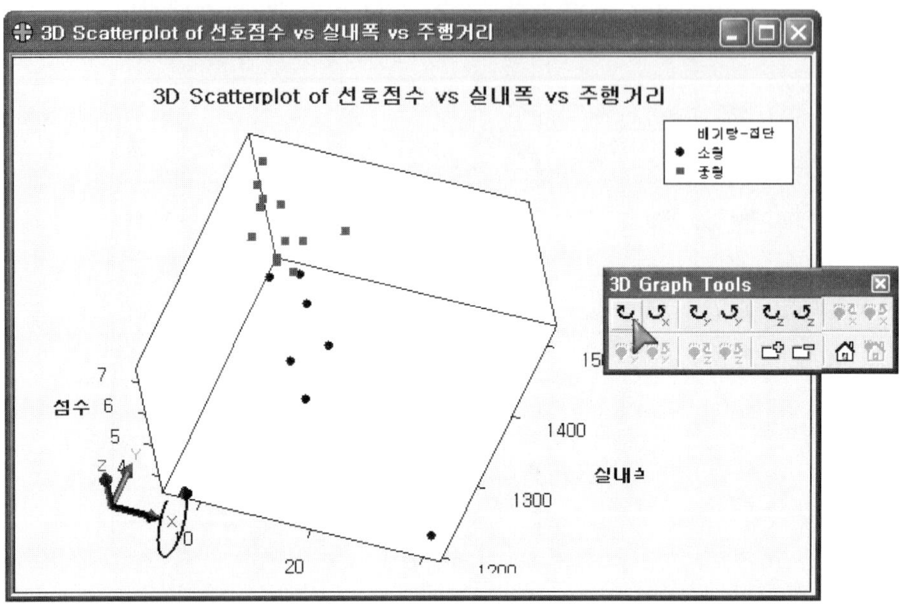

[3D 산점도]

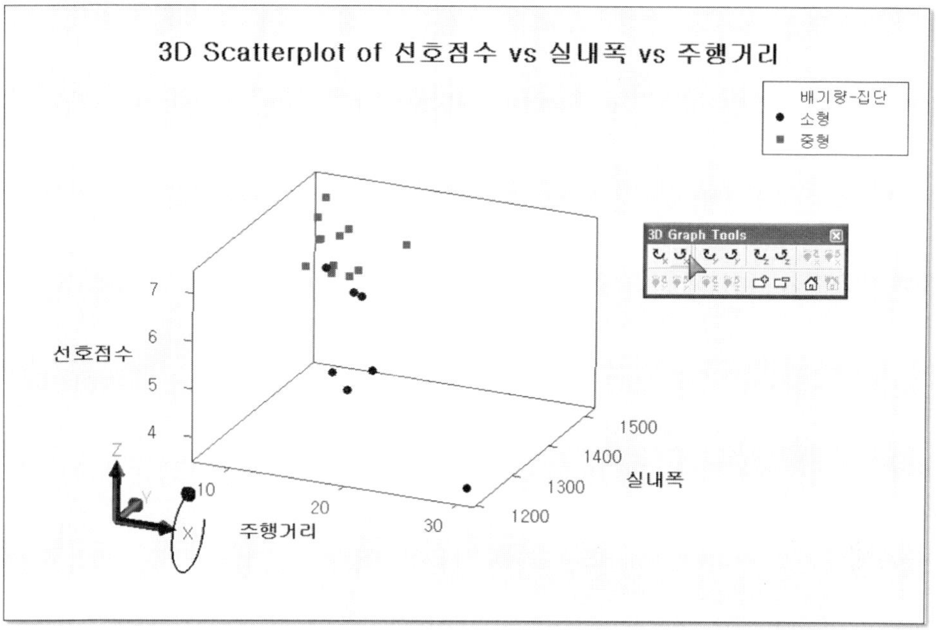

1.10 테이블 만들기

말이 테이블이지 매우 조악한 수준으로 단지 텍스트를 Session 창에 뿌려주는 방식을 취하고 있다. 물론 표를 구성하는 가장 중요한 테두리 실설이 없다는 것이 문제다. 그러므로 진정한 표로 작성할 경우는 엑셀에 붙여넣기하여 표로 완성하는 것이 보기에도 좋고 미려한 결과표를 작성할 수 있다. 일단 간단한 사용법만 확인해 보기로 한다.

1.10.1 빈도표 출력하기

빈도, 퍼센트, 누적빈도, 누적 퍼센트 등의 통계량들을 포함하고 있는 빈도표를 출력해보기로 한다. 데이터는 AUTOSPEC.MTW를 사용하기로 한다.

▶ Stat ▸ Table ▸ Tally Individual Variables...

[테이블 메뉴]

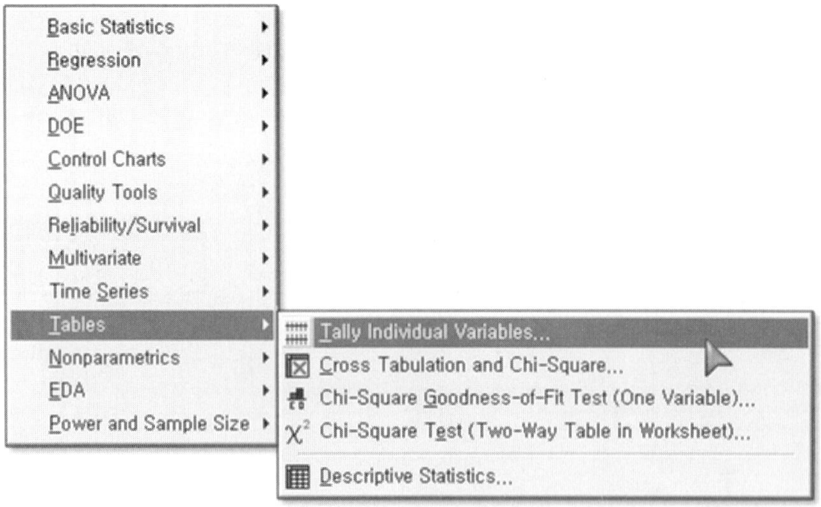

[테이블 대화상자]

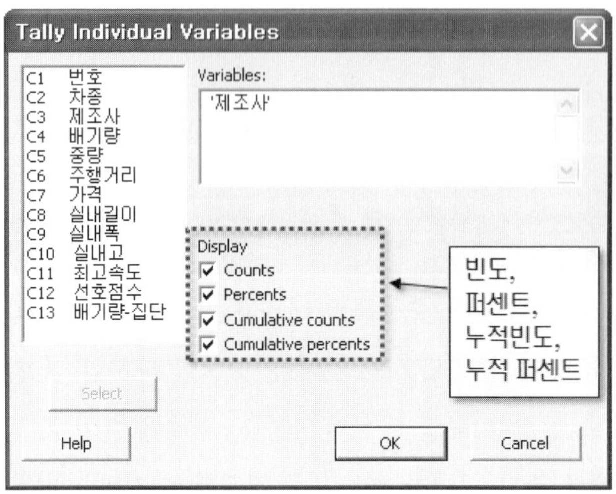

Tally for Discrete Variables: 제조사

제조사	Count	CumCnt	Percent	CumPct
기아	5	5	26.32	26.32
대우	7	12	36.84	63.16
쌍용	1	13	5.26	68.42
현대	6	19	31.58	100.00
N=	19			

1.10.2 교차표(CrossTab) 출력하기

두 범주형 변수간의 교차표를 작성해 준다. layers에 범주형 변수를 지정하면 3차 교차표까지 작성할 수 있다.

▶ Stat ▸ Table ▸ Cross Tabulation & Chi-Square...

[Cross table 대화상자 및 출력결과]

	소형	중형	All
기아	2	3	5
대우	3	4	7
쌍용	0	1	1
현대	2	4	6
All	7	12	19

Cell Contents: Count

Introduction to
Behaviorally Statistical Data Analysis
using Minitab & SixSigma Tools for Excel

II

Probability Distribution Guide

2장부터 4장까지 확률이론 및 확률분포에 대한 내용을 정리할 것이다. 여기의 내용은 행태적인 데이터 분석에 초점을 두면 그저 확률이론에 불과하다. 그러므로 특별히 통계이론을 전문적으로 학습하려는 의도가 아니라면 가벼운 마음으로 내용을 살펴보기만 해도 된다. 즉 분포의 모양과 그 분포의 평균과 분산 정도를 간략히 살펴보는 것이다. 아니면 정규분포에 대한 내용만 살펴보고 가설검정에서 p-값을 계산할 경우 주로 언급되는 카이제곱분포, t-분포, F-분포 등을 살펴보고 5장으로 건너뛰어 학습해도 된다. 그리고 차후에 필요성이 인식되면 여러 분포들을 그때 가서 학습해도 될 것이다. 수리적인 표현을 암기하려고 애쓰지 마라. 그것들을 기억한다고 갑자기 똑똑해져서 데이터를 보는 통찰력이 자라거나 현상에 대한 이해가 배가되지는 않는다. 차라리 그 노력을 다른 일(뒷부분의 다변량해석에 집중하시라)에 사용하는 것이 현명하다.

Introduction to
Behaviorally Statistical Data Analysis
using Minitab & SixSigma Tools for Excel

2 확률과 분포이론

2.1 확률 및 분포

확률의 개념에서 가장 처음 소개되는 것은 동전을 던지는 실험이다. 물론 실전에서 이런 어처구니없고 우스꽝스러운 실험을 하고 있는 사람은 거의 없다. 그러나 확률을 이해하는데 복잡한 실험보다는 단순하고 이해하기가 쉽다는 점에서 이 우스꽝스러운 동전전지기의 예를 들어 설명하기로 하겠다. 하나의 동전을 던지는 실험에서 동전을 던지기 전에는 그 결과(outcome)가 무엇이 될 지 정확하게 예측할 수가 없다. 이와 같이 실험을 하기 전에는 결과를 알 수 없는 실험을 확률실험(random experiment)이라고 한다. 확률실험으로 나타나는 개개의 결과를 요소(element)라 하며 요소들을 모두 포함하는 집합을 표본공간(sample space)이라 하며 표본공간의 부분집합을 사건(event)이라고 한다. 하나의 동전을 던지는 실험에서 앞면이 나오면 H, 뒷면이 나오면 T로 표시할 때 이 확률실험의 표본공간은 S={H,T}로 나타낸다. 또 다른 확률실험의 예로서 하나의 주사위를 던지는 실험에서 주사위 표면에 나타나는 점의 수를 관찰하는 경우 표본공간은 S={1,2,3,4,5,6}으로 표현한다.

확률실험의 결과에 함수를 이용하여 숫자를 부여하는 것을 확률변수(random

variable)라 하고 일반적으로 영문 대문자를 사용하여 표시한다. 2개의 동전을 던졌을 때 이 실험의 표본공간은 S={(H,H),(H,T),(T,H),(T,T)}이 된다. 이 때 결과를 **ω**로 표현하고 확률변수 $X(\omega)$를 앞면의 수로 정의하면 다음과 같이 표현할 수 있다.

$$X(\omega)=\begin{cases} 2, & \omega \in \{(H,H)\} \\ 1, & \omega \in \{(H,T),(T,H)\} \\ 0, & \omega \in \{(T,T)\} \end{cases}$$

보통의 경우 확률변수 $X(\omega)$는 표현의 편리상 단순히 'X'라고만 표현한다. 이 때 결과가 {(H,T),(T,H)}에 속할 비율은 동전이 균일하면 1/2이 될 것이라고 기대할 수 있다. 이와 같은 기대비율을 확률이라 하고 다음과 같이 표현한다.

$$P(\omega \in \{(H,T),(T,H)\}) = \frac{1}{2}$$

또한 확률변수 $X=1$일 기대비율은 $\{w : X(w)=1\} = \{w : w \in \{(\mathrm{H,T}),(\mathrm{T,H})\}\}$이므로

$$P(X=1) = P(\omega \in \{(H,T),(T,H)\}) = \frac{1}{2}$$

임을 알 수 있다.

확률변수란?

1. 일정한 확률을 가지고 발생하는 사건에 수치를 부여한 것
2. 표본공간 S에 정의된 실수값 함수
3. 표본공간 S의 원소를 실수와 관계짓는 함수
   등으로 표현하고 대문자 X, Y, Z 등으로 표시한다.

확률변수의 분포는 확률변수가 어떤 값을 가질 확률이 일정한 법칙에 따라 결정되는 것을 말한다. 분포는 크게 이산형과 연속형 분포로 나눈다. 먼저 이산형 분포(discrete distribution)는 확률변수가 취할 수 있는 값의 수가 유한(finite)하

거나 무한하더라도 셀 수 있는(countable) 경우의 분포를 말한다. 연속형 분포(continuous distribution)는 확률변수가 취할 수 있는 값이 실수공간($-\infty, \infty$)에서 일정 구간(interval)으로써 표현될 때의 분포를 말한다. 이산형 분포를 따르는 확률변수를 이산형 확률변수, 연속형분포를 따르는 확률변수를 연속형 확률변수라고 한다.

누적분포함수(cumulative distribution function) 또는 분포함수(distribution function)는 확률변수 X가 어떤 값 x보다 작거나 같을 확률을 나타낸다. 즉, 누적분포함수를 $F(x)$라 하면

$$F(x) = P(X \leq x)$$

이며, 누적분포함수는 다음과 같은 특징을 가진다.

(1) $F(\infty) = P(X \leq \infty) = 1$

(2) $F(-\infty) = P(X \leq -\infty) = 0$

(3) 모든 $y < x$ 에 대해, $F(y) = P(X \leq y) \leq P(X \leq x) = F(x)$

(4) $\Delta > 0$ 에 대해 $\lim_{\Delta \to 0} F(x + \Delta) = F(x)$ (우측연속)

누적분포함수의 형태는 연속형과 이산형에 따라 [그림 2.1]과 같이 나타난다. 이 그림에서 이산형분포에서는 확률변수가 취할 수 있는 값이 20가지(즉, $k = 0, 1, \cdots, 19$)인 경우를 나타내고 있다.

[그림 2.1] 누적분포함수의 형태

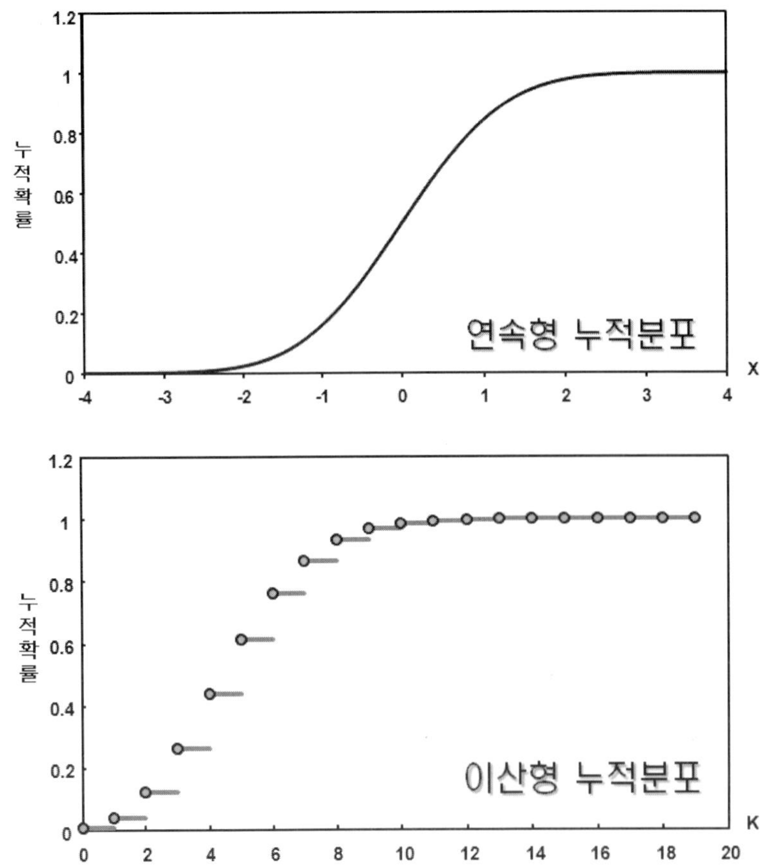

이산형 분포에서 확률변수 X가 어떤 값 x와 같을 확률을 확률함수(probability function 또는 probability mass function)라고 한다. 확률함수를 $f(x)$라 하면 $f(x)=P(X=x)$가 되고

$$F(y)=\sum_{x \leqq y} f(x)$$

의 관계가 됨을 알 수 있다.

확률함수 $f(x)$는 다음의 조건을 만족해야 한다.

(1) 모든 x에 대해 $f(x) \geqq 0$

(2) $\sum_{x} f(x)=1$

연속형 분포에서 확률변수 X의 확률밀도함수(probability density function), 즉 $f(x)$를 다음과 같이 정의한다.

$$F(x) = \int_{-\infty}^{x} f(y)dy$$

따라서

$$f(x) = \frac{d}{dx}F(x)$$

이 되며, 확률밀도함수 $f(x)$는 다음의 조건을 만족해야 한다.

(1) 모든 x에 대해 $f(x) \geqq 0$

(2) $\int_{-\infty}^{\infty} f(x)dx = 1$

다음은 둘 이상의 확률변수들의 분포를 동시에 나타내는 결합분포에 대해 알아보자. 확률변수 $X_1, X_2, \cdots, X_n$의 결합누적분포함수(joint cumulative distribution function) $F(x_1, x_2, \cdots, x_n)$는 다음과 같이 정의한다.

$$F(x_1, x_2, \cdots, x_n) = P(X_1 \leqq x_1, X_2 \leqq x_2, \cdots, X_n \leqq x_n)$$

이산형 확률변수 $X_1, X_2, \cdots, X_n$이 각각 $x_1, x_2, \cdots, x_n$이 될 확률은 결합확률함수(joint probability function)라 하고 $f(x_1, x_2, \cdots, x_n)$로 표시한다. 따라서 모든 $x_1, x_2, \cdots, x_n$에 대해,

$$f(x_1, x_2, \cdots, x_n) = P(X_1 = x_1, X_2 = x_2, \cdots, X_n = x_n)$$

이며, 연속형 확률변수 $X_1, X_2, \cdots, X_n$의 결합확률밀도함수 $f(x_1, x_2, \cdots, x_n)$는 다음과 같이 정의한다.

$$F(x_1, x_2, \cdots, x_n) = \int_{-\infty}^{x_n} \cdots \int_{-\infty}^{x_1} f(y_1, y_2, \cdots, y_n)dy_1 dy_2 \cdots dy_n$$

따라서 모든 $x_1, x_2, \cdots, x_n$에 대하여

$$f(x_1, x_2, \cdots, x_n) = \frac{d^n}{dx_1 dx_2 \cdots dx_n} F(x_1, x_2, \cdots, x_n)$$

확률변수 $X_1, X_2, \cdots, X_n$은 다음 조건을 만족할 때 서로 독립(mutually independent)이라고 한다.

$f(x_1, \cdots, x_n) = f_1(x_1)\cdots f_n(x_n)$, 모든 $x_1, x_2, \cdots, x_n$에 대해

단, $f_i(x_i)$는 X_i의 확률(밀도)함수, $i = 1, \cdots, n$.

즉, 결합확률밀도함수가 각 변수의 확률밀도함수의 곱으로 나타날 때 서로 독립이다. 확률변수 $X_1, X_2, \cdots, X_n$이 서로 독립이며, 동일한 분포를 따를 때 $X_1, X_2, \cdots, X_n$을 확률표본(random sample)이라고 한다. 일반적으로 무한모집단으로부터 표본을 추출할 때 모집단의 각 구성원이 뽑힐 확률이 동일하게 추출한다면 이 표본은 확률표본의 조건을 만족하는 것으로 생각한다.

두 확률변수(X, Y)가 결합확률밀도함수 $f(x,y)$를 가진다고 하자. 이 때 Y만의 확률밀도함수는 주변확률밀도함수(marginal probability density function)라 하고 $f_Y(y)$로 표시하며 다음과 같이 계산한다.

$$f_Y(y) = \begin{cases} \sum_x f(x,y) & \text{, 이산형 분포일 때} \\ \int_{-\infty}^{\infty} f(x,y)dx & \text{, 연속형 분포일 때} \end{cases}$$

확률변수 Y의 값이 주어졌을 때 X의 조건부 확률밀도함수(conditional probability density function)는 $f(x|y)$로 표시하고 다음과 같이 계산한다.

$$f(x|y) = f(x,y)/f_Y(y), \quad f_Y(y) > 0$$

만일 두 확률변수 X와 Y가 서로 독립이면 조건부 확률밀도함수는 주변확률밀도함수와 같다. 즉,

$$f(x|y) = \frac{f_X(x) \cdot f_Y(y)}{f_Y(y)} = f_X(x)$$

단, $f_X(x)$는 X의 주변확률밀도함수.

2.2 평균

확률변수 X의 평균(mean) 또는 기대값(expectation)은 $E(X)$로 나타내고 다음과 같이 계산한다.

$$E(X)=\begin{cases}\sum_x x\,f(x) & \text{, 이산형 분포일 때}\\ \\ \int_{-\infty}^{\infty} x\,f(x)\,dx & \text{, 연속형 분포일 때}\end{cases}$$

모집단의 분포를 알고 있을 때 분포를 대표하는 값으로써 그 분포의 중심의 위치를 나타내는데 평균을 주로 사용하고 있다. 모집단의 평균을 모평균(population mean)이라고도 하며 일반적으로 기호 μ('뮤')로 표시한다. 모집단으로부터 크기 n인 확률표본을 $X_1,\ X_2, \cdots, X_n$이라 할 때 표본평균(sample mean)은 $\overline{X}$로 나타내고 다음과 같이 계산한다.

$$\overline{X}=\sum_{i=1}^{n} X_i/n$$

이 때 표본평균은 모평균 μ를 추정하는데 주로 사용된다. 확률변수 X의 함수를 $g(X)$라 할 때, $g(\mathrm{X})$의 평균은 다음과 같이 계산한다.

$$E[g(\mathrm{X})]=\begin{cases}\sum_x g(x)\,f(x) & \text{, 이산형 분포일 때}\\ \\ \int_{-\infty}^{\infty} g(x)\,f(x)dx & \text{, 연속형 분포일 때}\end{cases}$$

확률변수 X의 선형함수 $aX+b$(단, a와 b는 상수)의 평균은

$$E[aX+b]=aE(X)+b$$

이며, 확률변수 $X_1,\ X_2, \cdots, X_n$의 선형함수에 대한 평균은, 상수 $a_1,\ a_2,\ \cdots,\ a_n$에 대해

$$E[a_1X_1+a_2X_2+\ \cdots\ +a_nX_n]=a_1E(X_1)+a_2E(X_2)+\ \cdots\ +a_nE(X_n)$$

이 성립한다. 또한 서로 독립인 확률변수 $X_1,\ X_2, \cdots, X_n$의 함수 $g_1(X_1)$,

$g_2(X_2)$, $\cdots$, $g_n(X_n)$이 있을 때

$$E[g_1(X_1) \cdot g_2(X_2) \cdots g_n(X_n)] = E[g_1(X_1)] \cdot E[g_2(X_2)] \cdots E[g_n(X_n)]$$

이 성립한다.

2.3 분산

확률변수 X의 분산(variance)은 $Var(X)$로 나타내고 다음과 같이 계산한다.

$$Var(X) = E[X-\mu]^2$$

$$= \begin{cases} \sum_x (x-\mu)^2 f(x) & , \text{ 이산형 분포일 때} \\ \int_{-\infty}^{\infty} (x-\mu)^2 f(x)dx & , \text{ 연속형 분포일 때} \end{cases}$$

위 식에서

$$Var(X) = E(X^2 - 2\mu X + \mu^2)$$

$$= EX^2 - 2\mu EX + \mu^2$$

$$= EX^2 - \mu^2$$

을 알 수 있고, 이 표현은 계산상 편리한 점을 가지고 있다.

확률변수의 값은 주어진 분포에 따라 실수공간 $(-\infty, \infty)$내의 어떤 값들로 나타나게 되어 항상 일정한 값을 가지지 않고 산포를 가진다. 이 산포를 표시하는 분포의 대표값으로 분산을 주로 사용한다. 모집단의 분산을 모분산(population variance)이라고도 하며 일반적으로 기호 σ^2으로 표시한다.

확률표본 X_1, $X_2, \cdots, X_n$으로부터 표본분산(sample variance)은 S^2으로 나타내고 다음과 같이 계산한다.

$$S^2 = \frac{1}{n-1}\sum_{i=1}^{n}(X_i - \overline{X})^2$$

위 식의 분모에 $n-1$ 대신 n 을 사용하는 경우도 있으나 통계량의 조건인 불편성(unbiasness)을 만족하지 못하므로 통계량의 불편성을 만족시키기 위하여 $n-1$을 사용한다. 위 식에서

$$S^2 = \frac{1}{n-1}\sum_{i=1}^{n}(X_i^{\,2} - 2X_i\overline{X} + \overline{X}^2)$$

$$= \frac{1}{n-1}\left(\sum_{i=1}^{n} X_i^{\,2} - 2\overline{X}\sum_{i=1}^{n} X_i + n\overline{X}^2\right)$$

$$= \frac{1}{n-1}\left(\sum_{i=1}^{n} X_i^{\,2} - n\overline{X}^2\right)$$

임을 알 수 있다. 표본분산은 모분산 σ^2을 추정하는데 주로 사용된다.

분산의 단위는 확률변수의 단위의 제곱이 되어 같은 단위로 생각하는데 어려움이 있어 분산 대신 표준편차(standard deviation)를 사용하기도 한다. 표준편차는 단순히 분산의 양의 제곱근으로 σ로 표현하고 표본표준편차는 S^2의 양의 제곱근, 즉 S로 나타낸다.

확률변수 X의 선형함수 $aX+b$(단, a와 b는 상수)의 분산은 다음과 같이 표현된다.

$$Var(aX+b) = a^2\ Var(X)$$
$$= a^2\sigma^2$$

확률변수 X의 선형변환 $Y=(X-\mu)/\sigma$를 표준화한다(standardize)고 한다. 이 때 표준화된 변수 Y의 평균과 분산은 항상 다음과 같다.

$$E(Y) = E(\frac{X-\mu}{\sigma}) = 0$$
$$Var(Y) = Var(\frac{1}{\sigma}X - \frac{\mu}{\sigma}) = \frac{\sigma^2}{\sigma^2} = 1$$

서로 독립인 확률변수 $X_1,\ X_2, \cdots, X_n$의 선형함수에 대한 분산은 상수 $a_1, a_2, \cdots, a_n$에 대해

$$Var(a_1X_1 + \cdots + a_nX_n) = a_1^2\ Var(X_1) + \cdots + a_n^2\ Var(X_n)$$

이 성립한다.

2.4 왜도와 첨도

분산은 확률변수값의 평균과의 편차에 대한 전체적인 측도로서 사용한다. 다만 분산은 이 편차의 제곱을 사용함으로써 양 또는 음의 값에 의한 영향을 구분할 수 없다. 많은 분포의 경우에 음의 편차가 양의 편차보다 많이 나타나거나 또는 그 반대의 현상이 나타나고 있다.

왜도는 평균과의 편차가 어느 한쪽 방향(양 또는 음)으로 크게 나타나는 경향을 나타내는 측도로 사용되며 다음과 같이 정의한다.

$$m_3 = E(X-\mu)^3 / \sigma^3$$

표본으로부터의 표본왜도(sample skewness)는 다음과 같이 정의한다.

$$\hat{m}_3 = \frac{1}{n-1}\sum_{i=1}^{n}(X_i - \overline{X})^3 / S^3$$

단, $\overline{X}$는 표본평균, S는 표본표준편차.

보통 표본왜도에 사용되는 상수 $1/(n-1)$대신 $n/(n-1)(n-2)$를 사용하여 계산한다. 분포의 형태가 대칭인 경우에는 항상 $m_3 = 0$이다. 분포의 형태가 왼쪽보다 오른쪽이 길게 나타나면 분포가 오른쪽으로 편중되었다(skewed to the right)고 하며 이때에는 $m_3 > 0$이다. 반대로 분포의 형태가 오른쪽보다 왼쪽이 길게 나타나면 분포가 왼쪽으로 편중되었다(skewed to the left)고 하며 이때에는 $m_3 < 0$이다.([그림 2.4]) 확률변수 X의 선형함수 $Y = aX + b$ (단, a, b는 상수)에 대한 왜도는 X의 왜도와 동일하다.

[그림 2.4] 분포의 형태에 따른 왜도와 첨도

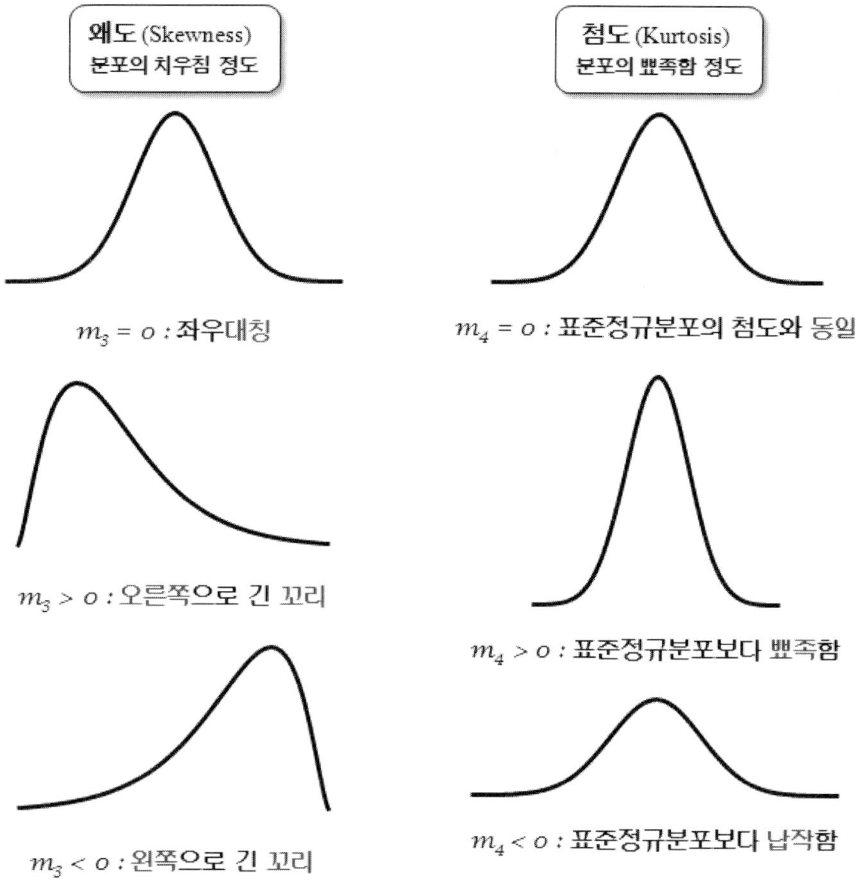

어떤 분포의 양쪽끝 꼬리부분의 비중은 통계적으로 중요한 의미를 가지게 되며 따라서 이러한 꼬리부분의 비중에 대한 측도를 필요하게 된다. 꼬리부분의 비중이 작으면 중심부분의 비중이 커지게 되어 분포의 형태가 뾰족하게 된다는 생각을 하게 되어 꼬리부분의 비중에 대한 측도를 나타낼 때 뾰족한 정도 즉 첨도란 용어를 사용한다. 첨도는 다음과 같이 정의한다.

$$m_4 = E(X-\mu)^4 / \sigma^4 - 3$$

확률변수의 선형함수 $Y = aX + b$ (단, a, b는 상수)에 대한 첨도는 X와 동일하다. 첨도는 분포의 뾰족한 정도를 나타내는 측도로 흔히 알려져 있으나 이것은 잘못 알려진 것이며 그 정확한 의미는 분포의 꼬리부분의 비중을 나타내는 측도이다. 꼬리부분의 비중이 크면 즉 분포가 중심부분보다 상대적으로 양쪽 또는 한쪽 끝부분에서 넓게 퍼져 있으면 첨도의 값은 커지게 된다.

첨도는 왜도와 다음과 같은 관계를 가진다.

$$m_4 \geq m_3^2 - 2$$

위식으로 부터 $m_4 \geq -2$임을 알 수 있다. 정규분포의 경우 $m_4 = 0$이다.

표본으로부터의 표본첨도(sample kurtosis)는 다음과 같이 정의한다.

$$\hat{m}_4 = \frac{1}{n-1} \sum_{i=1}^{n} (X_i - \overline{X})^4 / S^4 - 3$$

일반적으로 표본첨도를 다음과 같이 계산한다.

$$\hat{m}_4 = \frac{n(n+1)}{(n-1)(n-2)(n-3)} \sum_{i=1}^{n} (X_i - \overline{X})^4 / S^4 - 3\frac{(n-1)^2}{(n-2)(n-3)}$$

표본왜도와 표본첨도는 표본크기가 크지 않을 때에는 신뢰도가 높지 않은 추정값이지만, 이 값들이 클 경우(왜도의 경우에는 절대값이 큰 경우)에는 정규분포를 가정하는데 문제가 있으므로 주의를 필요로 한다.

2.5 적률모함수

적률모함수(moment generating function)는 분포의 특성을 결정짓는 함수로서 $M_X(t)$로 표기하고 다음과 같이 계산한다.

$$M_X(t) = E(e^{tX})$$

$$= \begin{cases} \sum_x e^{tx} f(x) & \text{,이산형 분포일 때} \\ \int_{-\infty}^{\infty} e^{tx} f(x)\,dx & \text{,연속형 분포일 때} \end{cases} , \quad -h < t < h$$

하나의 분포와 하나의 적률모함수는 일대일 대응의 관계에 있다. 즉, 분포가 주어지면 그 분포의 적률모함수는 결정되어지며 어떤 또 다른 적률모함수를 가질 수 없다. 또한 주어진 적률모함수를 가지는 분포는 하나뿐이며 다른 분포의 적률모함수일 수 없다. 이 같은 특성을 적률모함수의 유일성(uniqueness)이라고 한다. 적률모함수는 항상 존재하는 것은 아니며 존재하더라도 t의 일정구간 내 $(-h,h)$에서만 존재할 수도 있다. 여기서 존재한다는 것은 적률모함수의 값이 유한하다는 것을 의미한다. 적률모함수로부터 분포의 적률(moment)을 구할 수 있다.

먼저 k차 적률은 다음과 같이 정의한다.

$$E(X^k),\quad k=1,\ 2,\ \cdots$$

$k=1$이면 평균이 되고, $k=2$이면 $E(X^2)$이 된다.

적률모함수의 k차 도함수(derivative) $M_X^{(k)}(t)$는

$$\begin{aligned} M_X^{(k)}(t) &= \frac{d^k}{dt^k}M_X(t) \\ &= \frac{d^k}{dt^k}E(e^{tX}) \\ &= E\left[\frac{d^k}{dt^k}e^{tX}\right] \\ &= E[\,X^k e^{tX}\,] \end{aligned}$$

따라서

$$M_X^{(k)}(0) = E(X^k)$$

이며 k차 적률이 됨을 알 수 있다.

위 식을 이용하여 평균과 분산을 다음과 같이 계산할 수 있다.

$$\mu = E(X)$$
$$= M_X'(0)$$
$$\sigma^2 = E(X^2) - \mu^2$$
$$= M_X''(0) - \mu^2$$

분포의 확률밀도함수를 이용하여 평균과 분산을 계산하기가 어려울 때에는 위 식을 사용하면 쉽게 계산할 수 있는 경우가 있다.

서로 독립인 확률변수 $X_1,\ X_2, \cdots, X_n$이 있을 때 $Y = X_1 + X_2 + \ \cdots \ + X_n$이라 하면

$$M_Y(t) = E(e^{tY})$$
$$= E(e^{t(X_1 + X_2 + \ldots + X_n)})$$
$$= E(e^{tX_1}) \cdot E(e^{tX_2}) \cdots E(e^{tX_n})$$
$$= M_{X_1}(t) \cdot M_{X_2}(t) \cdots M_{X_n}(t)$$

이 되며, 만약 $X_1,\ X_2, \cdots, X_n$이 동일독립분포를 따른다면 위 식에 의해

$$M_Y(t) = [M_{X_1}(t)]^n$$

이 됨을 알 수 있다.

2.6 분위수

누적분포함수는 확률변수 X가 어떤 값 x보다 작거나 같을 확률 p로 표현된다. 따라서 x가 주어지면 p의 값은 누적분포함수를 이용하여 다음과 같이 계산할 수 있다.

$$p = F(x)$$

이와는 반대로 p가 주어졌을 때 x를 계산해야 할 경우가 있다. 이와 같이 주어진 확률 p에 대한 x를 p분위수(quantile)라 하고 q_p로 표시한다. p분위수 q_p는 다음을 만족한다.

$$p = F(q_p)$$

따라서 연속형 분포일 때는

$$q_p = F^{-1}(p)$$

이고 이산형 분포일 때는

$$q_p = \min\{x : F(x) \geq p\}$$

로 정의된다. 분위수는 분포형태에 따라 [그림 2.6a,b]와 같이 나타낸다. 이 그림에서 이산형 분포에서는 $q_{p1} = q_{p3} = x_3$, $q_{p2} = x_2$임을 주의할 필요가 있다.

[그림 2.6a] 연속형 분위수의 형태

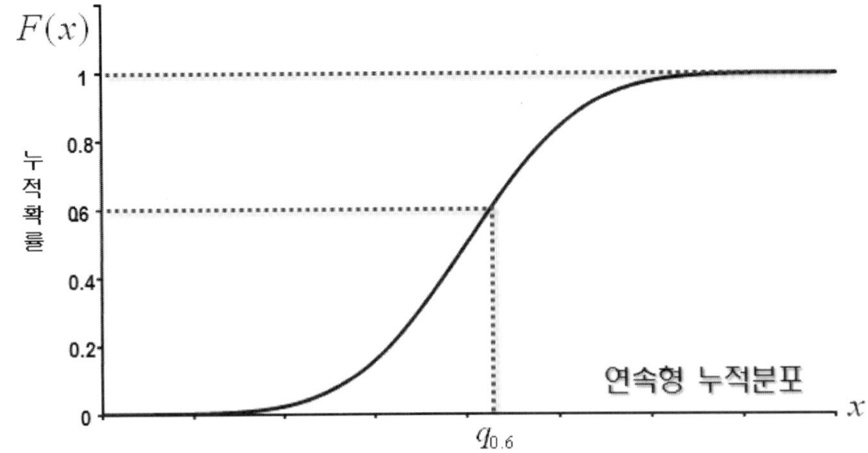

[그림 2.6b] 이산형 분위수의 형태

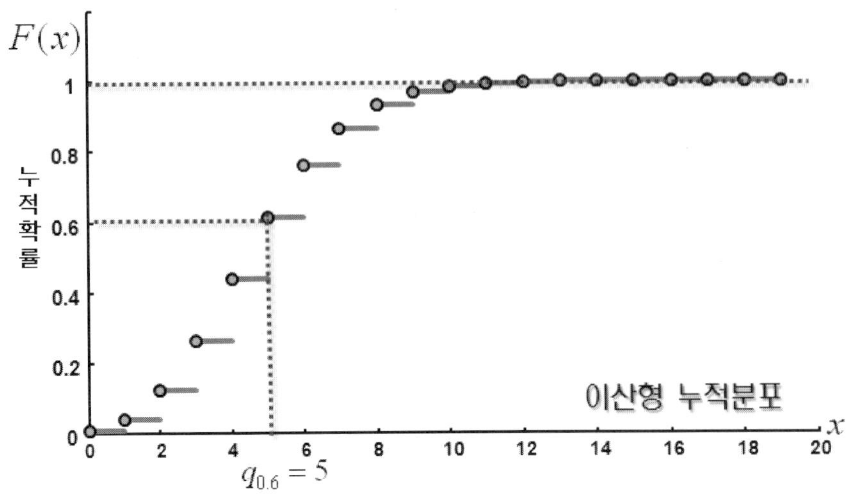

분위수는 전체확률을 몇 등분하느냐에 따라 백분위수(percentile) 또는 사분위수(quartile)등으로 표현한다. 백분위수는 전체확률을 100등분하여 표시한 것으로 제 n백분위수는 분위수 $q_{n/100}$를 나타내며 제 n 사분위수는 $q_{n/4}$을 나타낸다. 특히 제 2 사분위수를 중위수(median)라고 한다. 따라서 중위수는 그 값보다 작거나 같을 확률이 0.5가 되는 값을 나타내며 분포의 위치에 대한 대표값으로 평균과 함께 많이 사용되는 값이다. 어떤 분포의 확률밀도함수가 중위수 m에 대해 대칭일 때, 대칭분포(symmetric distribution)라고 한다. 따라서 대칭분포는 다음을 만족한다.

모든 x에 대해

$$f(m-x)=f(m+x)$$

$$\begin{cases} \sum_{y \leqq m-x} f(x) = \sum_{y \geqq m+x} f(x) & \text{,이산형 분포일 때} \\ \int_{-\infty}^{m-x} f(x)dx = \int_{m+x}^{\infty} f(x)dx & \text{,연속형 분포일 때} \end{cases}$$

대칭분포에서의 분위수 q_p는 다음을 만족한다.

$$m-q_p = q_{1-p}-m$$

특히, $m=0$인 경우에는

$$q_p = -q_{1-p}$$

으로 표현할 수 있다.

확률표본 $X_1, X_2, \cdots, X_n$으로부터 표본분위수를 구하는 방법은 다음과 같다. 먼저 자료를 작은 것부터 큰 순서대로 나열하고 이것을 $Y_1, Y_2, \cdots, Y_n$이라 한다. 이와 같이 나열한 것을 순서통계량(order statistic)이라고 한다. p분위수는 자기값보다 작거나 같은 관측값이 적어도 np개수가 있고, 또한 자기값보다 크거나 같은 관측값이 적어도 $n(1-p)$개수만큼 있는 수를 나타낸다. 이때에 n이 작은 값이거나 np가 정수가 아닐 때에는 하나의 관측값이 여러 개의 분위수에 해당될 수 있다. n=5, p=0.25인 경우를 생각해 보자. 이때에 0.25분위수(즉, 제 1 사분위수 또는 제 25백분위수)는 위의 방법에 의하면 두 번째 큰 값(Y_2)이 됨을 알 수 있다. 그러나 n=5, p=0.3인 경우에도 0.3분위수(제 30백분위수)는 역시 Y_2가 된다.

표본중위수는 흔히 $\tilde{X}$로 표현하고 분위수중 가장 많이 사용하는 값으로서 다음과 같이 정의된다.

$$\widetilde{X}=\begin{cases} Y_{k+1} & , \ n=2k+1(\text{홀수})\text{일 때} \\ \dfrac{Y_k+Y_{k+1}}{2} & , \ n=2k(\text{짝수})\text{일 때} \end{cases}$$

다른 분위수는 모두 하나의 관측값으로 표현하는 것과 달리 중위수만은 표본의 크기가 짝수일 때 2개의 가운데 값의 평균으로 나타내고 있다.

2.7 상관계수(correlation coefficient)

두 확률변수 X와 Y가 결합분포를 가질 때 X와 Y의 공분산(covariance) $Cov(X, Y)$는 다음과 같이 정의한다.

$$Cov(X,\ Y)=E[(X-\mu_X)(Y-\mu_Y)]$$

단, μ_X와 μ_Y는 각각 X와 Y의 평균

공분산이 나타내는 의미는 다음과 같이 설명할 수 있다. $X>\mu_X$, $Y>\mu_Y$ 또는 $X<\mu_X$, $Y<\mu_Y$이면 $(X-\mu_X)(Y-\mu_Y)>0$이고, 그렇지 않은 경우는 $(X-\mu_X)(Y-\mu_Y)<0$이다. 따라서 공분산은 일반적으로 X가 μ_X보다 클(작을) 때 Y도 같은 경향(즉, Y도 μ_Y 보다 크다(작다))을 보이면 평균적으로 양의 값을, 그렇지 않은 경우에는 음의 값을 가지게 된다. 또한 X값의 변화에 Y가 거의 무관하게 나타나면 '0'에 가까운 값을 가진다. 공분산은 이와 같이 두 변수 간의 상관성을 나타내고 있으나 각 변수의 산포의 정도가 다를 경우에는 공분산의 값만으로 상관성의 정도를 비교하기 어렵다. 이 때 산포의 정도를 같게 하기 위해 각 변수를 표준화한 다음 두 표준화된 변수의 공분산을 구한 것을 상관계수라 하고 ρ로 표시한다. 즉,

$$\rho = E\left[\left(\frac{X-\mu_X}{\sigma_X}\right)\left(\frac{Y-\mu_Y}{\sigma_Y}\right)\right]$$

$$= \frac{E[(X-\mu_X)(Y-\mu_Y)]}{\sigma_X \sigma_Y}$$

$$= \frac{Cov(X, Y)}{\sigma_X \sigma_Y}$$

단, σ_x와 σ_y는 각각 X와 Y는 표준편차

[그림 2.7] 상관계수에 따른 분포의 형태

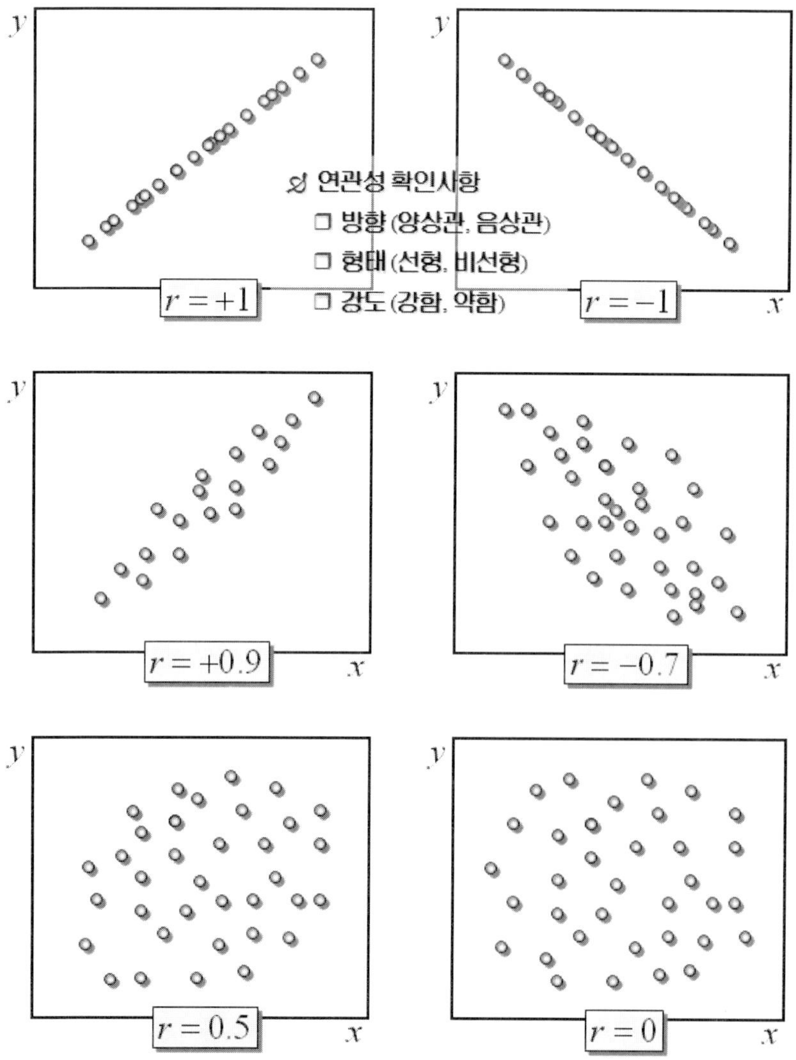

상관계수 ρ의 절대값은 항상 '1'보다 작거나 같다. 즉,

$$-1 \leqq \rho \leqq 1$$

범위 안의 값이며, $\rho=1$은 두 변수간의 완전한 양의 상관을 나타내며 $\rho=-1$은 두 변수간의 완전한 음의 상관을 나타낸다. 두 변수가 선형관계에 있으면, 즉 $Y=aX+b$ (단a, b는 상수)일 때 b값에 관계없이 a>0 이면 $\rho=1$, a=0 이면 $\rho=0$, a<0 이면 $\rho=-1$이다. [그림 2.7]에 서로 다른 상관계수에 따른 분포의 형태가 나타나 있다.

상관계수가 ρ인 이변량(bivariate)분포로부터 얻은 대응표본(paired sample)을 $(X_1, Y_1), (X_2, Y_2), \cdots, (X_n, Y_n)$이라 할 때, 표본상관계수(sample correlation coefficient)는 r로 나타내고 다음과 같이 계산한다.

$$r = \frac{\sum_{i=1}^{n}(X_i - \overline{X})(Y_i - \overline{Y})}{\sqrt{\sum_{i=1}^{n}(X_i - \overline{X})^2 \sum_{i=1}^{n}(Y_i - \overline{Y})^2}}$$

표본상관계수 r은 상관계수 ρ를 추정하는데 주로 사용된다.

**Introduction to
Behaviorally Statistical Data Analysis
using Minitab & SixSigma Tools for Excel**

3

이산형 확률분포

분포에는 많은 종류가 있으나 일반적으로 2가지 이산형(discrete)과 연속형(continuous)으로 나누어진다. 여기에서 출력한 대부분의 분포함수 그래프는 SixSigma Tools 2007에서 출력하여 보여주기로 하겠다. Minitab을 사용할 겨우는 각 함수의 x값을 대입하여 변수(컬럼)로 저장한 다음 그래프를 사용하여 작성해야 함으로 그러한 번거로움을 피하기로 한다.

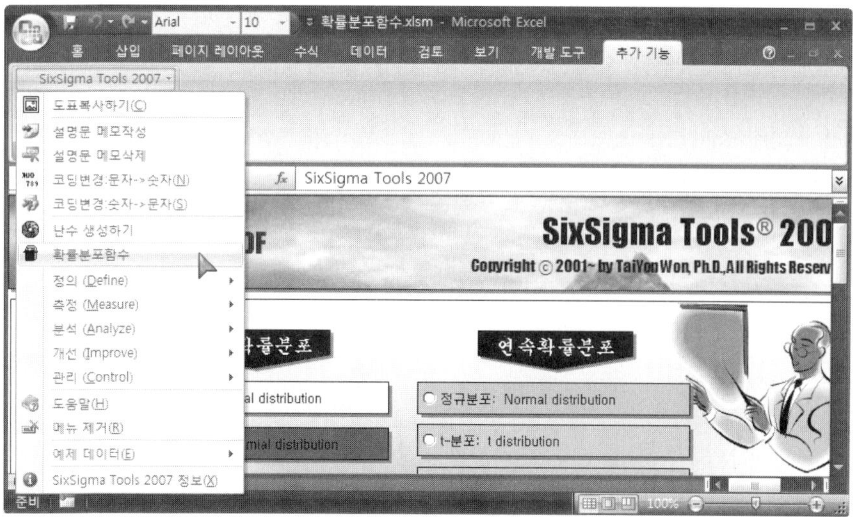

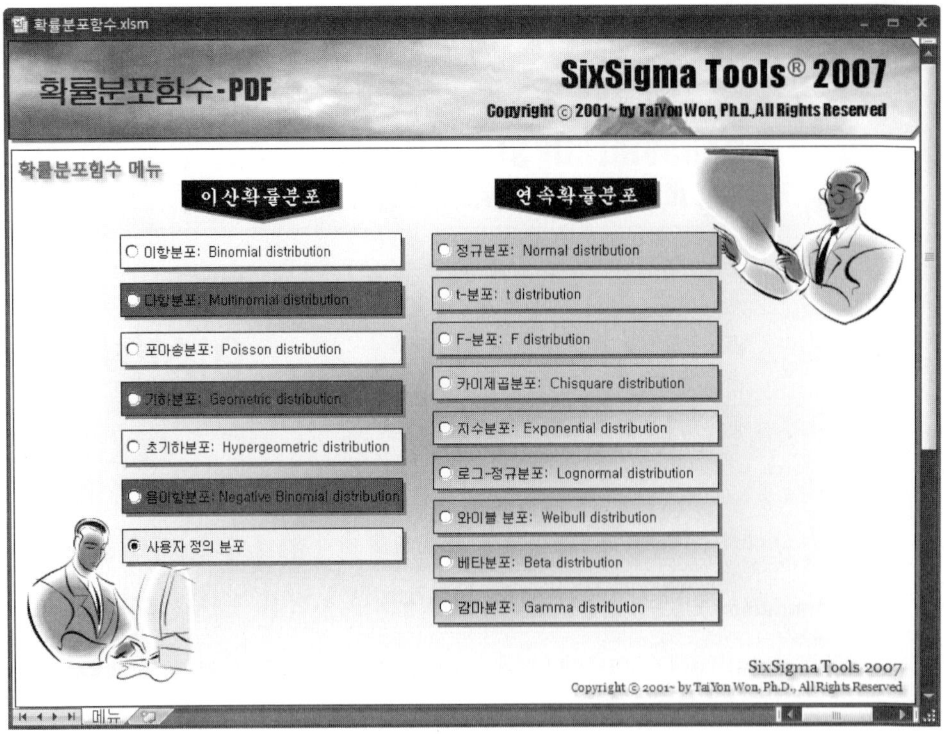

메뉴에서 확률분포함수를 선택하면 분포함수에 대한 워크북이 열리고 메뉴시트에서 해당 메뉴를 클릭하면 시트로 이동된다. 여기에서 분포함수의 모수를 지정하고 각 확률변수 X값에 따른 확률값들을 계산할 수 있다. 사용법이 너무 간단해서 별로 설명할 것이 없다.

3.1 베르누이분포

어떤 실험의 결과가 상호 배반적인 두 가지 요소 중에 하나로 나타날 경우 이러한 실험을 베르누이 시행(Bernoulli trials)이라고 한다. 즉 어떤 제품의 품질이 합격 또는 불합격, 양품 또는 불량품 등으로 구분되는 경우, 이 두 가지 요소 중에 양품을 편의상 성공(success)이라고 하고 기호로 `s`, 불량품은 실패(failure)라고 하고 'f'로 나타내면 표본공간 S는 {s, f}가 되며, 이 실험에서 확률변수 X는 성공(=1)과 실패(=0)를 대응시키는 확률변수라고 한다면 이때의 X를 베르누이 확률변수라고 한다. 즉 $X(s)=1$, $X(f)=0$으로 표현된다.

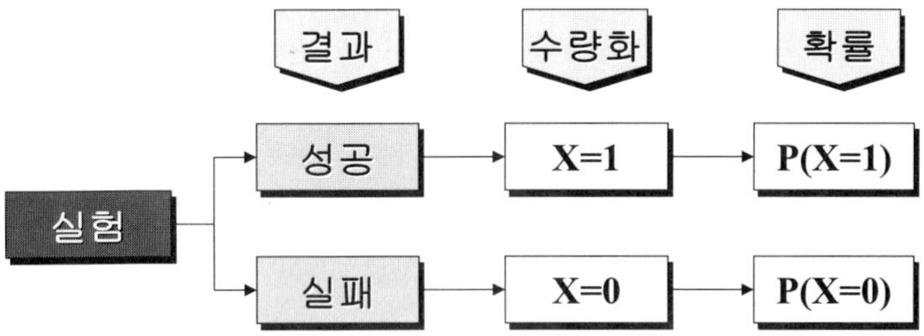

베르누이 실험에서 성공과 실패가 나타날 확률은 다음과 같이 표현된다.

$$P(\text{성공}) = P(X=1) = p$$

$$P(\text{실패}) = P(X=0) = 1-p$$

베르누이 분포의 확률함수는 다음과 같다.

$$f(x) = p^x(1-p)^{1-x},\ x=0,\ 1$$

단, $0<p<1$

즉, 확률함수는 $x=0$ 이면 $f(0)=1-p$ 이고, $x=1$ 이면 $f(1)=p$ 이다. 베르누이 분포는 확률변수 X가 0과 1 일 때는 확률밀도의 값이 0보다 큰 값을 가지게 되며, 기타 다른 값일 때는 0이 된다.

베르누이 분포의 평균과 분산은 다음과 같다.

평균 $= p$

분산 $= p(1-p)$

참조

$$\mu = E(X) = \sum_{x=0}^{1} x\, p^x (1-p)^{1-x} = p$$

$$\sigma^2 = E(X^2) - \mu^2 = \sum_{x=0}^{1} x^2 p^x (1-p)^{1-x} - p^2 = p - p^2 = p(1-p)$$

$$M_X(t) = Ee^{tX} = \sum_{x=0}^{1} e^{tx} p^x (1-p)^{1-x} = 1 - p + pe^t$$

3.2 이항분포

이항분포(binomial distribution)는 연속적인 베르누이 시행으로부터 생성되는 분포이다. 확률변수 $X_1,\ X_2, \cdots, X_n$이 동일 독립인 베르누이 분포를 따른다고 하자. $Y = X_1 + X_2 + \cdots + X_n$라 정의하면 Y는 n번 베르누이 시행에서의 성공의 수를 나타낸다. 확률변수 Y의 확률함수는, $x = 0,\ 1,\ 2, \cdots, n$ 에 대해 다음과 같이 표현된다.

$$P(Y=x) = P(n\text{번 중에서 성공이 } x\text{번, 실패 } n-x\text{번})$$

$$= [n\text{개중 } x\text{개를 선택하는 방법의 수}]\cdot[\underbrace{p \cdots p}_{x\text{번}} \cdot \underbrace{(1-p)\cdots(1-p)}_{(n-x)\text{번}}]$$

$$= \binom{n}{x} p^x (1-p)^{n-x}$$

그러므로 Y는 이항분포를 따르며, 이항분포의 확률함수는 다음과 같다.

$$f(x) = \binom{n}{x} p^x (1-p)^{n-x}, \quad x = 0,\ 1, \cdots, n$$

단, $0 < p < 1$, n은 양의정수

이 분포는 $B(n,p)$로 표시한다. 이항분포의 확률함수는 [그림 3.2]의 형태를 나타낸다.

[그림 3.2] 이항분포 : B(30,0.3)

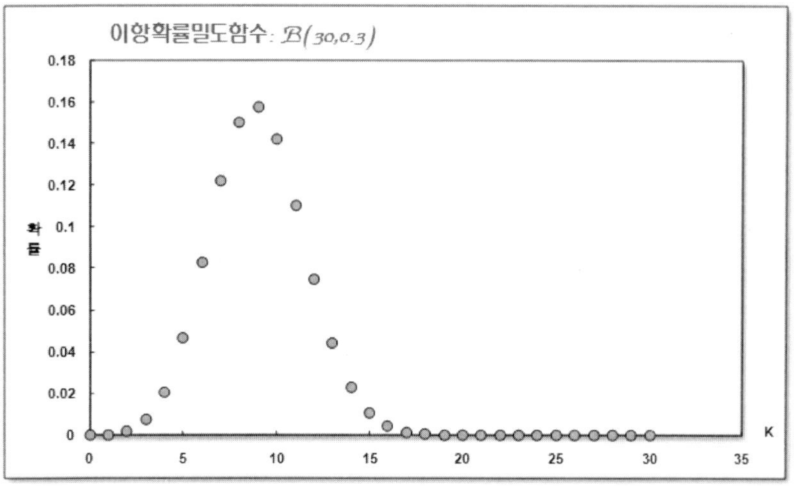

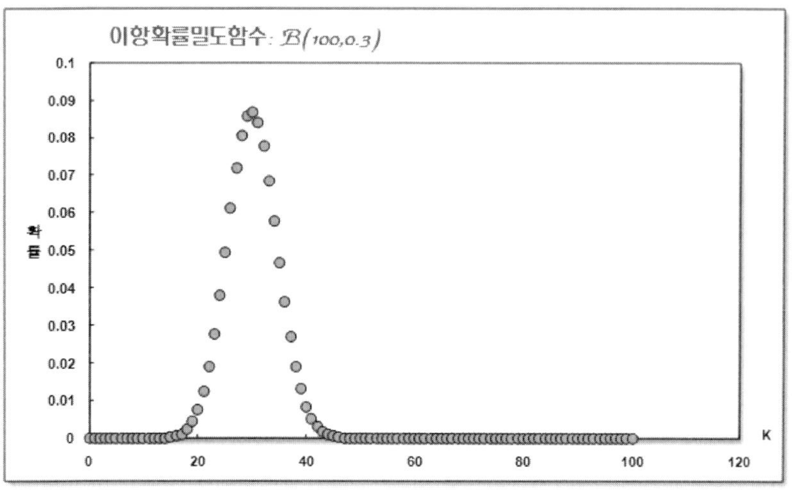

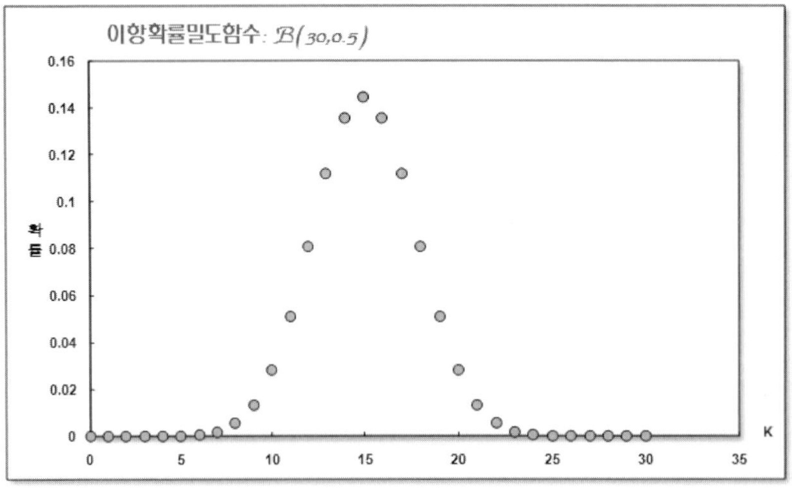
이항확률밀도함수: B(30,0.5)
확률
K

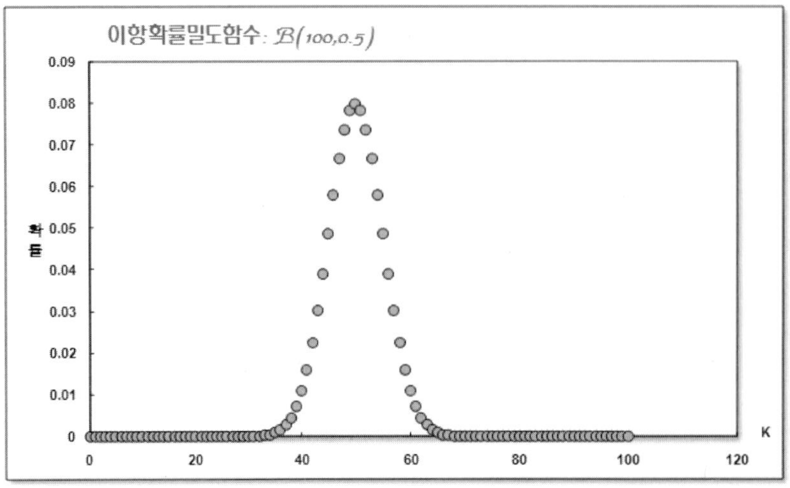
이항확률밀도함수: B(100,0.5)
확률
K

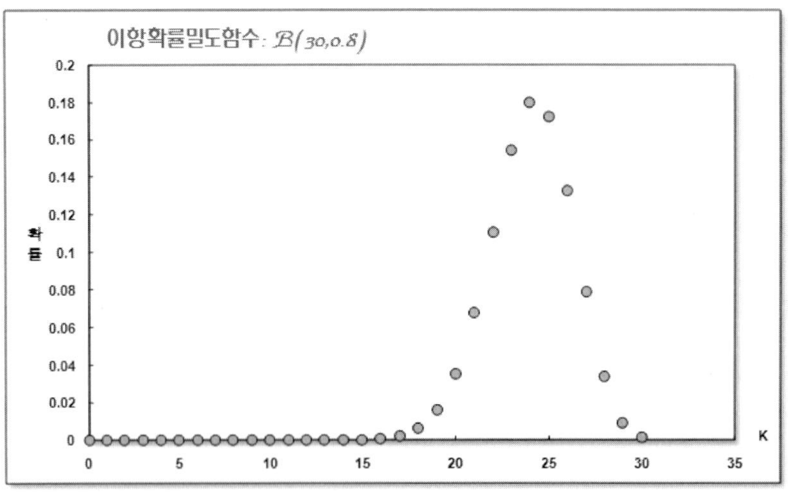
이항확률밀도함수: B(30,0.8)
확률
K

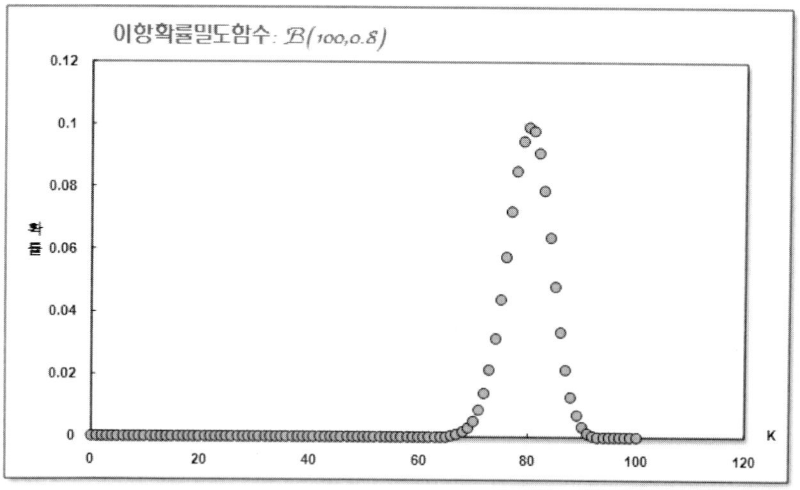

이항분포의 평균과 분산은 적률모함수를 사용하는 것이 편리하다. 먼저 이항분포의 적률모함수는

$$
\begin{aligned}
M_Y(t) &= E(e^{tY}) \\
&= \sum_{x=0}^{n} e^{tx}\binom{n}{x}p^x(1-p)^{n-x} \\
&= \sum_{x=0}^{n} \binom{n}{x}(pe^t)^x(1-p)^{n-x} \\
&= (1-p+pe^t)^n
\end{aligned}
$$

으로 표현되며, 적률모함수로부터 평균과 분산은 다음과 같이 구한다.

$$
\begin{aligned}
\mu &= \frac{d}{dx}M_X(t)\Big|_{t=0} \\
&= np\, e^t(1-p+pe^t)^{n-1}\Big|_{t=0} \\
&= np
\end{aligned}
$$

$$\sigma^2 = EX^2 - \mu^2$$
$$= \frac{d^2}{dx^2} M_X(t)\Big|_{t=0} - (np)^2$$
$$= \left[npe^t(1-p+pe^t)^{n-1} + n(n-1)p^2e^{2t}(1-p+pe^t)^{n-2}\right]_{t=0} - n^2p^2$$
$$= np + n(n-1)p^2 - n^2p^2$$
$$= np(1-p)$$

서로 독립인 확률변수 $X_1,\ X_2,\ \cdots,\ X_k$가 각각 $B(n_1,p),\cdots,B(n_k,p)$를 따르면 $Y = X_1 + X_2 + \cdots + X_k$는 $B(n_1+n_2+\cdots+n_k,\ p)$를 따른다.

3.3 초기하분포

초기하(hypergeometric)분포의 확률함수는 다음과 같다.

$$f(x) = \frac{\binom{M}{x}\binom{N-M}{n-x}}{\binom{N}{n}},\quad x = 0,\ 1, 2,\ \cdots,\ \min(n, M)$$

단, $N \geq M$

이 분포는 $HG(N, M, n)$으로 나타낸다. 초기하분포의 확률함수는 [그림 3.3]의 형태로 나타난다.

[그림 3.3] HG(10,50,23)의 확률함수

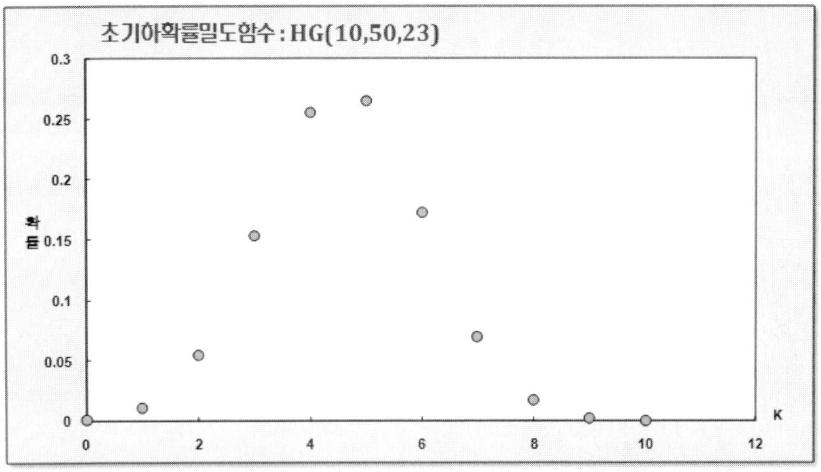

초기하분포의 평균과 분산은 다음과 같다.

$$EX = n \cdot \frac{M}{N}$$

$$Var(X) = \frac{N-n}{N-1} \cdot n \cdot \frac{M}{N}(1-\frac{M}{N})$$

초기하분포는 유한모집단으로부터 비복원추출(sampling without replacement)을 할 때 나타나는 분포로서 설명할 수 있다. 비복원추출이란 한번 추출한 것은 다시 되돌리지 않고 추출을 계속하는 것을 말한다. 이에 반해 복원추출(sampling with replacement)이란 한번 추출한 것을 다시 원위치 시켜 가며 추출하는 것을 말한다. 어떤 크기 N인 유한모집단이 두 종류의 개체(예를 들면 양품과 불량품)로 구성되어 있을 때 첫 번째 종류(양품)의 수를 M이라 하자. 이 모집단으로부터 n개를 비복원추출하였을 때 n개중 첫 번째 종류의 수가 x개가 될 확률을 생각해 보자.

첫 번째 종류의 수를 X라 하면

$$P(X=x)=\frac{\begin{bmatrix} M\text{개 중 } x\text{개를} \\ \text{뽑는 경우의 수} \end{bmatrix}\cdot\begin{bmatrix} (N-M)\text{개 중 } (n-x)\text{개를} \\ \text{뽑는 경우의 수} \end{bmatrix}}{[N\text{개 중 } n\text{개를 뽑는 경우의 수}]}$$

$$=\frac{\binom{M}{x}\binom{N-M}{n-x}}{\binom{N}{n}}$$

따라서 X는 초기하분포를 따름을 알 수 있다.

유한모집단으로부터 복원추출을 하는 경우에 첫 번째 종류의 수 X는 $B(n, p=M/N)$을 따름을 쉽게 알 수 있다. 또한 $N\to\infty$ 이고, $p=M/N$ 이면 비복원추출에서도 X는 $B(n,p)$를 따른다. 즉 모집단의 개체수가 크고 전체 개체 중 첫 번째 종류의 수의 비가 고정된 상수값(p)을 유지하면 초기하분포가 이항분포에 의해 근사될 수 있다. 따라서 이 경우에는 확률함수를 다음과 같이 이항분포로 근사시킬 수 있다.

$$P(X=x)\cong\binom{n}{x}\left(\frac{M}{N}\right)^{x}\left(1-\frac{M}{N}\right)^{n-x}$$

3.4 기하분포

기하(Geometric)분포의 확률함수는 다음과 같다.

$$f(x)=\begin{cases} p(1-p)^{x} & ,\ x=0,\ 1, 2,\ \cdots \\ 0 & ,\ x\neq 0,\ 1, 2,\ \cdots \end{cases}$$

이 분포는 $G(p)$로 표시한다. 기하분포의 확률함수는 [그림 3.4a,b]의 형태를 나타낸다.

[그림 3.4a] $G(0.7)$의 확률함수

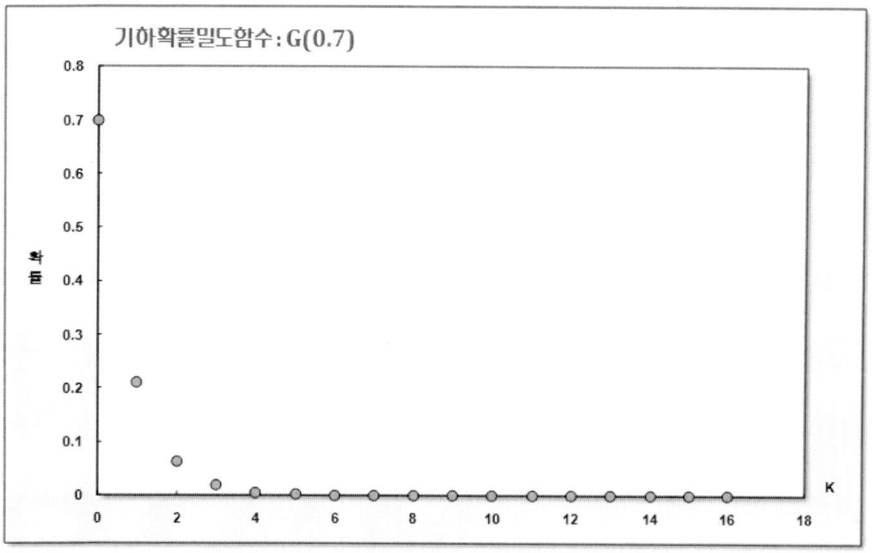

[그림 3.4b] $G(0.2)$의 확률함수

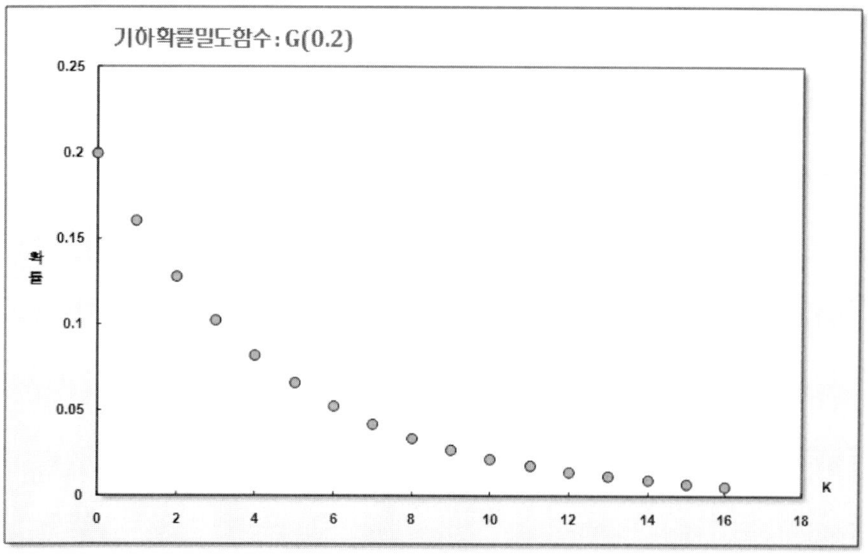

연속적인 베르누이 시행에서 첫 번째 성공이 일어날 때까지 필요한 실패의 수를 X라 하면 $x=0,\ 1,\ 2,\ \cdots$에 대해

$$P(X=x) = P(\text{처음부터 } x\text{번째까지 실패}, (x+1)\text{번째는 성공})$$
$$= (1-p)^x p$$

가 되어 X는 기하분포를 따름을 알 수 있다. 기하분포의 평균과 분산은 다음과 같다.

$$\begin{aligned}
E(X) &= \sum_{x=0}^{\infty} x p (1-p)^x \\
&= p \sum_{x=0}^{\infty} x (1-p)^x \\
&= -p(1-p) \sum_{x=0}^{\infty} \frac{d}{dp}(1-p)^x \\
&= -p(1-p) \frac{d}{dp} \sum_{x=0}^{\infty} (1-p)^x \\
&= -p(1-p) \frac{d}{dp}\left(\frac{1}{p}\right) \\
&= \frac{1-p}{p}
\end{aligned}$$

$$\begin{aligned}
E[X(X-1)] &= \sum_{x=0}^{\infty} x(x-1)p(1-p)^x \\
&= p(1-p)^2 \sum_{x=0}^{\infty} x(x-1)(1-p)^{x-2} \\
&= p(1-p)^2 \sum_{x=0}^{\infty} \frac{d^2}{dp^2}(1-p)^x \\
&= p(1-p)^2 \left[\frac{d^2}{dp^2}\left(\frac{1}{p}\right)\right] \\
&= \frac{2(1-p)^2}{p^2}
\end{aligned}$$

따라서

$$\sigma^2 = E[X(X-1)] + E(X) - [E(X)]^2$$

$$= \frac{2(1-p)^2}{p^2} + \frac{1-p}{p} - \frac{(1-p)^2}{p^2}$$

$$= \frac{1-p}{p^2}$$

이 되며, 기하분포의 적률모함수는 다음과 같다.

$$M_X(t) = E(e^{tX}) = \sum_{x=0}^{\infty} e^{tx} \cdot p(1-p)^x$$

$$= \sum_{x=0}^{\infty} p[(1-p)e^t]^x$$

$$= \frac{p}{1-(1-p)e^t} \quad \text{,단} \quad (1-p)e^t < 1$$

확률변수 X가 기하분포를 따를 때 $Y=X+1$이라 하면 Y는 첫 번째 성공이 일어날 때까지 필요한 시행의 수가 된다. 따라서 Y의 확률함수는 $y=1,\ 2,\ \cdots$에 대해 다음과 같이 표현된다.

$$g(y) = \Pr(Y=y)$$

$$= \Pr(X=y-1)$$

$$= (1-p)^{y-1} \cdot p$$

또한 Y의 평균은

$$E(Y) = E(X+1)$$

$$= \frac{1-p}{p} + 1$$

$$= \frac{1}{p}$$

이며, Y의 분산은

$$
\begin{aligned}
Var(Y) &= Var(X+1) \\
&= Var(X) \\
&= \frac{1-p}{p^2}
\end{aligned}
$$

이 된다. 이 경우 Y의 분포는 역시 기하분포라고 한다. 단, 이때에 Y가 취할 수 있는 범위는 $y=1,\ 2,\ \cdots$임을 유의하여야 한다.

3.5 음이항분포

음이항(negative binomial)분포의 확률함수는 다음과 같다.

$$
f(x) = \begin{cases} \binom{x+r-1}{r-1} p^r (1-p)^x, & x = 0,\ 1, 2,\ \cdots \\ 0, & x \neq 0,\ 1, 2,\ \cdots \end{cases}
$$

이 분포는 $NB(r,p)$로 표시한다. 음이항분포의 확률함수는 [그림 3.5]의 형태를 나타낸다.

[그림 3.5a] $NB(5,0.4)$의 확률함수

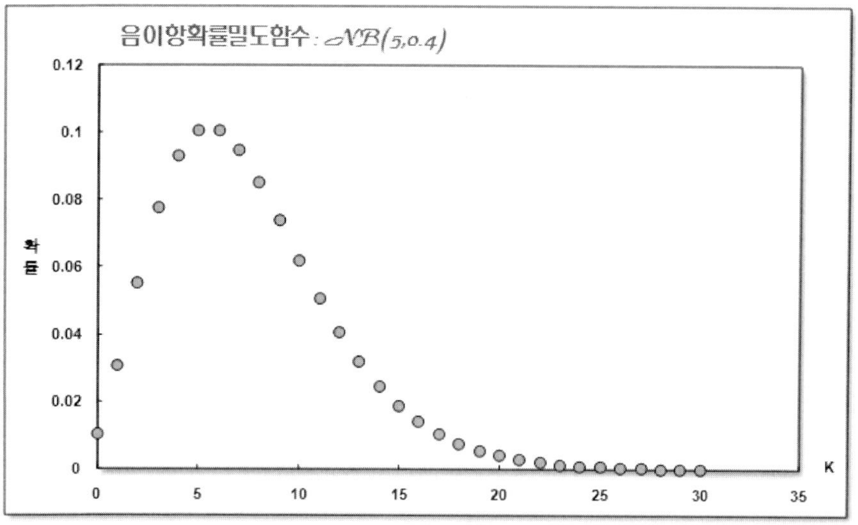

[그림 3.5b] $NB(3,0.5)$의 확률함수

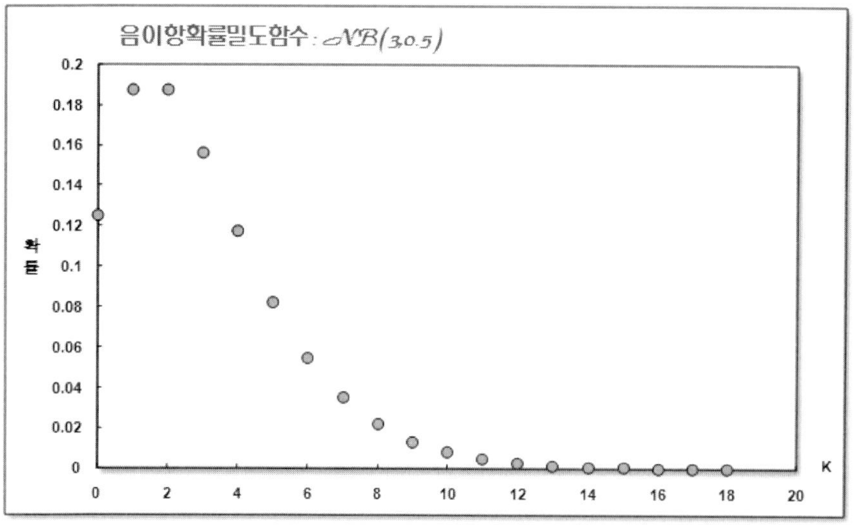

연속적인 베르누이 시행에서 r번째 성공이 일어날 때까지 필요한 실패의 수를 X라 하자. 그러면 $x=0,\ 1,\ 2,\ \cdots$에 대해

$$P(X=x) = P\left[\begin{matrix}(x+r-1)\text{번째까지는 성공이 }(r-1)\text{개,}\\ \text{실패가 }x\text{개, }(x+r)\text{번째는 성공}\end{matrix}\right]$$

$$= \binom{x+r-1}{r-1}p^{r-1}(1-p)^x p$$

$$= \binom{x+r-1}{r-1}p^r(1-p)^x$$

가 되어 X는 음이항분포를 따름을 알 수 있다. 음이항분포의 적률모함수는 다음과 같다.

$$E(e^{tX}) = \sum_{x=0}^{\infty}\binom{x+r-1}{r-1}p^r[e^t(1-p)]^x$$

$$= \frac{p^r}{[1-e^t(1-p)]^r} \qquad ,(1-p)e^t < 1$$

음이항분포의 평균과 분산은 적률모함수를 이용하면 다음과 같이 구해진다.

$$E(X) = \frac{r(1-p)}{p}$$

$$Var(X) = \frac{r(1-p)}{p^2}$$

$r=1$인 경우 X의 적률모함수는 $p[1-(1-p)e^t]^{-1}$이 되어 기하분포의 적률모함수와 동일하다. 따라서 이 경우에는 X의 분포는 기하분포가 된다.

확률변수 X가 음이항분포를 따를 때 $Y=X+r$이라 하면 Y는 r번째 성공이 일어날 때까지 필요한 시행의 수가 된다. 따라서 Y의 확률함수는, $y=r,\ r+1,\cdots$에 대해 다음과 같이 표현될 수 있다.

$$g(y) = \Pr(Y=y)$$

$$= \Pr(X=y-r)$$

$$= \binom{y-1}{r-1}p^r(1-p)^{y-r}$$

이 경우 Y의 분포함수는 역시 음이항분포라고 한다. 단, 이때에 Y가 취할 수 있는 값의 범위는 $y=r,\ r+1,\cdots$임을 유의해야 한다. 동일독립인 확률변수 $X_1,\ X_2,\ \cdots,X_k$가 각각 기하분포를 따를 때 $Y=X_1+\cdots+X_k$는 $NB(k,p)$를 따른다. 또한 서로 독립인 확률변수 $X_1,\ X_2,\cdots,X_k$가 각각 $NB(r_1,p)$, $NB(r_2,p),\cdots$, $NB(r_k,\ p)$를 따를 때 $Y=X_1+\cdots+X_k$는 $NB(r_1+r_2+\cdots+r_k,p)$를 따른다.

3.6 포아송분포

포아송(Poisson)분포의 확률함수는 다음과 같다.

$$f(x)=\frac{e^{-\lambda}\lambda^x}{x!},\quad x=0,\ 1,2,\ \cdots$$

이 분포는 $P(\lambda)$로 표시한다. 포아송분포의 확률함수는 [그림 3.6]의 형태를 나타낸다.

[그림 3.6a] $P(2)$의 확률함수

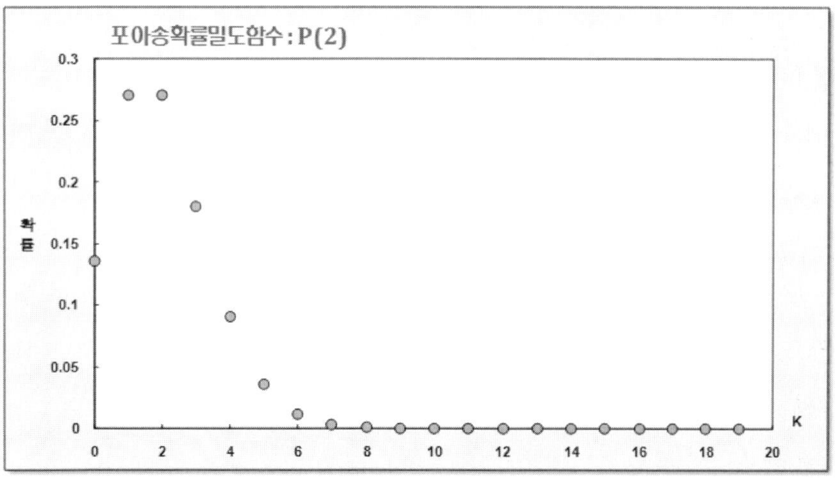

[그림 3.6b] $P(5)$의 확률함수

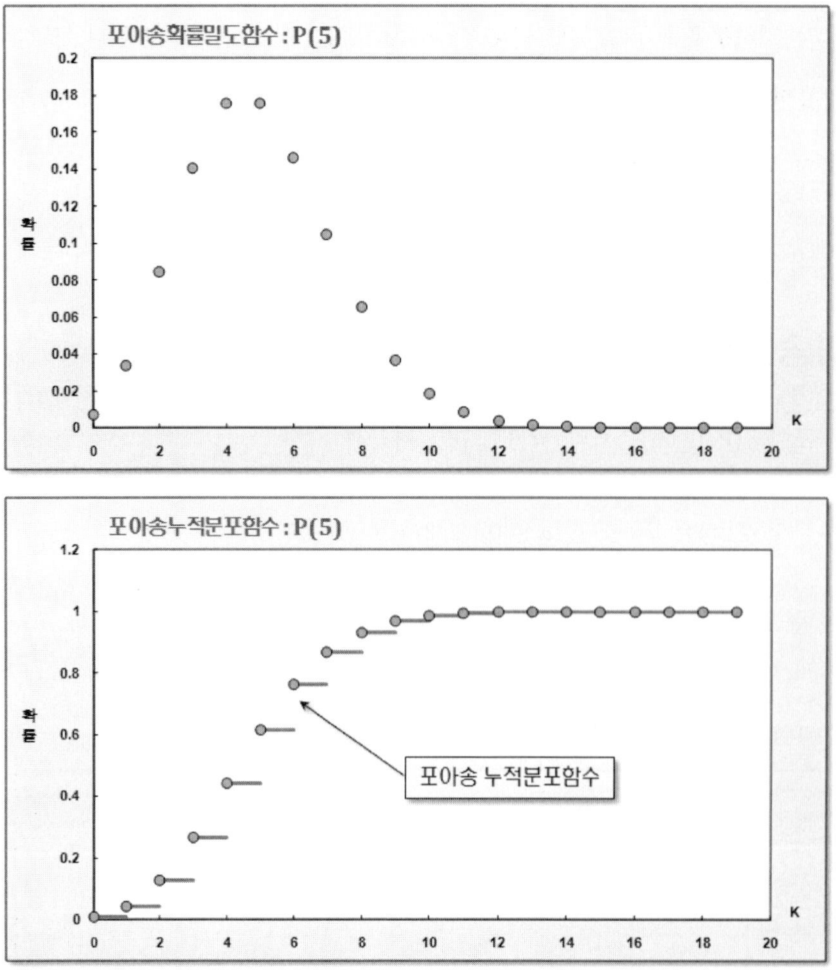

포아송분포는 단위시간(또는 단위공간)에 일어나는 변화의 수를 나타내는데 많이 이용된다. 예를 들면 전화교환대에서 매시간 접수되는 전화요청수 또는 종이공장에서 생산되는 종이 1m2당 발생하는 결점의 수 등을 들 수 있다. 포아송분포는 다음과 같이 세 조건을 만족할 때에 적용할 수 있다.

(1) 아주 짧은 길이 h인 구간(시간 또는 공간)에 하나의 변화가 일어날 확률은 λh 이다.(즉 길이 h에 비례한다.)

(2) 아주 짧은 구간에 둘 이상의 변화가 일어날 확률은 0이다.

(3) 서로 중복되지 않은 두 구간 내에서 발생하는 변화의 수들은 서로 독립이다.

포아송분포의 평균과 분산은 다음과 같다.

$$\begin{aligned} E(X) &= \sum_{x=0}^{\infty} x \cdot \frac{e^{-\lambda}\lambda^{x}}{x!} \\ &= \lambda \sum_{x=1}^{\infty} \frac{e^{-\lambda}\lambda^{x-1}}{(x-1)!} \\ &= \lambda \sum_{y=0}^{\infty} \frac{e^{-\lambda}\lambda^{y}}{y!} \\ &= \lambda \end{aligned}$$

위 식에서, $\frac{e^{-\lambda}\lambda^{x}}{x!}$는 포아송분포의 확률함수이므로 0에서 ∞까지 더하면 1이 된다.

$$\begin{aligned} E[X(X-1)] &= \sum_{x=0}^{\infty} x(x-1)\frac{e^{-\lambda}\lambda^{x}}{x!} \\ &= \lambda^2 \sum_{x=2}^{\infty} \frac{e^{-\lambda}\lambda^{x-2}}{(x-2)!} \\ &= \lambda^2 \sum_{y=0}^{\infty} \frac{e^{-\lambda}\lambda^{y}}{y!} \\ &= \lambda^2 \end{aligned}$$

$$\begin{aligned} Var(X) &= E[X(X-1)] + E(X) - [E(X)]^2 \\ &= \lambda^2 + \lambda - \lambda^2 \\ &= \lambda \end{aligned}$$

포아송분포는 평균과 분산이 다같이 λ인 분포임을 유의할 필요가 있다. 포아송분포의 적률모함수는 다음과 같다.

$$E(e^{tX}) = \sum_{x=0}^{\infty} e^{tx} \cdot \frac{e^{-\lambda}\lambda^x}{x!}$$

$$= e^{-\lambda}\sum_{x=0}^{\infty}\frac{(\lambda e^t)^x}{x!}$$

$$= e^{-\lambda}e^{\lambda e^t}$$

$$= e^{\lambda(e^t-1)}$$

서로 독립인 확률변수 $X_1, X_2, \cdots, X_k$가 각각 $P(\lambda_1), P(\lambda_2), \cdots, P(\lambda_k)$를 따를 때 $Y = X_1 + X_2 + \cdots + X_k$의 분포는 $P(\lambda_1 + \lambda_2 + \cdots + \lambda_k)$를 따른다. 또한 포아송분포는 이항분포의 근사에 사용될 수 있다. 즉, 확률변수 Y가 $B(n,p)$분포를 따를 때 $n \to \infty$이고 $\lambda = np$이면

$$P(Y=x) \cong \frac{e^{-np}(np)^x}{x!}$$

으로 근사된다.

Introduction to
Behaviorally Statistical Data Analysis
using Minitab & SixSigma Tools for Excel

4

연속형 확률분포

4.1 정규분포

정규분포(normal distribution)는 연속형분포에서 가장 많이 사용되는 분포로서 실제 자연의 현상에서 흔히 적용시킬 수 있는 분포이다. 정규분포의 확률밀도 함수는 다음과 같다.

$$f(x) = \frac{1}{\sqrt{2\pi}\,\sigma} e^{-\frac{(x-\mu)^2}{2\sigma^2}}$$

위 정규분포의 평균은 μ, 분산은 σ^2이 되며, 이 분포는 $N(\mu,\sigma^2)$으로 표현한다. 정규분포의 분포곡선은 [그림 4.1a]와 같다. 그리고 $X \sim N(\mu,\, \sigma^2)$일 때, $f(x)$의 그래프는 $x = \mu$를 분포의 중심으로 하는 좌우 대칭분포를 이루며 그 모양을 종형(bell-shape) 분포라고도 한다.

[그림 4.1a] 정규분포의 확률밀도함수

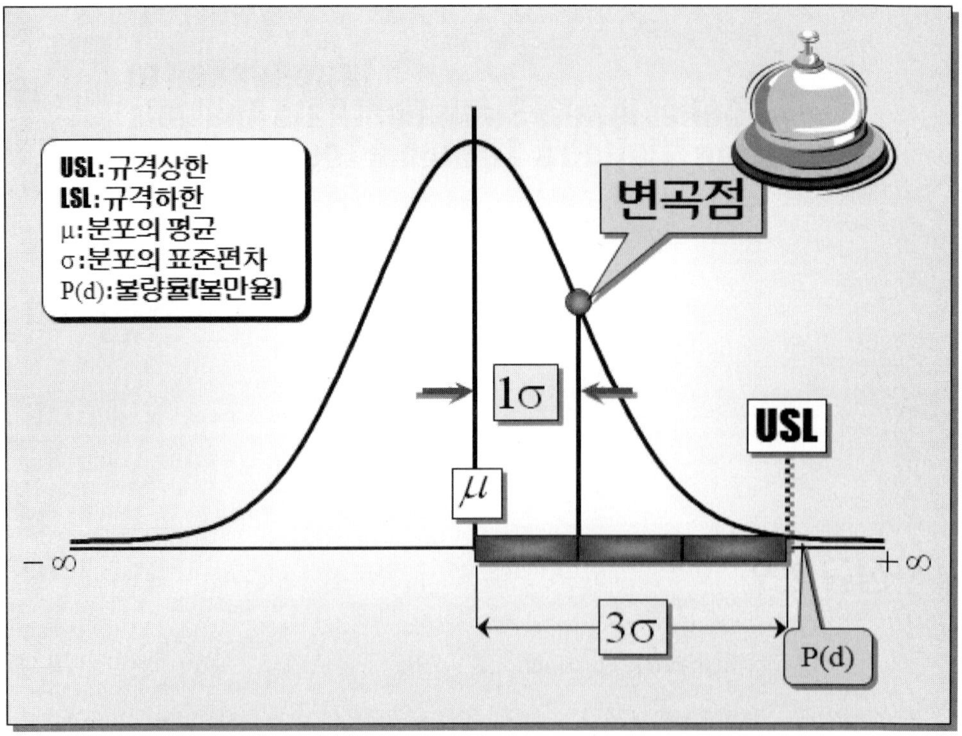

다시 말 하건데 수리적 이론은 암기할 필요는 없다. 그림을 가볍게 보고 이해하는 정도로 족하다. 보통 표본분포를 따지는 이유는 확률을 계산하기 위함이고 그 확률값을 기준으로 통계적 의사결정을 하기 위함이다. 그러므로 분석자는 이론에 집중하기 보다는 의사결정기준을 어떻게 활용하는가에 초점을 맞추어 학습해야 한다. 앞으로 진행될 가설검정에서 주로 그 기준들에 대해 다루므로 여기에서는 가벼운 마음으로 살펴보는 정도로 학습하기 바란다.

먼저 정규분포의 적률모함수는 다음과 같다.

$$
\begin{aligned}
E(e^{tX}) &= \int_{-\infty}^{\infty} e^{tx} \frac{1}{\sqrt{2\pi}\,\sigma} exp\left[-\frac{(x-\mu)^2}{2\sigma^2}\right]dx \\
&= \int_{-\infty}^{\infty} \frac{1}{\sqrt{2\pi}\,\sigma} exp\left[-\frac{x^2-2\mu x+\mu^2-2\sigma^2 tx}{2\sigma^2}\right]dx \\
&= \int_{-\infty}^{\infty} \frac{1}{\sqrt{2\pi}\,\sigma} exp\left[-\frac{(x-(\mu+\sigma^2 t))^2-(2\mu\sigma^2 t+\sigma^4 t^2)}{2\sigma^2}\right]dx \\
&= e^{\mu t+\frac{\sigma^2}{2}t^2}\int_{-\infty}^{\infty} \frac{1}{\sqrt{2\pi}\,\sigma} exp\left[-\frac{(x-(\mu+\sigma^2 t))^2}{2\sigma^2}\right]dx \\
&= \exp[\mu t+\frac{\sigma^2}{2}t^2]
\end{aligned}
$$

위 식에서 $\frac{1}{\sqrt{2\pi}\,\sigma} exp\left[-\frac{(x-(\mu+\sigma^2 t))^2}{2\sigma^2}\right]$는 $N(\mu+\sigma^2 t,\sigma^2)$의 확률밀도함수이므로 (-∞, ∞)구간에서의 적분은 1이 된다.

적률모함수를 이용하여 평균과 분산을 구하면 다음과 같다.

$$
\begin{aligned}
E(X) &= \frac{d}{dt}M_X(t)\Big|_{t=0} \\
&= (\mu+\sigma^2 t)\exp\left(\mu t+\frac{\sigma^2}{2}t^2\right)\Big|_{t=0} \\
&= \mu
\end{aligned}
$$

$$
\begin{aligned}
E(X^2) &= \frac{d^2}{dt^2}M_X(t)\Big|_{t=0} \\
&= \left[\sigma^2\exp\left\{\mu t+\frac{\sigma^2}{2}t^2\right\}+(\mu+\sigma^2 t)^2\exp\left\{\mu t+\frac{\sigma^2}{2}t^2\right\}\right]\Big|_{t=0} \\
&= \sigma^2+\mu^2
\end{aligned}
$$

$$
\begin{aligned}
Var(X) &= E(X^2)-[E(X)]^2 \\
&= \sigma^2+\mu^2-\mu^2 \\
&= \sigma^2
\end{aligned}
$$

[그림 4.1b] 여러 가지 정규분포의 확률밀도함수

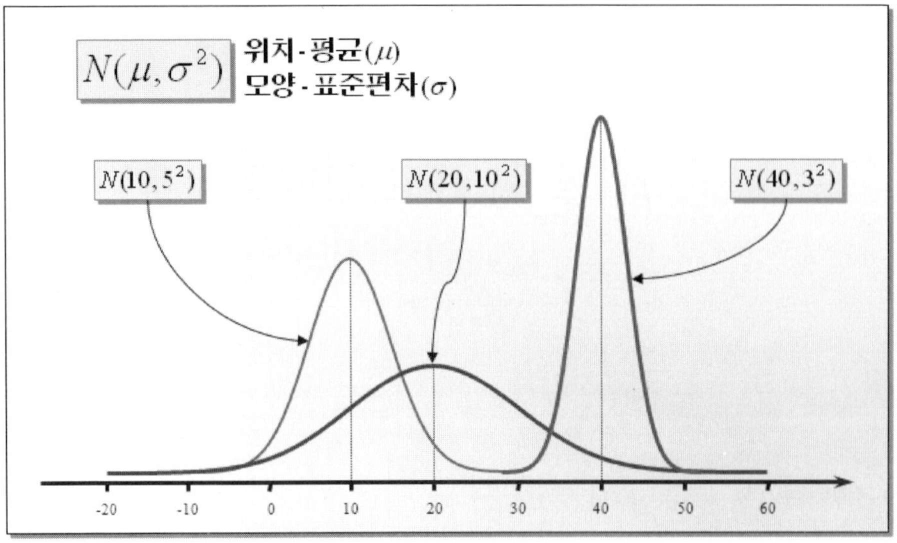

X가 $N(\mu,\sigma^2)$을 따를 때 X의 표준화된 변수를 Y라 하면 $\left(Y=\frac{X-\mu}{\sigma}\right)$ Y의 적률모함수는 다음과 같다.

$$
\begin{aligned}
E(e^{tY}) &= E\left(e^{t\frac{X-\mu}{\sigma}}\right) \\
&= e^{-\frac{\mu t}{\sigma}} \cdot E\left(e^{\frac{t}{\sigma}X}\right) \\
&= e^{-\frac{\mu t}{\sigma}} \cdot e^{\mu\frac{t}{\sigma}+\frac{\sigma^2}{2}\left(\frac{t}{\sigma}\right)^2} \\
&= e^{\frac{t^2}{2}}
\end{aligned}
$$

이 적률모함수는 $N(\mu,\sigma^2)$의 적률모함수에서 μ=0, σ^2=1일 때와 동일하다. 따라서 적률모함수의 특성에 의해 Y는 $N(0,1)$을 따름을 알 수 있다. $N(0,1)$인 분포를 표준정규분포(standard normal distribution)라고 한다.

$N(\mu,\sigma^2)$의 분포함수 $F(x)$는 표준정규분포를 이용하여 다음과 같이 표시할 수 있다.

$$F(x) = \int_{-\infty}^{x} \frac{1}{\sqrt{2\pi}\,\sigma} e^{-\frac{(y-\mu)^2}{2\sigma^2}} dy$$

$$= \int_{-\infty}^{\frac{x-\mu}{\sigma}} \frac{1}{\sqrt{2\pi}\,\sigma} e^{-\frac{z^2}{2}} \sigma\, dz$$

$$= \int_{-\infty}^{\frac{x-\mu}{\sigma}} \frac{1}{\sqrt{2\pi}} e^{-\frac{z^2}{2}} dz$$

표준정규분포의 분포함수는 다음과 같이 표시한다.

$$\Phi(x) = \int_{-\infty}^{x} \frac{1}{\sqrt{2\pi}} e^{-\frac{z^2}{2}} dz$$

따라서 $N(\mu,\sigma^2)$의 분포함수는 $\Phi(\frac{x-\mu}{\sigma})$가 된다. 표준정규분포의 α분위수는 z_α로 표시하며 다음 관계를 만족한다.

$$\int_{-\infty}^{z_\alpha} \frac{1}{\sqrt{2\pi}} e^{-\frac{y^2}{2}} dy = \alpha$$

표준정규분포는 0에 대해 대칭인 분포이므로 대칭분포의 특성에 의해 다음과 같이 표현할 수 있다.

$$z_\alpha = -z_{1-\alpha}$$

확률변수 X가 $N(\mu,\sigma^2)$를 따를 때 X의 선형함수 $Y = aX + b$(단 a, b는 상수)는 $N(a\mu + b, a^2\sigma^2)$을 따른다. 서로 독립인 확률변수 $X_1, X_2, \cdots, X_k$가 각각 $N(\mu_1, \sigma_1^2)$, $N(\mu_2, \sigma_2^2), \cdots, N(\mu_k, \sigma_k^2)$을 따를 때 $Y = a_1X_1 + a_2X_2 + \cdots + a_kX_k$ (단, $a_1, a_2, \cdots, a_k$는 상수)는 $N(a_1\mu_1 + a_2\mu_2 + \cdots + a_k\mu_k,\ a_1^2\sigma_1^2 + a_2\sigma_2^2 + \cdots + a_k^2\sigma_k^2)$를 따른다. 예를 들어, $\overline{X} = \frac{1}{n}X_1 + \frac{1}{n}X_2 + \cdots + \frac{1}{n}X_n$는 $N(\mu, \frac{\sigma^2}{n})$을 따른다.

확률변수의 분포가 알려지지 않은 경우, 표본평균의 분포도 알려지지 않은 것은 당연하다. 그러나 표본의 크기가 클 경우에는 표본평균의 분포는 근사적으로 정규분포를 따른다. 이것을 중심극한정리(Central Limit Theorem)라고 한다.

● 중심극한정리

확률표본 $X_1, X_2, \cdots, X_n$이 평균 μ, 분산 $\sigma^2(<\infty)$을 가질 때

$$\lim_{n\to\infty}\frac{\overline{X}-\mu}{\sigma/\sqrt{n}} \sim N(0,1)$$

중심극한정리에 의하면 확률변수의 분포에 관계없이 표준화된 표본평균은 표본크기 n이 클 때 표준정규분포에 근사될 수 있음을 알 수 있다. 실제로 정확하게 정규분포를 따르는 데이터는 거의 없다고 할 수 있으나 중심극한정리에 의해 정규분포를 사용하여 여러 가지 통계적 방법을 적용할 수 있음을 나타내고 있다. 이것은 정규분포가 통계학에서 가장 중요한 분포로 사용되는 이유가 된다.

정규분포가 이항분포의 근사에 사용되는 경우를 예로 들어보자. 확률변수 Y가 $B(n,p)$를 따를 때 중심극한정리에 의해 다음과 같이 근사시킬 수 있다.

$$\begin{aligned} P(Y \leqq a) &= P\left(\frac{Y-np}{\sqrt{np(1-p)}} \leqq \frac{a-np}{\sqrt{np(1-p)}}\right) \\ &\cong \Phi\left(\frac{a-np}{\sqrt{np(1-p)}}\right) \end{aligned}$$

이 때 이항분포는 이산형 분포이고 정규분포는 연속형 분포이므로 이와 같은 근사식에는 연속성의 수정(continuity correction)을 사용하여 다음과 같이 표현한다.

$$P(Y \leqq a) \cong \Phi\left(\frac{a+0.5-np}{\sqrt{np(1-p)}}\right)$$

$P(Y \geqq b)$도 유사한 방법에 의해 다음과 같이 근사시킨다.

$$P(Y \geq b) \cong 1 - \Phi\left(\frac{b - 0.5 - np}{\sqrt{np(1-p)}}\right)$$

4.2 균일분포

균일(uniform)분포의 확률밀도함수는 다음과 같다.

$$f(x) = \begin{cases} \dfrac{1}{b-a} & , x \in (a,b), \quad a < b \\ 0 & , x \notin (a,b) \end{cases}$$

이 분포는 $U(a,b)$로 표시한다. 균일분포의 분포곡선은 [그림 4.2]와 같다.

[그림 4.2] 균일분포의 확률밀도함수

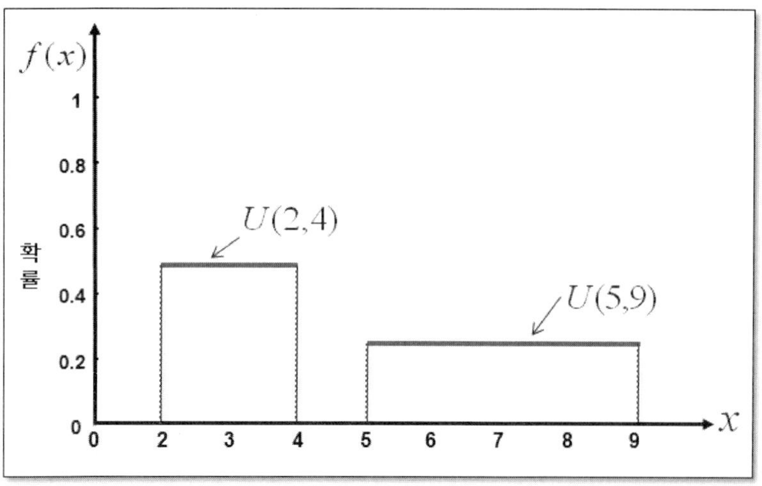

균일분포의 평균과 분산은 다음과 같다.

$$E(X) = \int_a^b x \frac{1}{b-a} dx = \frac{1}{b-a} \int_a^b x\, dx = \frac{a+b}{2}$$

$$E(X^2) = \int_a^b x^2 \frac{1}{b-a} dx = \frac{1}{b-a} \int_a^b x^2 dx = \frac{b^2+ab+a^2}{3}$$

$$Var(X) = E(X^2) - [E(X)]^2 = \frac{b^2+ab+a^2}{3} - \frac{(a+b)^2}{4} = \frac{(b-a)^2}{12}$$

균일분포의 적률모함수는 다음과 같다.

$$E(e^{tX}) = \int_a^b e^{tx} \frac{1}{b-a} dx = \frac{1}{b-a} \int_a^b e^{tx} dx = \frac{e^{tb} - e^{ta}}{(b-a)t}$$

4.3 지수분포

X를 어떤 부품의 수명시간이라고 가정하자. 이때 수명시간을 모형화할 수 있는 분포가 모수가 λ인 지수분포이다. λ는 실패율(failure rate)로서 생각할 수 있으며, 지수분포의 평균 $\mu = 1/\lambda$으로 실패가 발생될 때까지의 평균시간이 된다. 그리고 지수분포의 분산은 $\sigma^2 = 1/\lambda^2$이 된다. 지수(exponential)분포의 확률밀도함수는 다음과 같다.

$$f(x)=\begin{cases}\lambda e^{-\lambda x}, & x>0 \quad ,\lambda>0 \\ 0, & x\leq 0\end{cases}$$

이 분포는 Exp(λ)로 표시한다. 지수분포의 분포곡선은 [그림 4.3]과 같다.

[그림 4.3] 지수분포의 확률밀도함수

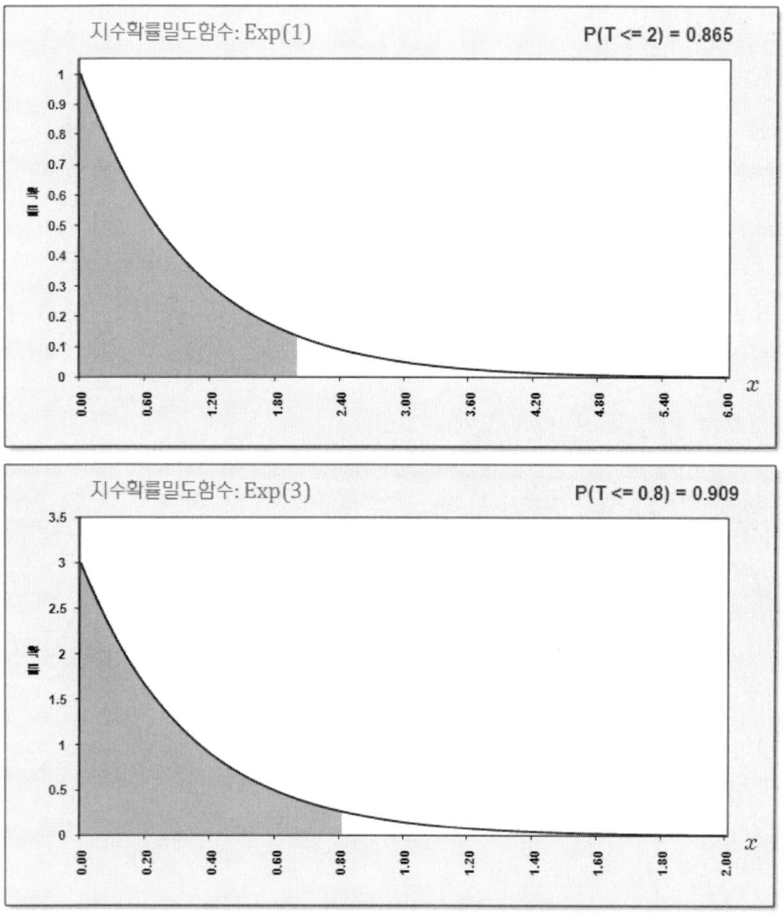

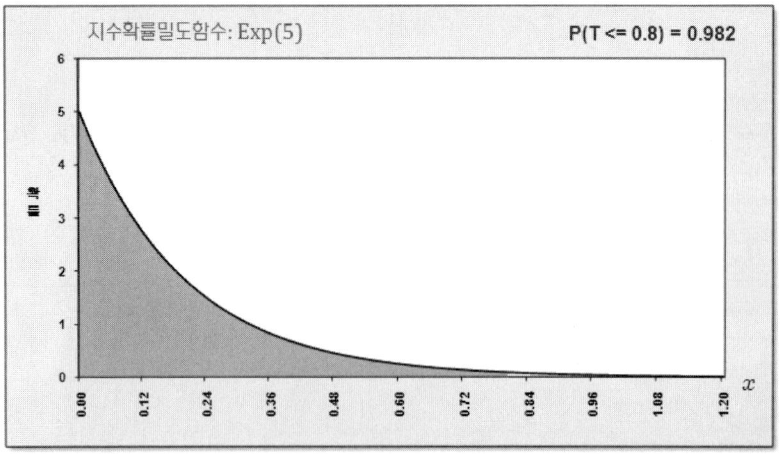

지수분포는 어떤 변화가 일어날 때까지 대기시간(waiting time)을 나타내는데 많이 이용된다. 예를 들면 전구의 수명(즉, 전구가 고장이 날 때까지의 시간) 또는 전화교환대에서 접수되는 두 연속적인 전화요청간의 시간 등을 들 수 있다.

지수분포의 평균과 분산은 다음과 같다.

$$
\begin{aligned}
E(X) &= \int_0^{\infty} x\lambda e^{-\lambda x} dx \\
&= \int_0^{\infty} x[-e^{-\lambda x}]' dx \\
&= -xe^{-\lambda x}\Big]_0^{\infty} + \int_0^{\infty} e^{-\lambda x} dx \qquad (\text{부분적분에 의해}) \\
&= \frac{1}{\lambda} \qquad \left(\lim_{x\to\infty} xe^{-\lambda x} = 0\right)
\end{aligned}
$$

$$E(X^2) = \int_0^\infty x^2 \lambda e^{-\lambda x} dx$$

$$= \int_0^\infty x^2 (-e^{-\lambda x})' dx$$

$$= -x^2 e^{-\lambda x}\Big]_0^\infty + 2\int_0^\infty x e^{-\lambda x} dx \quad \text{(부분적분에 의해)}$$

$$= \frac{2}{\lambda}\int_0^\infty x \lambda e^{-\lambda x} dx \qquad (\lim_{x \to \infty} x^2 e^{-\lambda x} = 0)$$

$$= \frac{2}{\lambda} \cdot \frac{1}{\lambda}$$

$$= \frac{2}{\lambda^2}$$

$$Var(X) = \frac{2}{\lambda^2} - \frac{1}{\lambda^2}$$

$$= \frac{1}{\lambda^2}$$

지수분포의 적률모함수는 다음과 같다.

$$E(e^{tX}) = \int_0^\infty e^{tx} \lambda e^{-\lambda x} dx$$

$$= \lambda \int_0^\infty e^{-(\lambda - t)x} dx$$

$$= \lambda \cdot \frac{-e^{-(\lambda - t)x}}{\lambda - t} \qquad , t < \lambda$$

$$= \frac{\lambda}{\lambda - t}$$

지수분포의 확률밀도함수는 다음과 같이 표현하기도 한다.

$$f(x)=\begin{cases}\dfrac{1}{\sigma}e^{-\frac{x-\theta}{\sigma}} & , x>\theta \\ 0 & , x\leq\theta\end{cases}$$

단, Θ는 시작점(threshold), σ는 척도(scale)모수.

4.4 감마분포와 카이제곱분포

감마분포의 확률밀도함수는 다음과 같다.

$$f(x)=\begin{cases}\dfrac{\lambda^{\alpha}x^{\alpha-1}e^{-\lambda x}}{\Gamma(\alpha)} & , x>0\ ,\ \alpha>0\ ,\ \lambda>0 \\ 0 & , x\leq 0\end{cases}$$

단, $\Gamma(\alpha)=\int_0^{\infty}y^{\alpha-1}e^{-y}dy.$ 이 분포는 $Gamma(\alpha,\lambda)$로 표현하며 분포곡선은 [그림 4.4a]와 같다.

[그림 4.4a] 감마분포의 확률밀도함수

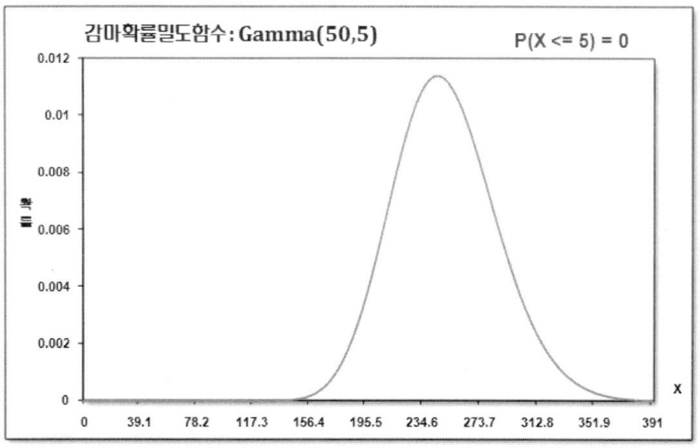

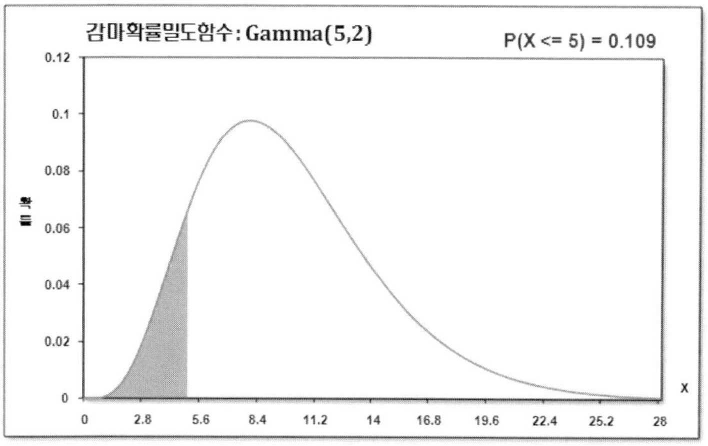

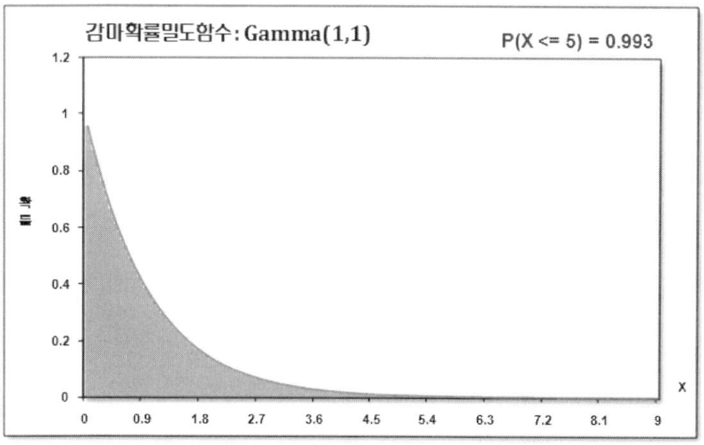

이 분포는 α번째(α가 양의 정수일 때) 변화가 일어날 때까지의 대기시간을 나타내는데 많이 이용된다. $\alpha=1$인 경우는 지수분포 $\mathrm{Exp}(\lambda)$와 동일하다. 감마분포의 적률모함수는 다음과 같다.

$$E(e^{tX}) = \int_0^{\infty} e^{tx} \frac{\lambda^{\alpha} x^{\alpha-1} e^{-\lambda x}}{\Gamma(\alpha)} dx$$

$$= \lambda^{\alpha} \int_0^{\infty} \frac{x^{\alpha-1} e^{-(\lambda-t)x}}{\Gamma(\alpha)} dx$$

$$= \frac{\lambda^{\alpha}}{(\lambda-t)^{\alpha}} \int_0^{\infty} \frac{(\lambda-t)^{\alpha} x^{\alpha-1} e^{-(\lambda-t)x}}{\Gamma(\alpha)} dx$$

$$= \left(\frac{\lambda}{\lambda-t}\right)^{\alpha} \quad , \quad t < \lambda$$

위 적분에서 $\frac{(\lambda-t)^{\alpha} x^{\alpha-1} e^{-(\lambda-t)x}}{\Gamma(\alpha)}$는 $Gamma(\alpha, \lambda-t)$의 확률밀도함수이므로 $(0, \infty)$

에서의 적분은 1이 된다. 적률모함수로 부터 평균과 분산은 다음과 같이 계산한다.

$$E(X) = \frac{d}{dt} M_X(t) \Big|_{t=0}$$

$$= \alpha \left(\frac{\lambda}{\lambda-t}\right)^{\alpha-1} \frac{\lambda}{(\lambda-t)^2} \Big|_{t=0}$$

$$= \frac{\alpha}{\lambda}$$

$$E(X^2) = \frac{d^2}{dt^2} M_X(t) \Big|_{t=0}$$

$$= \alpha(\alpha-1)\left(\frac{\lambda}{\lambda-t}\right)^{\alpha-2} \frac{\lambda^2}{(\lambda-t)^4} + \alpha\left(\frac{\lambda}{\lambda-t}\right)^{\alpha-1} \frac{2\lambda}{(\lambda-t)^3} \Big|_{t=0}$$

$$= \alpha(\alpha-1)\frac{1}{\lambda^2} + \alpha\frac{2}{\lambda^2}$$

$$= \frac{\alpha(\alpha+1)}{\lambda^2}$$

$$Var(X) = \frac{\alpha(\alpha+1)}{\lambda^2} - \frac{\alpha^2}{\lambda^2}$$

$$= \frac{\alpha}{\lambda^2}$$

감마분포의 확률밀도함수는 다음과 같이 표현하기도 한다.

$$f(x) = \begin{cases} \dfrac{1}{\Gamma(\alpha)\sigma}\left(\dfrac{x-\theta}{\sigma}\right)^{\alpha-1} e^{-\frac{x-\theta}{\sigma}} & , x > \theta \\ 0 & , x \leqq \theta \end{cases}$$

단, θ는 시작점, α는 형태(shape)모수, σ는 척도(scale)모수.

서로 독립인 확률변수 X_1, $X_2, \cdots ,X_k$가 각각 $Gamma(\alpha_1, \lambda)$, $Gamma(\alpha_2, \lambda), \cdots$, $Gamma(\alpha_k, \lambda)$를 따를 때 $Y = X_1 + X_2 + \cdots + X_k$는 $Gamma(\alpha_1 + \alpha_2 + \cdots + \alpha_k, \lambda)$를 따른다. 특히 동일독립인 확률변수 X_1, $X_2, \cdots, X_k$가 각각 $\exp(\lambda)$를 따를 때 $Y = X_1 + X_2 + \cdots + X_k$는 $Gamma(k, \lambda)$를 따른다.

감마분포에서 $\alpha = r/2$ (r은 양의 정수), $\lambda = 1/2$ 인 경우를 자유도가 r인 카이제곱분포라고 한다. 카이제곱분포의 확률밀도함수는 다음과 같다.

$$f(x) = \begin{cases} \dfrac{x^{\frac{r}{2}-1} e^{-\frac{x}{2}}}{\Gamma(\frac{r}{2}) 2^{\frac{r}{2}}} & , x > 0 \\ 0 & , x \leqq 0 \end{cases}$$

이 분포는 $\chi^2(r)$로 표현하며 분포곡선은 [그림 4.4b]와 같다. 이 분포는 독립적인 표준화 정규변량 k개의 제곱합의 분포로 생각될 수 있으며 이 때 k를 자유도(degree of freedom:df)라고 한다. 그래프가 좌우대칭이 아니며, 또 자유도에 따라 그 분포형태가 달라진다. 자유도가 점점 커짐에 따라 분포형태는 비대칭에서 대칭으로 바뀌어 간다.

[그림 4.4b] 카이제곱분포의 확률밀도함수

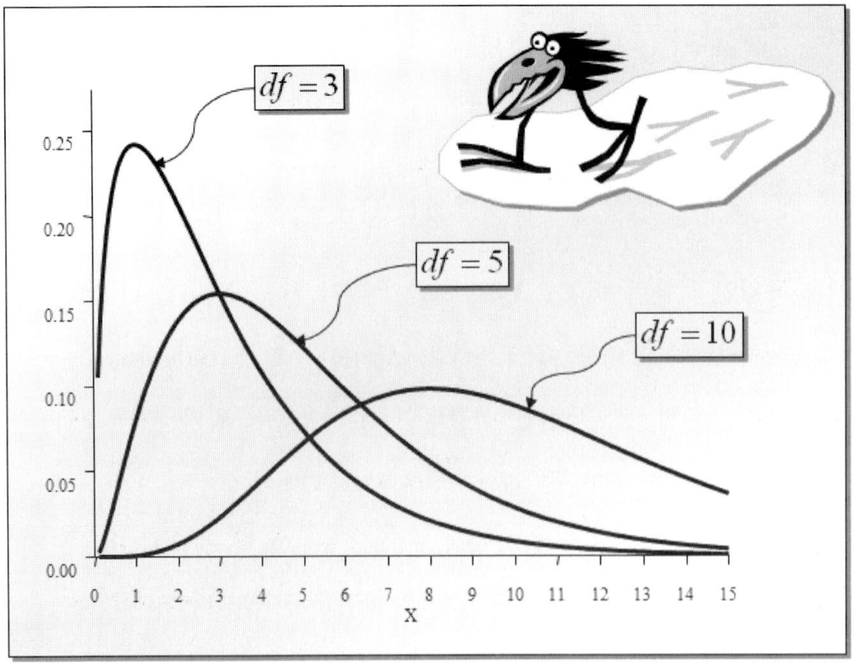

감마분포의 적률모함수로부터 카이제곱의 적률모함수는 다음과 같음을 알 수 있다.

$$E(e^{tX}) = (1-2t)^{-\frac{r}{2}} \quad , \ t < \frac{1}{2}$$

또한 평균과 분산은 다음과 같다.

$$E(X) = r$$

$$Var(X) = 2r$$

카이제곱분포는 통계학에서 자주 사용되는 중요한 분포이나 그 분포함수는 간단한 형태로 표현할 수 없다. 특히 이 분포의 분위수는 가설검정과 신뢰구간 추정에서 널리 사용되고 있다. 카이제곱분포의 α분위수는 $\chi^2(r,\alpha)$로 표시하며 다음 관계를 만족한다.

$$\int_0^{\chi^2(r,\alpha)} \frac{x^{\frac{r}{2}-1} e^{-\frac{x}{2}}}{\Gamma(\frac{r}{2}) 2^{\frac{r}{2}}} dx = \alpha$$

표준정규분포를 따르는 확률변수의 제곱은 $\chi^2(1)$을 따른다. 따라서 $X_1, X_2, \cdots, X_n$이 $N(\mu, \sigma^2)$으로 부터의 확률표본이면 다음을 알 수 있다.

$$\frac{(n-1)S^2}{\sigma^2} = \sum_{i=1}^{n} \left[\frac{(X_i - \mu)}{\sigma} \right]^2 \sim \chi^2(n)$$

서로 독립인 확률변수 $X_1,\ X_2, \cdots, X_k$가 각각 $\chi^2(r_1),\ \chi^2(r_2),\ \cdots,\ \chi^2(r_k)$를 따를 때, $Y = X_1 + X_2 + \cdots + X_k$는 $\chi^2(r_1 + r_2 + \cdots + r_k)$를 따른다. $\chi^2(r)$분포는 중심극한정리에 의해 $r \to \infty$ 일 때 $N(r, 2r)$로 접근한다.

카이제곱 통계량은 주로 범주형 데이터에서 빈도를 다루는 경우에 주나 사용되어 질 것이다. 그러므로 빈도분석, 교차분석, 대응일치분석 등 빈도와 비율, % 통계량이 등장하는 경우에 주로 사용된다.

4.5 와이블분포

와이블(Weibull)분포의 확률밀도함수는 다음과 같다.

$$f(x) = \begin{cases} \beta\, \alpha^{-1} (\frac{x}{\alpha})^{\beta - 1} e^{-(\frac{x}{\alpha})^{\beta}} & , x > 0,\ \alpha > 0, \beta > 0 \\ 0 & , x \leqq 0 \end{cases}$$

이 분포는 $W(\alpha,\ \beta)$로 표시한다. 와이블분포의 분포곡선은 [그림 4.5]와 같다.

[그림 4.5] 와이블확률밀도함수

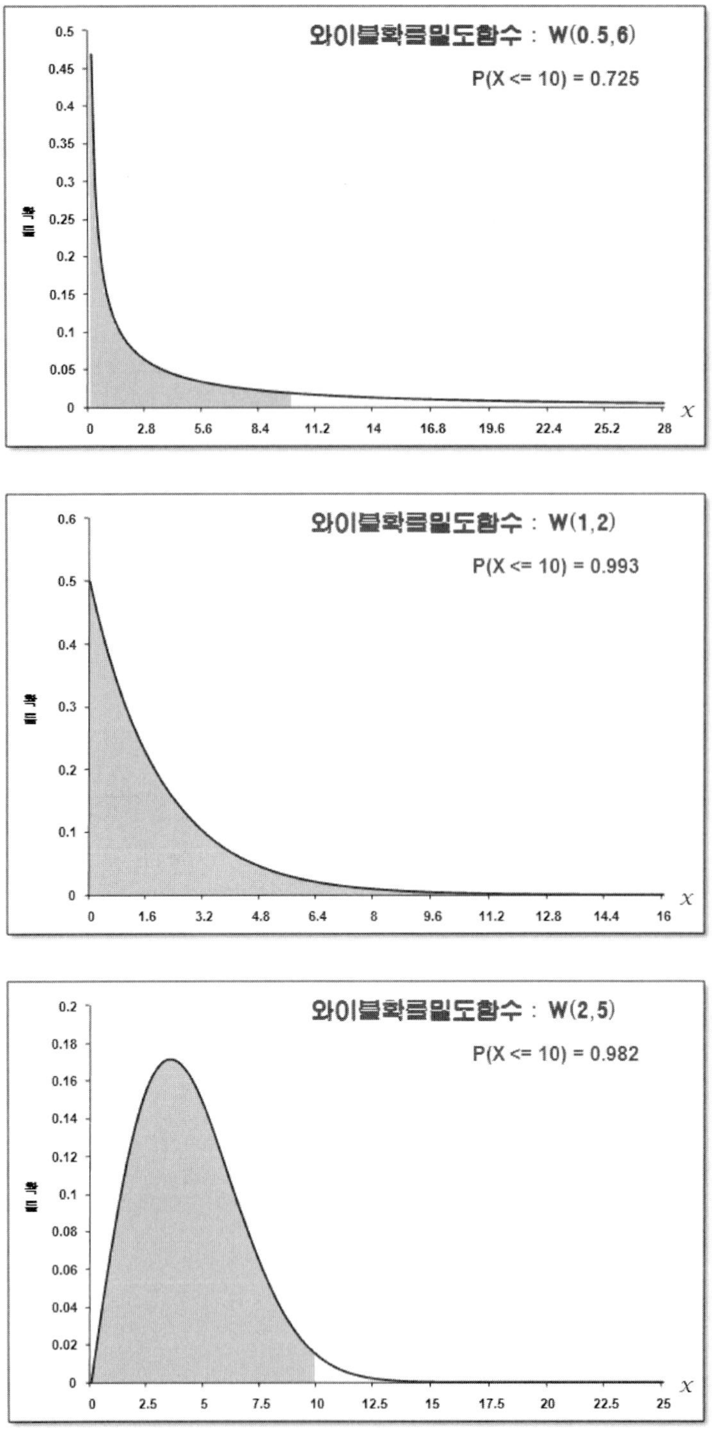

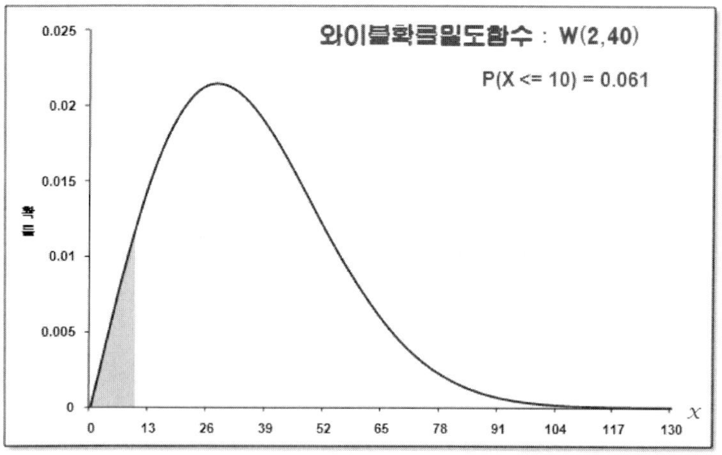

와이블분포는 지수분포를 일반화하는 분포로서 지수분포보다 분포의 형태를 훨씬 다양하게 표현할 수 있다. 이 분포는 스웨덴의 물리학자의 이름을 인용한 분포로서 물질의 강도나 제품수명을 설명하는데 널리 사용되어 오고 있다. 와이블분포는 모수 $\beta=1$일 때는 지수분포 Exp$(1/\alpha)$와 동일하며, X가 와이블분포를 따를 때 $Y=\left(\frac{X}{\alpha}\right)^{\beta}$라 하면 Y는 Exp(1)을 따른다. 와이블분포의 분포함수는 다음과 같다.

$$F(x) = 1 - \exp[-(\frac{x}{\alpha})^{\beta}] \quad , \ x > 0$$

$Y=\left(\frac{X}{\alpha}\right)^{\beta}$가Exp(1)을 따르므로 X의 r차 적률은

$$\begin{aligned} E(X^r) &= \alpha^r E[(\frac{X}{\alpha})^r] \\ &= \alpha^r E[(\{\frac{X}{\alpha}\}^{\beta})^{\frac{r}{\beta}}] \\ &= \alpha^r E[Y^{\frac{r}{\beta}}] \end{aligned}$$

이 되며, 또한

$$E(Y^{\frac{r}{\beta}}) = \int_0^{\infty} y^{\frac{r}{\beta}} e^{-y} dy$$

$$= \Gamma(\frac{r}{\beta}+1)$$

와 같이 표현된다. 따라서 X의 평균과 분산은 다음과 같다.

$$E(X) = \alpha \ \Gamma(\frac{1}{\beta}+1),$$

또한 $E(X^2) = \alpha^2 \Gamma(\frac{2}{\beta}+1)$ 이므로

$$Var(X) = \alpha^2 \left[\Gamma(\frac{2}{\beta}+1) - \left\{ \Gamma(\frac{1}{\beta}+1) \right\}^2 \right]$$

와이블분포의 확률밀도함수는 다음과 같이 표현하기도 한다.

$$f(x) = \begin{cases} \frac{c}{\sigma}\left(\frac{x-\theta}{\sigma}\right)^{c-1} e^{-\left(\frac{x-\theta}{\sigma}\right)^c} & , \ x > \theta \\ 0 & , \ x \leqq \theta \end{cases}$$

단, θ는 시작점, c는 형태모수, σ는 척도모수

4.6 로그정규분포

로그정규(lognormal)분포의 확률밀도함수는 다음과 같다.

$$f(x) = \begin{cases} \frac{1}{x}\frac{1}{\sqrt{2\pi}\,\sigma} e^{\frac{-\{\log(x)-u\}^2}{2\sigma^2}} & , \ x > 0 \\ 0 & , \ x \leqq 0 \end{cases}$$

이 분포는 $L(\mu,\sigma)$로 표시한다. 로그정규분포의 분포곡선은 [그림 4.6a,b]와 같다.

[그림 4.6a] 로그정규 확률밀도함수 : L(4,1)

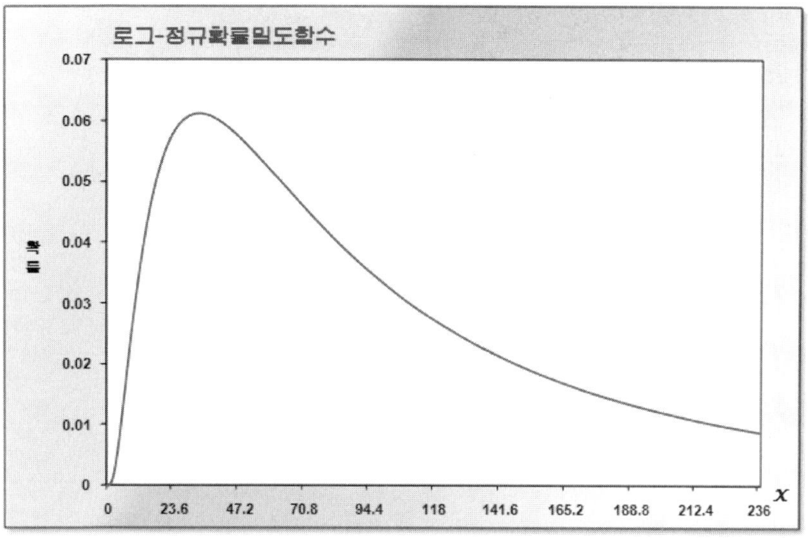

[그림 4.6b] 로그정규 확률밀도함수 : L(2,0.5)

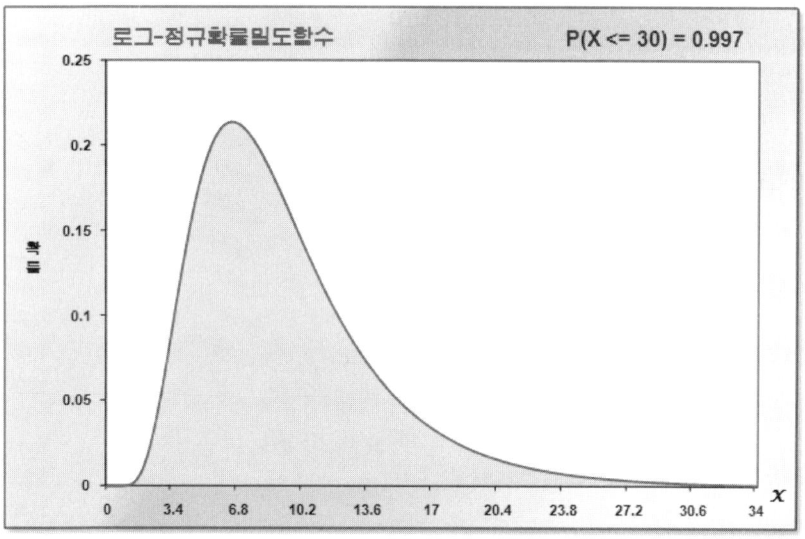

확률변수 X가 로그정규분포를 따를 때 $Y = \log(X)$라 하면 Y는 $N(\mu, \sigma)$을 따르게 된다.

r차 적률은 다음과 같다.

$$E(X^r) = \exp(r\mu + \frac{1}{2}r^2\sigma^2)$$

따라서 X의 평균과 분산은 다음과 같다.

$$E(X) = \exp(\mu + \frac{1}{2}\sigma^2),$$

또한 $E(X^2) = \exp(2\mu + 2\sigma^2)$이므로

$$Var(X) = \exp(2\mu + 2\sigma^2) - [\exp(\mu + \frac{1}{2}\sigma^2)]^2$$

$$= e^{2\mu}e^{\sigma^2}(e^{\sigma^2} - 1).$$

로그정규분포의 확률밀도함수는 다음과 같이 표현하기도 한다.

$$f(x) = \begin{cases} \dfrac{1}{x-\theta}\dfrac{1}{\sqrt{2\pi}\,\sigma} e^{-\frac{(\log(x-\theta)-\zeta)^2}{2\sigma^2}} & , x > \theta \\ 0 & , x \leqq \theta \end{cases}$$

단, θ는 시작점, σ는 형태모수, ζ는 척도모수.

4.7 베타(Beta)분포

베타분포의 확률밀도함수는 다음과 같다.

$$f(x) = \begin{cases} \dfrac{x^{\alpha-1}(1-x)^{\beta-1}}{B(\alpha,\beta)} & , 0 < x < 1 \\ 0 & , x \leqq 0 \text{ 또는 } x \geqq 1 \end{cases}$$

단, $B(\alpha,\beta) = \dfrac{\Gamma(\alpha)\Gamma(\beta)}{\Gamma(\alpha+\beta)}$

이 분포는 Beta(α,β)로 표시하며 분포곡선은 [그림 4.7...]과 같다.

[그림 4.7] 여러 가지 베타확률함수

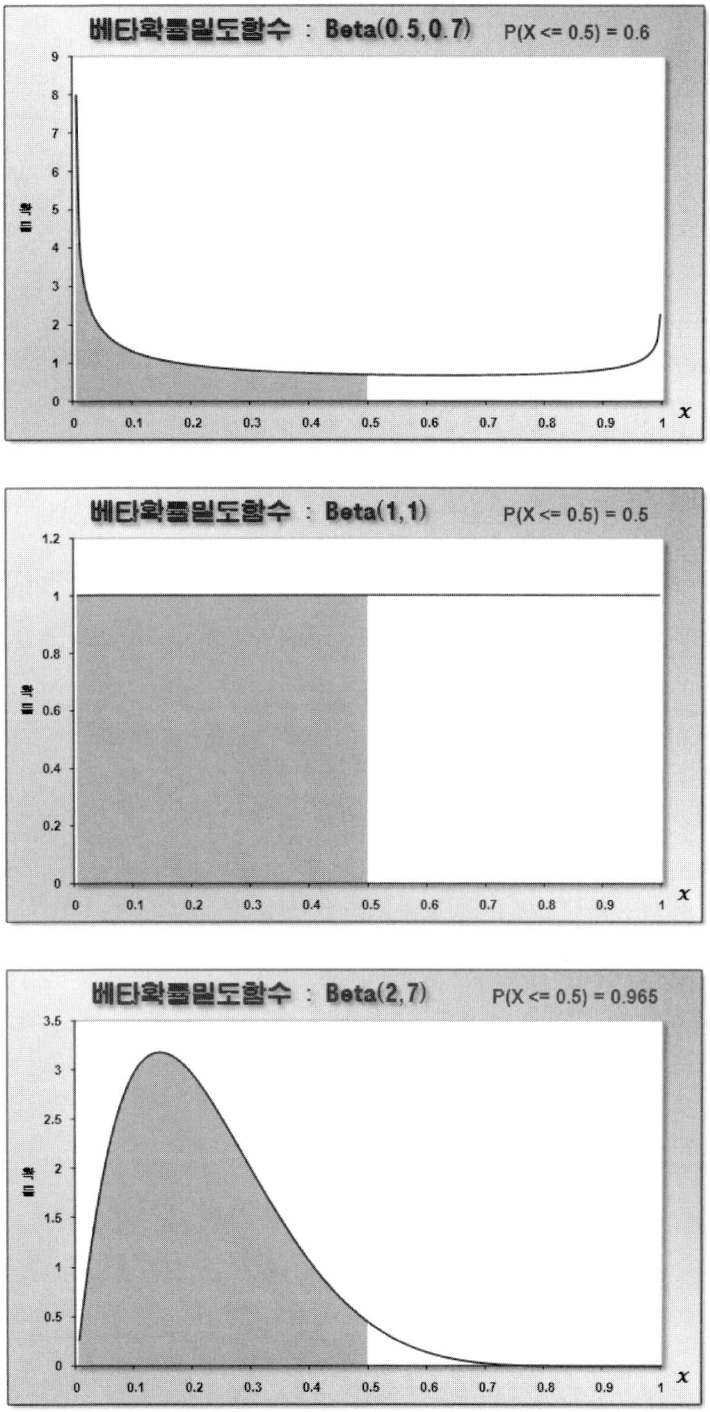

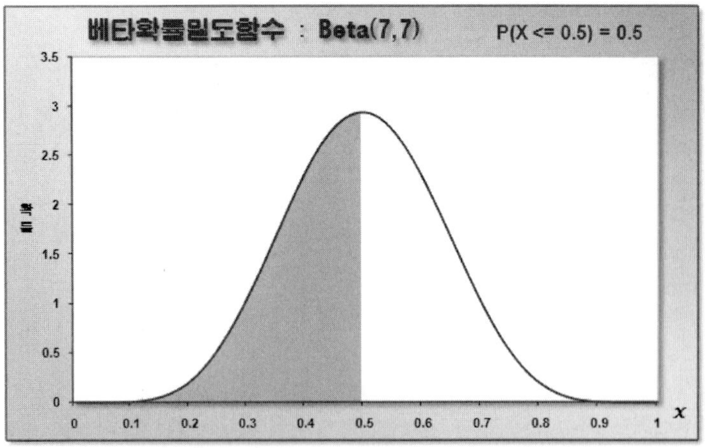

베타분포는 전체에 대한 어느 한 부분의 상대적 크기를 나타낼 때 유용하게 사용될 수 있다. 베타분포의 적용 예로서는 어떤 지방에서 소나기가 올 때 전체 소나기 양에 대한 첫 5분간 내린 소나기양의 비율, 또는 어떤 복합제조공정에서 한 부분공정의 소요시간 등을 들 수 있다.

베타분포의 평균과 분산은 다음과 같다.

$$E(X) = \frac{\alpha}{\alpha+\beta}$$

$$Var(X) = \frac{\alpha\beta}{(\alpha+\beta)^2(\alpha+\beta+1)}$$

베타분포의 확률밀도함수는 다음과 같이 표현하기도 한다.

$$f(x) = \begin{cases} \dfrac{(x-\theta)^{\alpha-1}(\theta+\sigma-x)^{\beta-1}}{B(\alpha,\beta)\ \sigma^{\alpha+\beta-1}} & ,\ \theta < x < \theta+\sigma \\ 0 & ,\ x \leqq \theta \text{ 또는 } x \geqq \theta+\sigma \end{cases}$$

단, θ는 시작점, α와 β는 형태모수, σ는 척도모수

4.8 t-분포

자유도 r인 t-분포의 확률밀도함수는 다음과 같다.

$$f(x) = \frac{\Gamma(\frac{r+1}{2})}{\sqrt{\pi r}\,\Gamma(\frac{r}{2})(1+\frac{x^2}{r})^{\frac{r+1}{2}}}$$

이 분포는 $t(r)$로 표시한다. t-분포는 표준정규분포와 같이 0을 중심으로 대칭인 분포이나 $N(0,1)$보다 더 넓게 퍼져 있으며 자유도가 작을수록 퍼진 정도가 심한 분포이다. 평균과 분산은 다음과 같다.

$$E(X) = 0$$
$$Var(X) = \frac{r}{r-2}, \ (r > 2)$$

t-분포는 정규분포 ,카이제곱분포와 함께 통계학에서 자주 이용되는 중요한 분포이나 그 분포함수는 간단한 형태로 표현할 수 없다. t-분포의 α분위수는 $t(r,\alpha)$로 표시하며 다음 관계를 만족한다.

$$\int_{-\infty}^{t(r,\alpha)} \frac{\Gamma(\frac{r+1}{2})}{\sqrt{\pi r}\,\Gamma(\frac{r}{2})(1+\frac{t^2}{r})^{\frac{r+1}{2}}}\,dx = \alpha$$

t-분포는 0에 대해 대칭인 분포이므로 대칭분포의 특성에 의해 다음과 같이 표현할 수 있다.

$$t(r,\alpha) = -t(r,1-\alpha)$$

t-분포의 생성과정은 다음과 같이 설명할 수 있다. 서로 독립인 두 변수 V와 W가 각각 $V \sim N(0,1)$이고 $W \sim \chi^2(r)$일 때

$$\frac{V}{\sqrt{W/r}} \sim t(r)$$

을 따른다.

동일독립분포를 따르는 확률변수 $X_1, X_2, \cdots, X_n$이 $N(\mu, \sigma^2)$을 따를 때

$$\frac{\overline{X}-\mu}{\sigma/\sqrt{n}} \sim N(0,1), \quad \frac{(n-1)S^2}{\sigma^2} \sim \chi^2(n-1)$$

이고, $\overline{X}$ 와 S^2은 서로 독립이다. 따라서

$$T = \frac{\dfrac{\overline{X}-\mu}{\sigma/\sqrt{n}}}{\sqrt{\dfrac{(n-1)S^2}{\sigma^2}/(n-1)}}$$

$$= \frac{\overline{X}-\mu}{S/\sqrt{n}} \sim t(n-1)$$

인 확률변수는 자유도가 $(n-1)$인 t분포를 따른다.

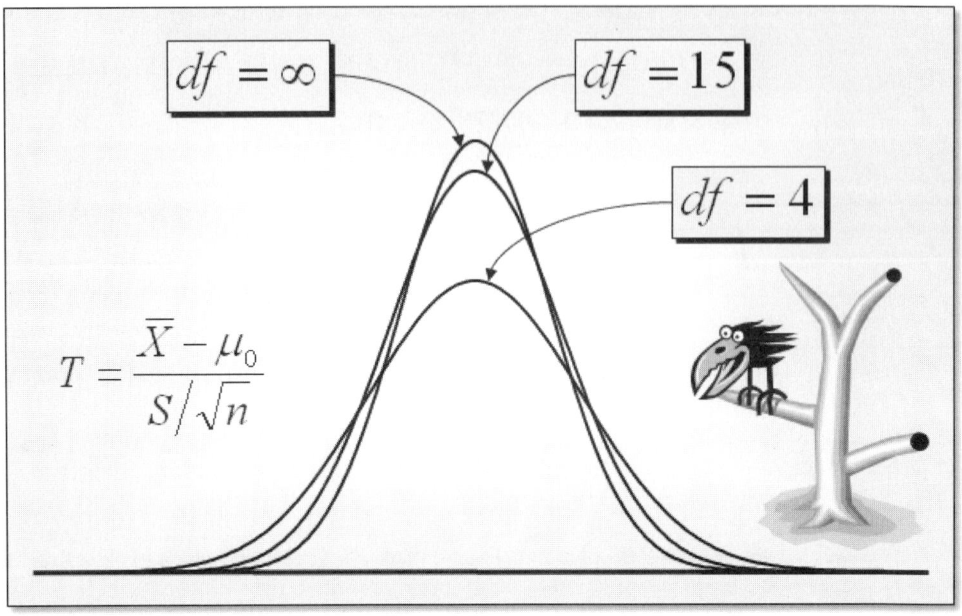

T-통계량은 평균을 다루는 경우, 일표본 위치문제, 두 집단간의 평균비교 문제, 그리고 회귀모형을 적합할 경우 계수에 대한 유의성 검정 등에 사용된다.

4.9 F-분포

F-분포는 두 자유도 r_1, r_2에 의해 결정되는 분포이며 $F(r_1, r_2)$로 나타낸다. F-분포는 정규분포, 카이제곱분포, t-분포와 함께 통계학에서 자주 사용되는 분포이다. 확률밀도함수 $f(x)$는 $x > 0$일 때만 양의 값을 가지며 그 형태는 복잡하여 생략한다. $F(r_1, r_2)$ 분포의 평균은 r_1에 관계없이 다음과 같다.

$$E(X) = \frac{r_2}{r_2 - 2} \quad , \quad r_2 > 2$$

F-분포의 분포함수 역시 간단한 형태로 표현할 수 없다. F-분포의 α분위수는 $F(r_1, r_2, \alpha)$로 표시하며 다음 관계를 만족한다.

$$\int_0^{F(r_1, r_2, \alpha)} f(x)dx = \alpha$$

서로 독립이며 각각 $\chi^2(r_1)$, $\chi^2(r_2)$분포를 따르는 두 확률변수 U, V가 있을 때

$$F = \frac{U/r_1}{V/r_2} \sim F(r_1, r_2)$$

이다.

두 정규모집단으로부터 얻은 확률표본이 각각 다음과 같은 분포를 따른다고 하자.

$$X_1,\ X_2,\ \ldots, X_n \sim N(\mu_X, \sigma_X^2)$$

$$Y_1,\ Y_2,\ \ldots, Y_m \sim N(\mu_Y, \sigma_Y^2)$$

이 때 S_X^2, S_Y^2이 각 확률표본의 표본분산을 나타낼 때 다음과 같다.

$$\frac{(n-1)S_X^2}{\sigma_X^2} \sim \chi^2(n-1)$$

$$\frac{(m-1)S_Y^2}{\sigma_Y^2} \sim \chi^2(m-1)$$

따라서

$$\frac{\dfrac{(n-1)S_X^2}{\sigma_X^2}/(n-1)}{\dfrac{(m-1)S_Y^2}{\sigma_Y^2}/(m-1)} = \frac{S_X^2/\sigma_X^2}{S_Y^2/\sigma_Y^2} \sim F(n-1, m-1)$$

임을 알 수 있다.

F-분포의 분위수는 다음 관계를 만족한다.

$$F(r_1, r_2, 1-\alpha) = \frac{1}{F(r_2, r_1, \alpha)}$$

따라서 $(1-\alpha)$분위수의 값이 표에 나타나 있지 않으면 α분위수 값을 이용하여 구할 수 있다.

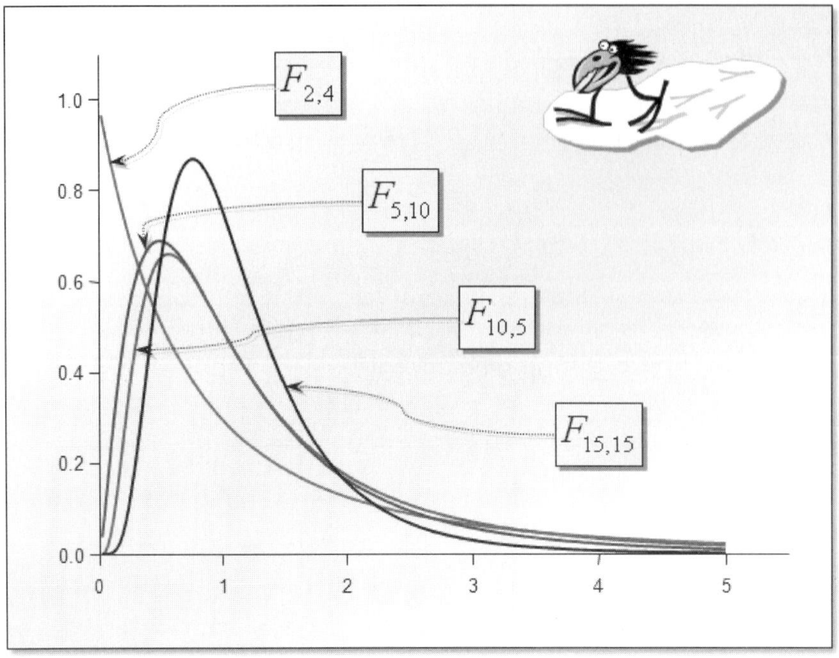

F-통계량은 주로 분산을 다루는 경우에 등장하여 분산의 동일성을 검정하는데 나타나게 되며 특히 ANOVA에서는 항상 등장하게 된다. 그러므로 실험계획법에서는 F-분포가 도배를 하고 있다고 해도 과언은 아니다.

분석을 수행하여 행동전략을 수립하는 경우 앞에서 열거한 여러 가지 분포는 가설검정을 수행할 때 P-값을 계산하는데 사용됨으로 그 자세한 수리적 표현을 암기하려고 하지마라. 통계학자도 다 기억하지 못하며 실전에서 그 수식을 암기하지 못해서 낭패인 경우는 없다. 사실 분석에서 수식은 필요없다. 그 문제는 컴퓨터가 알아서 계산할 일이므로 그 계산된 확률값을 현실에 맞게 결정하고 응용하고 활용하는 것에 의식을 집중하면 된다. 진정 그것만으로도 충분하다.

4.10 이변량 정규분포

이변량정규분포를 따르는 확률변수 (X,Y)의 결합확률밀도함수는 다음과 같다.

$$f(x,y)=\frac{1}{2\pi\sigma_1\sigma_2\sqrt{1-\rho^2}}\exp\left\{-\frac{1}{2(1-\rho^2)}\left[\left(\frac{x_1-\mu_1}{\sigma_1}\right)^2-2\rho\frac{(x_1-\mu_1)(x_2-\mu_2)}{\sigma_1\sigma_2}+\left(\frac{x_2-\mu_2}{\sigma_2}\right)^2\right]\right\}$$

단, μ_1, μ_2는 X와 Y의 평균, σ_1, σ_2는 X와 Y의 표준편차, ρ는 X와 Y의 상관계수를 나타낸다. 이 분포는 $BVN(\mu_1,\mu_2,\sigma_1^2,\sigma_2^2,\rho)$로 표시한다.

[그림 4.10] 이변량정규분포 BVN(0,0,1,1,0.5)

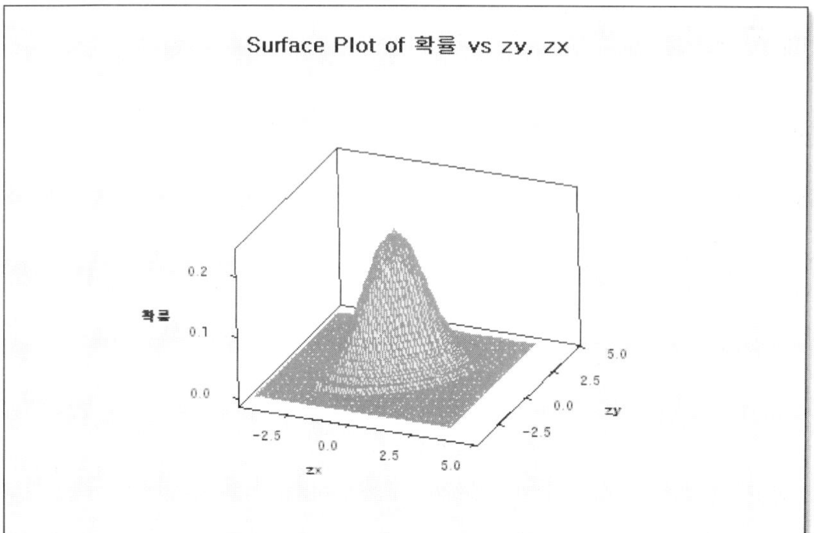

두 확률변수의 결합분포가 $BVN(\mu_1,\mu_2,\sigma_1^2,\sigma_2^2,\rho)$일 때 X와 Y의 분포는 각각

$$X \sim N(\mu_1, \sigma_1^2) \ , \quad Y \sim N(\mu_2, \sigma_2^2)$$

을 따른다. 또한 $X=x$로 주어진 경우 Y의 조건부 분포는

$$Y|_{X=x} \sim N\left(\mu_2 + \rho(\frac{\sigma_2}{\sigma_1})(x-\mu_1), \sigma_2^2(1-\rho^2)\right)$$

을 따르며, 마찬가지로 $Y=y$로 주어진 경우 X의 조건부 분포는

$$X|_{Y=y} \sim N\left(\mu_1 + \rho(\frac{\sigma_1}{\sigma_2})(y-\mu_2), \sigma_1^2(1-\rho^2)\right)$$

을 따른다.

$BVN(\mu_1, \mu_2, \sigma_1^2, \sigma_2^2, 0)$로부터의 대응확률표본을 (X_1, Y_1), (X_2, Y_2), $\cdots$, (X_n, Y_n)이라 할 때 표본상관계수 r을 사용하여 다음의 결과를 얻을 수 있다.

$$T = \frac{r}{\sqrt{\frac{1-r^2}{n-2}}} \sim t(n-2)$$

이것은 상관계수의 검정에 사용된다.

4.11 다변량정규분포

$p(\geq 2)$변량 정규분포를 따르는 확률벡터 $\boldsymbol{X} = (X_1, X_2, \cdots, X_p)'$의 확률밀도함수는 다음과 같다.

$$f(\boldsymbol{x}) = \frac{1}{(2\pi)^{p/2}|\Sigma|^{1/2}} exp\left[-\frac{1}{2}(\boldsymbol{x}-\boldsymbol{\mu})' \Sigma^{-1}(\boldsymbol{x}-\boldsymbol{\mu})\right]$$

단, $\boldsymbol{x}' = (x_1, \cdots, x_p)$, $\quad \boldsymbol{\mu}' = (\mu_1, \cdots, \mu_p)$, $\Sigma = \begin{bmatrix} \sigma_1^2 & \sigma_{12} & \cdots & \sigma_{1p} \\ \sigma_{21} & \sigma_2^2 & \cdots & \sigma_{2p} \\ \vdots & \vdots & \ddots & \vdots \\ \sigma_{p1} & \sigma_{p2} & \cdots & \sigma_p^2 \end{bmatrix}$

즉, μ는 확률벡터 X의 평균벡터, Σ는 분산-공분산(variance-covariance)행렬을 나타내

고, Σ의 (i,j)번째 요소 σ_{ij}는 X_i와 X_j의 공분산을 표시한다. 이 분포를 다변량정규(multivariate normal)분포라고 하며 $MVN(\mu, \Sigma)$로 표시한다.

정규분포를 따르는 두 확률변수 X_i와 $X_j(i \neq j)$의 결합분포는 $p=2$인 경우로서 $BVN\left(\mu_i, \mu_j, \sigma_i^2, \sigma_j^2, \frac{\sigma_{ij}}{\sigma_i \sigma_j}\right)$를 따른다. 여기서 $\frac{\sigma_{ij}}{\sigma_i \sigma_j}$는 X_i와 X_j의 상관계수를 나타낸다. 각 확률변수 X_i의 분포는 $N(\mu_i, \sigma_i^2)$을 따른다.

확률벡터 $\boldsymbol{X}_1, \boldsymbol{X}_2, \cdots, \boldsymbol{X}_n$ $[\boldsymbol{X}_i{}' = (X_{i1}, X_{i2}, \cdots, X_{ip}),\ i=1, 2, \cdots, n]$을 평균 μ, 분산 공분산행렬 Σ인 p변량 정규분포로부터의 확률표본이라 할 때, 표본평균벡터(sample mean vector) $\overline{\boldsymbol{X}}$와 표본분산 공분산행렬 S는 다음과 같이 정의한다.

$$\overline{\boldsymbol{X}} = \frac{1}{n}\sum_{i=1}^{n}\boldsymbol{X}_i = \frac{1}{n}\begin{pmatrix} \sum_{i=1}^{n} X_{i1} \\ \sum_{i=1}^{n} X_{i2} \\ \vdots \\ \sum_{i=1}^{n} X_{ip} \end{pmatrix}$$

$$\boldsymbol{S} = \frac{1}{n-1}\sum_{i=1}^{n}(\boldsymbol{X}_i - \overline{\boldsymbol{X}})(\boldsymbol{X}_i - \overline{\boldsymbol{X}})'$$

이 때 $\overline{\boldsymbol{X}} \sim MVN(\mu, \frac{1}{n}\Sigma)$이고, $(n-1)\boldsymbol{S}$의 분포를 위샤트(Wishart)분포라고 한다. 또한 $\overline{\boldsymbol{X}}$과 $\boldsymbol{S}$는 서로 독립이다.

표본벡터 $\overline{\boldsymbol{X}}_s$의 분포는 다음과 같다.

$$\overline{\boldsymbol{X}}_s = \sqrt{n}\,\Sigma^{-1/2}(\overline{\boldsymbol{X}} - \mu) \sim MVN(0, I)$$

단, $0 = (0,0,...,0)'$, I는 P×P단위행렬

또한

$$\overline{\boldsymbol{X}}_s{}'\overline{\boldsymbol{X}}_s = n(\overline{\boldsymbol{X}} - \mu)\sum{}^{-1}(\overline{\boldsymbol{X}} - \mu) \quad \sim \chi^2(p)$$

다음은 호텔링(Hotelling)의 T^2통계량에 대해 알아보자. T^2통계량은 다음과 같이 정의한다.

$$T^2 = n(\overline{\boldsymbol{X}} - \mu)' \boldsymbol{S}^{-1}(\overline{\boldsymbol{X}} - \mu)$$

이 때 T^2의 분포는 다음과 같다.

$$T^2 \sim \frac{(n-1)p}{(n-p)} F(p, n-p)$$

호텔링의 T^2통계량은 다변량정규분포에서 평균벡터 μ의 구간추정과 검정에 사용된다. 일변량정규분포에서 t통계량 $t = \frac{\overline{X} - \mu}{\sigma / \sqrt{n}}$과 χ^2통계량 $\chi^2 = \frac{(n-1)S^2}{\sigma^2}$을 다변량정규분포로 일반화시킨 것이 호텔링의 T^2통계량과 위샤트의 $(n-1)\boldsymbol{S}$ 통계량이다.

Introduction to
Behaviorally Statistical Data Analysis
using Minitab & SixSigma Tools for Excel

III

Basic Statistical Techniques

2부에서 다루는 내용은 Basic에 대한 것으로 데이터와 측정이론, 통계적 사고, 기본 통계이론, 가설검증, 집단비교, 연관성분석, 상관분석, 회귀분석, 비모수 검정까지 다루었다. 읽다가 난해하거나 어려운 이론이다 싶으면 그냥 넘어가고 툴을 사용하여 나타난 결과 중에서 핵심적인 의사결정에 해당하는 부분이 어디인지 파악하고 그 의미를 이해하는데 시간을 투자해야 한다. 다시 말하지만 이론에 빠지지 말라. 이론이 필요하긴 해도 그것이 전부가 아니다. 이론에 너무 몰입하게 되면 현실세계에서 일어나는 현상과 데이터가 담고 있는 내용이 다르게 느껴지기 때문이다. 그야말로 어리석은 해석이거나 통계적 효율을 강조하는 해설은 행동전략과는 상관이 없다. 분석을 행동하기 위하여 하는 것이다.

Introduction to
Behaviorally Statistical Data Analysis
using Minitab & SixSigma Tools for Excel

5 데이터와 측정이론

5.1 측정이란?

"품질에 만족한다.", "기업 이미지가 좋다.", "세계적인 기업이다.", "서비스가 훌륭하다." 등과 같이 우리는 수많은 대상의 개념, 생각, 신념, 느낌, 이미지, 특성, 현상 등을 평가하게 되는데 이러한 행위를 측정이라고 한다. 즉 측정은 대상, 사건, 변수들과 같은 실제적 속성들에 숫자나 상징 등의 규칙에 의거하여 할당하는 과정이라고 할 수 있다. 여기에서 규칙이란 "매우 만족"하는 경우는 5를 할당하고, "매우 불만"인 경우는 '1'을 할당하여 값이 커짐에 따라 만족정도를 나타내도록 할당하는 것과 같다. 그러므로 규칙은 측정의 질을 결정하기 때문에 측정과정에서 가장 중요한 요소가 된다. 측정을 다시 정의하면 과학적 방법의 근본이 되는 것으로 사물이나 현상 속에 나타난 개념에 체계적으로 숫자나 가치를 부여하는 활동이라고 할 수 있다. 그러므로 측정할 수 없다면 과학적 연구를 검증할 수 없으므로 측정할 수 없다는 것은 현상에 대해서 아무 것도 알고 있지 못함을 의미한다. 다시 말해 알지 못하면 측정할 수 없다는 말이다.

5.2 측정과정

측정과정은 연구자가 문제와 가설을 정의하고 수립함과 동시에 시작된다. 모든 문제와 가설은 현실세계와 밀접한 개념이나 변수와 같은 용어들로 표현되기 마련이다. 문제의 형성은 한결같이 그 속에 포함된 용어들이 각각 이론적 측면과 실증적 측면에서 무엇을 의미하는가에 대해 심사숙고하게 된다. 그리고 측정의 목적은 문제나 가설 속에 포함된 용어들을 명확하게 측정할 수 있도록 한정하는 것이라고 할 수 있다. 따라서 측정과정은 추상에서 실제로의 이동이다. 이와 같이 실제로의 이동과정은 개념화(conceptualization), 변수(variables)와 지표(indicators)의 구체화, 조작화(operationalization) 등의 3단계로 세분화 될 수 있다.

5.2.1 개념화

개념화(conceptualization)란 개념을 개발하고 명확하게 하는 것을 말한다. 개념의 의미가 명확하지 않으면 개념에 대한 관측이 가능하지 않기 때문에 개념을 명확하게 하는 것이 측정과정의 첫 단계라고 할 수 있다. 명료하지 않은 개념을 가지고 측정과정을 무리하게 진행한다면 결코 바른 연구를 수행할 수 없으며 역시 불명료한 결과를 도출하게 된다.

예를 들어, '교육이 편견을 감소시킨다'는 가설을 검증하기를 원한다면 무엇보다도 '**교육**'과 '**편견**'에 대한 개념정의부터 명확하게 해야 할 것이다. 교육은 "지적 그리고 도덕적 훈련과 지식의 정도"라고 정의할 수 있으며, 편견은 "감정적이고 한 쪽으로 치우친 사고 또는 견해"라고 정의할 수 있다. 만약 정의에 어려움이 있다면 전문학술용어사전이나 국어사전 등을 참조하여 기존의 정의를 사용하는 것도 좋은 방법이다. 그러나 개념에 대한 통일된 정의가 없는 경우에는 직접 이에 대해 새롭게 정의해야 할 것이다.

교육은 공식적 교육과 비공식적 교육 등으로 나누거나 학교교육, 사회교육, 가정교육 등으로 세분할 수 있다. 또한 편견은 부정적 감정, 고정관념, 차별화 경향 등으로 세분하거나 편견의 대상에 따라 인종적 편견, 여성에 대한 편견 등으로 유형화할 수 있다.

5.2.2 변수와 지표의 구체화

개념은 일반적으로 직접 측정가능하지 않다는 측면이 있으며 같은 분석단위에 대해서도 서로 다르게 측정할 가능성도 있다. 즉 교육과 편견과 같은 개념은 있는 그대로 측정할 수 없으며, 연구자에 따라 서로 다른 측면에서 측정할 가능성이 있다. 그러므로 개념을 변수로 전환시켜야 할 필요가 발생한다. 교육은 '공식적으로 교육받은 정도'나 '지식량' 등의 변수(variables)로 전환시킨다.

이처럼 개념을 변수로 전환시키고 나면 분석단위들에 대한 측정에 어느 정도 접근하게 된다. 그러나 아직도 정확한 측정과는 다소 거리가 있다. 따라서 변수의 추상성을 더욱 구체화하는 단계라고 할 수 있는 지표(indicators)로 전환되어야 한다. 즉 '공식적인 학교교육을 받은 년수'라는 지표로 전환한다.

교육과 같은 복잡하지 않은 개념의 경우 하나의 지표만을 사용해도 충분히 측정할 수 있지만 편견과 같이 복잡한 개념은 하나의 지표만을 가지고 측정하는 것은 충분하지 못할 수가 있다. 이러한 경우는 두 개 이상의 지표를 사용할 필요가 있다. 두 개 이상의 지표를 사용하여 개념을 측정하는 것을 지수(index) 또는 척도(scale)라고 한다. 즉 편견을 측정하기 위하여 여러 측면에서 측정할 수 있는 여러 질문문항들로 편견척도를 구성할 수 있다.

5.2.3 조작화

조작화(operationalization)는 측정과정의 마지막 단계로 분석단위를 범주별로 분류하는 과정을 의미한다. 즉 조작적 정의(operational definition)로 각 분석단위를 변수들이 가지는 범주로 할당하는 작업/과정이라고 할 수 있다.

하나의 완전한 조작적 정의는 흔히 분석단위를 상대로 하는 일련의 질문들과 응답범주들 그리고 자료수집과 개별 사례들을 범주에 할당하는 지침 등을 포함하는 것이 보통이다. 예를 들어 공식적 교육의 정도를 측정하기 위한 조작적 정의는 '질문부분'과 5개의 응답범주로 구성되는 '응답부분'으로 구성된다.

질문 당신이 공식적으로 학교교육을 받은 연수는 얼마입니까?

① 6년 미만
② 6년 이상 ~ 8년 미만
③ 8년 이상 ~ 12년 미만
④ 12년 이상 ~ 16년 미만
⑤ 16년 이상

질문 당신이 공식적으로 학교교육을 받은 정도는 어떠합니까?

① 초졸 미만
② 초졸
③ 중졸
④ 고졸
⑤ 대졸
⑥ 대학원졸

[측정과정 예시]

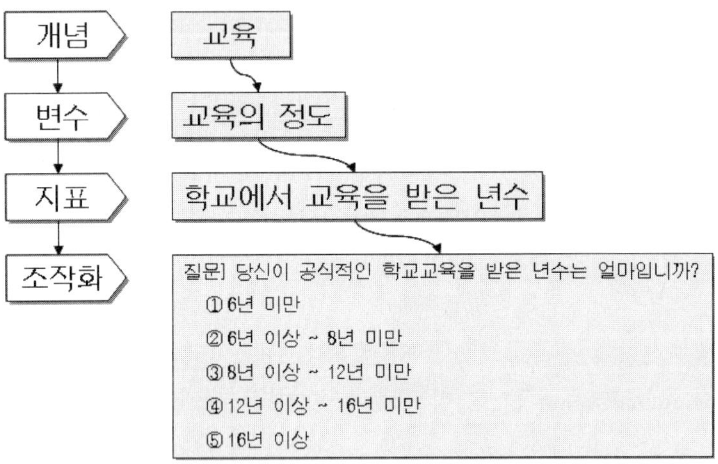

5.3 데이터란 무엇인가?

어떠한 결론을 내리는데 있어서 근거가 될 수 있는 모든 사실을 통칭적으로 데이터(또는 자료)라고 한다. 데이터는 숫자, 문자, 화상, 소리 등의 형태로 표현될 수 있지만, 데이터분석에서는 주로 숫자 데이터를 대상으로 한다. 숫자 데이터란 어떤 대상의 속성에 수치를 부여하는 과정에 따라 수치화된 데이터를 뜻한다. 데이터는 크게 정성적 데이터(non-metric data)와 정량적 데이터(metric data)로 나누어진다. 정성적 데이터는 비계량적 데이터 또는 질적 데이터(qualitative data)라고도 하며, 이는 데이터 분석에서는 범주형 데이터(categorical data)로 수치화 되며 이는 다시 명목척도와 서열척도로 구분된다. 또한 정량적 데이터(metric data)는 계량적 데이터 또는 양적 데이터(quantitative data)라고도 하며, 이는 데이터 분석에서 연속형 데이터로 취급하며 다시 연속형 데이터는 등간척도와 비율척도로 구분된다.

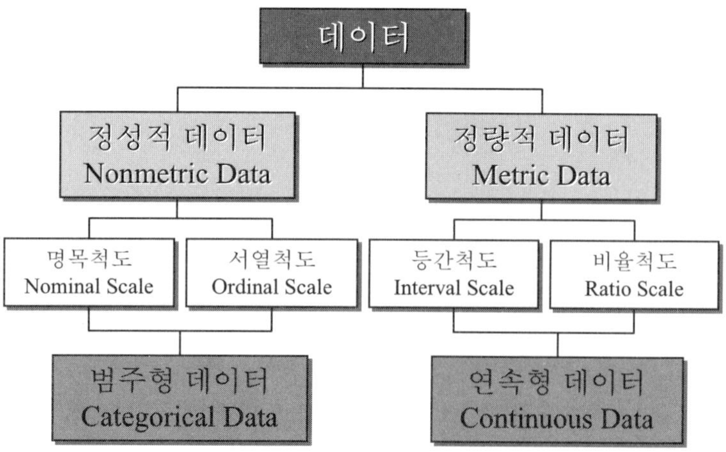

[그림 5.3] 데이터의 유형

5.4 측정수준

측정수준(level of measurement)은 어떤 변수에 대한 속성들에 할당된 변수값들의 관계를 의미한다. 그러면 변수값들의 관계란 무엇을 의미하는 것인가? 예를 들어, "주거형태"라는 변수를 생각해 보자. 응답자들이 응답할 수 있는 주거형태는 여러 가지가 있을 수 있다. 여기에서는 '단독주택', '연립주택', '아파트' 등을 응답할 수 있다고 가정하면, 각각의 3가지 주거형태의 종류는 속성들이라고 할 수 있으며 이러한 속성들에 숫자를 부여하는 과정을 수치화라고 한다. 이렇게 수치화 과정을 통하여 부여된 각 숫자를 변수값이라고 한다. 이러한 변수값들이 가지는 상호관계를 측정수준이라 한다. 즉 주거형태가 단독주택인 경우는 1, 연립주택은 2, 아파트는 3으로 수치화한다면 이들 1, 2, 3의 의미는 단지 이름을 숫자로서 부여했을 뿐 다른 의미를 갖지 않는다. 다시 말해 연립주택(=2)이 단독주택(=1)의 2배라고 평가할 수 없으며, 서로간의 순서적 관계도 부여할 수 없다. 이러한 경우는 명목적인 의미만을 부여할 수 있으므로 명목척도(nominal scale)라고 한다. 수치화된 변수값들의 상호관계, 즉 측정수준에 따라 4가지의 척도로 나누어 볼 수 있으며, 일반적으로 4가지 측정수준은 다음과 같다.

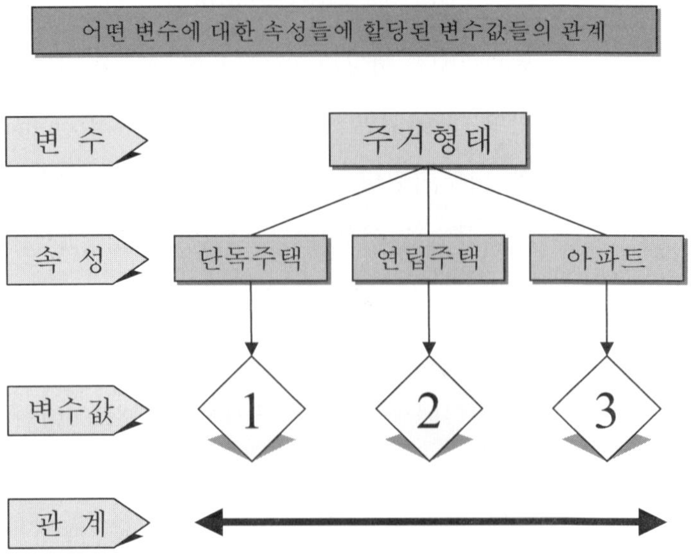

[그림 5.4] 측정수준

▼ 명목척도 (nominal scale)
▼ 서열척도 (ordinal scale)

▼ 등간척도 (interval scale)
▼ 비율척도 (ratio scale)

측정수준에 따라 4가지 척도인 명목, 서열, 등간, 비율척도로 나누는 전통적인 측정수준 분류방법은 S.S. Stevens(1946)[1)]에 의해 개발된 것이다. 이것이 가장 기본적인 분류방법이며, 여기에서도 이 방법을 사용한다. 여러 가지 다른 방법도 존재하며, 측정수준을 무시함으로서 발생하는 통계적 영향에 관해서 많은 논의가 있었으며(Borgatta와 Bohrnstedt(1980)[2)] 참조), 결코 측정수준을 무시해서는 데이터 분석을 진행할 수 없다.

측정수준은 측정된 변수값들의 상호관계를 말하며, 순서와 거리라는 특성으로 구분된다. 컴퓨터는 기계이므로 주어진 변수값들이 어떠한 측정을 통하여 얻어졌는지 알 수 없다. 그러므로 우리가 데이터의 측정수준을 결정하고, 이에 알맞은 적절한 통계분석방법을 적용해야 한다. 그러므로 측정수준에 따른 이 4가지 척도를 직관적으로 구분할 수 있도록 철저히 이해해야 한다.

이제 데이터 분석에서 사용되는 이 4가지 척도에 대하여 자세히 설명하기로 한다.

5.5 척도의 종류

특정 사실을 수치화하는데 있어 어떠한 측정수준으로 수치화하였는가에 따라 명목척도, 서열척도, 등간척도, 비율척도 등의 네 가지로 분류되며, 어떤 척도를 사용하였느냐에 따라 측정된 데이터들에 내재된 정보의 양이 달라지며, 더 나아가 적용되는 통계분석방법이 달라진다. 이상의 척도에 따른 종류를 자세히 살펴보기로 한다.

---

1) Stevens, S.S.(1946), On the theory of scales of measurement, Science, 103, 677-680
2) Borgatta, E.F., and Bohrnstedt, G.W.(1980), Level of Measurement once over again, Sociological methods and research, 9:2, 147-160

5.5.1 **명목척도**(nominal scale)

측정대상을 고유한 특성에 따라 분류하거나 구분할 목적으로, 동일한 특성을 갖는 대상들이 동일한 수치를 갖도록 한 데이터를 명목척도 데이터라 한다. 즉, 명목척도는 분류에 기초를 두고 수치화된 데이터이다. 명목척도에서는 유일한 속성에 부여된 숫자 변수값이 단지 "이름"에 불과하다. 케이스들에 순서적인 의미가 없다.

예를 들어, 어떤 상품의 전체 구매고객집단을 성별로 분류하여 '남자고객'에게는 '1', '여자고객'에게는 '2'라는 수치를 부여한다면 이것이 바로 명목데이터인데, 이러한 수치들은 단지 그 집단의 명칭을 대신할 뿐, 통상적인 수량의 의미로서 '1'과 '2'를 뜻하지 않는다. 또 다른 예로 농구에서 선수의 등번호는 명목상의 의미로 부여된 이름에 불과하다. 등번호 30인 선수는 등번호 15인 선수보다 운동능력이 뛰어난 것이 아니며, 능력이 2배라고 할 수도 없다. 따라서 명목척도는 4칙연산(+, −, ×, ÷) 등 일체의 수학적 계산이 불가능하며, 데이터의 값을 바꾸어도 무방하다. 즉, 성별에 있어서 남자를 '2', 여자를 '1'로 하여도 아무런 문제가 발생되지 않는다.

예

성별 ; 남자=1, 여자=2
운동종목 ; 축구=1, 배구=2, 농구=3
직업 ; 회사원=1, 공무원=2, 자영업=3, 학생=4, 무직=5
지역 ; 서울 경기=1, 강원도=2, 경상도=3, 전라도=4, 제주도=5
수학적 의미) A=B 또는 A≠B

5.5.2 **서열척도**(ordinal scale)

측정대상들을 비교하기 위해 특성의 다과 또는 대소의 서열(순서)에 따라 측정대상들에게 수치를 부여한 데이터를 서열척도 데이터 또는 순서척도 데이터라 한다. 즉, 측정대상을 그 특성에 따라 순서대로 배열하고, 그 순서에 따라 1,

2, 3등의 수치를 부여하면 이것이 바로 서열척도 데이터에 해당된다.

예를 들어 특정상품의 고객호응도에 따라 매우좋음=5, 좋음=4, 보통=3, 나쁨=2, 매우나쁨=1 등으로 수치를 부여하였을 경우, 5는 1과 다르게 분류된다는 점 이외에 수치가 커질수록 고객호응도라는 특성의 서열이 높아지게 된다. 그러나 1, 2, 3, 4, 5 등의 수치들은 단지 순서적 배열에서의 상대적 위치만을 가리킬 뿐이므로, 고객들이 절대적으로 얼마나 많은 호응을 하고 있는지는 알 수 없다. 즉, 매우좋음=5로 응답한 고객의 호응도가 매우 나쁨=1로 답한 고객의 호응도의 5배에 해당하는 호응도라고는 말할 수 없다.

예

건강상태 ; 양호=3, 보통=2, 나쁨=1
상품의 소비도 ; 대량소비=3, 중간소비=2, 소량소비=1, 비소비=0
지지도 ; 적극찬성=2, 약간찬성=1, 잘모르겠음=0, 약간반대=-1, 적극반대=-2
수학적 의미) A〉B, A=B, A〈B

5.5.3 **등간척도**(interval scale)

측정대상이 갖고 있는 속성의 양적인 정도의 차이에 따라 등간격으로 수치를 부여한 데이터를 등간척도 데이터라 한다. 등간척도 데이터는 해당속성이 전혀 없는 상태인 절대적 원점(absolute zero)이 존재하지 않으며 비율의 의미가 존재하지 않는 데이터이다. 등간척도 데이터는 수학에서 사용되는 4칙연산이 가능하며, 평균, 표준편차 등의 계산도 가능하다.

등간척도의 가장 대표적인 예로써 온도를 들 수 있는데, 화씨온도와 섭씨온도에 있어서 양자 모두 서로 다른 임의의 '0'점을 가지고 있지만, 실제로 '0'이라는 양을 가리키거나 온도가 없다는 것을 의미하지는 않는다. 또한, 100℃의 온도가 50℃의 온도의 정확히 2배 높은 온도라고 말할 수 없다. 이는 섭씨 0도가 열이 전혀 없는 상태인 절대 0점이 아니라 편의에 의하여 설정된 상대적 0점이기 때문이다.

예

온도 ; 섭씨 0℃ 50℃ 100℃
화씨 32°F 122°F 212°F
물가지수, 산업생산지수, 무역수지 등
지지도 ; 적극찬성=2, 약간찬성=1, 잘모르겠음=0, 약간반대=-1, 적극반대=-2
수학적 의미) (A－B)＋(B－C)＝A－C가 성립

5.5.4 **비율척도**(ratio scale)

등간척도가 갖는 특성에 추가로 절대적 원점(absolute zero)이 존재하고 비율계산이 가능한 데이터를 비율척도 데이터라 한다. 즉, 소득이 0이라면 소득이 전혀 없음을 의미하며, 소득 200만원은 소득 100만원의 2배라고 확실하게 말할 수 있다. 수학에서 사용되는 4칙연산이 가능하며, 평균, 표준편차 등의 계산이 가능하다.

예

광고비, 판매량, 매출액, 무게, 제품가격, 소득 등
수학적 의미) A＝KB, B＝LC이면 A＝KLC(단, K,L≠0)

상기 4종류의 데이터는 명목척도, 서열척도, 등간척도, 비율척도의 순으로 데이터가 갖고 있는 정보의 수준이 높아지므로 보다 정밀한 통계분석방법을 적용시킬 수 있으며, 통상적으로 명목척도와 서열척도 데이터를 범주형 데이터(categorical data)라 하며, 등간척도와 비율척도 데이터를 연속형 데이터(continuous data)라고 한다.

5.5.5 **연구내용 중심의 측정수준**

앞에서 각각의 측정수준이 의미하는 바를 예를 들어 설명하였다. 그러나 많은 경우에 이러한 4가지 측정수준의 예를 단순히 암기하거나 기억하는 것이 진정으로 이해한 것이 아니라는 것이다. 예를 들어 지역이라는 변수가 있다고 하자. 이 '지역'이라는 변수는 서울, 대전, 대구, 부산, 전주, 광주 등 우리나라의 주요 도시들을 변수값으로 가지고 있다. 그렇다면 이 변수의 측정수준은 무엇인가 앞에서 설명한 것을 단순히 암기했다면 명목척도로 판단해야 될 것이다. 그런데 이 지역이라는 변수를 가지고 연구해야 할 내용이 "수도권을 기점으로 물리적 거리가 멀어질수록 국민들의 정치참여도가 점점 낮아질 것이다"라는 명제를 연구한다고 하면 이 변수의 측정수준은 어떻게 될까? 이런 경우에는 지역이라는 변수는 명목척도가 아닌 서열척도로 보고 분석해야 할 것이다. 결론적으로 말해서 측정수준의 문제는 연구의 내용에 따라 그 변수에 부여되는 의미가 달라질 수 있으며 이에 따라 그 변수의 측정수준도 맞추어 판단해야 할 것이다. 그러므로 앞에서 설명한 4가지 측정수준에 대하여 이해없이 단순히 암기하는 것은 모르는 것만 못하며 이렇게 함으로써 나타나는 여러 가지 몰이해로 인한 피해는 가히 상상을 초월할 정도인 경우도 종종 발생한다. 측정수준이 무엇인가에 따라서 분석방법이 결정될 뿐만 아니라 그에 대한 해석시 말 표현도 달라지기 때문에 이에 대한 적절한 표현이 잘못됨으로 인해 한 사람의 분석자가 명석해 보이지 않거나 무지한 자로 낙인찍히는 사례도 있음을 명심하기 바란다. 어떤 이론이든 방법이든 기본을 충실히 이해하고 체험하는 것이 가장 중요하다. 기본이 바로 서야 그 위에 응용, 활용, 확장이든 쌓아 올릴 수 있으며 쉽게 무너지지 않는다. 그렇지 않은가?

5.6 척도화 방법

측정수준은 명목척도, 서열척도, 등간척도, 비율척도의 순으로 데이터가 갖고 있는 정보의 수준이 높아지므로 보다 정밀한 분석방법에 적용시킬 수 있도록 하기 위하여 비율척도나 등간척도를 사용하기를 원할 것이다. 그러나 비율척도나 등간척도는 응답자로부터 정확한 응답을 얻기가 어렵거나 불가능한 경우가 많고, 가능하다 하더라도 신뢰성이 높은 척도를 개발하기가 쉽지 않다. 이에 반해 서열척도나 명목척도를 이용한 측정은 설문에 대해 응답자의 협조를 얻기가 쉬운 장점이 있으나 적용할 통계적 분석방법에 한계가 있으므로 분석자는 수집될 자료의 질적인 문제뿐만 아니라 응답자의 협조가능성 등을 고려하여 적절한 척도를 선정해야 한다. 이에 대해 다소 도움이 될 수 있는 몇 가지 척도 평가법을 익히도록 하자.

5.6.1 평가척도

평가척도(rating scale)는 어떤 질문에 대해 응답자의 반응정도를 글, 숫자 또는 그림을 이용하여 평가하도록 하는 방법이다. 다음은 평가법을 이용하여 질문하는 보기이다.

(1) 글을 이용한 평가척도

문항 현재 사용하시는 휴대폰의 전체적인 만족도는 어떻습니까? (　　)

① 매우 불만족스럽다.
② 조금 불만족스럽다.
③ 보통이다.
④ 조금 만족스럽다.
⑤ 매우 만족스럽다.

(2) 숫자를 이용한 평가척도

문항 현재 사용하시는 휴대폰의 전체적인 만족도는 어떻습니까? 다음의 5점으로 표시한 척도상에서 적절한 위치에 ☑ 표시해 주십시오.

1------------2------------3------------4------------5

매우 불만　조금 불만　보통　조금 만족　매우 만족

(3) 그림을 이용한 평가척도

문항 현재 사용하시는 휴대폰의 전체적인 만족도는 어떻습니까? 다음의 보기 그림 중에서 적절한 위치에 ☑ 표시해 주십시오.

매우 불만　불만　조금 불만　보통　조금 만족　만족　매우 만족

5.6.2 어의차이 척도

어의차이 척도(semantic differential scale)는 척도의 양끝에 서로 상반되는 수식어를 표시하고 7개의 응답범주를 작성하여 응답자의 생각을 7개 척도상에 표시하도록 요구하는 방법이다. 응답자의 진술에 대한 일관성을 위하여 "중립적"인

견해는 '0'을, "약간/다소"에는 '+/-1'을, "중간정도"는 '+/-2'를, "극도로 또는 매우"인 경우는 '+/-3'을 표시하도록 지침을 받게 된다.

문항 제품의 광고에 대하여 어떻게 생각하십니까?

	-1	-2	-3	0	+1	+2	+3	
공격적이다	□	□	□	□	□	□	□	호감이 간다
자극적이다	□	□	□	□	□	□	□	자극적이지 않다
나쁘다	□	□	□	□	□	□	□	좋다
재미없다	□	□	□	□	□	□	□	재미있다
무익하다	□	□	□	□	□	□	□	유익하다
무용하다	□	□	□	□	□	□	□	유용하다

5.6.3 스타펠 척도

스타펠 척도(Stapel scale)는 어의차이 척도의 변형된 형태로 볼 수 있다. 어의차이 척도는 양쪽 끝에 서로 상반되는 수식어를 제시하는 반면 스타펠 척도는 하나의 수식어만을 제시하여 응답자의 평가정도를 측정하는 방법이다. 대개 스타펠 척도는 다음과 같은 수직형으로 제시된다.

문항 귀하가 시음하신 음료에 대한 평가를 다음과 같은 항목에 대해 적절한 점수에 ○를 표시하여 주십시오. +5는 매우 적절한 설명이라 생각하는 경우이고 5는 전혀 적절하지 않은 설명이라 생각하는 경우이다.

+5	+5	+5
+4	+4	+4
+3	+3	+3
+2	+2	+2
+1	+1	+1
상쾌한 맛이다	뒷맛이 좋다	갈증해소에 좋다
-1	-1	-1
-2	-2	-2
-3	-3	-3
-4	-4	-4
-5	-5	-5

5.6.4 리커트 척도

리커트 척도(Likert scale)는 응답자에게 서술형의 질문에 대해 찬성의 정도와 반대의 정도를 표시하도록 하는 방법이다. 보통 20개 내지 30개 서술형 문항을 사용하며, 긍정적인 문항과 부정적인 문항을 포함시킨다.

예 1

문항 조금 전에 보신 신문광고에 대해 귀하의 의견을 듣고 싶습니다.
다음 질문에서 귀하께서 생각한 정도를 해당 번호에 [✓]표 해 주십시오.

	전혀 아니다 　　 보통 이다 　　 매우 그렇다
(보기) 아름답다	①--②--③--④--⑤--⑥--⑦
1. 즐겁다	①--②--③--④--⑤--⑥--⑦
2. 보기 좋다	①--②--③--④--⑤--⑥--⑦
3. 시원스럽다	①--②--③--④--⑤--⑥--⑦
4. 카피가 잘 읽힌다	①--②--③--④--⑤--⑥--⑦
5. 심플하다	①--②--③--④--⑤--⑥--⑦
6. 호감이 간다	①--②--③--④--⑤--⑥--⑦
7. 과장되어 있다	①--②--③--④--⑤--⑥--⑦
8. 저속하다	①--②--③--④--⑤--⑥--⑦
9. 복잡하다	①--②--③--④--⑤--⑥--⑦
10. 재미있다	①--②--③--④--⑤--⑥--⑦
11. 유익하다	①--②--③--④--⑤--⑥--⑦
12. 진실하다	①--②--③--④--⑤--⑥--⑦
13. 따분하다	①--②--③--④--⑤--⑥--⑦
14. 만족스럽다	①--②--③--④--⑤--⑥--⑦

예 2

문항1 귀하께서는 지금 보고 계시는 광고의 모델에 대해서 어떻게 생각하십니까? (　)안에 다음과 같은 척도의 번호를 기입하여 주시기 바랍니다.

① 전혀 그렇지 않다 ② 그렇지 않다 ③ 그저 그렇다 ④ 그렇다 ⑤ 정말 그렇다

광고모델이

1. 믿음이 간다 ( )
2. 신뢰가 간다 ( )
3. 외모가 맘에 든다 ( )
4. 친밀감이 든다 ( )
5. 나와 생각과 경험이 유사해 보인다 ( )
6. 진지해 보인다 ( )
7. 호감이 간다 ( )
8. 정직해 보인다 ( )
9. 지식이 많아 보인다 ( )

문항2 귀하께서는 이 광고에 대해 어떻게 생각하십니까?

10. 모델이 제품의 선호도를 높였다 ( )
11. 흥미 있는 광고이다 ( )
12. 잘되고 좋은 광고이다 ( )
13. 이미지가 좋은 광고이다 ( )
14. 이 모델이 출연한 광고를 본 후 제품을 사고 싶어졌다 ( )

문항3 귀하께서는 이 모델이 본 제품의 광고효과를 높였다고 생각하십니까? ( )

문항4 귀하께서는 이 광고모델의 지속적 기용에 대해 어떻게 생각하십니까?

15. 매우 효과적이다 ( )
16. 매우 바람직하다 ( )
17. 매우 지루하다 ( )
18. 거부감이 생긴다 ( )

Introduction to
Behaviorally Statistical Data Analysis
using Minitab & SixSigma Tools for Excel

6

통계적 가설검정

6.1 가설검정의 개요

가설검정이란 모집단에 대한 어떤 가설을 설정한 뒤에 표본관찰을 통하여 그 가설의 채택여부를 결정하는 분석방법이다.

일반적으로 가설을 모수에 대하여 설정하는데, 다음과 같은 3가지 사례에 대한 통계적 추론에 대하여 생각해 보기로 한다.

사례1 1995년도 회사의 신제품의 월평균판매량 3,000개 정도였다. 매년 이 제품의 월평균판매량이 증가하였다고 할 수 있는가?

사례2 서울의 강남지역과 강북지역의 제품 구매량은 같은가?

사례3 새로운 방법으로 제작된 자동차 타이어의 평균수명이 재래식 방법으로 제작된 타이어보다 더 길다고 할 수 있는가?

위와 같은 문제들에 대하여 통계적 결론을 유도하는 과정을 가설검정이라고 하는데 각각의 문제에 대한 접근방법은 다음과 같다.

[사례 1]의 경우는 "1996년도 신제품의 월평균 판매량이 1995년도 신제품의 월평균 판매량에 비하여 증가하였다고 할 수 있는가?"의 문제로 이를 수리적으로 표현하면 'μ = 1996년도 신제품의 월평균 판매량'이라고 할 때, $\mu = 3000$인가? (즉 1995년도 신제품의 월평균 판매량과 같은가?) 또는 $\mu > 3000$인가? (즉 1995년도 신제품의 월평균 판매량에 비하여 증가하였는가?)를 알고자 하는 것이다. 이 문제에 대한 답을 구하기 위하여 1996년도 신제품의 월평균 판매량을 조사하기 위하여 몇 개의 상점을 표본으로 추출하여 월평균 판매량을 조사하여야 한다. 예를 들어 100개의 상점을 무작위로 선발하여 월평균 판매량을 조사한 결과 표본평균 $\overline{X}$와 S^2을 구하였다면 이 두 통계량을 이용하여 1996년도 제품의 월평균 판매량이 1995년도와 같이 3,000개라 할 수 있는지 또는 1995년도보다는 증가하였다고 할 수 있는지를 판단한다.

[사례 2]의 경우에는 서울의 강남지역과 강북지역의 제품 구매량을 비교하기 위하여 두 지역에서 각각 50개의 대리점을 '무작위로' 추출하여 제품에 대한 고객의 구매량을 조사한 후 구매량을 비교할 수 있다. 이 경우 비교의 초점은 "**강남지역과 강북지역의 제품 구매량은 같은가? 또는 다른가?**"인데, 이를 수리적으로 표현하면

μ_1 =**강남지역에서 제품 구매량의 평균**

μ_2 =**강북지역에서 제품 구매량의 평균**

이라고 할 때, 각 지역에서 표본으로 추출된 대리점의 고객의 제품 구매량에 의하여 $\mu_1=\mu_2$ 인가 또는 $\mu_1 \neq \mu_2$인가를 알고자 하는 것이다.

[사례 3]의 경우에는 두 제조방법에 의하여 제조된 타이어의 수명을 비교하는 문제로 과거의 재래식 제조방법으로 제조된 타이어 n_1개와 새로운 제조방법에 의하여 제조된 타이어 n_2개를 '**무작위로**' 표본으로 추출하여 동일한 차종을 이용하여 타이어의 수명을 조사한다. 이렇게 조사된 표본결과를 이용하여 "**새로운 제조방법에 의하여 만들어**

진 타이어의 수명이 더 긴가? 또는 두 제조방법에 차이가 없는가?"를 결정하게 되는데, 이를 수리적으로 표현하면

μ_1 =재래식 제조방법에 의하여 만들어진 타이어의 평균수명

μ_2 =새로운 제조방법에 의하여 만들어진 타이어의 평균수명

이라고 할 때, 표본관측에 의하여 "$\mu_1=\mu_2$인가 또는 $\mu_1<\mu_2$인가"를 결정하는 것이다.

위의 3가지 사례 모두 표본관측을 통하여 모집단의 모수에 대한 어떤 결론을 유도하는 가설검정의 문제인데, 표본추출에서 표본이 '무작위로' 선택되어야 함은 당연하다. 그러나 표본이 무작위로 추출되지 않을 경우 가설검정의 결과는 진실을 왜곡하는 결과를 도출할 수도 있다. 예를 들어 [사례 2]의 경우 실제로는 강남지역의 고객의 제품 구매량이 높다고 가정한다면 조사자의 편의에 따라 조사하거나 또는 우연한 실수로 인해 강남지역에서 제품 구매량이 작은 50개의 대리점을 추출하고 강북지역에서 제품 구매량이 많은 50개의 대리점을 추출하여 구매량을 조사하였다고 하자. 이러한 경우 전반적으로 강남지역 제품 구매량이 많은데도 불구하고 검정결과는 강북지역 제품 구매량이 많은 것으로 잘못 판단하게 된다.

6.2 가설의 설정

가설검정에서 가장 기본적인 사항은 검정하고자 하는 모집단의 모수에 대하여 가설을 설정하는 것이다. 가설(hypothesis)은 항상 귀무가설(null hypothesis;H_0)과 대립가설(alternative hypothesis;H_1)의 2가지로 설정하며 가설검정이란 표본관찰 또는 실험을 통하여 귀무가설과 대립가설 중에서 하나를 선택하는 과정이라고 할 수 있다. 두 가설 H_0와 H_1은 각각의 경우에 따라서 결정되어지는데 모수에 대한 가설 중에서 '**항상 간단하고 구체적인 표현**'을 귀무가설로 설정한다.

[사례 1]의 경우 "$\mu=3000$인가 또는 $\mu>3000$인가"를 판단하고자 하므로 H_0와 H_1은 각각

H_0 : $\mu=3000$ (1995년도 월평균 판매량이 3000개이다)

H_1 : $\mu>3000$ (1995년도 월평균 판매량이 3000개보다 많다)

와 같이 설정하며, [사례 2]의 경우 "$\mu_1=\mu_2$인가 또는 $\mu_1\neq\mu_2$인가"를 판단하고자 하므로 H_0와 H_1은 각각

H_0 : $\mu_1=\mu_2$
(강남지역의 제품 구매량 평균과 강북지역의 제품 구매량 평균이 같다)

H_1 : $\mu_1\neq\mu_2$
(강남지역의 제품 구매량 평균과 강북지역의 제품 구매량 평균이 같지 않다)

와 같이 설정하며, [사례 3]의 경우 "$\mu_1=\mu_2$인가 또는 $\mu_1<\mu_2$인가"를 판단하고자 하므로 H_0와 H_1은 각각

H_0 : $\mu_1=\mu_2$
(재래식 제조 방법과 새로운 제조방법에 의한 타이어의 평균수명이 같다)

H_1 : $\mu_1<\mu_2$
(새로운 제조방법에 의한 타이어의 평균수명이 재래식 방법에 의한 타이어 의 평균수명보다 길다)

와 같이 설정한다.

가설검정이란 두 가설 H_0와 H_1 중에서 하나를 선택하는 과정이므로 H_0을 채택(accept)하면 H_1을 기각(reject)하게 되고 H_0을 기각하면 H_1을 채택하게 된다. 따라서 가설검정이란 '귀무가설 H_0을 채택하든지 또는 기각하는 과정'이라고 이해할 수 있다.

가설의 설정

가설검정에서 가설은 귀무가설(H_0)과 대립가설(H_1)로 설정하는데, 귀무가설은 "모수가 특정한 값이다" 또는 "두 모수의 값이 같다" 과 같이 간단하고 구체적인 경우를 지정하며 대립가설은 "모수가 특정한 값이 아니다" 또는 "한 모수의 값이 다른 모수의 값보다 크다" 또는 "두 모수의 값이 다르다" 등과 같이 모수에 대한 관심의 영역 중에서 귀무가설로 지정되지 않은 모든 경우를 포괄적으로 지정한다.

6.3 검정통계량

가설검정은 모수에 대한 가설을 설정한 후에 표본관찰을 통하여 검정에 필요한 통계량을 구한다. 이와 같이 검정에 이용되는 통계량을 검정통계량(test statistic; $T(X)$)이라고 하는데, 검정통계량의 분포는 항상 가설에서 주어지는 모수를 갖는 분포를 따른다. 예를 들면 [사례 1]에서 $(X_1, X_2, \cdots, X_{100})$을 표본으로 추출된 상점들의 월평균 판매량이라고 할 때 표본평균과 표본분산은 각각

$$\overline{X} = \frac{1}{n}\sum_{i=1}^{n} X_i$$

$$S^2 = \frac{1}{n-1}\sum_{i=1}^{n} (X_i - \overline{X})^2, \quad n = 100$$

과 같으며, 여기에서 가설 $H_0 : \mu = 3000$과 $H_1 : \mu > 3000$ 에 대한 검정통계량은 표본평균 $\overline{X}$이다. $\overline{X}$의 분포는 모집단 분포가 $N(\mu, \sigma^2)$이라고 할 때, $\overline{X} \sim N(\mu, \sigma^2/n)$이며, 표준화 공식에 의하여

$$\frac{\overline{X} - \mu}{\sigma/\sqrt{n}} \sim N(0, 1)$$

이다. 가설검정이란 귀무가설이 옳다는 전제하에서 검정통계량의 값을 구한 후에 이 값이 나타날 가능성의 크기에 의하여 귀무가설의 채택여부를 결정하는 것이다. 다시 말하면 모평균 μ가 귀무가설에서 주어진 특정값 μ_0이라고 할 때, 검정통

계량

$$T(X) = \frac{\overline{X} - \mu_0}{\sigma / \sqrt{n}}$$

의 값이 표준정규분포에서 나타날 가능성의 크기에 의하여 귀무가설의 채택여부를 결정한다.

앞의 문제에서 표본평균과 표본분산이 각각 $\overline{X} = 3100$, $S^2 = 500$ 이라고 할 때, 모분산 σ^2 을 알지 못하므로 σ^2 을 표본분산 S^2 으로 대치하면, 검정통계량은

$$t = \frac{\overline{X} - \mu}{S / \sqrt{n}} \sim t_{n-1}, \quad n = 100$$

으로 자유도가 $n-1 = 99$인 t-분포를 따른다. 자유도 99는 30보다 크므로 위의 t-값은 근사적으로 표준정규분포 $N(0,1)$을 따른다(이는 중심극한정리에 의해)고 할 수 있다. 귀무가설에서 $\mu = 3000$으로 주어져 있으므로, 귀무가설에서 검정통계량의 값은

$$t = \frac{\overline{X} - \mu_0}{S / \sqrt{n}} = \frac{3100 - 3000}{\sqrt{500/100}} = \frac{100}{2.2361} = 44.72$$

가 된다. 이 값은 귀무가설이 옳다는 전제하에서 구한 검정통계량의 값인데, 이 t-값은 표준정규분포를 따름을 알고 있다. 표준정규분포에서 위의 t-값 44.72가 나타날 가능성이 거의 0과 같음을 알 수 있는데 이에 근거하여 귀무가설의 채택여부를 다음과 같이 결정한다. "귀무가설이 옳다는 전제하에서, 즉 모평균이 $\mu = 3000$이라는 가정 하에서 구한 검정통계량의 분포에 의할 때 표본관측에 의한 값은 나타날 가능성이 거의 없다는 것이다. 즉 실제로 $\mu = 3000$이 옳다면 표본관측에 의한 표본평균 $\overline{X} = 3100$은 나타날 수 없는 값인데, 실제 관측에서 이 값이 나타났다는 사실은 확률변수 X에 주어진 전제조건(즉 X분포의 평균이 $\mu = 3000$이다)이 잘못되었다는 증거이다. 따라서 귀무가설 $H_0 : \mu = 3000$은 받아들일 수 없다."

즉, 가설검정에서는 귀무가설이 옳다는 전제하에서 표본관찰에 의하여 구한 검정통계량의 값이 나타날 가능성이 크면 귀무가설을 채택하고 가능성이 작으면 귀무가설을 기각하게 되는데, '가능성이 크다' 또는 '가능성이 작다'의 판단기

준이 다음에 설명하는 유의수준이다.

검정통계량

검정통계량이란 가설검정에서 관찰된 표본으로부터 구하는 통계량으로 분포가 가설에서 주어지는 모수에 의존한다. 귀무가설이 옳다는 전제하에서 구한 검정통계량의 값이 나타날 가능성이 크면 귀무가설을 채택하고 나타날 가능성이 작으면 귀무가설을 기각한다.

6.4 유의수준과 기각역

가설검정은 항상 귀무가설이 옳다는 전제하에서 검정통계량의 분포를 구하고, 실제 표본관측으로부터 구한 검정통계량의 값이 나타날 가능성에 의하여 귀무가설의 채택여부를 결정한다. 앞에서 설명한 바와 같이 검정통계량이 나타날 가능성이 큰 경우에는 귀무가설을 채택하고 나타날 가능성이 작은 경우에는 귀무가설을 기각하게 되는데, 여기에서 가능성이 '크다' 또는 '작다'의 판단기준을 유의수준(significance level;α)이라고 한다. 유의수준 α는 일반적으로 0.01, 0.05, 0.10을 주로 사용하며 이를 백분비로 1%, 5%, 10%등으로도 표현하기도 한다. 이를테면 한 검정에서 유의수준 α를 5%로 정한다면, 귀무가설 하에서 구한 검정통계량의 값이 나타날 가능성이 5%이하면 귀무가설을 기각하고 5% 이상이면 귀무가설을 채택하게 된다. 다시 말하면 나타날 가능성이 5%이하일 때 '가능성이 작다'라고 판단한다는 것이다. 따라서 유의수준이란 귀무가설을 기각하게 되는 확률의 크기로 '**귀무가설이 옳은데도 불구하고 이를 기각하는 확률의 크기**'로 정의한다.

기각역(critical region;C)이란 귀무가설이 옳다는 전제하에서 구한 검정통계량의 분포에서 확률이 유의수준 α인 부분을 말하는데, 검정통계량이 나타날 가능성이 유의수준 α보다 작은 경우에 귀무가설을 기각한다는 것은 곧 검정통계량의 값이 기각역에 속하면 귀무가설을 기각한다는 것과 같은 의미이다. 즉 기각역이란 귀무가설이 옳다는 전제하에서 검정통계량이 기각역에 속할 확률이 유의수준 α인 검정통계량 분포의 일부영역이다.

유의수준과 기각역

유의수준 α란 귀무가설이 옳은데도 불구하고 이를 기각하는 '확률의 크기'를 말하며 검정통계량을 구하는 것과는 무관하게 검정을 실시하는 사람의 판단에 따라 결정한다. 기각역이란 가설검정에서 유의수준 α가 정해졌을 때, 검정통계량의 분포에서 이 유의수준의 크기에 해당하는 영역을 말하는데, 검정통계량의 분포에서 이 영역의 위치는 대립가설의 형태에 따라 다르다. 기각역 C와 유의수준 α의 관계는 다음과 같이 표현할 수 있다.

$$P\{\mathrm{T(X)} \in \mathrm{C} \mid \mathrm{H_0}\} = \alpha$$

6.5 대립가설과 기각역

검정통계량의 분포에서 유의수준 α에 의하여 기각역의 크기가 결정되는데 기각역의 위치는 대립가설 H_1의 형태에 의하여 결정된다. 대립가설의 형태는 가설검정의 목적에 의하여 결정되는데 가설검정은 대립가설의 형태에 따라 양쪽검정과 한쪽검정으로 나누어지고, 한쪽검정은 다시 왼쪽 한쪽검정과 오른쪽 한쪽검정으로 분류된다. 여기에서 양쪽검정이란 귀무가설이 "모수가 특정값이다"라고 할 때, 대립가설이 "모수가 특정값이 아니다"라고 주어지는 경우로

H_0 : $\mu = \mu_0$; μ_0은 고정된 상수

H_1 : $\mu \neq \mu_0$

과 같이 표현할 수 있고, 왼쪽 한쪽검정은 위와 동일한 귀무가설 H_0에 대하여 대립가설 H_1이 "모수가 μ_0보다 작다"로 주어지는 경우로

H_0 : $\mu = \mu_0$

$H_1 \ : \ \mu < \mu_0$

과 같이 표현할 수 있고, 오른쪽 한쪽검정은 위와 동일한 귀무가설 H_0에 대하여 대립가설 H_1이 "모수가 μ_0보다 크다"로 주어지는 경우로

$H_0 \ : \ \mu = \mu_0$

$H_1 \ : \ \mu > \mu_0$

과 같이 표현할 수 있다. 두 모집단의 모평균의 동일성 검정에 있어서도 귀무가설 $H_0: \mu_1 = \mu_2$에 대하여 다음과 같이 세 가지 경우를 정의할 수 있다.

양쪽검정 $H_1 \ : \ \mu_1 \neq \mu_2$

왼쪽 한쪽검정 $H_1 \ : \ \mu_1 < \mu_2$

오른쪽 한쪽검정 $H_1 \ : \ \mu_1 > \mu_2$

앞에서 주어진 [사례 1]~[사례 3] 에 있어서 [사례 2]는 양쪽검정이고, [사례 1]과 [사례 3]은 오른쪽 한쪽검정에 해당된다. 위와 같이 대립가설의 형태에 따라 세 가지 서로 다른 검정을 정의할 수 있는데, 각각의 검정에 있어서 기각역 C는 유의수준 α가 주어졌을 때 검정통계량 $T(X)$의 분포에서 다음과 같이 결정된다.

양측검정 : $C = \{ \mathrm{T(X)} \le -c_1$ 또는 $\mathrm{T(X)} \ge -c_1 \}$

왼쪽 한쪽검정 : $C = \{ \mathrm{T(X)} \le c_2 \}$

오른쪽 한쪽검정 : $C = \{ \mathrm{T(X)} \ge c_3 \}$

위에 정의된 기각역에서 c_1, c_2, c_3의 값은 귀무가설 하에서 $P\{\mathrm{T(X)} \in \mathrm{C}\} = \alpha$에 의하여 결정된다. 이를테면 유의수준 α=0.05일 때 검정통계량의 분포가 n이 클 때 다음을 만족한다.

$$T(X) = \frac{\overline{\mathrm{X}} - \mu}{S/\sqrt{n}} \sim N(0, 1)$$

이라면, 표준정규분포에서

$$P(Z \ge 1.96) = P(Z \le -1.96) = 0.025$$

$$P(Z \ge 1.645) = P(Z \le -1.645) = 0.05$$

에 의하여 기각역은 [그림 6.5]와 같이 표현할 수 있다.

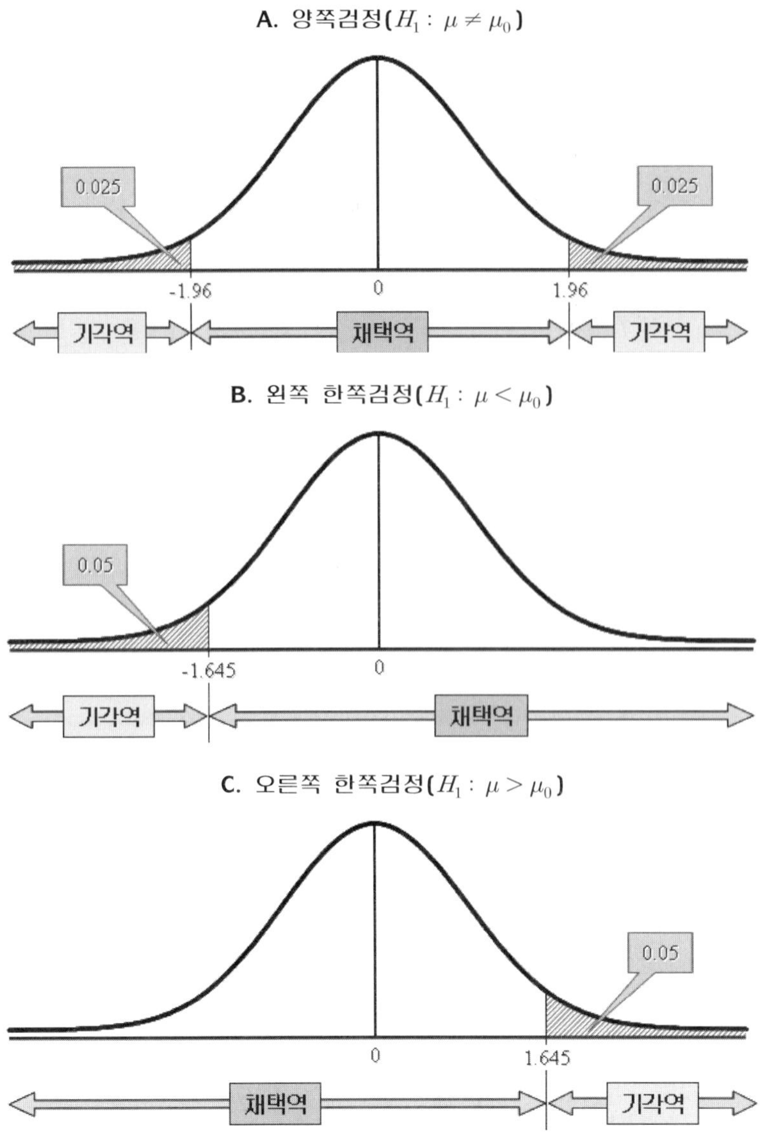

[그림 6.5] 대립가설과 기각역 (α=0.05)

가설검정단계

위에 설명한 가설검정에 대한 과정을 단계적으로 설명하면 다음과 같다.

단계 1. 검정하고자 하는 목적에 따라서 귀무가설과 대립가설을 설정한다.
단계 2. 검정방법을 결정하고 실행(검정통계량을 계산)한다.
단계 3. 유의수준 α를 결정한다.
단계 4. 귀무가설이 옳다는 전제하에서 표본관측에 의한 검정통계량의 값의 꼬리확률인 p-값을 확인한다.
단계 5. 단계 4에서 구한 p-값이 유의수준 α보다 작으면 기각역에 속하므로 귀무가설 H_0을 기각하고 그렇지 않으면 귀무가설 H_0을 채택한다.

6.6 제1종 오류와 제2종 오류

가설검정에서는 두 가지 가설 H_0와 H_1을 설정하며, 표본관찰을 통하여 둘 중 하나를 채택하게 된다. 이와 같은 가설검정과정에서는 다음과 같은 두 가지 오류(error)가 발생될 수 있는데, 첫째는 귀무가설 H_0이 옳은데도 불구하고 H_0을 기각하게 되는 오류이고, 둘째는 귀무가설 H_0이 옳지 않은데도 H_0을 채택하는 오류(즉 대립가설이 옳은데도 귀무가설을 채택하는 오류)이다.

처음 오류의 크기, 즉 H_0이 옳은데도 불구하고 H_0을 기각하는 오류를 제 1 종 오류(type I error)라고 하며, 제 1 종 오류를 일으킬 확률을 α라고 하는데, 이는 앞에서 정의된 유의수준 α와 같으며, 두 번째 오류는 제 2 종 오류(type II error)라고 하며, 제 2 종 오류를 일으킬 확률을 β로 표현한다. 가설검정에서는 두 가지 오류가 모두 작은 경우가 바람직한데, 기각역의 크기를 작게 하면 제 1 종 오류는 작아지나 제 2 종 오류는 커지며, 기각역을 크게 하면 제 2 종 오류는 작아지나 제 1 종 오류가 커진다. 따라서 가설검정에서는 제 1 종 오류확률 α의 크기를 0.1, 0.05, 0.01 등으로 고정시킨 뒤에 제 2 종 오류확률 β가 최소가 되도록 기각역을 설정한다. 가설검정의 판정과 오류와의 관계는 [표 3-1]과 같다.

[표 6.6] 가설검정 결과와 오류

가설검정 결과 / 정확한 사실	H_0를 채택	H_0를 기각
H_0이 사실	옳은 결정($1-\alpha$) 신뢰 수준	제1종 오류(α) 유의수준
H_0이 거짓	제2종 오류(β)	옳은 결정($1-\beta$) 검정력

6.7 유의수준과 p-값

앞 절에서 여러 가지 모수에 대한 가설검정에 대하여 설명하였다. 가설검정이란 기본적으로 귀무가설의 채택여부를 결정하는 것으로 귀무가설 하에서(즉 귀무가설이 옳다는 전제하에서) 구한 검정통계량의 값이 통계적으로 거의 나타날 수 없는 값이라면 이는 귀무가설을 기각할 수 있는 증거가 될 것이다. 즉 가설검정이란 귀무가설 하에서 구한 검정통계량 값의 희귀성에 의하여 귀무가설의 기각 및 채택여부를 결정하는데 이 희귀성이 어느 정도일 때 귀무가설을 기각할 것인가를 판단하는 기준이 유의수준 α이다. 귀무가설 하에서 구한 검정통계량의 값이 나타날 가능성(확률)이 α보다 작으면 귀무가설을 기각하고 α보다 크면 귀무가설을 채택하는데 유의수준 α는 0.1, 0.05, 0.01 등의 값을 많이 사용하고 있으나 어떤 획일적인 규칙에 의하여 결정되는 것이 아니라 그 때 그 때의 상황에 맞게 선택하여 사용한다. 따라서 모든 가설검정에서 귀무가설의 채택여부를 결정하는 경우에는 항상 유의수준이 제시되어야 한다.

다음 예와 같은 가설검정문제를 생각해 보기로 한다.

예제 $H_0 : \mu_1 = \mu_2$, $H_1 : \mu_1 \neq \mu_2$의 검정통계량의 값이 $T(X) = 2.05$이며, $T(X) \sim N(0,1)$이라고 할 때 귀무가설은 기각될 수 있는가 ?

풀이 정답은 '예'와 '아니오' 모두 맞는다. 이 검정은 양측검정이므로 표준정규분포에 의하여 유의수준 α와 기각역은 다음과 같은 관계가 있다.

$$\alpha = 0.05 \Leftrightarrow \text{기각역} : \ |T(X)| > 1.96$$
$$\alpha = 0.01 \Leftrightarrow \text{기각역} : \ |T(X)| > 2.57$$

또한 이를 그림으로 표현하면 [그림 3-2]와 같다.

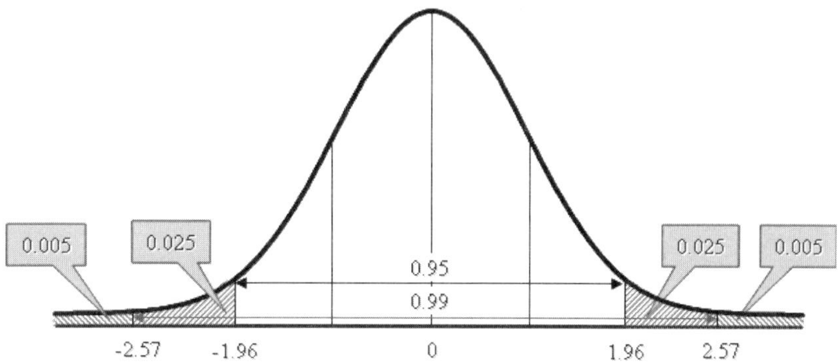

[그림 3-2] $N(0, 1)$의 확률분포

따라서 $\alpha = 0.05$인 경우에는 귀무가설은 기각되지만 $\alpha = 0.01$인 경우에는 귀무가설은 기각되지 않는다.

위의 [예제]에서와 같이 귀무가설의 기각여부는 유의수준 α와 직접적인 관련이 있으며 동일한 검정통계량의 경우에도 유의수준의 크기에 따라 귀무가설을 기각할 수도 있고 기각하지 않을 수도 있다. 따라서 실제 가설검정을 실시하는 경우에는 귀무가설의 채택여부가 아니라 다음과 같이 정의되는 p-값(p-value)이 주어진다. 즉 p-값이란 귀무가설 하에서 검정통계량의 값이 나타날 가능성을 측정하는 확률로서 귀무가설의 채택여부를 결정하는 기준인 유의수준 α와는 직접적인 관계가 있다. 만약에 검정에서 p-값이 α보다 작으면 귀무가설 하에서 그 검정통계량의 값이 나타날 가능성이 희귀하다고 판단되므로 귀무가설은 기각되며, p-값이 α보다 크면 귀무가설 하에서 그 검정통계의

값이 나타날 가능성이 크다고 판단되므로 귀무가설은 기각되지 않는다. 예를 들면 [예제]에서 귀무가설 하에서의 검정통계량의 값이 $t(x) = 2.05$ 이고 양측검정이므로 표준정규분포표를 이용하여 p-값은 p-값$= P(|T(X)| \geq 2.05) = 0.0404$ 임을 알 수 있다.

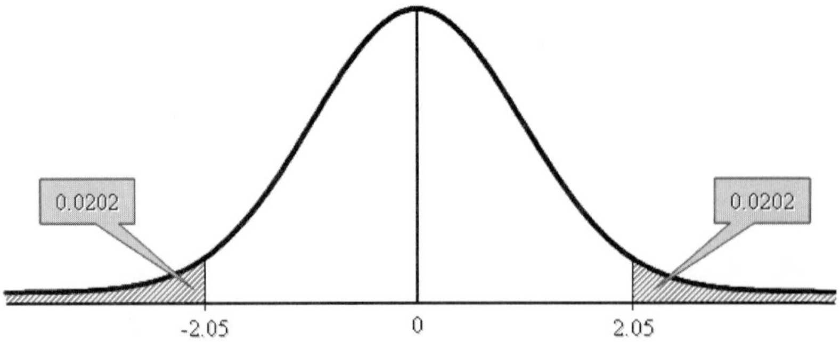

따라서 α =0.05인 경우에는 p-값<α 이므로 귀무가설은 기각되고, α =0.01인 경우에는 p-값 >α 이므로 귀무가설은 기각되지 않는다. 유의수준이 달라지면 신뢰수준 $1-\alpha$ 가 달라진다. α =0.05인 경우에는 95%의 신뢰수준을 가지는 검정이 되며, α=0.01인 경우에는 99%의 신뢰수준을 가지는 검정이 된다.

p-값과 유의수준

가설검정에서 p-값(유의확률)과 유의수준 α 와는 다음과 같은 관계가 있다.

p-값$\geq \alpha$: 귀무가설 채택

p-값 $< \alpha$: 귀무가설 기각

A. 양쪽검정($H_1 : \mu_1 \neq \mu_2$), $P-$ 값 $= \Pr(|T(x)| \geq t(x))$

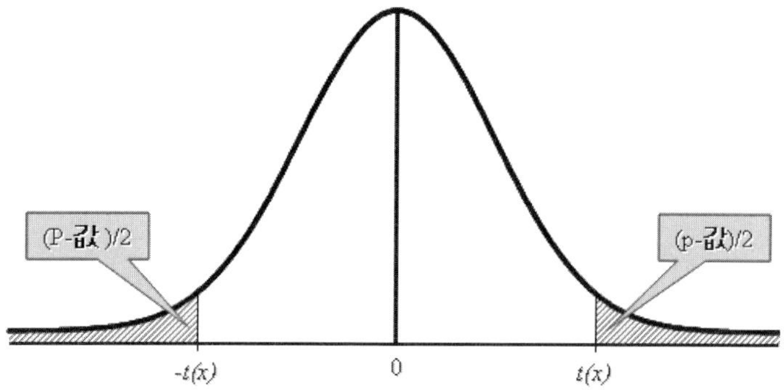

검정통계량 $T(X)$의 분포

B. 왼쪽 한쪽검정($H_1 : \mu_1 < \mu_2$), $P-$ 값 $= \Pr(T(x) \leq t(x))$

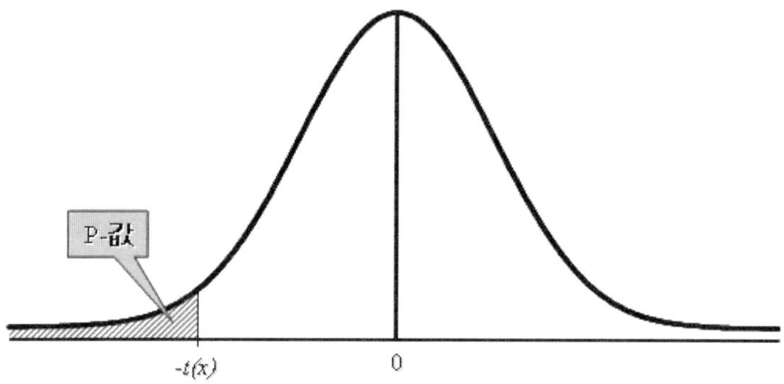

검정통계량 $T(X)$의 분포

C. 오른쪽 한쪽검정($H_1 : \mu_1 > \mu_2$), $P-$ 값 $= \Pr(T(x) \geq t(x))$

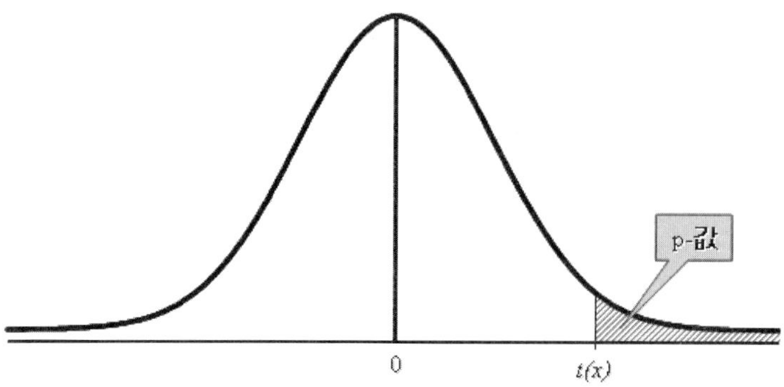

검정통계량 $T(X)$의 분포

일표본의 모평균에 대한 신뢰구간과 검정

이 장에서는 단일표본의 모평균이 특정 상수의 값이 될 것인가? 에 대한 가설검정을 다룬다. 이론 통계학에서는 모집단의 분산인 σ^2가 알려진 경우와 알려지지 않아 추정값으로 대치하여 사용하는 경우가 있다. 각 경우에 따라 서로 다른 확률분포함수를 적용하여 p-값을 계산하기 때문에 이론적 환경에서는 당연하다고 할 것이다. 그러나 이는 현실세계에 적용할 경우는 σ^2를 모르기 때문에 추정치를 사용해야 한다. 설사 알려진 σ^2를 사용한다고 해도 시간의 축을 따라 모든 것이 변한다는 기본 원리를 인정한다면 매번 σ^2을 추정하는 것이 더 현실적임을 잊지 말아야 하겠다. 그리고 일표본 위치 문제에 대한 검정도 현실적으로는 경의 응용하지 않는다. 대조집단을 따로 구성하여 두집단 평균비교의 문제로 실시하는 경우가 더 현실적이기 때문이다. 그러므로 이 장에서는 가설검정의 기본 논리를 이해하고 체험하는 수단으로 활용해야 한다. 너무 심각하게 학습하지 말라. 집중력이 필요한 더 중요하고 현실적으로 응용력이 충분한 분석방법들이 뒤쪽에서 기다리고 있다.

7.1 표준편차를 알 때 모평균의 신뢰구간

(1) $X_1,\ X_2,\ \cdots,X_n$이 평균이 μ이고 분산이 σ^2인 정규모집단으로부터의 확률표본인 경우

$$\Rightarrow \ \overline{X}=\frac{1}{n}\sum_{i=1}^{n}X_i \ \sim \ N\left(\mu,\frac{\sigma^2}{n}\right)$$

$$\Rightarrow \ \frac{\overline{X}-\mu}{\sigma/\sqrt{n}} \ \sim \ N(0,1)$$

$$\Rightarrow \ P\left(-z_{\alpha/2}< \frac{\overline{X}-\mu}{\sigma/\sqrt{n}} < z_{\alpha/2}\right)=1-\alpha$$

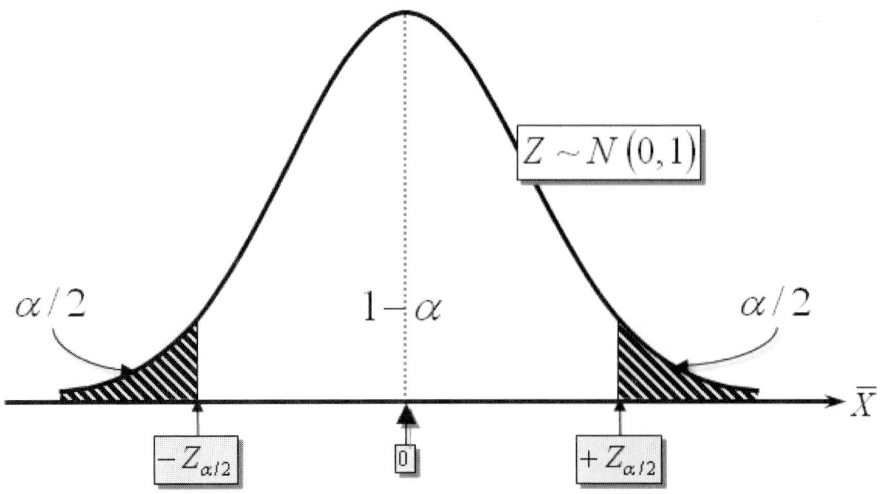

예) $z_{0.05} = 1.645$

$z_{0.025} = 1.96$

$z_{0.005} = 2.576$

$$\Rightarrow \ P\left(-z_{\alpha/2}\frac{\sigma}{\sqrt{n}} < \overline{X}-\mu < z_{\alpha/2}\frac{\sigma}{\sqrt{n}}\right)=1-\alpha$$

$$\Rightarrow \ P\left(-z_{\alpha/2}\frac{\sigma}{\sqrt{n}} < \mu-\overline{X} < z_{\alpha/2}\frac{\sigma}{\sqrt{n}}\right)=1-\alpha$$

$$\Rightarrow \ P\left(\overline{X}-z_{\alpha/2}\frac{\sigma}{\sqrt{n}} < \mu < \overline{X}+z_{\alpha/2}\frac{\sigma}{\sqrt{n}}\right)=1-\alpha$$

따라서 구간 $\left(\overline{X}-z_{\alpha/2}\frac{\sigma}{\sqrt{n}}, \overline{X}+z_{\alpha/2}\frac{\sigma}{\sqrt{n}}\right)$를 μ에 대한 100(1-α)% 신뢰구간이라고 한다. 이 신뢰구간은 간략히 $\overline{X}\pm z_{\alpha/2}\frac{\sigma}{\sqrt{n}}$로도 표시하기도 한다.

(2) $X_1, X_2, \cdots, X_n$이 n이 충분히 크고(n≧30) 평균이 μ이고 분산이 σ^2 인 임의의 모집단으로부터의 확률표본 (단, σ^2:기지)

$$\Rightarrow \frac{\overline{X}-\mu}{\sigma/\sqrt{n}} \div N(0,1)$$

(∵ 표본크기가 크면(n≧30) 근사적으로 정규분포에 접근한다.)

$\Rightarrow$ μ에 대한 100(1-α)% 근사 신뢰구간 : $\overline{X}\pm z_{\alpha/2}\frac{\sigma}{\sqrt{n}}$

▶ 1. Stat → Basic Statistics → 1 - Sample Z...

[CaseStudy 7.1] 서울의 A 지역에서 주민들의 월 평균 전화요금을 조사하기 위하여, 지난달에 50가구의 전화요금을 조사하였더니 다음과 같았다. 단, 가구당 전화요금은 σ=8,630인 정규분포를 따른다고 한다. 이 지역에서 월 평균 전화요금의 95% 신뢰구간을 구하보자.

18,978	25,967	33,429	11,511	18,209
30,101	37,174	19,930	20,281	36,723
28,253	12,432	56,114	29,976	23,485
37,405	23,386	23,149	19,294	28,253
23,863	21,163	28,064	32,633	16,426
19,989	28,169	34,853	24,222	12,758
21,869	35,023	24,574	34,349	18,896
19,070	32,726	33,179	30,998	14,759
23,655	31,193	31,694	26,804	10,487
14,216	31,298	23,356	16,653	18,590

주!) 이 경우 정규분포를 따른다는 확신을 가지지 못할 경우 정확히 말하면 잘 모를 경우는 소표본이든 대표본이든 Stat → Basic Statistics → 1 - Sample t... 로 계산해야 함을 잊지 말라. 표본크기가 커짐에 따라 T-분포는 Z-분포에 근사적으로 접근하기 때문에 모든 경우 실제 통계팩키지는 T-분포하에서 계산하고 있음을 알아야 한다.

[그림 7.1] z-test 대화상자

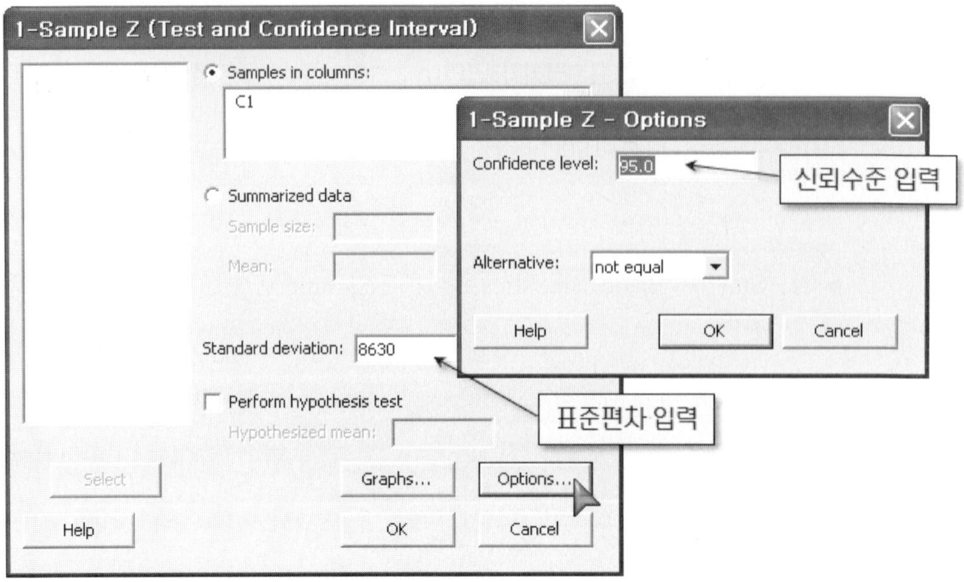


```
MTB > OneZ  C1;
SUBC>   Sigma 8630.

One-Sample Z: C1

The assumed standard deviation = 8630

Variable   N   Mean  StDev  SE Mean       95% CI
C1        50  25392   8572     1220  (23000, 27784)
```

7.2 표준편차를 알지 못할 때 모평균의 신뢰구간

(1) $X_1, X_2, \cdots, X_n$가 표본크기 $n < 30$인 소표본이고 평균이 μ이고 분산이 σ^2 인 정규모집단으로부터의 확률표본인 경우(단, σ^2:미지)

$\Rightarrow \dfrac{\overline{X}-\mu}{S/\sqrt{n}} \sim t(n-1)$, 여기서 $S=\sqrt{\dfrac{1}{n-1}\sum(X_i-\overline{X})^2}$: 표준편차

$\Rightarrow$ μ에 대한 100(1-α)% 신뢰구간 : $\overline{X} \pm t(n-1;\frac{\alpha}{2})\dfrac{S}{\sqrt{n}}$

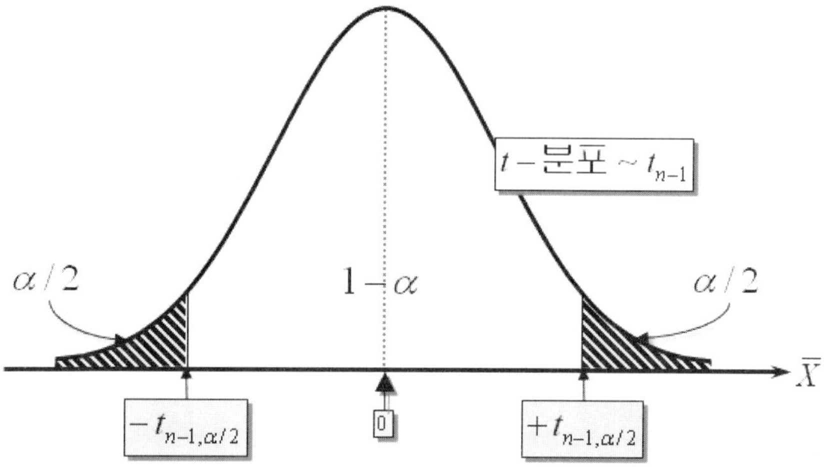

(2) $X_1, X_2, \ldots, X_n$이 표본크기 $n \geq 30$인 대표본이고 평균이 μ이고 분산이 σ^2인 임의의 모집단으로부터의 확률표본인 경우 (단, σ^2 : 미지)

$\Rightarrow \dfrac{\overline{X}-\mu}{S/\sqrt{n}} \sim N(0,1)$ ∵ 표본크기가 크면(n≧30) 근사적으로 정규분포에 접근한다.

$\Rightarrow$ μ에 대한 100(1-α)% 근사 신뢰구간 : $\overline{X} \pm z_{\alpha/2}\dfrac{S}{\sqrt{n}}$

[CaseStudy 7.2] 어떤 신형 자동차의 1리터당 주행거리를 알아보기 위하여 20대를 무작위로 추출하여 실험한 결과 다음의 데이터를 얻었다. 1리터당 평균 주행거리의 95% 신뢰구간을 구하고 17km인지 검정해 보자.

15.2	16.9	17.6	13.9	17.4	15.7	15.8	17.2	16.3	16
15.5	14.9	15.6	16	15.4	14.3	14.8	15.2	15.3	14

▶ Stat → Basic Statistics → 1 - Sample t...

[그림 7.2] t-test 대화상자

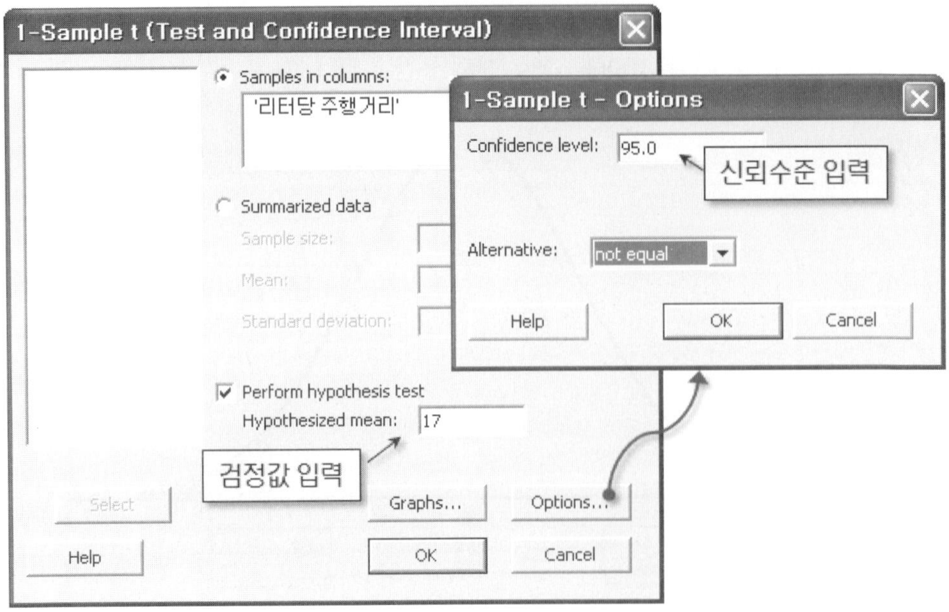


```
MTB > Onet  '리터당 주행거리';
SUBC>   Test 17.

One-Sample T: 리터당 주행거리

Test of mu = 17 vs not = 17


Variable          N    Mean  StDev  SE Mean        95% CI              T      P
리터당 주행거리  20  15.650  1.052    0.235  (15.158, 16.142)  -5.74  0.000
```

이 문제에서 신형 자동차의 연비가 리터당 17km를 달릴 수 있다고 할 수 있는가? 라는 가설을 검정한다면 이 값은 95% 신뢰구간 안에 포함되지 않기 때문에 유의수준 5%하에서 신형 자동차는 리터당 17km를 달린다고 할 수 없다. 역시 p-값도 0.000으로 유의수준 1%하에서 귀무가설을 기각하게 된다. 만일 리터당 16km라고 하다면 유의수준 5%하에서 통계적으로 그렇다고 할 수 있게 된다.

이제 Excel의 SixSigma Tools를 사용해 보자.

① SixSigma Tools 2007 > 분석(Analyze) > 기술통계...

② 데이터입력을 클릭하고 데이터 연결 단추를 클릭한다.

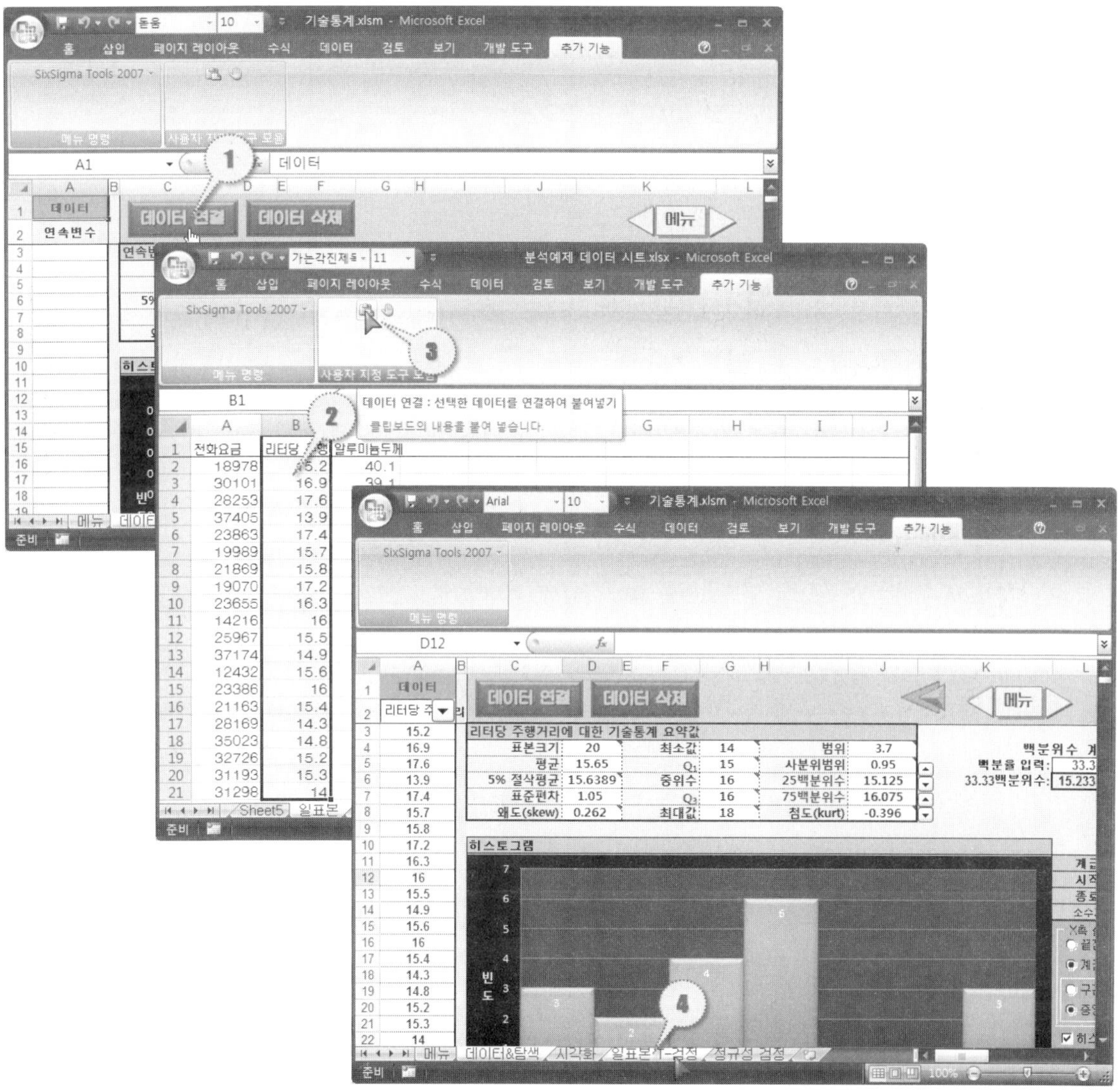

③ 읽고자하는 데이터 영역을 끌기하여 선택하고 연결도구를 클릭한다.

④ 일표본 T-검정 시트로 이동

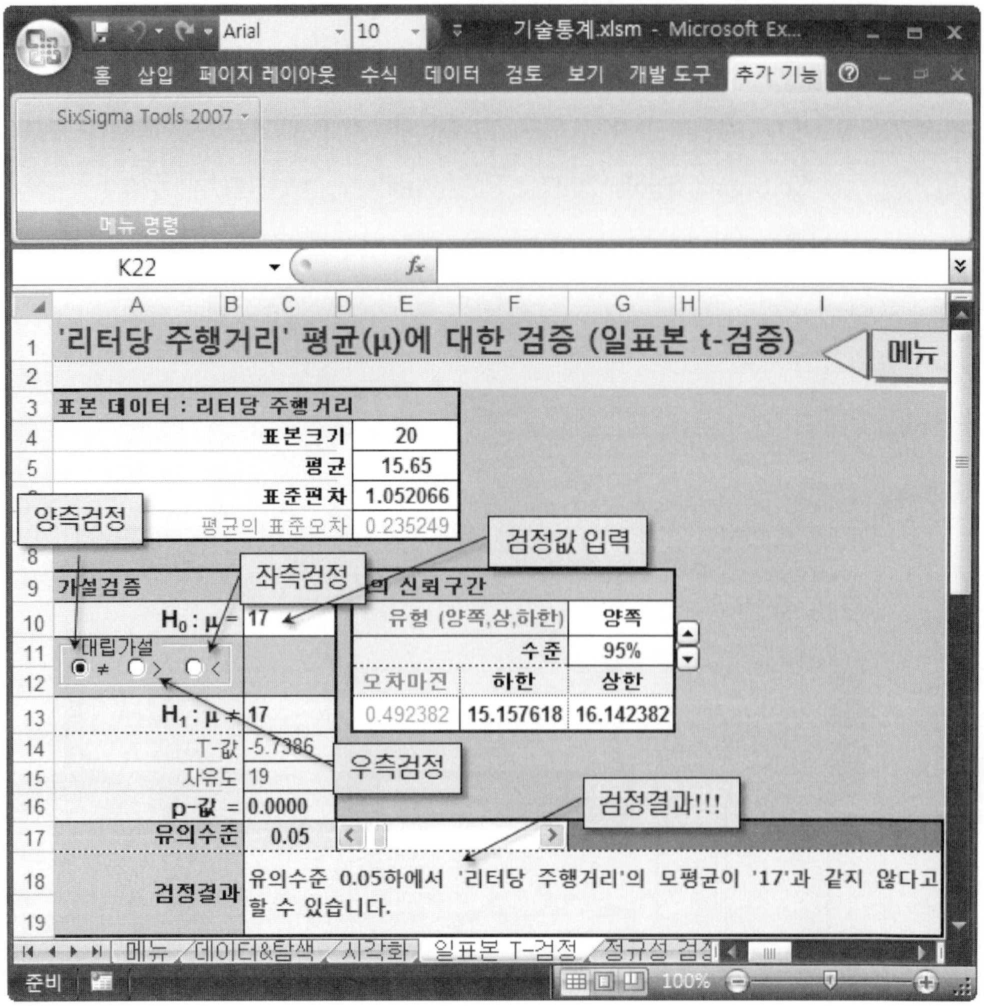

가설검정의 대립가설 상태를 지정하는 옵션상자에서 부등호를 선택하면 통계량이 실시간 변경된다. 그리고 검정결과에 문장으로 판정결과를 출력하도록 하였다. 매우 간편하고 읽기도 쉽다. 잘 활용하시라...

7.3 표준편차를 알 때 모평균에 대한 가설검정

(1) $X_1, X_2, \ldots, X_n$가 평균이 μ이고 분산이 σ^2 인 정규모집단으로부터의 확률표본인 경우 (단, σ^2:기지)

$$Z = \frac{\overline{X} - \mu_0}{\sigma / \sqrt{n}}$$: 검정 통계량

귀무가설	대립가설	유의수준 α인 기각역
① $H_0 : \mu = \mu_0$	$H_1 : \mu \neq \mu_0$	$\|Z\| > z_{\alpha/2}$
② $H_0 : \mu = \mu_0$	$H_1 : \mu > \mu_0$	$Z > z_\alpha$
③ $H_0 : \mu = \mu_0$	$H_1 : \mu < \mu_0$	$Z < -z_\alpha$

(2) $X_1, X_2, \cdots, X_n$가 n이 충분히 크고 평균이 μ, 분산이 σ^2인 임의의 모집단으로부터 추출된 확률표본인 경우 (단, σ^2:기지)

$$Z \doteq \frac{\overline{X} - \mu_0}{\sigma / \sqrt{n}}$$: 검정 통계량

검정 방법 : (1)의 경우와 같다. (단, 유의수준 α는 근사 유의수준)

[CaseStudy 7.3] 알루미늄을 1000분의 40인치 두께로 종이처럼 얇게 펴는 기계가 있다. 이 기계가 제대로 조정된 상태에 있는가를 검사하기 위해 작업자는 주기적으로 이 알루미늄 박지의 두께를 7회 측정한다. 가장 최근에 측정한 결과가 아래와 같다고 할 때 과거의 경험으로부터 알루미늄 박지의 표준편차가 0.4인 것을 알고 있다고 가정할 때 이 기계가 잘 조정되어 있는지 유의수준 0.05에서 검정해 보기로 한다.

① 양측검정

▶ 가설설정　H_0: $\mu = 40$　H_1 : $\mu \neq 40$

$\alpha = 0.05, \quad n = 7$

▶ data 입력 : 40.1 39.1 39.3 39.8 39 38.7 40.5

▶ Stat → Basic Statistics → 1 - Sample Z...

[그림 7.3a] z-test 양측검정 대화상자

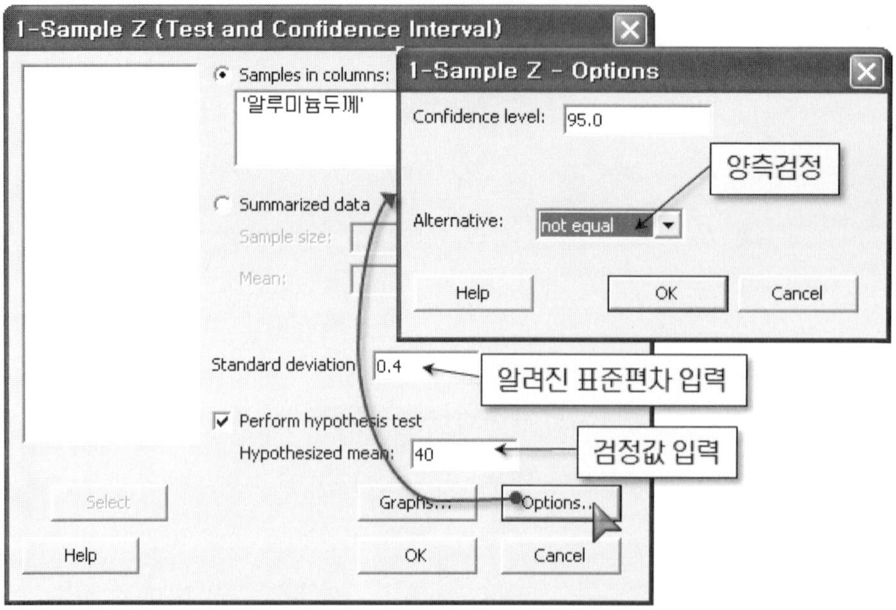


```
MTB > OneZ '알루미늄두께';
SUBC>   Sigma 0.4;
SUBC>   Test 40.

One-Sample Z: 알루미늄두께

Test of mu = 40 vs not = 40
The assumed standard deviation = 0.4


Variable      N    Mean  StDev  SE Mean        95% CI              Z      P
알루미늄두께  7  39.500  0.651    0.151  (39.204, 39.796)  -3.31  0.001
```

* p-value가 유의수준 α보다 작으면 H_0를 기각한다.

* 위의 output에서 p-value = 0.001의 의미는 관측된 검정 통계량의 값은 -3.31인데, H_0 : μ = 40이 사실일 경우에

$$P-value = 2 \times P\left(\left|\frac{\overline{X}-40}{0.4/\sqrt{7}}\right| > |-3.31|\right) = 2 \times 0.0004665 = 0.000933$$

이 된다. 즉, H_0가 사실, 즉 모평균 μ= 40일 때 이를 실수로 기각할 확률이 0.001로 매우 낮으므로 귀무가설을 기각한다고 해도 이 행동이 실수일 가능성이 매우 작다. 그러므로 귀무가설을 기각하게 된다. 이것은 p-값이 0.001로 매우 낮은 확률이므로(유의수준 α = 0.05보다 작으므로) H_0이 옳지 않다고 결론을 내리는 것이다. 그렇다면 모평균 40보다 큰 것일까? 검정해 보자.

② 우측검정

H_0 : $\mu = 40$ H_1 : $\mu > 40$ 단, 유의수준 α = 0.05

[그림 7.3b] z-test 우측검정 대화상자

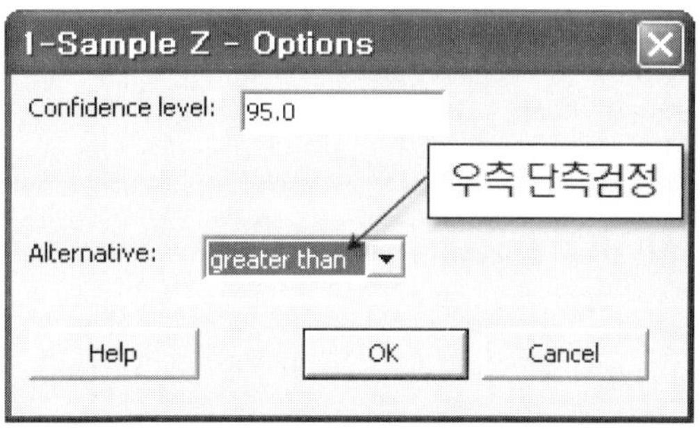


```
One-Sample Z: 알루미늄두께

Test of mu = 40 vs > 40
The assumed standard deviation = 0.4

                                                   95% Lower
Variable      N   Mean  StDev  SE Mean     Bound      Z      P
알루미늄두께  7  39.500  0.651    0.151    39.251  -3.31  1.000
```

* p-value = 1.000은 만일 μ = 40이 사실이라 할 때

$$P-value = P\left(\frac{\overline{X}-40}{0.4/\sqrt{7}} > -3.31\right) = 1.000$$ 으로 p-value > 0.05이므로 H_0를 채택하게 된다. 즉, 유의수준 5%하에서 μ>40라고 할 수 없다.

③ 좌측검정

H_0: $\mu = 40$ H_1: $\mu < 40$, α=0.05

[그림 2.3c] z-test 좌측검정 대화상자

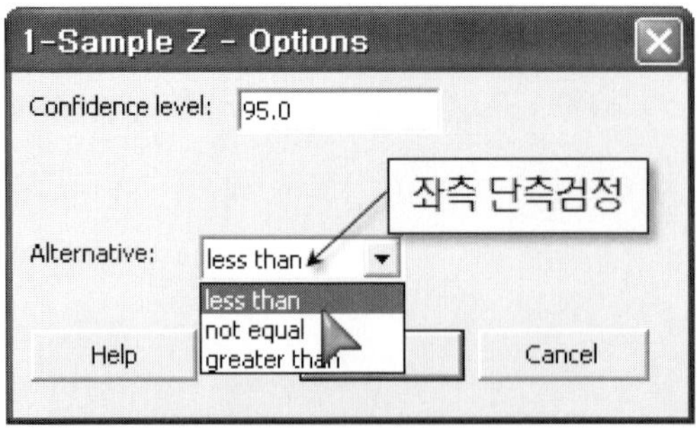


```
One-Sample Z: 알루미늄두께

Test of mu = 40 vs < 40
The assumed standard deviation = 0.4

                                          95% Upper
Variable    N    Mean  StDev  SE Mean       Bound      Z      P
알루미늄두께  7  39.500  0.651    0.151      39.749  -3.31  0.000
```

* p-value = 0.000은 만일 μ=40이 사실이라 할 때

$P-value = P\left(\frac{\overline{X}-40}{0.4/\sqrt{7}} < -3.31 \right) = 0.000$으로 p-value < 0.05이므로 H_0를

기각한다. 즉 유의수준 5%하에서 μ<40라고 할 수 있다.

7.4 표준편차를 알지 못할 때 모평균에 대한 가설검정

(1) $X_1, X_2, \ldots, X_n$이 σ^2가 미지인 정규모집단으로 부터의 확률표본일 때

$$T = \frac{\overline{X} - \mu_0}{S/\sqrt{n}} \quad : \text{검정 통계량}$$

	귀무가설	대립가설	유의수준 α인 기각역
①	$H_0 : \mu = \mu_0$	$H_1 : \mu \neq \mu_0$	$\lvert T \rvert > t(n-1;\alpha/2)$
②	$H_0 : \mu \leqq \mu_0$	$H_1 : \mu > \mu_0$	$T > t(n-1;\alpha)$
③	$H_0 : \mu \geqq \mu_0$	$H_1 : \mu < \mu_0$	$T < -t(n-1;\alpha)$

(2) $X_1, X_2, \cdots, X_n$이 n이 충분히 크고(약 30 이상), σ^2가 미지인 정규모집단으로부터의 확률표본일 때

$$Z \doteqdot \frac{\overline{X} - \mu_0}{S/\sqrt{n}} \quad : \text{검정 통계량}$$

	귀무가설	대립가설	유의수준 α인 기각역
①	$H_0 : \mu = \mu_0$	$H_1 : \mu \neq \mu_0$	$\lvert Z \rvert > z_{\alpha/2}$
②	$H_0 : \mu \leqq \mu_0$	$H_1 : \mu > \mu_0$	$Z > z_\alpha$
③	$H_0 : \mu \geqq \mu_0$	$H_1 : \mu < \mu_0$	$Z < -z_\alpha$

[CaseStudy 7.4] σ^2가 미지인 정규모집단으로부터의 표본이 아래와 같을 때 양측검정방법

▶ 가설설정 $H_0 : \mu = 40 \quad H_1 : \mu \neq 40$

$\alpha = 0.05, \quad n = 7$

▶ data 입력 : 40.1 39.1 39.3 39.8 39 38.7 40.5

▶ Stat → Basic Statistics → 1 - Sample t...

[그림 7.4a] t-test 양측검정 대화상자

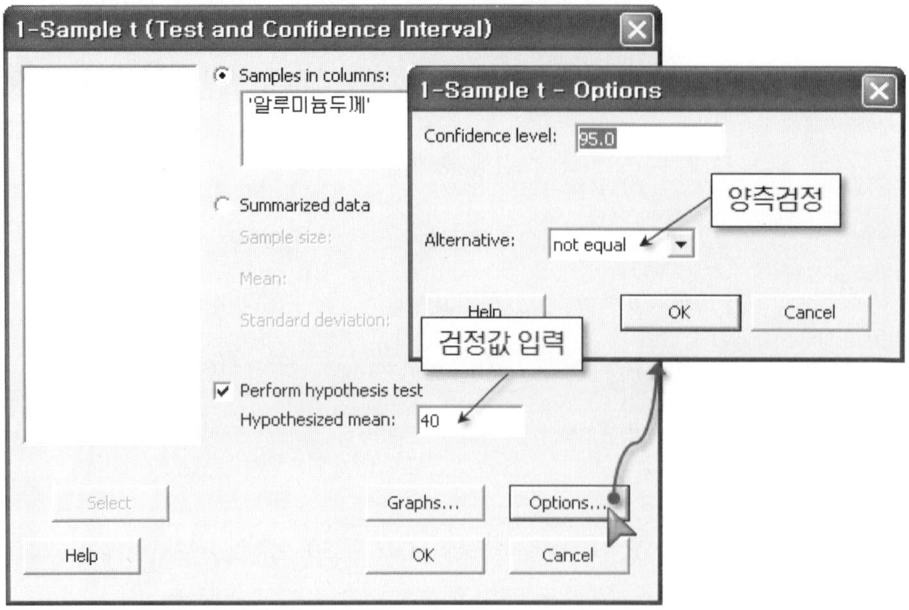


```
MTB > Onet '알루미늄두께';
SUBC>   Test 40.

One-Sample T: 알루미늄두께

Test of mu = 40 vs not = 40


Variable      N    Mean  StDev  SE Mean        95% CI              T      P
알루미늄두께  7  39.500  0.651    0.246  (38.898, 40.102)  -2.03  0.088
```

0.05 < p-value < 0.10이므로 α=0.05로 하면 H_0를 채택하고, α= 0.10으로 하면 H_0를 기각한다. 그러므로 유의수준 5%하에서 알루미늄 두께가 40이라고 할 수 있다. 다음은 단측검정의 결과들이다.

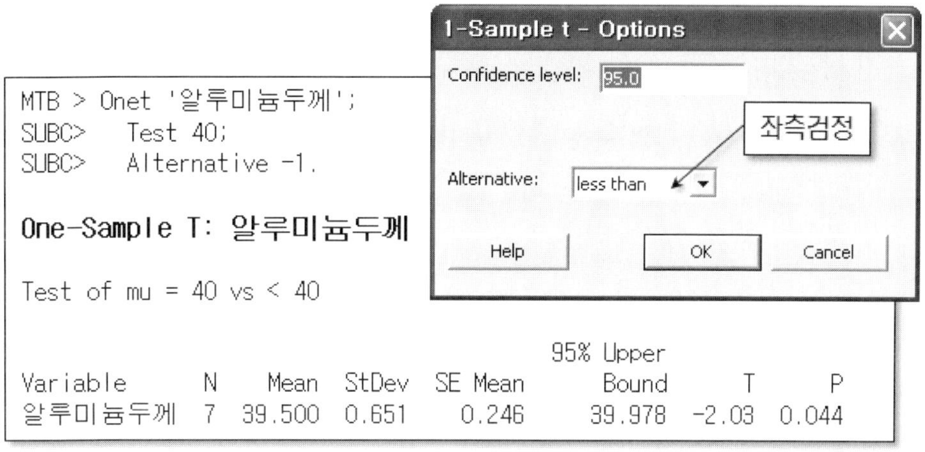

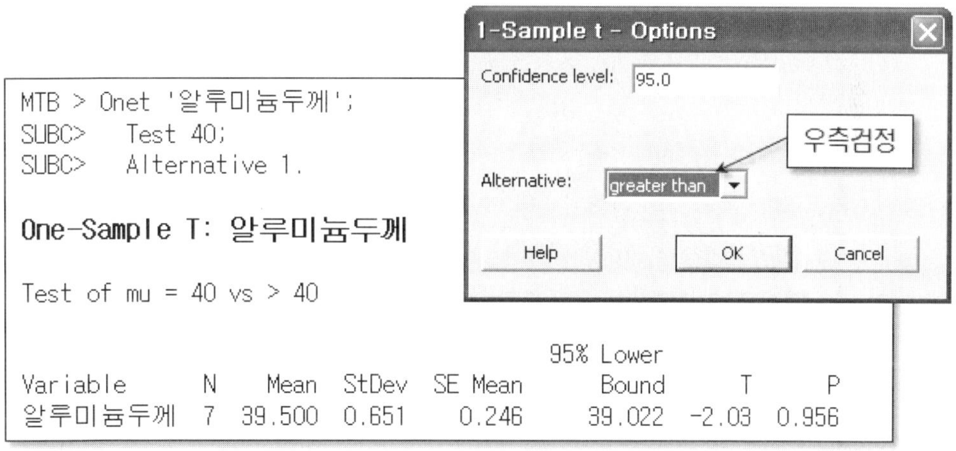

이렇게 단측검정의 결과를 보기 위하여 매번 대화상자에 접근하여 일일이 좌측과 우측을 지정하고 실행하면 이에 대한 결과가 Session 창에 나타난다. 별루 대단하지도 못한 검정을 하는데도..., 간편하게 살펴볼 수 있게 해야 되는데도 이와 같이 대화상자라는 인터페이스를 사용할 경우에는 별 도리가 없다. 이제 SixSigma Tools를 사용하여 간편하게 살펴보기로 하자.

① SixSigma Tools 2007 > 분석(Analyze) > 기술통계...

② 데이터입력을 클릭하고 데이터 연결 단추를 클릭한다.

③ 읽고자하는 데이터 영역을 끌기하여 선택하고 연결도구를 클릭한다.

④ 일표본 T-검정 시트로 이동

⑤ 검정값을 '40'으로 입력한다

⑥ 하단의 검정결과를 읽는다.

[그림 7.4b] 일표본 T-검정 양측검정 및 기술통계량, 의사결정

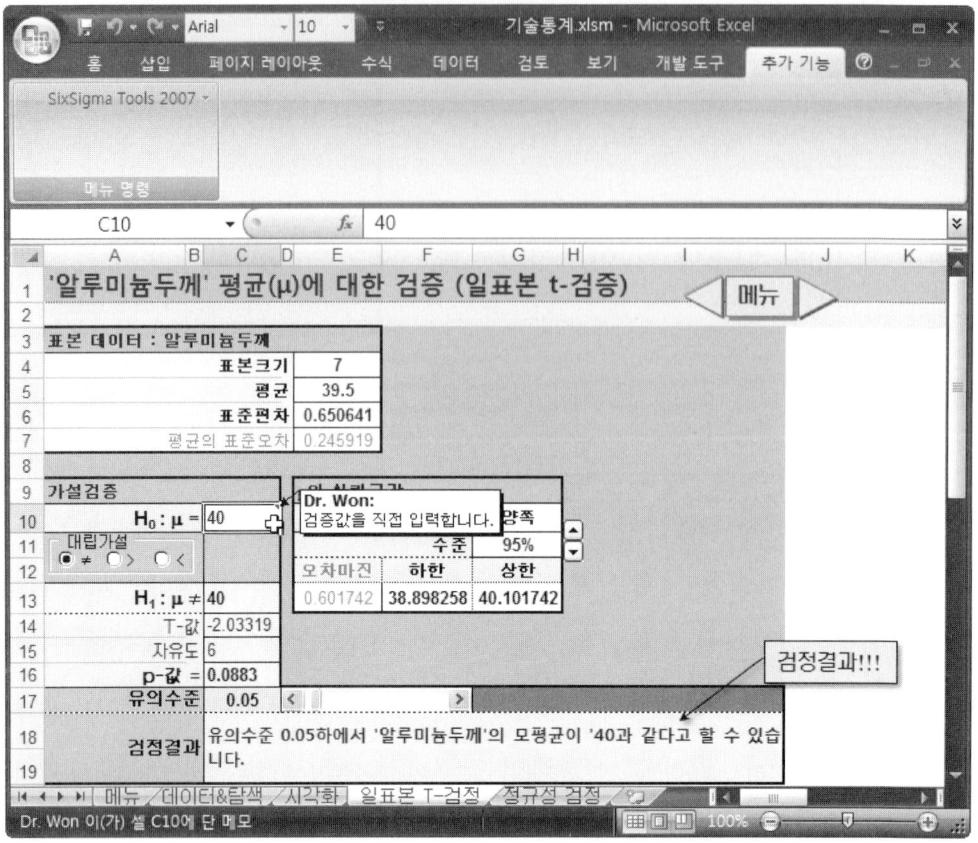

[그림 7.4c] 일표본 T-검정 단측검정 및 의사결정

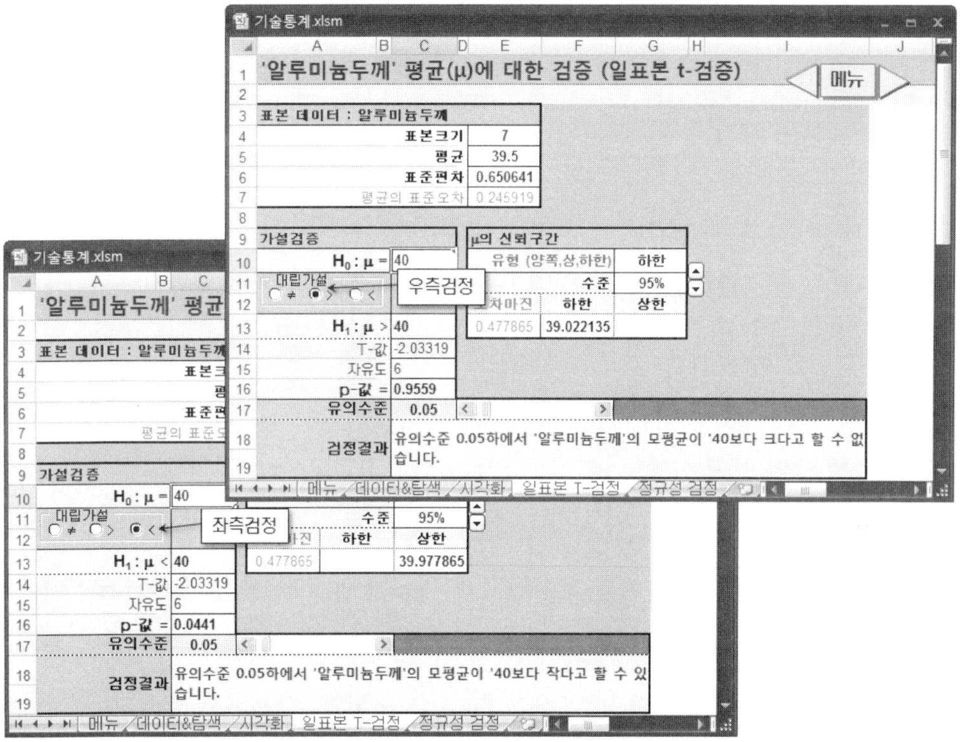

7.5 모비율에 대한 신뢰구간과 가설검정

$X_1, X_2, \cdots, X_n$이 성공확률이 p인 Bernoulli분포에서의 n이 충분히 큰 확률 표본(0 또는 1로 구성됨)일 때

$$\Rightarrow\ Y = \sum_{i=1}^{n} X_i \sim B(n,p)$$

(시행횟수가 n, 성공확률이 p인 이항분포, 즉 성공회수의 분포)

⇒ 1) p에 대한 100(1-α)% 근사 신뢰구간($n\hat{p} \geq 5,\ n(1-\hat{p}) \geq 5$) :

$$\hat{p} \pm z_{\alpha/2}\sqrt{\frac{\hat{p}(1-\hat{p})}{n}}$$

여기서 $\hat{p} = \frac{Y}{n}$: 표본 성공률

2) p에 대한 가설검정

($np_0 \geq 5,\ n(1-p_0) \geq 5$을 만족하는 충분히 큰 n을 취했을 때)

$$Z = \frac{Y - np_0}{\sqrt{np_0(1-p_0)}} = \frac{\hat{p} - p_0}{\sqrt{\frac{p_0(1-p_0)}{n}}}$$: 검정 통계량

	귀무가설	대립가설	근사유의수준 α인 기각역
①	$H_0 : p = p_0$	$H_1 : p \neq p_0$	$\lvert Z \rvert > z_{\alpha/2}$
②	$H_0 : p = p_0$	$H_1 : p > p_0$	$Z > z_{\alpha}$
③	$H_0 : p = p_0$	$H_1 : p < p_0$	$Z < -z_{\alpha}$

[CaseStudy 7.5] 어느 도시에서 100가구를 무작위로 추출하여 조사하니 외산 자동차를 소유하고 있는 가구수는 23가구였다.

1) 이 도시의 전 가구에 대하여 외산 자동차를 소유한 가구의 실제비율 p의 90% 신뢰구간을 구해 보자.

▶ Stat → Basic Statistics → 1 Proportion...

[그림 7.5a] 모비율 대화상자

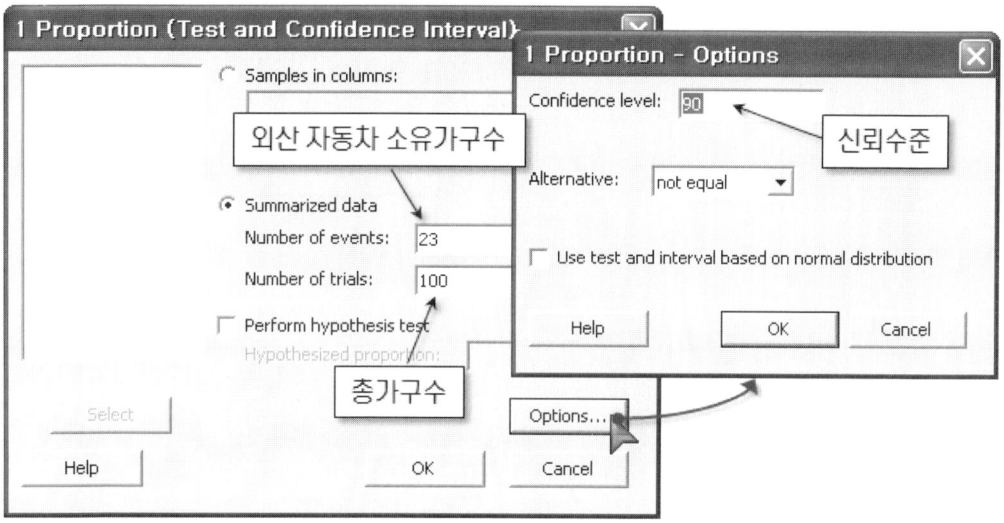


```
MTB > POne 100 23;
SUBC>   Confidence 90.

Test and CI for One Proportion

Sample   X    N  Sample p          90% CI
1       23  100  0.230000  (0.162591, 0.309834)
```

2) 이 도시의 전 가구에 대하여 외산 자동차를 소유한 가구의 실제비율 p가 30%보다 적다고 할 수 있는지 유의수준 5%에서 검정해 보기로 한다.

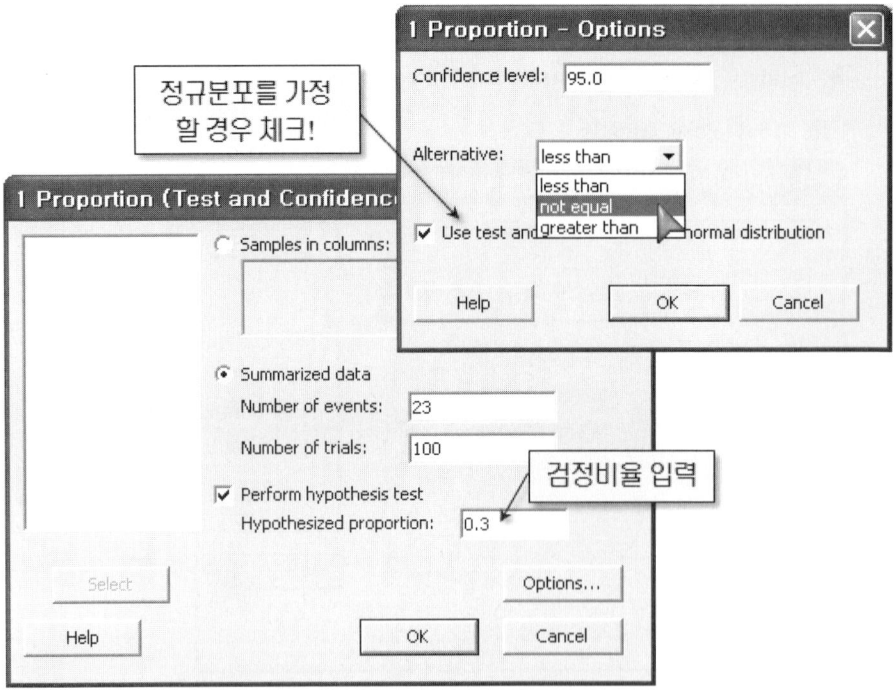


```
Test and CI for One Proportion

Test of p = 0.3 vs p < 0.3

                             95% Upper
Sample   X    N  Sample p        Bound  Z-Value  P-Value
1       23  100  0.230000     0.299221    -1.53    0.063

Using the normal approximation.
```

0.05 < p-value < 0.10이므로 α=0.05로 하면 H_0를 채택하고, α= 0.10으로 하면 H_0를 기각한다. 유의수준 0.1하에서는 외산 자동차 소유가구비가 30% 미만이라고 할 수 있다. 이제 SixSigma Tools를 사용하여 살펴보기로 하자.

① SixSigma Tools 2007 > 분석(Analyze) > 빈도분석...

② ‘검증’ 시트로 이동

③ [그림 7.5b]와 같이 기본정보를 입력한다.

④ 검정비율을 ‘0.3’으로 입력한다.

⑤ 하단의 검정결과 설명을 읽는다.

[그림 7.5b] 분석 > 빈도분석... -> 검증 시트에서 입력

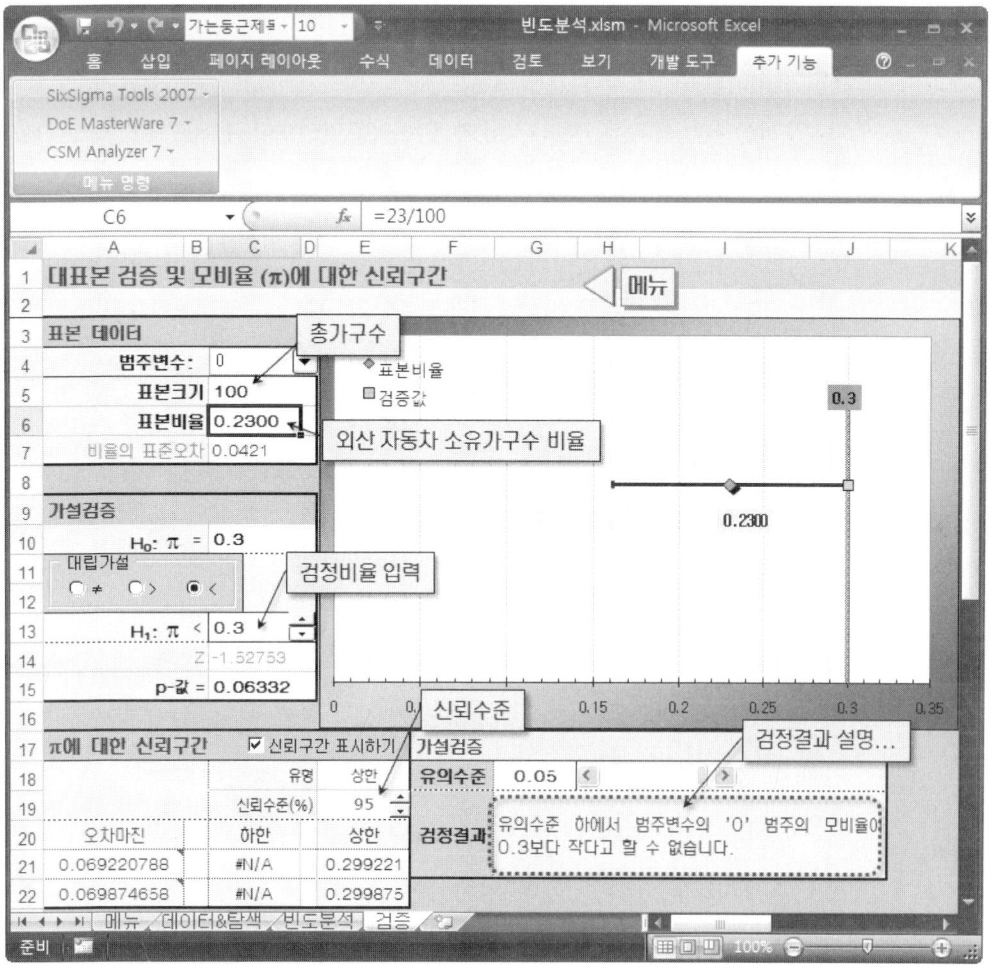

7.6 일표본 위치문제에 대하여(필독)...

앞에서 일표본에 대한 여러 가지 검정을 살펴보았다. 다소 기억하기 복잡한 기각역 등의 수리적 설정 등을 나열하였다. 그러나 기억하는가? 문제는 "현실적으로 적용할 가치들이 있는가?"이다. 답은 전혀 가치가 없다. 통계적 가설과 검정의 기본을 이해하는데 약간의 도움은 될 수 있다. 그러나 이론에서 모표준편차가 기지냐 미지냐를 따지고 표본크기가 큰지 작은지를 따져서 Z-분포로 근사하여 p-값을 계산하느냐 아니면 t-분포하에서 p-값을 계산하느냐의 문제를 결정하는 내용이 주류를 이루고 있다. 그런데 실전에서 모표준편차가 기지인 경우가 있겠는가? 생각해 보라. 거의 없을 뿐만 아니라 있다고 해도 데이터에서 추정된 표준편차와 매우 차이가 크다면 이는 기지의 표준편차가 시간상 오래전의 데이터에 근거한 것이거나 측정환경 및 상황이 달라져 비롯된 것일 가능성이 크다. 그러므로 표준편차는 현재 측정된 데이터로부터 추정된 값을 사용하는 것이 일반적인 상식일 것이다. 그래서 이론상 기지의 경우는 현실적으로는 쓸모가 없는 경우가 대부분이다. 그런데 왜 Minitab은 모표준편차가 기지인 경우의 대화상자들을 여기저기 만들어 놓았을까? 아주 오래 전에 이야기다. 20년전쯤인가? 그 당시 필자는 Minitab에 대한 이미지가 기초통계교육용으로 알고 있었다. 그래서인지 통계학 개론서를 그대로 프로그램밍한 것 같은 인상을 주었다. 다른 유명한 통계소프트웨어도 그런가? 그렇지 않다. 특히 SPSS는 모분산 기지인 경우와 미지인 경우를 나누어 입력하고 사용하는 이런 엉뚱한 대화상자 자체가 없으며 모두 미지로 보고 모분산을 원데이터로부터 추정하여 분석결과를 만든다. 고로 이점에서는 Minitab은 그야 말로 현실감각이 전혀없는 한심한 통계패키지라고 할 수 있다. 이는 통계학 개론을 보면 모표준편차가 또는 모분산이 기지인 경우와 미지인 경우를 나누어 이론을 정리하고 예제도 다루고 있다. 물론 이론의 역사이기 때문에 이론을 공부하는 통계학도들에게는 당연히 학습해야 될 과정이다. 그러나 현실 문제를 다루는 실용 통계학의 입장에서 보면 기지는 폐기되어야 할 이론이다. 오히려 이를 학습하므로 써 더욱 헤 깔리는 일만 많아진다. Minitab은 Six Sigma 경영혁신전략이 부상함에 따라 품질관리 모듈들과 실험계획모듈이 매우 획기적으로 강화되어 유용하기는 하나 앞에서 언급한 부분이나 다변량 해석법에 대한 모듈은 여전히 빈약하기 그지없다. 그런데 SPSS는 실험계획법 부분이 거의 발달하지 못해서 다구찌라는 이름마저 발견할 수 없다. SAS는 모든 모듈이 잘 정비되어 있기는 하지만 그 사용법이 거의 SAS 언어를 잘 다룰 수 있어야 고수의 소리를 들을 수 있어서 초심자들은 매우 사용하는데 많은 시간이 걸린다는 것이 단점이다. 필자는 과거 오래전에는 SAS만을 고집하고 사용하던 시절이 있었는데 SAS언어 사용이 능하면 매우 강력한 분석을 수행할 수 있었다. 패키지의 기능에 파묻혀 따라가기만 하는 사람은 진정 데이터 분석을 고수(高手)답게 할 수 없을 것이다. 어려운 것을 잘하는 자가 고수가 아니다. 고수란 매우 상식적이고 단순한 도구로 현상을 파악하고 성과를 이루어내는 행동지향적 분석을 행하는 자이다.

또한 표본크기도 적당히 크면 정규분포로 계산하고 작으면 t-분포로 계산한다고 되어 있다. 물론 그 표본크기가 얼마나 커야 큰 것으로 간주하느냐의 문제도 있을 수 있다. 거두절미하고 표본크기가 커짐에 따라 t-분포는 정규분포에 가까워진다. 크기가 약 30 정도만 되어도 거의 정규분포의 모양에 접근함을 수치해석적으로도 확인이 가능하다. 그러므로 표본크기에 상관하지 않고 그냥 t-분포로 p-값을 계산하면 된다. 실제로 대부분의 통계팩키지들(SPSS(PASW), SAS, S-plus, 기타 등등)에서는 표본크기에 따라 t인지 Z인지를 따지지 않고 t-분포로 p-값을 계산하고 있다. 표본크기에 따라 t인지 Z인지를 따질 필요조차 느끼지 않는다. 간단히 말해 기존의 통계학 교과서가 문제다. 과거 오래 전에는 확률을 계산하기가 쉽지 않았기 때문에 근사분포를 생각할 수밖에 없었다. 그러나 요즘은 개인용 PC 조차 엄청난 성능을 가지고 있는데 그런 근사식을 생각할 필요가 있는가? 아니다. 그저 정확한 값을 계산할 수 있고 그렇게 하면 된다. 아니 그렇게 해야 한다.

일표본 위치 문제의 실효성에 대해 말하겠다. 앞에서 나열한 검정 및 방법들은 분석적 차원에서 그다지 세련된 분석들이 아니며 실전에서는 그러한 분석으로 분석이 매듭지어지는 경우는 거의 없다. 실전은 변수들도 많고 케이스들도 많을 뿐만 아니라 더욱 어려운 점은 데이터가 잘 정리되어 있지도 못한 경우가 대부분이다. 그래서 분석자가 반드시 갖추어야 할 skill은 분석 방법에 맞게 데이터 구조를 측정 전부터 설계해야 한다는 것이다. 그렇게 하려면 연구목적부터 분석결과 도출까지 모든 사항을 꿰고 있어야 한다는 점이다. 물론 처음부터 그렇게 될 수 없지만 초보자라도 그 점을 인식하고 학습의 방향과 초점을 맞추어 훈련해야 한다는 점을 인지하는 것이 더 중요한다.

통계학은 순수학문이 아니다. 실용학문이어야 한다. 현실적으로 쓸모없거나 효율성 및 성과를 기대할 수 없는 이론은 폐기되어야 한다. 그렇지 아니한가?

8

2집단 평균비교 : 신뢰구간과 T-검정

8.1 T-검정 개요

T-검정이란 두 모집단의 평균의 차이 유무를 판단하는 통계적 검정방법으로, "두 모집단의 평균 간의 차이는 없다"라는 귀무가설과 "두 모집단의 평균 간에 차이가 있다"라는 대립가설 중에 하나를 선택하는 통계적 검정방법이다.

모든 통계적 검정방법과 마찬가지로, T-검정은 귀무가설이 옳다는 가정 하에 두 모집단으로부터 추출된 표본들로부터 계산된 검정통계량에 근거하여 영가설을 부정할 수 있는 상당한 근거를 보이면 귀무가설을 기각하고, 그렇지 않은 경우에는 귀무가설을 받아들이게 된다.

좀 더 통계적인 표현으로 검정 절차를 묘사하면, 귀무가설 하에서 두 모집단의 표본평균(sample mean) 간의 차이는 표본오차(sampling error)에서 기인한 것이라고 간주한다. 즉, 두 표본평균 간의 차이가 표본을 잘못 추출한 데서 비롯된 것이라고 가정한다. 그런 후 T-검정통계량을 계산하여 두 표본평균 간의 차이가 귀무가설 하에 있을 확률, 즉 표본오차로 인해 차이가 발생할 확률(유의확률: P-값)을 계산한다. 만약 계산된 확률이 귀무가설을 기각하기로 설정한 유의수준(통상적으로 5%)과 같거나 작다면 귀무가설을 기각하고 대립가설을 채택하게 된다.

T-검정은 두 모집단의 독립 여부에 따라 "독립 2표본 T-검정"과 "대응 2표본 T-검정"으로 나눌 수 있다.

현실적으로 자주 일어날 수 있는 문제들에 대한 예를 들면 아래와 같다.

- 많은 광고비를 지출하는 회사들이 적은 광고비를 지출하는 회사들보다 판매량이 더 많은가?
- 신제품으로 개발된 접착제가 종전의 접착제보다 접착력이 얼마나 더 강한가?
- 똑 같은 일에 종사하는 여성들이 남성들보다 보수를 적게 받고 있다는 증거가 있는가? 있다면 얼마나 적게 받는가?

8.2 대응표본과 독립표본의 이해

미국 펜실베니아 의료원은 심장병환자의 혈액에 포함된 콜레스테롤 함유량에 대한 자료를 수집했다. 모두 28명의 심장병 환자들의 콜레스테롤 함유량을 심장마비가 일어난 후 2일, 4일, 그리고 14일이 지난 뒤 측정하고 심장병이 없는 30명의 사람을 통제집단(control group)으로 하여 콜레스테롤 함유량을 측정하였다. 이 데이터는 [표 3.1]에 기록되어 있다.

이 데이터는 대응된 변수와 독립된 변수들을 모두 포함하고 있다. 여기서 '2일 후', '4일 후', '14일 후'라고 표시된 열들의 데이터는 서로 짝을 이룬 것인데 왜냐하면 주어진 같은 행의 두 값은 똑 같은 환자(ID)에 대한 관측값이므로 서로 연관되어 있기 때문이다. 예를 들어 첫 번째 환자의 '2일 후'에 대한 값은 270이고 '4일 후'는 218, 14일 후는 156이다. 그러므로 이 관측값들은 각 환자들의 콜레스테롤 함유량이 그 기간 동안 얼마나 변화되었는지를 나타낸다. 그

[표 8.2] 심장마비 후의 콜레스테롤 함유량

ID	실험집단			통제집단
	2일 후	4일 후	14일 후	
1	270	218	156	196
2	236	234	*	232
3	210	214	242	200
4	142	116	*	242
5	280	200	*	206
6	272	276	256	178
7	160	146	142	184
8	220	182	216	198
9	226	238	248	160
10	242	288	*	182
11	186	190	168	182
12	266	236	236	198
13	206	244	*	238
14	318	258	200	198
15	294	240	264	188
16	282	294	*	188
17	234	220	264	166
18	224	200	*	204
19	276	220	188	182
20	282	186	182	178
21	360	352	294	212
22	310	202	214	164
23	280	218	*	230
24	278	248	198	186
25	288	278	*	162
26	288	248	256	182
27	244	270	280	218
28	236	242	204	170
				200
				176

주) *는 결측값(missing value)이다.
주) 이 데이터는 CHOLEST.mtw(콜레스테롤.MTW)라는 파일로 minitab 예제폴더에 저장되어 있다.

러나 마지막의 통제집단의 30명의 데이터는 전혀 다른 사람들의 콜레스테롤을 측정한 독립적인 데이터로 2일, 4일, 14일 데이터와는 대응되어 있지 않는 데이터이다.

위에서와 같이 대응표본과 독립표본을 구별하는 것은 측정대상인 개체가 동일한가 아닌가에 달렸다. 이와 같이 대응표본이냐 독립표본이냐를 가려야 하는 이유는 통계적인 계산 절차가 달라지기 때문이다.

8.3 대응표본의 평균차 검정

대응표본의 데이터 구조는 [표 8.3]과 같다.

[표 8.3] 대응표본 구조

대응번호	처리 1	처리 2	차이
1	X_1	Y_1	$D_1 = X_1 - Y_1$
2	X_2	Y_2	$D_2 = X_2 - Y_2$
⋮	⋮	⋮	⋮
n	X_n	Y_n	$D_n = X_n - Y_n$

여기에서 $(X_1, Y_1), (X_2, Y_2), \cdots, (X_n, Y_n)$은 서로 독립이며 일반적으로 X_i와 Y_i 는 서로 종속관계에 있다.

$D_1, D_2, \cdots, D_n$ 평균이 δ이고 분산이 σ_D^2인 정규모집단에서 추출된 확률표본일 때

$$\overline{D} = \frac{1}{n}\sum_{i=1}^{n} D_i, \qquad S_D^2 = \frac{1}{n-1}\sum_{i=1}^{n}(D_i - \overline{D})^2$$

으로 표현된다.

1) $\delta = \mu_1 - \mu_2$에 대한 100(1-α)% 신뢰구간 (단, $\mu_1 = E(X_i)$, $\mu_2 = E(Y_i)$)

: $\overline{D} \pm t(n-1;\frac{\alpha}{2})\frac{S_D}{\sqrt{n}}$

2) δ에 대한 가설검정

$$T=\frac{\overline{D}-\delta_0}{S_D/\sqrt{n}}$$: 검정 통계량

	귀무가설	대립가설	유의수준 α인 기각역
①	$H_0: \delta = \delta_0$	$H_1: \delta \neq \delta_0$	$\lvert T \rvert > t(n-1;\alpha/2)$
②	$H_0: \delta \leqq \delta_0$	$H_1: \delta > \delta_0$	$T > t(n-1;\alpha)$
③	$H_0: \delta \geqq \delta_0$	$H_1: \delta < \delta_0$	$T < -t(n-1;\alpha)$

[CaseStudy 8.3] 심장마비 후의 콜레스테롤 함유량 데이터에서 2일 후와 4일후의 함유량에 차가 있는지 알아보려고 한다.

$D_i = X_i - Y_i$(X_i는 2일후 함유량, Y_i는 4일후 함유량으로 관측값들 간의 서로 독립이고 $N(\delta, \sigma_D^2)$을 따른다고 가정할 때

1) 2일후와 4일후 함유량 평균의 차 $\delta = \mu_1 - \mu_2$에 대한 95% 신뢰구간을 구해 본다.

2) 2일후와 4일후 함유량 간의 평균의 차이가 있는지 α=0.05로 검정해 보자.(즉, H_0 : $\delta = 0$, H_1: $\delta \neq 0$)

▶ Stat → Basic Statistics → Paired t...

[그림 8.4a] 대응표본 t-test 대화상자

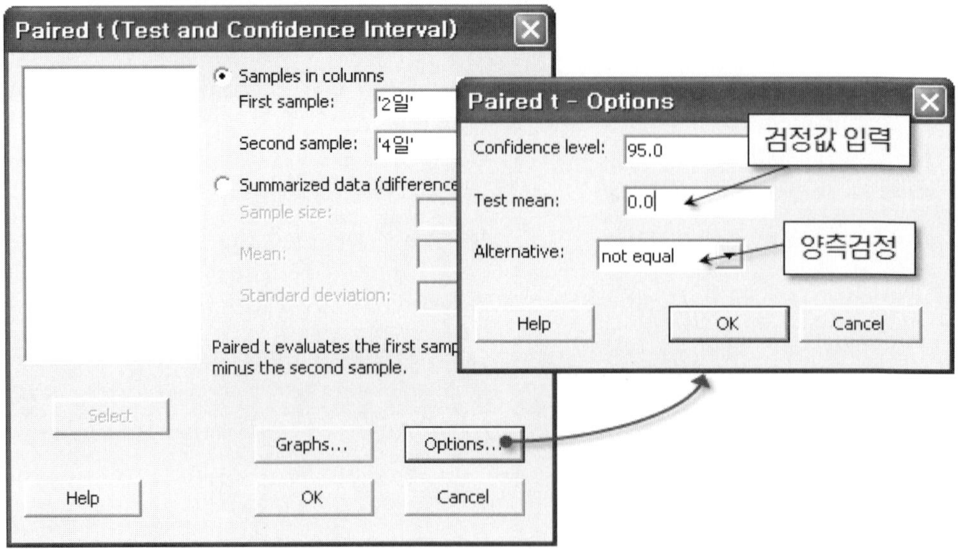


```
MTB > Paired '2일' '4일'.

Paired T-Test and CI: 2일, 4일

Paired T for 2일 - 4일

              N    Mean  StDev  SE Mean
2일          28  253.93  47.71     9.02
4일          28  230.64  46.97     8.88
Difference   28   23.29  38.28     7.23


95% CI for mean difference: (8.44, 38.13)
T-Test of mean difference = 0 (vs not = 0): T-Value = 3.22  P-Value = 0.003
```

95% 신뢰구간이 (8.44, 38.13)으로 차이 검정값 0.0을 포함하고 있지 않으므로 유의수준 5% 차이가 ‘0’이 아니라는 결론을 내릴 수 있다. 그러므로 함유량의 차이가 인정된다. 실제 p-값을 보고 검정하면 p-value = 0.003<0.05이므로 H_0를 기각하게 된다. 즉 유의수준 5%하에서 2일후와 4일후의 콜레스테롤 함유량의 차이가 있다고 할 수 있다.

3) 이제 4일후와 14일후 함유량 간의 평균의 차이가 있는지 α=0.05로 검정해 보자.

```
Paired T-Test and CI: 4일, 14일

Paired T for 4일 - 14일

              N   Mean  StDev  SE Mean
4일          19  230.8   43.9     10.1
14일         19  221.5   43.2      9.9
Difference   19   9.37  33.04     7.58


95% CI for mean difference: (-6.56, 25.29)
T-Test of mean difference = 0 (vs not = 0): T-Value = 1.24  P-Value = 0.232
```

p-value = 0.232>0.05이므로 H_0를 기각할 수 없다. 즉 유의수준 5%하에서 4일후와 14일후의 콜레스테롤 함유량의 차이가 없다고 판단된다.

4) 2일후와 14일후 함유량 간의 평균의 차이가 있는지도 α=0.05로 확인해 보자.

```
Paired T-Test and CI: 2일, 14일

Paired T for 2일 - 14일

              N   Mean  StDev  SE Mean
2일          19  259.5   47.9     11.0
14일         19  221.5   43.2      9.9
Difference   19   38.0   50.4     11.6


95% CI for mean difference: (13.7, 62.3)
T-Test of mean difference = 0 (vs not = 0): T-Value = 3.29  P-Value = 0.004
```

p-value = 0.004 < 0.05이므로 H_0를 기각하게 하게 되어 유의수준 5%하에서 2일후와 14일후의 콜레스테롤 함유량의 차이가 있다고 판단된다. 그렇다면 2일과 통제집단과의 차이는 있을까? 이 문제는 서로 대응되어 있지 않은 별개의 개체들을 측정한 것이므로 독립표본 t-검정을 실시해야 한다.

이제 이 과정을 SixSigma Tools를 사용해서 확인해 보자.

[그림 8.3b] 2일과 4일의 대응표본 t-test

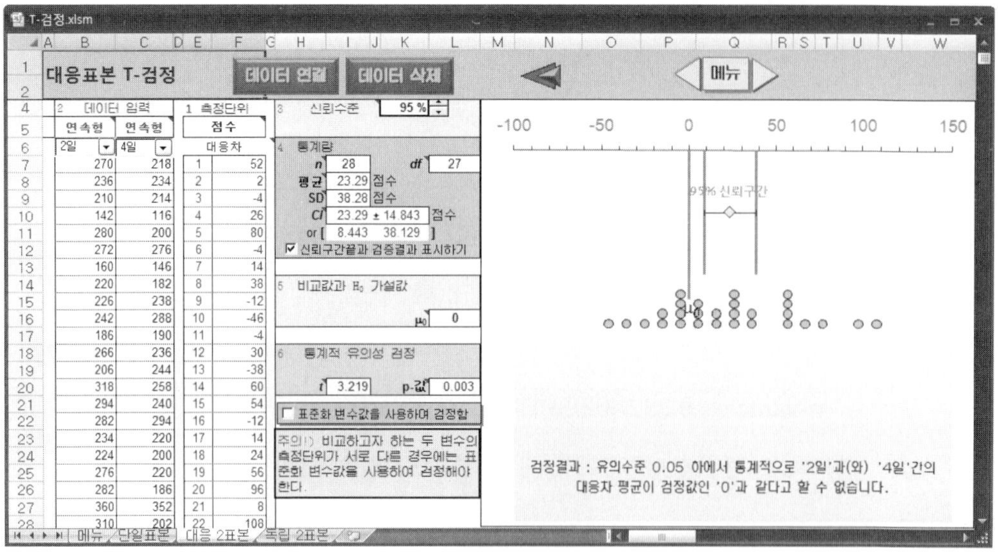

[그림 8.3c] 2일과 14일의 대응표본 t-test

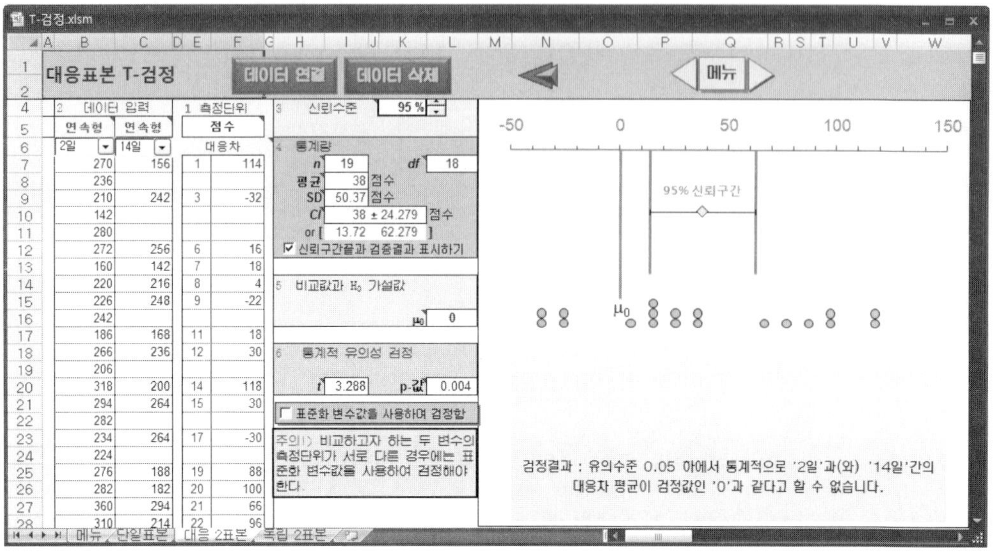

그림에서 신뢰구간 안에 적색선으로 표시된 선(μ_0선)이 들어가 있다면 평균차가 '0'이라는 가설 즉 차이가 없다는 귀무가설을 받아들이게 된다. 그렇지 않고 밖에 있게 되면 '0'이 아니라는 대립가설을 받아들이게 된다. [그림 8.3b]와 [그림 8.3c]는 귀무가설을 기각하여 콜레스테롤 수치의 차이가 존재하며 평균이 23.29와 38로 양수이므로 2일보다 14일이, 2일보다 4일의 콜레스테롤 수치가 크다고 할 수 있다.

[그림 8.3d] 4일과 14일의 대응표본 t-test

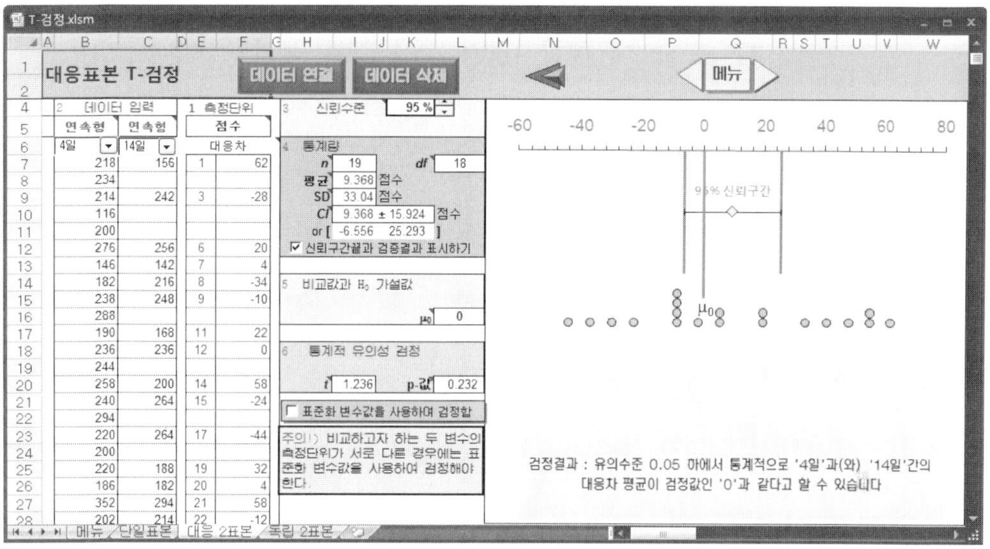

그러나 [그림 8.3d]는 신뢰구간 안에 검정값(=0)이 들어가 있으므로 이는 귀무가설을 채택하게 된다. 그러므로 4일과 14일의 콜레스테롤 수치가 통계적으로 유의수준 5%하에서 차이가 없다고 할 수 있다.

8.4 독립표본의 평균차 검정

(1) $X_1, X_2, \cdots, X_{n_1}$이 $N(\mu_1, \sigma_1^2)$의 분포를 갖는 정규모집단으로부터의 확률표본이고 $Y_1, Y_2, \cdots, Y_{n_2}$이 $N(\mu_2, \sigma_2^2)$의 분포를 갖는 정규모집단으로부터의 확률표본이라고 하자.(σ_1^2, σ_2^2 : 미지이고 X_i들과 Y_i들은 서로 독립)

$$\overline{X} = \frac{1}{n_1}\sum_{i=1}^{n_1} X_i, \quad S_1^2 = \frac{1}{n_1 - 1}\sum_{i=1}^{n_1}(X_i - \overline{X})^2$$

$$\overline{Y} = \frac{1}{n_2}\sum_{i=1}^{n_2} Y_i, \quad S_2^2 = \frac{1}{n_2 - 1}\sum_{i=1}^{n_2}(Y_i - \overline{Y})^2$$

(A) $\sigma_1^2 \neq \sigma_2^2$인 경우

1) $\mu_1 - \mu_2$에 대한 100(1-α)% 근사 신뢰구간 :

$$(\overline{X} - \overline{Y}) \pm t\left(\phi^* ; \frac{\alpha}{2}\right) \sqrt{\frac{S_1^2}{n_1} + \frac{S_2^2}{n_2}} \quad ,$$

$$\text{여기서 } \phi^* = \frac{\left(\frac{S_1^2}{n_1} + \frac{S_2^2}{n_2}\right)^2}{\frac{\left(\frac{S_1^2}{n_1}\right)^2}{n_1 - 1} + \frac{\left(\frac{S_2^2}{n_2}\right)^2}{n_2 - 1}} \quad \text{:Satterthwaite의 자유도}$$

2) $\mu_1 - \mu_2$에 대한 가설검정

$$T = \frac{(\overline{X} - \overline{Y})}{\sqrt{\frac{S_1^2}{n_1} + \frac{S_2^2}{n_2}}} \quad \text{: 검정 통계량}$$

귀무가설	대립가설	근사 유의수준 α인 기각역
① $H_0 : \mu_1 - \mu_2 = 0$	$H_1 : \mu_1 - \mu_2 \neq 0$	$\lvert T \rvert > t(\phi^* ; \alpha/2)$
② $H_0 : \mu_1 - \mu_2 \leqq 0$	$H_1 : \mu_1 - \mu_2 > 0$	$T > t(\phi^* ; \alpha)$
③ $H_0 : \mu_1 - \mu_2 \geqq 0$	$H_1 : \mu_1 - \mu_2 < 0$	$T < -t(\phi^* ; \alpha)$

(B) $\sigma_1^2 = \sigma_2^2 = \sigma^2$인 경우

$$S_p^2 = \frac{(n_1 - 1)S_1^2 + (n_2 - 1)S_2^2}{n_1 + n_2 - 2}$$

: 공통인 모분산 σ^2의 합동추정량(pooled estimator)

1) $\mu_1 - \mu_2$에 대한 100(1-α)% 신뢰구간 :

$$(\overline{X} - \overline{Y}) \pm t\left(n_1 + n_2 - 2 ; \frac{\alpha}{2}\right) S_p \sqrt{\frac{1}{n_1} + \frac{1}{n_2}}$$

2) $\mu_1 - \mu_2$에 대한 가설검정

$$T = \frac{\overline{X} - \overline{Y}}{S_p \sqrt{\frac{1}{n_1} + \frac{1}{n_2}}}$$: 검정통계량

	귀무가설	대립가설	유의수준 α인 기각역
①	$H_0 : \mu_1 - \mu_2 = 0$	$H_1 : \mu_1 - \mu_2 \neq 0$	$\lvert T \rvert > t(n_1 + n_2 - 2;\alpha/2)$
②	$H_0 : \mu_1 - \mu_2 \leqq 0$	$H_1 : \mu_1 - \mu_2 > 0$	$T < t(n_1 + n_2 - 2;\alpha)$
③	$H_0 : \mu_1 - \mu_2 \geqq 0$	$H_1 : \mu_1 - \mu_2 < 0$	$T < -t(n_1 + n_2 - 2;\alpha)$

[CaseStudy 8.4a] 심장마비 후의 콜레스테롤 함유량 데이터에서 2일 후와 통제 집단 간의 함유량에 차가 있는지 알아보자.

독립표본 t-검정을 하기에 앞서 먼저 해야 할 검정이 등분산 검정이다. 즉 두 집단간의 모분산이 같은지를 검정하고 나서 2표본 t-검정을 실시해야 한다. 왜냐하면 모분산에 대해 등분산을 가정하는 경우와 아닌 경우의 T-검정통계량의 계산식이 달라지므로 이에 따른 p-값 역시 달라진다. 그러므로 Levene의 등분산 검정을 먼저 확인해 보자.

▶ Stat → Basic Statistics → 2 Variances...

[그림 8.4a] 등분산 검정 대화상자

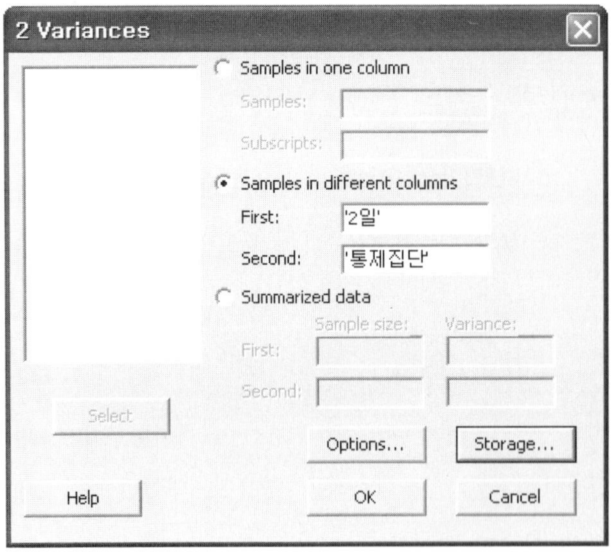

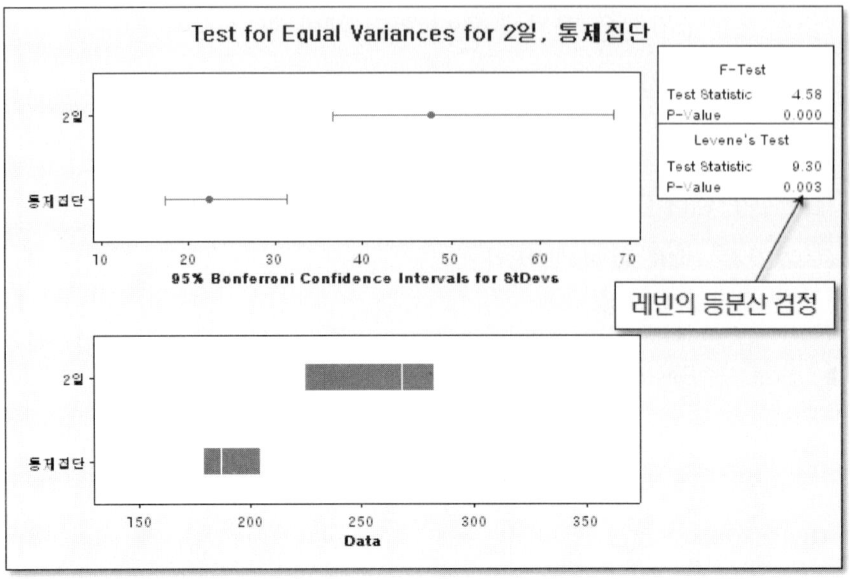

레빈의 등분산 검정의 p-값이 0.003이므로 유의수준 1%하에서 등분산이라는 귀무가설을 기각하게 된다. 그러므로 등분산을 가정할 수 없다.

이제 독립표본 t-검정을 실시해 보자.

▶ Stat → Basic Statistics → 2 - Sample t...

[그림 8.4b] 독립표본 t-test 대화상자

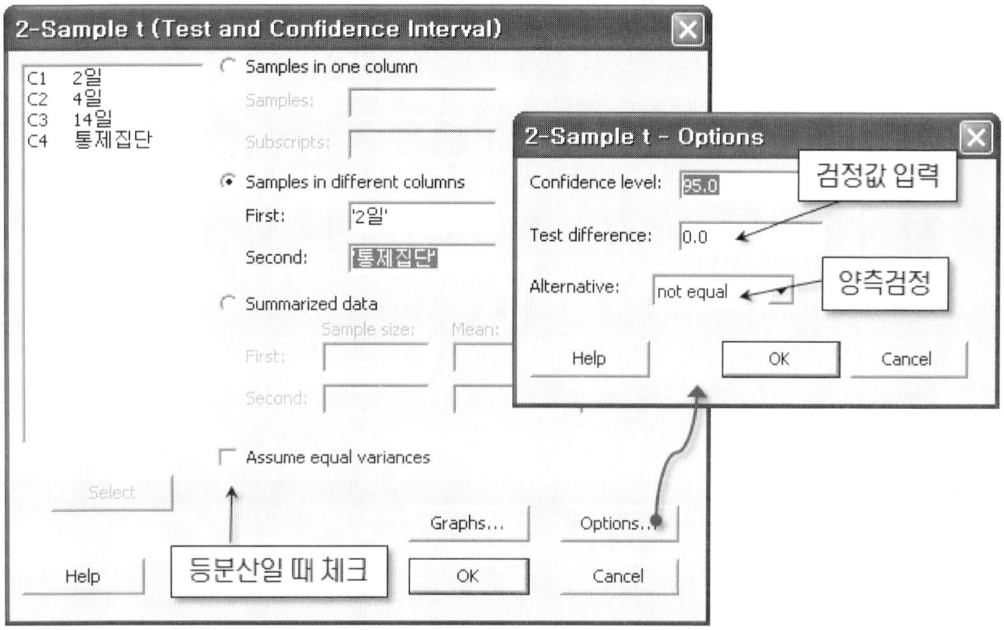

주) $\sigma_1^2 = \sigma_2^2$ 일 때 사용, Default 는 $\sigma_1^2 \neq \sigma_2^2$

```
Two-Sample T-Test and CI: 2일, 통제집단

Two-sample T for 2일 vs 통제집단

          N   Mean  StDev  SE Mean
2일       28  253.9   47.7      9.0
통제집단  30  193.1   22.3      4.1


Difference = mu (2일) - mu (통제집단)
Estimate for difference:  60.80
95% CI for difference:  (40.75, 80.84)
T-Test of difference = 0 (vs not =): T-Value = 6.15  P-Value = 0.000  DF = 37
```

p-value = 0.000 < 0.01이므로 유의수준 1%하에서 유의한 차이가 인정된다($\mu_1 \neq \mu_2$). 그러므로 평균의 차가 60.80으로 양수이고 2일-통제집단 이므로 2일후의 콜레스테롤 함유량의 평균이 60.80 정도 더 크게 나타났다. 검정결과 유의수준 1%에서 유의하므로 통제집단이 함유량이 작은 것으로 나타났다. 이에 따른

현실적인 의학적 판단을 내려야 한다. 그러나 이 결과는 이분산($\sigma_1^2 \neq \sigma_2^2$)을 가정하고 진행한 독립표본 t-검정의 결과이다.

이제 이 과정을 SixSigma Tools를 사용해서 확인해 보자.

[그림 8.4c]를 보면 등분산 검정의 결과 이분산으로 판단되었음을 알 수 있다. 그리고 이에 따른 평균차이 검정의 p-값은 '0.000'으로 유의수준 5%하에서 유의하며 이때 평균차가 60.79(처리-통제)로 통제집단보다 처리집단의 콜레스테롤 함유량이 더 큼을 알 수 있다. 이 상황을 점도표로 표시하여 신뢰구간으로 나타낸 시각화 도표를 봐도 쉽게 확인할 수 있다.

[그림 8.4c] 2일의 경우 통제집단과 처리집단간의 독립표본 t-test 결과

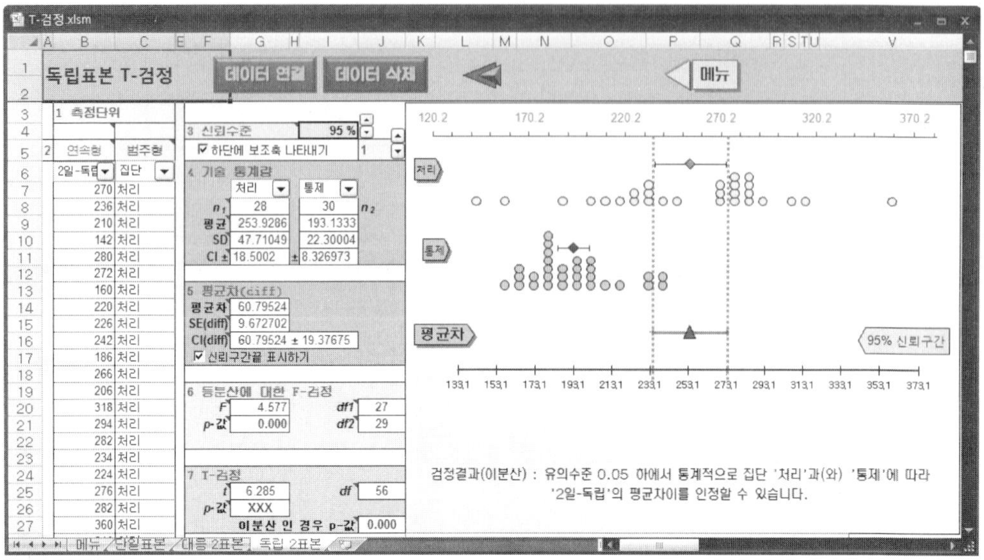

등분산을 가정할 수 있는 경우($\sigma_1^2 = \sigma_2^2 = \sigma^2$)의 예로 아래 [CaseStudy 8.3b] 시리얼 시장조사 데이터를 사용하여 학습해 보기로 한다.

[CaseStudy 8.4b] 시리얼 시장조사 데이터에서 맛에 대한 7점 척도 평가점수에 대해 성별간의 차이가 있는지 검정해 보자.(데이터: 시리얼시장조사.xlsx)

▶ Stat → Basic Statistics → 2 Variances...

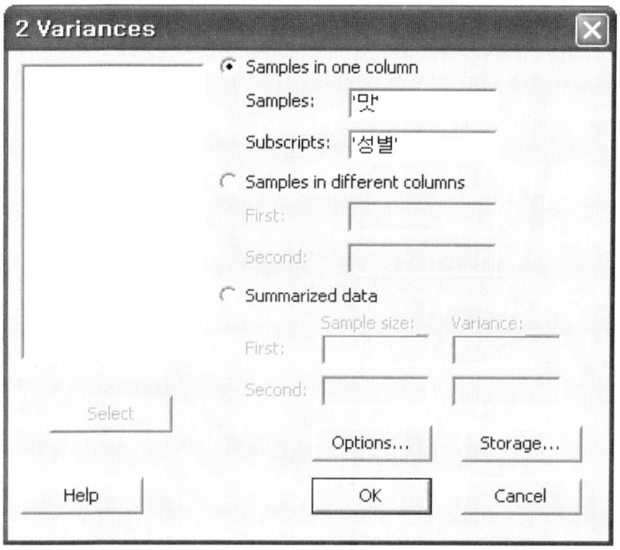

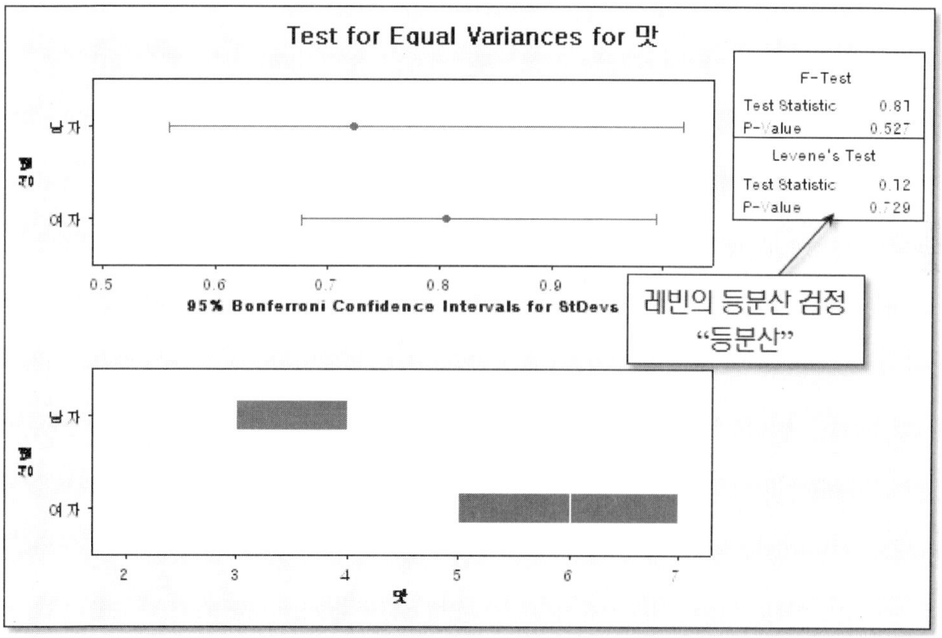

▶ Stat → Basic Statistics → 2 - Sample t...

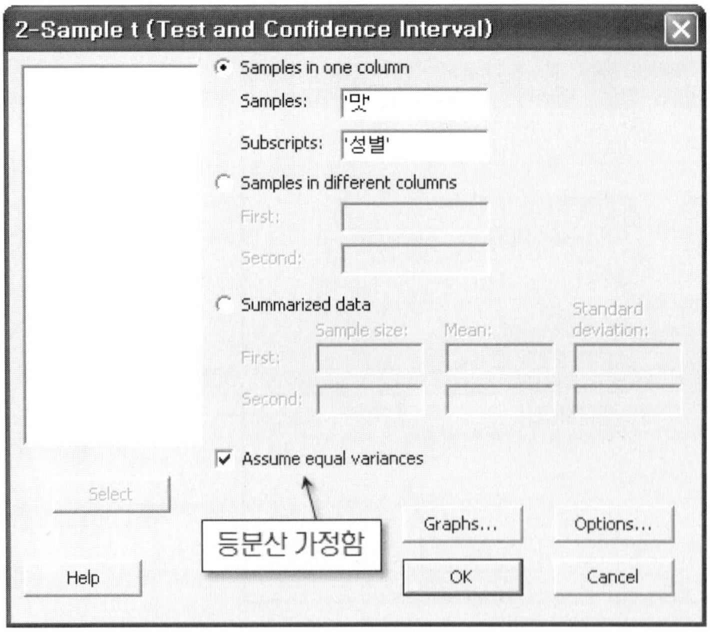

⇒ 등분산이므로 ☑ Assume equal variances를 체크하여 실행한다.

```
Two-Sample T-Test and CI: 맛, 성별

Two-sample T for 맛

성별  N   Mean  StDev  SE Mean
남자  30  3.400  0.724    0.13
여자  70  6.043  0.806   0.096


Difference = mu (남자) - mu (여자)
Estimate for difference:  -2.643
95% CI for difference:  (-2.982, -2.304)
T-Test of difference = 0 (vs not =): T-Value = -15.47  P-Value = 0.000  DF = 98
Both use Pooled StDev = 0.7829
```

등분산을 가정한 독립표본 t-검정의 결과 p-값이 0.000으로 유의수준 1%에서 유의함으로 맛에 대한 7점 평가 점수의 성별간의 모평균 차이가 인정된다. 평균차가 음수인 -2.643이므로 여자의 평가점수가 더 크다. 그러므로 시리얼에 대한 맛의 평가는 남성보다 여성이 더 긍정적인 평가를 내렸다고 할 수 있다.

아래 [그림 8.4c]는 각 설별에 따른 상자도표를 출력한 그림이다.

[그림 8.4c] 그래프 부대화상자와 상자도표

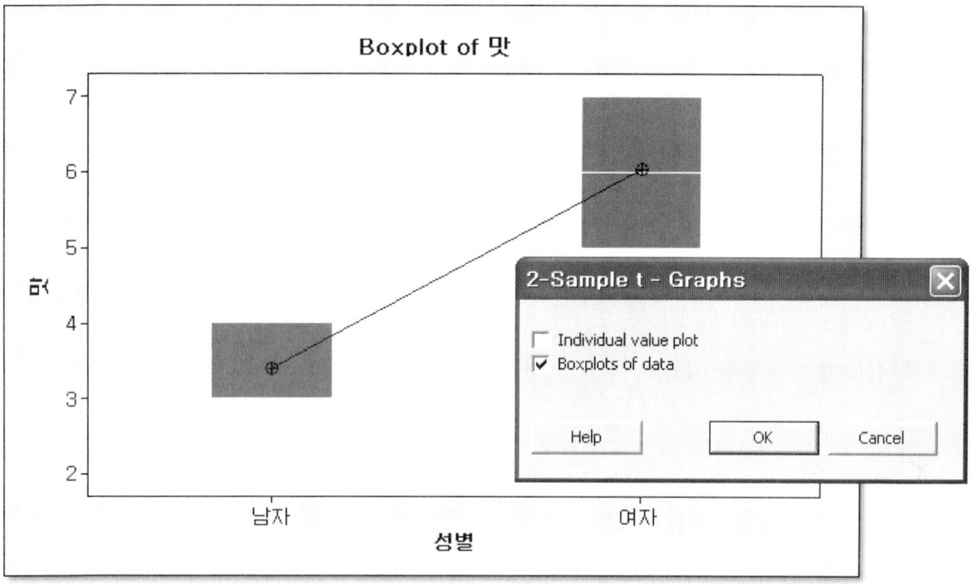

7점 척도의 스케일을 감안하면 남녀간의 차이가 크게 나타남을 시각적으로도 확인할 수 있다.

이제 이 과정을 SixSigma Tools를 사용해서 확인해 보자.

[그림 8.4d] 등분산 독립표본 T-검정

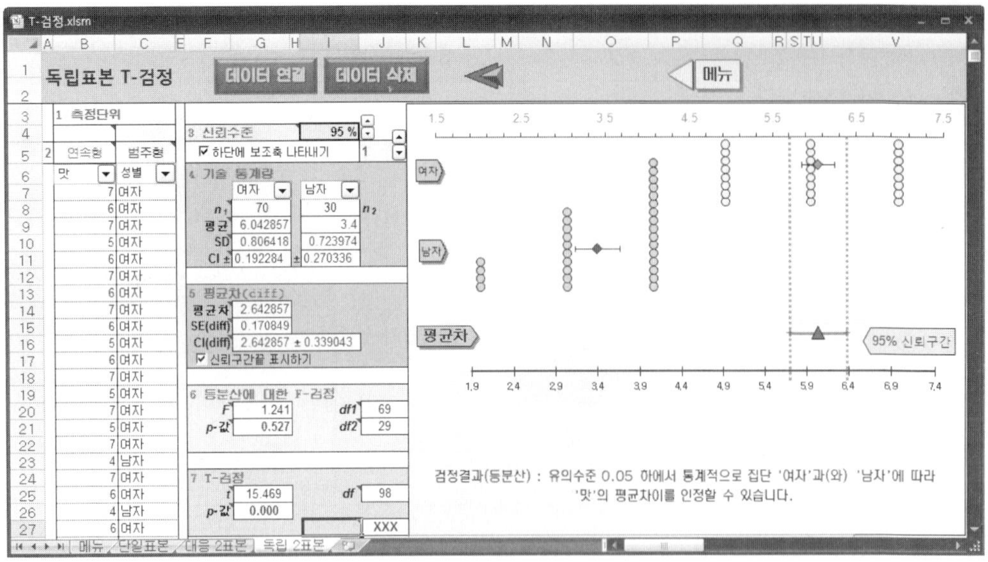

[그림 8.4d]를 보면 등분산 검정의 결과 등분산으로 판단되었음을 알 수 있다. 그리고 이에 따른 평균차이 검정의 p-값은 '0.000'으로 유의수준 5%하에서 유의하며 이때 평균차가 2.642857(여자-남자)로 맛에 대한 평가 점수가 여자가 남자보다 더 큼을 알 수 있다. 이 상황을 점도표로 표시하여 신뢰구간으로 나타낸 시각화 도표를 보면 두 신뢰구간이 상당히 멀리 떨어져 있는 것을 시각적으로 쉽게 확인할 수 있다. 시각화 도표 아래 검정결과를 문장으로 표현한 부분만을 읽어도 판단할 수 있으며 가설검정을 전혀 모르는 초보자라도 데이터 연결만 할 수 있다면 판단을 내릴 수 있도록 하였다.

8.5 두 모비율 차이 검정

$X_1, X_2, \cdots, X_n$이 성공확률이 p_1인 Bernoulli 분포로부터의 확률표본일 때 X_i들의 합은 다음과 같이 이항분포를 따르게 된다.

$$X = \sum_{i=1}^{n_1} X_i \quad \sim \; B(n_1, p_1)$$

$Y_1, Y_2, \cdots, Y_n$이 성공확률이 p_2인 Bernoulli 분포로부터의 확률표본일 때 역시 합인 Y도 이항분포를 따른다.

$$Y = \sum_{i=1}^{n_2} Y_i \quad \sim \; B(n_2, p_2)$$

1) n_1과 n_2가 충분히 클 때

$p_1 - p_2$ 에 대한 $100(1-\alpha)\%$ 근사 신뢰구간

$$\hat{p}_1 - \hat{p}_2 \pm z_{\frac{\alpha}{2}} \sqrt{\frac{\hat{p}_1(1-\hat{p}_1)}{n_1} + \frac{\hat{p}_2(1-\hat{p}_2)}{n_2}}$$

여기서 $\hat{p}_1 = \dfrac{X}{n_1}$, $\hat{p}_2 = \dfrac{Y}{n_2}$ 표본 성공률

2) $H_0: p_1 = p_2$를 검정하기 위한 검정통계량 (표본크기가 큰 경우)

$$Z = \frac{\hat{p}_1 - \hat{p}_2}{\sqrt{\hat{p}(1-\hat{p})}\sqrt{\dfrac{1}{n_1} + \dfrac{1}{n_2}}}$$

(H_0 하에서 근사적으로 $N(0, 1)$를 따름)

여기서 $\hat{p} = \dfrac{X+Y}{n_1 + n_2}$ (모비율의 합동 추정량)

[CaseStudy 8.5] 영어 교육에 있어서 종전대로 강의실에서 실시하는 방법과 시청각 자료를 충분히 사용하여 실시하는 방법을 비교하고자 하여 470명의 학생으로부터 200명을 랜덤 추출하여 시청각 자료에 의한 수업을 받도록 하였다. 나머지 270명에게는 종전대로 강의실 수업을 받게 하고 학기말에 이들 470명 전부에게 시험을 치른 결과 각 조에서 이 시험에 통과한 학생들의 수가 아래와 같았다.

	시청각자료에 의한 수업자	강의실 수업자
합 격	120	160
불 합 격	80	110
합 계	200	270

1) 합격자수 차에 대한 95% 신뢰구간을 구하고,

2) 시청각 자료에 의한 수업이 종전대로 강의실 수업 보다 합격률이 높다고 할 수 있는가? 유의수준 5%에서 검정해 보기로 한다.

▶ Stat → Basic Statistics → 2 Proportions...

[그림 8.5] 두 모비율 검정 대화상자

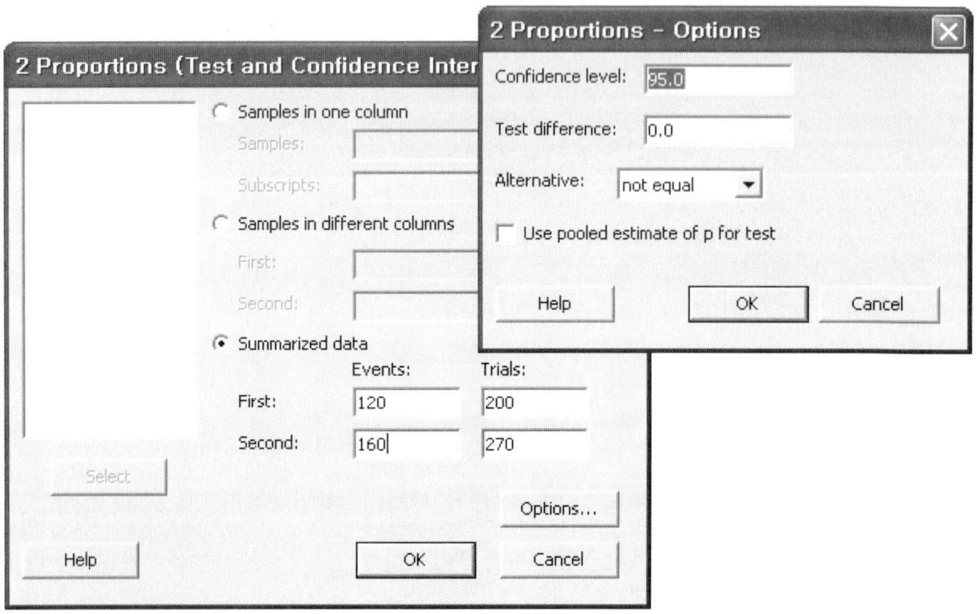

```
Test and CI for Two Proportions

Sample    X    N  Sample p
1       120  200  0.600000
2       160  270  0.592593


Difference = p (1) - p (2)
Estimate for difference:  0.00740741
95% CI for difference:  (-0.0822847, 0.0970995)
Test for difference = 0 (vs not = 0):  Z = 0.16  P-Value = 0.871

Fisher's exact test: P-Value = 0.924
```

P-Value = 0.871 > 0.05 이므로 유의수준 5%하에서 시청각 자료에 의한 수업과 강의실 수업의 합격률의 모비율 같다고 할 수 있다. 만일 시청각 자료로 수업을 해야 한다고 주장하는 사람들이 있다면 주장에 설득력을 실어 줄 통계적 결과가 엉망이 된 셈이다. 웃어야 될지 울어야 될지... ^_^ vs >_<

Introduction to
Behaviorally Statistical Data Analysis
using Minitab & SixSigma Tools for Excel

9

카이제곱검정

실험 또는 통계조사의 결과 나타난 관측값들이 어떤 속성(attribute)에 따라 몇 개의 범주로 분류되어 각 범주에 빈도가 주어지는 경우 이러한 자료를 범주형 자료(categorical data)라고 한다. 이러한 범주형 변수들을 요약하는 기본적인 방법은 빈도표나 교차표를 작성하는 것이다. 이렇게 작성된 표자체로도 유용한 정보를 보여주나 이러한 정보들이 통계적으로 유의한 정보인지는 모를 일이다. 그러므로 범주형 데이터에 관한 검정법을 소개하려고 한다. 이 장에서 사용하는 검정법은 카이제곱을 이용한 검정법으로 독립성 검정, 적합도 검정, 동일성 검정 등이다.

카이제곱(χ^2) 검정

① 독립성 검정 : 두 범주형 변수간의 연관관계를 파악하기 위하여 교차표를 작성한 후에 연관성의 유무를 검정하며 연관성이 존재하면 그 정도(strength)를 나타내는 결합도(measures of association)를 확인한다.

② 동질성 검정 : 두 이상의 다항분포가 동일한지 여부를 검정할 때 사용한다.

③ 적합도 검정 : 측정에서 얻은 데이터가 어떤 특정 분포를 따르는가를 알고자 할 경우에 실시한다.

실전에서는 독립성 검정이 더 유용하며 특히 연관성이 존재할 경우 그 연관성의 정도가 얼마나 되는지 나타내는 결합도를 잘 연습해두기 바란다. 그리고 이 결합도는 다른 용도로도 활용할 수 있으니 더욱 더 중요하다. 저자는 이 결합도를 활용하여 가중치를 부여하는 예로 사용하기도 한다. 분석은 많은 변수들을 포함하게 되고 이 많은 변수들이 다 중요하지는 않다 그리고 다 하찮은 변수인 것은 아니다 그러므로 이 많은 변수들 속에서 중요한 역할을 하는 변수를 찾는 것이 분석의 요점이기도 하다. 그럴 경우 결국 변수들의 중요도인 가중치를 계산해야 이 문제가 해결되는 경우가 대부분이다. 특히 범주형 변수들이 많은 경우는 이 결합도를 활용하여 문제를 해결한다. 매우 세련되고 기발한 방법이다. 여기에서는 기본 상항만을 연습하기로 한다.

9.1 독립성 검정

독립성 검정(independence test)은 어떤 모집단으로부터 랜덤추출된 표본이 두 가지 속성에 의해 범주로 분류될 경우에 두 범주형 변수간에 상호 연관성(association)이 있는가의 여부를 검정하는 방법이다. 예를 들어 폐암과 흡연 사이에 상호 관련성이 있는지의 여부, 연령과 정치적 성향 사이에 관계가 있는지, 체중과 혈압과의 관계가 있는지 등을 분석하고자 하는 경우 에 독립성 검정을 적용한다. 표본크기는 n이며 두 가지 범주형 변수 A, B에 의해 각각 r개와 c개의 범주로 분류될 때 랜덤추출된 표본은 어느 한 칸(cell)에 속하게 되며 아래와 같은 $r\times c$분할표($r\times c$ contingency table or crosstable)를 얻게 된다.

[표 9.1] $r \times c$ 교차표

A \ B	1	2	⋯	c	행의 합계
1	O_{11}	O_{12}	⋯	O_{1c}	$n_{1.}$
2	O_{21}	O_{22}	⋯	O_{2c}	$n_{2.}$
⋮	⋮	⋮	⋱	⋮	⋮
r	O_{r1}	O_{r2}	⋯	O_{rc}	$n_{r.}$
열의 합계	$n_{.1}$	$n_{.2}$	⋯	$n_{.c}$	n

9.1.1 가설

H_0 : 두 범주형 변수 A와 B간에 서로 독립이다.

H_1 : 두 범주형 변수 A와 B간에 서로 종속이다.

9.1.2 검정통계량

n이 충분히 클 때

$$\chi^2 = \sum_{i=1}^{r} \sum_{j=1}^{c} \frac{(O_{ij} - E_{ij})^2}{E_{ij}}$$

는 귀무가설 하에서 자유도가 $(r-1)(c-1)$인 χ^2 분포를 근사적으로 따른다. 여기서

$E_{ij} = \dfrac{n_{i.} \times n_{.j}}{n}$ 이다.

주) 일반적으로 각 범주의 기대빈도가 5이상 되어야 χ^2-검정통계량의 검정력이 신뢰할 만하며 5이하일 때는 검정력이 좋지 않기 때문에 인접한 범주들을 통합하여 조정한 다음 검정을 하거나 이것이 가능하지 않은 경우에는 몬테칼로 시뮬레이션을 활용하는 방법을 추천한다.

9.1.3 기각역

$$\chi^2 \geq \chi^2((r-1)(c-1);\alpha)$$

단, $\chi^2((r-1)(c-1);\alpha)$는 자유도가 $(r-1)(c-1)$인 χ^2 분포에서 상위 확률값이 α인 점을 나타낸다.

9.1.4 **독립성검정** CaseStudy

[CaseStudy 9.1] 어느 TV 프로그램의 반응을 서울과 기타 지역으로 구분하여 시청자들에게 문의한 결과 다음 [표 9.1a]와 같은 데이터를 얻었다. 이 데이터는 "TV 프로그램 반응.xlsx"에 저장하였다.

여기에서 우리가 관심이 있는 것은 두 변수 간의 독립 여부를 판단하는 것이다. 즉, 지역 간에 특정 TV 프로그램에 대한 반응이 차이가 있는지를 판단하는 것이다. 또한 두 변수가 독립이 아니라면 즉, 지역 간의 반응에 차이가 있다면, 얼마나 차이가 있는가를 측정하는 데 관심이 있을 것이다.

[표 9.1a] 특정 TV 프로그램의 반응 데이터

응답자	지역	반응
1	서울	나쁘다
2	기타	나쁘다
3	서울	좋 다
4	서울	나쁘다
5	기타	좋 다
6	기타	좋 다
7	서울	나쁘다
8	기타	좋 다
9	기타	나쁘다
⋮	⋮	⋮

카이제곱검정을 수행하려면 주메뉴에서

▶ Stat → Tables → Cross Tabulation and Chi-square...

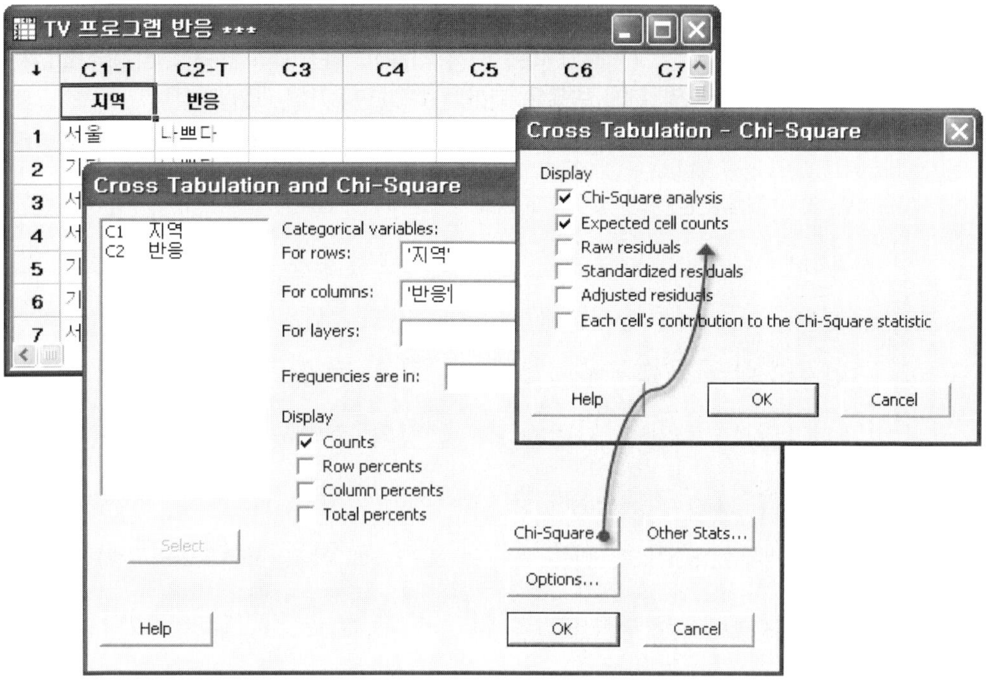


```
Tabulated statistics: 지역, 반응

Rows: 지역    Columns: 반응

        나쁘다   좋다     All

기타        11      44      55
         25.30   29.70   55.00

서울        35      10      45
         20.70   24.30   45.00

All         46      54     100
         46.00   54.00  100.00

Cell Contents:      Count
                    Expected count

Pearson Chi-Square = 33.262, DF = 1, P-Value = 0.000
Likelihood Ratio Chi-Square = 35.271, DF = 1, P-Value = 0.000
```

교차표를 보면 서울 지역에서는 **'나쁘다'**는 의견이 35개 케이스, 기타 지역은 **'좋다'**는 의견이 44개 케이스로 서로 반대 의견을 보이고 있다.

위의 문제를 검정하기 위한 가설은 다음과 같다.

H_0 : 지역 간에 반응은 차이가 없다(영가설, 귀무가설).
(서울 지역의 긍정 비율과 기타 지역의 긍정 비율은 같다)
H_1 : 지역 간에 반응은 차이가 있다(연구가설, 대립가설).
(서울 지역의 긍정 비율과 기타 지역의 긍정 비율은 다르다)

카이제곱 통계량은 기대빈도가 5개 미만인 셀의 수가 전체 셀의 수에서 약 20% 이상 넘으면 검정력이 급격히 떨어져 검정통계량으로서의 역할을 다하지 못한다. 즉, 검정결과를 신뢰할 수 없으므로 먼저 기대빈도가 5개 미만인 셀의 비율이 얼마나 되는지를 확인해야 한다. 기대빈도를 보면 5개 미만인 경우가 하나도 없으므로(0%) 카이제곱 통계량의 유의확률을 보고 검정해도 무방하다.

변수 지역과 변수 반응의 독립성을 검정하기 위한 Pearson 카이제곱 통계량이 χ^2 =33.262이고, 귀무가설 분포는 $\chi^2_{(1)}$이고 **점근유의확률**이 0.000이므로 유의수준 α=0.05 하에서 독립성의 가설인 H_0을 기각할 수 있다. 즉, 지역 간에 특정 TV 프로그램에 대한 반응은 차이가 있다.

9.1.5 결합도

앞의 검정에서 지역 간의 반응이 차이가 있다고 판단하였다. 그러면 우리의 다음 관심사는 지역 간의 반응의 차이가 얼마나 있는가를 측정하는 것이다.

결합도를 측정하는 데는 칼 피어슨의 분할계수 C(contingency coefficient), 크레머의 V, 굿만과 크루스칼의 람다(LAMBDA), 감마(GAMMA), 쏨머스의 D, 켄달의 타우(BTAU, CTAU) 등이 있다. 이중에서 C와 V 등은 행태적 해석(operational interpretation)의 어려움이 있고 타우는 몇 가지 기술적인 문제점으로 근래에는 자주 사용하지 않고,

명목 데이터인 경우: **람다**(LAMBDA)

서열 데이터인 경우: **감마**(GAMMA), **쏨머스** D

등의 통계량을 많이 사용한다.

일반적으로 결합도(measures of association)는

두 개의 변수가 명목 데이터일 경우

$0 \le$ 결합도 ≤ 1

결합도=0: 두 개의 변수가 통계적으로 독립일 때

결합도=1: 두 개의 변수가 완전 의존적일 때

두 개의 변수가 서열 데이터일 경우

$-1 \le$ 결합도 ≤ 1

결합도= 0: 두 개의 변수가 통계적으로 독립일 때

결합도=+1: 두 개의 변수가 같은 방향으로 완전 의존적일 때

결합도=−1: 두 개의 변수가 반대 방향으로 완전 의존적일 때

이다. 또한 두 변수 간에 시간적 우선이 존재하거나, 인과관계의 방향이 존재하는 경우를 비대칭적(asymmetric) 관계라 하고, 시간적 우선이나 인과관계의 방향이 존재하지 않는 경우를 대칭적(symmetric) 관계라고 한다.

[그림 9.1a] 굿만과 크루스칼의 람다와 타우 지정

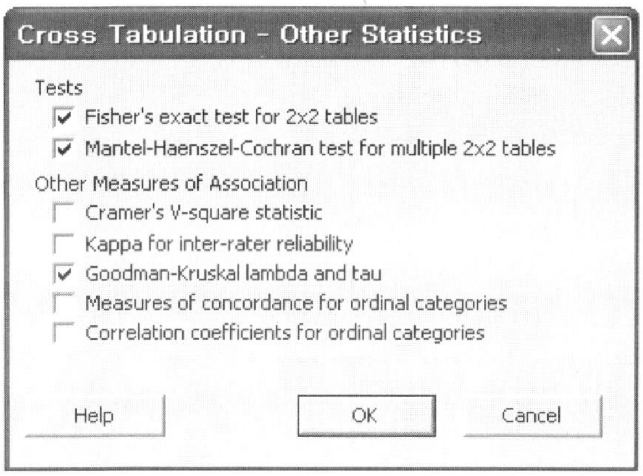

```
Fisher's exact test: P-Value =  0.0000000

Goodman - Kruskal

Dependent
variable     Lambda        Tau
지역        0.533333  0.332618
반응        0.543478  0.332618

Results for all 2x2 tables

Common odds ratio  0.0714286

MHC statistic  DF    P-Value
      30.6667   1  0.0000000
```

두 변수 모두 명목 데이터이고, 시간적 우선이 존재하므로(지역이 먼저 정해지고 반응이 나타남) 두 변수는 비대칭적이므로 반응이 종속변수로 취급되어야 하므로 결합도 람다는 0.543478이다. 만일 대칭적 관계로 볼 경우는 비대칭 결합도의 합을 평균한 (0.5333+0.5435)/2=0.5384를 대칭 결합도로 사용한다.

[그림 9.1b] 서열척도 인 경우 결합도(쏨머스 D) 지정

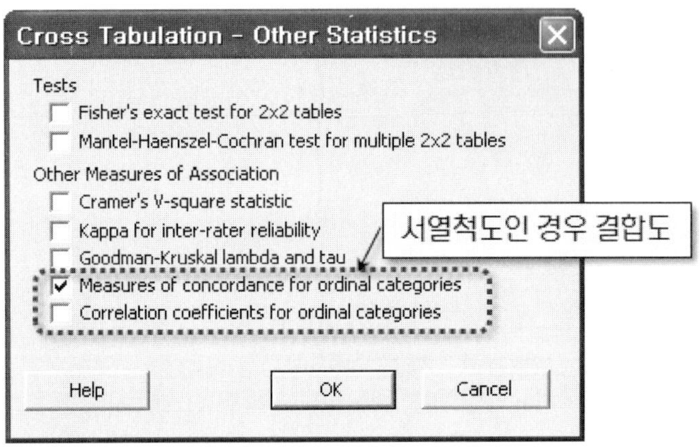

```
Measures of Concordance for Ordinal Categories

Pairs        Number  Summary Measures
Concordant      110  Somers' D (지역 dependent)      -0.575684
Discordant     1540  Somers' D (반응 dependent)      -0.577778
Ties           3300  Goodman and Kruskal's Gamma   -0.866667
Total          4950  Kendall's Tau-b               -0.576730

Test of Concordance: P-Value = 1.00000
```

또한 지역인 명목 데이터는 서열적 의미를 강제로 부여하면 서열 데이터로 취급할 수 있으므로 Somers의 D는 −0.577778로 음의 결합도를 갖는다. 즉, 서울에서 기타 지역으로 갈수록(↓) 부정적 반응에서 긍정적 반응으로(←) 변하고 있음을 알 수 있다. 음의 결합도는 한 변수의 변수값이 커지면 다른 변수는 작아지는 방향으로 해석하면 된다. 이와는 반대로 양의 결합도는 두 변수가 동일하게 커지면 커지고 작아지면 작아지는 방향으로 해석한다. 그리고 절대값의 크기는 상대적인 비교의 대상이 있을 때 결합의 방향성의 강함 정도로 해석한다. 그리고 Gamma 계수와 Tau-b는 대칭적일 때 사용하므로 여기에서는 데이터의 내용상 적용할 수 없다.

9.2 동질성 검정

동질성검정(homogeneity test)은 r개의 부모집단(subpopulation)으로부터 미리 정하여진 크기의 표본을 랜덤추출한다. 그러므로 아래 표에서 행의 합계 $n_1, n_2, \cdots, n_r$는 확률변수가 아닌 고정된 상수가 된다. 한편, 독립성검정에서는 전체 표본크기 n은 미리 정하여져 있고 관측빈도 O_{ij}가 확률변수가 된다는 점에서 동질성검정의 데이터 구조와 다르다.

[표 9.2] 동질성 검정의 데이터 구조

부모집단	범주 1 2 $\cdots$ c	표본크기
1	O_{11} O_{12} $\cdots$ O_{1c}	$n_{1.}$
2	O_{21} O_{22} $\cdots$ O_{2c}	$n_{2.}$
$\vdots$	$\vdots$ $\vdots$ $\ddots$ $\vdots$	$\vdots$
r	O_{r1} O_{r2} $\cdots$ O_{rc}	$n_{r.}$

9.2.1 가설

표본이 j번째 다항분포 모집단으로부터 추출되고 또한 i번째 속성에 소속될 확률을 p_{ij}라고 하자. 그러면 가설은 다음과 같이 설정된다.

H_0 : 각 범주 j에 대해 $p_{1j} = p_{2j} = \cdots = p_{ij}$ $(j = 1, 2, \cdots, c)$

H_1 : H_0가 아니다.

여기서, p_{ij}는 i번째 부모집단에서 범주 j의 모비율이고, $p_{i1} + p_{i2} + \cdots + p_{ic} = 1$이다.

9.2.2 검정통계량

검정통계량

$$\chi^2 = \sum_{i=1}^{r}\sum_{j=1}^{c}\frac{(O_{ij} - E_{ij})^2}{E_{ij}}$$

는 n이 충분히 클 때 귀무가설하에서 자유도가 $(r-1)(c-1)$인 χ^2분포를 따른다. 여기서

$$E_{ij}=\frac{n_{i.}\times n_{.j}}{n}\quad, i=1,2,\cdots,r\quad, j=1,2,\cdots,c$$

$$n_{i.}=\sum_{j=1}^{c}O_{ij}\quad, i=1,2,\cdots,r$$

$$n_{.j}=\sum_{j=1}^{r}O_{ij}\quad, j=1,2,\cdots,c$$

$$n=\sum_{i=1}^{r}\sum_{j=1}^{c}O_{ij}$$

9.2.3 기각역

$\chi^2 \geqq \chi^2((r-1)(c-1);\alpha)$

단, $\chi^2((r-1)(c-1);\alpha)$는 자유도가 $(r-1)(c-1)$인 χ^2분포에서 상위 확률값이 α인 점을 나타낸다.

9.2.4 동질성 검점 CaseStudy

어느 광고회사에서 5종의 광고유형에 대해 성별에 따라 선호도가 다른지를 조사하기 위해 랜덤하게 추출하여 가장 선호하는 광고 유형을 기록하게 하였다. 그 결과 다음 표와 같다.

성별	광고유형					계
	A	B	C	D	E	
남	29	52	26	17	6	130
여	6	75	98	62	9	250

성별에 따라 광고 선호비율이 다르다고 할 수 있는지 유의수준

0.05에서 검정해 보자.

☞ Stat → Tables → Chi-square Test(Two-Way Table in Worksheet)...

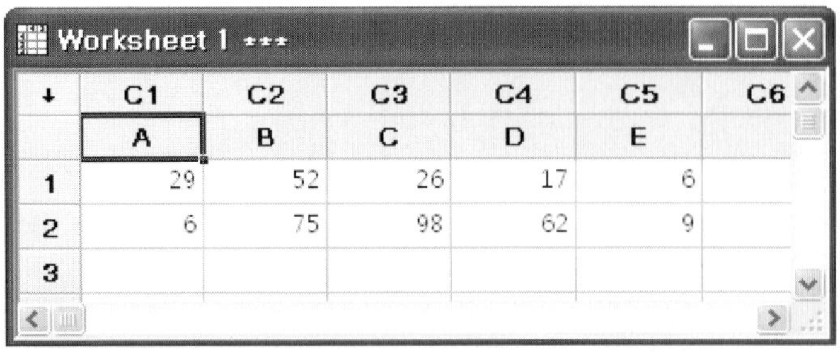

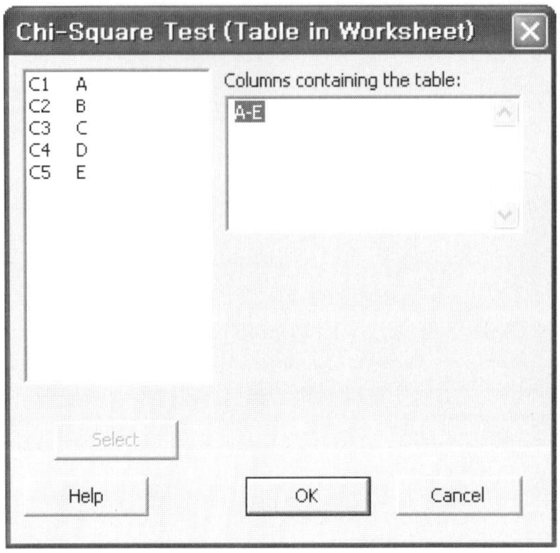

```
Chi-Square Test: A, B, C, D, E

Expected counts are printed below observed counts
Chi-Square contributions are printed below expected counts

            A       B       C       D       E  Total
    1      29      52      26      17       6    130
        11.97   43.45   42.42   27.03    5.13
       24.211   1.684   6.357   3.720   0.147

    2       6      75      98      62       9    250
        23.03   83.55   81.58   51.97    9.87
       12.590   0.875   3.305   1.934   0.076

Total      35     127     124      79      15    380

Chi-Sq = 54.899, DF = 4, P-Value = 0.000
```

가설은 다음과 같이 설정된다.

H_0 : 성별에 관계없이 광고 선호비율이 동일하다.

H_1 : H_0가 아니다.

각 셀의 3번째 값들을 다 더하면 카이제곱 값이 된다. 즉 카이제곱값은 다음과 같이 계산된다.

$$24.211+1.684+6.357+\cdots+0.076=54.899$$

P-Value 값이 0.000으로 유의수준 0.05보다 작으므로 H_0를 기각하게 된다. 즉, 성별에 따라 선호비율이 다르다고 말할 수 있다. 이제 분석을 마무리하기 위하여 각 광고유형별로 남자가 더 비율이 큰지 여자가 큰지를 결정해 보기 바란다. 그런데 여기에서 귀무가설이 기각되었다고 해서 모든 광고유형에서 성별에 따라 선호비율이 다르다는 것은 아니다. 선호비율이 같은 광고 유형도 있을 것이고 다른 유형도 있을 것이다. 즉 5종류 중에 어느 하나라도 성별에 다라 모 비율이 다르다면 귀무가설을 기각하게 된다.

데이터를 다음과 같이 입력한 경우는 메뉴도 다르게 접근해야 한다.

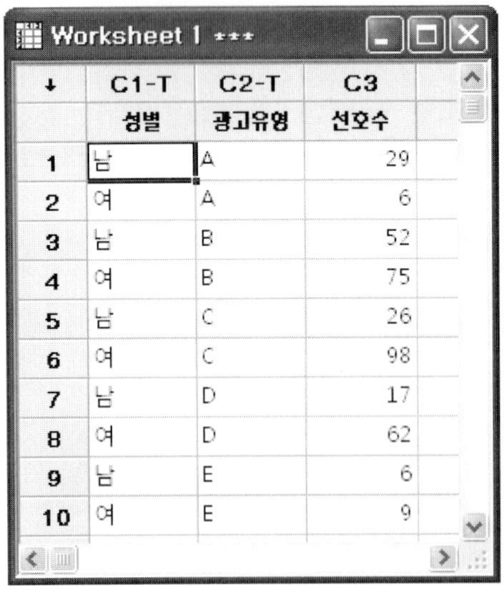

▶ Stat → Tables → Cross Tabulation and Chi-square...

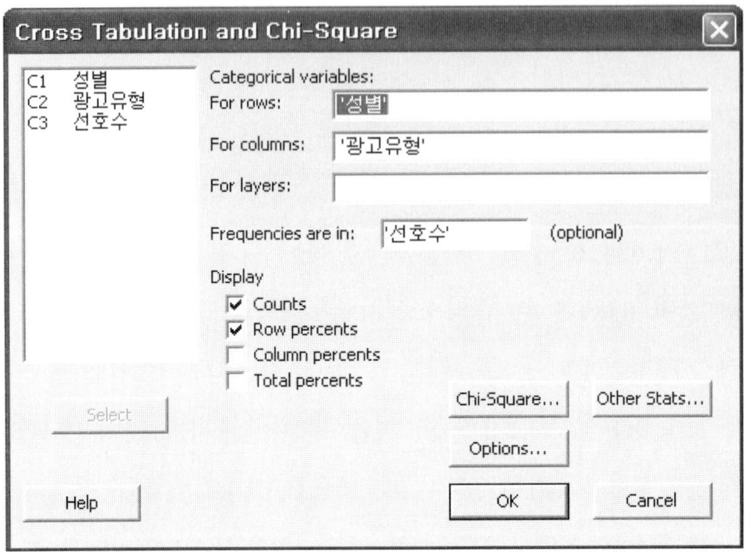

```
Tabulated statistics: 성별, 광고유형

Using frequencies in 선호수


Rows: 성별   Columns: 광고유형

             A       B       C       D       E     All

남          29      52      26      17       6     130
         22.31   40.00   20.00   13.08    4.62  100.00
         11.97   43.45   42.42   27.03    5.13  130.00

여           6      75      98      62       9     250
          2.40   30.00   39.20   24.80    3.60  100.00
         23.03   83.55   81.58   51.97    9.87  250.00

All         35     127     124      79      15     380
          9.21   33.42   32.63   20.79    3.95  100.00
         35.00  127.00  124.00   79.00   15.00  380.00

Cell Contents:      Count
                    % of Row
                    Expected count


Pearson Chi-Square = 54.899, DF = 4, P-Value = 0.000
Likelihood Ratio Chi-Square = 54.475, DF = 4, P-Value = 0.000
```

9.3 카이제곱 적합도 검정

관측값들이 몇 개의 범주로 분류되어 관측빈도가 주어졌을 때 그 표본 데이터가 어떤 특정 모형에 잘 적합하는가를 검정하는 것을 피어슨의 카이제곱 적합도 검정(Pearson's χ^2 goodness-of-fit test)이라 한다.

9.3.1 데이터 구조

범 주	$1 \quad 2 \quad \cdots \quad k$	합 계
관측빈도	$O_1 \quad O_2 \quad \cdots \quad O_k$	n

9.3.2 가설

H_0 : 각각의 범주에 속할 확률은 $(p_{10}, \cdots, p_{k0})$이다.

즉 $p_1 = p_{10}, \cdots, p_k = p_{k0}$로 표현된다.

H_1 : H_0이 사실이 아니다.

여기서 p_{i0}는 i번째 범주에 속할 주어진 확률이다.

9.3.3 검정통계량

$$\chi^2 = \sum_{i=1}^{k} \frac{(O_i - E_i)^2}{E_i} = \sum_{i=1}^{k} \frac{(O_i - np_{i0})^2}{np_{i0}}$$

는 표본의 크기 n이 충분히 클 때 귀무가설 H_0하에서 $k-1$인 χ^2분포를 근사적으로 따른다. 여기서 $E_i = np_{i0}$는 귀무가설하에서 i번째 범주의 기대빈도가 된다.

9.3.4 기각역

χ^2값이 크면 클수록 귀무가설을 기각하게 된다. 즉, 기각역의 형태는 $\chi^2 \geq \chi^2(k-1;\alpha)$이다. 여기서 $\chi^2(k-1;\alpha)$는 자유도가 $k-1$인 χ^2분포 에

서 상위 확률값이 α 인 점을 나타낸다.

9.3.5 적합도 검정 CaseStudy

TV 프로그램의 반응 데이터에서 반응 변수에 대한 평가의 모비율이 같은지를 검정해 보자. 가설은 다음과 같이 설정된다.

H_0 : 각각의 범주에 속할 확률은 $(0.5, 0.5)$ 이다. 즉, $p_1 = 0.5, p_k = 0.5$ 이다.

H_1 : H_0 이 사실이 아니다.

▶ Stat → Tables → Chi-square Goodness-of-Fit Test(One Variable)...

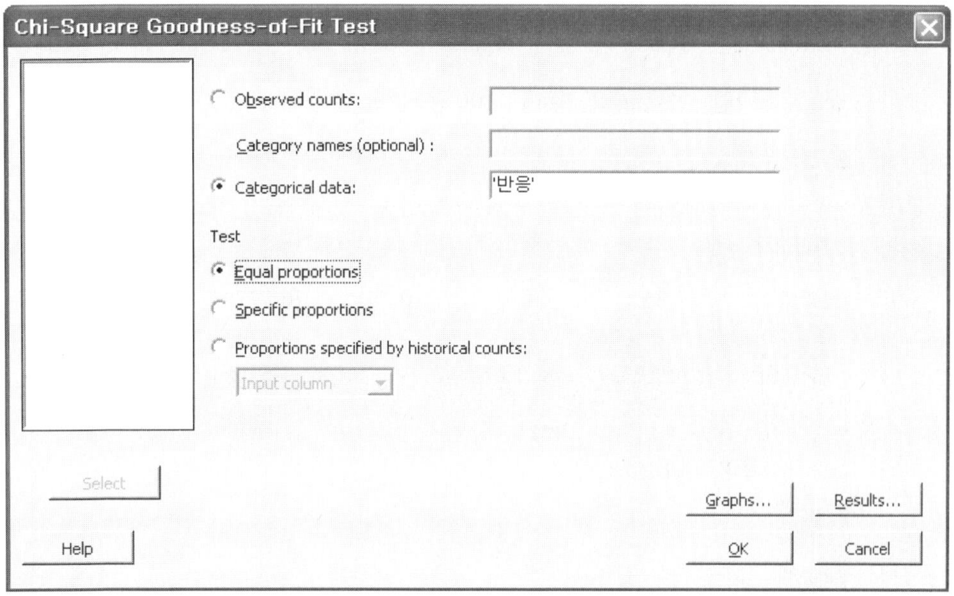

```
Chi-Square Goodness-of-Fit Test for Categorical Variable: 반응

                            Test              Contribution
Category  Observed    Proportion   Expected    to Chi-Sq
나쁘다          46           0.5         50         0.32
좋다            54           0.5         50         0.32


  N  N*  DF  Chi-Sq  P-Value
100   0   1    0.64    0.424
```

p-값이 0.424로 유의수준 5%하에서 귀무가설을 채택하게 된다. 그러므로 '좋다', '나쁘다'의 프로그램 평가의 모비율은 '0.5'로 같다고 할 수 있다.

다음 예는 100명의 남성에게 5종의 광고를 보게 한 후에 제일 마음에 드는 광고 하나를 선택하게 했다. 100명의 응답자의 5종의 광고에 대한 응답수가 같은지 유의수준 5%로 검정해 보기로 한다.

광고종류	A	B	C	D	E
응답수	35	20	10	20	15

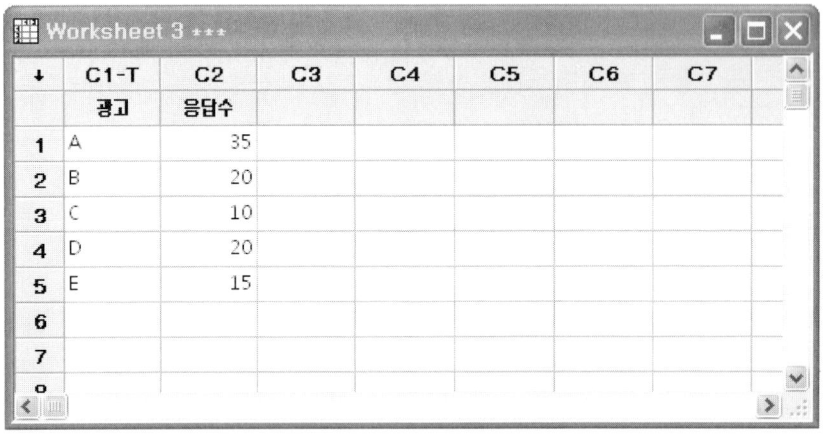

▶ Stat → Tables → Chi-square Goodness-of-Fit Test(One Variable)...

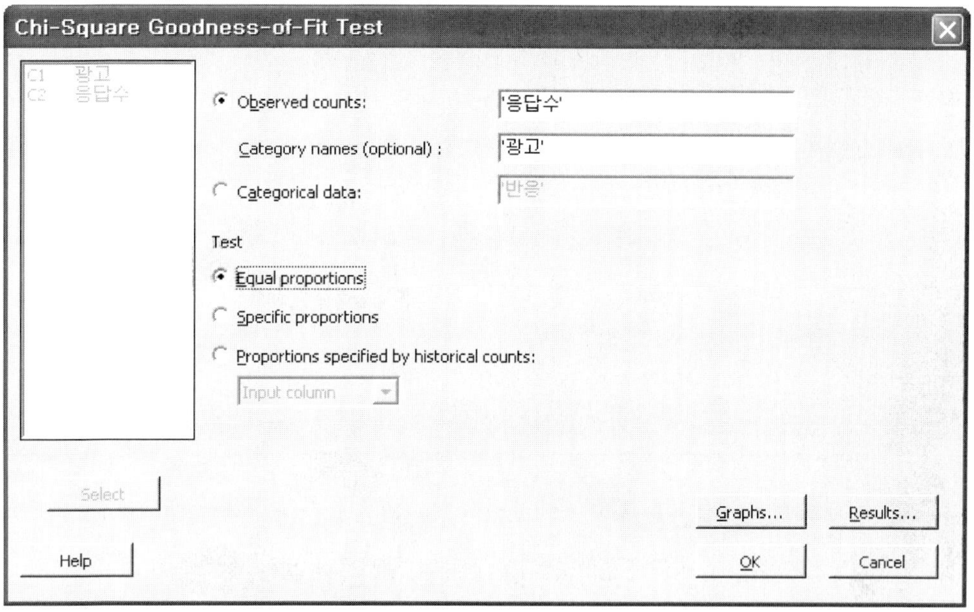
Chi-Square Goodness-of-Fit Test
C1 광고
C2 응답수
Observed counts:
'응답수'
Category names (optional) :
'광고'
Categorical data:
'반응'
Test
Equal proportions
Specific proportions
Proportions specified by historical counts:
Input column
Select
Help
Graphs...
Results...
OK
Cancel

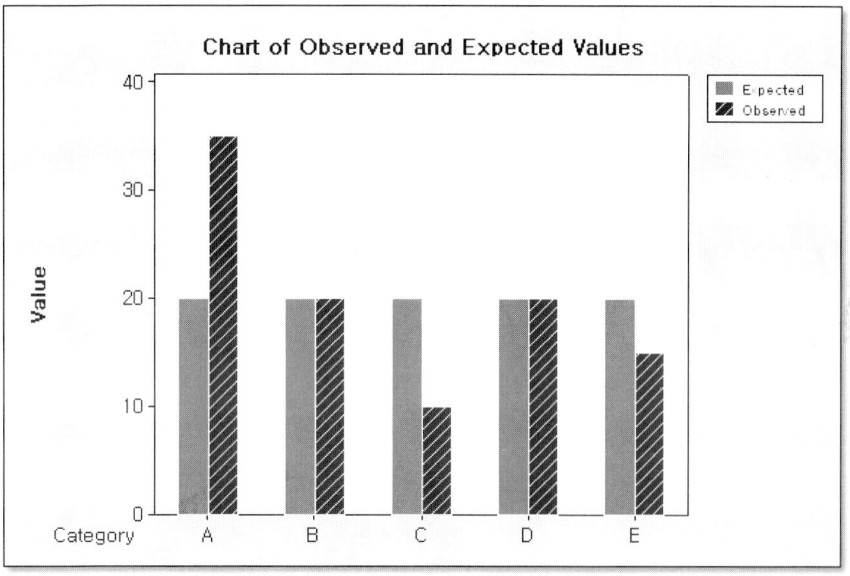
Chart of Observed and Expected Values
Expected
Observed
Value
40
30
20
10
0
Category
A
B
C
D
E

```
Chi-Square Goodness-of-Fit Test for Observed Counts in Variable: 응답수

Using category names in 광고


                            Test               Contribution
Category  Observed  Proportion  Expected        to Chi-Sq
A               35         0.2        20            11.25
B               20         0.2        20             0.00
C               10         0.2        20             5.00
D               20         0.2        20             0.00
E               15         0.2        20             1.25


  N  DF  Chi-Sq  P-Value
100   4    17.5    0.002
```

가설은 다음과 같이 설정된다.

H_0 : 각의 5종의 광고를 선택할 모비율이 같다

H_1 : H_0이 사실이 아니다.

출력결과에서 p-값이 0.002로 유의수준 5%하에서 귀무가설을 기각하게 된다. 그러므로 각 광고의 선호비율이 0.2로 동일하지는 않다. 그러므로 어느 광고를 더 선호하는 지를 밝혀야 한다. 그래프를 보면 각 기대빈도와 관측빈도를 나타내고 있으며 여기에서 기대빈도를 초과하는 관측빈도는 광고 'A'로 가장 비율이 크므로 'A'를 가장 선호한다고 판단할 수 있다.

9.4 기타 Training 예제

다음의 Training은 각자 훈련용으로 연습해 보기 바란다.

[Training 9.4a] 어느 제약회사에서 고객들이 어떤 종류의 약을 선호하는지를 알기 위해 설문조사를 실시하여 다음과 같은 결과를 얻었다. 먹는 약의 종류의 선호도와 나이가 독립인지 여부를 유의수준 5%에서 검정해 보시라.

나이 \ 먹는 약의 종류	캡 슐 형	정 제 형	계
20세 이상 30세 미만	38	79	117
30세 이상 50세 미만	87	118	205
50세 이상	78	89	167
계	203	286	489

[Training 9.4b] 어느 사회학자가 도시에 따라 발생하는 범죄의 형태가 다른지 여부를 알아 보기위해 조사한 결과 다음과 같은 표를 얻었다. 도시에 따라 발생하는 범죄의 형태가 다른지 유의수준 5%에서 검정해 보시라.

도시 \ 범죄의 종류	강도·살인	폭력·절도	기 타	계
갑	87	112	102	301
을	77	184	98	359
병	48	131	82	261
계	212	427	282	921

[Training 9.4c] 다음 표는 1979년에 폭포에서 사고로 사망한 월 별 사망자 수이다.

Month	Number of Deaths from Falls
Jan	1150
Feb	1034
Mar	1080
Apr	1126
May	1142
Jun	1100
Jul	1112
Aug	1099
Sep	1114
Oct	1079
Nov	999
Dec	1181
Tatal	13216

12개월 동안 폭포에서 사고로 사망한 사망자 수가 월별로 동일한가를 카이제곱 적합도 검정을 하라.

[Training 9.4d] 한 자동차 보험 회사에서 자동차사고의 발생시간대에 따라 발생횟수가 달라지는지 알아보기 위해 몇 달 동안의 자료를 모아 다음과 같은 결과를 얻었다.

발생시간	사 고 발 생 횟 수			
	0 ~ 10회	11 ~ 20회	21 ~ 40회	40회 이상
0시 ~ 6시	12	5	3	0
6시 ~ 9시	28	19	17	4
9시 ~ 오후 3시	22	16	10	3
오후3시 ~ 오후7시	32	19	11	2
오후7시 ~ 오후12시	15	10	6	1

1) 사고발생횟수는 사고발행 시간대와는 무관한지 유의수준을 5%에서 검정해 보라.
2) 두 범주형 변수간의 연관성의 유무를 파악하고 결합도를 계산해 보고 해석해 보라.

분산분석 : ANOVA

10.1 서론

비료 종류에 따른 수확량의 비교 또는 약품의 종류에 따른 치료기간의 비교 등에 대해 관심을 가질 수 있다. 비료종류에 따라 수확량이 모두 같다고 판단할 수 있는지 또는 어느 종류의 비료가 제일 많은 수확량을 생산할 수 있는지를 판단하기는 힘들다. 비료종류 뿐만 아니라 농지의 상태 등 복합적인 상황에 따라 수확량이 달라지기 때문이다.

이러한 문제에서는 일반적으로 실험을 계획하고 실험을 실시한 후에 얻은 자료를 기초로 하여 문제를 분석하게 된다. 따라서 실험의 목적을 달성하기 위해서는 실험을 실시하기 전에 철저한 계획을 세워야 한다. 실험계획법(design of experiments: DOE)은 실험을 실시하는데 필요한 제반 계획을 세우는 방법을 연구하는 분야이다. 즉, 어떻게 실험을 실시하고, 자료를 어떻게 얻으며, 이 자료를 어떤 통계적 방법으로 분석하여 최소의 비용으로 최대의 정밀한 정보를 얻을 수 있는가를 연구하는 것, 즉 이는 최소의 실험수로 최대의 정보를 얻는 것과 같은 의미이다.

실험계획법에서 다루는 문제의 예 :

(1) 시멘트를 배합할 때 사용되는 네 가지 방법 중에서 어떤 방법으로 배합한 시멘트가 가장 강도가 높은가를 알고자 할 때, 각각의 방법에 대해 몇 개의 시료를 만들어서 강도를 측정해 보아야 할 것이다.

(2) 5종류의 절단기로 4종류의 금속을 자르도록 한 다음에, 절단속도가 절단기 또는 금속에 따라 다른지를 조사한다.

실험계획법에서 흔히 사용되는 용어의 정의 :

(1) 요인(factor) : 특성치에 영향을 미치는 것으로 생각되는 여러 원인들 가운데 실험에 직접 취급되는 원인

(2) 요인수준(factor level) : 실험을 하기 위한 요인의 조건

(3) 처리(treatment) : 여러 개의 인자에 대한 각 인자수준들의 조합

예를 들어 어떤 실험에서 다음과 같이 세 개의 인자(온도, 촉매량, 원료의 종류)를 고려하는 경우를 생각해 보자.

온도 -> 100℃, 120℃, 140℃ : 3수준

촉매량 -> 2%, 4%, 6%, 8% : 4수준

원료의 종류 -> C1, C2 : 2수준

'온도 100°C, 촉매량 2%, 원료의 종류 C1'이라는 세 인자수준의 조합이 하나의 처리가 된다. 이 경우 가능한 처리의 수는 $3\times4\times2=24$가 된다. 인자가 하나인 경우는 그 인자의 수준들이 처리가 된다.

실험계획법의 순서 :

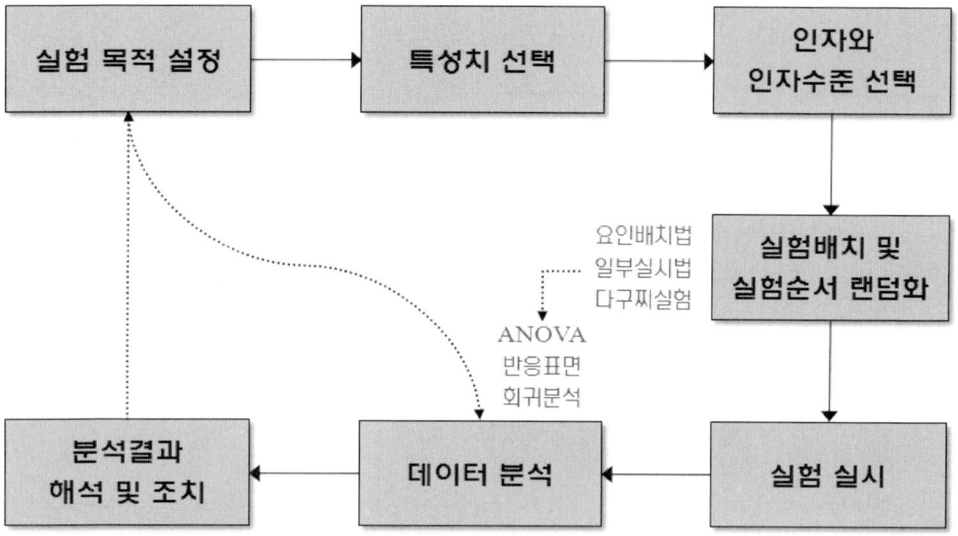

분산분석(analysis of variance : ANOVA) :

실험계획법에서 가장 흔히 사용되는 분석방법으로서 특성값의 분산 또는 산포를 분석하여 각 수준별 조합인 처리(treatments)간의 평균의 차의 유무를 검정하는 방법이다. 즉, 특성값의 산포를 제곱합(sum of squares)으로 나타내고, 이 제곱합을 실험에 관련된 요인별로 분해하여, 순수한 오차(error)에 의한 영향보다 큰 영향을 주는 요인이 어떤 것인가를 규명하는 분석방법이다.

10.2 1인자 분산분석 (일원배치법)

인자 : A

인자수준 : A_1 , A_2 , $\cdots$, A_l => treatments (처리)

[표 10.2] 일원배치법의 데이터 구조

	A_1	A_2	$\cdots$	A_l	
	x_{11}	x_{21}	$\cdots$	x_{l1}	
	x_{12}	x_{22}	$\cdots$	x_{l2}	
	$\vdots$	$\vdots$	$\ddots$	$\vdots$	
	x_{1n_1}	x_{2n_2}	$\cdots$	x_{ln_l}	
합계	$T_{1\cdot}$	$T_{2\cdot}$	$\cdots$	$T_{l\cdot}$	$T=\sum_{i=1}^{l} T_{i.}$
평균	$\bar{x}_{1\cdot}$	$\bar{x}_{2\cdot}$	$\cdots$	$\bar{x}_{l\cdot}$	$\bar{\bar{x}}= T/n \quad (n=\sum_{i=1}^{l} n_i)$

* A는 모수인자라고 가정

- **모수인자** (fixed factor) : 기술적으로 미리 정하여진 수준이 사용되며 각 수준이 기술적인 의미를 가지고 있는 인자로서 예를 들어 온도, 압력, 작업방법 등을 들 수 있다.
- **변량인자** (random factor) : 수준의 선택이 random으로 이루어지며 각 수준이 기술적인 의미를 가지고 있지 못한 인자로서 예를 들어 실험 날짜를 3일 선택하여 실험했을 경우의 날짜, 여러 로트 중에서 무작위로 선정한 3개 로트 등을 들 수 있다.

데이터 구조식 : $x_{ij}=\mu_i+\epsilon_{ij}$

단 $\mu_i=\mu+\alpha_i \quad (\sum_{i=1}^{l}\alpha_i=0)$

$\epsilon_{ij} \overset{\text{독립}}{\sim} N(0,\sigma^2)$

$i=1,2,\cdots,l; \quad j=1,2,\cdots,n_i$

$$SS_T = \sum_{i=1}^{l} \sum_{j=1}^{n_i} (x_{ij} - \bar{\bar{x}})^2$$

$$SS_A = \sum_i n_i (\bar{x}_{i\cdot} - \bar{\bar{x}})^2$$

$$SS_E = \sum_i \sum_j (x_{ij} - \bar{x}_{i\cdot})^2$$

$$SS_T = SS_A + SS_E$$

분산분석표 (ANOVA table)

요인	제곱합	자유도	평균제곱	F_0
A	SS_A	$\phi_A = l-1$	$MS_A = SS_A/\phi_A$	$F_0 = MS_A/MS_E$
$Error$	SS_E	$\phi_E = n-l$	$MS_E = SS_E/\phi_E$	
$Total$	SS_T	$\phi_T = n-1$		

H_0 : $\mu_1 = \mu_2 = \cdots = \mu_l$ (즉, $\alpha_1 = \alpha_2 = \cdots = \alpha_l = 0$)

H_1 : 모든 μ_i 가 같지는 않다.

$F_0 > F(\phi_A, \phi_E ; \alpha)$이면 유의수준 α에서 H_0를 기각한다.

(H_0가 사실일 때 F_0는 자유도 (ϕ_A , ϕ_E)인 F분포를 따른다.)

[참고] F분포

V_1과 V_2를 각각 자유도 k_1 , k_2인 카이제곱분포를 따르는 서로 독립인 확률변수들이라 할 때,

$$F = \frac{V_1 / k_1}{V_2 / k_2}$$

의 분포를 자유도(k_1, k_2)인 F분포라 하고 $F \sim F(k_1, k_2)$로 나타낸다.

H_0가 기각되는 경우 μ_i에 대한 $100(1-\alpha)\%$ 신뢰구간 :

$$\bar{x}_{i\cdot} \pm t(\phi_E\ ;\frac{\alpha}{2})\sqrt{\frac{MS_E}{n_i}}$$

[CaseStudy 10.2a] 30개의 통나무를 사용해서 각 통나무에 척(chuck)을 물리고 통나무를 돌려서 날카로운 날로 통나무를 가늘게 절단했다. 세 수준의 온도(Temperature)를 사용했는데 10개의 나무는 60°F에서, 10개는 120°F에서, 그리고 10개는 180°F에서 각각 회전력(Torque)을 측정하였다. 온도가 회전력에 얼마나 영향을 미치는지 알아보자.

온도	Torque									
60°F	15.3	17.5	15.3	18.3	16.9	17.3	17.2	16.5	18.5	15.8
120°F	14.5	15.3	13.7	15.8	14.1	16	15.4	13.6	14.7	13.8
180°F	15.9	15.7	18	15.8	17.5	15	16.7	17	16.5	16.5

▶ STAT → ANOVA → ONEWAY...

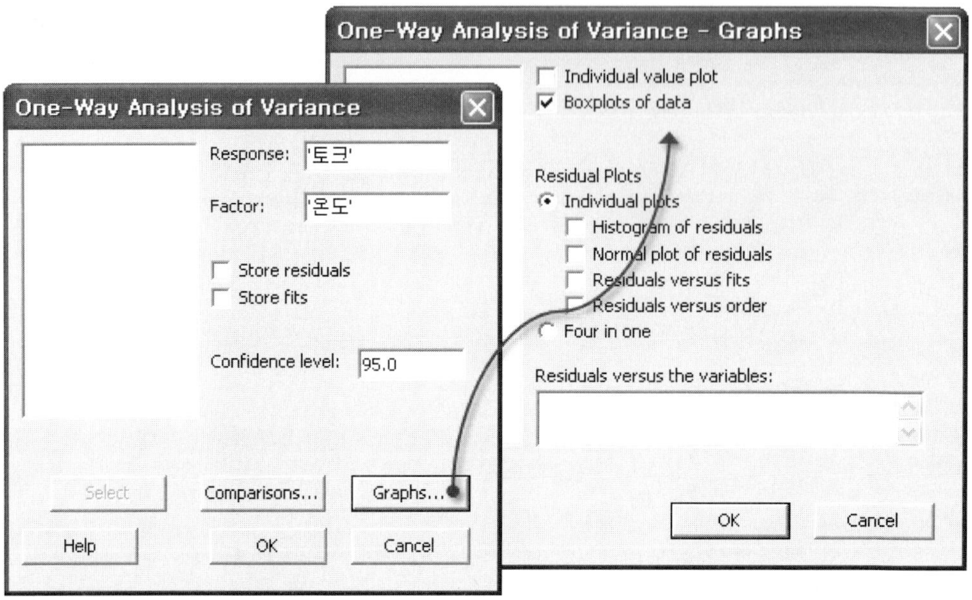

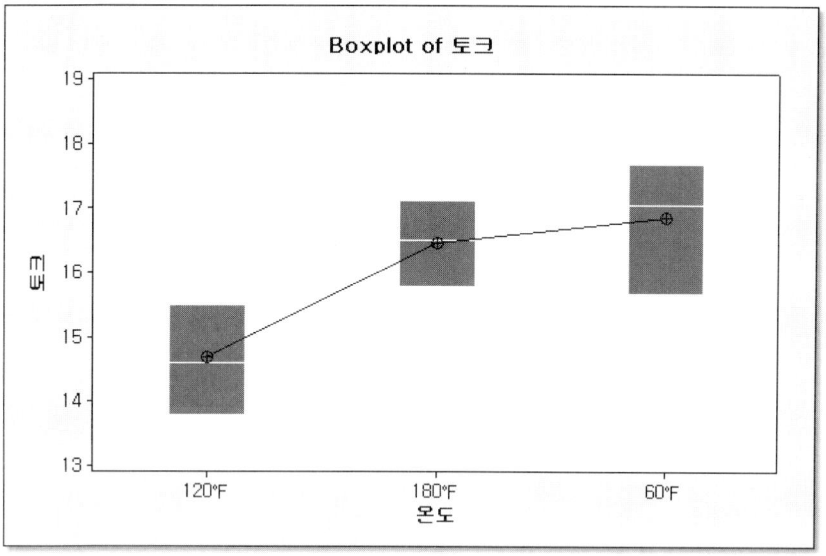


```
One-way ANOVA: 토크 versus 온도

Source  DF      SS      MS      F      P
온도     2  26.673  13.336  13.83  0.000
Error   27  26.037   0.964
Total   29  52.710

S = 0.9820   R-Sq = 50.60%   R-Sq(adj) = 46.94%


                             Individual 95% CIs For Mean Based on
                             Pooled StDev
Level   N    Mean   StDev   ---------+---------+---------+---------+
120°F  10  14.690   0.892   (-----*-----)
180°F  10  16.460   0.898                  (------*------)
60°F   10  16.860   1.135                      (------*------)
                            ---------+---------+---------+---------+
                                  15.0      16.0      17.0      18.0

Pooled StDev = 0.982
```

P-값이 0.000으로 유의수준 1%하에서 귀무가설이 기각된다. 그러므로 온도에 따른 토크의 모평균의 차이가 인정된다. 그러면 온도가 얼마일 때 토크가 최대라고 할 수 있는가를 분석해야 한다. 위에서 95% 신뢰구간을 보면 120°F는 왼쪽 끝에 위치하며 다른 온도의 신뢰구간과는 겹쳐 있지 않다. 그러므로 가장 작

은 토크이며 60℉과 180℉의 신뢰구간은 서로 겹쳐져 있고 오른쪽으로 최대이다. 그러므로 두 집단은 통계적으로 모평균의 차이가 없으며 평균이 최대라고 할 수 있다. 그런데 이들 중 하나의 온도를 선택한다면 60℉를 선택하는 것이 좋다. 통계적으로는 같으나 구간의 위치가 약간 더 오른쪽으로 위치함으로 당연 하나의 온도를 선택한다면 60℉를 선택하는 것이 타당하다.

[CaseStudy 10.2b] 어떤 약품의 합성에 있어서 촉매량(A)을 5수준으로 잡아 랜덤하게 실험을 한 결과 다음 표와 같은 수율(%)에 관한 관측값을 얻었다. 촉매량에 따라 수율에 차가 있는지 알아보아라.

A_1	A_2	A_3	A_4	A_5
18.3	17.1	17.3	15.1	16.7
18.8	18.3	18.1	15.9	16.9
19.8	19.2	17.2	17.8	16.5
18.3		17.0		17.5

[CaseStudy 10.2c] 세 종류의 벼의 단위면적당 수확량이 아래와 같다. 분산분석표를 작성하고, 수확량에 차가 있다고 할 수 있는지를 유의수준 5%에서 검정하여라.

벼1	벼2	벼3
19	16	13
18	11	16
21	13	18
18	14	11
	11	15
		11

10.3 난괴법 (randomized block design)

난괴법은 실험들을 여러 개의 블록(block) 또는 집합으로 분할하고 각각의 블록에는 비교적 유사한 성질을 갖고 있는 실험단위를 포함시킨다. 그리고 각 블록 안에서의 실험단위에 인자의 여러 수준(처리)을 임의로 할당하여 실험을 실시하여 데이터를 수집하는 방법이다.

블록(block) : 실험을 시간적 혹은 공간적으로 분할하여 그 내부에서 실험의 환경이 균일하도록 만들어 놓은 것

1) 세 가지 공정온도(100℃, 200℃, 300℃)의 비교

	A1(100℃)	A2(200℃)	A3(300℃)
1일째	②	①	③
2일째	①	③	②
3일째	①	②	③

* 각 날이 하나의 block이 된다.

* 각 날에서의 실험순서는 random하게 정한다.

2) 네 종류(A_1, A_2, A_3, A_4)의 자동차 타이어의 품질비교

	왼쪽 앞바퀴	오른쪽 앞바퀴	왼쪽 뒷바퀴	오른쪽 뒷바퀴
차1	A_1	A_2	A_4	A_3
차2	A_3	A_2	A_1	A_4
차3	A_2	A_4	A_1	A_3
차4	A_1	A_3	A_4	A_2
차5	A_2	A_1	A_3	A_4

* 각각의 차가 하나의 block이 된다.

* 각 차에서의 타이어 배치는 random화

[표 10.3] 난괴법의 데이터 구조

처리(인자A의 수준) / Block	A_1	A_2	$\cdots$	A_l	합계	평균
B_1	x_{11}	x_{21}	$\cdots$	x_{l1}	$T_{\cdot 1}$	$\bar{x}_{\cdot 1}$
B_2	x_{12}	x_{22}	$\cdots$	x_{l2}	$T_{\cdot 2}$	$\bar{x}_{\cdot 2}$
$\vdots$	$\vdots$	$\vdots$	$\ddots$	$\vdots$	$\vdots$	$\vdots$
B_m	x_{1m}	x_{2m}	$\cdots$	x_{lm}	$T_{\cdot m}$	$\bar{x}_{\cdot m}$
합계	$T_{1\cdot}$	$T_{2\cdot}$	$\cdots$	$T_{l\cdot}$	T	
평균	$\bar{x}_{1\cdot}$	$\bar{x}_{2\cdot}$	$\cdots$	$\bar{x}_{l\cdot}$		$\bar{\bar{x}}$

A는 모수인자, B(block인자)는 변량인자

$$SS_T = \sum_{i=1}^{l}\sum_{j=1}^{m}(x_{ij} - \bar{\bar{x}})^2$$

$$SS_A = \sum_i\sum_j(\bar{x}_{i\cdot} - \bar{\bar{x}})^2 = m\sum_i(\bar{x}_{i\cdot} - \bar{\bar{x}})^2$$

$$SS_B = \sum_i\sum_j(\bar{x}_{\cdot j} - \bar{\bar{x}})^2 = l\sum_j(\bar{x}_{\cdot j} - \bar{\bar{x}})^2$$

$$SS_E = \sum_i\sum_j(x_{ij} - \bar{x}_{i\cdot} - \bar{x}_{\cdot j} + \bar{\bar{x}})^2$$

$$SS_T = SS_A + SS_B + SS_E$$

분산분석표

요인	제곱합	자유도	평균제곱	F_0
A	SS_A	$\phi_A = l-1$	$MS_A = SS_A/\phi_A$	$F_A = MS_A/MS_E$
B	SS_B	$\phi_B = m-1$	$MS_B = SS_B/\phi_B$	$F_B = MS_B/MS_E$
$Error$	SS_E	$\phi_E = (l-1)(m-1)$	$MS_E = SS_E/\phi_E$	
$Total$	SS_T	$\phi_T = lm-1$		

$F_A > F(\phi_A, \phi_E;\ \alpha)$이면 처리들 간에 유의차가 있다.

$F_B > F(\phi_B, \phi_E;\ \alpha)$이면 block들 간에 유의차가 있다.

메뉴는 다음과 같이 2가지 중 어느 것을 사용해도 좋다.

▶ [방법1] Stat → ANOVA → Two-Way...

▶ [방법2] Stat → ANOVA → Balanced ANOVA...

[CaseStudy 10.3a] 알팔파(실같은 콩나물 모야의 채소)의 여섯 종류에 대한 수확량을 비교하는 실험이 4군데 밭(field)에서 수행되었다. 6개의 알팔파의 차이를 비교하여라.

알팔파 종류	field 1	2	3	4
A	3.22	3.31	3.26	3.25
B	3.04	2.99	3.27	3.20
C	3.06	3.17	2.93	3.09
D	2.64	2.75	2.59	2.62
E	3.19	3.40	3.11	3.23
F	2.49	2.37	2.38	2.37

[방법1]을 사용하여 출력해 보자.

▶ Stat → ANOVA → Two-Way...

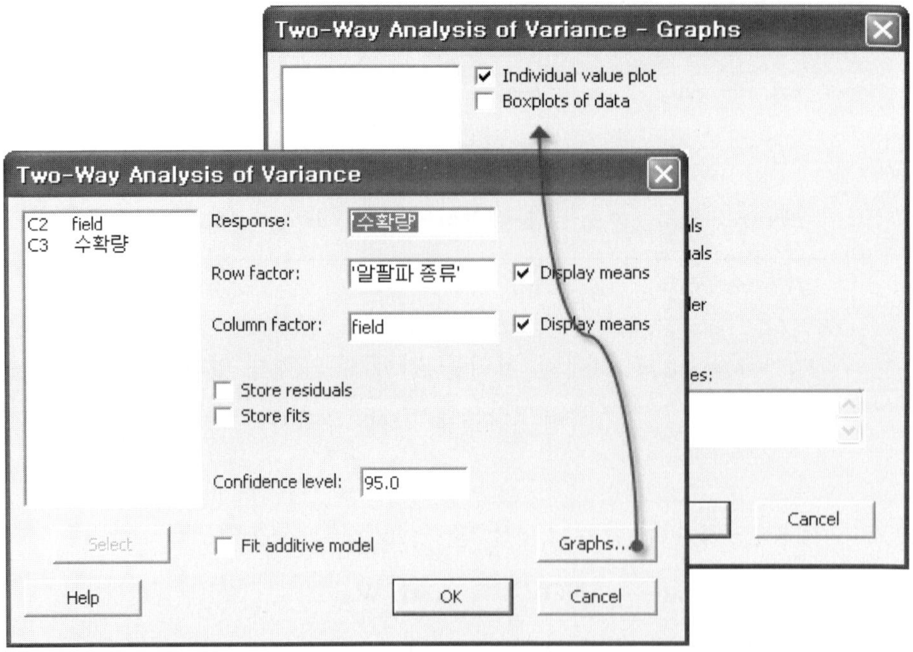

Two-way ANOVA: 수확량 versus 알팔파 종류, field

Source	DF	SS	MS	F	P
알팔파 종류	5	2.43507	0.487014	53.27	0.000
field	3	0.01878	0.006260	0.68	0.575
Error	15	0.13715	0.009143		
Total	23	2.59100			

S = 0.09562 R-Sq = 94.71% R-Sq(adj) = 91.88%

[방법2]를 사용하여 분석결과를 출력해 보자.

▶ Stat → ANOVA → Balanced ANOVA...

[그림 8.11] twoway(혼합모형)의 메뉴

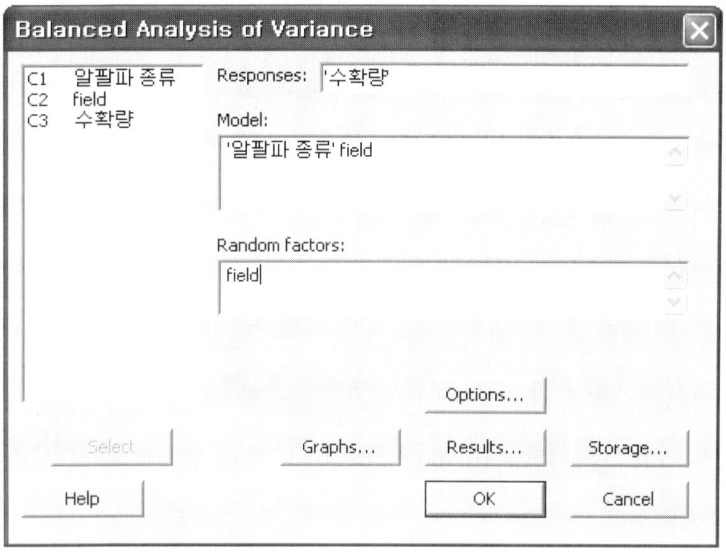


```
ANOVA: 수확량 versus 알팔파 종류, field

Factor       Type    Levels  Values
알팔파 종류  fixed        6  A, B, C, D, E, F
field        random       4  1, 2, 3, 4

Analysis of Variance for 수확량

Source       DF       SS       MS      F      P
알팔파 종류   5  2.43507  0.48701  53.27  0.000
field         3  0.01878  0.00626   0.68  0.575
Error        15  0.13715  0.00914
Total        23  2.59100

S = 0.0956193   R-Sq = 94.71%   R-Sq(adj) = 91.88%
```

[방법1]과 [방법2]에서 블록 효과인 field의 효과는 유의하지 않아 블록에 의한 수확량의 차이는 인정되지 않는다. 그러므로 블록인 field의 차이는 없음 확인되었다. 알팔파 종류의 P-값이 0.000으로 유의수준 5%에서 귀무가설이 기각된다. 즉, 밭에서 수확된 알팔파가 종류에 따라 차이가 있다고 할 수 있다. 그렇다면 어떤 종류의 수확량이 가장 큰가를 찾아야 한다. 다음 결과를 보고 판단 한다.

```
 Individual 95% CIs For Mean Based on
알팔파          Pooled StDev
종류       Mean  ---+---------+---------+---------+------
A        3.2600                             (---*--)
B        3.1250                         (--*---)
C        3.0625                       (--*--)
D        2.6500          (--*---)
E        3.2325                            (---*--)
F        2.4025  (--*--)
                 ---+---------+---------+---------+------
                   2.40      2.70      3.00      3.30
```

통계적으로 유의한 차이가 없으며 수확량이 큰 집단은 A, E, B, C로 나타났다. 이 중에서 하나를 선택한다면 신뢰구간이 서로 비슷하므로 비교적 평균이 큰 이며 집단인 A를 선택하는 것이 좋다. 다음 도표를 봐도 대략적으로 어느 집단이 최적인지 판단할 수 있으며 A가 field에 따른 산포도 상대적으로 작음을 알 수 있다. 이는 A가 그만큼 field의 차이에 민감하지 않음(강건함:robustness)을 의미한다.

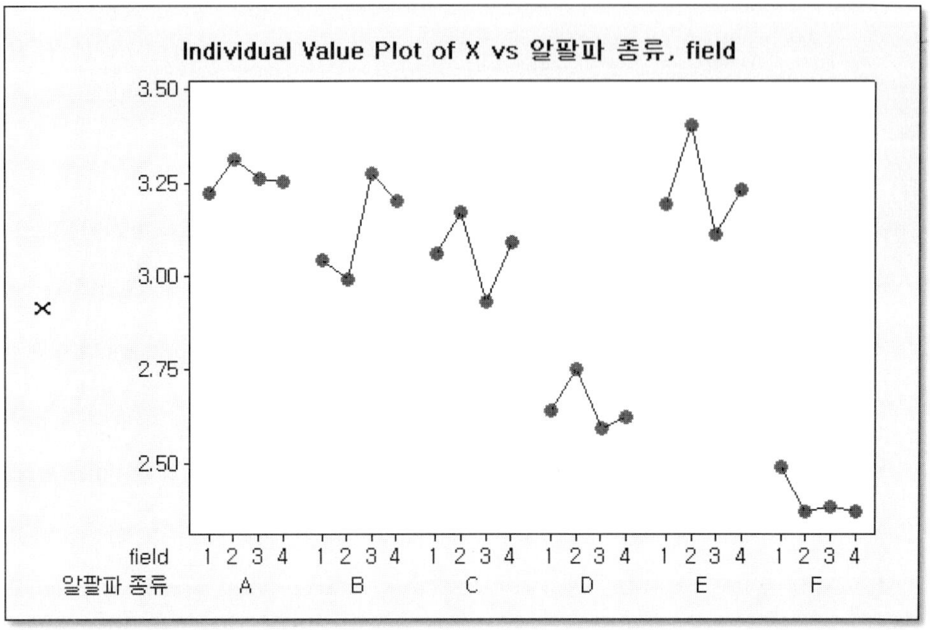

[CaseStudy 10.3b] 페니실린의 제조공정 A, B, C, D에 따른 유효수거량(생산량)

을 비교하려고 한다. 원래 항생제의 제조에 관하여는 원재료가 중요한 역할을 한다는 것이 상식화되어 있으므로 원재료에 따라 블록화하였다. 즉 한 블록 내의 실험재료는 모두 같은 종류의 곡물로부터 얻어졌다. 실험결과는 다음과 같다. 제조공정에 따라 유효수거량에 차이가 있는지 검정하여라.

제조공정	원재료				
	1	2	3	4	5
A	89	84	81	87	79
B	88	77	87	92	81
C	97	92	87	89	80
D	94	79	85	84	88

10.4 2요인 분산분석 (이원배치법)

10.4.1 두 인자의 각 수준조합에서 반복이 없는 경우

두 인자가 수준조합에서 반복 실험하지 않은 경우는 ANOVA 모형식에서 교호작용항을 설정할 수 없으므로 이때는 주효과가 서로 독립적으로 작용하고 있음을 가정하고 하는 실험이라고 할 수 있다. 만일 두 인자가 서로 교차하서 종속변수에 영향을 준다고 가정한다면 반드시 수준조합내에서 최소 2회 이상 반복측정해야 한다.

메뉴는 다음과 같이 2가지 중 어느 것을 사용해도 좋다.

▶ [방법1] Stat → ANOVA → Two-Way...

▶ [방법2] Stat → ANOVA → Balanced ANOVA...

[CaseStudy 10.4a] 어떤 화학공장에서 반응온도(℃)와 원료에 따른 제품의 수율 (yield, %)의 결과값이다. 반응온도와 원료에 따라 제품의 수율을 극대화 하기

위하여 요인들의 수준을 어떻게 정해야 하는지를 결정하라.

원 료	온 도			
	180	190	200	210
USA	97.6	98.6	99.0	98.0
JPN	97.3	98.2	98.0	97.7
KOR	96.7	96.9	97.9	96.5

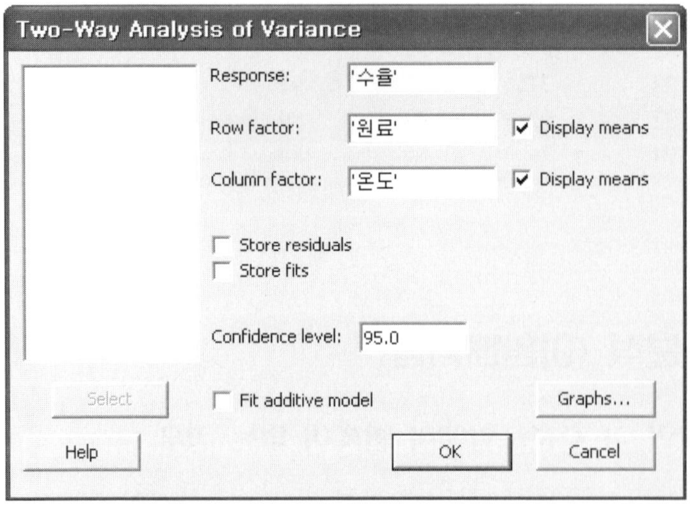


```
Two-way ANOVA: 수율 versus 원료, 온도

Source  DF    SS       MS      F      P
원료     2  3.44  1.72000  18.43  0.003
온도     3  2.22  0.74000   7.93  0.016
Error    6  0.56  0.09333
Total   11  6.22

S = 0.3055   R-Sq = 91.00%   R-Sq(adj) = 83.49%
```

1) 원료에 대한 검정

P-값이 0.003으로 0.05보다 작으므로 원료에 따라 제품의 수율이 다르다고 할 수 있다.

2) 온도에 대한 검정

P-값이 0.016으로 0.05보다 작으므로 온도에 따라 제품의 수율이 다르다고 할

수 있다.

이제 각 인자의 최적수준을 독립적으로 찾아보자.

```
 Individual 95% CIs For Mean Based on Pooled StDev
원료  Mean       +---------+---------+---------+---------
JPN   97.8                    (-----*-----)
KOR   97.0       (------*-----)
USA   98.3                            (-----*------)
                 +---------+---------+---------+---------
              96.60     97.20     97.80     98.40


              Individual 95% CIs For Mean Based on
              Pooled StDev
온도  Mean    -----+---------+---------+---------+----
180   97.2    (--------*--------)
190   97.9                 (--------*--------)
200   98.3                         (--------*--------)
210   97.4        (--------*--------)
              -----+---------+---------+---------+----
                97.00     97.50     98.00     98.50
```

원료는 USA가 JPN과 유의수준 5%하에서 유의한 차이는 인정되지 않지만 평균이 상대적으로 크므로 최적수준은 USA로 결정한다. 그리고 온도 역시 같은 방법으로 200도나 190도를 선정하는 것이 좋다. 그러므로 원료는 USA를 사용하되 온도 200도나 190도로 설정하는 것이 수율을 극대화 할 수 있다.

[CaseStudy 10.4b] 어떤 반복이 없는 이원배치법의 실험에서 다음의 자료를 얻었다. 인자 A , B의 영향을 조사하여라.

인자B / 인자A	B_1	B_2	B_3
A_1	0.95	0.71	0.69
A_2	0.86	0.85	0.68
A_3	0.71	0.62	0.51
A_4	0.72	0.72	0.73
A_5	0.74	0.64	0.44

[CaseStudy 10.4c] 5종류의 절단기로 4종류의 금속을 절단하게 하여, 절단속도를 측정한 결과가 다음과 같다. 절단기에 따라 절단속도가 다른지의 여부와 금속에 따라 절단속도가 다른지의 여부를 검정하라.

금속(A) / 절단기(B)	1	2	3	4
1	12	20	13	11
2	2	14	7	5
3	8	17	13	10
4	1	12	8	3
5	7	17	14	6

10.4.2 두 인자의 각 수준조합에서 반복이 있는 경우

두 인자가 수준조합에서 최소 2회 이상 반복 실험하는 경우는 ANOVA 모형식에서 교호작용 항을 설정할 수 있다. 이때는 두 인자가 서로 교차하서 종속변수에 영향을 준다고 가정하므로 교호작용 효과부터 검정해야 하며 교호작용효과가 유의하지 않으면 비로소 각 인자의 독립적인 효과를 논할 수 있게 된다. 그리고 최적 수준은 각 인자별 최적 수준을 찾아 두 인자의 최적수준 조합으로 결정하면 된다. 그러나 교호작용효과가 존재하면 두 인자의 수준조합인 처리간 모평균을 추정하고 이 추정치의 최적집단에서 수준조합을 결정하면 된다. 2인자 이상의 ANOVA 모형에서는 반복측정한 경우 교호작용효과 분석이 매우 중요한 핵심이므로 교호작용항을 읽고 해석하고 판단하는 과정에 집중해서 학습하기 바란다.

[표 10.4] 반복이 있는 이원배치법의 자료구조

	A_1	A_2	$\cdots$	A_l	합계 평균
B_1	x_{111} $\vdots$ x_{11r}	x_{211} $\vdots$ x_{21r}	$\cdots$	x_{l11} $\vdots$ x_{l1r}	$T_{.1.}$ $\overline{x}_{.1.}$
B_2	x_{121} $\vdots$ x_{12r}	x_{221} $\vdots$ x_{22r}	$\cdots$	x_{l21} $\vdots$ x_{l2r}	$T_{.2.}$ $\overline{x}_{.2.}$
$\vdots$	$\vdots$	$\vdots$		$\vdots$	$\vdots$ $\vdots$
B_m	x_{1m1} $\vdots$ x_{1mr}	x_{2m1} $\vdots$ x_{2mr}	$\cdots$	x_{lm1} $\vdots$ x_{lmr}	$T_{\cdot m \cdot}$ $\overline{x}_{\cdot m \cdot}$
합계 평균	$T_{1\cdot\cdot}$ $\overline{x}_{1\cdot\cdot}$	$T_{2\cdot\cdot}$ $\overline{x}_{2\cdot\cdot}$	$\cdots$ $\cdots$	$T_{l\cdot\cdot}$ $\overline{x}_{l\cdot\cdot}$	T $\overline{\overline{x}}$

$$SS_T = \sum_{i=1}^{l}\sum_{j=1}^{m}\sum_{k=1}^{r}(x_{ijk} - \overline{\overline{x}})^2$$

$$SS_A = \sum_i\sum_j\sum_k(\overline{x}_{i\cdot\cdot} - \overline{\overline{x}})^2 = mr\sum_i(\overline{x}_{i\cdot\cdot} - \overline{\overline{x}})^2$$

$$SS = \sum_i\sum_j\sum_k(\overline{x}_{\cdot j\cdot} - \overline{\overline{x}})^2 = lr\sum_j(\overline{x}_{\cdot j\cdot} - \overline{\overline{x}})^2$$

$$SS_{A\times B} = \sum_i\sum_j\sum_k(\overline{x}_{ij\cdot} - \overline{x}_{i\cdot\cdot} - \overline{x}_{\cdot j\cdot} + \overline{\overline{x}})^2$$

$$= r\sum_i\sum_j(\overline{x}_{ij\cdot} - \overline{x}_{i\cdot\cdot} - \overline{x}_{\cdot j\cdot} + \overline{\overline{x}})^2$$

$$SS_E = \sum_i\sum_j\sum_k(x_{ijk} - \overline{x}_{ij\cdot})^2$$

$$SS_T = SS_A + SS_B + SS_{A\times B} + SS_E$$

분산분석표

요인	제곱합	자유도	평균제곱	F
A	SS_A	$\phi_A = l-1$	$MS_A = SS_A/\phi_A$	F_A
B	SS_B	$\phi_B = m-1$	$MS_B = SS_B/\phi_B$	F_B
$A\times B$	$SS_{A\times B}$	$\phi_{A\times B} = (l-1)(m-1)$	$MS_{A\times B} = SS_{A\times B}/\phi_{A\times B}$	$F_{A\times B}$
$Error$	SS_E	$\phi_E = lm(r-1)$	$MS_E = SS_E/\phi_E$	
$Total$	SS_T	$\phi_T = lmr-1$		

A와 B가 모수인자인 경우

$F_A = MS_A / MS_E$, $F_B = MS_B / MS_E$, $F_{A\times B} = MS_{A\times B} / MS_E$

$F_A > F(\phi_A, \phi_E; \alpha)$이면 A인자가 유의

$F_B > F(\phi_B, \phi_E; \alpha)$이면 B인자가 유의

$F_{A\times B} > F(\phi_{A\times B}, \phi_E; \alpha)$이면 A와 B의 교호작용이 유의

A는 모수인자, B는 변량인자인 경우

$F_A = MS_A / MS_{A\times B}$, $F_B = MS_B / MS_E$, $F_{A\times B} = MS_{A\times B} / MS_E$

$F_A > F(\phi_A, \phi_{A\times B}; \alpha)$이면 A인자가 유의

$F_B > F(\phi_B, \phi_E; \alpha)$이면 B인자가 유의

$F_{A\times B} > F(\phi_{A\times B}, \phi_E; \alpha)$이면 A와 B의 교호작용이 유의

교호작용(interaction)

2인자 이상의 특정한 인자수준의 조합에서 일어나는 효과를 교호작용 또는 상호작용이라고 한다. 예를 들어 인자 A의 효과가 인자 B의 수준의 변화에 따라 변화하는 경우에 "A, B인자 간에 교호작용 $A\times B$가 존재한다."라고 말한다. 교호작용 $A\times B$가 유의한 경우에는 일반적으로 인자 A, B의 각 수준의 모평균을 추정하는 것은 의미가 없으며, 두 요인의 수준조합 $(A_i,\ B_j)$에서 모평균을 추정하는 것이 실제로

의미가 크며 통계적으로도 타당하다. 특히 해석상 쉽게 우를 범하는 사례가 종종 있는데 교호작용이 존재할 경우에 각 주효과의 p-값을 보고 유의성을 판단하는 경우이다. 각 주효과에 대한 유의성은 각 요인의 독립적인 효과를 의미하므로 교호작용이 존재하는 경우는 각 요인들이 독립적으로 작용하고 있지 못하므로 독립적인 효과가 있는 양 해석해서는 안 된다. 그리고 교호작용을 검정할 경우 고차항부터 저차항의 순으로 검정하고 유의하지 않은 항은 에러항으로 포함시키는 pooling하는 과정을 검토해야 한다. 물론 여기에서 교호작용의 존재여부가 중요한 실험에서는 비록 유의하지 않다고 해도 반드시 풀링할 필요는 없으나 풀링하는 경우는 모형이 단순해진다는 장점도 있으니 고려해 볼만하다. 일반적으로 p-값이 0.05보다 크면 풀링을 하되 0.05~0.10 사이라면 실험의 내용을 고려하여 풀링할 것인지 아닌지를 판단한다.

메뉴는 다음과 같이 2가지 중 어느 것을 사용해도 좋다.

▶ [방법1] Stat → ANOVA → Two-Way...

▶ [방법2] Stat → ANOVA → Balanced ANOVA...

A와 B가 모두 모수인자인 경우에는 [방법1]과 [방법2]중 어느 것을 써도 무방하며 변량인자가 있는 경우는 [방법2]를 사용하되 변량인자를 지정하는 란에 해당 인자를 지정하면 된다.

[CaseStudy 10.4d] 팬케이크를 우유의 양과 첨가물(Supplement)의 사용에 따라 세 개씩 구워내었다. 구워낸 팬케이크마다 등급을 매겼고 등급이 높을수록 팬케이크는 더 좋은 것이다. 우유의 양과 첨가물의 사용여부에 따라 팬케이크의 질에 유의한 차이가 있는지 검정하고 최적조건을 찾아라.

첨가물	우유의 양			
	0%	10%	20%	30%
미사용	4.4 4.5 4.3	4.6 4.5 4.8	4.5 4.8 4.8	4.6 4.7 5.1
사용	3.3 3.2 3.1	3.8 3.7 3.6	5.0 5.3 4.8	5.4 5.6 5.3

▶ Stat → ANOVA → Two-Way...

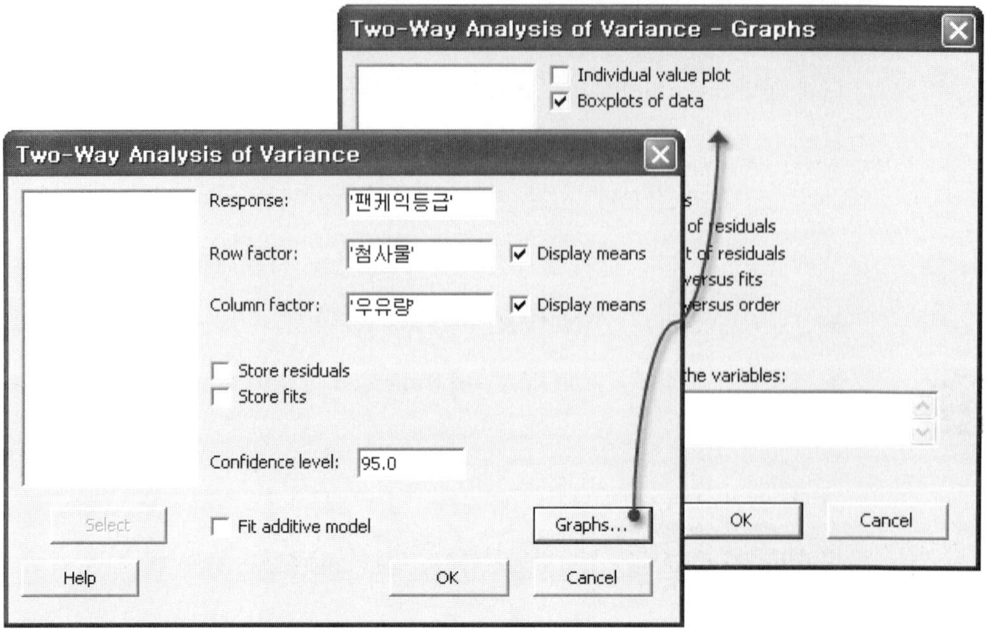


```
Two-way ANOVA: 팬케익등급 versus 첨사물, 우유량

Source       DF       SS       MS      F      P
첨사물        1   0.5104  0.51042  17.01  0.001
우유량        3   6.6913  2.23042  74.35  0.000
Interaction   3   3.7246  1.24153  41.38  0.000
Error        16   0.4800  0.03000
Total        23  11.4063

S = 0.1732   R-Sq = 95.79%   R-Sq(adj) = 93.95%
```

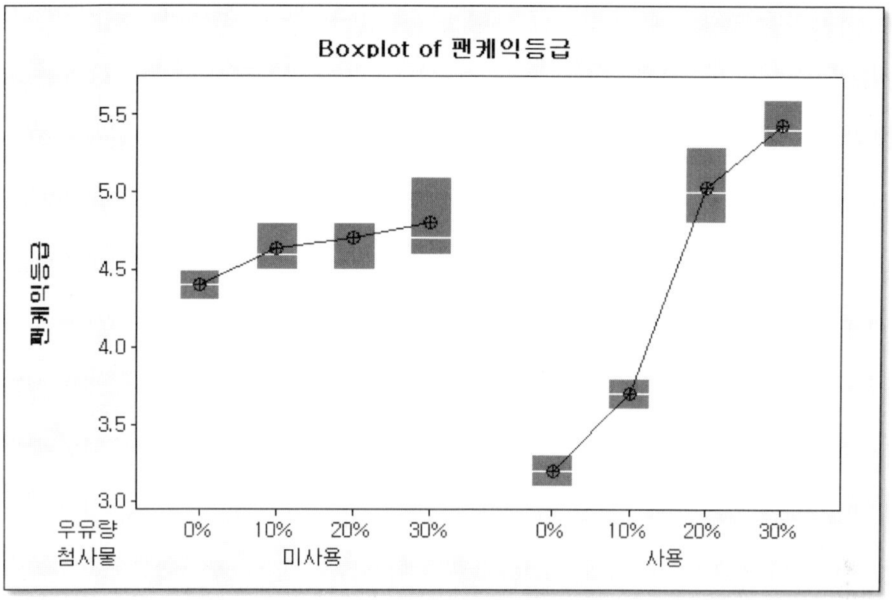

위 도표를 보면 사용과 미사용의 X축이 같다. 그러므로 이 두 축을 동일하게 겹쳐 그린다면 두 평균 연결선이 서로 교차함을 알 수 있다. 이는 간접적으로도 교호작용이 존재할 가능성이 커진다.

▶ Stat → ANOVA → Balanced ANOVA...

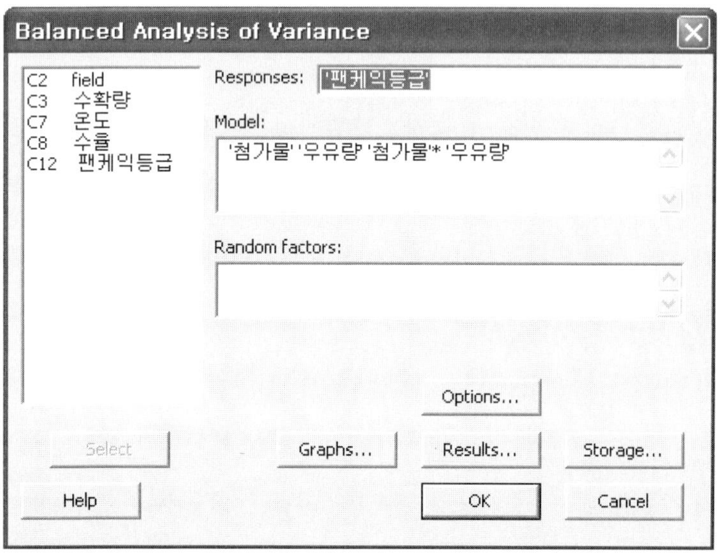

```
ANOVA: 팬케익등급 versus 첨가물, 우유량

Factor  Type   Levels  Values
첨가물  fixed       2  미사용, 사용
우유량  fixed       4  0%, 10%, 20%, 30%

Analysis of Variance for 팬케익등급

Source         DF       SS      MS      F      P
첨가물          1   0.5104  0.5104  17.01  0.001
우유량          3   6.6913  2.2304  74.35  0.000
첨가물*우유량   3   3.7246  1.2415  41.38  0.000
Error          16   0.4800  0.0300
Total          23  11.4063

S = 0.173205   R-Sq = 95.79%   R-Sq(adj) = 93.95%
```

여기에서 가장 먼저 검정해야 한 효과는 교호작용효과이다. 이 교호작용이 존재하지 않을 때 비로소 각 주효과를 해석할 수 있다. 그러나 여기에서는 교호작용의 p-값이 0.000으로 매우 유의하다. 즉 교호작용효과가 존재한다. 그러므로 첨가물효과나 우유량효과를 언급해서는 않된다.

이제 최적조건을 찾기 위하여 교호작용효과 자체를 분석해 보기로 한다. 교호작용효과가 존재한다는 것은 두 요인의 수준조합인 처리간의 평균의 차가 인정된다는 말이다. 그러므로 8개 처리간 모평균의 차이 검정을 실시하면 최적조건을 찾을 수 있다.

일단 8개 처리집단 변수를 만들자. 엑셀에서 "=CONCATENATE(J2,"-",K2)"를 사용하여 집단변수를 만들고 이를 워크시트에 아래와 같이 붙여넣기한다.

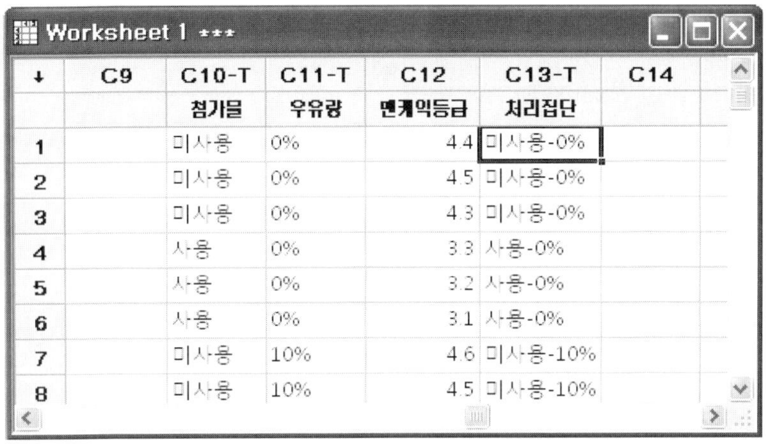

▶ Stat >ANOVA >One-way...

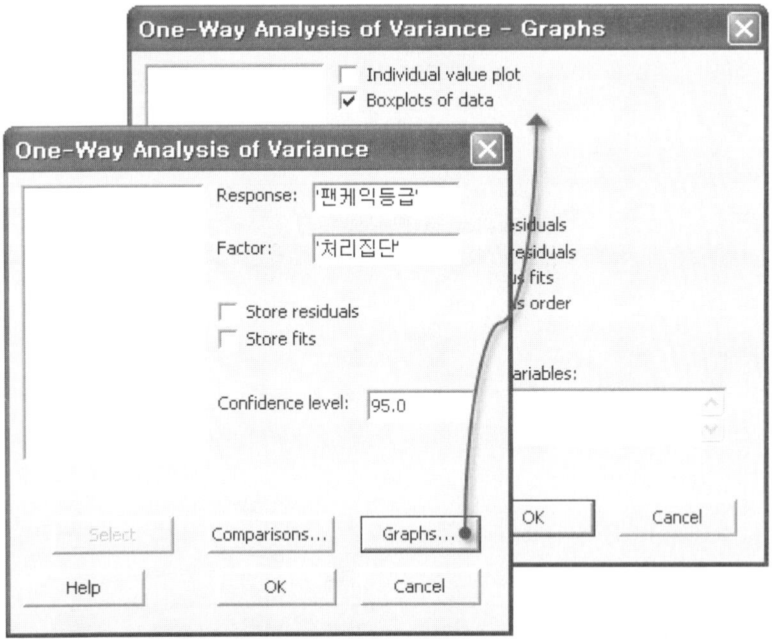


```
One-way ANOVA: 팬케익등급 versus 처리집단

Source    DF       SS      MS      F      P
처리집단    7  10.9263  1.5609  52.03  0.000
Error     16   0.4800  0.0300
Total     23  11.4063

S = 0.1732   R-Sq = 95.79%   R-Sq(adj) = 93.95%
```

```
                                   Individual 95% CIs For Mean Based on
                                   Pooled StDev
Level        N    Mean   StDev     -------+---------+---------+---------+--
미사용-0%    3  4.4000  0.1000                    (--*--)
미사용-10%   3  4.6333  0.1528                       (--*--)
미사용-20%   3  4.7000  0.1732                        (--*--)
미사용-30%   3  4.8000  0.2646                          (--*--)
사용-0%      3  3.2000  0.1000     (--*--)
사용-10%     3  3.7000  0.1000           (--*--)
사용-20%     3  5.0333  0.2517                             (--*--)
사용-30%     3  5.4333  0.1528                                   (--*--)
                                   -------+---------+---------+---------+--
                                        3.50      4.20      4.90      5.60

Pooled StDev = 0.1732
```

등급점수가 가장 큰 최적조건은 "사용-30%"로 나타났다. 단연 최대로 큰 집단이다. 아래 도표를 봐도 알 수 있으나 출력결과가 평균의 크기순으로 나타내도록 했으면 확인하기가 더욱 좋았을 것이다.

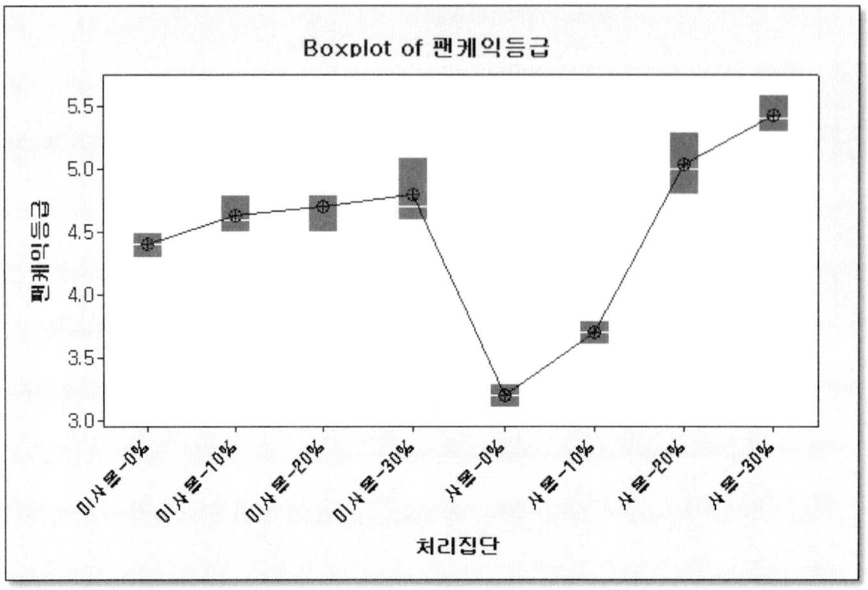

이제 변량인자가 있는 경우 CaseStudy를 다루어 보기로 하자.

[CaseStudy 10.4e] 어떤 중간원료로부터 제품이 되는 공정에 있어서, 제품의 생성률에 관한 영향을 조사할 목적으로, 원료로트(B)중에서 랜덤하게 3로트 택하고, 가열온도 A를 $A_1 = 70℃$, $A_2 = 80℃$, $A_3 = 90℃$ 의 3수준으로 변화시켜, 반복 2회의 3×3×2=18회의 실험전체를 랜덤하게 실험하여 다음과 같은 데이터를 얻었다. 여기서 인자 B는 집단인자로서 변량인자이다.

단위(생성률: %)

	70℃	80℃	90℃
로트1	61.0 60.2	64.1 63.2	65.2 66.1
로트2	63.3 62.7	66.2 65.4	66.6 67.2
로트3	61.3 61.9	63.2 64.2	66.0 66.4

▶ Stat → ANOVA → Balanced ANOVA...

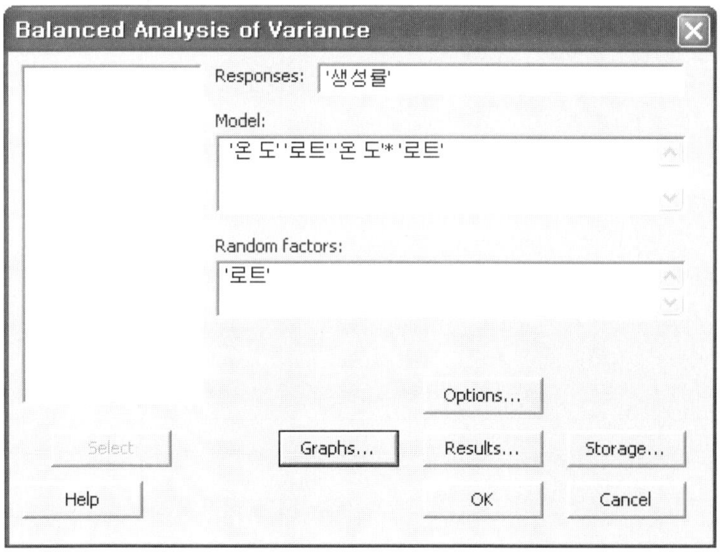

```
ANOVA: 생성률 versus 온 도, 로트

Factor  Type    Levels  Values
온 도   fixed        3  70℃, 80℃, 90℃
로트    random       3  로트1, 로트2, 로트3

Analysis of Variance for 생성률

Source     DF       SS       MS      F      P
온 도       2  61.8144  30.9072  85.72  0.001
로트        2  11.9644   5.9822  16.59  0.012
온 도*로트  4   1.4422   0.3606   1.26  0.353
Error       9   2.5700   0.2856
Total      17  77.7911

S = 0.534374   R-Sq = 96.70%   R-Sq(adj) = 93.76%
```

위 결과에서 유의수준 5%하에서 교호작용효과가 없는 것으로 판단된다. 그러므로 특별히 교호작용항을 모형에 남겨둘 이유가 없으므로 에러항에 풀링시켜 다시 모형을 적합해 보기로 한다.

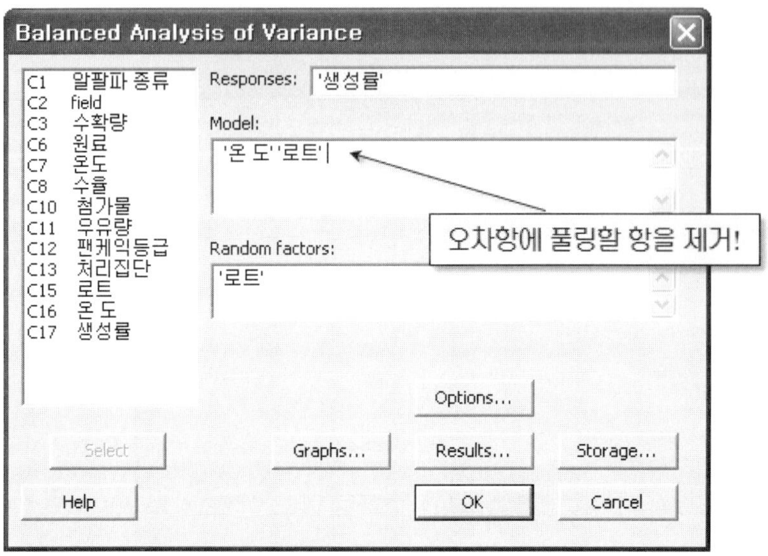

```
ANOVA: 생성률 versus 온 도, 로트

Factor  Type    Levels  Values
온 도   fixed        3  70℃, 80℃, 90℃
로트    random       3  로트1, 로트2, 로트3

Analysis of Variance for 생성률

Source  DF      SS      MS       F      P
온 도    2  61.814  30.907  100.14  0.000
로트     2  11.964   5.982   19.38  0.000
Error   13   4.012   0.309
Total   17  77.791

S = 0.555547   R-Sq = 94.84%   R-Sq(adj) = 93.26%
```

P-value가 0.000으로 가열온도 효과에 대해 유의적 차이가 있다고 할 수 있다. 즉, 가열온도에 따라 제품의 생성률 다르다고 할 수 있다. 또한 원료 로트에 따라서도 제품의 생성률이 다르다고 할 수 있다. 그러므로 이제 각 인자를 독립적으로 최적 생성률은 어느 수준인지 확인해 보자. 이를 확인하기 위하여 다음과 같이 도표를 그려 보자.

▶ Stat >ANOVA >Interval Plot...

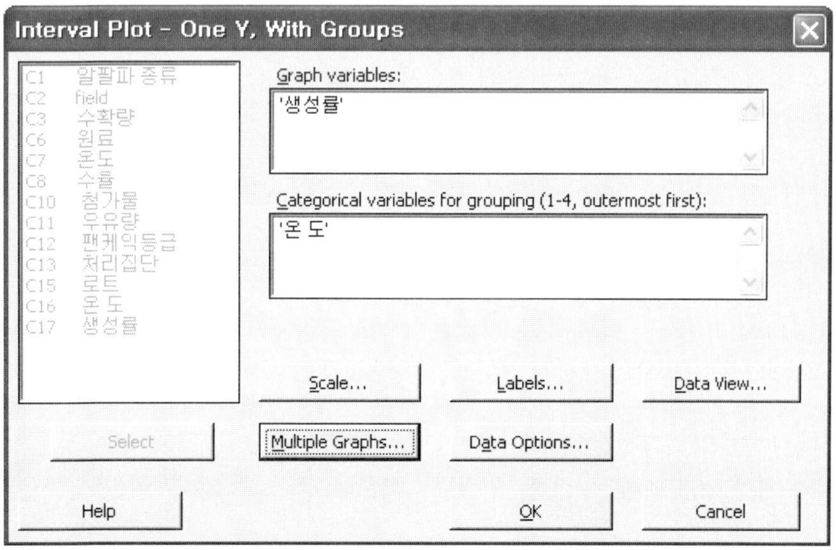

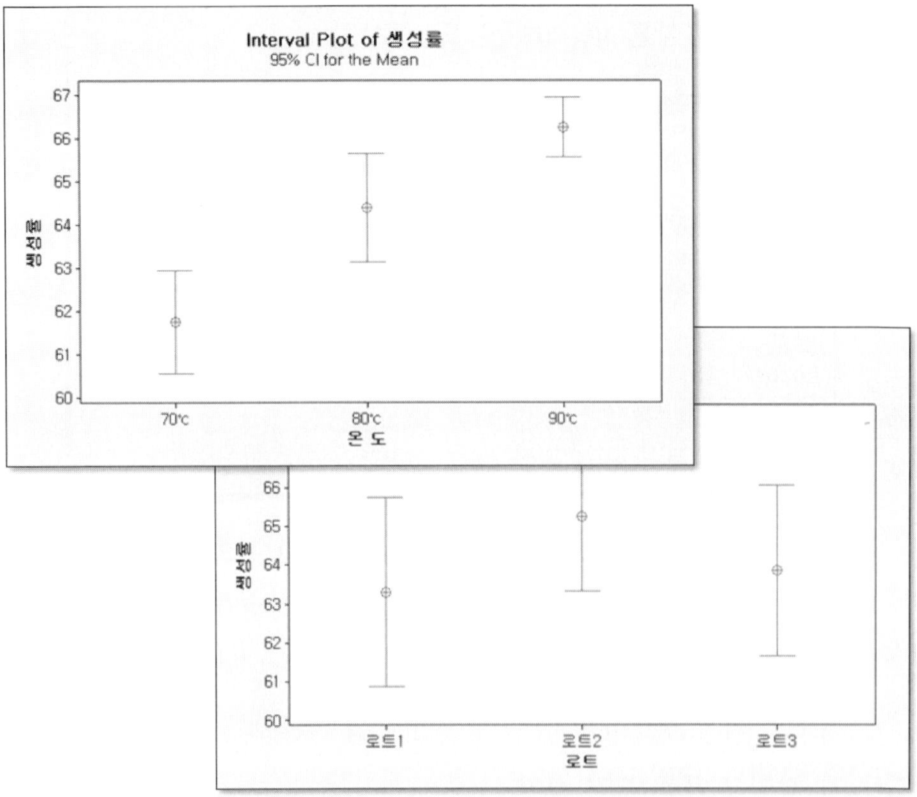

위 그림은 각 변수를 따로 작성한 도표이다. 신뢰구간에 다른 집단의 평균점이 포함되지 않으면 5%하에서 유의한 차이를 보이는 것으로 판단한다. 로트는 크게 차이를 보이지 않지만 로트1과 로트2는 차이가 인정된다. 결국 로트 2가 생성률이 좋고 온도는 각 신뢰구간에 이웃 집단의 평균점이 포함되지 않으므로 5%하에서 모든 모평균이 차이를 보이고 있다고 판단된다. 그러므로 온도는 90℃가 단연코 생성률이 가장 크다.

[CaseStudy 10.4f] 감자에 부패를 유발시키는 박테리아를 주입시키고 여러 가지 다른 조건에서 저장시켰다. 5일이 지난 후 감자의 부패된 부분의 지름을 측정하여 부패정도에 대한 자료를 얻었다. 온도와 산소의 양에 따라 감자의 썩는 정도

에 차이가 있는지를 검정하라.

	산 소		
	2%	6%	10%
온도(10℃)	13 11 3	10 4 7	15 2 7
온도(16℃)	26 19 24	15 22 18	20 24 8

[CaseStudy 10.4g] 신체조건이 비슷한 60마리의 실험쥐를 영양분과 환경조건에 따라 5마리씩 임의로 배치하여 폐활량을 조사하였다. 영양상태와 환경조건에 의해 폐활량에 유의한 차이가 있는가를 검정하라. 폐활량이 큰 집단과 작은 집단을 찾아라.

영 양 분

		A	B	C	D
환경조건	1	4.31 4.89 4.05 4.44 4.59	4.68 6.18 4.48 4.23 5.92	4.17 3.77 5.20 5.28 4.44	5.75 5.70 5.53 5.97 5.52
	2	4.13 4.61 3.91 4.52 4.43	3.41 3.64 3.32 3.51 3.75	3.89 3.64 4.18 4.48 4.17	4.58 5.21 5.50 5.18 4.15
	3	3.79 4.17 4.47 4.35 3.59	4.63 4.59 4.90 5.31 4.81	5.81 5.20 5.34 5.94 5.56	6.89 6.18 6.21 7.56 6.73

[CaseStudy 10.4h] 합금의 강도를 내용물의 혼합비율의 두 수준과 주조시간의 세 수준에서 2회씩 관측하여 다음의 자료를 얻었다. 주조시간과 혼합비율에 따라 합금의 강도에 차이가 있는지를 검정하라.

비율 A \ 주조시간 B	B_1	B_2	B_3
A_1	81 70	103 110	118 138
A_2	123 131	142 143	180 189

10.5 다인자 분산분석(다원배치법)

어떤 선택된 특성치에 대하여 취급하고 싶은 인자가 3개 이상 있을 경우, 그들의 모든 인자의 수준조합에서 실험하는 실험계획법을 다원배치법이라 한다. 취급되는 인자가 3개인 경우는 삼원배치법, 4개인 경우는 사원배치법이라 부른다.

여기서는 삼원배치법의 분석방법에 관하여 알아보기로 한다. 이 방법은 인자가 4개 이상인 경우로 그대로 확장될 수 있다.

10.5.1 반복이 없는 삼원배치법

[표 10.5a] 반복이 없는 삼원배치법의 자료구조

		A_1	A_2	$\cdots$	A_l
B_1	C_1	x_{111}	x_{211}	$\cdots$	x_{l11}
	C_2	x_{112}	x_{212}	$\cdots$	x_{l12}
	$\vdots$	$\vdots$	$\vdots$	$\ddots$	$\vdots$
	C_n	x_{11n}	x_{21n}	$\cdots$	x_{l1n}
B_2	C_1	x_{121}	x_{221}	$\cdots$	x_{l21}
	C_2	x_{122}	x_{222}	$\cdots$	x_{l22}
	$\vdots$	$\vdots$	$\vdots$	$\ddots$	$\vdots$
	C_n	x_{12n}	x_{22n}	$\cdots$	x_{l2n}
$\vdots$	$\vdots$			$\vdots$	
B_m	C_1	x_{1m1}	x_{2m1}	$\cdots$	x_{lm1}
	C_2	x_{1m2}	x_{2m2}	$\cdots$	x_{lm2}
	$\vdots$	$\vdots$	$\vdots$	$\ddots$	$\vdots$
	C_n	x_{1mn}	x_{2mn}	$\cdots$	x_{lmn}

[표 10.5b] 반복이 없는 삼원배치법의 이원표들

	A_1	A_2	$\cdots$	A_l	계
B_1	$T_{11\cdot}$	$T_{21\cdot}$	$\cdots$	$T_{l1\cdot}$	$T_{\cdot 1\cdot}$
B_2	$T_{12\cdot}$	$T_{22\cdot}$	$\cdots$	$T_{l2\cdot}$	$T_{\cdot 2\cdot}$
$\vdots$	$\vdots$	$\vdots$	$\ddots$	$\vdots$	$\vdots$
B_m	$T_{1m\cdot}$	$T_{2m\cdot}$	$\cdots$	$T_{lm\cdot}$	$T_{\cdot m\cdot}$
계	$T_{1\cdot\cdot}$	$T_{2\cdot\cdot}$	$\cdots$	$T_{l\cdot\cdot}$	T

	A_1	A_2	$\cdots$	A_l	계
C_1	$T_{1\cdot 1}$	$T_{2\cdot 1}$	$\cdots$	$T_{l\cdot 1}$	$T_{\cdot\cdot 1}$
C_2	$T_{1\cdot 2}$	$T_{2\cdot 2}$	$\cdots$	$T_{l\cdot 2}$	$T_{\cdot\cdot 2}$
$\vdots$	$\vdots$	$\vdots$	$\ddots$	$\vdots$	$\vdots$
C_n	$T_{1\cdot n}$	$T_{2\cdot n}$	$\cdots$	$T_{l\cdot n}$	$T_{\cdot\cdot n}$
계	$T_{1\cdot\cdot}$	$T_{2\cdot\cdot}$	$\cdots$	$T_{l\cdot\cdot}$	T

	B_1	B_2	$\cdots$	B_m	계
C_1	$T_{\cdot 11}$	$T_{\cdot 21}$	$\cdots$	$T_{\cdot m1}$	$T_{\cdot\cdot 1}$
C_2	$T_{\cdot 12}$	$T_{\cdot 22}$	$\cdots$	$T_{\cdot m2}$	$T_{\cdot\cdot 2}$
$\vdots$	$\vdots$	$\vdots$	$\ddots$	$\vdots$	$\vdots$
C_n	$T_{\cdot 1n}$	$T_{\cdot 2n}$	$\cdots$	$T_{\cdot mn}$	$T_{\cdot\cdot n}$
계	$T_{\cdot 1\cdot}$	$T_{\cdot 2\cdot}$	$\cdots$	$T_{\cdot m\cdot}$	T

$$SS_T = \sum_{i=1}^{l}\sum_{j=1}^{m}\sum_{k=1}^{n}(x_{ijk} - \overline{\overline{x}})^2$$

$$SS_A = \sum_{i=1}^{l}\sum_{j=1}^{m}\sum_{k=1}^{n}(\overline{x}_{i\cdot\cdot} - \overline{\overline{x}})^2 = mn\sum_{i=1}^{l}(\overline{x}_{i\cdot\cdot} - \overline{\overline{x}})^2$$

$$SS_B = \sum_{i=1}^{l}\sum_{j=1}^{m}\sum_{k=1}^{n}(\overline{x}_{\cdot j\cdot} - \overline{\overline{x}})^2 = ln\sum_{j=1}^{m}(\overline{x}_{\cdot j\cdot} - \overline{\overline{x}})^2$$

$$SS_C = \sum_{i=1}^{l}\sum_{j=1}^{m}\sum_{k=1}^{n}(\overline{x}_{\cdot\cdot k} - \overline{\overline{x}}$$

$$SS_{A\times B} = \sum_{i=1}^{l}\sum_{j=1}^{m}\sum_{k=1}^{n}(\overline{x}_{ij\cdot} - \overline{x}_{i\cdot\cdot} - \overline{x}_{\cdot j\cdot} + \overline{\overline{x}})^2$$

$$= n\sum_{i=1}^{l}\sum_{j=1}^{m}(\overline{x}_{ij\cdot} - \overline{x}_{i\cdot\cdot} - \overline{x}_{\cdot j\cdot} + \overline{\overline{x}})^2$$

$$SS_{A\times C} = \sum_{i=1}^{l}\sum_{j=1}^{m}\sum_{k=1}^{n}(\overline{x}_{i\cdot k} - \overline{x}_{i\cdot\cdot} - \overline{x}_{\cdot\cdot k} + \overline{\overline{x}})^2$$

$$= m\sum_{i=1}^{l}\sum_{k=1}^{n}(\overline{x}_{i\cdot k} - \overline{x}_{i\cdot\cdot} - \overline{x}_{\cdot\cdot k} + \overline{\overline{x}})^2$$

$$SS_{B\times C} = \sum_{i=1}^{l}\sum_{j=1}^{m}\sum_{k=1}^{n}(\overline{x}_{\cdot jk} - \overline{x}_{\cdot j\cdot} - \overline{x}_{\cdot\cdot k} + \overline{\overline{x}})^2$$

$$= l\sum_{j=1}^{m}\sum_{k=1}^{n}(\overline{x}_{\cdot jk} - \overline{x}_{\cdot j\cdot} - \overline{x}_{\cdot\cdot k} + \overline{\overline{x}})^2$$

$$SS_E = \sum_{i=1}^{l}\sum_{j=1}^{m}\sum_{k=1}^{n}(x_{ijk} - \overline{x}_{ij\cdot} - \overline{x}_{i\cdot k} - \overline{x}_{\cdot jk} + \overline{x}_{i\cdot\cdot} + \overline{x}_{\cdot j\cdot} + \overline{x}_{\cdot\cdot k} - \overline{\overline{x}})^2$$

$$SS_T = SS_A + SS_B + SS_C + SS_{A\times B} + SS_{A\times C} + SS_{B\times C} + SS_E$$

분산분석표

요인	제곱합	자유도	평균제곱	F
A	SS_A	$\phi_A = l-1$	$MS_A = SS_A/\phi_A$	F_A
B	SS_B	$\phi_B = m-1$	$MS_B = SS_B/\phi_B$	F_B
C	SS_C	$\phi_C = n-1$	$MS_C = SS_C/\phi_C$	F_C
$A\times B$	$SS_{A\times B}$	$\phi_{A\times B} = (l-1)(m-1)$	$MS_{A\times B} = SS_{A\times B}/\phi_{A\times B}$	$F_{A\times B} = MS_{A\times B}/MS_E$
$A\times C$	$SS_{A\times C}$	$\phi_{A\times C} = (l-1)(n-1)$	$MS_{A\times C} = SS_{A\times C}/\phi_{A\times C}$	$F_{A\times C} = MS_{A\times C}/MS_E$
$B\times C$	$SS_{B\times C}$	$\phi_{B\times C} = (m-1)(n-1)$	$MS_{B\times C} = SS_{B\times C}/\phi_{B\times C}$	$F_{B\times C} = MS_{B\times C}/MS_E$
E	SS_E	$\phi_E = (l-1)(m-1)(n-1)$	$MS_E = SS_E/\phi_E$	
T	SS_T	$\phi_T = lmn-1$		

A, B, C가 모두 모수인자인 경우

$F_A = MS_A / MS_E$, $F_B = MS_B / MS_E$, $F_C = MS_C / MS_E$

$F_A > F(\phi_A, \phi_E ; \alpha)$이면 A인자가 유의

$F_B > F(\phi_B, \phi_E ; \alpha)$이면 B인자가 유의

$F_C > F(\phi_C, \phi_E ; \alpha)$이면 C인자가 유의

$F_{A\times B} > F(\phi_{A\times B}, \phi_E ; \alpha)$이면 A와 B의 교호작용이 유의

$F_{A\times C} > F(\phi_{A\times C}, \phi_E ; \alpha)$이면 A와 C의 교호작용이 유의

$F_{B\times C} > F(\phi_{B\times C}, \phi_E ; \alpha)$이면 B와 C의 교호작용이 유의

A와 B는 모수인자, C는 변량인자인 경우

$F_A = MS_A / MS_{A\times C}$, $F_B = MS_B / MS_{B\times C}$, $F_C = MS_C / MS_E$

$F_A > F(\phi_A, \phi_{A\times C} ; \alpha)$이면 A인자가 유의

$F_B > F(\phi_B, \phi_{B\times C} ; \alpha)$이면 B인자가 유의

$F_C > F(\phi_C, \phi_E ; \alpha)$이면 C인자가 유의

$F_{A\times B} > F(\phi_{A\times B}, \phi_E ; \alpha)$이면 A와 B의 교호작용이 유의

$F_{A\times C} > F(\phi_{A\times C}, \phi_E ; \alpha)$이면 A와 C의 교호작용이 유의

$F_{B\times C} > F(\phi_{B\times C}, \phi_E ; \alpha)$이면 B와 C의 교호작용이 유의

주메뉴를 사용하는 방법은 두 가지가 있는데

▶ [방법1] STAT → ANOVA → General Linear Model...

▶ [방법2] STAT → ANOVA → Balanced ANOVA...

여기에서 인자들이 모두 모수인자일 경우에는 [방법1]과 [방법2] 중 어느 것을 써도 무방하다.

[CaseStudy 10.5a] 어떤 화학제품의 합성반응 공정에서 합성률(%)을 향상시킬

수 있는가를 검토하기 위하여 합성반응의 중요한 인자라고 생각되는 다음의 세 가지 인자를 각각 3수준씩 선택하였다.

반응압력 (kg/㎠) : $A_1 = 8$ $A_2 = 10$ $A_3 = 12$

반응시간 (hr) : $B_1 = 1.5$ $B_2 = 2.0$ $B_3 = 2.5$

반응온도 (℃) : $C_1 = 140$ $C_2 = 150$ $C_3 = 160$

[표 10.5a] 화학제품 합성률(단위 :%)

		A_1	A_2	A_3
B_1	C_1	74	61	50
	C_2	86	78	70
	C_3	76	71	60
B_2	C_1	72	62	49
	C_2	91	81	68
	C_3	87	77	64
B_3	C_1	48	55	52
	C_2	65	72	69
	C_3	56	63	60

데이터는 워크시트에 다음과 같이 입력한다.

화학제품 합성률.MTW ***

↓	C1-T	C2-T	C3-T	C4	C5	C6	C7	C8
	반응압력	반응시간	반응온도	합성률(%)				
1	8kg/㎠	1.5hr	140℃	74				
2	8kg/㎠	1.5hr	150℃	86				
3	8kg/㎠	1.5hr	160℃	76				
4	8kg/㎠	2hr	140℃	72				
5	8kg/㎠	2hr	150℃	91				
6	8kg/㎠	2hr	160℃	87				
7	8kg/㎠	2.5hr	140℃	48				
8	8kg/㎠	2.5hr	150℃	65				
9	8kg/㎠	2.5hr	160℃	56				
10	10kg/㎠	1.5hr	140℃	61				
11	10kg/㎠	1.5hr	150℃	78				

▶ [방법1] STAT → ANOVA → General Linear Model...

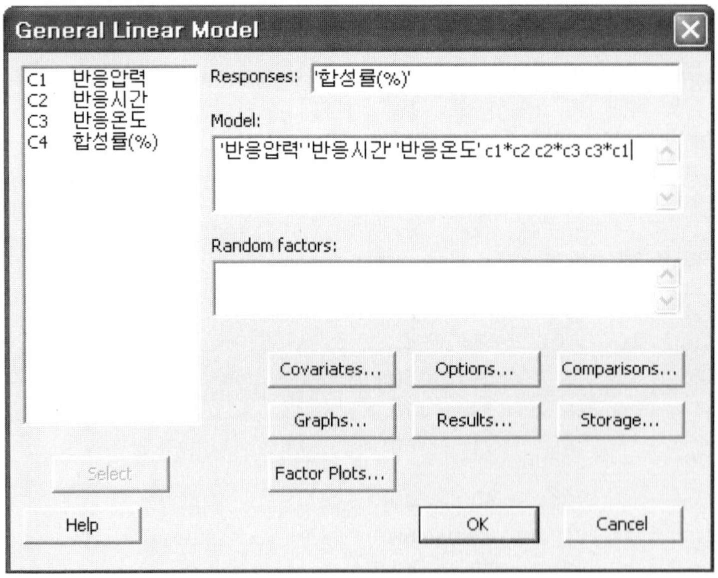


```
General Linear Model: 합성률(%) versus 반응압력, 반응시간, 반응온도

Factor    Type   Levels  Values
반응압력  fixed       3  10kg/cm², 12kg/cm², 8kg/cm²
반응시간  fixed       3  1.5hr, 2.5hr, 2hr
반응온도  fixed       3  140℃, 150℃, 160℃


Analysis of Variance for 합성률(%), using Adjusted SS for Tests

Source              DF   Seq SS   Adj SS   Adj MS       F      P
반응압력             2   743.63   743.63   371.81  164.57  0.000
반응시간             2   753.41   753.41   376.70  166.74  0.000
반응온도             2  1380.96  1380.96   690.48  305.62  0.000
반응압력*반응시간    4   651.93   651.93   162.98   72.14  0.000
반응시간*반응온도    4    56.59    56.59    14.15    6.26  0.014
반응압력*반응온도    4     9.04     9.04     2.26    1.00  0.461
Error                8    18.07    18.07     2.26
Total               26  3613.63

S = 1.50308   R-Sq = 99.50%   R-Sq(adj) = 98.37%

Unusual Observations for 합성률(%)

Obs  합성률(%)      Fit  SE Fit  Residual  St Resid
  1    74.0000  71.8519  1.2609    2.1481      2.63 R

R denotes an observation with a large standardized residual.
```

상호작용 '반응압력*반응온도'의 P-값이 '0.461'로 유의하지 않으므로 오차항에 풀링시킨 모형을 만들어 재적합할 필요가 있음을 알 수 있다. 오차항에 풀링하는 것은 매우 간단하다. 대화상자의 모형설정에서 해당 항을 삭제하고 실행하면 삭제된 항은 오차항에 풀링되어 모형적합 결과가 나타난다. 여기에서는 유의하지 않은 교호작용항이 하나이므로 그 항만을 삭제하고 실행하면 되지만 만일 여러 개의 교호작용항이 유의하지 않다면 원칙적으로 가장 유의하지 않은 즉 p-값이 가장 큰 항부터 제거하고 다시 실행한다. 그리고 또 유의하지 않은 교호작용항이 있으면 또 제거하고 실행한다. 즉 유의하지 않은 교호작용항들을 한 번에 제거하지 않고 순차적으로 제거해야 한다. 왜냐하면 가장 유의하지 않은 교호작용 항을 제거하고 실행하면 기존에 남아 있는 항들에 다소간에 영향을 주게 되어 유의성이 달라진다. 그러므로 5%를 기준으로 한다면 p-값이 0.056으로 약간 상회하는 정도로 유의하지 않다면 보다 더 유의하지 않은 항을 제거함으로서 영향을 받아 유의한 항으로 남게 될 수도 있기 때문이다.

오차항에 풀링

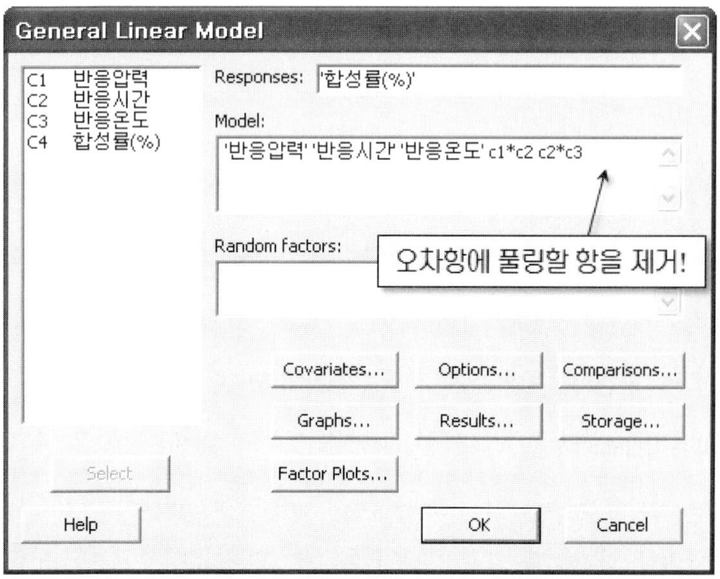

```
Analysis of Variance for 합성률(%), using Adjusted SS for Tests

Source              DF   Seq SS   Adj SS   Adj MS       F      P
반응압력              2   743.63   743.63   371.81  164.57  0.000
반응시간              2   753.41   753.41   376.70  166.74  0.000
반응온도              2  1380.96  1380.96   690.48  305.62  0.000
반응압력*반응시간      4   651.93   651.93   162.98   72.14  0.000
반응시간*반응온도      4    56.59    56.59    14.15    6.26  0.006
Error               12    27.11    27.11     2.26
Total               26  3613.63

S = 1.50308   R-Sq = 99.25%   R-Sq(adj) = 98.37%

Unusual Observations for 합성률(%)

Obs  합성률(%)      Fit  SE Fit  Residual  St Resid
  1   74.0000  70.7778  1.1203    3.2222      3.22 R
  3   76.0000  78.1111  1.1203   -2.1111     -2.11 R
 19   50.0000  52.1111  1.1203   -2.1111     -2.11 R

R denotes an observation with a large standardized residual.
```

위 결과는 유의하지 않은 교호작용을 오차항에 풀링시켜서 다시 검정한 것이다. 여기에서 해석할 때 주의해야 할 사항은 반드시 고차의 교호작용부터 검정해야 한다. '반응압력*반응시간', '반응시간*반응온도'인 2원 교호작용이 유의하다는 의미는 두 요인의 수준조합인 처리간의 평균차가 인정된다는 의미이므로 앞의 각 주효과를 따로 떼어서 유의하다고 해서는 안 된다. 앞의 3가지 주효과는 각 요인이 독립적으로 작용하는 효과가 유의함을 의미한다. 그런데 교호작용이 유의하다면 서로 교차된 효과가 있으므로 두 요인을 독립적으로 표현해서는 논리에 맞지 않는다. 간혹 다른 서적들을 보면 다음과 같이 표현된 것을 볼 수가 있다. 참고해 보자.

> **"반응압력, 반응시간, 반응온도 모두 합성률에 영향을 크게 미치고 있고 교호작용 '반응압력*반응시간', '반응시간*반응온도' 도 상당히 큼을 알 수 있다."**

이런 표현은 교호작용 효과가 통계적으로 유의하게 존재하는데도 불구하고 각 주효과를 독립적인 양 해석하고 있다. **"반응압력, 반응시간, 반응온도 모두 합성률에 영**

향을 크게 미치고 있고"라는 표현은 교호작용효과가 없을 때만 성립된다. 이렇게 표현한다는 것은 교호작용이 무엇인지 그 의미를 모르는 것으로 밖에 판단할 수 없다. 상기의 결과는 시간을 기준으로 압력과 온도의 교호작용이 존재하므로 각 주효과의 효과 따로 독립적으로 해설해서는 안 된다. 이럴 경우는 교호작용의 처리간의 차이를 검정해서 최적수준 조합을 찾아야 한다. 결국 어떤 수준 조합에서 합성률(%)이 최대가 되는가를 찾는 것이 분석의 목적이기 때문이다.

최적수준을 찾기 위하여 데이터 워크시트에서 다음과 같이 문자 요인변수를 숫자로 코드화된 요인변수로 변경한다.

화학제품 합성률.MTW ***

↓	C1	C2	C3	C4	C5	C6	C7	C8
	반응압력	반응시간	반응온도	합성률(%)				
1	1	1	1	74				
2	1	1	2	86				
3	1	1	3	76				
4	1	2	1	72				
5	1	2	2	91				
6	1	2	3	87				
7	1	3	1	48				
8	1	3	2	65				
9	1	3	3	56				

이제 최적수준을 찾아보자. 메뉴에서 다음과 같이 접근한다.

▶ Stat >DOE >Response Surface >Analyze Response Surface Design...

아래와 같이 기존 설정모형대로 항을 설정한다.

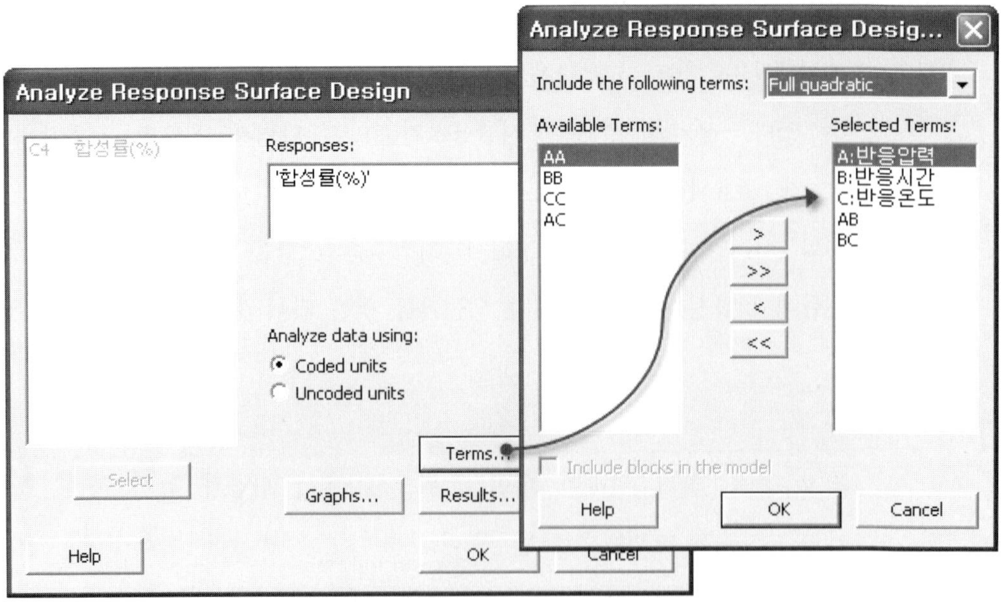

다음 최적화 단계로 가기 위해 다음과 같이 메뉴를 선택한다.

▶ Stat >DOE >Response Surface >Response Optimizer...

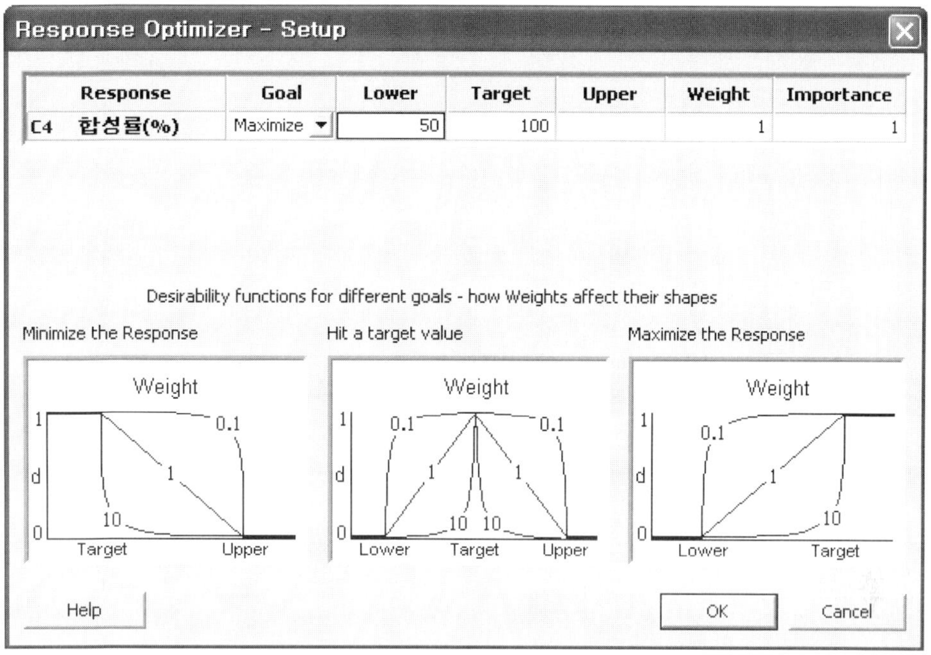

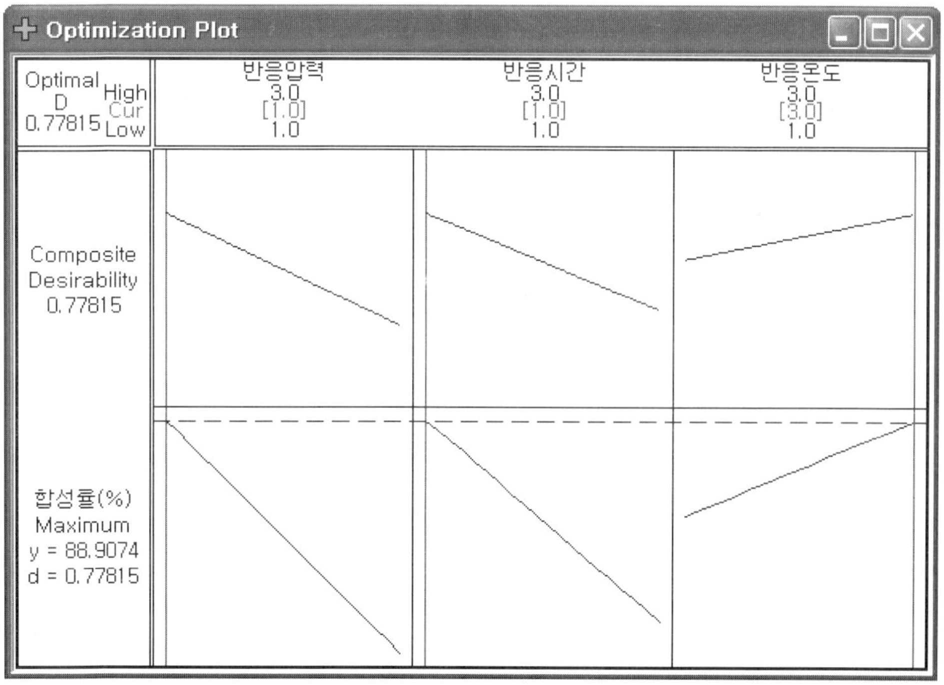

최적의 수준조합은 합성률을 최대로 할 경우 압력, 시간, 온도 순으로 코드는 1, 1, 3으로 나타났다. 이는 8㎏/㎠, 1.5hr, 160℃의 조합이 최적의 합성률을 나

타내며 그 추정값은 88.9074%로 나타났다.

다음은 ANOVA를 작성하는 두 번째 방법의 과정만 간략하게 정리하기로 한다. 해석의 과정은 앞과 동일하다.

▶ [방법2] STAT → ANOVA → Balanced ANOVA...

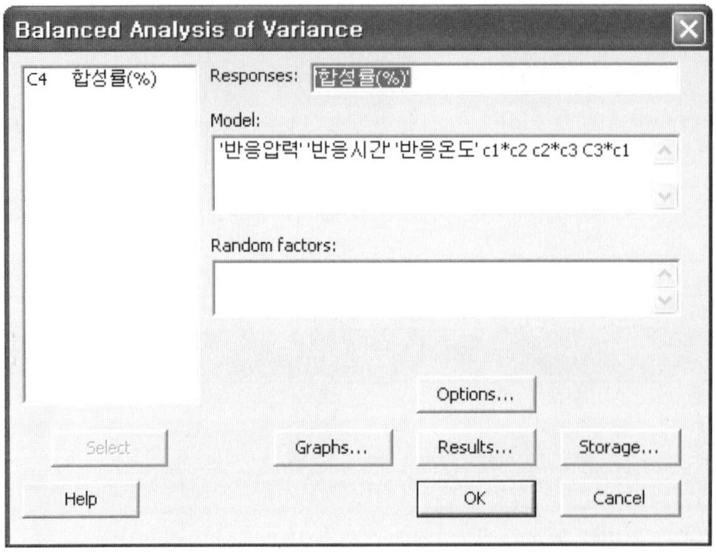

```
ANOVA: 합성률(%) versus 반응압력, 반응시간, 반응온도

Factor    Type   Levels  Values
반응압력  fixed       3  10kg/cm², 12kg/cm², 8kg/cm²
반응시간  fixed       3  1.5hr, 2.5hr, 2hr
반응온도  fixed       3  140℃, 150℃, 160℃


Analysis of Variance for 합성률(%)

Source              DF       SS      MS       F      P
반응압력             2   743.63  371.81  164.57  0.000
반응시간             2   753.41  376.70  166.74  0.000
반응온도             2  1380.96  690.48  305.62  0.000
반응압력*반응시간    4   651.93  162.98   72.14  0.000
반응시간*반응온도    4    56.59   14.15    6.26  0.014
반응압력*반응온도    4     9.04    2.26    1.00  0.461
Error                8    18.07    2.26
Total               26  3613.63


S = 1.50308   R-Sq = 99.50%   R-Sq(adj) = 98.37%
```

오차항에 풀링...

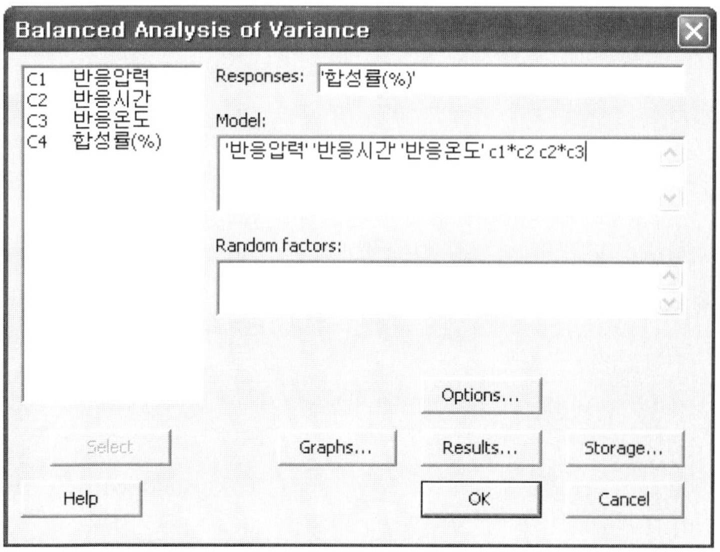

```
Analysis of Variance for 합성률(%)

Source              DF       SS      MS       F      P
반응압력              2   743.63  371.81  164.57  0.000
반응시간              2   753.41  376.70  166.74  0.000
반응온도              2  1380.96  690.48  305.62  0.000
반응압력*반응시간      4   651.93  162.98   72.14  0.000
반응시간*반응온도      4    56.59   14.15    6.26  0.006
Error               12    27.11    2.26
Total               26  3613.63

S = 1.50308   R-Sq = 99.25%   R-Sq(adj) = 98.37%
```

[CaseStudy 10.5b] 코우크스(cokes)의 강도에 영향을 미치는 배합탄의 입도 A와 배합비 B의 영향을 조사하기 위하여, 다음에 나타나는 수준들을 택하여 배합탄을 코우크스화하고 그 강도(드럼 15㎜지수)를 측정하였다.

이때 4×3=12회의 실험을 랜덤하게 1회 행하고, 다음으로 다시 12회의 실험을 반복(반복인자 R)하여 위와 같은 결과를 얻었다. 분산분석을 행하고 각 요인의 영향을 검토하라.

배합탄입도(3㎜이하의 %) : $A_1 = 75$, $A_2 = 80$, $A_3 = 85$, $A_4 = 90$

배합탄의 배합비 : $B_1 = 10$, $B_2 = 20$, $B_3 = 30$

[표 10.5b] 코우크스(cokes)의 강도 (단위:드럼지수)

	R_1				R_2			
	A_1	A_2	A_3	A_4	A_1	A_2	A_3	A_4
B_1	89.5	89.6	90.0	89.2	88.8	90.2	90.8	89.9
B_2	90.0	91.5	91.3	91.0	90.9	90.9	91.8	90.4
B_3	91.7	92.2	92.6	91.7	91.2	92.8	93.2	92.3

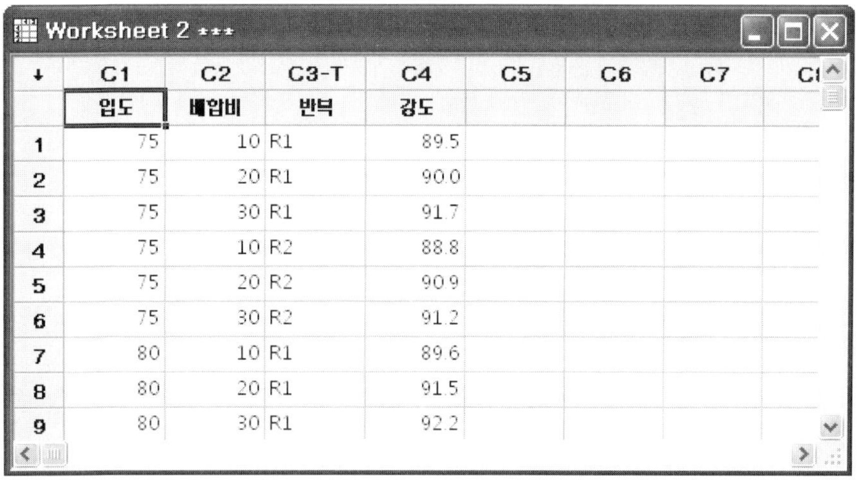

↓	C1	C2	C3-T	C4	C5	C6	C7
	입도	배합비	반복	강도			
1	75	10	R1	89.5			
2	75	20	R1	90.0			
3	75	30	R1	91.7			
4	75	10	R2	88.8			
5	75	20	R2	90.9			
6	75	30	R2	91.2			
7	80	10	R1	89.6			
8	80	20	R1	91.5			
9	80	30	R1	92.2			

▶ STAT → ANOVA → Balanced ANOVA...

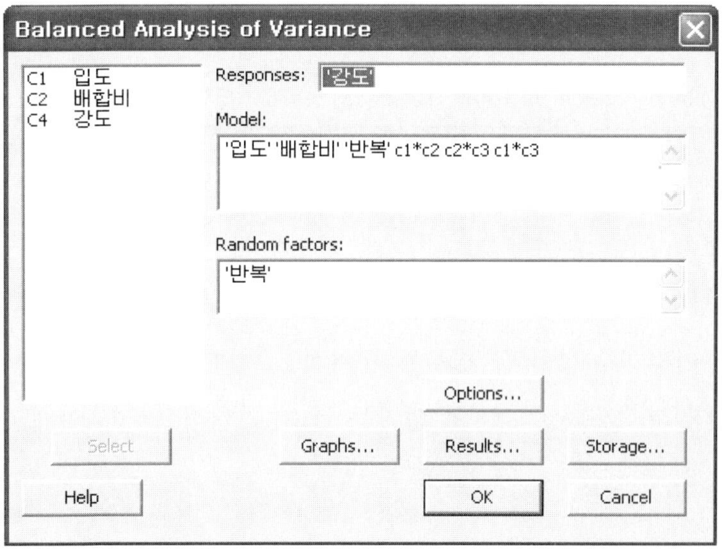

```
ANOVA: 강도 versus 입도, 배합비, 반복

Factor  Type    Levels  Values
입도    fixed        4  75, 80, 85, 90
배합비  fixed        3  10, 20, 30
반복    random       2  R1, R2


Analysis of Variance for 강도

Source        DF       SS       MS       F      P
입도           3   5.4212   1.8071   13.29  0.031
배합비         2  24.2558  12.1279  218.85  0.005
반복           1   0.3504   0.3504      **
입도*배합비    6   0.0975   0.0163    0.06  0.998
배합비*반복    2   0.1108   0.0554    0.20  0.825
입도*반복      3   0.4079   0.1360    0.49  0.704
Error          6   1.6758   0.2793
Total         23  32.3196

** Denominator of F-test is zero.

S = 0.528494   R-Sq = 94.81%   R-Sq(adj) = 80.12%
```

교호작용 '입도*배합비', '배합비*반복', '입도*반복'의 P-value가 각각 0.998, 0.704, 0.825로 매우 유의하지 않으므로 오차항에 풀링할 때 순차적으로 해야 하나 이런 경우는 한 번에 유의하지 않은 교호작용항들 모두를 제거하는 것이 더 낫다. 즉 이렇게 p-값이 큰 경우는 순차적으로 제거해도 유의하지 않은 항이 유의한 항으로 될 가능성은 거의 없다는 것을 경험적으로도 알게 된다.

오차항에 풀링...

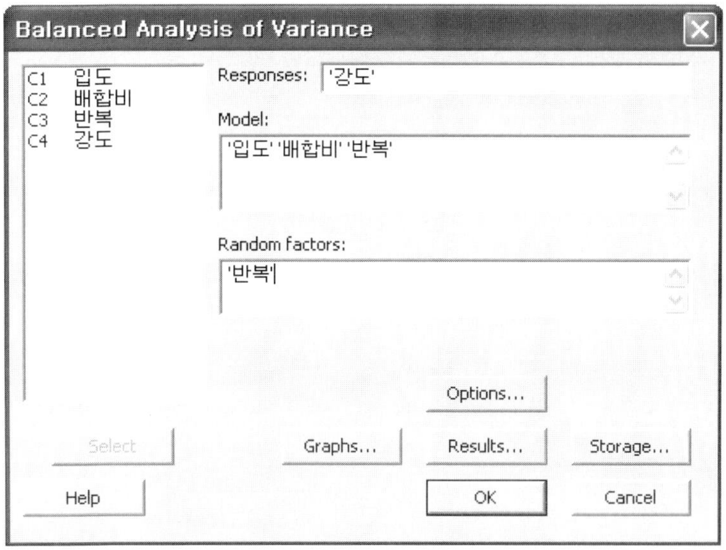


```
ANOVA: 강도 versus 입도, 배합비, 반복

Factor  Type    Levels  Values
입도    fixed        4  75, 80, 85, 90
배합비  fixed        3  10, 20, 30
반복    random       2  R1, R2


Analysis of Variance for 강도

Source  DF       SS       MS      F      P
입도     3   5.4212   1.8071  13.40  0.000
배합비   2  24.2558  12.1279  89.95  0.000
반복     1   0.3504   0.3504   2.60  0.125
Error   17   2.2921   0.1348
Total   23  32.3196


S = 0.367190   R-Sq = 92.91%   R-Sq(adj) = 90.41%
```

교호작용 '입도*배합비', '배합비*반복', '입도*반복'의 P-value가 각각 0.998, 0.704, 0.825로 유의하지 않으므로 오차항에 풀링시켜서 다시 검정한 결과 배합탄의 입도와 배합비가 코우크스의 강도에 영향을 미치는 것을 알 수 있다. 이제 최적수준을 찾아야 한다. 메뉴에서 다음과 같이 접근한다.

▶ Stat >DOE >Response Surface >Analyze Response Surface Design...

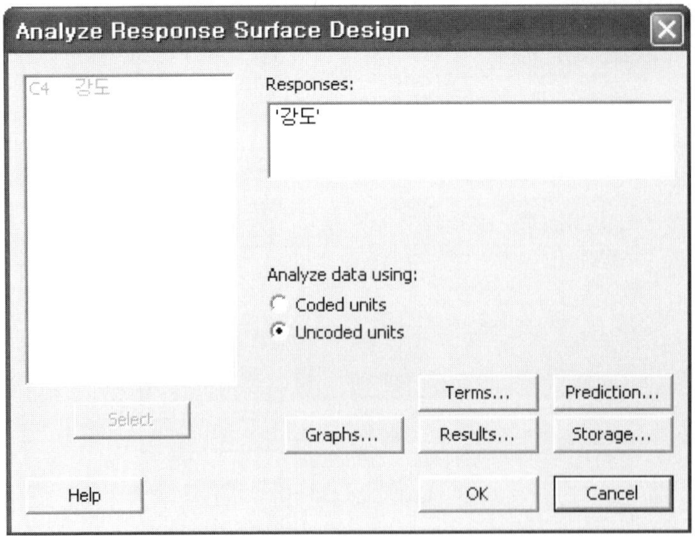


```
Response Optimization

Parameters

      Goal     Lower  Target  Upper  Weight  Import
강도  Maximum     20     100    100       1       1

Global Solution

입도    =   83.5717
배합비  =        30

Predicted Responses

강도  =   92.7676 ,   desirability =   0.909596

Composite Desirability = 0.909596
```

이제 준비가 되었으니 최적화 모듈을 실행해 보자.

▶ Stat >DOE >Response Surface > Response Optimizer...

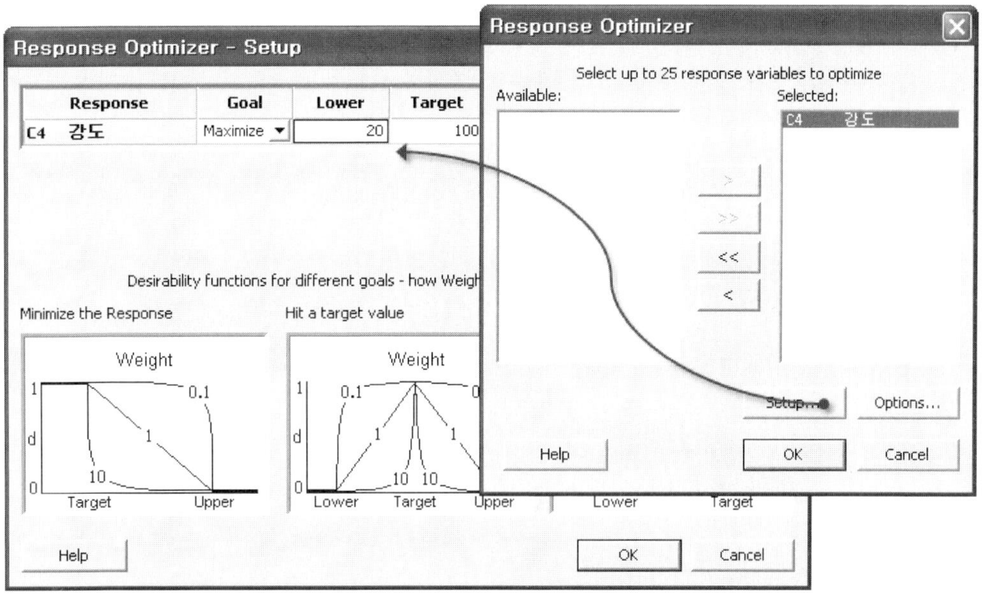

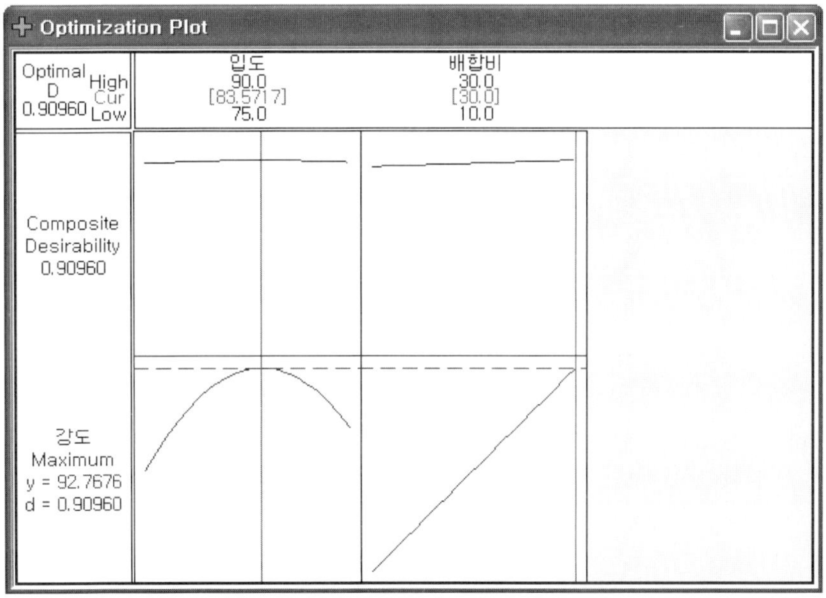

결과를 보면 최적수준은 입도 83.57, 배합비 30으로 결정되었다. 이때 최적강도는 92.7676으로 나타난다.

10.5.2 반복이 있는 삼원배치법

반복이 있는 삼원배치법의 경우에는 3인자 교호작용 $A \times B \times C$를 오차항과 분리하여 구할 수 있다.

[CaseStudy 10.7] 사이클로헥산(cyclohexane)을 압력을 가하여 산화시켜 사이클로헥사놀(cyclohexanol)과 사이클로헥사논(cyclohexanone)을 만드는 제조공정에서 수율을 올리기 위한 조건을 찾기 위하여 다음의 조건으로 3×3×3×2=54회의 실험을 랜덤한 순서로 행하여 다음의 결과(사이클로헥산.xlsx)를 얻었다.

반응압력(atm) : $A_1 = 8$, $A_2 = 10$, $A_3 = 12$

반응시간(hr) : $B_1 = 1.5$, $B_2 = 3$, $B_3 = 4.5$

반응온도(℃) : $C_1 = 130$, $C_2 = 150$, $C_3 = 170$

반복 2회

		반응압력					
시간	온도	A1		A2		A3	
B1	C1	73	65	60	58	49	51
	C2	85	79	77	81	69	66
	C3	75	72	70	77	59	68
B2	C1	71	70	61	64	48	45
	C2	90	80	80	77	67	75
	C3	86	82	76	72	63	74
B3	C1	47	49	54	52	51	60
	C2	64	66	71	68	68	61
	C3	55	49	62	65	59	56

▶ Stat > ANOVA > General Linear Model...

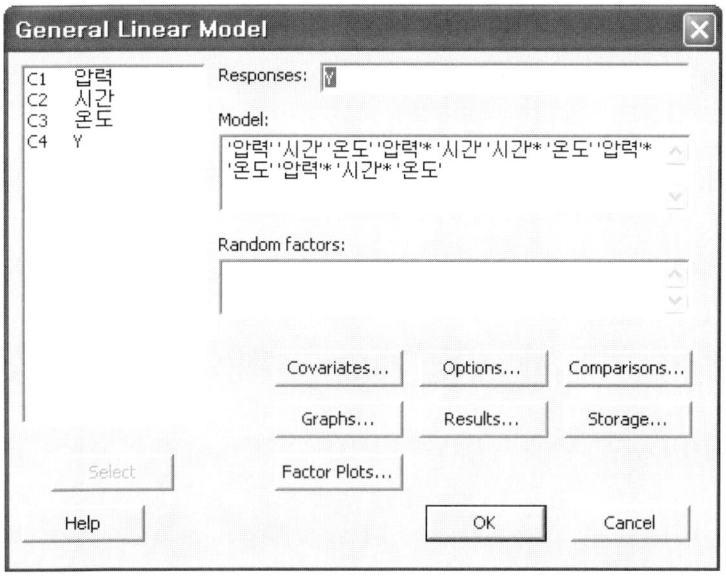

완전모형을 지정하기 위하여 다음과 같이 모형을 지정한다.

'압력' '시간' '온도' '압력'*'시간' '시간'*'온도' '압력'*'온도' '압력'*'시간'*'온도'

검정을 할 때 가장 먼저 검토해야 하는 것은 고차의 교호작용항부터 검정해야 한다. 그러므로 3차 교호작용 '압력×시간×온도'를 보면 유의하지 않고 '압력×온도'와 '시간×온도'도 유의하지 않다. 그러나 '압력×시간은 유의하기 때문에 '압력'과 '시간'의 교호작용이 인정되므로 이 두 인자를 따로 독립적으로 해석할 수 없다. '압력×시간'과 수율에 영향을 미치며 온도의 주효과의 p-값이 0.000으로 유의하므로 '온도'는 독립적으로 수율에 영향을 미친다고 할 수 있다.

General Linear Model: Y versus 압력, 시간, 온도

Factor	Type	Levels	Values
압력	fixed	3	8, 10, 12
시간	fixed	3	1.5, 3.0, 4.5
온도	fixed	3	130, 150, 170

Analysis of Variance for Y, using Adjusted SS for Tests

Source	DF	Seq SS	Adj SS	Adj MS	F	P
압력	2	891.59	891.59	445.80	29.29	0.000
시간	2	1550.26	1550.26	775.13	50.92	0.000
온도	2	2505.48	2505.48	1252.74	82.30	0.000
압력*시간	4	878.30	878.30	219.57	14.42	0.000
시간*온도	4	157.41	157.41	39.35	2.59	0.060
압력*온도	4	51.07	51.07	12.77	0.84	0.513
압력*시간*온도	8	169.70	169.70	21.21	1.39	0.244
Error	27	411.00	411.00	15.22		
Total	53	6614.81				

S = 3.90157   R-Sq = 93.79%   R-Sq(adj) = 87.80%

오차항에 풀링하기 전에 주변평균 도표와 상호작용도표를 그려보자.

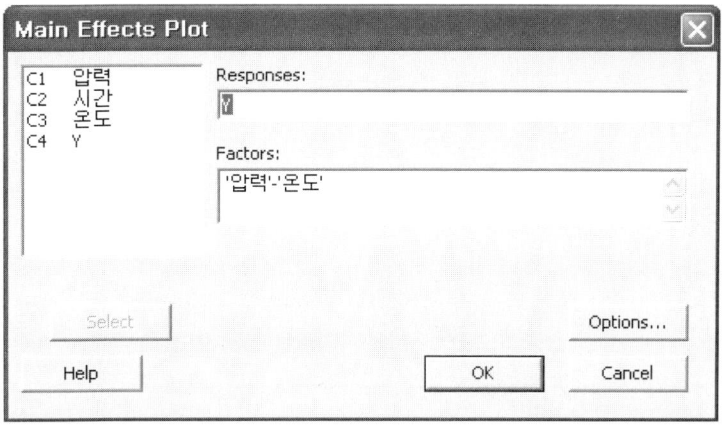

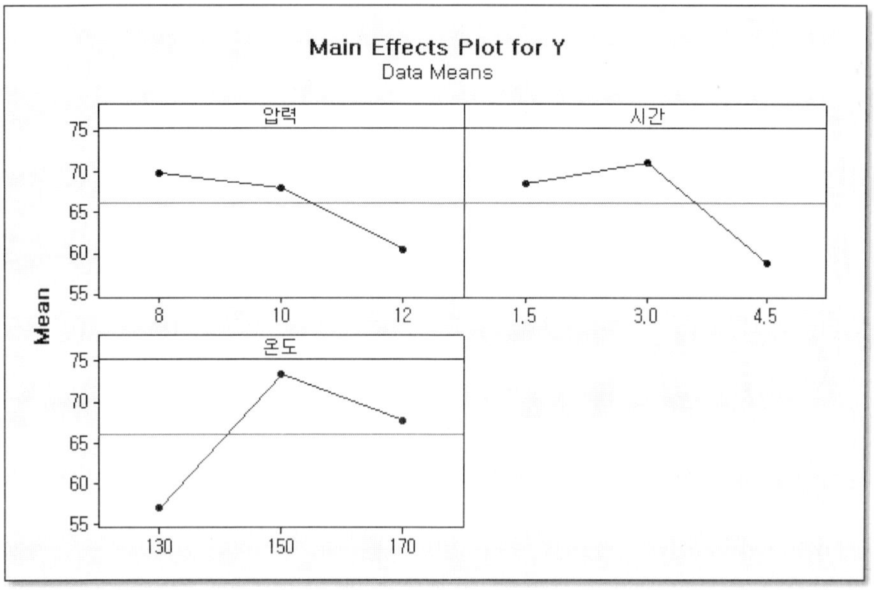

위의 도표는 주변평균도표이다. 각 주효과의 최적수율을 감 잡을 수는 있다. 아직은 검정을 마치지 않았으므로 대략적인 추측정도만 가능하다. 온도는 수율의 변동폭이 가장 크다. 그리고 150도에서 수율의 평균이 가장 큼을 알 수 있다. 그리고 압력과 시간은 교호작용이 유의하므로 판단하기는 이르지만 압력은 8, 시간은 3 정도가 수율이 클 것으로 기대 되나 이는 각 인자를 독립적으로 본 결과이므로 판단이 잘못될 수 있음을 명심해야 한다.

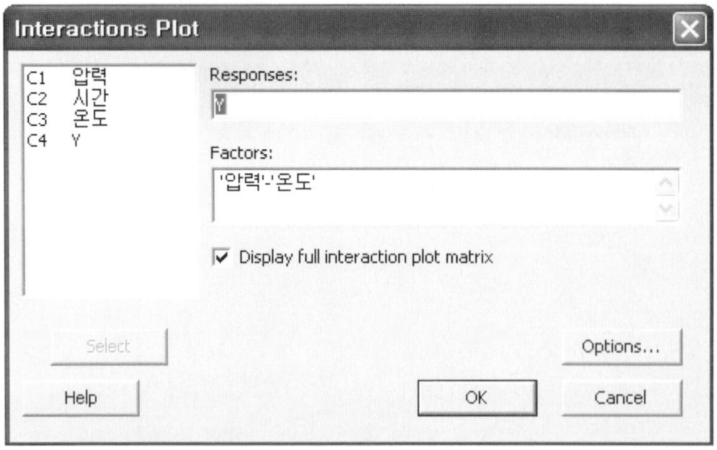

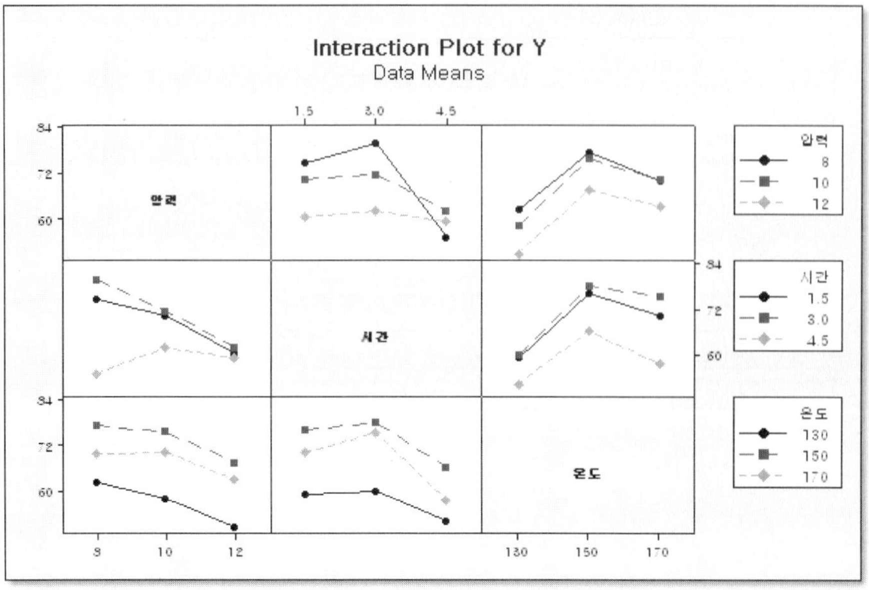

위의 도표는 각 인자들의 교호작용의 여부를 판단할 수 있는 도표이다. 선도표의 선들이 서로 평해하면 교호작용이 없는 것으로 판단하면 교차된 정도가 심할수록 교호작용효과가 강한 것으로 판단한다. 그러나 앞의 ANOVA 표에서 검정하는 것이 핵심이므로 도표상에 교호작용의 유무가 판단된다고 하더라도 결국은 ANOVA 표에서 p-값을 판단하게 된다.

이제 풀링할 항들을 풀링하여 최적수준조합을 찾아보자.

▶ Stat >DOE >Response Surface >Analyze Response Surface Design...

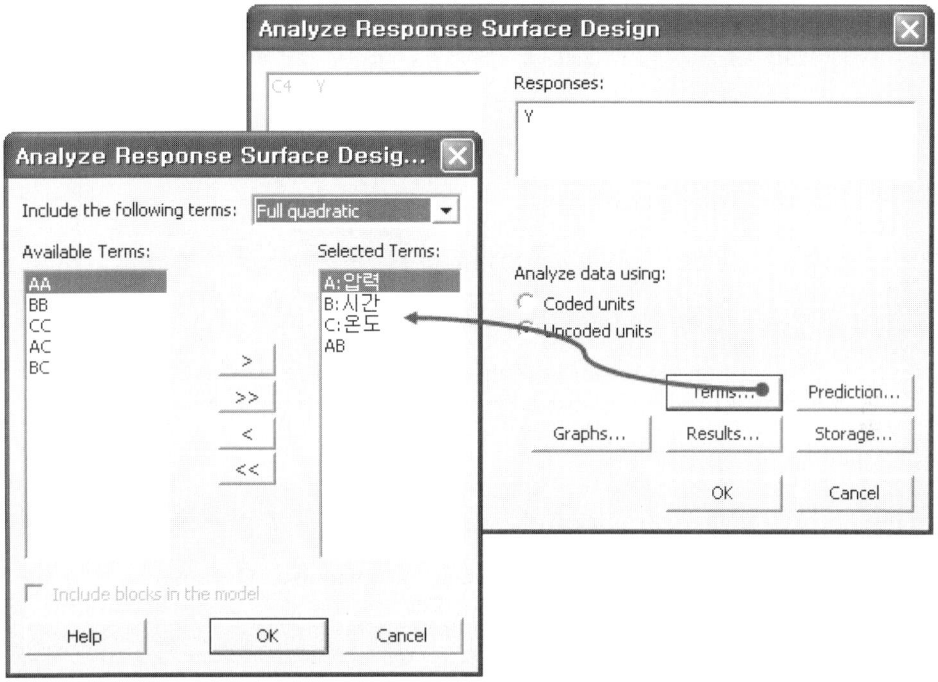


```
Response Surface Regression: Y versus 압력, 시간, 온도

The analysis was done using uncoded units.

Estimated Regression Coefficients for Y

Term          Coef   SE Coef       T      P
Constant   106.120   21.3383   4.973  0.000
압력        -7.014    1.8378  -3.816  0.000
시간       -18.833    5.7467  -3.277  0.002
온도         0.267    0.0695   3.839  0.000
압력*시간    1.556    0.5672   2.743  0.008


S = 8.33549    PRESS = 4149.28
R-Sq = 48.53%  R-Sq(pred) = 37.27%  R-Sq(adj) = 44.33%
```

```
Analysis of Variance for Y

Source          DF  Seq SS  Adj SS  Adj MS      F      P
Regression       4  3210.3  3210.3  802.57  11.55  0.000
  Linear         3  2687.6  2054.5  684.85   9.86  0.000
  Interaction    1   522.7   522.7  522.67   7.52  0.008
Residual Error  49  3404.5  3404.5   69.48
  Lack-of-Fit   22  2993.5  2993.5  136.07   8.94  0.000
  Pure Error    27   411.0   411.0   15.22
Total           53  6614.8


Unusual Observations for Y

Obs  StdOrder       Y     Fit  SE Fit  Residual  St Resid
  5         5  90.000  70.843   1.794    19.157    2.35 R
 36        36  49.000  66.593   3.158   -17.593   -2.28 R

R denotes an observation with a large standardized residual.
```

이제 준비가 되었으니 최적화 모듈을 실행해서 최적조건을 찾아보자.

▶ Stat >DOE >Response Surface > Response Optimizer...

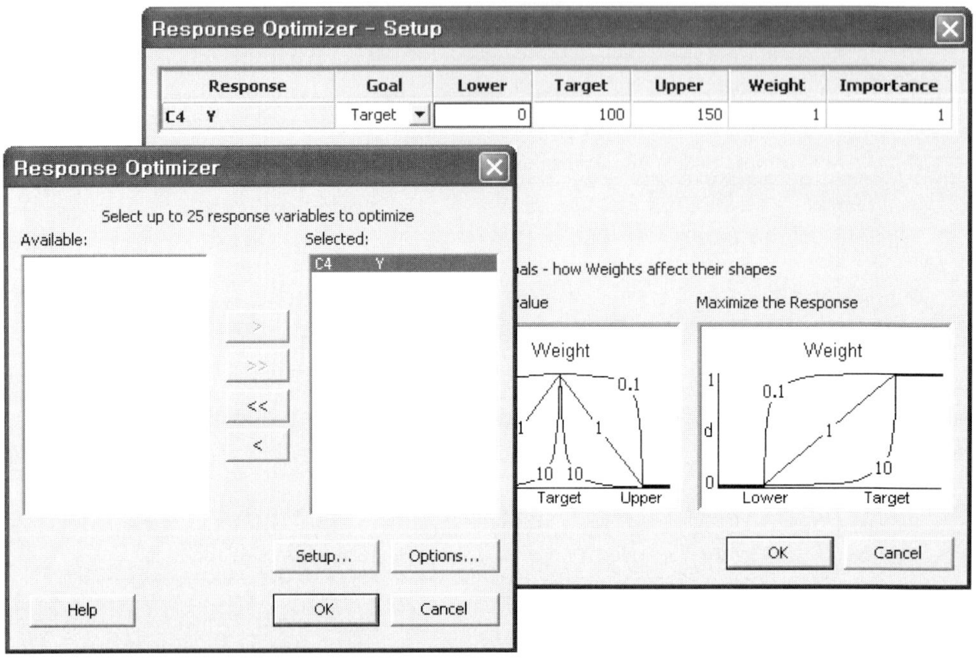

```
Response Optimization

Parameters

   Goal     Lower  Target  Upper  Weight  Import
Y  Target       0     100    150       1       1

Global Solution

압력   =    8
시간   =  1.5
온도   =  170

Predicted Responses

Y   =   85.7593  ,   desirability =   0.857593

Composite Desirability = 0.857593
```

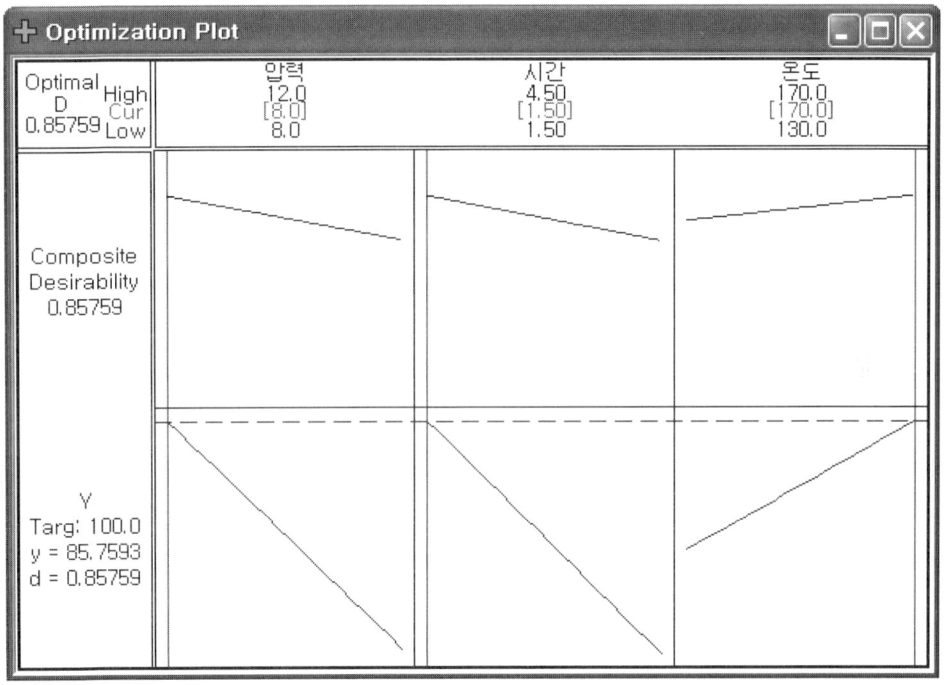

최적의 수준조합은 수율을 최대로 할 경우 압력, 시간, 온도 순으로 코드는 8, 1.5, 170으로 나타났다. 이는 8atm, 1.5hr, 170℃의 조합이 최적의 수율을 나타내며 그 최적수율은 85.7593%로 나타났다.

상관분석

실전 분석에서 주로 관심을 가지는 문제들 중의 하나는 여러 변수들 사이의 관계를 연구하는 것이다. 변수들 사이의 관계를 연구하는 기본적인 분석방법으로 상관분석과 회귀분석이 있는데, 이 장에서는 상관분석에 관하여 알아보기로 한다. 상관분석(correlation analysis)이란 두 변수 간에 상관관계가 존재하는지를 파악하고, 상관관계의 정도를 측정하는 것이다. 이 장에서는 변수들 간에 다양한 형태의 상관계수를 살펴보고, 이러한 상관계수를 통계적으로 어떻게 측정하는지를 살펴볼 것이다.

11.1 상관계수의 정의

통계학 측면에서 상관계수(correlation coefficient)란 선형관계를 나타내는 측도(measures)를 말하는 것으로 여기에서 선형관계, 즉 선형성(linearity)이라는 말은 2차원에서는 직선으로 표현되지만 3차원에서는 평평한 면으로 표현된다. 두 변수의 변수값이 산점도 상의 선형(직선)을 중심으로 분포되어 있는 정도를 나타낸다. 즉, 상관계수의 절대값이 '1'이면 모든 관측값이 정확하게 직선상에 나타나며 '0'에 가까울수록 직선상에서 이탈하여 원형의 형태로 퍼지게 된다.

상관분석에서 핵심적인 역할을 하는 것은 두 연속형 변수 간의 선형성을 측정해주는 상관계수로서 일반적으로 r로 나타낸다.

데이터의 구조가 다음과 같다고 할 때

i	$1 \ 2 \ \cdots \ n$
x	$x_1 \ x_2 \ \cdots \ x_n$
y	$y_1 \ y_2 \ \cdots \ y_n$

x와 y사이의 상관계수는 다음과 같이 계산된다.

$$r = \frac{Cov(x,y)}{\sqrt{Var(x)}\sqrt{Var(y)}}$$

$$= \frac{\sum_{i=1}^{n}(x_i - \overline{x})(y_i - \overline{y})}{\sqrt{\sum_{i=1}^{n}(x_i - \overline{x})^2}\sqrt{\sum_{i=1}^{n}(y_i - \overline{y})^2}} \quad , \text{ 단, } \overline{x} = \frac{1}{n}\sum_{i=1}^{n}x_i, \ \overline{y} = \frac{1}{n}\sum_{i=1}^{n}y_i$$

이렇게 계산된 상관계수의 범위는 $-1 \leq r \leq 1$이 된다.

11.2 상관계수의 성질

만약 x가 증가함에 따라 y가 증가하는 경향이 있으면 상관계수는 양의 값을 갖는다. 반대로, x가 증가함에 따라 y가 감소하는 경향이 있으면 상관계수는 음의 값을 갖는다. 만약 점들이 정확하게 직선 위에 있고 직선의 기울기가 양수이면 r은 +1이며, 점들이 정확하게 직선 위에 있고 직선의 기울기가 음수이면 r은 -1이다. 점들이 직선에 가까운 형태를 이룰수록 r은 +1 또는 -1에 가까워지며 x와 y의 상관관계는 강해진다.

만약 x와 y 사이에 상관성이 거의 없으면 r은 0에 가까울 것이다. 그러나 역은 사실이 아니다. 즉 r 이 0에 가까운 경우라도 x와 y 사이에는 밀접한 상관이 있을 수 있다. 다음의 [그림 11.2]는 상관계수 $r=0$ 인 두 가지 예를 보여준다. ① 도표는 거의 선형성이 없는 상태로 상관계수가 거의 0임을 보여주고, ② 도표는 강한 연관이 있으나 선형이 아님을 보여준다. 즉 점들이 직선상에 있지 않고 곡선상에 놓여있다. 상관계수는 점들이 얼마나 선형적인 연관성을 가지고 있는가를 측정해 주는 수치인 것이다. 그러므로 상관계수는 단지 선형의 정도를 나타낼 뿐 비선형의 정도를 표현하지는 못한다. 단지 상관계수의 절대값이 크다고 해서 연관성이 강하다고만 표현하면 오해의 소지가 있음을 알아야 한다. 이는 단지 선형관계가 강하다고 표현해야지 단순히 연관관계가 강하다는 표현을 해서 듣는 사람으로 하여금 오해를 유발할 소지를 남겨서는 안 된다. 아래의 [그림 11.2]는 상관계수만을 가지고 연관성을 분석할 경우 잘못된 판단을 할 수

[그림 11.2] 상관계수가 '0'인 두 가지 산점도

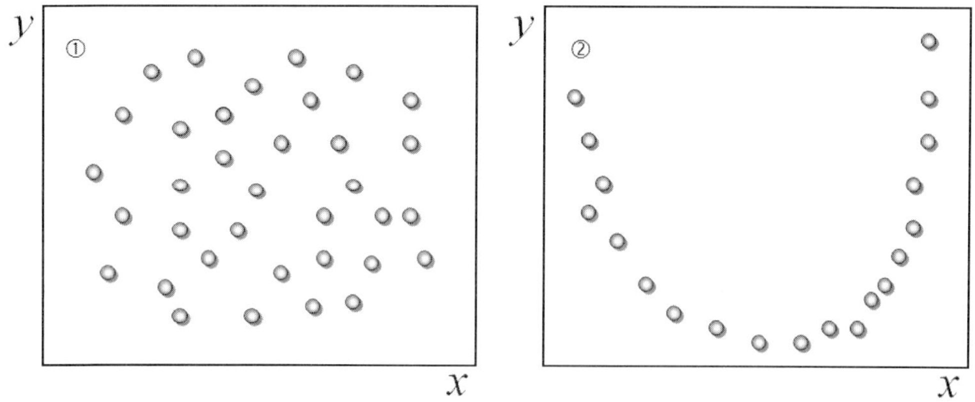

도 있다는 것을 보여주고 있다. 또 한 가지 주지해야 할 사항은 상관계수를 인과관계를 나타내는 양 표현하는 것이다. 상관계수는 결과 원인과 결과의 관계를 나타내는 척도가 아니다. 단지 선형에 얼마나 가까운 가만을 나타내는 척도임을 잊지 말기 바란다. 인과관계의 의미를 부여하게 되면 이는 상관분석이 아니라 회귀분석의 개념으로 이해해야 한다. 즉 x가 얼마나 커질 때 y가 얼마나

변화될지의 문제를 다루는 것은 회귀분석의 문제이다.

11.3 광고비와 매출액 간의 선형관계

일반적으로 광고를 많이 하면 이에 따른 매출이 증가하는 것으로 알려져 있다. 이러한 현상을 상관계수로 설명하면 양의 상관관계를 가진다고 한다. 그러나 상관계수는 단지 광고비가 커지면 판매가 증가하는 경향이 있다는 정도만을 설명한다. 그것도 선형적으로 증가할 것이라는 의미이다. 그런데 여기에서 광고비를 얼마나 증가시키면 매출액이 얼마나 증가할 것인가에 관심을 가진다면 이 문제는 회귀모형으로 풀어야 한다. 연속형 변수들에 대해 분석할 경우 가장 먼저 해야 될 일이 산점도를 작성하는 것이다. 산점도 상의 산점들의 형태에서 선형인지 아니면 곡선형인지 아님 어떤 경향이 있는지 없는지를 판단할 수 있게 된다. 산점도는 그 활용도면에서 매우 중요한 도구이므로 소홀함이 없어야 하겠다.

[CaseStudy 11.3a] 다음은 어느 회사의 광고비용과 판매액과의 관계를 나타내는 자료이다. 이 회사의 광고비와 판매액의 산점도를 작성하고 상관계수를 구해보기로 하자.

관측번호	1	2	3	4	5	6	7	8	9	10
광고비(x)	1.70	1.77	1.65	1.38	1.80	1.69	1.88	1.66	1.82	1.72
판매액(y)	6.7	7.2	5.3	4.8	7.5	7.4	9.4	6.8	9.1	8.7

관측번호	11	12	13	14	15	16	17	18	19	20
광고비(x)	1.80	1.53	1.63	1.68	1.43	1.72	1.66	1.86	1.82	1.50
판매액(y)	7.7	5.9	6.3	6.2	5.0	6.4	7.1	8.8	8.0	5.8

▶ Stat → Basic Statistic → Correlations...

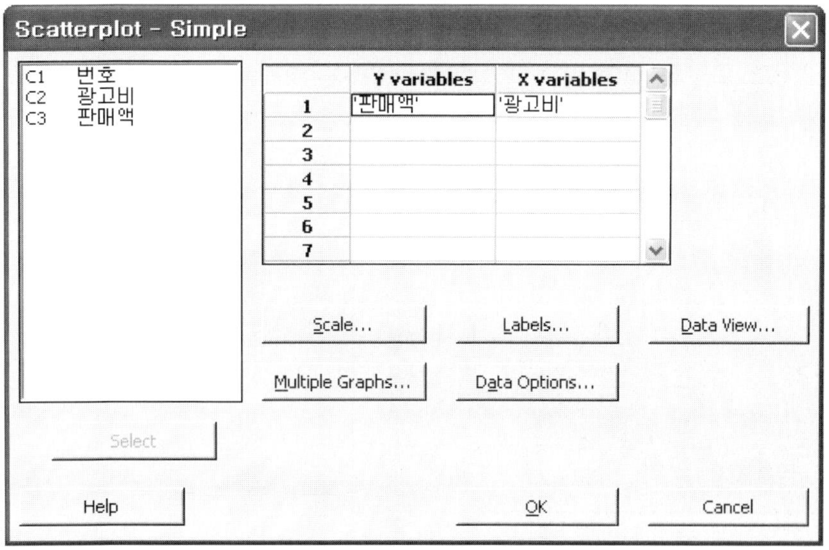

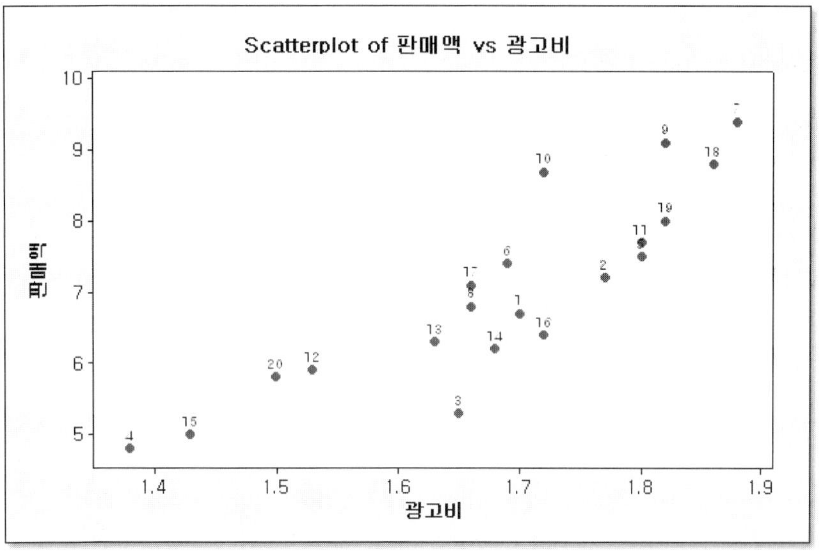

산점의 형태를 보면 선형성이 있으며 양의 상관성을 가짐을 짐작해 볼 수 있다. 그렇다면 이 정도의 경향(trend)을 가질 때 상관계수는 얼마 인지 계산해 보자.

▶ Stat → Basic Statistic → Correlation...

```
MTB > Correlation '광고비' '판매액'.

Correlations: 광고비, 판매액

Pearson correlation of 광고비 and 판매액 = 0.870
P-Value = 0.000
```

상관계수는 0.870으로 매우 큰 양의 상관으로 나타났다. 아래 p-값은 모집단 상관계수 ρ 에 관한 가설

$$H_0 : \rho = 0 \quad \text{vs} \quad H_1 : \rho \neq 0$$

으로 p-값이 유의수준보다 작으면 H_0 은 기각된다. 따라서 광고비와 매출액 간의 상관관계가 유의수준 1%에서 유의하다. 이는 모상관계수가 ‘0’이 아니므로 표본상관계수가 모상관계수의 추정치로 사용할 만 하다는 의미이다.

Introduction to
Behaviorally Statistical Data Analysis
using Minitab & SixSigma Tools for Excel

12

단순회귀분석

12.1 회귀분석의 개념

자연이나 사회현상의 규명에 있어서 관련된 변수들간의 상호관련성을 수학적인 함수의 형태로서 찾으려고 시도할 경우가 많다. 예를 들어 사업을 하는 사람이면 누구나 "어떻게 하면 판매량을 늘일 수 있는가?"에 대해 지대한 관심을 가지고 있을 것이다. 따라서 판매량을 증가시키기 위하여 인터넷 광고나 TV광고도 하고 신문에 광고를 싣기도 하며, 스티커나 입간판을 설치하기도 한다. 그러나 이러한 광고활동이 얼마나 판매량에 영향을 미치는가를 파악하기란 그리 쉽지가 않다. 그러므로 어떠한 요인이 제품의 판매를 결정짓는가를 알아내기 위하여 많은 노력을 기울이게 된다. 또한 자사가 제공하는 제품/서비스에 대한 고객의 이미지를 향상시키기 위하여 자사의 제품/서비스에 대해 고객들의 평가와 만족도를 측정하고 이에 대한 개선책을 마련하기도 한다. 이때 제품/서비스의 각 요소들에 대한 고객들의 평가와 종합적인 평가 사이에 어떠한 관계가 있는가를 먼저 파악해야 할 것이다.

또 다른 예로 어떤 플라스틱 제품의 강도가 그 제품을 만드는 공정상의 공정온도와 어떤 관련성을 가지고 있는가를 알고 싶은 경우이다. 이와 같이 변수들의 관련성을 그 변수들의 자료를 통하여 찾아낼 수 있다면, 한 변수의 변화로부터 다른 변수의 변화를 예측할 수도 있으며, 또한 관심있는 변수의 최적값은 이 변수에 영향을 주는 다른 변수가 어떤 값을 취할 때 얻어질 것인가를 결정하는데 도움을 줄 것이다.

회귀분석(regression analysis)이란 변수들간의 함수적인 관련성을 규명하기 위하여 어떤 수학적 모형을 가정하고, 이 모형을 측정된 변수들의 자료로부터 추정하는 통계적 분석방법을 말한다. 위에서 언급한 예에서 판매량이나 강도 등의 변수는 다른 변수의 영향을 받는 변수로서 종속변수(dependent variable) 또는 반응변수(response variable)라고 부르고, 이와 달리 광고나 공정온도 등은 다른 변수에 영향을 주는 변수로서 독립변수(independent variable) 또는 설명변수(explanatory variable)라고 부른다. 회귀분석이란 독립변수와 종속변수간의 함수관계를 통계적으로 찾아보는 분석방법이다.

일반적으로 회귀분석은 한 개의 독립변수와 한 개의 종속변수간의 관계 뿐아니라 여러 개의 변수들 간의 함수관계를 규명하는 데에도 많이 쓰이고 있으며 종속변수가 하나이고 독립변수가 하나인 경우는 단순회귀분석, 독립변수가 여러 개 있는 경우는 다중회귀분석이라 하면 종속변수가 여러 개인 경우는 다변량 회귀분석이라고 한다. 우선 가장 간단한 경우인 한 개의 독립변수와 한 개의 종속변수간의 선형관계(linear relation)에 관한 분석인 단순회귀분석(simple regression analysis)을 다루기로 하겠다.

12.2 단순회귀식의 적합

데이터의 구조가 다음과 같다고 할 때

i	$1 \ \ 2 \ \cdots \ n$
x y	$x_1 \ x_2 \ \cdots \ x_n$ $y_1 \ y_2 \ \cdots \ y_n$

독립변수 x의 정해진 값 $x_1, \cdots, x_n$에서 측정되는 종속변수 y의 값 $y_1, \cdots, y_n$에 대하여 다음의 관계식이 성립한다고 가정하자.

단순회귀모형 : $y_i = \beta_0 + \beta_1 x_i + \epsilon_i, \quad \epsilon_i \overset{\text{독립}}{\sim} N(0, \sigma^2)$

($\beta_0, \beta_1, \sigma^2$ 은 미지의 모수) $(i = 1, 2, \cdots, n)$

최소제곱법 (method of least squares) :

미지의 모수 β_0와 β_1를 추정할 때, 잔차의 제곱합(sum of squares)을 최소로 하도록 추정하는 방법이다.

최소제곱법에 의한 회귀계수 β_1의 추정량 :

$$b_1 = \frac{\sum_{i=1}^{n}(x_i - \bar{x})(y_i - \bar{y})}{\sum_{i=1}^{n}(x_i - \bar{x})^2}, \quad \left(\text{단, } \bar{x} = \frac{1}{n}\sum_{i=1}^{n} x_i, \ \bar{y} = \frac{1}{n}\sum_{i=1}^{n} y_i\right)$$

최소제곱법에 의한 β_0의 추정량 : $b_0 = \bar{y} - b_1\bar{x}$

추정된 회귀직선의 방정식 : $\hat{y} = b_0 + b_1 x$

잔차(residual) : $e_i = y_i - \hat{y}_i = y_i - (b_0 + b_1 x_i)$

12.3 단순회귀의 분산분석표

회귀모형에서 분산분석표는 모든 모회귀계수가 '0'이라는 귀무가설을 검정하기 위한 표이다. 그러므로 분산분석표의 F-검정의 결과 귀무가설을 채택하게 된다면 이는 회귀모형의 타당성이 없는 것으로 분석하려는 데이터가 회구모형을 적합하기에 적절하지 않음을 나타낸다. 그래서 모형의 타당성을 상실하여 더 이상 회귀모형을 언급할 수 없게 된다. 분산분석표에서의 F-값은 모형의 타당성을 검정하는 것으로 귀무가설을 기각하게 되면 모형의 타당성이 있는 것으로 다음으로 해야 할 일은 각 추정된 회귀계수의 유의성을 검정해야 한다. 그리고 각 계수의 유의성에 문제가 없다면 모형의 오차항에 대한 기본 가정 사항을 검토하기 위하여 오차의 추정치인 잔차들에 대한 검토를 시작한다. 차차 설명하기로 하고 분산분석표를 작성하는 과정을 알아보자.

제곱합은 다음과 같이 계산한다.

- 총제곱합 : $SST=\sum_{i=1}^{n}(y_i-\overline{y})^2$
- 회귀제곱합 : $SSR=\sum_{i=1}^{n}(\hat{y_i}-\overline{y})^2$
- 잔차제곱합 : $SSE=\sum_{i=1}^{n}(y_i-\hat{y_i})^2$

$$SST=SSR+SSE$$

분산분석표

요인	제곱합	자유도	평균제곱	F_0
회귀	SSR	1	MSR=SSR	F_0=MSR/MSE
잔차	SSE	n-2	MSE=SSE/(n-2)	
전체	SST	n-1		

$H_0: \beta_1 = 0$

$H_1: \beta_1 \neq 0$

$F_0 = \dfrac{MSR}{MSE} > F(1, n-2; \alpha)$이면, 유의수준 α에서 H_0를 기각한다.

* **결정계수**(coefficient of determination) :

$$r^2 = \frac{SSR}{SST}\ ,\ 0 \leqq r^2 \leqq 1$$

이는 적합된 회귀식의 설명력을 나타내는 측도로 사용되며 r^2 이 '1'에 가까울수록 회귀직선은 설명력이 좋아지며 이는 잔차들이 매우 작아지게 되어 예측의 정확도가 향상된다. 단순회귀모형에서의 결정계수는 독립변수와 종속변수의 단순상관계수의 제곱이다. 그러나 다중회귀에서는 성립되지 않는다. 또한 MSE는 잔차평균제곱이라 불리며 오차항의 분산 σ^2의 불편추정량으로 쓰인다. 이 값은 작을수록 예측의 정확도도 좋아 진다.

12.4 오차항에 대한 4가지 가정

일반적으로 관측된 데이터를 설명하는 것보다 회귀분석 자체에 더 많은 노력을 기울이는 경향이 있다. 회귀분석의 목적은 모집단에서의 변수들간의 관계를 추출된 표본을 이용하여 추정하고자 하는 것이다. 예를 들어 상점들의 광고비가 매출액에 미치는 영향을 분석한다고 할 때 표본에 포함된 상점들이 아니라 모집단 전체 상점들에 대한 매출액과 광고비는 어떤 관계가 있을까? 에 관심이 있는 것이다. 표본에 대한 결과를 토대로 모집단에 대한 추론을 하려면 다음의 가정들이 필요하다.

1) 정규성과 등분산성 : 독립변수 x의 고정된 어떤 값에 대해 종속변수 y의 분포는 평균이 $\mu_{y/x}$(x가 주어졌을 때 y의 평균)이고, 분산이 σ^2인 정규분포이어야 한다([그림 12.4] 참고). 이 가정은 초기임금이 같은 모든 종업원의 현재임금이 같지는 않지만 초기임금에 대해 현재임금이 정규분포를 따른다는 것이다. 그리고 분포의 평균은 다르더라도 분산은 같아야 한다.

2) 독립성 : y는 통계적으로 서로 독립이어야 한다. 즉, 관측값을 동일한 실험대상에서 반복적으로 얻었다면 독립이 아닐 것이다. 또 4가족에 대하여 각각 3개의 관측값을 얻었다면 이 12개의 관측값들도 독립이라 할 수 없다.

3) 선형성 : 평균값 $\mu_{y/x}$는 모두 모집단의 회귀선(모회귀선) 위에 있어야 한다. 모회귀선은 [그림 12.4]에 나타나 있다. 이 가정을 달리 표현하면 선형모형이 옳다고 할 수 있다.

독립변수가 하나일 때는 다음과 같이 모형을 설정할 수 있다.

$$y_i = \beta_0 + \beta_1 x_i + \epsilon_i$$

기울기와 절편에 대한 모수가 각각 β_1과 β_0로 나타나 있다. ϵ_i는 y_i의 관측값과 x_i에서의 모평균의 차이로 오차항(error term)이라고 한다. ϵ_i는 서로 독립이며, 평균이 '0'이고, 분산이 σ^2인 정규분포를 따른다고 가정한다([그림 12.4] 참고).

[그림 12.4] 회귀모형의 기하학적 의미와 오차항

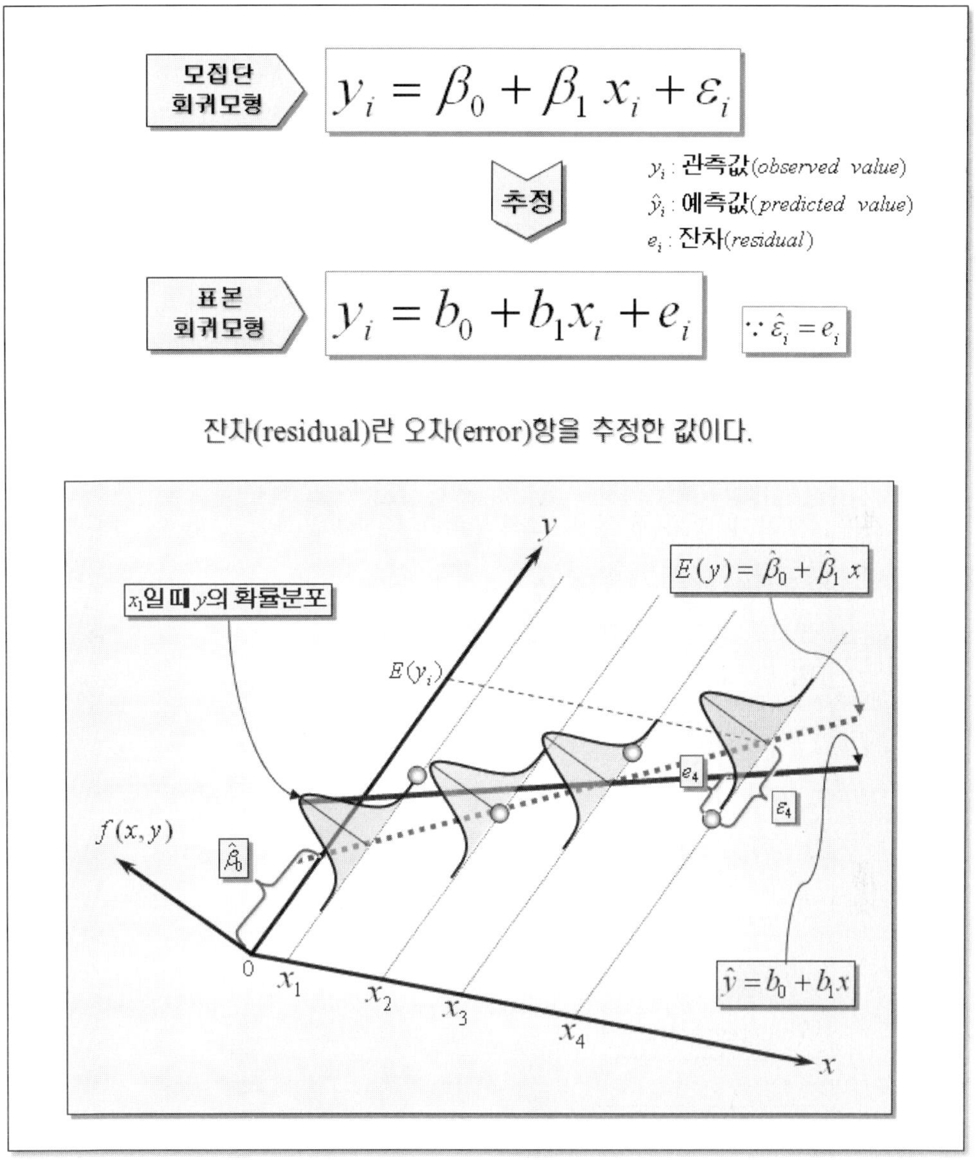

12.5 오차항의 4가정 확인방법

오차항에 대한 가정은 1) 정규성, 2) 등분산성, 3) 독립성, 4) 선형성으로 요약된다. 이를 검토하기 위하여 오차항의 추정치인 잔차를 대신 사용하게 된다. 즉 잔차들이 이 4가지 가정 사항을 만족하게 되면 모수인 오차항도 이 4가지를 만족하는 것으로 추론하게 되는 것이다. 어떤 책을 보니 "오차(error)는 다른 말로 잔차(residual)라고도 한다."로 표현된 것을 본 적이 있다. 이 책을 쓴 저자가 이렇게 표현했다는 것은 통계적 마인드의 기본 개념조차 이해하지 못하고 있다는 것을 만 천하에 알리는 것과 같다. 정말 어처구니없는 일임을 알아야 한다. 오차는 모수이고 이를 추정한 값이 잔차이다. 그러므로 잔차는 오차의 추정치이지 오차와 잔차 둘은 동의어가 아니다. 개념적인 문제는 정확하게 구분해야 한다. 그래야만 부실한 앎을 보다 명확하게 할 수 있으며 이는 마음에 강력한 힘

[그림 12.5a] 오차항의 가정 확인 방법

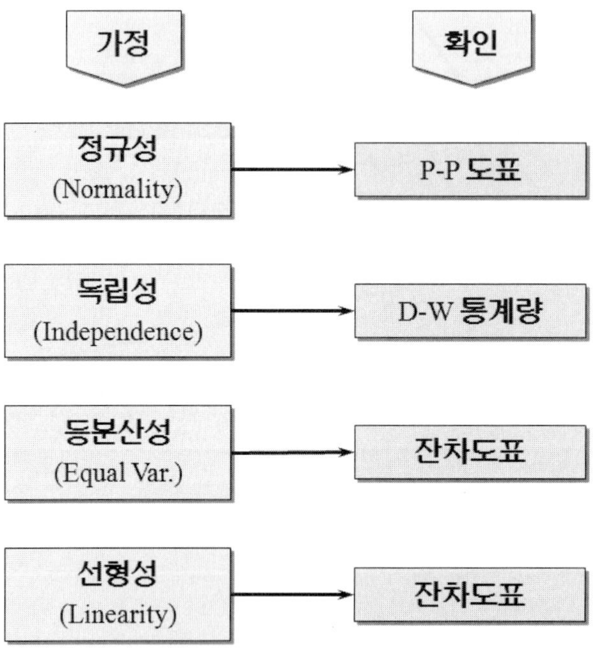

을 선사하게 된다. 오차에 대한 4가지 가정을 확인하는 방법은 다음 [그림

12.5a]와 같이 요약된다. 여기에서 P-P 도표 정규확률도표이며 D-W 통계량은 Durbin-Watson 통계량을 말한다.

모형의 설정에서 잔차(residuals)는 모형으로 완전하게 적합되지 않는 부분으로 관측값과 모형에 의한 예측값의 차이로 구할 수 있으며, 이는 다음의 식

$$e_i = y_i - b_0 - b_1 x_i = y_i - \hat{y}_i$$

에서와 같이 관측값(y)과 예측값($\hat{y}$)의 차이이다. 회귀분석에서 실제 오차 ϵ_i는 서로 독립이며, 평균이 '0'이고, 분산이 σ^2인 정규분포를 따른다고 가정한다. 설정한 모형이 그 데이터들을 잘 설명하고 있다면 오차 ϵ_i의 추정량인 잔차 e_i는 오차와 비슷한 특성을 가져야 한다.

절편이 있는 회귀식에서는 잔차의 합은 항상 '0'이므로 오차의 평균에 대한 아무런 정보도 갖고 있지 않다. 잔차의 합이 항상 '0'이라는 것은 엄격히 말해 '독립'이라고 할 수는 없다. 그러나 독립변수의 개수에 비해 잔차의 개수가 충분히 크면(즉 표본크기가 크면) 잔차들 사이의 종속성은 무시될 수 있다.

잔차의 상대적인 크기는 그 잔차들의 표준편차의 추정치로 나누면 판단하기가 더 쉬워진다. 이를 표준화 잔차(standardized residual)라고 한다. 예를 들어 잔차가 -26607.97이면 매우 작은 수치를 갖고 있으며, 이의 표준화 잔차가 -3.28이라면 관측값이 예측값보다 작으며, 그 잔차는 일반적인 다른 잔차들보다 절대값이 더 크다는 것을 알 수 있다.

잔차는 주로 다음의 두 가지 중의 하나로 수정된다. i번째 케이스에서의 표준화 잔차(standardized residual)는 그 잔차들의 표본표준편차로 나눈 값으로 이 표준화 잔차는 평균이 '0'이고 표준편차가 '1'이다. 스튜던트화 잔차(studentized residual)는 독립변수의 평균과 관련하여 점들마다 변하는 표준편차의 추정값으로 나눈 값이다. 항상 그렇지는 않지만 두 값은 주로 비슷하다. 스튜던트화 잔차가 각 점들에서 실제 오차분산에서의 차이를 좀 더 반영한다.

12.5.1 선형성(Linearity)

두 개의 변수만을 고려할 경우에 산점도는 직선이 데이터를 얼마나 잘 적합하고 있는가를 판단하는데 좋은 수단이 된다. 또 다른 편리한 방법으로 예측값에 대한 잔차들의 도표를 그려보는 것이다. 선형성(linearity)과 등분산성의 가정을 만족한다면, 예측값과 잔차 간에는 아무런 관련이 없어야 한다. 어떤 경향이 발견되면 위의 가정을 의심해 보아야 한다.

예를 들어 [그림 12.5b]는 일반적인 잔차도표를 보는 4가지 기준을 보여주고 있으며, 1, 2는 선형성을 만족하는 그림이다. 즉 선형성은 수평선 '0'을 중심으로 잔차점들이 상하 대칭적인 형태를 가지면 선형성을 만족한다고 할 수 있다. 보다 간단히 말해 잔차점들의 형태가 휘어져 곡선의 형태를 가지면 선형이 아니라는 것이다. 데이터에 직선이 적합하지 않을 경우에 잔차도표에서 경향을

[그림 12.5b] 잔차도표에서 등분산성, 선형성 확인방법

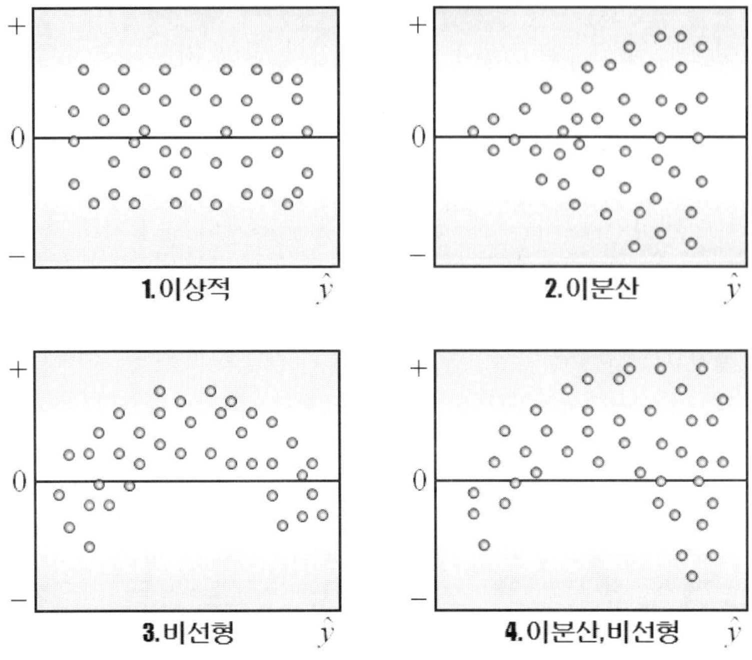

발견할 수 있다. 예측값과 잔차 사이에 대칭적인 경향이 존재한다면 선형이라는 가정을 만족시켜 주지 못할 가능성이 높다. 만일 가정이 만족되면 [그림 12.5b]의 1번 그림처럼 잔차들이 '0'을 중심으로 수평선에 무작위로 나타나야 한다.

각각의 독립변수에 대하여도 잔차들을 그릴 수 있다. 이때 선형이라는 가정이 만족되면, 잔차들은 '0' 주위의 수평선에 고르게 분포되어 있을 것이다. 회귀식에 포함되지 않은 독립변수들에 대해서도 잔차들과의 그림을 그려보아야 한다. 만일 잔차들이 무작위로 분포하지 않는다 하더라도 다중회귀모형에 그 변수를 포함하고 싶을 때가 있을 것이다.

12.5.2 **등분산성**

등분산(equality of variance)의 가정을 만족하는지를 알아보기 위하여 앞에서 설명한 잔차도표를 사용할 수 있다. 잔차의 분포가 독립변수의 값이나 예측값에 따라 증가하거나 감소하면 X의 모든 값에 대한 Y의 분산이 같다는 등분산의 가정을 의심해 보아야 한다.

[그림 12.5b]에서 잔차의 띠모양의 폭이 동일하면 이는 등분산성을 가정할 수 있다.

12.5.3 **독립성**(Independence of Error)

데이터를 수집할 때마다 차례대로 기록하고 그 순서대로 잔차도표를 그려보자. 비록 모형에서 시간에 대한 변수를 고려하지 않았다고 하더라도 잔차에는 영향을 미칠 수 있다.

인접한 오차항의 시간적 상관관계의 검정을 위한 Durbin-Watson 통계량은 다음과 같이 정의된다.

$$D = \frac{\sum_{t=2}^{n}(e_t - e_{t-1})^2}{\sum_{t=1}^{n} e_t^2}$$

오차항이 양의 상관관계를 가지면 인접한 잔차간의 차이는 작아지는 경향이 있고, 음의 상관관계를 가지면 인접한 잔차간의 차이는 커지는 경향이 있다. D의 값이 작으면 양의 상관관계를 나타내며, D의 값이 크면 음의 상관관계를 나타낸다고 할 수 있다. 이러한 한계를 토대로 유의성 검정을 위한 D-통계량에 대한 표를 참고하기 바란다. 그러나 이렇게 항상 표를 참고하기가 쉽지 않기 때문에 정확한 검정은 아니라고 해도 대략적으로 독립성에 대한 판단을 내릴 수도 있다. 물론 수리적으로 정확성이 떨어짐을 잊지 말라.

Durbin-Watson 통계량을 표본크기가 커짐에 따라서 다음과 같은 간편식에 수렴하게 된다.

$$D = 2(1 - r)$$

여기에서 r은 1차 자기상관계수(first order autocorrelation coefficients)로 이 값의 절대값이 크면 자기상관 존재하는 것으로 판단하여 오차항에 대한 독립성을 가정하기 힘들어 진다. 1차 자기상관이 '0'에 가까우면 바로 이웃하는 오차에 대한 영향이 거의 없으므로 오차항에 대해 독립을 가정해도 무방하다고 할 수 있다. 그러므로 여기에서 $r=0$을 대입하면 DW 통계량은 2가 되고 r이 +1 또는 -1이 되는 경우에는 DW 통계량이 0 또는 4가 된다. 그런데 보통 상관계수가 0.5 정도만 되어도 큰 값으로 보지 않기 때문에(산점도에서 거의 원형에 가까운 모양임) r=±0.5를 대입하면 1과 3이 되므로 DW의 값 1~3 사이면 독립으로 가정해도 무방하다고 판단된다. 좀 더 철저한 기준을 적용하려면 1.5~2.5 사이의 값일 경우에만 독립성을 가정하는 것이다. 대충이긴 해도 빠르게 감을 잡는데 매우 유용하게 사용할 수 있다.

12.5.4 **정규성**(Normality)

모형지정오류, 등분산성 가정의 위배, 작은 잔차의 수 등 실제 비정규성과는 다른 이유 때문에 잔차의 분포가 정규분포가 아닐 수 있다. 따라서 몇 가지 조사를 병행해야 한다. 가장 간단한 방법은 잔차의 히스토그램을 그려보는 것이다. 히스토그램에는 각 구간별로 관측된 잔차의 개수와 같은 평균과 표준편차를 가지는 정규분포에서 잔차의 빈도가 출력된다. 처음과 끝 구간 쪽으로 평균으로부터 표준편차가 ±3이상 떨어진 잔차들은 재조사해 볼 필요가 있다. 기대빈도의 히스토그램이 관측빈도의 히스토그램에 겹쳐서 곡선으로 출력된다. 그러나 관측된 잔차가 정확히 정규분포를 따른다고 기대하는 것은 옳지 못하다. 표본의 변동으로 인하여 편차가 있을 것이라고 예상되기 때문이다. 모집단에서 오차가 정규분포를 따른다 해도 표본에서 추정된 잔차는 근사적으로 정규분포를 따를 뿐이다.

정규성 가정하에서 기대되는 분포와 잔차의 관측분포를 비교하는 다른 방법으로 두 분포의 누적분포(P-P plot)를 그려보는 방법도 있다. 두 분포가 동일하다면 직선이 될 것이다. 기대되는 대각선 주위의 점들이 어떻게 산포되어 있는가를 관찰함으로써 두 분포를 비교할 수 있다.

[그림 12.5c] 정규확률도표 판정

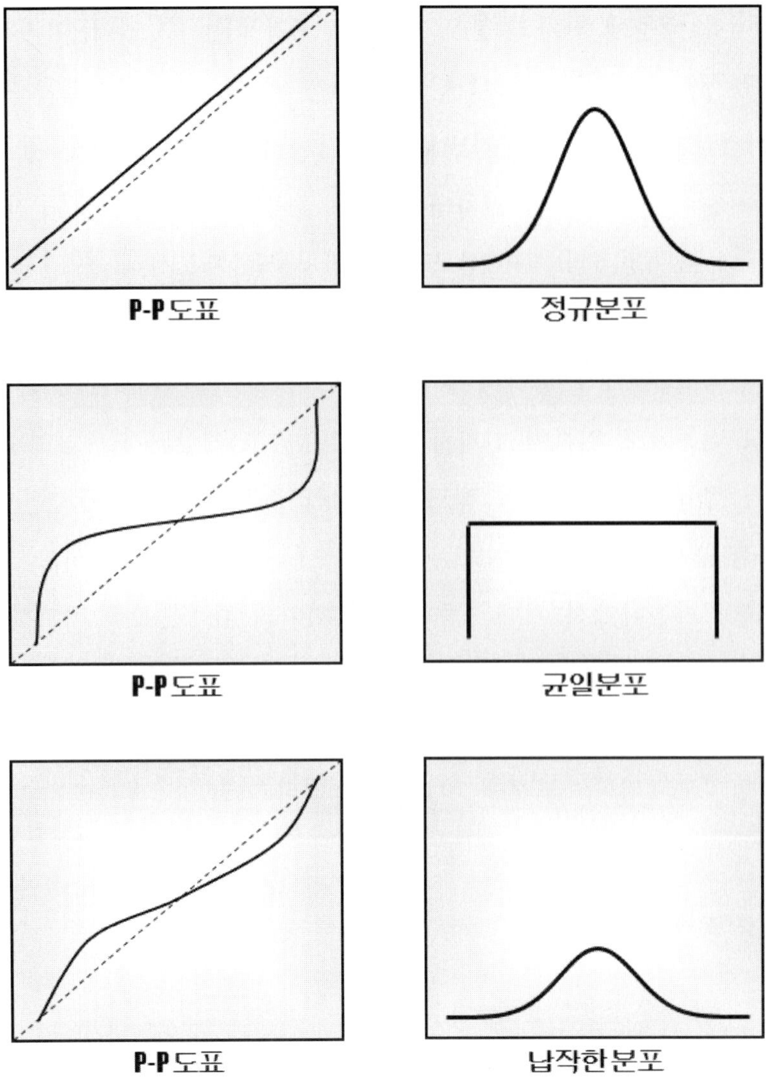

[그림 12.5c] 정규확률도표 판정 (계속...)

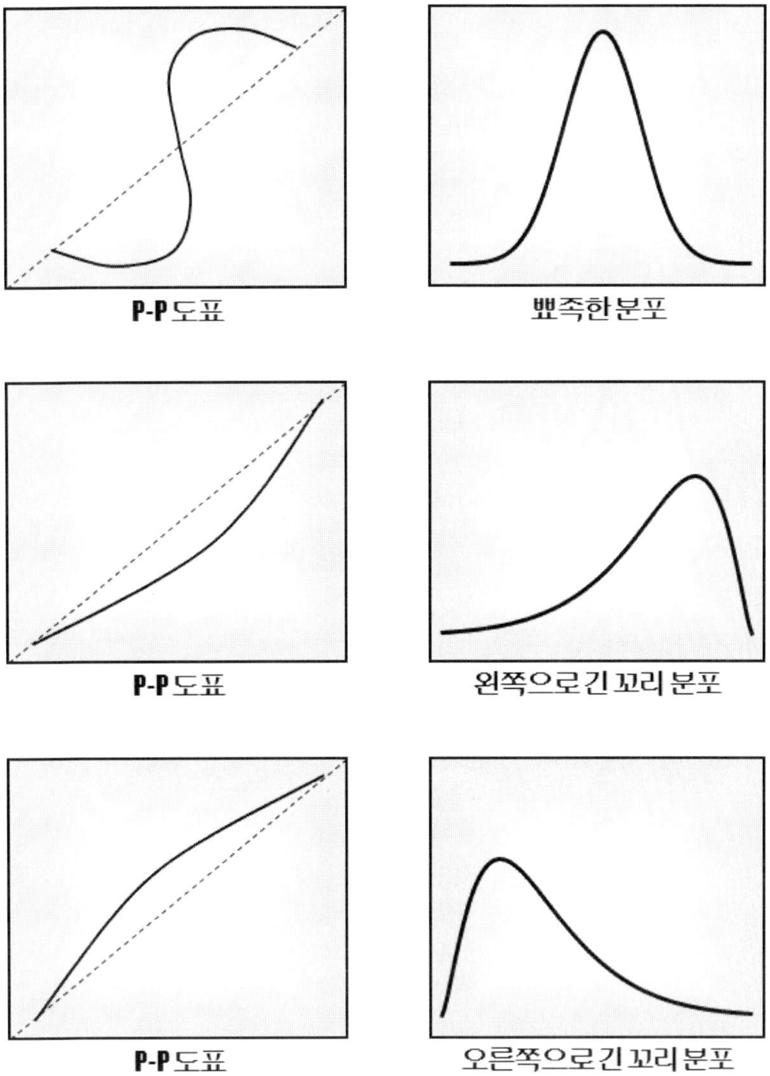

[CaseStudy 12.6] 어떤 공장에서 동일한 기계들의 정비기록에 관한 표본을 취하였다. 이는 기계의 사용개월수와 정비비용 간에 어떤 관계가 있는가를 밝혀내기 위한 것이다. 그 자료는 다음과 같다. (표본크기 n=20) 단순회귀분석을 실시하라.

사용개월	정비비용(만원)	사용개월	정비비용(만원)
24	59	26	57
11	21	25	60
29	66	24	59
26	56	17	39
33	72	19	47
12	28	23	46
19	43	21	45
26	54	3	28
21	51	9	31
19	43	27	57

▶ Stat → Regression → Regression...

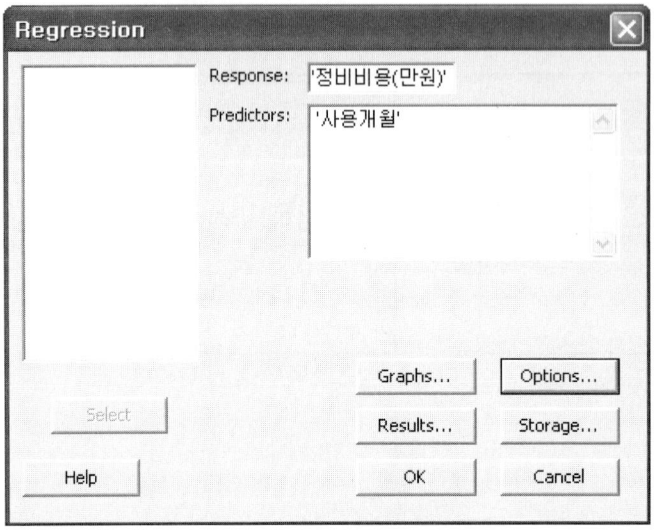

Regression Analysis: 정비비용(만원) versus 사용개월

```
The regression equation is
정비비용(만원) = 12.3 + 1.73 사용개월


Predictor    Coef  SE Coef      T      P
Constant   12.331    3.363   3.67  0.002
사용개월    1.7280   0.1535  11.26  0.000


S = 4.93182   R-Sq = 87.6%   R-Sq(adj) = 86.9%


Analysis of Variance

Source          DF      SS      MS       F      P
Regression       1  3082.0  3082.0  126.71  0.000
Residual Error  18   437.8    24.3
Total           19  3519.8


Unusual Observations

Obs  사용개월  정비비용(만원)    Fit  SE Fit  Residual  St Resid
  2      11.0          21.00  31.34    1.85    -10.34    -2.26R
 18       3.0          28.00  17.52    2.93     10.48    2.64RX

R denotes an observation with a large standardized residual.
X denotes an observation whose X value gives it large leverage.
```

▶ Stat → Regression → Fitted Line Plot...

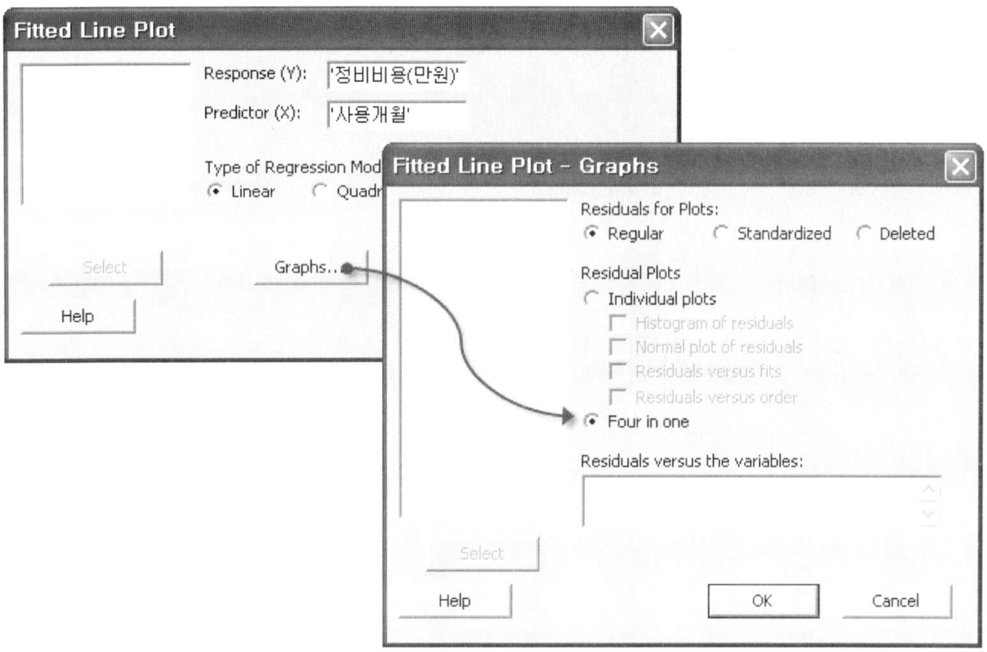

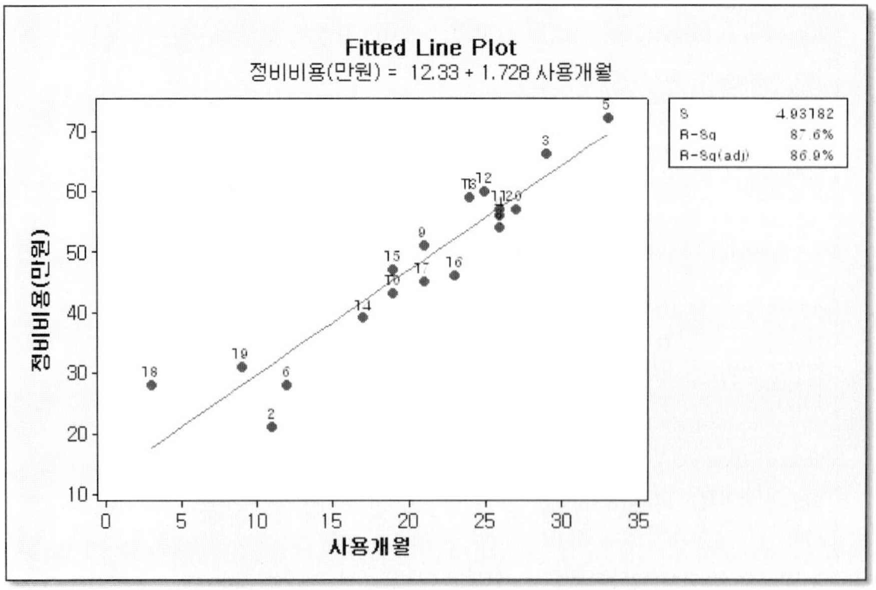

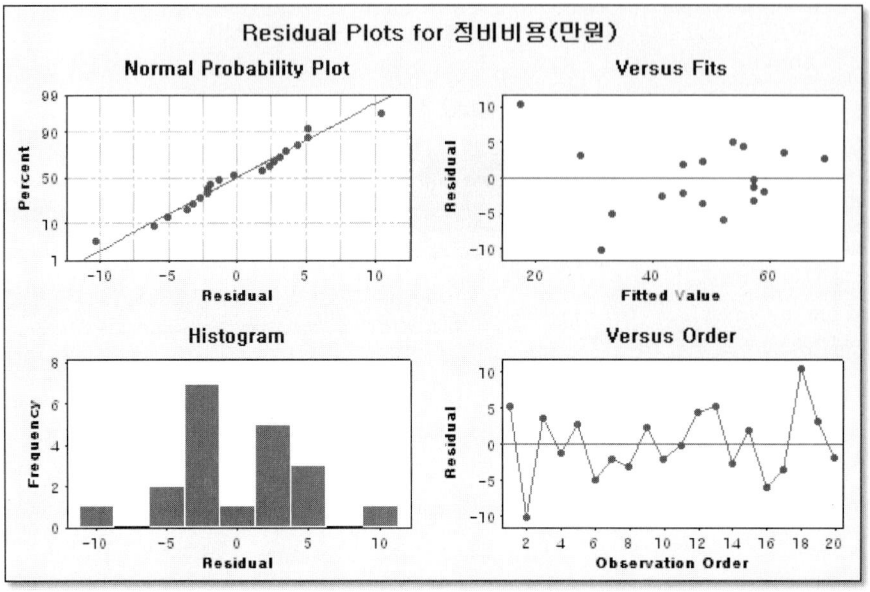

▶ Stat → Regression → Regression...

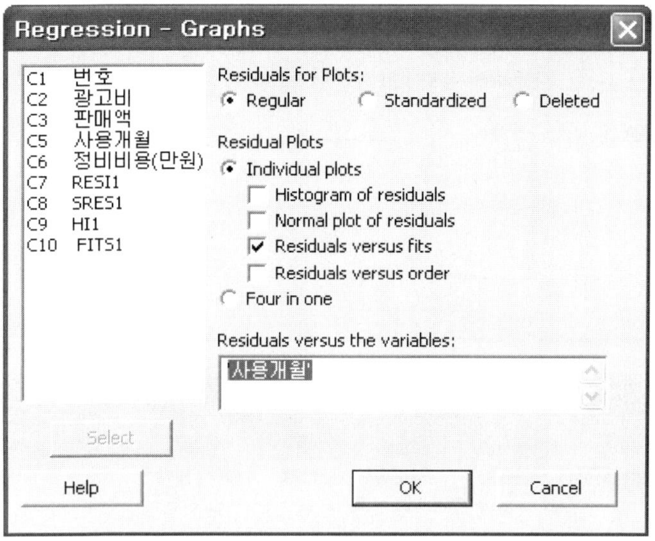
Regression - Graphs
C1 번호
C2 광고비
C3 판매액
C5 사용개월
C6 정비비용(만원)
C7 RESI1
C8 SRES1
C9 HI1
C10 FITS1
Residuals for Plots:
Regular
Standardized
Deleted
Residual Plots
Individual plots
Histogram of residuals
Normal plot of residuals
Residuals versus fits
Residuals versus order
Four in one
Residuals versus the variables:
'사용개월'
Select
Help
OK
Cancel

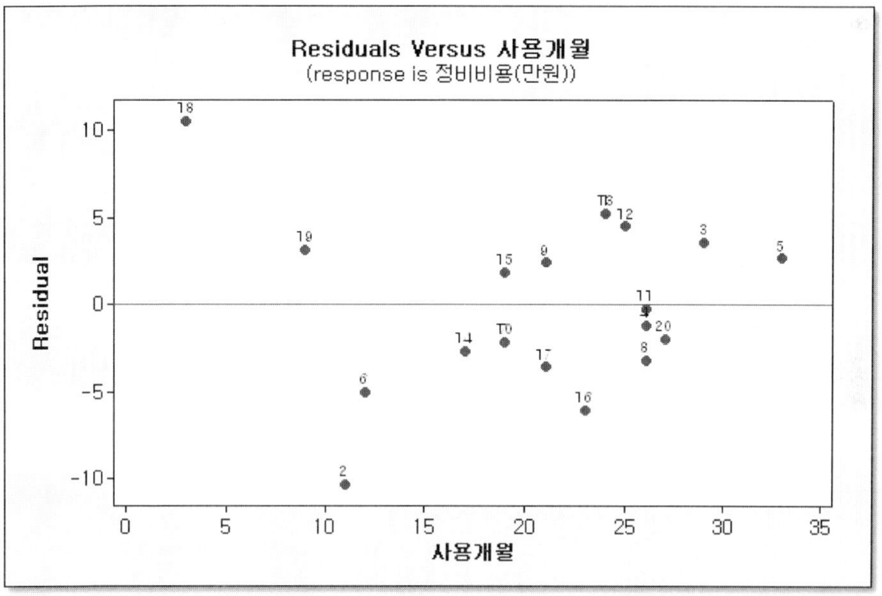
Residuals Versus 사용개월
(response is 정비비용(만원))
Residual
사용개월

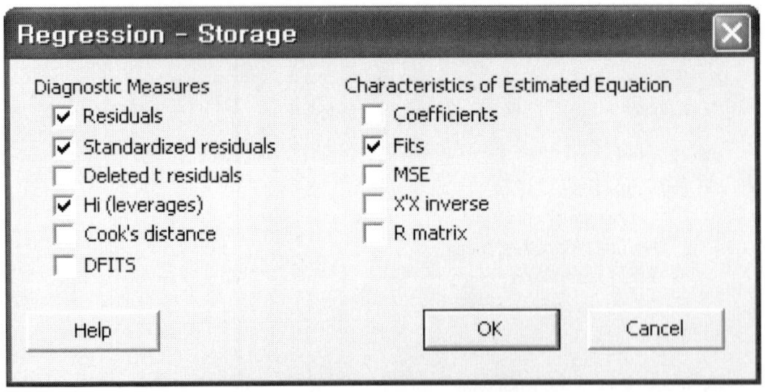

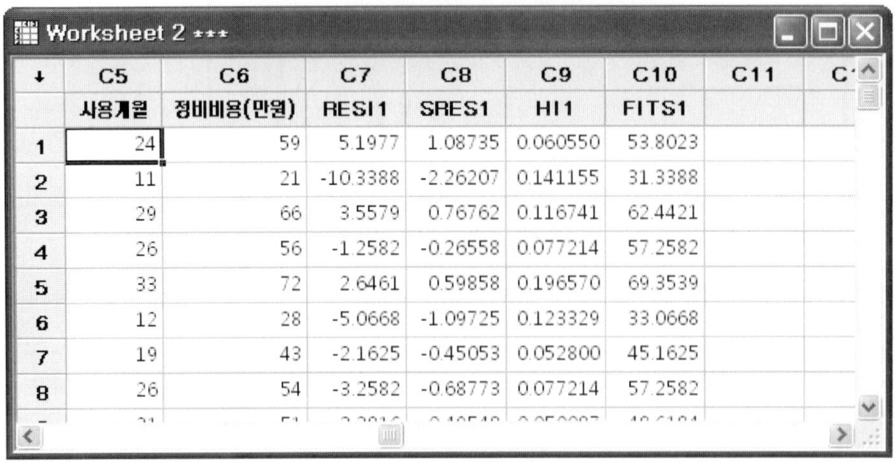

↓	C5	C6	C7	C8	C9	C10	C11
	사용개월	정비비용(만원)	RESI1	SRES1	HI1	FITS1	
1	24	59	5.1977	1.08735	0.060550	53.8023	
2	11	21	-10.3388	-2.26207	0.141155	31.3388	
3	29	66	3.5579	0.76762	0.116741	62.4421	
4	26	56	-1.2582	-0.26558	0.077214	57.2582	
5	33	72	2.6461	0.59858	0.196570	69.3539	
6	12	28	-5.0668	-1.09725	0.123329	33.0668	
7	19	43	-2.1625	-0.45053	0.052800	45.1625	
8	26	54	-3.2582	-0.68773	0.077214	57.2582	

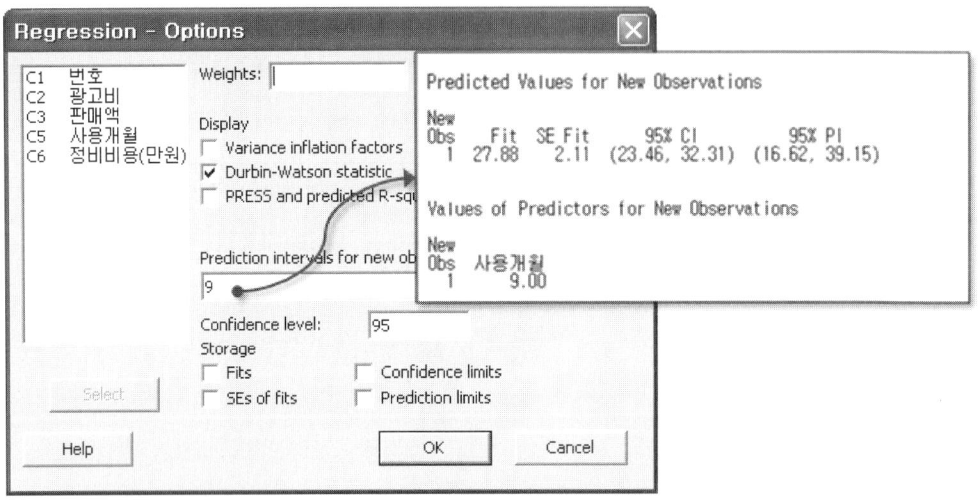

(1) 적합된 회귀직선의 방정식 : $\widehat{\text{정비비용}} = 12.33 + 1.728 \cdot \text{사용개월}$

(2) F-검정의 P값이 0.000으로서 0.05보다 작으므로 위의 회귀방정식은 유의하다.

(3) 결정계수 r^2=87.6%.

(4) 2번째와 18번째의 관측값(사용개월수가 11개월과 3개월인 관측값)의 잔차가 크므로 이 관측값을 좀 더 살펴볼 필요가 있다.

(5) 사용개월이 9개월인 기계의 정비비용의 기대값에 대한 95% 신뢰구간 : (23.26, 32.31).

(6) 사용개월이 9개월인 기계의 새로운 관측값을 얻을 때 정비비용에 대한 95% 예측구간 : (16.62, 39.15).

12.6 단순회귀모형의 시각화

이제 Excel에서 SixSigma Tools 2007을 사용해서 보자.

① 분석(Analyze) → 상관분석 및 회귀분석 → 단순회귀분석...

② 데이터입력을 클릭하고 데이터연결 단추를 클릭한다.

③ "분석예제 데이터 시트.xlsx"의 데이터 시트에서 데이터의 범위를 변수이름과 같이 끌기하여 선택하고 선택(Ctrl+* 또는 Ctrl+Shift+8),

④ 도구에서 연결 단추를 클릭하고 나타나는 대화상자에서 구분(ID)변수를 지정(선택사항임)하고 '확인'을 클릭한다.

⑤ 각 시트를 차례대로 넘기면서 여러 가지 통계량 및 도표를 분석한다.

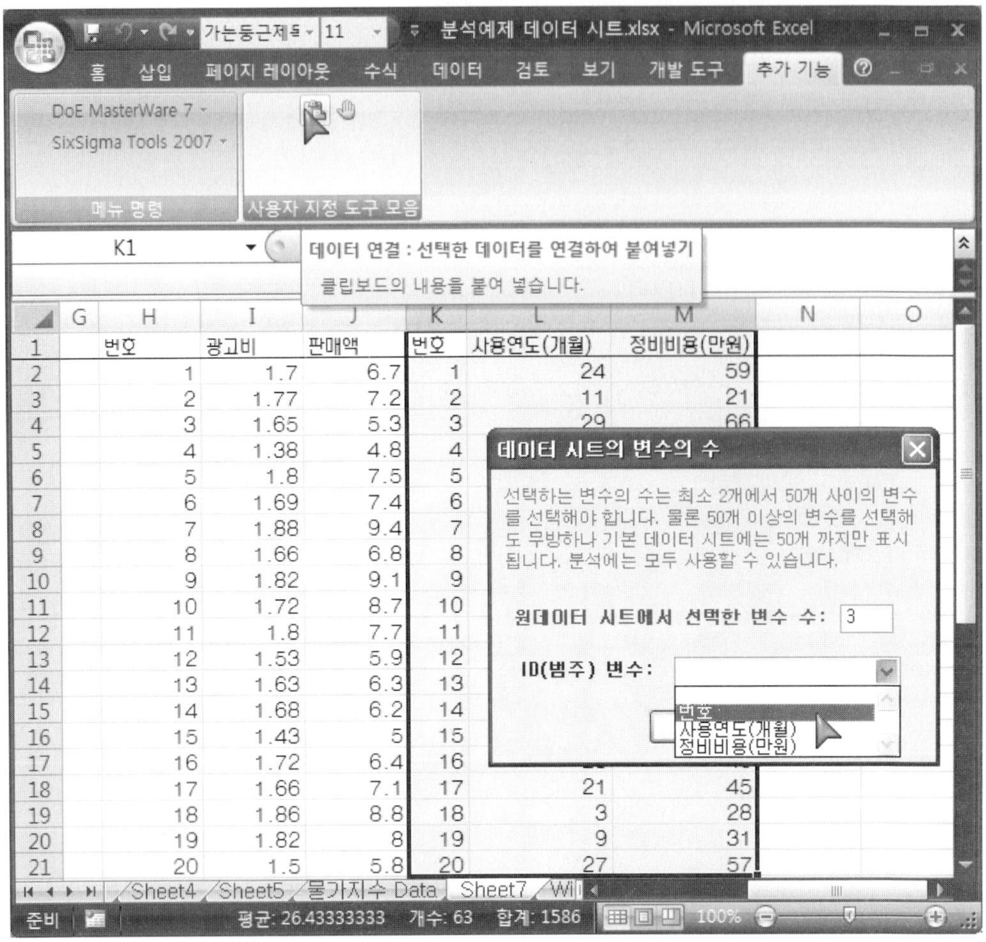

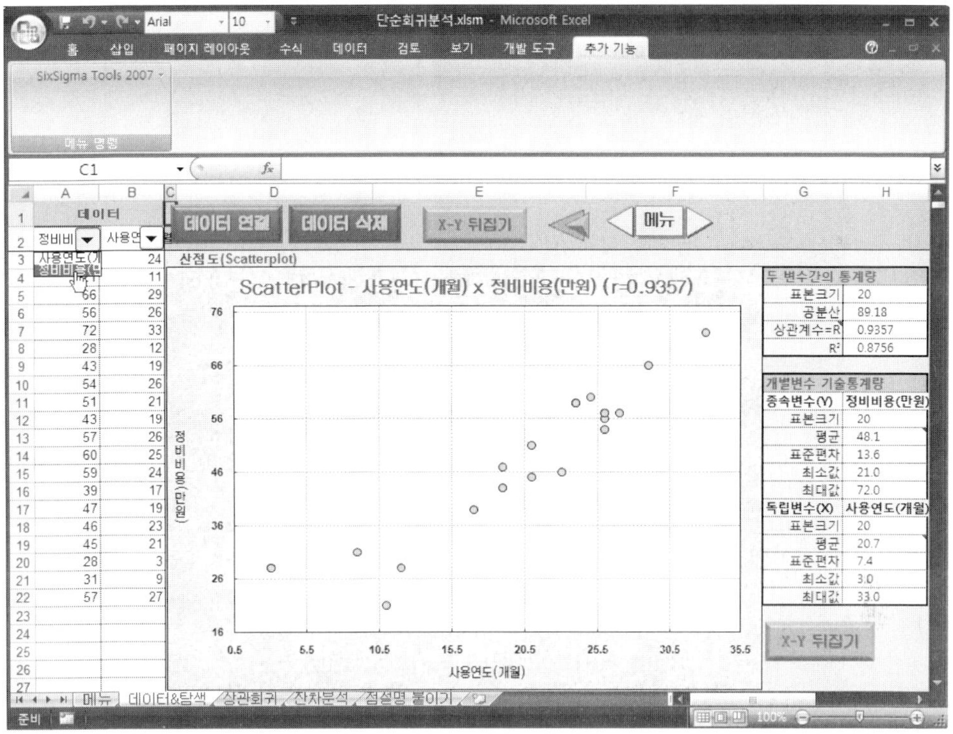

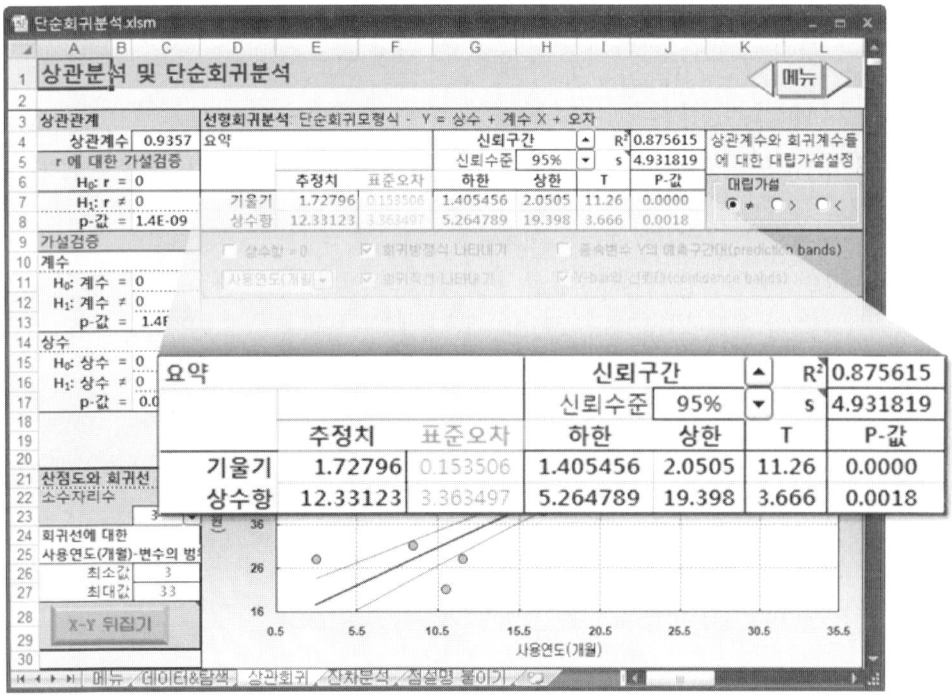

[그림 12.6a] 표준화된 잔차도표의 기본 형태

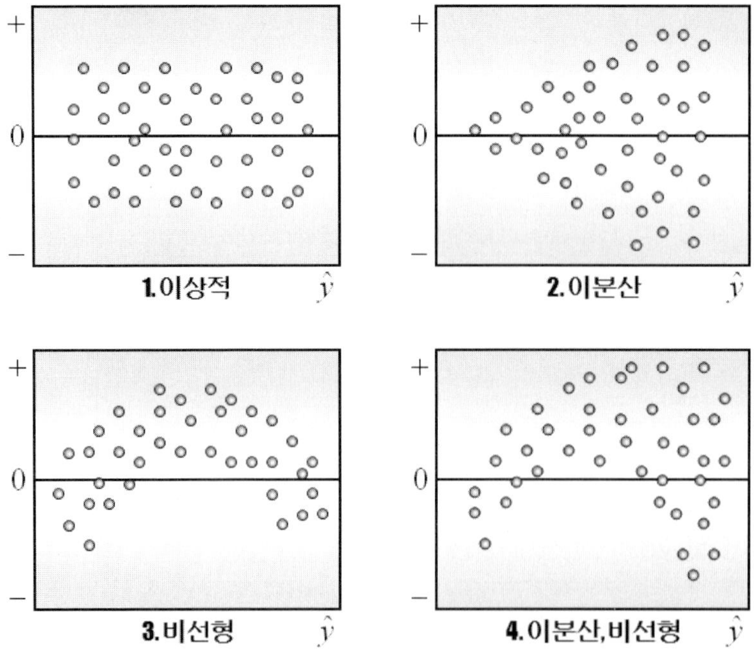

잔차 도표를 판단하는 기준으로 잔차 도표를 읽는 방법을 생각해 보자. [그림 12.6a]에서 1번 그림이 선형성과 등분산성을 만족하는 상태이다. 즉 0위치의 수평선을 중심으로 산점의 상하 폭이 고르게 되어 있다고 판단되면 이는 등분산을 만족한다고 할 수 있다. 그리고 산점의 형태가 수평선을 중심으로 상하 대칭이면 선형성을 만족한다고 판단할 수 있다. 즉, 산점의 형태가 직선이 아니고 곡선의 형태로 휘어져 있으면 선형성을 만족하지 않는 것으로 판단한다. 2는 산점의 형태가 상하 폭이 갈수록 넓어지는 메가폰의 형태이므로 등분산은 만족하지 못하나 상하 대칭이므로 선형성은 만족한다. 3은 상하 폭은 동일하고 휘어져 있으므로 등분산이고 비선형이다. 4는 상하 폭과 상하 대칭 둘 다 만족하지 않으므로 이분산이고 비선형이다.

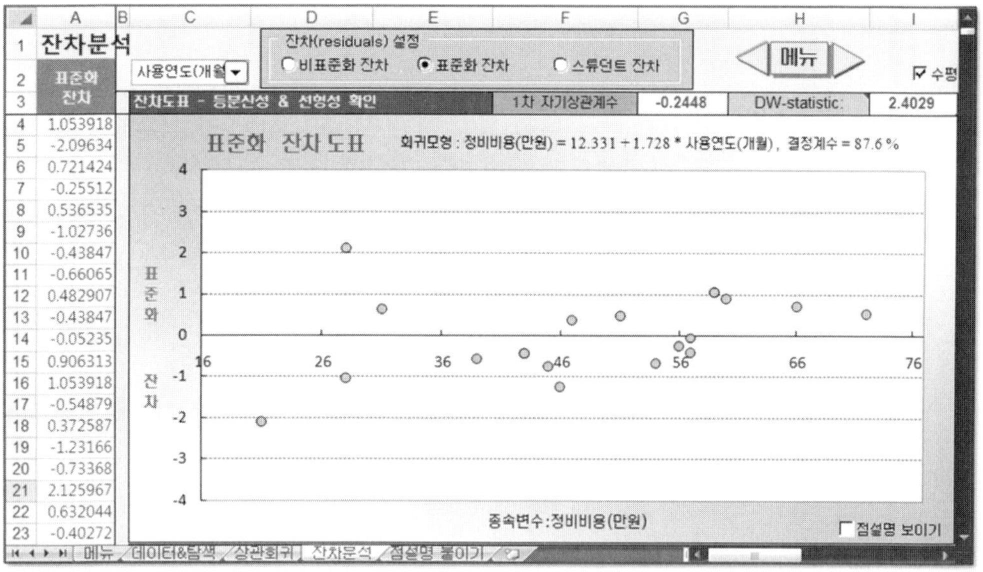

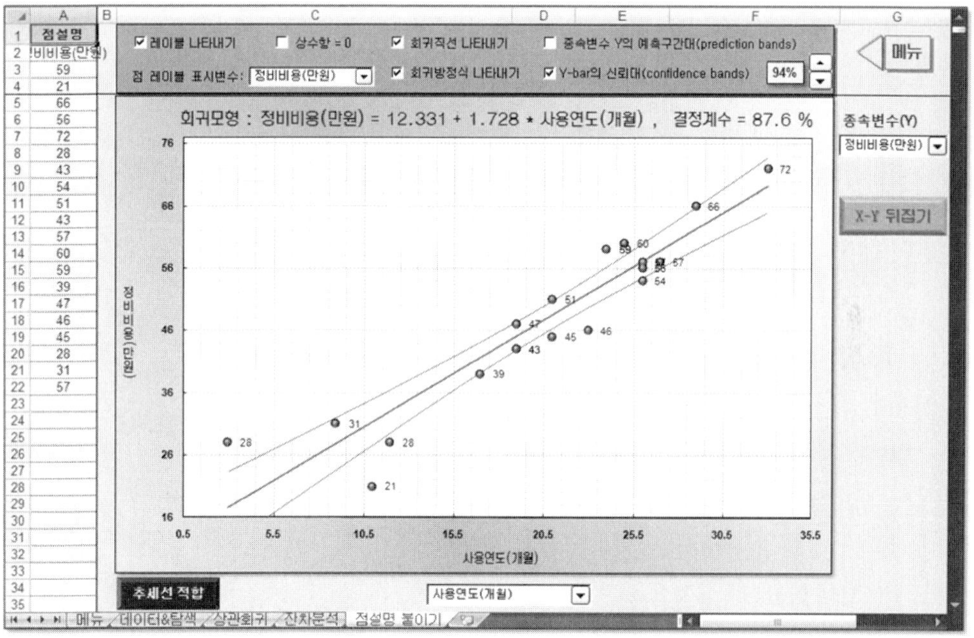

13 다중회귀분석

13.1 서 론

대부분의 자연적, 사회적인 현상을 설명하는데 있어서 종속변수 y의 변화는 두 개 이상의 독립변수에 의하여 좌우되는 경우가 대부분이다. 설명력있는 적절한 독립변수를 여러 개 선택하여 이들의 함수로서 종속변수를 나타낼 경우, 우리는 좀 더 정도(precision) 좋은 예측을 할 수 있을 것이다. 종속변수의 변화를 설명하기 위하여 두 개 이상의 독립변수가 사용되는 선형회귀모형을 다중선형회귀모형(multiple linear regression model)이라 하며, 선형이라는 말을 빼고 간단히 다중회귀모형이라고 하기도 한다. 다중회귀분석의 기본개념은 단순회귀분석과 같으며, 차이점은 한 개의 독립변수 대신에 두 개 이상을 사용한다는 점만 다르다.

13.2 다중회귀모형의 적합

13.2.1 데이터 구조와 회귀계수 및 잔차 추정

데이터 :

i	1	2	$\cdots$	n
x_1	x_{11}	x_{12}	$\cdots$	x_{1n}
x_2	x_{21}	x_{22}	$\cdots$	x_{2n}
$\vdots$	$\vdots$	$\vdots$	$\ddots$	$\vdots$
x_k	x_{k1}	x_{k2}	$\cdots$	x_{kn}
y	y_1	y_2	$\cdots$	y_n

다중회귀모형 : $y_i = \beta_0 + \beta_1 x_{1i} + \beta_2 x_{2i} + \cdots + \beta_k x_{ki} + \epsilon_i$

$$\epsilon \overset{iid}{\sim} N(0, \sigma^2) \quad ,(i = 1,\ 2, \cdots, n)$$

(β_0, β_1, σ^2은 미지의 모수)

최소제곱법에 의해 추정된 회귀계수들의 벡터 :

$$\underline{b} = \begin{bmatrix} b_0 \\ b_1 \\ b_2 \\ \vdots \\ b_k \end{bmatrix} = (X'X)^{-1} X'\underline{y} \quad \text{단,} \quad X = \begin{pmatrix} 1 & x_{11} & x_{21} & \cdots & x_{k1} \\ 1 & x_{12} & x_{22} & \cdots & x_{k2} \\ \vdots & \vdots & \vdots & \ddots & \vdots \\ 1 & x_{1n} & x_{2n} & \cdots & x_{kn} \end{pmatrix}, \quad \underline{y} = \begin{bmatrix} y_1 \\ y_2 \\ \vdots \\ y_n \end{bmatrix}$$

추정된 회귀방정식: $\hat{y} = b_0 + b_1 x_1 + b_2 x_2 + \cdots + b_k x_k$

잔차 : $e_i = y_i - \hat{y_i}$

$$= y_i - (b_0 + b_1 x_{1i} + b_2 x_{2i} + \cdots + b_k x_{ki})$$

13.2.2 다중회귀의 분산분석표

총제곱합 : $SST = \sum_{i=1}^{n}(y_i - \overline{y})^2 = \underline{y}'\underline{y} - n(\overline{y})^2$

회귀제곱합 : $SSR = \sum_{i=1}^{n}(\hat{y}_i - \overline{y})^2 = \underline{b}'X'\underline{y} - n(\overline{y})^2$

잔차제곱합 : $SSE = \sum_{i=1}^{n}(y_i - \hat{y}_i)^2 = \underline{y}'\underline{y} - \underline{b}'X'\underline{y}$

$$SST = SSR + SSE$$

분산분석표

요인	제곱합	자유도	평균제곱	F
회귀	SSR	k	MSR=SSR/k	F_0=MSR/MSE
잔차	SSE	$n-k-1$	MSE=SSE/$(n-k-1)$	
전체	SST	$n-1$		

$H_0 : \beta_1 = \beta_2 = \cdots = \beta_k = 0$

$H_1 : \beta_1, \beta_2, \cdots, \beta_k$중 적어도 하나는 0이 아니다.(회귀관계가 존재)

$F_0 = \dfrac{MSR}{MSE} > F(k, n-k-1; \alpha)$이면 유의수준 α에서 H_0를 기각한다.(즉, 회귀방정식이 유의하다.)

* 중회귀분석의 결정계수 : $R^2 = \dfrac{SSR}{SST}$, $0 \leq R^2 \leq 1$

* 잔차평균제곱 MSE는 오차항의 분산 σ_ϵ^2의 불편추정량이다.

13.3 회귀모형의 분석 절차

[그림 13.3a] 회귀분석 절차

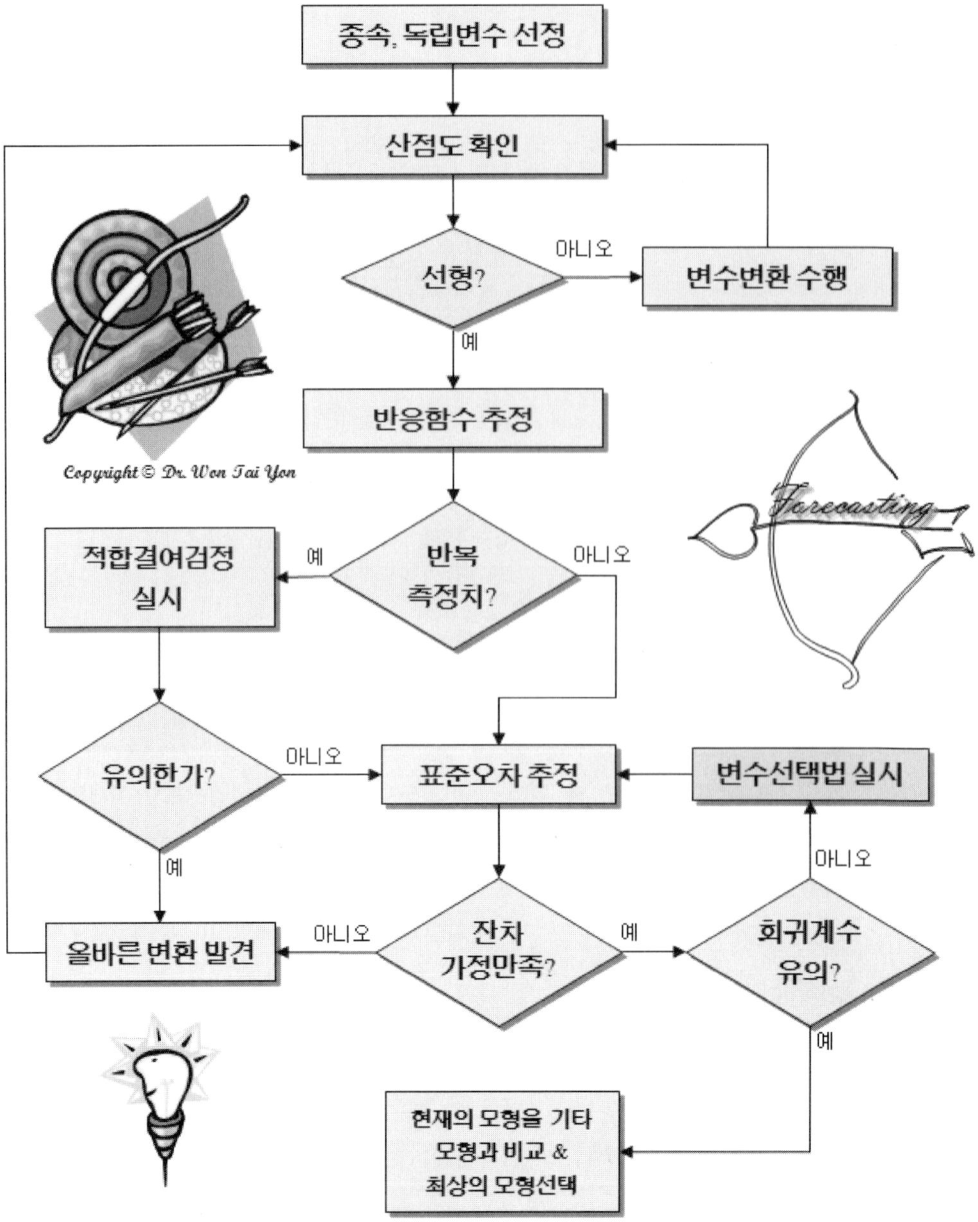

[CaseStudy 13.3] 여러 가지 소품, 액세서리, 화장품 등을 판매하는 소규모 창업 상점들에 대하여 연간 광고비와 상점의 크기가 연간 총매출액에 미치는 영향을 알아보기 위하여 25개 상점을 무작위로 뽑아 조사한 결과 다음의 자료를 얻었다.

상점번호	광고비(만)	상점크기(평)	총매출액(만)
S1	120	14	2910
S2	70	10	1820
S3	140	14	3300
S4	120	16	3400
S5	160	12	3440
S6	70	14	2650
S7	90	15	3010
S8	110	20	4370
S9	110	12	2530
S10	90	16	3210
S11	120	19	4170
S12	130	14	3100
S13	120	11	2490
S14	90	17	3470
S15	100	12	2360
S16	100	14	2970
S17	100	19	3820
S18	70	14	2400
S19	80	14	2460
S20	120	18	3950
S21	90	9	1880
S22	130	14	3310
S23	60	11	1980
S24	100	17	3490
S25	90	11	2170

회귀모형의 분석 절차는 다음과 같이 진행한다.

① 최소제곱법에 의한 회귀방정식을 도출한다.

② 분산분석표를 보고 적합된 회귀모형의 타당성을 검정한다.

③ 오차항에 대한 4가지 가정을 검토한다.

④ 가정 사항이 만족되면 각 회귀계수들의 유의성을 확인한다.

⑤ 설명력인 결정계수도 검토한다.

⑥ 모형식을 결정하고 설명변수들의 효과(회귀계수)를 설명한다.

⑦ 적합된 회귀모형식을 예측에 활용한다. 예를 들어 광고비를 80만원 쓰고 상점의 크기가 12평인 상점의 총매출액의 기대값을 추정해 본다.

회귀모형을 적합하기에 앞서 가장 먼저 해야 될 일이 산점도를 작성하는 것이다. 그러나 여기에서는 앞 장에서 상관계수와 산점도를 설명하였으므로 생략하기로 하고 곧장 회귀분석을 실시하기로 한다.

▶ Stat → Regression → Regression...

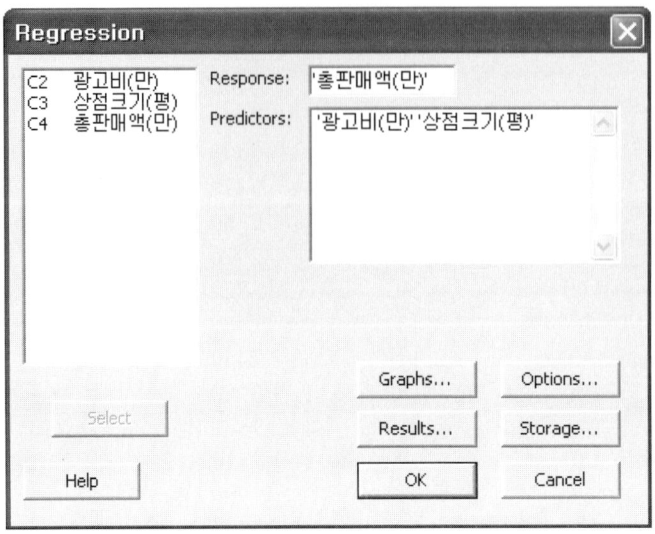

```
Regression Analysis: 총판매액(만) versus 광고비(만), 상점크기(평)

The regression equation is
총판매액(만) = - 1054 + 11.6 광고비(만) + 199 상점크기(평)


Predictor        Coef  SE Coef      T      P
Constant      -1054.3    152.7  -6.90  0.000
광고비(만)      11.598    1.064  10.90  0.000
상점크기(평)  199.149    8.792  22.65  0.000


S = 124.306   R-Sq = 97.1%   R-Sq(adj) = 96.9%


Analysis of Variance

Source          DF        SS       MS       F      P
Regression       2  11580832  5790416  374.74  0.000
Residual Error  22    339944    15452
Total           24  11920776


Source        DF   Seq SS
광고비(만)     1  3652420
상점크기(평)   1  7928412


Unusual Observations

Obs  광고비(만)  총판매액(만)     Fit  SE Fit  Residual  St Resid
  5         160        3440.0  3191.1    71.6     248.9     2.45R

R denotes an observation with a large standardized residual.
```

분산분석표에서 F-검정의 F-값은 274.74로 이에 대한 P-값이 0.000이므로 위의 회귀모형의 타당성은 인정된다. 이는 "두 회귀계수가 동시에 '0'이다"는 귀무가설을 검정하는 것으로 유의수준 1%하에서 기각할 수 있다. 그러므로 유의수준 1%하에서 회구모형은 타당하다고 인정된다. 이제 각 회귀계수에 대한 검정을 시도해 보자.

(2) 각 회귀계수들은 모두 p-값 0.000으로 매우 유의하며 상수항도 유의하다. 그러므로 적합된 회귀식은 다음과 같다.

$$\widehat{\text{총판매액}} = -1054.3 + 11.598 \times \text{광고비} + 199.149 \times \text{상점크기}$$

$$R^2 = 97.1\%$$

그리고 이 회귀식이 설명력을 의미하는 결정계수는 97.1%로 매우 높은 설명력을 나타내고 있으나 이는 아직 회귀모형의 오차항에 대한 가정 사항을 검토하지 않았으므로 참조만 해 둔다. 오차항에 대한 가정 사항이 모두 타당하다면 비로소 적합된 회귀모형을 결정하고 예측에 사용하면 된다.

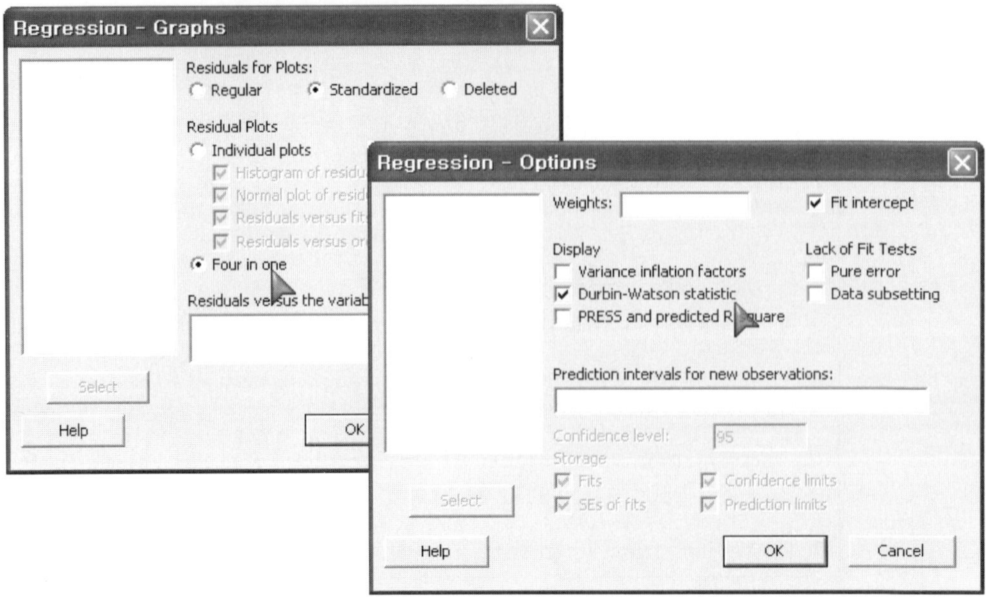


```
Unusual Observations

Obs  광고비(만)  총판매액(만)     Fit  SE Fit  Residual  St Resid
  5         160       3440.0  3191.1    71.6     248.9     2.45R

R denotes an observation with a large standardized residual.


Durbin-Watson statistic = 1.88075
```

DW 통계량이 1.88075로 계산되었다. 이는 잔차들이 독립성을 만족하려면 DW 통계량이 매우 엄격하게 적용해도 1.5~2.5 사이의 값을 가질 경우 독립으로 판단한다. 그러므로 잔차가 독립성을 만족한다고 판단하고 이에 따라 오차도 독립성을 만족하리라 판단한다.

[그림 13.3b] 잔차검토를 위한 잔차도표와 잔차 정규확률도표

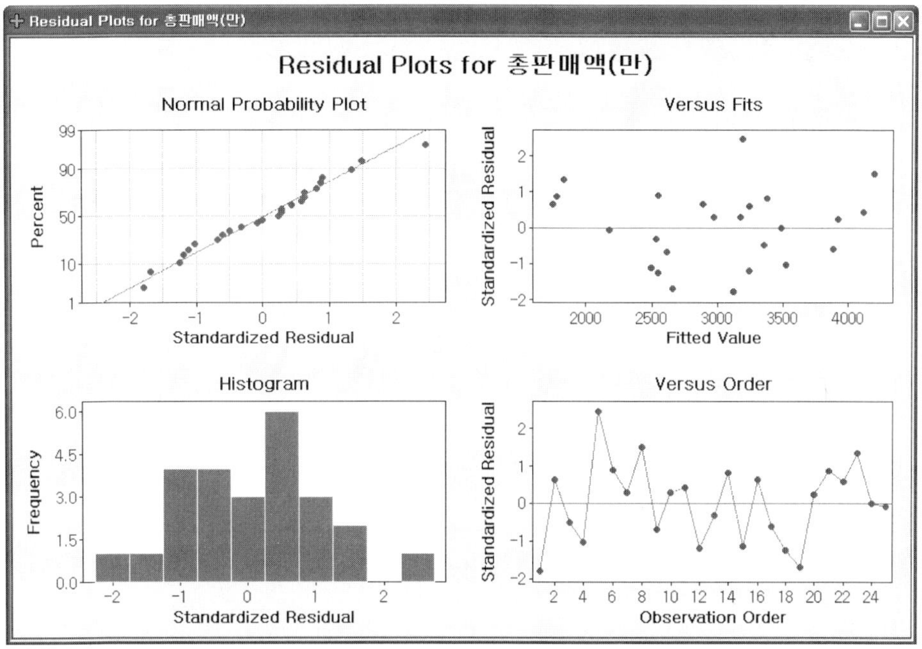

[그림 13.3b]의 정규확률도표를 보면 그다지 크게 대각선을 벗어나지 않은 것으로 판단된다. 그러므로 잔차에 대해 정규성을 가정하는데 크게 무리가 없다. 잔차가 정규성을 다르면 오차도 정규성을 따를 것이라고 가정할 수 있게 된다. 다음으로 표준화 잔차도표를 보면 0인 수평선을 중심으로 대부분의 잔차들이 2*표준편차 내에 있으며 5번째 잔차만이 2*표준편차 밖에 나타난다. 그러나 3*표준편차 이내이므로 크게 문제될 것은 없다. 대략 띠의 두께가 고른 편이며 전체적으로 상하대칭에서 크게 벗어나지 않는다. 그러므로 등분산성과 선형성도 나쁘지 않다. 오차항에 대한 4가지 가정도 무사히 통과된 셈이다. 이제 적합된 회귀식을 사용하기로 결정하고 예측(forecasting)에 활용하기로 하자.

이제 적합된 회귀식을 사용하여 광고비를 80만원이고 상점크기가 12평인 상점의 총매출액을 예측해 보기로 하자. 아래 대화상자에서 독립변수의 지정 순서에 맞게 '80'과 '12'를 최소 한 칸 이상의 공백으로 구분하여 입력하고 아래 기본 통계량들을 모두 체크한다.

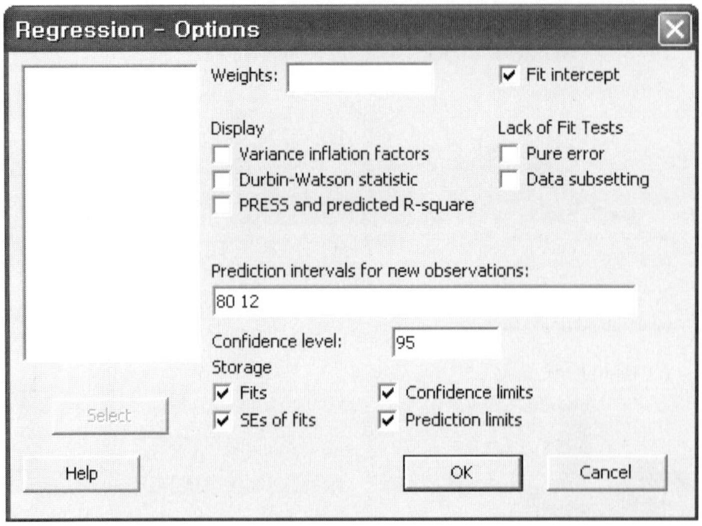


```
Predicted Values for New Observations

New
Obs     Fit  SE Fit        95% CI              95% PI
  1  2263.3    38.0  (2184.4, 2342.1)  (1993.7, 2532.9)


Values of Predictors for New Observations

New
Obs  광고비(만)  상점크기(평)
  1        80.0          12.0
```

광고비를 80만원 쓰고 상점의 크기가 12평인 상점의 총매출액의 기대값에 대한 점추정값은 2,263만원이며 이 값에 대한 95% 신뢰구간은 (2184.4, 2342.1)이며 95% 예측구간은 (1993.7, 2532.9)으로 나타났다.

여러 개의 설명변수값들에 대한 예측은 각 설명변수값들을 칼럼에 입력하고 다음과 같이 지정하여 예측하면 다음 칼럼에 각 예측값과 통계량들이 저장된다.

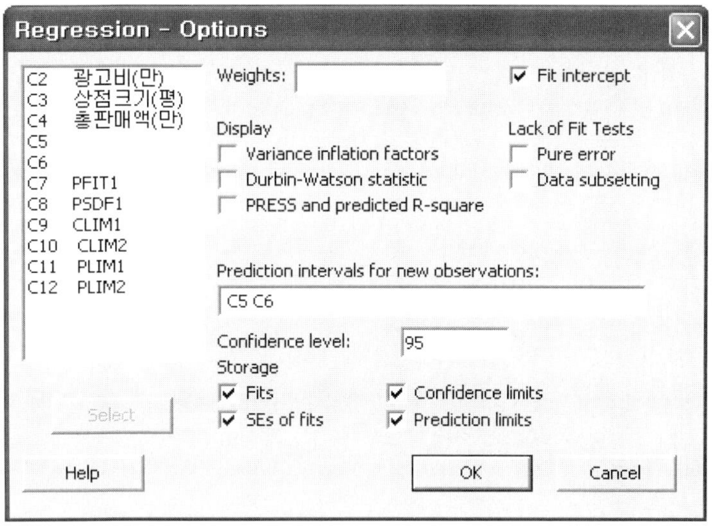


```
Predicted Values for New Observations

New
Obs     Fit   SE Fit        95% CI              95% PI
  1  2263.3     38.0  (2184.4, 2342.1)  (1993.7, 2532.9)
  2  3092.7     26.0  (3038.7, 3146.7)  (2829.3, 3356.1)
  3  3972.4     60.1  (3847.9, 4097.0)  (3686.1, 4258.7)


Values of Predictors for New Observations

New
Obs  광고비(만)  상점크기(평)
  1         80          12.0
  2        100          15.0
  3         90          20.0
```

소규모창업점포매출액.MTW ***

↓	C1-T	C2	C3	C4	C5	C6	C7	C8	C9	C10	C11	C12
	상점ID	광고비(만)	상점크기(평)	총판매액(만)			PFIT1	PSDF1	CLIM1	CLIM2	PLIM1	PLIM2
1	S1	120	14	2910	80	12	2263.27	38.0166	2184.43	2342.12	1993.69	2532.85
2	S2	70	10	1820	100	15	3092.67	26.0333	3038.68	3146.66	2829.29	3356.06
3	S3	140	14	3300	90	20	3972.44	60.0525	3847.90	4096.98	3686.14	4258.74
4	S4	120	16	3400								
5	S5	160	12	3440								
6	S6	70	14	2650								
7	S7	90	15	3010								
8	S8	110	20	4370								

13.4 변수선택법

이론적인 배경이나 사전 경험이 있는 경우에는 모형 안에 포함될 설명변수들의 선택이 비교적 용이하다. 그러나 일반적으로, 특히 사회과학 분야에서는 반응변수를 설명해 주는 모든 가능한 설명변수들을, 비록 개개의 변수들의 설명력이 강하더라도 사전에 파악하고 모형 안에 포함시켜 분석하는 것은 매우 어려울 뿐만 아니라 불필요한 작업이다.

왜냐하면 이러한 모형은 변수의 값을 측정하고 유지하는데 많은 시간과 돈이 들어가고 또한 대부분의 변수들 사이에서는 정보가 중복되어 나타나기 때문에 불필요한 변수가 포함되면 계수의 의미를 해석하는데 어려움을 더해주기 때문이다. 그리고 일반적으로 많은 사람들은 복잡한 모형보다는 간편한 모형을 선호한다. 이러한 이유로 대부분의 경우 반응변수에 영향을 미치리라고 예상되는 많은 설명변수 중에서 모형에 포함시킬 변수를 결정하는 문제가 대두된다. 이러한 문제는 변수선택법으로 해결할 수 있다.

반응변수 y에 영향을 미칠 수 있는 k개의 설명변수 $x_1, x_2, \cdots, x_k$ 중에서 일부를 선택하는 다음의 네 가지 방법의 개념을 알아보기로 한다. 이러한 방법들을 통하여 선택된 모형은 일치하는 경우도 있으나 서로 다른 모형일 수도 있다.

(1) 모든 가능한 회귀(all possible regressions)

이 방법은 모든 가능한 변수들의 조합에 대해 회귀분석을 수행해 보는 것이다. k개의 설명변수가 있는 경우 이 중에서 하나도 포함하지 않는 모형에서부터 k개 모두를 포함하는 모형까지 2^k가지의 모든 가능한 경우를 생각하는 방법이다.

(2) 전진선택법(forward selection)

반응변수에 영향을 줄 수 있는 k개의 설명변수들 중에서 가장 크게 영향을 주는 것으로 판단되는 변수부터 하나씩 선택하면서 더 이상 중요한 변수가 없다고 판단될 때 변수의 선택을 중단하는 방법이다.

(3) 후진제거법(backward elimination)

설명변수를 하나씩 선택하는 전진선택법과는 반대로, 후진제거법은 k개의 설명변수들 중에서 가장 작게 영향을 주리라고 여겨지는 변수부터 하나씩 제거하여 나가면서 더 이상 제거할 변수가 없다고 판단될 때 변수의 제거를 중단하는 방법이다.

(4) 단계선택법(stepwise selection)

전진선택법이나 후진제거법에 의하여 구한 최종모형이 반드시 최적모형일 수는 없다. 왜냐하면, 전진선택법에서 일단 선택된 설명변수는 새로운 설명변수가 포함되면서 그 중요도가 상실되더라도 제거될 수 없기 때문이다. 이를 개선하기 위하여 전진선택법에 후진제거법을 가미한 방법이 단계선택법이다.

[CaseStudy 13.4a] 아래의 표는 1952년부터 1986년에 걸친 소고기 가격 데이터로 "소가격.xlsx"에 저장되어 있다. 소가격을 종속변수로 하여 단계별 선택법, 전진선택법 및 후진제거법에 의하여 최적 회귀방정식을 선택해 보기로 하자.

년도	소가격	소생산량	돼지닭	가처분	물가지수
1952	33.28	13.65	19.94	1503	79.20
1953	21.69	18.48	17.66	1585	79.90
1954	23.63	18.85	17.19	1570	80.50
1955	22.78	19.55	17.86	1645	80.50
1956	20.27	20.74	19.58	1730	80.90
1957	22.60	19.70	19.54	1804	86.60
1958	28.25	18.17	19.89	1804	83.90
1959	29.02	18.52	22.47	1909	87.00
1960	26.97	19.45	22.20	1937	88.60
1961	23.50	20.64	23.48	1965	89.30
1962	25.79	19.99	23.50	2054	90.50
1963	22.63	21.24	23.64	2109	91.40
1964	20.80	24.05	23.88	2267	92.80
1965	25.69	22.56	22.27	2373	94.30
1966	26.04	24.37	23.31	2574	96.90
1967	24.70	25.70	25.15	2728	99.40
1968	26.40	25.30	25.49	2930	103.50
1969	32.19	24.76	26.17	3074	109.10
1970	30.24	25.99	28.47	3353	115.70
1971	32.54	26.23	30.77	3579	120.80
1972	36.04	26.52	29.63	3764	124.70
1973	45.84	23.83	27.79	4210	131.50
1974	39.98	26.35	29.76	4549	145.40
1975	48.03	25.89	25.61	5056	159.50
1976	41.42	28.19	25.37	5372	169.20
1977	40.77	27.97	27.01	5836	180.60
1978	55.06	26.67	27.90	6438	193.30
1979	72.51	22.55	31.38	7117	214.10
1980	64.65	23.06	34.02	7835	245.00
1981	66.68	23.61	32.61	8634	269.00
1982	70.48	23.56	31.72	9456	287.30
1983	67.04	24.15	33.21	9833	296.90

1984	66.01	25.10	32.86	10804	309.70
1985	57.66	25.26	33.61	11891	321.20
1986	54.52	26.43	33.69	12347	326.50

13.4.1 **단계별 회귀모형 선택방법**

▶ Stat → Regression → Regression...

[그림 13.4a] 회귀분석의 변수선택방법 지정

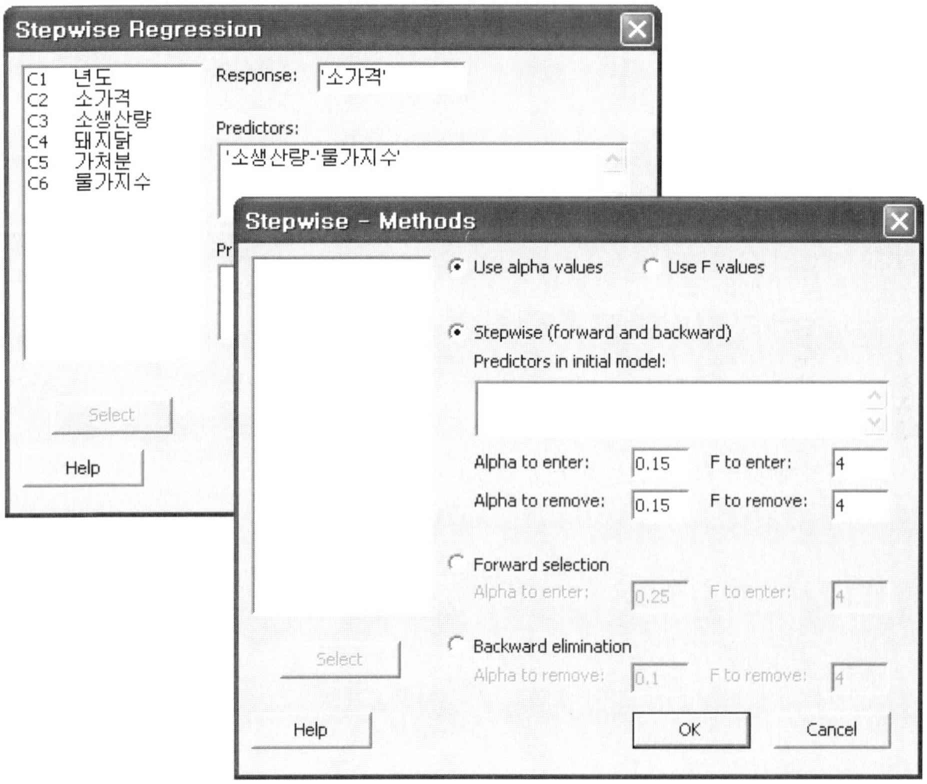

(1) 단계선택법

```
Session

Stepwise Regression: 소가격 versus 소생산량, 돼지닭, 가처분, 물가지수

  Alpha-to-Enter: 0.15  Alpha-to-Remove: 0.15

Response is 소가격 on 4 predictors, with N = 35

Step             1        2        3
Constant    10.242   -1.624  -22.624

물가지수      0.189    0.518    0.562
T-Value      12.76     3.34     3.84
P-Value      0.000    0.002    0.001

가처분              -0.0083  -0.0107
T-Value               -2.13    -2.83
P-Value               0.041    0.008

돼지닭                           0.97
T-Value                          2.34
P-Value                         0.026

S             7.05     6.70     6.28
R-Sq         83.14    85.23    87.46
R-Sq(adj)    82.63    84.31    86.24
Mallows Cp    10.5      7.3      3.9
```

단계선택법에서 제안된 회귀방정식은 다음과 같다.

$$\widehat{\text{소가격}} = -22.624 + \underset{(0.001)}{0.562} \times \text{물가지수} - \underset{(0.008)}{0.0107} \times \text{가처분} + \underset{(0.026)}{0.97} \times \text{돼지닭}$$

결정계수 : $R^2 = 0.8746\ (87.46\%)$

(2) 전진선택법

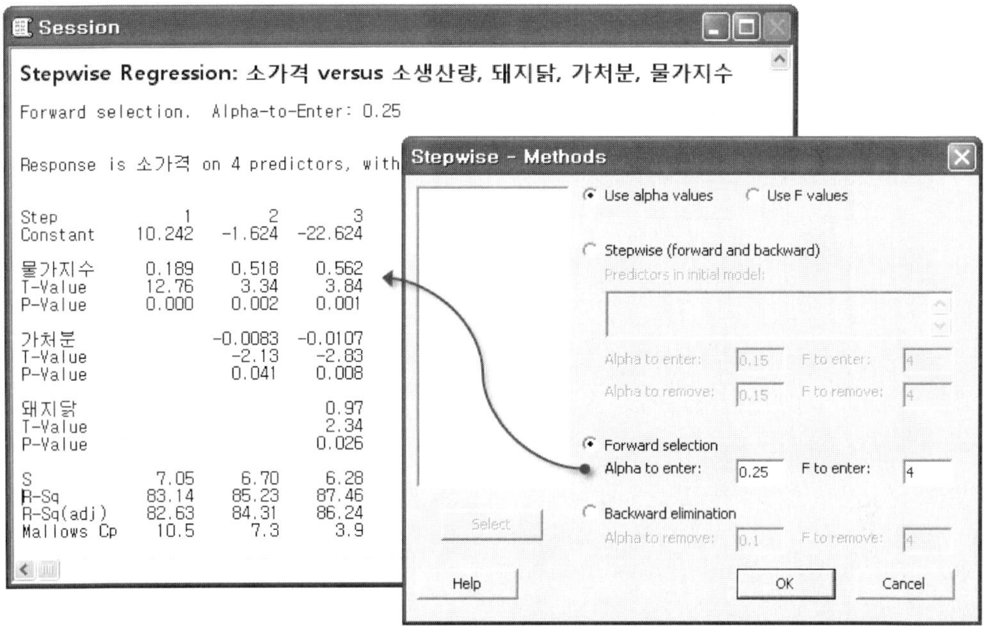

전진선택법에서 제안된 회귀방정식은 다음과 같이 단계선택법의 결과와 동일하다.

$$\widehat{\text{소가격}} = -22.624 + \underset{(0.001)}{0.562} \times \text{물가지수} - \underset{(0.008)}{0.0107} \times \text{가처분} + \underset{(0.026)}{0.97} \times \text{돼지닭}$$

결정계수 : $R^2 = 0.8746\ (87.46\%)$

(3) 후진제거법

후진제거법의 결과 역시 앞에서 제안된 회귀방정식과 동일하다.

$$\widehat{\text{소가격}} = -22.624 + \underset{(0.001)}{0.562} \times \text{물가지수} - \underset{(0.008)}{0.0107} \times \text{가처분} + \underset{(0.026)}{0.97} \times \text{돼지닭}$$

결정계수 : $R^2 = 0.8746\ (87.46\%)$

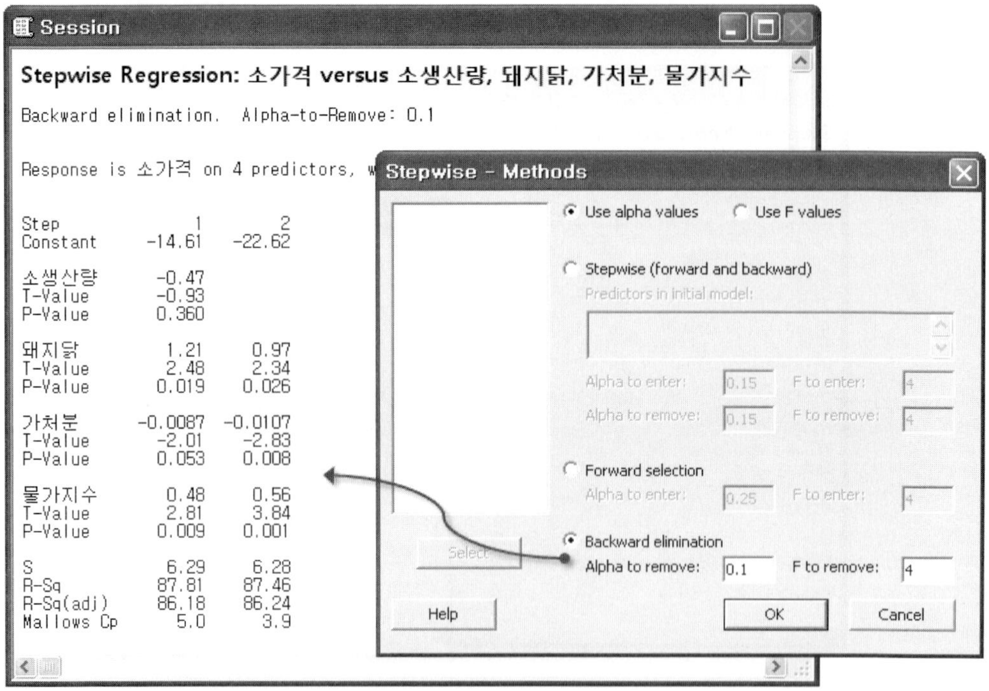

결과적으로 세 가지 변수선택법을 사용한 결과 세 가지 방법 모두 동일하게 설명변수 '소고기생산량/1인'을 제거할 것을 제안하고 있다. 그러나 '소고기생산량'은 **소가격**을 결정하는 중요한 변수임을 누구라도 인정할 수 있을 것이다. 그럼에도 불구하고 회귀모형에서 제거된 이유는 무엇일까? '소고기생산량'이 선형 회귀식을 접합하는 데 중요하지 않은 변수로 판정되었다는 사실은 선형을 적합하는데 문제의 심각성을 나타낸다. 이는 선형식의 적합이 적절하지 않아 설명변수에서 제외된 것이다. 그렇다면 '소고기생산량'은 곡선 회귀모형이나 시계열 모형으로 적합시켜야 할 것이다. [그림 13.4b]의 산점도를 보면 직선식의 적합이 전체 회귀식에 악영향을 미치는 것을 짐작할 수 있으며, 산점들을 보면 곡선 적합의 필요성을 느끼게 한다. 이러한 경우 '소고기생산량' 변수를 변환하여 직선 적합에 유리하도록 하여 다시 회귀분석을 시도하는 것도 좋은 방법이라 할 수 있으나 변수를 변환하는 일반적인 규칙은 없다. 변환은 로그변환, 제

[그림 13.4b] 소고기 생산량과 소가격 산점도

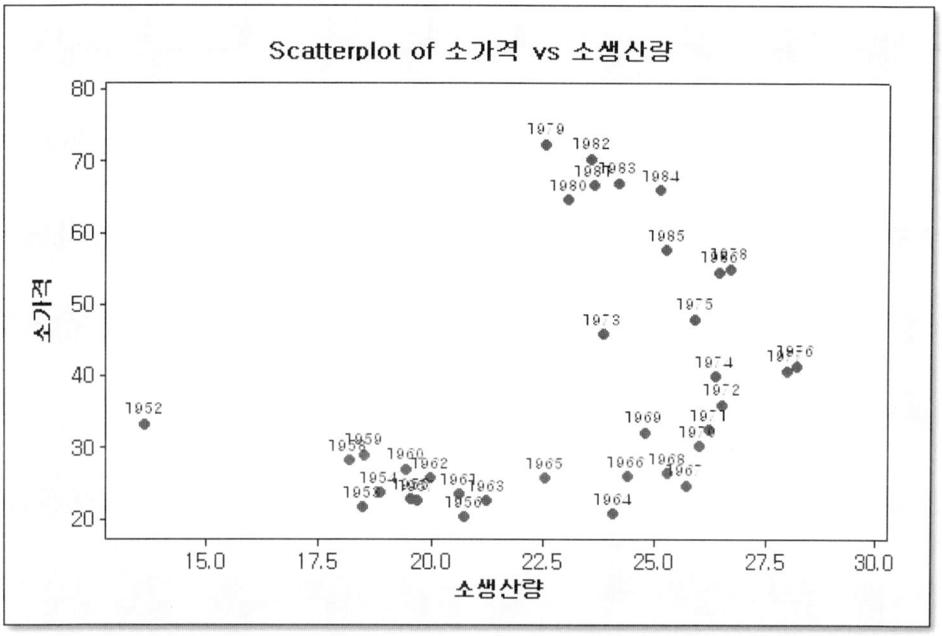

곱근, 역수, 제곱 등 여러 가지 변환을 생각할 수 있으며, 이렇게 변환된 변수에 대해 산점도를 그려 보고 회귀모형에 적합해 보면 보다 개선된 해법을 찾을 수 있을 것이다.

[CaseStudy 13.4b] 다음은 교통사고의 원인을 알아보기 위하여 1973년 미국 미네소타주의 도로 39개구간에서 자동차 주행거리 100만 마일당 사고의 횟수를 반응변수로 하고 사고의 원인이 될 수 있을 것으로 예상되는 10개의 설명변수를 얻은 데이터이다.

y : 100만 마일의 자동차 주행거리당 사고의 횟수
x_1 : 구간의 길이 (miles)
x_2 : 하루 평균 통과 자동차 수(천대)
x_3 : 트럭의 비율
x_4 : 제한속도(mile/hour)

x_5 : 차선의 폭(feet)

x_6 : 갓길의 폭(feet)

x_7 : 1마일당 고속도로 진입로의 수

x_8 : 1마일당 신호등이 있는 교차로의 수

x_9 : 1마일당 진입로의 수

x_{10} : 차선의 수

y	x_1	x_2	x_3	x_4	x_5	x_6	x_7	x_8	x_9	x_{10}
4.58	4.99	69	8	55	12	10	1.20	0	4.60	8
2.86	16.11	73	8	60	12	10	1.43	0	4.40	4
3.02	9.75	49	10	60	12	10	1.54	0	4.70	4
2.29	10.65	61	13	65	12	10	0.94	0	3.80	6
1.61	20.01	28	12	70	12	10	0.65	0	2.20	4
6.87	5.97	30	6	55	12	10	0.34	1.84	24.80	4
3.85	8.57	46	8	55	12	8	0.47	0.70	11.00	4
6.12	5.24	25	9	55	12	10	0.38	0.38	18.50	4
3.29	15.79	43	12	50	12	4	0.95	1.39	7.50	4
5.88	8.26	23	7	50	12	5	0.12	1.21	8.20	4
4.20	7.03	23	6	60	12	10	0.29	1.85	5.40	4
4.61	13.28	20	9	50	12	2	0.15	1.21	11.20	4
4.80	5.40	18	14	50	12	8	0	0.56	15.20	2
3.85	2.96	21	8	60	12	10	0.34	0	5.40	4
2.69	11.75	27	7	55	12	10	0.26	0.60	7.90	4
1.99	8.86	22	9	60	12	10	0.68	0	3.20	4
2.01	9.78	19	9	60	12	10	0.20	0.10	11.00	4
4.22	5.49	9	11	50	12	6	0.18	0.18	8.90	2
2.76	8.63	12	8	55	12	6	0.14	0	12.40	2
2.55	20.31	12	7	60	12	10	0.05	0.99	7.80	4

(1) 전진선택법을 이용하여 최적모형을 구해본다.

(2) 후진선택법을 이용하여 최적모형을 구해본다.

(3) 단계별회귀방법을 이용하여 최적모형을 구해본다.

(4) 위의 세 가지 방법에 의하여 선택된 모형을 비교하고 모형을 결정해 본다.

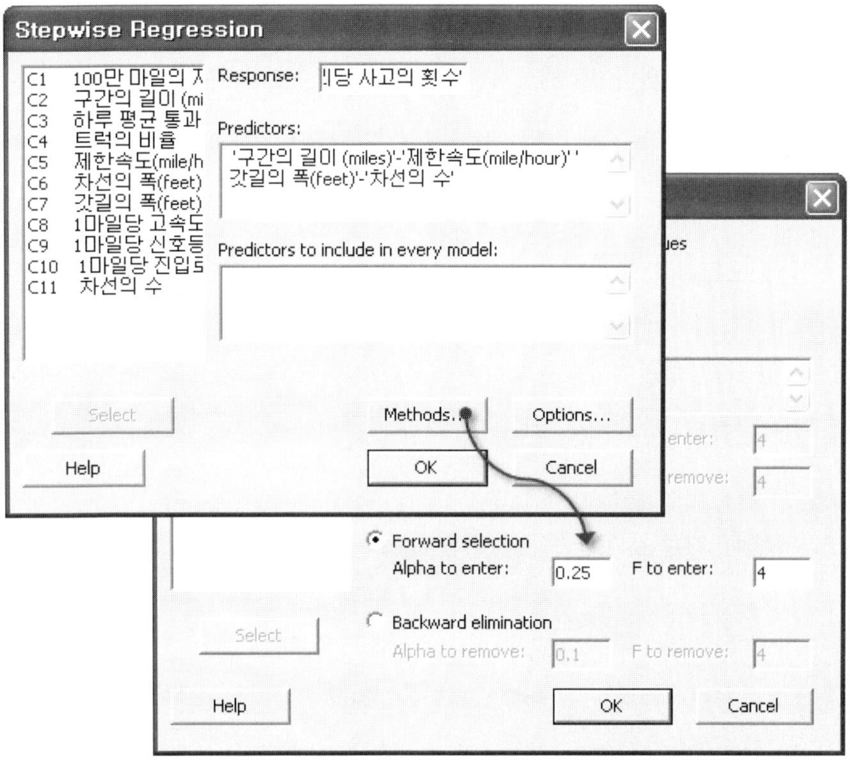

모든 변수들을 다 사용하여 회귀모형을 적합해 보면 문제가 생길 것이다. 이는 어떤 변수의 변수값이 모두 동일한 값으로 입력된 '차선의 폭(x_5)' 변수 때문이다. 이 변수를 제외하고 실행해야 된다.

다음 세션창에 출력된 결과를 보면 전진선택법으로 제안된 회귀방정식은 다음과 같다.

$$\widehat{\text{사고횟수}} = -3.134 + \underset{(0.022)}{0.105} \times \text{진입로수} - \underset{(0.004)}{0.138} \times \text{구간길이} + \underset{(0.009)}{0.98} \times \text{교차로수} + \underset{(0.171)}{0.015} \times \text{자동차수}$$

결정계수 : $R^2 = 0.7639\ (76.39\%)$

여기에서 자동차수는 p=0.171로 통상적으로 유의수준 5%를 기준으로 보면 회귀계수가 '0'이라는 귀무가설을 받아들이게 된다. 그러나 전진선택법의 진입기준 디폴트가 0.25로 설정되어 있기 때문에 설명변수로 진입된 것이다. 디폴트 기준으로 진입되었다고 해서 반드시 설명변수로서 사용해야 되는 것은 아니다. 물론 이 책에서는 디폴트를 따르겠지만 자동차수가 사고수에 영향을 준다고 확신한다면 구지 회귀계수가 5%에서 유의하지 않다 하더라도 데이터의 내용상 중요한 변수이므로 사용해야 할 것이다. 일반적으로는 유의하지 않은 경우에 회귀계수의 절대값 또한 작아지는 경향이 있으므로 그 영향력이 미약해지는 경향이 있음을 실전에서 수시로 확인 가능하다. 그러므로 독자 여러분도 분석할 때 마다 실제 그러한지 보고 경험하는 것이 이론을 숙지하는 것보다 훨씬 더 중요하다.

Session

Stepwise Regression: 100만 마일의 자동차 versus 구간의 길이 (mile, 하루 평균 통과

```
Forward selection.  Alpha-to-Enter: 0.25

Response is 100만 마일의 자동차 주행거리당 사고의 횟수 on 9 predictors, with N = 20


Step                                1        2        3        4
Constant                        2.085    3.481    3.746    3.134

1마일당 진입로의 수              0.182    0.147    0.091    0.105
T-Value                          4.12     3.42     2.20     2.55
P-Value                         0.001    0.003    0.043    0.022

구간의 길이 (miles)                      -0.109   -0.137   -0.138
T-Value                                  -2.24    -3.23    -3.36
P-Value                                  0.039    0.005    0.004

1마일당 신호등이 있는 교차로의 수                   0.93     0.98
T-Value                                           2.76     2.99
P-Value                                          0.014    0.009

하루 평균 통과 자동차 수(천대)                             0.015
T-Value                                                    1.44
P-Value                                                   0.171

S                                1.08    0.975    0.827    0.801
R-Sq                            48.59    60.30    73.13    76.39
R-Sq(adj)                       45.74    55.63    68.10    70.09
Mallows Cp                        9.5      5.7      1.3      1.7
```

이제 후진제거법의 결과를 확인해 보자.

Session

Backward elimination. Alpha-to-Remove: 0.1

Response is 100만 마일의 자동차 주행거리당 사고의 횟수 on 9 predictors, with N = 20

Step	1	2	3	4	5	6	7
Constant	5.494	5.522	5.329	5.956	6.012	2.754	3.746
구간의 길이 (miles)	-0.120	-0.119	-0.119	-0.112	-0.108	-0.130	-0.137
T-Value	-2.11	-2.22	-2.32	-2.50	-2.47	-3.08	-3.23
P-Value	0.061	0.049	0.039	0.027	0.027	0.008	0.005
하루 평균 통과 자동차 수(천대)	0.003						
T-Value	0.10						
P-Value	0.923						
트럭의 비율	-0.02	-0.02					
T-Value	-0.22	-0.22					
P-Value	0.829	0.828					
제한속도(mile/hour)	-0.040	-0.042	-0.044	-0.061	-0.062		
T-Value	-0.52	-0.57	-0.63	-1.40	-1.45		
P-Value	0.617	0.581	0.542	0.185	0.168		
갓길의 폭(feet)	-0.05	-0.05	-0.04				
T-Value	-0.35	-0.36	-0.32				
P-Value	0.732	0.725	0.753				
1마일당 고속도로 진입로의 수	0.33	0.41	0.39	0.37			
T-Value	0.31	0.71	0.70	0.69			
P-Value	0.764	0.495	0.494	0.501			
1마일당 신호등이 있는 교차로의 수	0.74	0.74	0.78	0.79	0.71	0.89	0.93
T-Value	1.67	1.76	2.06	2.16	2.08	2.68	2.76
P-Value	0.125	0.107	0.061	0.050	0.056	0.017	0.014
1마일당 진입로의 수	0.112	0.113	0.112	0.107	0.101	0.111	0.091
T-Value	2.06	2.22	2.31	2.42	2.38	2.53	2.20
P-Value	0.066	0.048	0.040	0.031	0.032	0.023	0.043
차선의 수	0.17	0.19	0.20	0.19	0.25	0.19	
T-Value	0.69	0.96	1.05	1.05	1.60	1.24	
P-Value	0.508	0.359	0.315	0.313	0.132	0.234	
S	0.906	0.864	0.829	0.800	0.785	0.813	0.827
R-Sq	79.87	79.85	79.76	79.58	78.83	75.63	73.13

후진제거법에서 제안하는 회귀방정식은 다음과 같다.

$$\widehat{\text{사고횟수}} = -3.134 + \underset{(0.043)}{0.091} \times \text{진입로수} - \underset{(0.005)}{0.137} \times \text{구간길이} + \underset{(0.014)}{0.93} \times \text{교차로수}$$

결정계수 : $R^2 = 0.7313\ (73.13\%)$

출력결과에서 상단부분의 'Step'에서 마지막 열인 '7'을 보면 제거되고 남아 있는 변수들만을 확인할 수 있다. 전진선택법의 결과와 차이가 있는 것은 '자동차수'가 제거 되었다는 것이다. 모형의 초전에서 말한다면 '자동차수'는 5%에서 유의하지 않았다. 후진제거법에서 이 유의하지 않은 변수가 제거되었다. 그런데도 결정계수는 0.7639에서 0.7313으로 다소간 감소한 것을 확인할 수 있다. 이는 결정계수의 단점이라고 할 수 있는데 결정계수는 변수나 케이스 수가 많아질수록 커지는 경향이 강하여(케이스수의 증가보다 변수수의 증가가 더 강함) 전혀 회귀모형을 적합하는데 통계적으로 도움이 안 되는 변수가 포함되더라도 증가하게 된다. 물론 회귀모형에 좋은 영향을 주는 변수가 설명변수로 포함되면 그 증가폭이 더 커진다. 이 점을 감안하여 결정계수를 판단해야 한다.

Session

Stepwise Regression: 100만 마일의 자동차 versus 구간의 길이 (mile, 하루 평균 통과

```
  Alpha-to-Enter: 0.15  Alpha-to-Remove: 0.15

Response is 100만 마일의 자동차 주행거리당 사고의 횟수 on 9 predictors, with N = 20

Step                              1       2       3
Constant                      2.085   3.481   3.746

1마일당 진입로의 수           0.182   0.147   0.091
T-Value                        4.12    3.42    2.20
P-Value                       0.001   0.003   0.043

구간의 길이 (miles)                  -0.109  -0.137
T-Value                               -2.24   -3.23
P-Value                               0.039   0.005

1마일당 신호등이 있는 교차로의 수              0.93
T-Value                                        2.76
P-Value                                       0.014

S                              1.08   0.975   0.827
R-Sq                          48.59   60.30   73.13
R-Sq(adj)                     45.74   55.63   68.10
Mallows Cp                      9.5     5.7     1.3
```

단계선택법으로 제안된 회귀방정식은 다음과 같다.

$$\widehat{\text{사고횟수}} = -3.134 + \underset{(0.043)}{0.091} \times \text{진입로수} - \underset{(0.005)}{0.137} \times \text{구간길이} + \underset{(0.014)}{0.93} \times \text{교차로수}$$

결정계수 : $R^2 = 0.7313\ (73.13\%)$

단계선택법으로 제안된 모형 역시 후진제거법과 동일하다.

결과적으로 설명변수 X's는 진입로수, 구간길이, 교차로수 등이 서로 겹치는 변수들이고 평균자동차수는 전진선택에서는 포함되었으나 다른 선택법에서 포함되지 않았다. 또한 평균자동차수의 회귀계수에 대한 유의성은 5%하에서 유의하지 않았다. 이는 선택법의 진입과 제거의 기준으로 발생된 차이이다. 그러므로 변수를 최대한 줄이려고 한다면 공통된 3개 변수만을 사용하고 그렇지 않다면 4개 변수를 설명변수로 사용하는 것이 바람직하다. 이상은 통계적인 기준에 따른 것이지만 실전에서는 데이터의 내용 중심이어야 함을 잊지 말라. 물론 통계적 효율과 실제적 효율 둘 다 높일 수 있는 대안이 가장 이상적일 것이다. 그러나 두 가지 다 만족하는 경우는 실제로 그리 흔하지 않은 것이 문제다.

Introduction to Behaviorally Statistical Data Analysis using Minitab & SixSigma Tools for Excel

14

비모수 검정

14.1 서 론

사카린과 담배는 일반적으로 암을 유발시킨다고 알려져 있는 반면에 살구씨, 복숭아씨 또는 인터페론 같은 것들은 암을 치료하는 데 효과가 있다고 한다. 근래에 커피와 당근도 각각 암을 유발하고 치료하는 데 영향을 미치는 것으로 보고되었다. 이러한 것들은 모두 실험적인 것이고 또 매우 복잡한 요인들이 작용한다. 이러한 증거는 주로 동물 실험이나 환자의 병력을 토대로 한 것으로 사실 많은 문제가 있다. 동물에 어떤 시약을 투여한 결과 또는 오랜 기간 동안 조금씩 사용한 결과를 근거로 어떤 사실을 사람에 대하여 예측한다는 것은 사실 많은 문제가 있다.

사람들의 생활 습관을 구성하는 요소들을 따로따로 분리하여 각 요소별로 어떤 영향을 주는가를 밝히는 것은 매우 어려운 일이다. 예를 들어 비만, 운동 부족, 커피, 음주, 흡연, 도시 생활 등과 카페인의 영향을 어떻게 밝힐 것인가?

음식물의 섭취 또한 암의 유발과 발전 과정에 밀접한 관련이 있다고 한다. 예를 들어 지방의 섭취와 유방암 및 결장암은 서로 양의 상관관계를 가진다. 또

근래에 다이어트와 종양의 상관관계가 조사되었다. 같은 나이, 같은 종, 같은 물리적 조건 하에서 세 그룹의 동물들에 종양 세포를 이식하였다. 그리고 세 그룹의 동물들에 각각 포화 지방, 불포화 지방, 저지방을 먹여 그 관계를 조사하였다. 포화 지방을 먹인 동물에 있어서 종양 세포가 활성화되는 시간이 서로 다르다는 가설을 검정하려 한다. 만약 이 두 그룹의 시간이 각각 정규분포를 따른다면 T-검정을 이용하여 두 모평균이 같다는 가설을 검정할 수 있을 것이다. 그러나 걸린 시간의 분포가 정규분포가 아니고 또 표본의 크기가 작으면 분포에 대한 기본 가정을 필요로 하지 않는 통계적 기법을 이용해야 한다.

두 가설검정을 요약하면 모수적 방법(parametric method)은 관측값이 어느 특정한 확률분포(이를테면 정규분포, 이항분포 등)를 따른다고 전제한 후 그 분포의 모수(parameter)에 대한 검정을 실시하는 방법이며, 비모수적 방법(nonparametric method)은 관측값이 어느 특정한 확률분포를 따른다고 전제할 수 없는 경우에 실시하는 검정방법으로 모수에 대한 언급이 없으며 분포무관방법(distribution free method)이라고 하기도 한다. 비모수적 방법의 특징은 첫째, 최소한의 가정을 전제로 하므로 가정이 만족하지 않음으로써 발생하는 오류를 줄일 수 있다는 점이며, 둘째, 대부분의 경우 관측값보다는 상대적 순위를 이용하여 검정통계량을 유도하므로 순서척도로 관측된 자료의 검정에 유용하다는 점이며, 셋째, 계산 과정이 단순하고 통계적 의미를 이해할 수 있으므로 통계에 대한 깊은 지식을 필요로 하지 않는다는 점을 들 수 있다.

이상에서 설명한 비모수방법이 적절한 경우를 요약해 보면 다음과 같다.

1. 모집단이 정규분포를 하지 않는 경우
2. 표본크기가 작아서 그러한 주장을 입증하기 곤란한 경우
3. 모집단의 모수 수치에 관해 언급하지 않은 가설을 검정할 때
4. 모집단의 함수 형태가 알려져 있지 않을 때(일반적으로 모수적 방법에 비해 분포의 가정이 완화되거나 또는 가정이 없이 사용된다.)

5. 이상점(outliers)이 존재하는 경우
6. 데이터의 측정수준이 서열척도일 경우

- 대부분의 비모수적 방법은 실제의 양적 관측값에 의존하지 않고 이들의 상대적 평가에 의존한다.
- 많은 경우에 정규분포하의 방법과 비교했을 때 주어진 표본이 정규분포를 따를 때에도 검정력에 큰 손실이 없으며, 정규분포와 판이한 분포일 경우에는 이의 검정력은 정규분포에 의한 방법보다 크다.

다음 [표 14.1]을 참고하여 모수검정법과 비모수 검정법을 비교해 보면 어떤 경우에 어떤 비모수검정법을 사용해야 할지를 판단할 수 있다.

[표 14.1] 비모수적 검정의 분류와 모수검정과의 비교

데이터구조	명목척도	서열척도	정규분포가정하에서의 모수검정
단일표본	χ2 RUNS (연의 검정)	Kolmogorov-Smirnov	일표본 T-검정
두 개의 연관된 분포	McNemar	Sign Wilcoxen	대응표본 T-검정
K개의 연관된 분포	Cochran's Q	Friedman Kendall	완전난괴설계 (2요인 분산분석)
두 개의 독립표본		Median Mann-Witney Kolmogorov-Smirnov Wald-Wolforwitz Moses	독립표본 T-검정
K 개의 독립표본		Median Kruskal-Wallis	1요인 분산분석

14.2 2표본 검정

14.2.1 대응표본에 대한 부호검정법(sign test)

비모수적 검정법에서 가장 전통적인 방법으로 사용하기에 간편하며 이항분포를 사용하여 검정하게 된다. 정규분포에 대한 가정을 할 수 없으며, 가지고 있는 데이터가 서열척도 이상의 측정수준일 때에 활용할 수 있고, 평균보다는 중위수에 중점을 두는 검정법이다.

부호검정(sign test)은 위치모수에 대한 비모수적 검정 중에서 가장 기본적인 개념인 부호를 사용하는 검정법으로서 위치모수의 값 θ_0보다 큰 관측값의 개수만을 이용하여 검정하는 것이 그 특징이다. 부호검정은 대응표본에 대한 평균간의 차이를 검정하는 절차로서 대응표본 T-검정에 대한 비모수적 검정방법으로 사용된다.

1. 부호검정통계량 $B=\sum_{i=1}^{n}\psi_i$

$$\psi = \begin{cases} 1, \ X_i > \theta_0 \text{일 때} \\ 0, \ X_i \le \theta_0 \text{일 때} \end{cases}$$

B는 θ_0보다 큰 관측값의 개수를 나타낸다.

2. 검정법

$H_1 : \theta \neq \theta_0$ 일 때

$B \ge b(\frac{\alpha}{2}, n, \frac{1}{2})$ 또는 $B \le b(1-\frac{\alpha}{2}, n, \frac{1}{2})$이면 H_0를 기각

3. 동률처리

: 표본 중에서 θ_0와 같은 관측값이 있는 경우에는 그 관측값을 표본에서 제외시키고 크기를 그 개수만큼 줄인 후에 부호검정을 실시한다. 관측값 중에서 동률이 있는 경우, 그 값이 θ_0와 같지만 않으면 이러한 값들은 검정 절차에 아

무런 영향도 주지 않는다.

[CaseStudy 14.2a] 두 생산라인 'Line**1**', 'Line**2**'에서 생산된 전구를 10일 동안 관측한 결과 각 생산라인의 일별 불량품의 수가 [표 14.2a]와 같이 관측되었다.

[표 14.2a] 두 생산라인에서 생산된 전구 중 불량품의 수(전구불량.xlsx)

일 자	생 산 라 인	
	Line1	Line2
1	170	201
2	179	164
3	140	159
4	184	195
5	174	177
6	142	170
7	191	183
8	169	179
9	161	170
10	200	212

두 생산라인의 일별 생산량이 동일하다고 할 때 위의 자료를 이용하여 두 생산라인에서 생산된 제품 중에서 불량품 수의 분포가 동일한가를 검정하기 위하여 다음과 같은 가설을 설정한다.

H_0: 두 생산라인의 일별 생산량 중에서 불량품 수의 분포는 동일하다.

H_a: 두 생산라인의 일별 생산량 중에서 불량품 수의 분포는 동일하지 않다.

Minitab에서 대응표본에 대한 부호검정을 수행하려면 주메뉴에 없기 때문에 차이값을 계산한 다음 일표본 부호검정을 실시하면 된다.

1. Calc → Calculator...

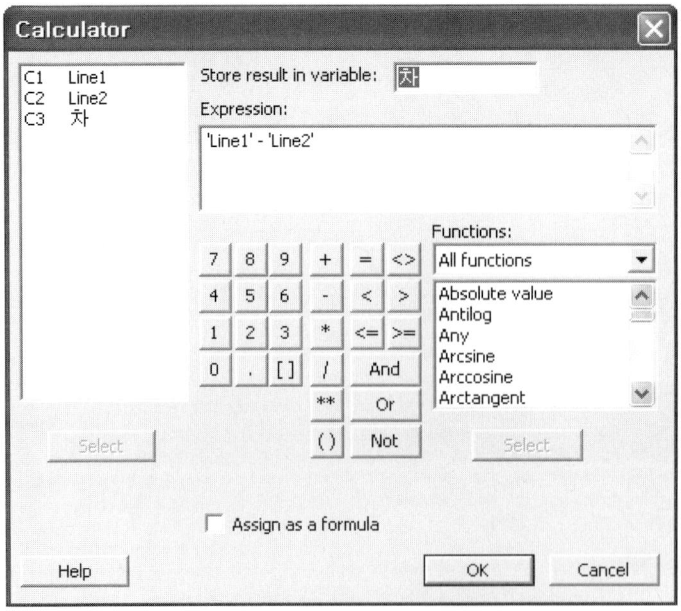

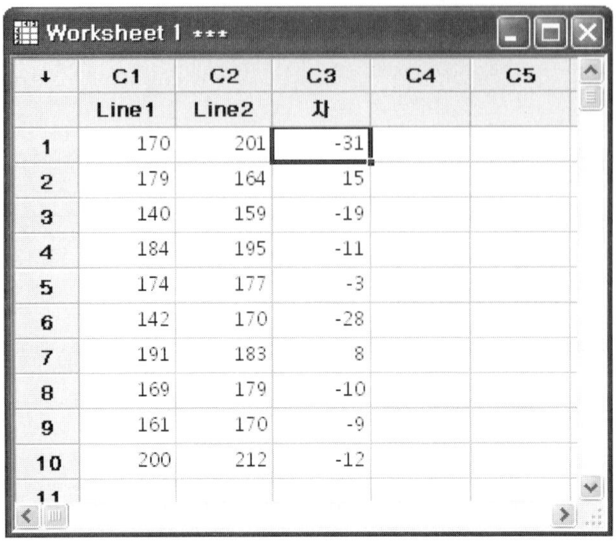

2. Stat → Nonparametrics → 1-Sample Sign....

을 선택한 후 다음과 같이 지정하면 **'대응 2-표본 부호검정'**을 수행할 수 있다. 여기에서 Test Median은 '0'으로 디폴트를 유지해야 한다.

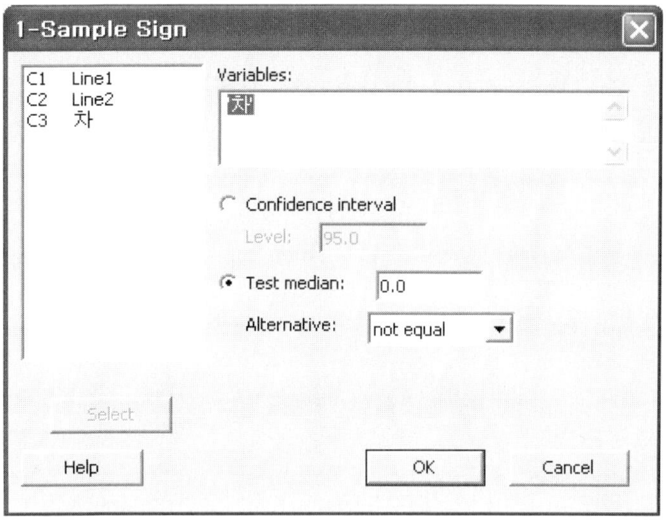

[그림 14.2] 부호검정의 수행 결과

```
Sign Test for Median: 차

Sign test of median =  0.00000 versus not = 0.00000

     N  Below  Equal  Above       P  Median
차  10      8      0      2  0.1094  -10.50
```

'**Line1**'에서의 불량품의 수에서 '**Line2**'의 불량품의 수를 빼서 Below(−), Above(+), Equal(동률)등을 결정하여 개수를 표시한다. 즉, −부호가 8개이고 + 부호가 2개, 그리고 동률은 없는 것으로 나타났다. 검정통계량은 +부호(양수차)의 개수이므로 검정통계량의 귀무가설 분포는 이항분포(Binomial)인 B(10, 1/2)를 따른다. 그러나 여기에서는 가설이 양쪽검정이므로 P-값은 0.1094로 유의수준 0.05보다 크므로 귀무가설을 기각할 만한 충분한 증거를 제시하지 못한다. 즉, 두 생산라인의 일별 생산량 중에서 불량품의 수의 분포는 동일하다는 결론을 내릴 수 있다.

14.2.4 대응 2표본의 윌콕슨 부호순위검정

윌콕슨 부호순위 검정(Wilcoxen Signed-Ranks Test)은 관측값이 θ_0보다 크고 작음뿐만 아니라 관측값의 상대적인 크기도 고려하여 검정을 실시하는 방법이다.

윌콕슨 쌍대 비교는 두개의 추정치 값의 차이의 방향과 정도를 동시에 고려하는 방법이다. 따라서 윌콕슨 쌍대비교는 쌍을 이루고 있는 두 측정치 중에서 어느 것이 더 크며 여러 가지 쌍 중에서 어느 것이 더 큰 차이를 보이는 가를 알아야 한다.

(1) 분석방법

윌콕슨쌍대비교도 역시 쌍대비교하는 두 측정치간의 차이간에 차이가 있는지를 검정하는 것이며 그 방법으로 차이의 정도와 그 방향을 사용한다. 따라서 귀무가설은 "Ho:쌍을 이루는 측정치간의 차이는 없다" 혹은 "차이의 Median값이 0이다"라고 할 수 있다.

구체적인 방법을 알아보면 쌍을 이루고 있는 차이의 절대값에 따라 순위를 매기고 그 순위의 차이의 영향을 나타내는 부호 (+,-)를 붙이는 것이다. 또한 만약 차이가 없으면 분석에서 제외시키며 차이가 동일하면 동일한 서열의 중간값을 택한다.

(2) 기타 고려사항

만일 표본수가 커서 25개 이상이면 통계치 T는 정규분포를 이루게 된다. 따라서 Z-test를 이용할 수 있다. 이때

$$Z=\frac{T-\dfrac{N(N+1)}{4}}{\sqrt{\dfrac{N(N+1)(2N+1)}{24}}}$$

이 된다.

[CaseStudy 14.2b] 두 생산라인 'Line**1**', 'Line**2**'에서 생산된 전구를 10일 동안 관측한 결과 각 생산라인의 일별 불량품의 수를 기록한 [표 14.2a]의 데이터를 사용해 보자.

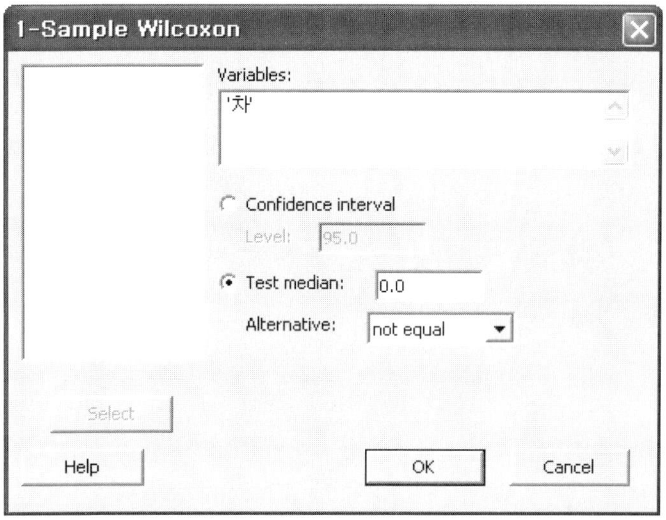


```
Wilcoxon Signed Rank Test: 차

Test of median = 0.000000 versus median not = 0.000000

        N for   Wilcoxon          Estimated
     N   Test  Statistic      P      Median
차  10     10        9.0  0.067      -10.50
```

여기에서는 가설이 양쪽검정이므로 P-값은 0.067로 유의수준 0.05보다 크므로 귀무가설을 기각할 만한 충분한 증거를 제시하지 못한다. 결국 두 생산라인의 일별 생산량 중에서 불량품의 수의 분포는 동일하다는 결론을 내릴 수 있다.

14.2.5 독립 2표본의 Mann-Whitney 검정법

앞에서 설명한 중위수 검정법은 그 두 표본의 관측변수가 서열척도로 측정되었으나 그러한 정보를 최대한으로 활용하지는 못한다. 즉 관찰된 수치를 단순히 중위수에 비교하여 큰지 작은지 만을 살펴보기 때문에 그 규모에 대해서는 많은 정보를 낭비하는 셈이다. 원하는 가설을 검정하는데 있어 자료에 있는 정보를 더 많이 이용할 수 있는 방법이 있다면 이를 활용하는 것이 좋다. 이러한 경우 중위수 검정법을 대신하여 사용할 수 있는 방법이 Mann-Whitney 검정법이다. 이 검정법은 관측값의 순위를 기초로 하고 있으므로 중위수 검정법보다 더 많은 정보를 활용하게 되는 방법이다.

1. 검정통계량

$$U = W - \frac{n(n+1)}{2}$$

W: 두 개의 표본을 혼합한 순위 중 순위합이 작은 쪽의 표본

n: 두 개의 표본을 혼합한 순위 중 순위합이 작은 쪽의 표본의 개수

2. 기타 고려사항

표본의 수가 20개가 넘어가면 통계량 U는 정규분포를 이루게 되어 Z-test를 해도 무방하다. 즉

$$Z = \frac{U - \frac{mn}{4}}{\sqrt{\frac{(m)(n)(m+n+1)}{12}}}$$

를 이용하면 된다.

이 방법은 상당히 검정력이 뛰어나다고 알려져 있다.

[CaseStudy 14.2c] 흡연이 운전기술에 미치는 영향을 평가하기 위하여 경력 5년

이상의 모범 운전자를 무작위로 추출하여 이들의 운전 습관, 주의력, 속도감 등을 점수화한 결과가 다음과 같다. 두 집단 사이의 운전기술에 차이가 있는지 검정하시오.

[표 14.2c] 흡연자와 비흡연자의 운전기술 점수(데이터: 흡연.xlsx)

흡연자	28	53	39	27	41	68	27	28	45	48	65	78		
비흡연자	32	35	61	43	82	44	78	38	85	63	46	30	47	57

1. Stat → Nonparametrics → Mann-Whitney...

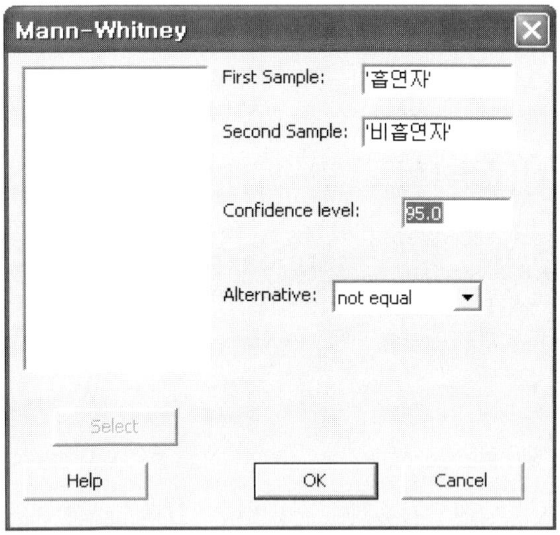


```
Mann-Whitney Test and CI: 흡연자, 비흡연자

          N  Median
흡연자    12   43.00
비흡연자  14   46.50


Point estimate for ETA1-ETA2 is -7.00
95.2 Percent CI for ETA1-ETA2 is (-19.99,7.00)
W = 141.5
Test of ETA1 = ETA2 vs ETA1 not = ETA2 is significant at 0.3036
The test is significant at 0.3034 (adjusted for ties)
```

결과를 보면 흡연자 집단은 12개 케이스의 중위수는 43.00으로 나타났고, 비흡연자 집단의 14개 케이스의 중위수는 46.50으로 나타났다. 즉, 이 두 집단의 중위수가 서로 비슷한 값이면 H_0이 채택되기가 쉬우며, 서로 차이가 크면 H_0은 기각되기가 쉬울 것이다. W=141.5는 Wilcoxon의 순위합(rank sum)인 W 통계량의 값으로서 관측값의 수가 적은 집단의 순위합을 나타낸다. 정확한 유의확률의 P값 0.3036은 동률(ties)에 의해 수정되지 않은 값으로 유의수준 0.05보다 크므로 H_0을 기각할 수 없다. 근사 유의확률(양쪽)의 P값 0.3034는 동률에 의해 수정된 값이며 유의수준 0.05보다 크므로 H_0을 기각할 수 없다. 그러므로 "흡연자와 비흡연자 집단 사이의 운전기술의 차이가 없다"고 판단한다.

14.3 독립된 K개의 표본 비교분석

14.3.1 순위에 의한 Kruskal-Wallis 일원분산분석

크루스칼-윌리스 일원배치분산분석은 k개의 독립된 표본이 서로 다른 모집단에서 나왔는가를 추정하는데 사용된 방법이며 맨휘트니 U 분석을 다변량분석으로 확장시킨 것이라고 볼 수 있다.

비모수적 방법으로서 가장 널리 사용되는 방법이 크루스칼-왈리스 검정이다. 이 검정법에서는 혼합표본에서 X_{ij}의 순위인 R_{ij}를 사용하는 것이 특징이다.

R_{ij}=N개의 혼합표본에서 X_{ij}의 순위

1. 가설

$H_0 : \tau_1 = \tau_2 = ... = \tau_k$ vs $H_1 : \tau$들이 모두 같지는 않다.

2. 크루수칼-왈리스 검정통계량

$$H = \frac{12}{N(N+1)} \sum_{j=0}^{k} n_j(\overline{R}_j - \overline{R})^2$$

$$\overline{R}_j = \sum_{i=1}^{n_j} R_{ij},\ \ j = 1,2,\cdots,k$$

[CaseStudy 14.3a] 네 종류의 사료를 사용하여 실험용 쥐를 사육하고 있다. 이 네 종류 사료에 따라서 성장에 차이가 있는지를 검정하기 위하여 네 종류의 사료를 사용하여 12주 동안 사육한 후 체중을 측정하였다. 그 결과 [표 14.3a]와 같다.

[표 14.3a] 사료 종류에 따른 쥐의 체중(사료.xlsx)

사료의 종류			
1	2	3	4
257	201	248	202
205	237	265	276
206	197	187	207
164	185	220	204
190		212	230
214		215	227
228		281	
203			

(1) 가설:

H_0 : 그 모집단들의 분포는 모두 동일하다.

H_A : 적어도 하나의 모집단은 적어도 하나의 다른 모집단보다 큰 값을 가지고 있다.

▶ Stat → Nonparametrics → Kruskal Wallis...

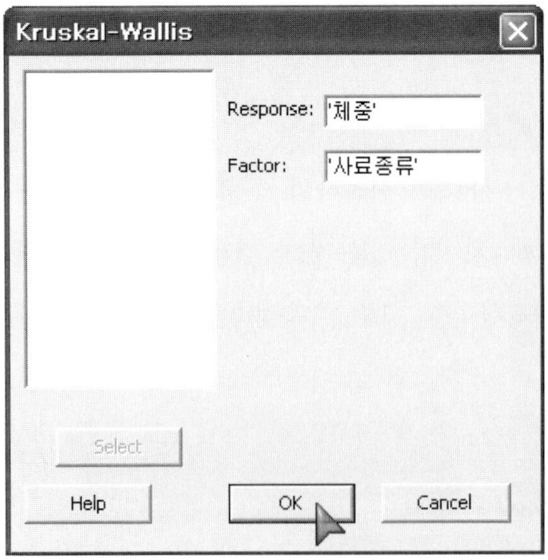

Kruskal-Wallis Test: 체중 versus 사료종류

Kruskal-Wallis Test on 체중

사료종류	N	Median	Ave Rank	Z
1	8	205.5	11.0	-0.93
2	4	199.0	8.3	-1.41
3	7	220.0	16.6	1.51
4	6	217.0	14.7	0.64
Overall	25		13.0	

H = 4.21 DF = 3 P = 0.239

* NOTE * One or more small samples

(2) 검정통계량:

$$H=\frac{12}{N(N+1)}\sum_{j=0}^{k} n_j(\overline{R}_j-\overline{R})^2$$

$$H=\frac{12}{25(25+1)}\left[8(11-13)^2+\cdots+6(14.7-13)^2\right]=4.21$$

(3) 결론: p-값이 0.239로 유의수준 5%하에서 4개의 모집단간의 쥐의 체중에 유의한 차이가 없다는 결론 내린다. 그러므로 사료의 종류에 따라 쥐의 체중의 차이가 인정되지 않으므로 사료효과는 없다.

14.3.2 Friedman 이원분산분석

프리드만 Two-way ANOVA는 서열척도인 서로 관련된 표본들을 측정하여 동일한 모집단에서 나왔는가를 측정하는 것이다. 즉 N개의 표본에게 서로 다른 상황에서 응답을 측정하여 상황에 따라서 측정치가 다른 조사를 하는 것이다. 크러스칼-왈리스 검정을 적용하기 위해서는 모든 실험단위들이 동질적(homogeneous)이어야 하나 현실적으로 이와 같은 실험을 계획하기가 곤란할 경우에는 동질적인 실험단위들을 같은 블록(block)으로 묶어서 k개의 처리를 실험할 수 있다. 이와 같은 실험계획을 난괴법(randomized complete block design)이라고 하며 이원분류의 분산분석(two-way ANOVA)을 통하여 처리효과간의 차이를 효율적으로 분석할 수 있다. 프리드만 검정은 난괴법에 의해 얻어진 자료를 분석할 수 있는 비모수적 방법 중의 하나이다.

[CaseStudy 14.3b] 화장품 판매량에 대한 시장조사 자료로서 12군에의 화장품 대리점에서 4종류 브랜드의 유사한 화장품에 대한 일평균 판매량을 나타낸 표이다. 여기서 화장품 '대리점'은 블록(block)으로 취급할 수 있으며 4종류 '브랜드'는 처리(treatment)로 볼 수 있으므로 난괴법에 의한 실험자료와 같이 취급한다.

[표 14.3b] 화장품 브랜드 판매량(화장품브랜드.xlsx)

대리점	화장품 브랜드							
	A	순위	B	순위	C	순위	D	순위
1	12	4	10	3	7	2	5	1
2	3	4	1	2	2	3	0	1
3	22	3	16	1.5	16	1.5	35	4
4	5	3	1	1	3	2	6	4
5	13	4	9	2	7	1	10	3
6	37	2	37	2	37	2	58	4
7	6	1	8	3	7	2	10	4
8	9	2	13	4	6	1	11	3
9	23	3.5	15	1	17	2	23	3.5
10	10	4	0	1	5	3	3	2
11	9	4	5	2	7	3	2	1
12	16	3.5	9	2	12	1	16	3.5
R.j		38		23.5		24.5		34

(1) 가설

H0 : 세 가지 브랜드의 판매량에는 차이가 없다.

H1 : 적어도 한가지 브랜드의 판매량이 다른 브랜드의 것보다 많다.

▶ Stat → Nonparametrics → Friedman...

```
Friedman Test: 판매량 versus 브랜드 blocked by 대리점

S = 7.63  DF = 3  P = 0.054
S = 8.10  DF = 3  P = 0.044 (adjusted for ties)

                        Sum of
브랜드    N  Est Median   Ranks
A        12      10.813    38.0
B        12       7.188    23.5
C        12       7.438    24.5
D        12      10.313    34.0

Grand median = 8.938
```

(2) 검정 통계량

$$S = \frac{12}{nk(n+1)} \sum_{j=1}^{k} \left(\sum R_j\right)^2 - 3n(k+1)$$

$$S = \frac{12}{(12)(4)(4+1)} \left[(38)^2 + (23.5)^2 + (24.5)^2 + (34)^2\right] - 3(12)(4+1) = 7.63$$

(3) p-값이 0.054로 0.05로 유의수준 5%하에서 유의한 차이가 인정되지 않는다. 그러나 동률(ties)에 의해 조정된 p-값은 0.045로 5%에서 검정할 때 유의성이 인정된다. 그러나 이차는 그다지 큰 것이 아니므로 즉 동률이 많았다면

이 p-값은 동률을 고려하지 않은 p-값과 비교하여 그 차이가 더 커졌을 것이다. 그러므로 동률에 의한 영향은 크지 않은 것으로 판단된다. 유의수준 10%에서는 유의하므로 이때는 어느 브랜드의 판매량이 가장 큰지를 확인해야 한다. 이 경우에는 중위수와 순위합이 가장 큰 브랜드의 판매량이 가장 크다고 할 수 있을 것이다.

14.4 기타 Training 예제

[CaseStudy 14.4a] 가전제품의 구매 결정에 있어서 남편과 아내의 영향력을 알아보기 위해 가전제품의 구매 결정에 영향을 미치는 정도를 17쌍의 부부에게 7점 척도로 평가하게 하였다. 유의수준 5% 하에서 남편과 아내는 가전제품의 구매 결정에 있어서 동일한 영향력을 발휘하는지를 검정하시오.

부부 일련번호	남편의 구매 영향력	아내의 구매 영향력
1	5	3
2	4	3
3	6	4
4	6	5
5	3	3
6	2	3
7	5	2
8	3	3
9	1	2
10	4	3
11	5	2
12	4	2
13	4	5
14	7	2
15	5	5
16	5	3
17	5	1

[CaseStudy 14.4b] 일련의 훈련 과정에 있어서 엄격한 통과 기준이 있을 때는 통과 기준이 없을 때와 그 결과가 달라질 것으로 예상된다. 한 산업 훈련 기관의 교관이 훈련 과정에 입소한 18명의 훈련원생들을 9명씩 두 집단으로 나누어 한 집단(실험 집단)은 전체의 20% 이내에 든 사람에게만 수료증을 교부한다고 하였으며 다른 집단(통제 집단)에게는 그런 기준을 제시하지 않았다. 일주일 동안의 훈련 기간 동안 매일 저녁 각 훈련원생의 그 날의 성적을 알림판에 공고하였으며, 최종적으로 3일간의 성적을 평균한 성적은 다음과 같다. 유의수준 5%하에서 두 집단의 성적이 동일한지를 검정하시오.

실험 집단	25 15 17 19 12 17 15 12 8
통제 집단	12 16 6 13 13 3 10 10 11

[CaseStudy 14.4c] 알코올 섭취가 자동차의 운전 능력에 얼마나 영향을 주는지 살펴보고자 12명의 운전자들을 대상으로 각각 50ml, 100ml, 150ml 등의 알코올을 차례로 섭취하도록 한 후 운전 능력을 측정하여, 20개의 장애물 중에 쓰러뜨린 장애물의 개수가 다음과 같다. 유의수준 5% 하에서 알코올 섭취가 운전 능력에 영향을 주는지를 검정하시오.

운전자	50ml	100ml	150ml
1	6	11	13
2	6	7	12
3	7	9	11
4	15	11	10
5	14	16	18
6	11	19	19
7	8	7	15
8	5	11	16
9	4	12	16
10	2	13	17
11	8	7	14
12	4	12	19

Introduction to
Behaviorally Statistical Data Analysis
using Minitab & SixSigma Tools for Excel

IV

통계적 공정관리
Statistical Process Control

품질혁신은 갈수록 더욱 더 중요한 요소가 되어가고 있다. 그 핵심이 고객욕구의 정점에 있기 때문이다. 고객니즈의 3대 요소는 가격, 품질, 적시배송 등이다. 그런데 품질을 향상을 도모하다 보면 결함이 감소하고 사이클 타임이 줄게 되어 비용과 시간이 절감되는 효과가 있음을 모든 제조 및 비제조 분야에서 속속 확인되고 있다. 그러므로 품질 문제는 기업의 핵심전략임에 틀림이 없다. 친절운동 이전에 품질을 향상시켜야 함이 먼저다. 품질은 제조품질도 있으나 서비스 품질도 있다. 통계적 공정관리, 즉 SPC는 품질을 모니터하고 지속적으로 관리하는 데 중점을 두는 필수적인 도구이다. 품질을 향상하고 개선하는 핵심도구가 실험계획법(DoE)이라면 지속적인 품질을 유지 관리하기 위한 도구는 SPC라고 할 수 있다. 또한 제품/서비스 어느 분야든지 SPC를 활용가능하다. 그리고 매우 쉽고 효과적임이 보고되고 있다. 그리고 매우 상식적인 개념을 포함하고 있어서 자세한 이론을 배울 필요조차 없다. 물론 통계학자들은 알아야 한다고들 하지만 학습노력 대비 실익이 크지 않고 아주 미비하기 때문에 전혀 고려할 필요가 없다. 툴을 잘 활용하는 방법만 알면 된다. 진정 그렇다.

관리도(Control Chart)

15.1 관리도

관리도는 1924년 미국 Bell 전화연구소의 W.A.Shewhart에 의해 최초로 제안되었다. 연속적인 산업생산공정에서는 생산 제품의 품질이 일정 수준을 유지하여야 한다. 따라서 품질에 변화가 생겨 그 수준을 벗어날 때, 이를 재빨리 탐지할 수 있는 통계적 절차를 필요로 하는데 이것을 관리도(control chart)라고 한다. 즉 관리도는 연속적인 생산공정에서 제품의 품질의 변화를 신속히 탐지하는 통계적 절차라 할 수 있다.

관리도는 Shewhart의 제안 이후 많은 연구와 발전을 거듭하여 오늘날에는 제조공정에서 품질관리를 위해 빼놓을 수 없는 중요한 도구로 사용되고 있다. 관리도의 종류는 Shewhart 관리도 이외에 Page(1954)[3]가 제안한 누적합 관리도, Roberts(1959)[4]에 의해 시작된 EWMA 관리도를 대표적인 관리도의 형태로 들 수 있다.

생산공정에서 항상 균일한 제품을 생산할 수 있다면 가장 바람직하다고 할

---

3) Page, E. S. (1954). Continuous Inspection Schemes, Biometrika, Vol. 41, pp. 100-115.
4) Roberts, S. W. (1959). Control Chart Tests based on Geometric Moving Average, Technometrics, Vol. 1, pp. 239-250.

수 있으나 실제로는 어떤 공정에서도 제품품질에는 변동이 있게 마련이다. 이러한 변동의 원인은 크게 우연원인(random cause)과 이상원인(assignable cause)으로 나누어 볼 수 있다.

어떤 종류의 생산공정에서도, 그 공정이 아무리 잘 설계되고 세심히 운영되더라도, 품질특성치에 영향을 주는 요인은 자연적으로 내재하고 있다. 이러한 변동은 일반적으로 그 양이 작지만 피할 수 없는 요인에 기인한다. 이와 같이 관리자가 통제 또는 조정할 수 없는 원인을 우연원인(random cause 또는 chance cause, common cause)이라 하고 그 예로써 원자재 및 생산설비의 차이, 작업환경의 차이, 작업자의 숙련도 차이 등을 들 수 있다.

공정에는 우연원인 이외에도 품질특성치에 영향을 주는 요인이 종종 발생한다. 이러한 요인에 의한 변동은 우연원인에 의한 변동보다 커서 제품의 품질이 기각될 정도로 심각한 영향을 주게 된다. 이와 같이 우연원인이 아닌 변동의 원인을 이상원인(assignable cause 또는 special cause)이라 하며 그 원인은 주로 잘못 조정된 기계, 작업자의 오류 및 원자재의 결함 때문에 발생한 것으로 판단한다.

이상원인 없이 우연원인만 내재하는 공정의 상태를 '통계적으로 관리(statistically in-control) 상태'라 하고, 이와 반대로 우연원인과 함께 이상원인이 같이 존재하는 공정의 상태를 '통계적으로 이상(statistically out-of-control) 상태'라 한다.

일반적으로 주의 깊게 운영되는 생산공정은 일정기간은 통계적으로 안정된 상태를 유지하지만 시간이 흐름에 따라 이상원인이 발생하여 이상상태로 바뀌어 진다. 이때 이상원인은 랜덤하게 발생하며 품질특성치가 달라져 생산량의 상당한 부분이 규격을 만족하지 못하게 된다. 품질특성치가 달라진다는 것은 통계적으로 다음과 같은 예를 들 수 있다. 어떤 공정에서 생산하는 면섬유의 인장강도가 품질특성을 결정할 때 인장강도의 평균이 일정값보다 작아진다거나, 평균은 일정값을 유지하나 분산이 너무 커져서 규격에서 벗어나는 제품의 생산량이 증가하는 것 등이다.

이와 같이 제품의 품질을 나타내는 모수 중 관리하고자 하는 모수를 관리모수라 하며, θ로 나타낸다. 이때 관리모수는 평균, 분산, 불량율 등이 있으며, 이 모수가 어느 수준 즉 θ_0를 만족하면 그 공정이 관리(in-control)상태 또는 정상상태에 있다고 하며, 이때의 θ_0값을 관리값(control value 또는 target value)이라 한다. 이 때 모수 θ와 θ_0는 경우에 따라서 벡터로 표현될 수 있다. θ가 θ_0가 아닌 경우는 그 공정이 이상(out-of-control)상태에 있다고 한다. 일반적으로 θ가 θ_0로부터 조금 벗어난 경우에는 공정에 변화가 생겼다고 보기 어려우므로 모수 θ의 값이 일정수준 이상의 값 θ_1으로 변화되었을 때는 반드시 공정의 변화를 탐지하고자 하는데 이 때 θ_1을 기각품질수준(rejectable quality level)이라 한다.

관리도는 생산공정에서 널리 이용되고 있으나 일반적으로는 시간이 흐름에 따라 상황이 변할 수 있는 어떠한 경우에도 사용할 수 있다. 그 예로서 일정수의 사원을 고용하는 회사의 의무실을 들어보자. 이 의무실에서는 매주 치료를 받으러 오는 사원의 수를 기록한다고 하자. 일정 기간 동안의 기록을 바탕으로 매주 이 의무실을 찾아오는 사원의 수는 평균이 10.3인 포아송분포를 따른다고 가정할 수 있었다. 만일 어떤 주에 찾아온 사원의 수가 10.3보다 많이 크다면(예를 들어 35명)이 회사의 근무환경에 어떤 형태의 변화가 있었다고 생각할 수 있다. 이와 같은 경우에는 경영자가 그 원인을 탐지하여 근무환경의 개선을 할 수 있을 것이다.

15.2 관리도의 통계적 개념

어떤 공정에서 관리도를 적용하여 품질유지 및 향상을 도모할 때 기본적으로 다음과 같은 통계적 개념을 바탕으로 하고 있다. 먼저 공정에서의 품질문제를 통계적인 문제로 전환시키는 과정이다. 즉, 품질특성치를 확률변수로 간주하여 이 변수의 모수(예; 평균, 분산, 불량율)를 관리값과 비교하게 된다. 우리가 통계적 추론에서 배운 바와 같이 확률변수의 모수를 어떤 값(여기서는 관리값)과 비교검정하기 위해서 확률표본을 추출하게 된다. 이 때 추출하는 확률표본은 공정의 특성을 잘 대변할 수 있도록 세심한 주의를 필요로 하고 있다. 여기서는 연속적인 생산공정을 고려하므로 일정 시간 간격으로 일정 크기의 표본을 추출하는 것이 일반적이다. 그 다음 추출한 표본으로부터 공정모수를 추측할 수 있는 통계량을 선정한다. 예를 들면 모수가 평균일 때에는 표본평균, 분산이면 표본분산 또는 표본범위 등이 있다. 이 선정된 통계량을 이용하여 공정이 관리상태인지 아니면 이상상태인지를 판단하는 기준을 마련한다. 즉, 이 통계량이 너무 작거나, 큰 값을 가지면 공정에 이상이 발생한 것으로 판단하여 공정을 중지시켜 그 원인을 찾고 그렇지 않으면 관리상태로 판단하여 공정을 계속시킨다. 이 때 사용되는 통계량은 매 시점마다 얻은 값만을 사용할 수도 있고 과거와 현재의 통계량을 같이 사용할 수도 있다. 이것은 관리도의 형태에 따라 결정이 된다.

이와 같이 관리도에 적용되는 통계적 개념은 적절한 통계량을 선정하여 판단을 하는 점에서 통계적 가설검정과 유사하다고 할 수 있으나 가설검정에서처럼 한 번의 채택 또는 기각의 결정에 그치지 않고 연속적으로 시행되며 각 결정에 따르는 후속 조치가 따른다는 점에서 다르다.

15.3 관리도의 효율

관리도는 연속생산공정에서 일정 시간 간격으로 일정 크기의 표본을 추출하여 공정이 정상상태인지 또는 이상상태에 있는가를 판단하는데 사용되는 통계적 절차를 나타낸다. 이 때 정상상태로 판단되면 계속 표본을 추출하고, 이상상태로 판단되면 이상신호를 주게 된다. 이상적인 관리도는 공정이 정상상태일 때는 아무런 조치도 취하지 않고 공정이 이상상태일 때에 즉시 이상신호를 줄 수 있어야 한다. 그러나 실제로 이와 같은 이상적인 관리도는 존재할 수가 없다.

가설검정에서와 마찬가지로 관리도에서도 두 종류의 오류를 범하게 되는데, 첫째는 공정이 관리상태일 때 이상신호를 주는 경우이고, 둘째는 공정이 이상인데도 이상신호를 주지 못하는 경우이다. 여기서 첫 번째 오류를 「제 1 종 오류」, 두 번째 오류를 「제 2 종 오류」라 하기도 한다. 가설검정에서와 마찬가지로 관리도에서의 제 1, 2 종 오류의 확률을 편의상 α와 β로 표시한다. 일반적으로 관리도에서는 가설검정에서와 유사하게 제 1 종 오류를 줄이면 제 2 종 오류가 커지고 제 2 종 오류를 줄이면 제 1 종 오류가 커지는 경향이 있다. 따라서 효율적 관리도는 공정이 관리상태일 때는 가능한 한 이상신호를 줄 확률을 줄여 불필요한 공정의 중지를 줄이고, 반면에 공정이 이상상태일 때는 가능한 한 빨리 이상신호를 줄 수 있도록 하여 불량품 생산을 줄일 수 있도록 설계되어야 한다.

15.4 런길이

관리도에서 이상원인이 발생한 후부터 이상신호를 줄 때까지 추출한 표본의 수를 런길이(run length)라고 한다. 런길이는 추출된 표본에 영향을 받으므로 확률변수로서 확률분포를 갖게 되어 효율적인 관리도를 정의하기가 어려운 점이 있다. 따라서 관리도의 효율에서는 런길이 대신 평균런길이(Average Run Length: ARL)를 사용한다. 즉 효율적인 관리도는 공정이 관리상태일 때 평균런길이가 크고 이상상태일 때는 평균런길이가 작은 관리도를 말한다. 관리도의 특성은 런길이에 의해 결정되므로 평균런길이는 이것을 결정짓는 중요한 요인으로 사용되고 있다.

관리도에서 런길이의 분포와 평균런길이 등의 특성을 계산하는데 있어서 일반적으로 다음 조건을 가정한다. $\underline{X}_i (i = 1, 2, \cdots)$를 i번째 시점에 관측된 표본(부그룹)이라 할 때 다음과 같이 가정한다.

「가정」

(1) $\underline{X}_1, \underline{X}_2, \cdots$는 서로 독립이다.

(2) 공정에 이상원인이 발생하기 직전의 관측시점을 m이라 하면, $(\underline{X}_1, \underline{X}_2, \cdots, \underline{X}_m)$과 $(\underline{X}_{m+1}, \underline{X}_{m+2}, \cdots)$은 각각 동일한 분포를 따른다.

(3) 부그룹의 크기와 추출시간간격은 항상 일정하다.

이와 같은 가정하에서 평균런길이를 계산하여 관리도의 효율을 비교한다.

모수 θ의 변화를 탐지하는 관리절차가 있을 때 런길이를 N, 평균런길이를 $E_\theta N$이라고 하고 θ_0를 관리값 θ_1을 기각품질수준이라 하자. 앞에서 언급한 바와 같이 효율적인 관리도는 $E_{\theta_0}N$은 크게 $E_{\theta_1}N$은 작게 할 수 있는 관리도를 말한다. 따라서 효율적인 관리도는 상수 A_0에 대해

주어진 $E_{\theta_0}N = A_0$에 대해 $E_{\theta_1}N$을 최소화

하는 관리도를 나타낸다. 여기서 상수 A_0의 의미는 다음과 같이 설명될 수 있다. 공정이 관리상태일 때 평균적으로 A_0시간마다 이상신호를 주게 되므로 A_0값은 어느 정도 큰 값이어야 하며(예를 들어 $300 \leqq A_0 \leqq 500$), 공정에서 이 정도의 오류는 허용될 수 있는 것으로 인정한다.

가정 (1)은 실제 생산공정에서는 각 부그룹이 서로 독립일 경우가 드물기 때문에 인정하기 어려운 점이 있다. 이 경우에는 각 부그룹 데이터 간의 상관성을 고려하여 관리도의 특성을 연구할 수 있다. 가정 (2)에서는 시점 m 직후에 관측값의 분포가 갑자기 달라지는 것을 나타내고 있다. 그러나 생산 기자재의 마모(tool wear)에서 오는 변화는 서서히 일어나는 것으로 알려져 있으므로 이 경우

에는 적절한 관리도의 선택을 필요로 한다. 일반적으로 가정 (1), (2)를 사용하여 선택된 효율적인 관리도는 이러한 가정이 어느 정도 위배되는 경우에도 그 효율성을 유지할 수 있다고 알려져 있다. 가정 (3)은 공정의 특성에 따라 쉽게 인정할 수 있는 경우도 있으나 그렇지 않은 경우에는 부그룹의 크기와 추출 시간 간격을 상황에 따라 어떻게 설정할 것인가를 연구할 필요가 있다.

15.5 관리도의 종류

관리도의 종류는 관리도 형태와 사용하는 통계량(관리통계량)에 따라 구분된다. 관리도의 형태는 Shewhart, CuSum, EWMA를 들 수 있고 사용 통계량은 표본평균, 표본범위, 표본표준편차, 표본불량율, 표본불량개수 등이 있다.

관리도의 형태는 효율과 적용의 단순성에 따라 관리도의 특성에 맞춰 결정된다. Shewhart 관리도는 효율이 좀 떨어지나 실제 적용이 단순하여 사용하기 쉬운 점이 있다. 이에 반해 CuSum관리도는 효율은 Shewhart 관리도에 비해 증가하지만 실제 적용이 용이하지 않아 사용에 어려운 점이 있다. EWMA 관리도의 특성은 Shewhart 관리도와 CuSum관리도의 중간 위치에 있으나 그 특성이 CuSum관리도에 더 가깝다고 할 수 있다.

주어진 형태의 관리도에서는 관리모수에 따라 관리통계량이 달라진다. 즉 관리모수가 평균이면 관리통계량은 표본평균이, 관리모수가 분산이면 표본표준편차 또는 표본범위 등이 사용될 수 있다. 이와 같이 관리통계량이 계량형인 경우에는 계량형 관리도라 한다. 만약 관리모수가 불량율 또는 불량개수이면 사용통계량은 표본불량율 또는 표본불량개수가 될 수 있으며, 이와 같이 관리통계량이 계수형인 관리도를 계수형 관리도라 한다.

15.6 공정분포

관리도의 특성을 결정하는 데에는 일반적으로 공정분포가 정규분포를 따른다고 많이 가정하고 있다. 그러나 실제로 어떤 공정도 정확하게 정규분포를 따른다고 할 수 없을 뿐만 아니라 관리도의 정확한 특성도 알아낼 수가 없다. 그럼에도 불구하고 정규분포를 가정하는 것은, 예를 들어 크기가 4 또는 5인 표본평균을 사용할 때 공정분포가 어느 정도 대칭이고 종모양(bell shape)이면 표본평균의 분포가 정규분포와 크게 다르지는 않다는 사실 때문이다. 이것은 중심극한정리 때문이다. 만약 공정분포가 지나치게 비대칭이면 표본평균의 분포도 역시 비대칭이 되어 정규분포를 가정할 수가 없다. 이때에는 관측값을 변환하여 변환된 관측값의 분포가 근사적으로 정규분포에 가깝도록 하는 것이 일반적인 방법이다. 관측값의 변환은 로그, 제곱근, 역수변환 등 여러 가지 방법을 사용할 수 있다.

Introduction to
Behaviorally Statistical Data Analysis
using Minitab & SixSigma Tools for Excel

16

Shewhart 관리도

16.1 관리도의 기본개념

Shewhart 관리도는 관리값을 중심으로 관리상한선과 관리하한선을 가진 도표([그림 16.1] 참조)상에 시간이 경과하면서 관측된 관리통계량의 값을 표시해 나가는 통계적 절차를 말한다. 만약 공정평균 μ를 관리하고자 하면 관리값 μ_0를 중심으로 관리상한(Upper Control Limit; UCL)과 관리하한(Lower Control Limit; LCL)은 일반적으로 $\mu_0 + 3\sigma_{\bar{x}}$와 $\mu_0 - 3\sigma_{\bar{x}}$를 사용하며 통계량은 표본평균 $\overline{X}$를 사용한다. 이 때 $\sigma_{\overline{X}}$는 표본평균의 표준편차를 나타낸다. Shewhart 관리도의 기본모형은 [그림 16.1]과 같다.

[그림 16.1] Shewhart 관리도의 기본모형

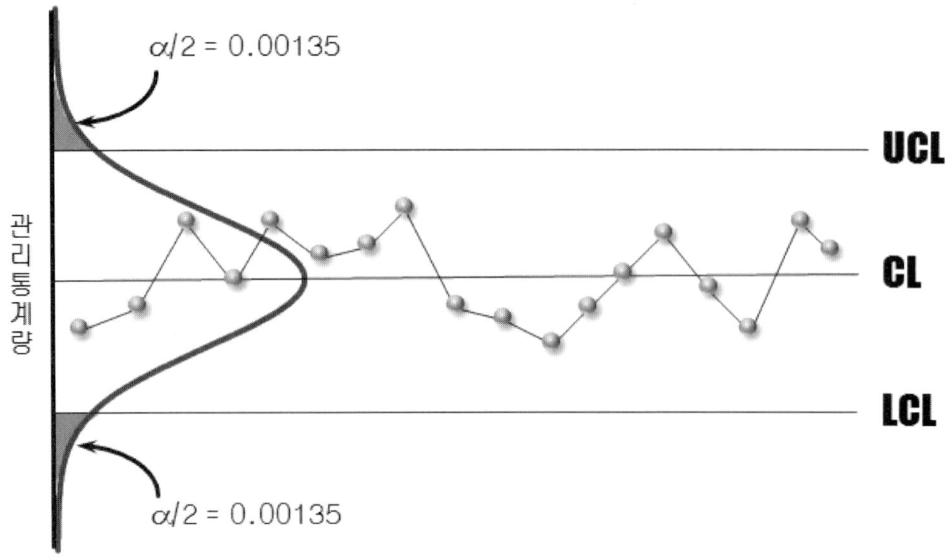

Shewhart 관리도의 절차 및 특성은 관리값, 통계량, 관리한계 등에 의해 정의될 수 있다. 연속 생산공정에서 i번째 시점에 관측된 부그룹을

$$\underline{X}_i = (X_{i1},\ X_{i2}, \cdots, X_{in}),\ i = 1,\ 2,\ \cdots$$

라 하자. 이 때 n은 부그룹의 크기를 나타낸다. 그 다음 관리모수에 따라 선정된 관리통계량을 S라 하면 i번째 통계량은

$$S_i = S(\underline{X}_i, \theta_0)\ ,\ i = 1,\ 2,\ \cdots$$

로 표시한다. 이 때 통계량 S는 일반적으로 모수 Θ의 값이 커지면 커지는 경향이, 작아지면 작아지는 경향이 있다고 가정한다. 관리상한과 하한은 C_u와 C_l로 표시한다. 모수의 양의 변화와 음의 변화를 동시에 관리하고자 하는 Shewhart 관리도의 양쪽관리절차는 다음과 같다.

양쪽관리절차: $S_i \geq C_u$ **또는** $S_i \leq C_l$**을 최초로 만족하는 시점 i에서 공정을 중지**

관리상한과 하한은 일반적으로 관리값을 중심으로

관리값 ± 3·(관리통계량의 표준편차)

로 설정하며, 관리값을 중심으로 3배의 표준편차만큼 크게 또는 작게 하므로 이

것을 '3σ 한계(3σ limit)'라 한다.

실제 공정이 정확하게 정규분포를 따르며 $\sigma_{\bar{x}}$가 알려진 경우에는 공정이 정상상태일 때(즉, $\mu = \mu_0$), 표본평균 $\overline{X}$가 3σ관리한계선 바깥으로 나갈 확률은

$$P\left(\overline{X} \geq \mu_0 + 3\sigma_{\overline{X}} \text{ 또는 } \overline{X} \leq \mu_0 - 3\sigma_{\overline{X}}\right) = 1 - P\left(-3 < \frac{\overline{X} - \mu_0}{\sigma_{\overline{X}}} < 3\right)$$

$$= 0.0027$$

이 된다.

Shewhart 관리도의 런길이 N의 분포는 다음과 같다.

$$P_\theta(N = n) = P_\theta(C_l < S_i < C_u,\ i = 1, \cdots, n-1,\ S_n \geq C_u \text{ 또는 } S_n \leq C_l)$$

$$= [P_\theta(C_l < S < C_u)]^{n-1}[1 - P_\theta(C_l < S < C_u)] \quad , \quad n = 1, 2, \cdots$$

따라서 N은 성공의 확률 $1 - P_\Theta(C_l < S_i < C_u)$를 가진 기하분포를 가짐을 알 수 있고 그 평균, 즉 평균런길이는

$$E_\theta N = \frac{1}{1 - P_\theta(C_l < S_i < C_u)}$$

이 된다.

Shewhart 관리도와 가설검정과의 수학적 관계는 다음과 같이 설명될 수 있다. 양쪽가설 $H_0: \theta = \theta_0 \ \ vs \ \ H_1: \theta \neq \theta_0$을 검정하기 위해 동일독립분포를 따르는 관측값 $\underline{X} = (X_1, X_2, \cdots, X_n)$를 얻었다고 하자. 이 때 검정통계량 $S = S(\underline{X}, \theta_0)$을 사용하고 기각역을 $\{S;\ S \geq C_u \text{ 또는 } S \leq C_l\}$로 설정하면 검정력은 $1 - P_\theta(C_l < S < C_u)$이 된다. 따라서 Shewhart 관리도의 평균런길이는 검정에서의 검정력의 역수와 일치함을 알 수 있다.

품질의 양의 변화 또는 음의 변화 중 어느 한쪽만을 관리하고자 하는 경우에는 관리상한 또는 관리하한 중 하나만을 사용하여 관리절차를 수행한다. 모수 Θ의 값이 커지는 것을 관리하고자 하는 경우에는 관리상한 C_u만을 사용한다. 이때의

관리절차는 다음과 같다.

한쪽관리절차 : $S_i \geq C_u$를 최초로 만족하는 시점 i에서 공정을 중지한다.

이때의 런길이의 분포와 평균런길이는 다음과 같다.

$$P_\theta(N=n) = P_\theta(S_i < C_u,\ j=1,\ \cdots, n-1,\ S_n \geq C_u)$$

$$= [P_\theta(S < C_u)]^{n-1} P_\theta(S \geq C_u),\quad n=1,\ 2,\ \cdots$$

$$E_\theta N = \frac{1}{P_\theta(S \geq C_u)}$$

이 경우의 관리절차는 한쪽가설 $H_0:\ \theta=\theta_0\ vs\ H_1:\ \theta > \theta_0$ 을 검정하기 위한 검정을 이용하여 설명할 수 있으며, 그 관계는 양쪽관리절차와 양쪽검정 간의 관계에 설명된 것과 동일하다. 모수의 값이 작아지는 것을 관리하고자 하는 경우에는 관리하한 C_l 만을 사용하여 위의 절차와 유사하게 적용될 수 있다.

관리도의 효율은 관리상태의 평균런길이가 주어졌을 때 이상상태의 평균런길이가 작을수록 증가한다. 이 때 관리상태의 평균런길이가 A_0로 주어졌다면

$$A_0 = E_{\theta_0} N$$

$$= \frac{1}{1 - P_{\theta_0}(C_l < S < C_u)}$$

$$= \frac{1}{\alpha}$$

즉, $E_{\theta_0} N = A_0$는 검정의 유의수준을 $\alpha = \dfrac{1}{A_0}$로 설정하는 것과 동일하다. 또한

$$E_{\theta_1} N = \frac{1}{1 - P_{\theta_1}(C_l < S < C_u)}$$

이므로 $E_{\theta_1} N$을 최소로 하는 것은 검정력 $1 - P_{\theta_1}(C_l < S < C_u)$를 최대로 하는 것과 동일하다. 따라서 가장 효율적인 Shewhart관리도는 검정력을 크게 하는 통계량 S를 선정함으로써 구할 수 있다. 그 예로서 공정분포가 정규분포일 때 관리모수가 평균이면 관리통계량은 표본평균을, 관리모수가 분산이면 관리통계량은 표본분산을 사용하는 관

리도를 들 수 있다.

Shewhart 관리도는 사용 통계량 S에 따라 여러 종류가 있으며 이 장에서 다루는 관리도는 $\overline{X}$, R, S, $\overline{X}-R$, $\overline{X}-S$, $X-MR$, p, np, c, u-관리도 등이 있다.

16.2 $\overline{X}$-관리도

$\overline{X}$-관리도는 공정평균 μ를 관리하고자 하는 관리도이며 사용되는 통계량은 부그룹 평균 $\overline{X}_i$가 된다. 양쪽관리절차의 관리한계는

$$\mu_0 \pm 3\,\sigma_{\bar{x}}$$

이며, 여기에서 $\sigma_{\bar{x}}$는 부그룹평균의 표준편차로써 $\sigma_{\bar{x}} = \sigma_x / \sqrt{n}$ 가 되며, σ_x는 공정표준편차이다. 일반적으로 관리한계를 설정하는 단계에서는 관리값 μ_0와 공정분산 σ_x^2은 알려져 있지 않은 경우가 많다. 이러한 경우의 관리한계는 추정량을 사용하여

$$\overline{\overline{X}} \pm 3\hat{\sigma}_{\bar{x}}$$

로 설정한다. 이 때 $\overline{\overline{X}}$는 부그룹의 총평균, $\hat{\sigma}_{\bar{x}}$은 부그룹평균의 표준편차의 추정값이며 $\hat{\sigma}_{\bar{x}} = \hat{\sigma}_x / \sqrt{n}$ 이다. $\overline{\text{X}}$-관리도에서 $\hat{\sigma}_x$을 구하는 일반적인 방법은 부그룹의 범위(Range) R을 사용하여

$$\hat{\sigma}_x = \frac{\overline{R}}{d_2}$$

로 구한다. 따라서 관리한계는

$$\overline{\overline{X}} \pm 3\frac{(\overline{R}/d_2)}{\sqrt{n}} = \overline{\overline{X}} \pm A_2\overline{R}$$

가 된다. 상수 d_2와 A_2는 관리도의 계수표 [표 16.2b]에 수록되어 있다. 그러나 이는 어떤 프로그램이든지 사용자가 찾아 입력하는 것이 아니라 프로그램에서 자동으로 찾

아 계산하므로 참조만 하도록 한다. 또한 계수표에 나타난 값들은 표기의 편리상 소수점 이하 자리수가 길어야 3자리나 4자리까지 표기하였으나 실제 계산을 할 때는 유효자리수를 최대로 하여 계산하게 된다. 예로 최소한 소수자리수 6자리 이상으로 맞추어 계산하게 된다. 그래야 계산값의 정확도를 보장할 수 있기 때문이다. 아래 [표 16.2a]에서 표준편차의 추정치인 $\overline{R}/d_2$을 계산할 경우의 예를 들어 보겠다.

우선 n=5인 경우 d_2의 값은 '2.325929'이다. $\overline{R}$=28.4이므로 표준편차의 추정치는

$$\hat{\sigma}_x = \frac{\overline{R}}{d_2} = \frac{28.4}{2.325929} = 12.210175$$

이며, d_2의 값을 소수자리 3자리까지 사용하면 반올림되어 '2.326'으로 계산하면 다음과 같이 계산된다.

$$\hat{\sigma}_x = \frac{\overline{R}}{d_2} = \frac{28.4}{2.326} = 12.2098022$$

즉, 두 값의 차이가 발생된다. 이 차이로 인해 관리한계선의 차이가 생기게 됨은 당연한 결과이다. 즉 유효숫자의 차이로 인한 계산상의 오류임을 알 수 있으며 실제로 관리한계를 계산할 경우 유효숫자를 3자리까지만 사용하면 관리한계선의 값이 다소 차이가 발생하게 된다. 그리고 c_4의 값을 적용할 경우는 더욱 그 차이가 커진다. 그러므로 실제 계산에서는 유효숫자의 길이를 최대로 하여 계산하는 것이 계산하는 자의 상식이며 프로그래밍의 원칙이다. 이 원칙을 어기는 행동 자체는 그야말로 기본 소양조차 갖추지 못한 것으로 간주해도 된다. 그런데 Minitab에서 이와 같은 오류를 범하고 있음을 발견하게 되었다. 참으로 어처구니없는 일이다.

[표 16.2a] 샤프트 바깥 지름 측정 (C형 샤프트 바깥지름.xlsx) (단위: 1/1000 mm)

부그룹	X1	X2	X3	X4	X5	평균	표준편차	범위
1	11	16	35	39	25	25.2	11.97	28
2	31	27	21	26	49	30.8	10.78	28
3	23	38	29	13	32	27.0	9.51	25
4	28	39	37	34	11	29.8	11.30	28
5	13	31	14	47	19	24.8	14.32	34
6	11	26	22	38	27	24.8	9.73	27
7	18	32	26	20	35	26.2	7.36	17
8	44	38	19	23	28	30.4	10.41	25
9	46	17	21	25	23	26.4	11.35	29
10	41	31	24	43	49	37.6	9.99	25
11	46	10	14	27	44	28.2	16.59	36
12	35	40	30	11	24	28.0	11.20	29
13	27	10	11	37	45	26.0	15.52	35
14	37	48	48	45	28	41.2	8.64	20
15	35	28	42	19	12	27.2	12.03	30
16	12	49	46	35	18	32.0	16.51	37
17	21	49	24	37	29	32.0	11.27	28
18	27	45	31	39	22	32.8	9.23	23
19	28	23	18	23	38	26.0	7.58	20
20	25	10	46	37	24	28.4	13.72	36
21	16	41	39	26	26	29.6	10.36	25
22	28	26	47	11	48	32.0	15.60	37
23	32	40	15	45	17	29.8	13.44	30
24	18	22	17	19	49	25.0	13.55	32
25	19	21	45	45	21	30.2	13.54	26
평균($\overline{\overline{X}}$, $\overline{S}$, $\overline{R}$)						29.256	11.82	28.4

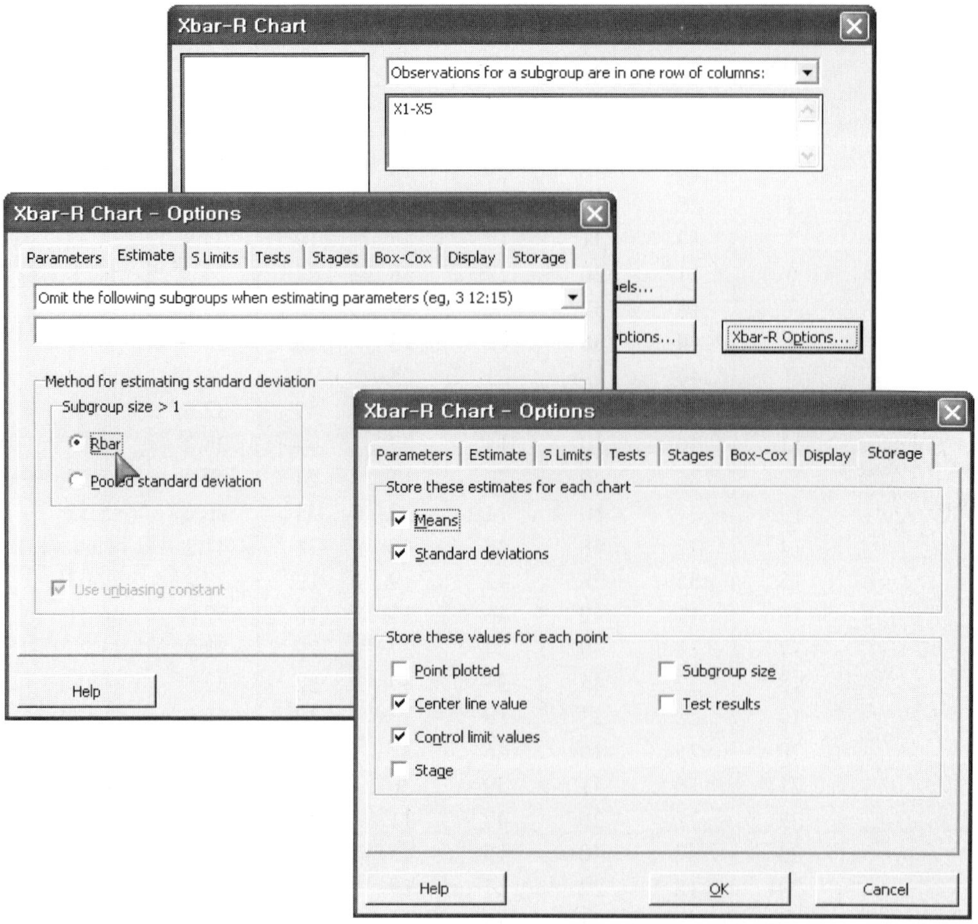

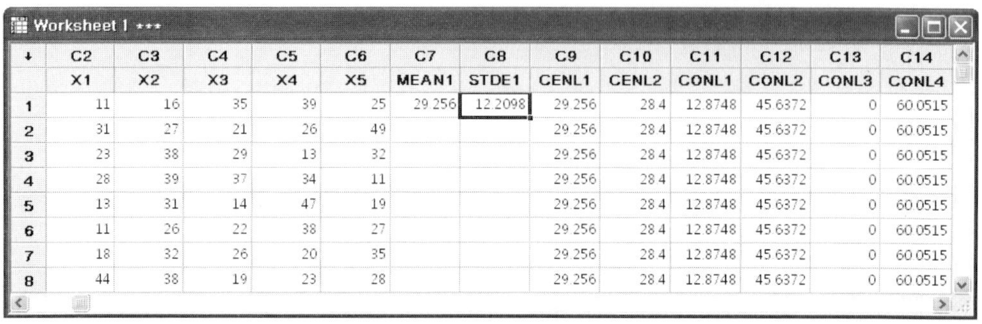
Worksheet 1 ***

↓	C2	C3	C4	C5	C6	C7	C8	C9	C10	C11	C12	C13	C14
	X1	X2	X3	X4	X5	MEAN1	STDE1	CENL1	CENL2	CONL1	CONL2	CONL3	CONL4
1	11	16	35	39	25	29.256	12.2098	29.256	28.4	12.8748	45.6372	0	60.0515
2	31	27	21	26	49			29.256	28.4	12.8748	45.6372	0	60.0515
3	23	38	29	13	32			29.256	28.4	12.8748	45.6372	0	60.0515
4	28	39	37	34	11			29.256	28.4	12.8748	45.6372	0	60.0515
5	13	31	14	47	19			29.256	28.4	12.8748	45.6372	0	60.0515
6	11	26	22	38	27			29.256	28.4	12.8748	45.6372	0	60.0515
7	18	32	26	20	35			29.256	28.4	12.8748	45.6372	0	60.0515
8	44	38	19	23	28			29.256	28.4	12.8748	45.6372	0	60.0515

상기의 출력결과에서 표준편차의 추정치를 다음과 같이 d_2의 값을 소수자리 3자리까지 사용하여 계산한 것을 확인할 수 있다.

$$\hat{\sigma}_x = \frac{\overline{R}}{d_2} = \frac{28.4}{2.326} = 12.20980$$

같은 데이터를 사용하여 SPSS, SAS를 사용하여 계산해 본 SixSigma Tools의 계산 결과와 동일함을 확인하였다. 그러므로 관리도에 관한 한 Minitab을 사용하는 것을 일부 포기하기로 하고 진행하면서 몇몇 관리도만을 사용해 보고 이 문제를 검토해 보기로 한다. 만일 검토 후에 여전히 계산의 정확도에 오류가 있다면 해당 대화상자는 사용하지 않기로 하겠다.

이제 $\overline{X}$-관리도를 작성하고 이를 판정하는 훈련을 하기로 한다.

B형 샤프트의 제조공정에서 바깥 지름을 특성치로 하여 크기가 5인 25개의 부그룹의 데이터를 측정하였다. 이렇게 관측한 데이터는 [표 16.2a]와 같다. $\overline{X}$-관리도를 작성해 보기로 한다. 관리한계는

$$UCL = 29.256 + 0.57681932 \times 28.4$$
$$= 45.63767$$
$$LCL = 29.256 - 0.57681932 \times 28.4$$
$$= 12.8743313$$

임을 쉽게 알 수 있고 부그룹 평균 $\overline{X}$를 사용하여 $\overline{X}$-관리도를 작성할 수 있다. $\overline{X}$-관리도를 작성하기 위해 "SixSigma Tools 2007 > 관리(Control) > Shewhart 관리도..."를 선택하고 데이터를 입력한다. 데이터를 입력할 때는 원데이터는 다른 시트에 입력하여 저장하고 그 데이터의 영역을 복사하고 슈하트관리도 데이터 시트의 C3 셀을 활성셀로 선택한 다음에 [그림 16.2a]와 같이 '선택하여 붙여넣기'에서 '값'만을 지정하고 '확인'을 클릭한다. 앞으로 모든 데이터는 이와 같은 방식으로 데이터를 '붙여넣기'함을 가정하기로 하겠다.

[그림 16.2a] 선택하여 붙여넣기

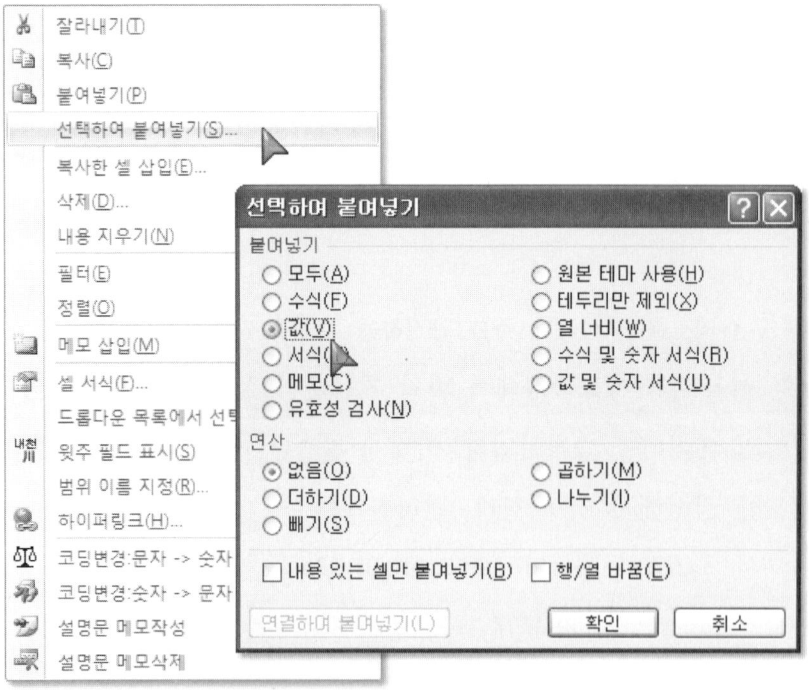

제거	부집단	관측1	관측2	관측3	관측4	관측5
	1	11	16	35	39	25
	2	31	27	21	26	49
	3	23	38	29	13	32
	4	28	39	37	34	11
	5	13	31	14	47	19
	6	11	26	22	38	27
	7	18	32	26	20	35
	8	44	38	19	23	28
	9	46	17	21	25	23
	10	41	31	24	43	49
	11	46	10	14	27	44
	12	35	40	30	11	24
	13	27	10	11	37	45
	14	37	48	48	45	28
	15	35	28	42	19	12
	16	12	49	46	35	18
	17	21	49	24	37	29
	18	27	45	31	39	22
	19	28	23	18	23	38
	20	25	10	46	37	24
	21	16	41	39	26	26
	22	28	26	47	11	48
	23	32	40	15	45	17
	24	18	22	17	19	49
	25	19	21	45	45	21

[그림 16.2b] $\overline{X}$-관리도 (R-사용)

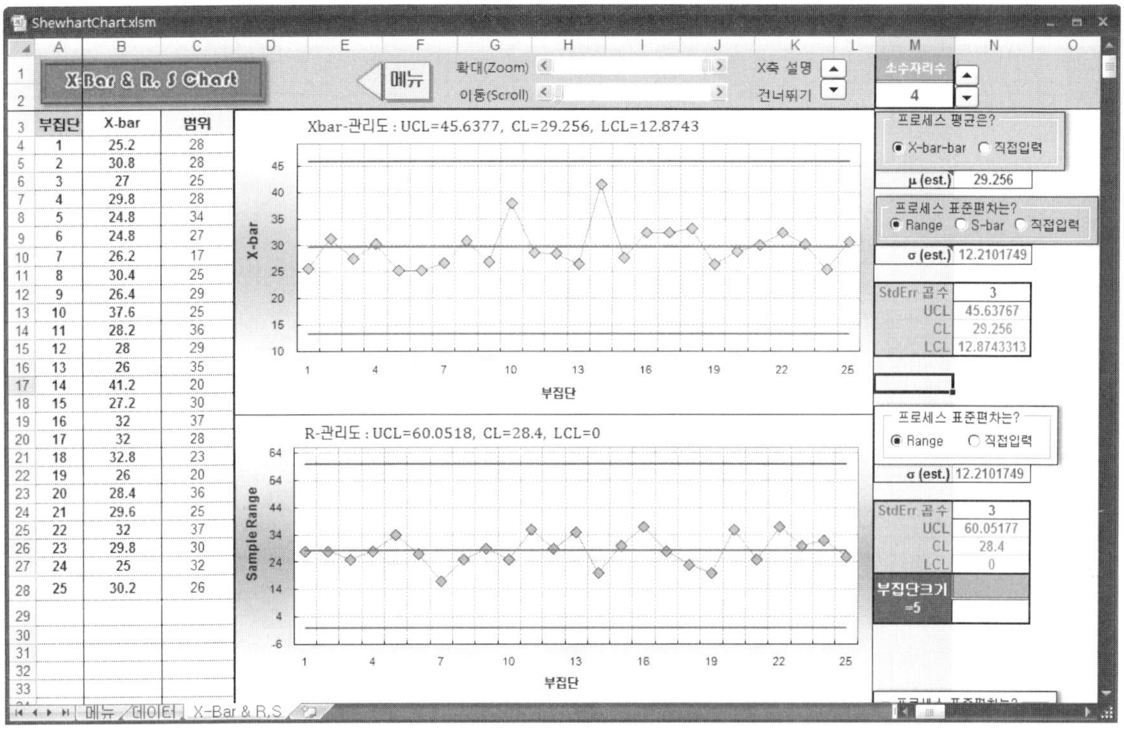

σ_x의 추정값을 구할 때, 표본표준편차 S 대신 범위 R을 이용하는 특별한 이유는 없다. 오히려 S를 사용하는 것이 R보다 더 효율적이지만 R이 S보다 계산이 간편하다는 장점이 있다. 만약 공정분산을 관리하고자 할 때 R-관리도 대신 S-관리도를 사용하면 R 대신 S를 사용하여 σ_x를 추정하는 것이 더 타당성이 있다고 할 수 있다. S를 사용할 경우의 관리한계는

$$\overline{\overline{X}} \pm 3\frac{(\overline{S}/c_4)}{\sqrt{n}} = \overline{\overline{X}} \pm A_3\overline{S}$$

이며, 상수 c_4와 A_3는 관리도 계수표인 [표 16.2b]에 나타나 있다.

[표 16.2c] 관리도의 계수표

관리도의 계수(k=3인 경우)																		k = 3	
표본크기	평균(Xbar) 관리도			표준편차(S) 관리도						범위(R) 관리도									중위수 관리도
	관리한계 결정 계수			중심선 결정 계수		관리한계 결정 계수				중심선 결정 계수		관리한계 결정 계수							
n	A	A2	A3	c4	1/c4	B3	B4	B5	B6	d2	1/d2	d3	D1	D2	D3	D4			m3
2	2.1213	1.88	2.6587	0.7979	1.2533	0	3.2665	0	2.6063	1.1284	0.8862	0.8525	0	3.6859	0	3.2665			1
3	1.7321	1.0233	1.9544	0.8862	1.1284	0	2.5682	0	2.276	1.6926	0.5908	0.8884	0	4.3577	0	2.5746			1.1602
4	1.5	0.7286	1.6281	0.9213	1.0854	0	2.266	0	2.0877	2.0588	0.4857	0.8798	0	4.6982	0	2.2821			1.0922
5	1.3416	0.5768	1.4273	0.94	1.0638	0	2.089	0	1.9636	2.3259	0.4299	0.8641	0	4.9182	0	2.1145			1.1976
6	1.2247	0.4832	1.2871	0.9515	1.0509	0.0304	1.9696	0.0289	1.8742	2.5344	0.3946	0.848	0	5.0785	0	2.0038			1.1351
7	1.1339	0.4193	1.1819	0.9594	1.0424	0.1177	1.8823	0.1129	1.8058	2.7044	0.3698	0.8332	0.2047	5.204	0.0757	1.9243			1.2137
8	1.0607	0.3725	1.0991	0.965	1.0362	0.1851	1.8149	0.1786	1.7514	2.8472	0.3512	0.8198	0.3877	5.3067	0.1362	1.8638			1.1599
9	1	0.3367	1.0317	0.9693	1.0317	0.2391	1.7609	0.2318	1.7068	2.97	0.3367	0.8078	0.5465	5.3935	0.184	1.816			1.2227
10	0.9487	0.3083	0.9754	0.9727	1.0281	0.2837	1.7163	0.2759	1.6694	3.0775	0.3249	0.7971	0.6864	5.4687	0.223	1.777			1.1761
11	0.9045	0.2851	0.9274	0.9754	1.0253	0.3213	1.6787	0.3134	1.6373	3.1729	0.3152	0.7873	0.8109	5.5348	0.2556	1.7444			1.2283
12	0.866	0.2658	0.8859	0.9776	1.023	0.3535	1.6465	0.3456	1.6095	3.2585	0.3069	0.7785	0.923	5.5939	0.2833	1.7167			1.1875
13	0.8321	0.2494	0.8495	0.9794	1.021	0.3816	1.6184	0.3737	1.5851	3.336	0.2998	0.7704	1.0247	5.6472	0.3072	1.6928			1.2322
14	0.8018	0.2354	0.8173	0.981	1.0194	0.4062	1.5938	0.3985	1.5634	3.4068	0.2935	0.763	1.1177	5.6958	0.3281	1.6719			1.196
15	0.7746	0.2231	0.7885	0.9823	1.018	0.4282	1.5718	0.4206	1.544	3.4718	0.288	0.7562	1.2032	5.7405	0.3466	1.6534			1.2351
16	0.75	0.2123	0.7626	0.9835	1.0168	0.4479	1.5521	0.4405	1.5265	3.532	0.2831	0.7499	1.2823	5.7817	0.363	1.637			1.2025
17	0.7276	0.2028	0.7391	0.9845	1.0157	0.4657	1.5343	0.4585	1.5106	3.5879	0.2787	0.7441	1.3557	5.82	0.3779	1.6221			1.2373
18	0.7071	0.1943	0.7176	0.9854	1.0148	0.4818	1.5182	0.4748	1.496	3.6401	0.2747	0.7386	1.4243	5.8558	0.3913	1.6087			1.2077
19	0.6882	0.1866	0.6979	0.9862	1.014	0.4966	1.5034	0.4898	1.4826	3.689	0.2711	0.7335	1.4885	5.8894	0.4035	1.5965			1.239
20	0.6708	0.1796	0.6797	0.9869	1.0132	0.5102	1.4898	0.5036	1.4703	3.735	0.2677	0.7287	1.5489	5.921	0.4147	1.5853			1.2119
21	0.6547	0.1733	0.6629	0.9876	1.0126	0.5228	1.4772	0.5163	1.4589	3.7783	0.2647	0.7242	1.6058	5.9509	0.425	1.575			1.2403
22	0.6396	0.1675	0.6473	0.9882	1.012	0.5344	1.4656	0.5281	1.4483	3.8194	0.2618	0.7199	1.6596	5.9791	0.4345	1.5655			1.2154
23	0.6255	0.1621	0.6327	0.9887	1.0114	0.5452	1.4548	0.5391	1.4383	3.8583	0.2592	0.7159	1.7107	6.006	0.4434	1.5566			1.2415
24	0.6124	0.1572	0.6191	0.9892	1.0109	0.5553	1.4447	0.5493	1.4291	3.8953	0.2567	0.7121	1.7591	6.0316	0.4516	1.5484			1.2184
25	0.6	0.1526	0.6063	0.9896	1.0105	0.5648	1.4352	0.5589	1.4203	3.9306	0.2544	0.7084	1.8053	6.056	0.4593	1.5407			1.2424

[표 16.2a]의 데이터를 사용한 관리한계는

$$UCL = 29.256 + 1.42729929 \times 11.82$$

$$= 46.12732$$

$$LCL = 29.256 - 1.42729929 \times 11.82$$

$$= 12.3846795$$

이며, σ_x를 추정할 때 S를 사용하려면 “**프로세스 표준편차는?**”에서 “S-bar"를 선택하면 값들이 실시간 계산되어 연결된 모든 결과가 갱신된다.

[그림 16.2c] $\overline{X}$-관리도 (S-bar-사용)

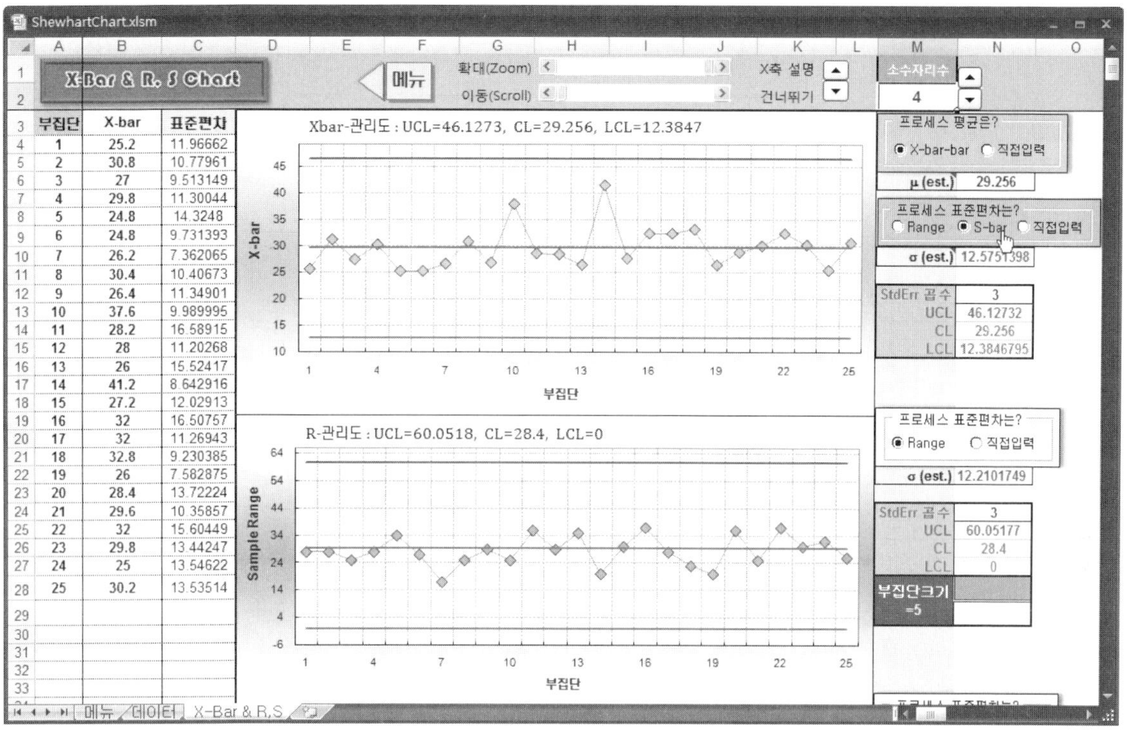

[그림 16.2b]와 [그림 16.2c]에 의하면 모든 부그룹의 평균이 관리한계선 안쪽에 있으므로 공정이 관리상태에 있다는 것을 알 수 있다.

다음은 모든 부그룹의 평균이 관리한계선 내에 있지 않는 경우의 예를 들어 보자. [표 16.2c]의 데이터를 이용하여 $\overline{X}$-관리도를 작성하여 보자.

[표 16.2c] 부그룹 데이터

부그룹	품질특성치				평균	표준편차(S)	범위(R)
	X1	X2	X3	X4			
1	64.52	58.9	74.02	57.82	63.82	7.41	16.2
2	61.78	66.5	76.97	62.71	66.99	6.96	15.19
3	61.4	58.22	69.91	70.87	65.10	6.26	12.65
4	57.03	59.52	62.35	55.02	58.48	3.17	7.33
5	79.53	71.45	66.07	64.61	70.42	6.75	14.92
6	70.79	52.47	74.92	61.93	65.03	9.97	22.45
7	67.71	61.13	75.64	52.58	64.27	9.79	23.06
8	75.66	50.88	79.68	60.26	66.62	13.42	28.8
9	61.51	54.02	51.89	54.91	55.58	4.15	9.62
10	73.78	78.18	70.97	55.19	69.53	10.01	22.99
11	50.67	78.32	58.69	56.63	61.08	11.99	27.65
12	71.68	53.7	51.06	76.58	63.26	12.76	25.52
13	71.31	55.34	61.83	50.8	59.82	8.90	20.51
14	57.6	53.66	64.85	76.92	63.26	10.22	23.26
15	70.15	60.15	70.21	75.88	69.10	6.54	15.73
16	53.57	64.55	77.27	52.47	61.97	11.57	24.8
17	98.78	97.98	95.04	78.65	92.61	9.45	20.13
18	73.34	56.73	60.42	64.52	63.75	7.14	16.61
19	60.21	50.99	72.65	67.49	62.84	9.40	21.66
20	76.66	54.66	64.69	68.63	66.16	9.14	22
평균($\overline{\overline{X}}$, $\overline{S}$, $\overline{R}$)					65.48	8.75	19.55

[그림 16.2d] $\overline{X}$-관리도 (R-사용)

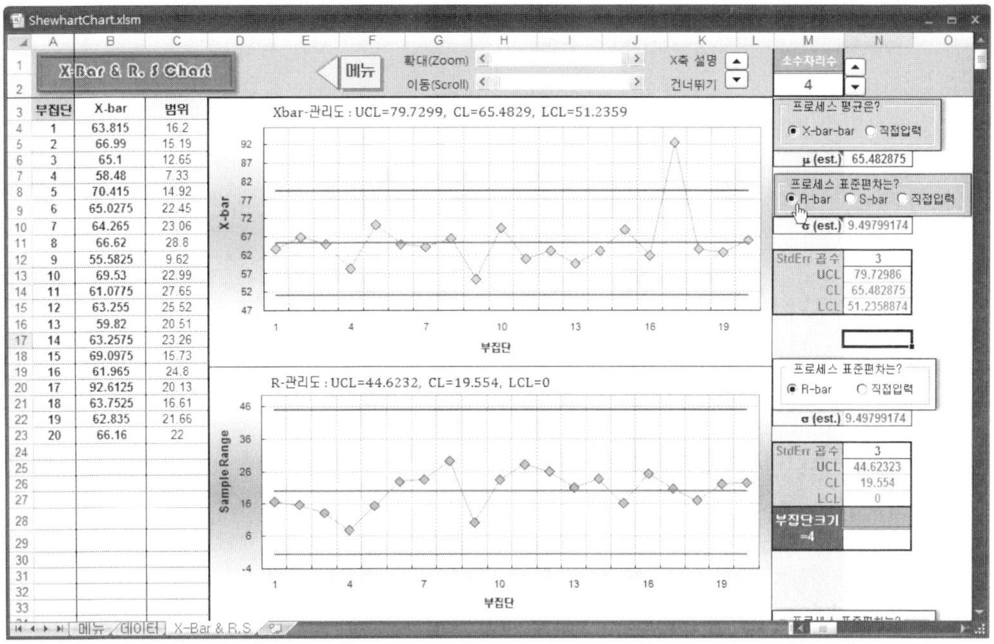

[그림 16.2d]에서는 17번째 부그룹의 평균($\overline{X}_{17}=92.61$)이 관리하한보다 바깥쪽에 있으므로 이때는 공정이 관리상태에 있지 않다는 것을 보여주고 있다.

공정이 정규분포를 따르고 평균과 분산이 관리도에서 추정한 값과 일치한다고 가정하면 공정이 관리상태일 때 적어도 하나의 부그룹 평균이 관리한계 바깥에 있을 확률은

$$1-[-3 < N(0,1) < 3]^{20}$$

$$\fallingdotseq 0.0526$$

이 확률값은 지극히 작은 값이라고 할 수 없으므로, 비록 하나의 값이 관리한계 바깥에 있다하더라도 그 때의 공정이 관리상태에 있었을 가능성을 전혀 배재할 수 없다. 이와 같은 경우에는 데이터의 세심한 분석을 필요로 한다.

만약 공정평균이 $\overline{\overline{X}}=65.48$, 표준편차 $\sigma_x=$ 9.498 일 때($UCL-\overline{\overline{X}}=3\sigma_x/\sqrt{4}$ =7972986- 65.483=14.247 따라서 $\sigma_x=9.498$) 부그룹 평균이 $\overline{X}_{17}=92.61$보다 크거나 같을 확률은

$$
\begin{aligned}
P(\overline{X} \geq 92.61) &= P\left(\frac{\overline{X}-65.48}{9.498/\sqrt{4}} \geq \frac{92.61-65.48}{9.498/\sqrt{4}}\right) \\
&= 1-\Phi\left(\frac{92.61-65.48}{9.498/\sqrt{4}}\right) \\
&= 1-\Phi(5.713) \\
&\fallingdotseq 0.0000
\end{aligned}
$$

이다. 따라서 이와 같은 값이 발생하는 것은 실질적으로 불가능하다는 것을 알 수 있다. 만약 17번째 부그룹의 관측값들이 잘못 입력된 것이라면 정확한 값을 이용하여 관리도를 새로 작성하여야 하지만 만일 두 관측값의 정확한 값을 알 수 없다면 17번째 부그룹을 제외한 19개의 부그룹 데이터를 이용하여 관리도를 다시 작성하여야 한다.

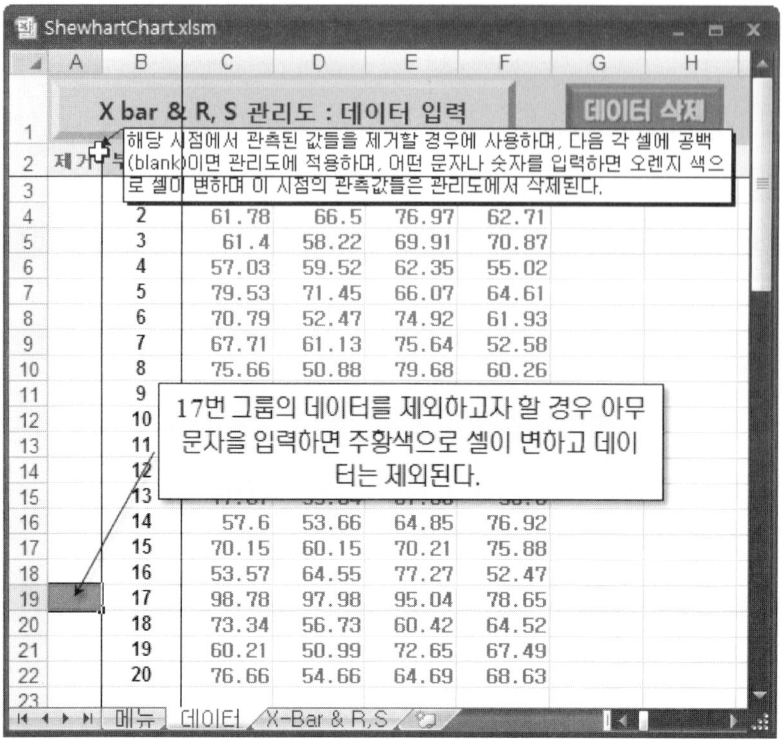

[그림 16.2e] 17번 부그룹을 제외한 $\overline{X}$-관리도 (R-사용)

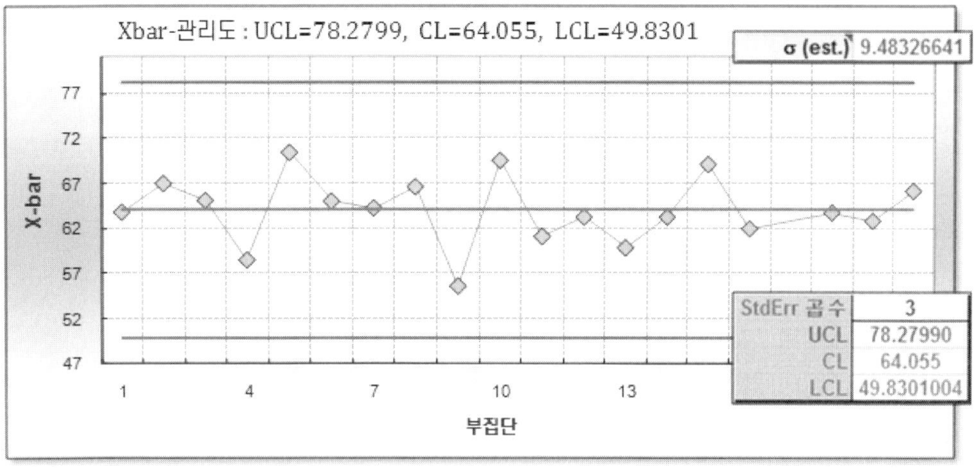

이와 같이 일단 관리한계가 설정되면 얼마 동안 이 값을 사용할 것인지를 결정해야 된다. 여기에는 어떤 공통된 규칙은 없다. 일반적으로 공정이 계속되면 공정분산이 줄어드는 경향이 있다. 이것은 이상원인이 제거되기 때문만 아니라 작업자의 숙련에 따른 품질향상에 기인한다. 따라서 공정분산이 감소한 명확한 증거가 있을 때에는 새로운 관리한계를 앞에서와 동일한 요령으로 작성하게 된다.

관리도의 관리한계는 일반적으로 3σ한계를 많이 사용하고 있다. 때에 따라서는 관리한계를 3σ한계보다 더 넓게 또는 더 좁게 설정할 필요가 있다. 이때에는 공정이 관리상태일 때 이상신호를 줄 확률에 따라 관리한계를 설정하게 된다. 또한 관리통계량의 분포가 정규분포를 따르지 않는 경우에는 비록 3σ한계를 사용하더라도 관리상태일 때 이상신호를 줄 확률이 0.0027과 다르게 된다.

이와 같이 관리한계를 바로 결정하는 대신 확률에 따라 설정하는 관리도를 확률한계를 사용한 관리도라 한다.

한편 부그룹 크기가 다를 때 여기에서도 σ_x를 추정하는데 S를 사용한다.

[그림 16.2f] 부그룹의 크기가 다를 때 $\overline{X}$-관리도(S 사용)

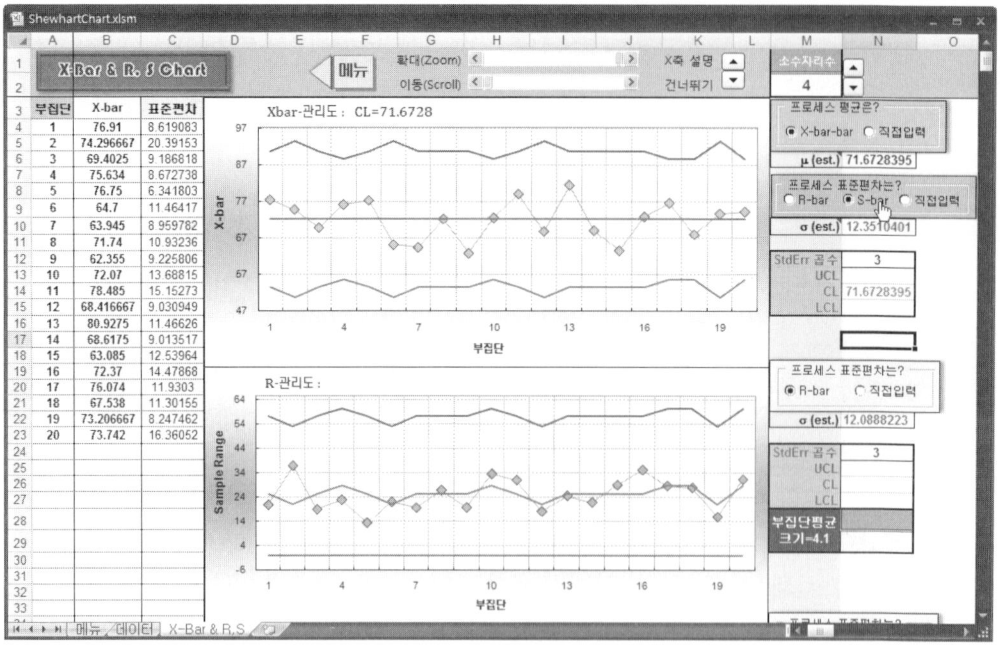

16.3 R-관리도

R-관리도는 공정분산 σ^2을 관리하고자 하는 관리도이며 관리통계량은 부그룹범위 R_i가 된다. 양쪽관리절차의 관리한계는 3σ한계를 사용하면

$$R_0 \pm 3\sigma_R$$

이며, 관리값 R_0와 범위의 표준편차 σ_R이 알려져 있지 않은 경우, 관리한계는 추정량을 사용하여 다음과 같이 설정한다.

$$\overline{R} \pm 3\hat{\sigma}_R$$

이 관리한계는 [표 16.2b]의 관리도의 계수표에서 상수 D_4와 D_3를 사용하면

$$UCL = D_4\overline{R}$$

$$LCL = D_3\overline{R}$$

으로 설정되며, 부그룹의 크기가 7보다 작은 경우 관리하한은 항상 '0'이 된다. [표 16.2a]의 데이터를 사용하면 관리한계는

$$UCL = 2.1145 \times 28.4$$
$$= 60.05177$$
$$LCL = 0 \times 28.4$$
$$= 0$$

이며, $\overline{X}$-R 관리도에서 아래 R-관리도는 다음과 같다.

[그림 16.3a] $\overline{X}$-R 관리도

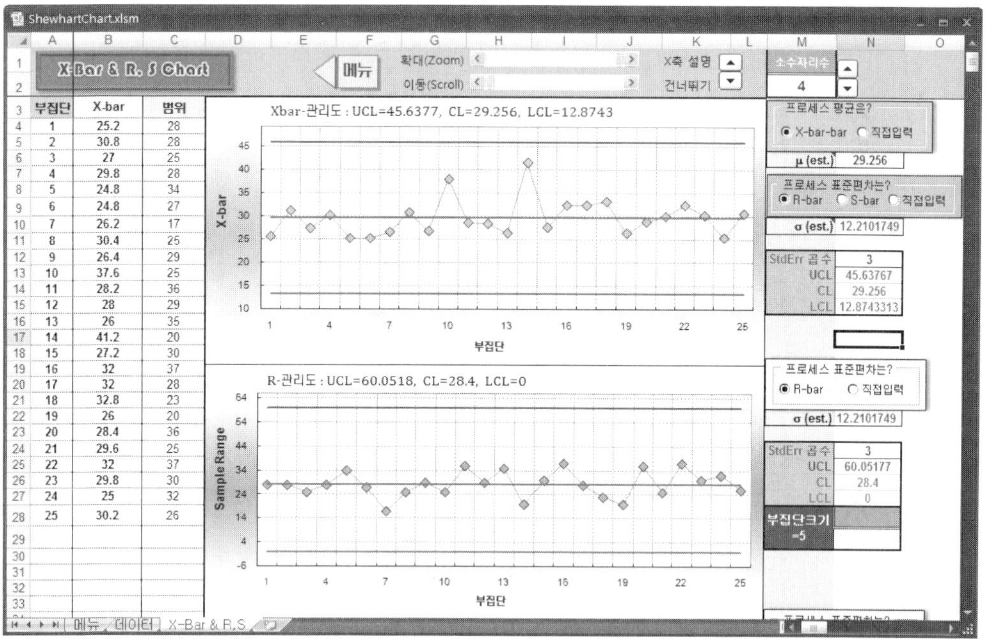

R-관리도에서는 3σ 한계를 사용하더라도 $\overline{X}$-관리도처럼 공정이 관리상태일 때, 부그룹 범위가 관리한계선 밖에 나타날 확률이 0.0027이 되지는 않는다. 따라서 통계적으로 더 적절한 방법은 확률한계를 가진 R-관리도를 사용하는 것이다. 즉, 범위의 분포를 이용하여 관리한계를 구할 때 백분위수를 사용하는 것이다. 예를 들어, 공정이 관리상태일 때 범위가 관리상한과 하한 바깥으로 나갈 확률이 각각 0.001이 되게 하기 위해

서 관리한계는 다음과 같이 설정한다.

$$UCL = D_{.999}(\overline{R}/d_2)$$

$$LCL = D_{.001}(\overline{R}/d_2)$$

D_α값은 [표 16.2b]에 나타나 있다. [표 16.2a]의 데이터를 사용하면 관리한계는

$$UCL = 5.48 \times (28.4/2.3259)$$
$$= 66.9126$$
$$LCL = 0.37 \times (28.4/2.3259)$$
$$= 4.5178$$

으로 계산되며, 이 관리한계는 3σ한계와 많이 다르다는 것을 알 수 있다. 특히 3σ한계보다 항상 크다는 것을 알 수 있고 또한 관리하한이 항상 '0'보다 크다. 잘 사용되지는 않지만 확률한계에 대한 내용도 참조하길 바란다.

[표 16.2b] 범위 R의 표준편차를 추정하기 위한 계수

n	α			
	0.001	0.005	0.995	0.999
2	0.00	0.01	3.97	4.65
3	0.06	0.13	4.42	5.06
4	0.20	0.34	4.69	5.31
5	0.37	0.55	4.89	5.48
6	0.54	0.75	5.03	5.62
7	0.69	0.92	5.15	5.73
8	0.83	1.08	5.26	5.82
9	0.96	1.21	5.34	5.90
10	1.08	1.33	5.42	5.97

16.4 S-관리도

S-관리도는 R-관리도와 마찬가지로 공정분산 σ^2을 관리하고자 하는 관리도이다. 이때의 관리통계량은 부그룹 표준편차 S_i가 된다. 양쪽 관리절차의 관리한계는 3σ 한계를 사용하면

$$S_0 \pm 3\sigma_s$$

이며, 관리값 S_0와 σ_s가 알려져 있지 않은 경우, 관리한계는 추정량을 사용하여 다음과 같이 설정한다.

$$\overline{S} \pm 3\widehat{\sigma_s}$$

[표 16.2b]의 관리도의 계수표에서 상수 B_3와 B_4를 사용하면

$$UCL = B_4\overline{S}$$

$$LCL = B_3\overline{S}$$

이 되며, 부그룹의 크기가 6보다 작으면 관리하한은 항상 '0'이 된다. [표 16.2a]의 데이터를 사용하면 관리한계는

$$UCL = 2.088998 \times 11.8205$$

$$= 24.6929$$

$$LCL = 0 \times 11.8205$$

$$= 0$$

이며, S-관리도는 다음 [그림16.4]와 같다.

[그림 16.4] S 관리도

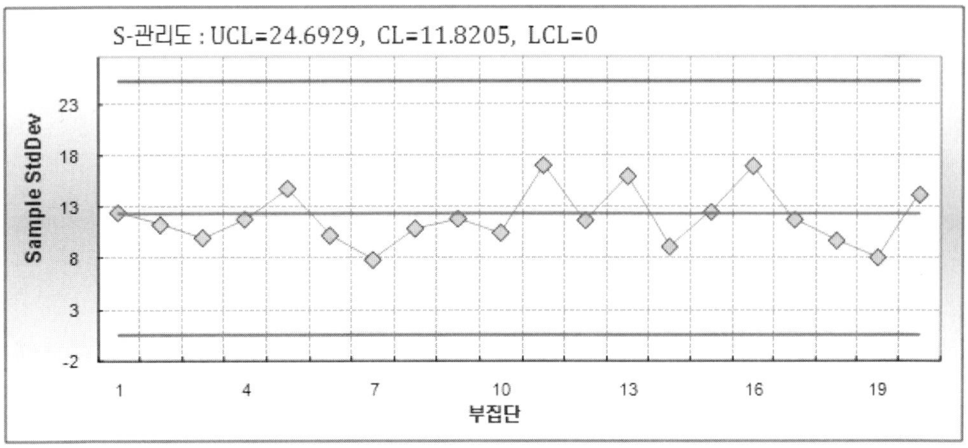

S-관리도에서도 R-관리도와 마찬가지로 공정이 관리상태일 때 부그룹 표준편

차가 관리한계선 밖에 나타날 확률이 0.0027이 되지 않는다. 이것은 표준편차의 분포 역시 정규분포를 따르지 않기 때문이다. 확률한계를 가진 S-관리도의 관리한계는 χ^2분포를 이용하여 결정할 수 있다.

확률변수 X가 $N(\mu,\sigma^2)$을 따를 때,

$$\frac{(n-1)S^2}{\sigma^2} \sim \chi^2_{(n-1)}$$

을 따른다. 따라서

$$P\left(\chi^2_{(n-1,0.001)} < \frac{(n-1)S^2}{\sigma^2} < \chi^2_{(n-1,0.999)}\right) = 0.998$$

$$\Rightarrow P\left(\frac{\sigma^2}{n-1}\chi^2_{(n-1,0.001)} < S^2 < \frac{\sigma^2}{n-1}\chi^2_{(n-1,0.999)}\right) = 0.998$$

$$\Rightarrow P\left(\sigma\sqrt{\frac{\chi^2_{(n-1,0.001)}}{n-1}} < S < \sigma\sqrt{\frac{\chi^2_{(n-1,0.999)}}{n-1}}\right) = 0.998$$

과 같이 계산된다. χ^2의 백분위수는 엑셀시트함수 "=CHIINV(1-확률,자유도)"로 지정하면 쉽게 계산할 수 있다. 예를 들어 $\chi^2_{(5-1,0.999)}$인 값은 '18.4668270'으로 셀함수 "=CHIINV(1-0.999,4)"으로 지정하면 얻을 수 있다. 또한 $\chi^2_{(5-1,0.001)}$=0.0908040으로 계산된다. 공정분산이 σ^2에서 관리상태일 때, 부그룹 표준편차가 관리한계 바깥에 나타날 확률이 α=0.002가 되도록 하는 관리한계는

$$UCL = \sigma\sqrt{\frac{\chi^2_{(n-1,0.999)}}{n-1}}$$

$$LCL = \sigma\sqrt{\frac{\chi^2_{(n-1,0.001)}}{n-1}}$$

이며, 공정표준편차 σ가 알려지지 않은 경우에는 σ의 추정량 $\overline{S}/c_4$를 사용하여 다음과 같이 설정한다.

$$UCL = \frac{\overline{S}}{c_4}\sqrt{\frac{\chi^2_{(n-1,0.999)}}{n-1}}$$

$$LCL = \frac{\overline{S}}{c_4}\sqrt{\frac{\chi^2_{(n-1,0.001)}}{n-1}}$$

[표 16.2a]의 데이터를 사용하면 관리한계는 다음과 같이 계산된다.

$$UCL = 12.57514\sqrt{\frac{\chi^2_{(n-1,0.999)}}{5-1}}$$

$$LCL = 12.57514\sqrt{\frac{\chi^2_{(n-1,0.001)}}{5-1}}$$

n>10일 때, 표준편차를 추정하기 위해 부그룹 범위를 사용하면 부그룹 표준편차를 사용하는 것보다 비효율적이다. 따라서 이와 같은 경우에는 S-관리도를 사용하는 것이 바람직하다.

16.5 $\overline{X}$-R 관리도와 $\overline{X}$-S 관리도

공정의 품질은 평균뿐만 아니라 분산에 의해 영향을 받는 경우가 일반적이다. 따라서 공정의 평균과 분산을 동시에 관리하고자 할 필요성을 느끼게 된다. 이 경우에는 $\overline{X}$-관리도를 R-관리도와 병행하여 사용하면 된다. 이러한 관리도를 $\overline{X}-R$ 관리도라 한다. $\overline{X}-R$ 관리도의 관리한계는 $\overline{X}$-관리도와 R-관리도를 개별적으로 사용할 때와 동일하다. 다만 $\overline{X}$-관리도 나 R-관리도 중 어느 한쪽에서라도 관리한계선 밖에 나타나는 관측값이 있을 경우에 공정이 이상상태에 있다는 판단을 내리게 된다.

[표 16.2a]의 데이터를 이용한 $\overline{X}-R$ 관리도는 [그림 16.5a]에 나타나 있다.

[그림 16.5a] $\overline{X}$-R 관리도

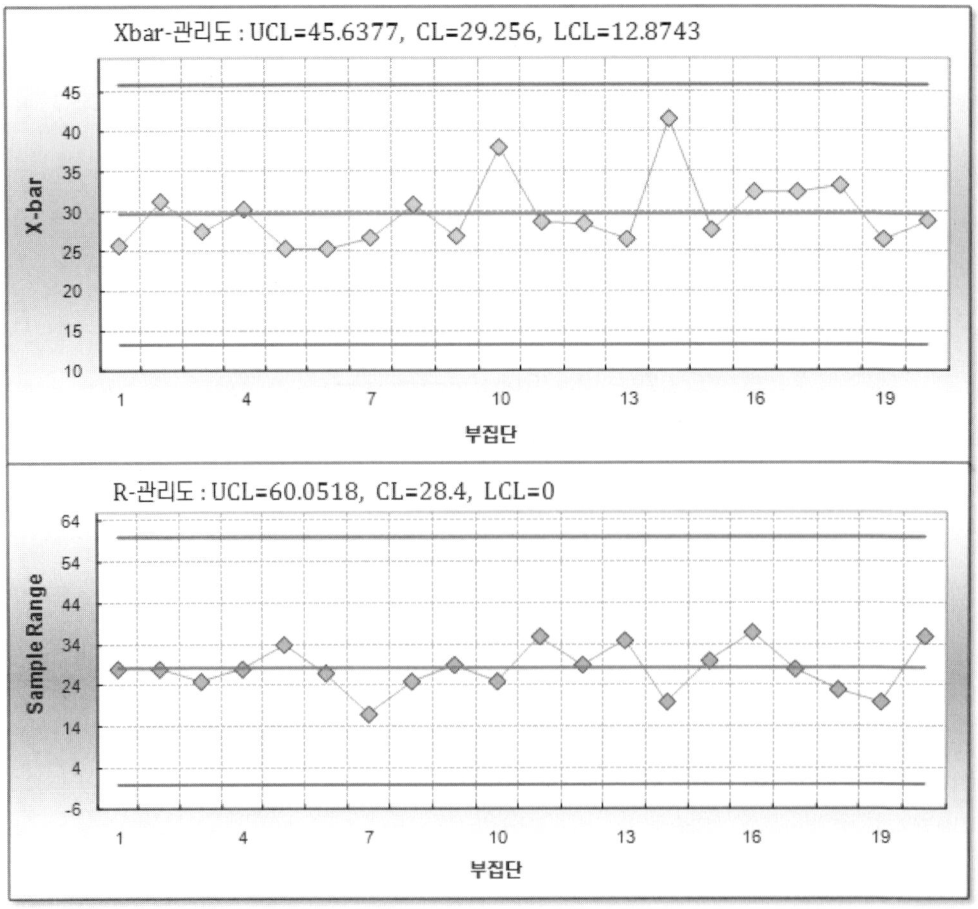

공정분산을 관리할 때 S-관리도를 사용하면, 평균과 분산을 동시에 관리하고자 할 때도 $\overline{X}-S$ 관리도를 사용한다. $\overline{X}-S$ 관리도는 [그림 16.5b]에 나타나 있다.

[그림 16.5b] $\overline{X}$-S 관리도

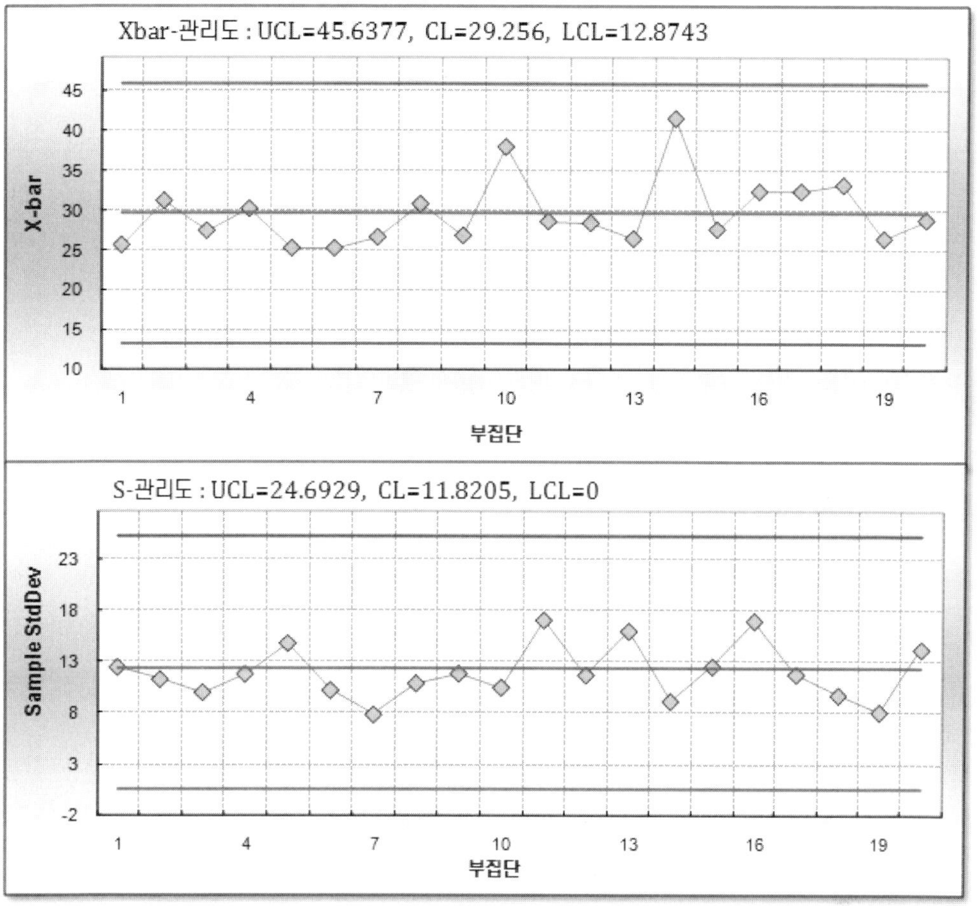

$\overline{X}-R$ 관리도와 $\overline{X}-S$ 관리도에서도 확률한계를 사용할 수 있으며, 이 경우에는 개개의 관리도에서 확률한계를 사용하는 것과 동일하다.

16.6 $\widetilde{X}$-관리도와 $\widetilde{X}$-R관리도

$\widetilde{X}$-관리도는 $\overline{X}$-관리도와 마찬가지로 공정평균 μ를 관리하고자 하는 관리도로서 관리통계량은 부그룹의 중위수(median) $\widetilde{X}_i$가 된다. 양쪽관리절차의 관리한계는

$$\mu_0 \pm 3\sigma_{\tilde{X}}$$

이며, 여기서 $\sigma_{\tilde{X}}$는 부그룹 중위수의 표준편차를 나타내며,

$$\sigma_{\tilde{X}} = m_3 \frac{\sigma}{\sqrt{n}}$$

로 표현할 수 있다. 상수 m_3는 [표 16.2b]의 관리도의 계수표에서 찾는다. μ_0와 $\sigma_{\tilde{X}}$가 알려지지 않은 경우에는 추정량을 사용하여 관리한계를 다음과 같이 표현한다.

$$\overline{\overline{X}} \pm 3m_3 \frac{\hat{\sigma}}{\sqrt{n}} = \overline{\overline{X}} \pm 3 \frac{m_3}{\sqrt{n}} \frac{\overline{R}}{d_2}$$

$$= \overline{\overline{X}} \pm m_3 A_2 \overline{R}$$

여기에서 $\overline{\overline{X}}$는 부그룹 중앙값의 평균을 나타내며 이것은 $\overline{X}$관리도에서 사용하는 $\overline{\overline{X}}$에 해당되는 통계량이다.

$\tilde{X}$-관리도는 $\overline{X}$-관리도와 비교할 때 큰 차이점을 보이지 않으나 이론적으로는 이상치(outlier)에 예민하지 않은 장점을 가지고 있으며, 실질적으로는 표본평균보다는 표본중위수의 계산이 훨씬 간편하다는 점도 있다 (특히 부그룹의 크기가 홀수일 때).

공정평균과 분산을 동시에 관리하는 관리도로서 $\overline{X}-R$관리도 대신 $\tilde{X}-R$관리도를 사용할 수 있다. $\tilde{X}$-R관리도는 $\overline{X}$-R관리도와 마찬가지로 $\tilde{X}$-관리도와 R-관리도를 병행 사용하는 것을 의미한다.

보통의 경우에는 평균인 $\overline{X}$를 주로 사용함으로 여기에서는 소개만 하고 실행은 하지 않겠다.

16.7 np-관리도와 p-관리도

np-관리도는 공정에서 생산되는 제품의 불량율을 관리하고자 할 때 사용하는 관리도로서 불량개수 관리도라 한다. 매 관측시점마다 얻은 부그룹의 크기가

같을 때는 불량품의 수만으로 공정을 관리할 수 있기 때문이다. 따라서 np-관리도는 부그룹의 크기가 같을 때만 사용할 수 있으며 관리통계량은 불량개수 npi가 된다. 양쪽 관리절차의 관리한계는 3σ한계를 사용한 경우 관리값 np_0를 중심으로

$$np_0 \pm 3\sqrt{np_0(1-p_0)}$$

으로 정의되며, 불량율의 관리값 p_0가 알려져 있지 않은 경우, 관리한계는 추정량을 사용하여 다음과 같이 설정한다.

$$n\bar{p} \pm 3\sqrt{n\bar{p}(1-\bar{p})}$$

다음의 [표 16.7a]는 오렌지 주스를 담는 캔은 직사각형의 금속판을 원형으로 접합한 후에 밑면은 금속판으로 접합한다. 캔을 조사한 결과 옆면과 밑면 접합부분에 누출되는 경우가 있었다. 이와 같은 캔의 누출현상을 관리하기 위하여 30분 간격으로 50개의 캔을 추출하여 불량수를 조사하였다. 표본수는 30이다. 이 데이터를 이용하여 np-관리도를 작성해 보자.

[표 16.7a] 불량개수 데이터

표본번호	표본크기	캔의 불량수(np)	불량률($\hat{p}_i$)
1	50	12	0.24
2	50	15	0.30
3	50	8	0.16
4	50	10	0.20
5	50	4	0.08
6	50	7	0.14
7	50	16	0.32
8	50	9	0.18
9	50	14	0.28
10	50	10	0.20
11	50	5	0.10
12	50	6	0.12
13	50	17	0.34
14	50	12	0.24
15	50	22	0.44
16	50	8	0.16
17	50	10	0.20

18	50	5	0.10
19	50	13	0.26
20	50	11	0.22
21	50	20	0.40
22	50	18	0.36
23	50	24	0.48
24	50	15	0.30
25	50	9	0.18
26	50	12	0.24
27	50	7	0.14
28	50	13	0.26
29	50	9	0.18
30	50	6	0.12
	합/평균	347	0.2313

[표 16.7a]의 데이터를 사용하면 관리한계는

$$CL = n\bar{p} = \sum \frac{D_i}{m} = \frac{347}{30} = 11.5667$$

$$UCL = 50 \times 0.2313 + 3\sqrt{50 \times 0.2313(1 - 0.2313)}$$
$$= 20.5120$$

$$LCL = 50 \times 0.2313 - 3\sqrt{50 \times 0.2313(1 - 0.2313)}$$
$$= 2.62138$$

으로 계산되며, 중심극한정리에 의하면 $np_i(=D_i)$는 점근적으로 정규분포에 따르게 되어 있고, 따라서 np_i가 관리한계선 밖으로 나갈 확률은 공정이 관리상태일 때 '0.0027'에 가까운 값을 가질 것으로 예상할 수 있다. 그러나 불량율 p는 '0'에 아주 가까울 때에만(일반적으로 p<0.1) 관리상태에 있다고 볼 수 있으므로 n이 어느 정도 큰 값에서도 np_i가 정규분포에 잘 근사되지 않는다. 실제로 n=100, p=0.1 이면 3σ관리한계는 $100(0.1) \pm 3\sqrt{100(0.1)(0.9)} = 10 \pm 3(3)$이다. 따라서

[그림 16.7a] np-관리도

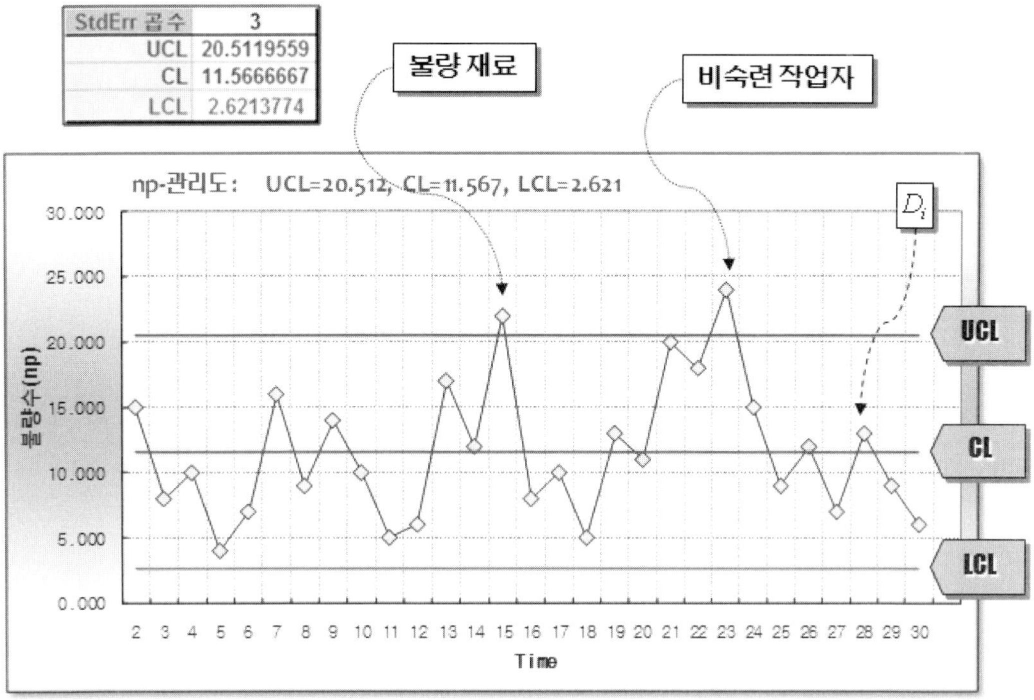

np_i가 관리한계선 밖으로 나갈 확률은

$$P(np_i \geq 19) + P(np_i \leq 1)$$

$$= 0.0049$$

이 값은 '0.0027'과 많이 다르다는 것을 알 수 있다. 또 다른 문제는 관리하한이 종종 '0'보다 작을 수 있다는 점이다.

$$LCL = np - 3\sqrt{np(1-p)} \leq 0$$

$$\Leftrightarrow p \leq \frac{9}{9+n} \text{ 또는 } n \leq \frac{9(1-p)}{p}$$

따라서 p 또는 n을 조정하여 관리하한을 '0'보다 크게 할 수 있으며, 일반적으로 p보다 n을 바꾸는 것이 더 쉽기 때문에

$$n > 9(1-p)/p$$

를 만족하도록 선택하는 것이 좋은 방법이 될 것이다.

위에서 나타난 문제점들을 해결할 수 있는 쉬운 방법은 변수변환 방법을 사

용하는 것이다. 변수변환을 통해 이항분포를 따르는 변수를 근사적으로 정규분포를 따르도록 하자는 의도이며, 이 때 사용되는 변수변환은 Arcsin 변환을 들 수 있다. 즉 X~B(n,p)일 때,

$$Y = \arcsin\sqrt{(X+\frac{3}{8})/(n+\frac{3}{4})} \;\dot{\sim}\; N(\arcsin\sqrt{\mathrm{p}}\,,\frac{1}{4\mathrm{n}})$$

를 따른다(Johnson and Kotz, 1969). 따라서 Arcsin 변환을 이용하여 구한 관리한계는

$$\arcsin\sqrt{p} \pm 3\sqrt{\frac{1}{4n}}$$

이며, [표 16.7a]의 데이터를 사용하면 p=0.01일 때 관리한계는

$$UCL = \arcsin\sqrt{0.01} + 3\sqrt{\frac{1}{4(50)}}$$

$$= 0.2221$$

$$LCL = \arcsin\sqrt{0.01} - 3\sqrt{\frac{1}{4(50)}}$$

$$= -0.2021$$

으로 계산된다. Arcsin 변환을 사용하여 np-관리도를 작성하는 것은 결국 $\overline{X}$-관리도를 사용하게 된다. 단 이때의 공정분산은 1/4n으로 알려진 경우이다.

p-관리도는 np-관리도와 마찬가지로 공정의 불량율을 관리하고자 할 때 사용하며 불량율관리도라 한다. 공정에서 표본을 추출하는 과정에서 매 시점마다 동일한 크기의 부그룹을 취하지 못할 경우에는 np-관리도 대신 p-관리도를 사용하는 것이 바람직하다. 예를 들어 각 부그룹이 한 시간 동안 생산되는 제품을 나타낸다면 매 시간 생산되는 제품의 수가 항상 일정하지는 않아 부그룹의 크기가 동일하지 않는 경우가 생긴다. 또한 공정이 계속되는 동안 매번 동일 개수의 제품을 추출하는 것이 너무 많다거나 또는 너무 적다는 판단을 할 경우가 있다. 이와 같이 공정의 진행 중 부그룹의 크기가 동일하지 않을 때에는 p-관리도

를 사용하게 된다. p-관리도에서 사용되는 관리통계량은 부그룹의 불량율 pi가 된다. 양쪽관리절차에서 i번째 시점의 관리한계는 3σ 한계를 사용한 경우,

$$p_0 \pm 3\sqrt{p_0(1-p_0)/n_i}$$

으로 설정되며, 여기에서 n_i는 i번째 시점의 부그룹의 크기를 나타낸다.

관리값 p_0가 알려져 있지 않을 경우, 관리한계는 추정량을 사용하여 다음과 같이 설정한다.

$$\bar{p} \pm 3\sqrt{\frac{\bar{p}(1-\bar{p})}{n_i}}$$

위 관리한계에서 알 수 있듯이 p-관리도에서는 부그룹의 크기가 다를 때마다 관리한계를 구해야 하는 번거로움이 있으나 컴퓨터가 해결할 문제이다. 사용자가 직접 계산기를 사용하여 일일이 계산하지 않을 것이고 프로그램이 알아서 계산함으로 출력된 결과를 해석하는 데만 집중하면 된다.

[표 16.7b]의 데이터를 사용하면 변량표본크기 p-관리도의 관리한계는

$$CL = \bar{p} = \frac{\sum_{i=1}^{25} D_i}{\sum_{i=1}^{25} n_i} = \frac{234}{2450} = 0.09551$$

$$UCL = 0.09551 + 3\sqrt{\frac{0.09551(1-0.09551)}{n_i}}$$

$$LCL = 0.09551 - 3\sqrt{\frac{0.09551(1-0.09551)}{n_i}}$$

[표 16.7b] 부그룹 크기가 다른 불량개수 데이터

$$\hat{\sigma}_{\hat{p}} = \sqrt{\frac{0.0955(1-0.0955)}{n_i}}$$

$$Z_i = \frac{\hat{p}_i - \bar{p}}{\sqrt{\frac{0.0955\,(1-0.0955\,)}{n_i}}}$$

표본번호	표본크기 (n_I)	캔의 불량수 Di	불량률 (pi_hat)	표준편차	LCL	UCL	표준화 값 (Z_i)
1	100	12	0.120	0.029	0.007	0.184	0.83
2	80	8	0.100	0.033	0.000	0.194	0.14
3	80	6	0.075	0.033	0.000	0.194	-0.62
4	100	9	0.090	0.029	0.007	0.184	-0.19
5	110	10	0.091	0.028	0.011	0.180	-0.16
6	110	12	0.109	0.028	0.011	0.180	0.48
7	100	11	0.110	0.029	0.007	0.184	0.49
8	100	16	0.160	0.029	0.007	0.184	2.19
9	90	10	0.111	0.031	0.003	0.188	0.50
10	90	6	0.067	0.031	0.003	0.188	-0.93
11	110	20	0.182	0.028	0.011	0.180	3.08
12	120	15	0.125	0.027	0.015	0.176	1.10
13	120	9	0.075	0.027	0.015	0.176	-0.76
14	120	8	0.067	0.027	0.015	0.176	-1.08
15	110	6	0.055	0.028	0.011	0.180	-1.46
16	80	8	0.100	0.033	0.000	0.194	0.14
17	80	10	0.125	0.033	0.000	0.194	0.90
18	80	7	0.088	0.033	0.000	0.194	-0.24
19	90	5	0.056	0.031	0.003	0.188	-1.29
20	100	8	0.080	0.029	0.007	0.184	-0.53
21	100	5	0.050	0.029	0.007	0.184	-1.55
22	100	8	0.080	0.029	0.007	0.184	-0.53
23	100	10	0.100	0.029	0.007	0.184	0.15
24	90	6	0.067	0.031	0.003	0.188	-0.93
25	90	9	0.100	0.031	0.003	0.188	0.14
합계	2450	234	0.0955				

[그림 16.7b] p-관리도

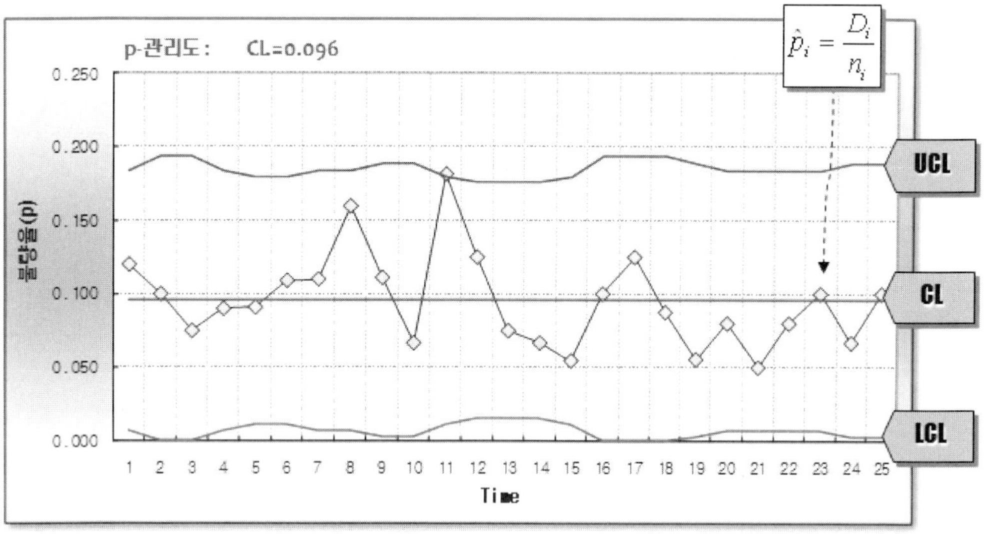

11번째 표본의 관리통계량의 값 관리상한 밖에 표시되었으므로 이 두 점에 대해 이상원인이 있었는지를 조사해야 한다. 11째 표본은 30분 동안에 일부 새로운 캔 재료가 생산에 투여되었음을 알 수 있었으며, 23번째 표본은 30분 사이에 경험이 부족한 새로운 작업자가 캔 제조기계를 동작시켰음을 알 수 있었다. 그러므로 관리한계선은 이 두 시점의 데이터를 제거하고 다시 계산해야 한다.

[그림 16.7c] p-관리도의 수정

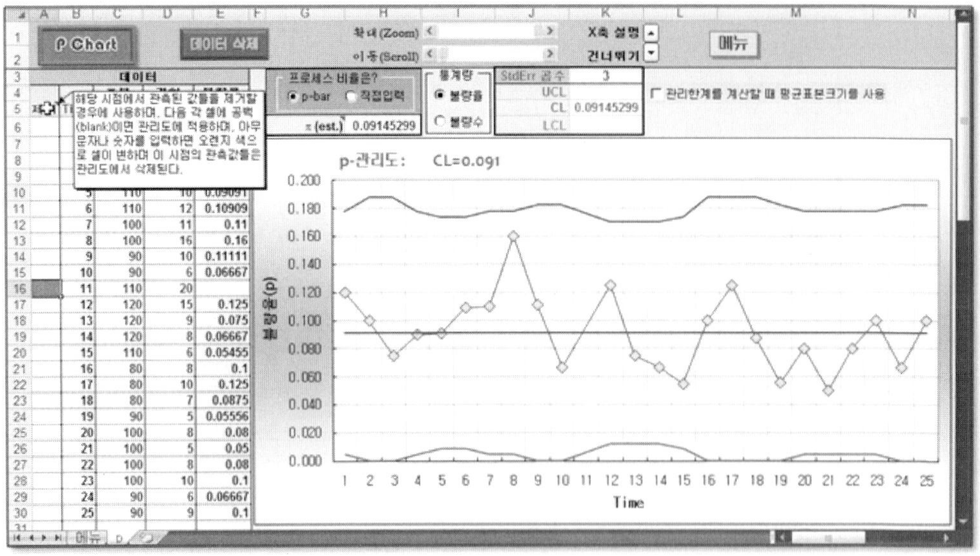

p-관리도에서도 np-관리도와 마찬가지로 3σ관리한계를 사용하여도 관리상태일 때 관리한계 밖으로 나갈 확률이 0.0027과 같지 않다. 따라서 p-관리도에서도 Arcsin과 같은 변수변환을 이용할 수 있다. Arcsin 변환을 이용한 경우의 관리한계는

$$\arcsin\sqrt{p} \pm 3\sqrt{\frac{1}{4n_i}}$$

으로 설정할 수 있다.

일반적으로 변수변환을 사용할 경우에는 변환된 데이터의 단위를 원래의 단위와 연관시켜 해석하기가 어려운 단점을 가지고 있다. p-관리도와 np-관리도에서 공통적으로 이와 같은 문제점을 피하고자 하는 경우에는 원래의 데이터를 이용한 관리도를 작성하되 3σ 한계 대신 확률한계를 사용하는 것이 바람직하다.

16.8 c-관리도와 u-관리도

c-관리도는 생산공정에서 검사 단위당 결점수를 관리하고자 할 때 사용되는 관리도이며, '결점수 관리도'라 한다. 이 때 검사단위는 항상 일정하여야 하며 한 검사단위는 하나 이상의 단위가 포함될 수 있다. 예를 들면 검사단위는 하나의 나사못 또는 한 상자의 나사못 등이 될 수 있다. 각 단위에는 여러 종류의 결점이 있을 수 있는데 c-관리도는 결점의 종류를 구분하지 않고 관리하고자 할 때에도 사용될 수 있다. c-관리도에서 사용되는 관리통계량은 부그룹의 결점수 c_i가 되며, 양쪽관리절차의 관리한계는 관리값 c_0가 알려진 경우 3σ 한계를 사용하면

$$c_0 \pm 3\sqrt{c_0}$$

으로 표현된다. 결점수의 분포는 포아송분포에 의해 잘 근사되어진다고 알려져 있다. 따라서 관리상태일 때 c_i의 평균과 분산은 다같이 c_0임을 알 수 있다.

다음 [표 16.8a]는 100개의 회로판을 일정간격으로 26회 조사하여 결점수를 조사하였다. 관리도를 작성하고 추가데이터를 이용하여 최종 관리도를 작성한다.

[표 16.8a] 회로기판 결점수 데이터

표본번호	결점수	표본번호	결점수
1	21	14	19
2	24	15	10
3	16	16	17
4	12	17	13
5	15	18	22
6	5	19	18
7	28	20	39
8	20	21	30
9	31	22	24
10	25	23	16
11	20	24	19
12	24	25	17
13	16	26	15

관리값 c_0가 알려지지 않은 경우에는 추정량 $\bar{c}$를 사용하여 관리한계는 다음

과 같이 설정한다.

$$\bar{c} \pm 3\sqrt{\bar{c}}$$

[표 16.8a]의 데이터를 사용하면

$$CL = \bar{c} = \frac{516}{26} = 19.8462$$

$$UCL = 19.8462 + 3\sqrt{19.8462}$$

$$= 33.2109$$

$$LCL = \max(0,\ 19.8462 - 3\sqrt{19.8462})$$

$$= \max(0, 6.48145)$$

$$= 6.48145$$

으로 계산되며, c-관리도는 [그림 16.8a]와 같다.

[그림 16.8a] 결점수에 대한 c-관리도

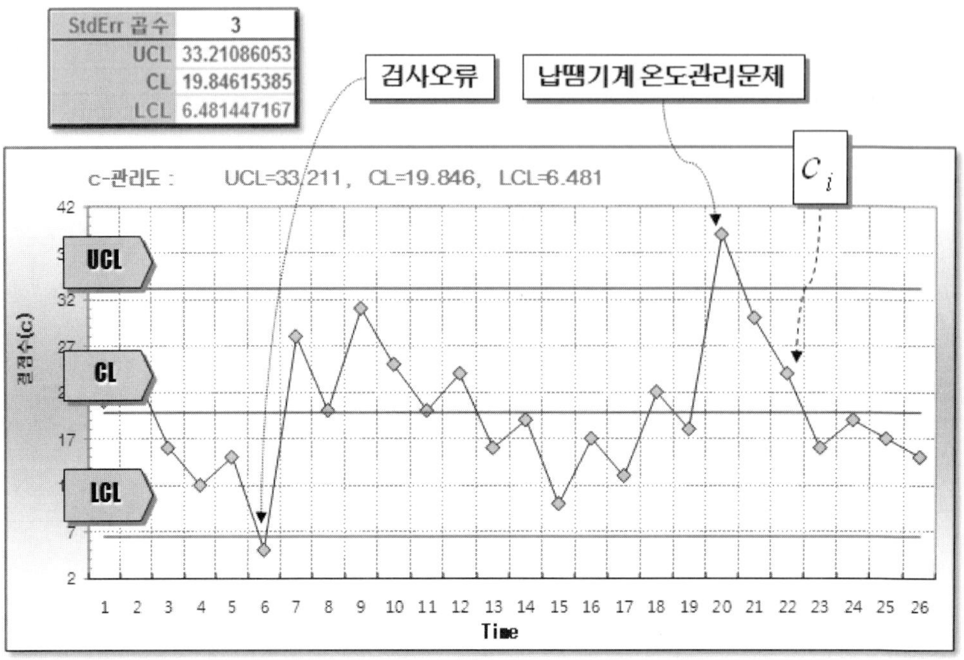

6번째와 20번째 표본은 관리한계선 밖에 나타났으므로 이상신호를 나타낸다.

이를 확인해 본 결과, 이상원인은 검사자의 실수와 납땜 온도의 불량으로 나타났다. 이를 제외하고 다시 관리한계를 계산해야 한다.

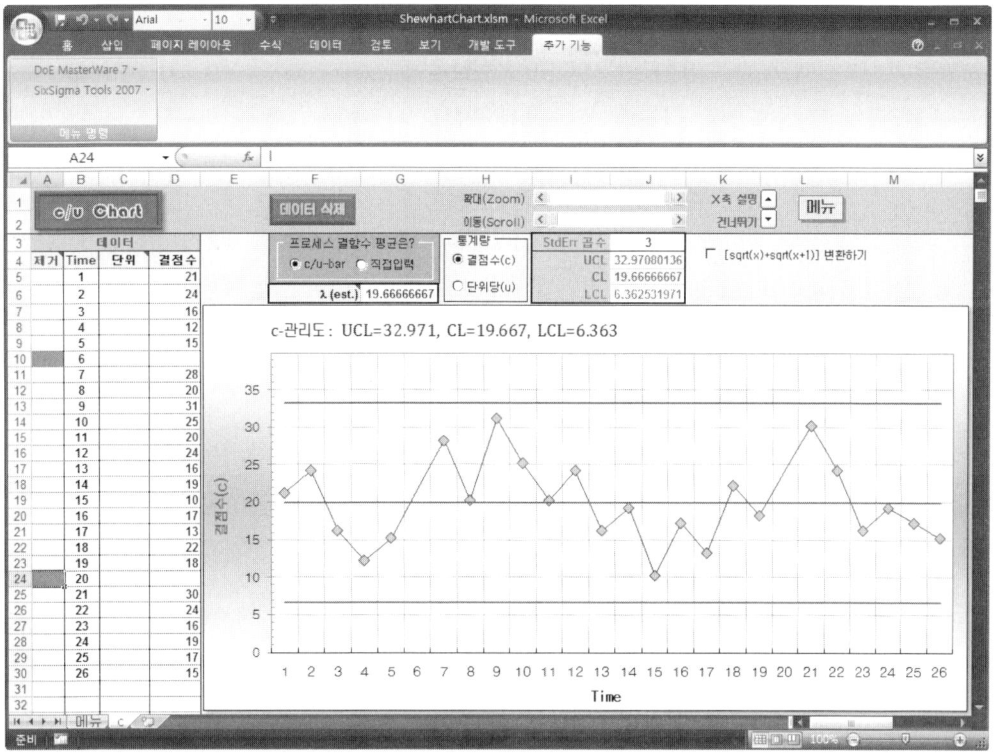

공정이 관리상태일 때에는 c_i의 값이 작은 경우가 일반적이며 이 경우에는 정규분포가 잘 근사되지 않는다. 따라서 np-관리도에서와 마찬가지로 변수변환을 이용하여 이와 같은 문제를 해결할 수 있다.

X ~ $Poisson(\lambda)$일 때,

$$Y = \sqrt{x} + \sqrt{x+1} \sim N(\sqrt{\lambda} + \sqrt{\lambda+1}\ ,\ 1)$$

이며, 따라서 위 변환을 사용한 관리한계는

$$(\sqrt{\lambda} + \sqrt{\lambda+1}) \pm 3$$

이며, λ가 알려지지 않은 경우에는

$$\overline{Y} \pm 3$$

으로 설정할 수 있다.

[표 16.8b] 회로기판 결점수와 변환 데이터

표본번호	결점수 Di	결점수 변환값	표본번호	결점수 Di	결점수 변환값
1	21	9.27299	14	19	8.83103
2	24	9.89898	15	10	6.47890
3	16	8.12311	16	17	8.36575
4	12	7.06965	17	13	7.34721
5	15	7.87298	18	22	9.48625
6	5	4.68556	19	18	8.60154
7	28	10.67667	20	39	12.56955
8	20	9.05471	21	30	11.04499
9	31	11.22462	22	24	9.89898
10	25	10.09902	23	16	8.12311
11	20	9.05471	24	19	8.83103
12	24	9.89898	25	17	8.36575
13	16	8.12311	26	15	7.87298

[표 16.8b]의 데이터를 사용하면

$$UCL = 8.8797 + 3$$
$$= 11.8797$$
$$LCL = 8.8797 - 3$$
$$= 5.8797$$

으로 계산되며, $\sqrt{x} + \sqrt{x+1}$ 변환을 사용한 c-관리도는 $\overline{X}$-관리도를 사용하여 작성할 수 있다. 단, 이 때 공정분산은 '1'로 알려진 경우이다.

변수변환을 사용한 c-관리도는 [그림 16.8b]에 나타나 있다.

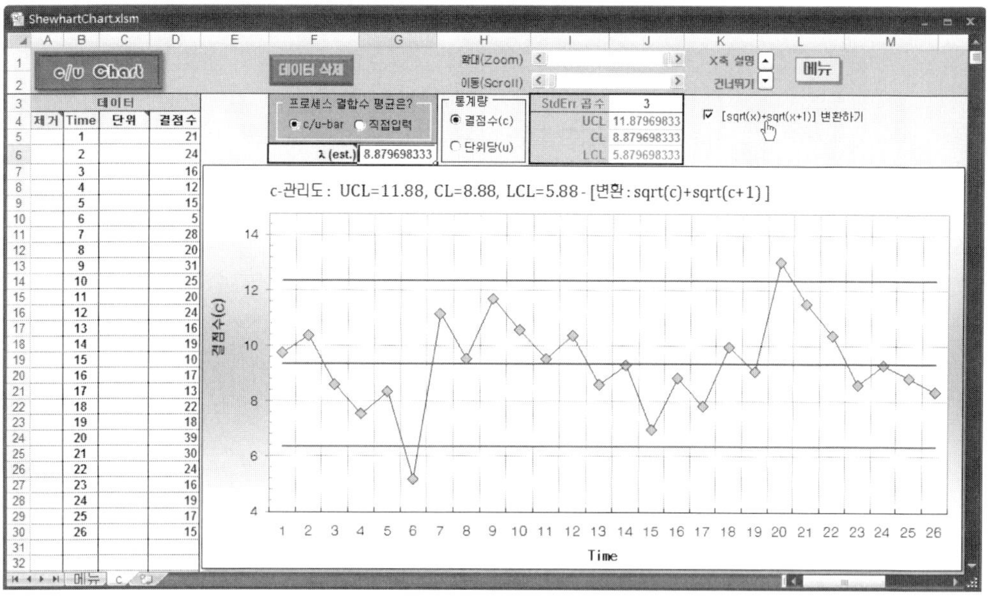

[그림 16.8b] 변수변환을 사용한 c-관리도

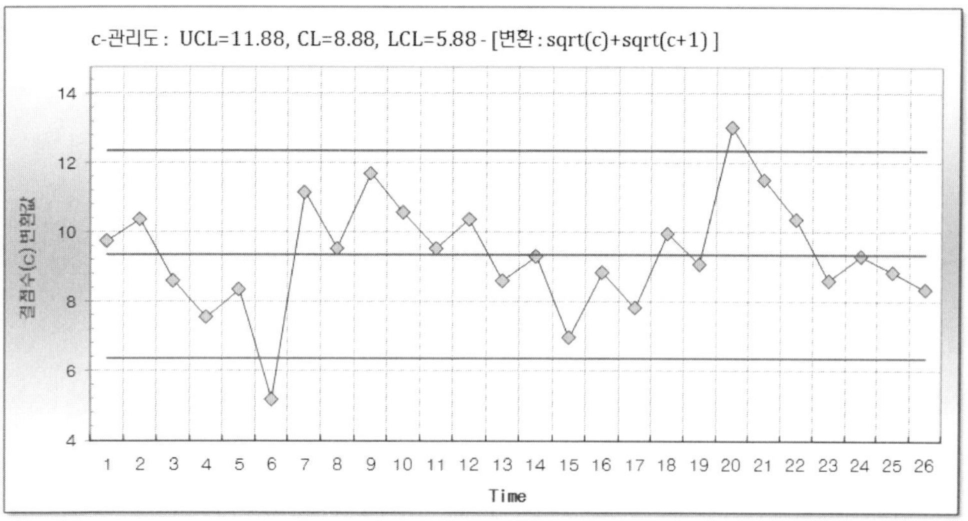

생산공정에서 결점수를 관리하고자 할 때, 검사단위가 일정치 않은 경우가 있다. 이때에 사용하는 관리도를 u-관리도라 하며 '단위당 결점수 관리도'라 한다. 이와 같이 검사단위가 일정치 않은 경우에는 c-관리도 대신 u-관리도를 사용하여야 한다. u-관리도에서 사용되는 관리통계량은 부그룹 단위당 결점수 $u_i = c_i \,/\, n_i$가 된다.

양쪽관리절차의 관리한계는 단위당 결점수의 관리값 u_0가 알려진 경우 3σ 한계를 사용하면

$$u_0 \pm 3\sqrt{\frac{u_0}{n_i}}$$

이며, 관리값 u_0가 알려지지 않은 경우에는 추정량 $\overline{u}$를 사용하여

$$\overline{u} \pm 3\sqrt{\frac{\overline{u}}{n_i}}$$

으로 설정된다. 위 관리한계에 나타난 바와 같이 부그룹의 크기가 다를 경우에는 관리한계가 달라짐을 알 수 있다.

다음의 [표 16.8b]는 의류용 천을 제조하는 회사에서 염색된 천의 결함발생을 조사하였다. 25개의 롤에 대한 결점수는 다음과 같으며 단위를 통일하기 위하여 검사면적을 50평방미터 당 평균 결점수를 계산하여 관리도를 작성해 보기로 한다.

[표 16.8b] 의류용 천의 결점수

롤 번호	검사면적(평방미터)	총 결점수	롤의 검사 단위수, n_i
1	500	15	10.0
2	525	16	10.5
3	600	19	12.0
4	390	5	7.8
5	600	10	12.0
6	300	8	6.0
7	400	12	8.0
8	600	11	12.0
9	500	11	10.0
10	650	20	13.0
11	500	14	10.0
12	640	21	12.8
13	450	11	9.0

14	625	23	12.5
15	500	10	10.0
16	380	11	7.6
17	700	15	14.0
18	700	12	14.0
19	550	19	11.0
20	600	21	12.0
21	670	12	13.4
22	730	21	14.6
23	700	15	14.0
24	400	9	8.0
25	475	7	9.5
합계		348	273.7

[표 16.8b]의 데이터를 사용하면 3σ관리한계는($\overline{u} = 384/273.7 = 1.2715$)

$$UCL = 1.2715 + 3\sqrt{\frac{1.2715}{n_i}}$$

$$LCL = \max\left(0,\ 1.2715 - 3\sqrt{\frac{1.2715}{n_i}}\right)$$

으로 계산되며, u-관리도는 [그림 16.8c]와 같다.

[그림 16.8c] 단위당 결점수 옵션지정

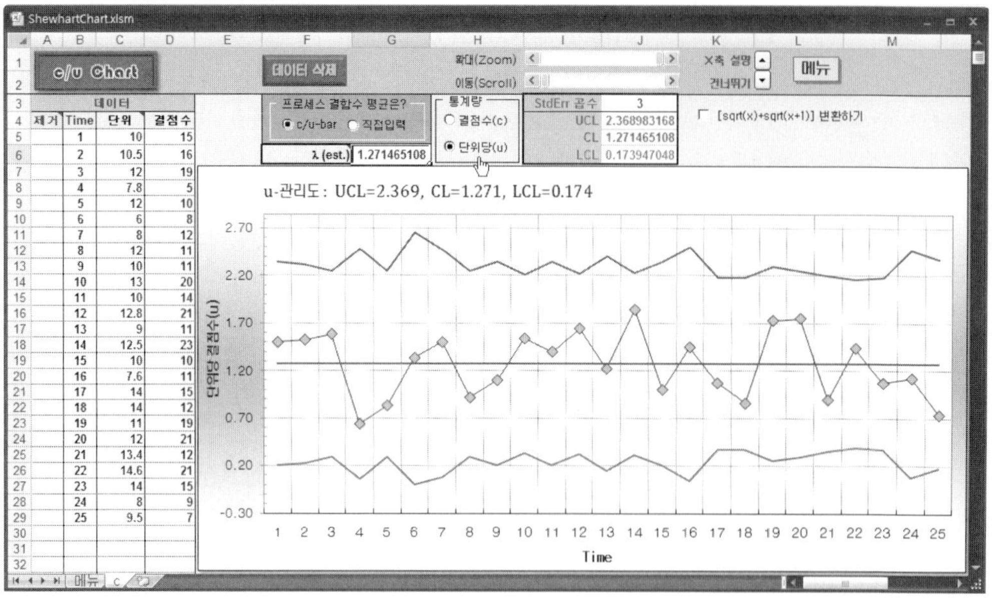

[그림 16.8d] u-관리도

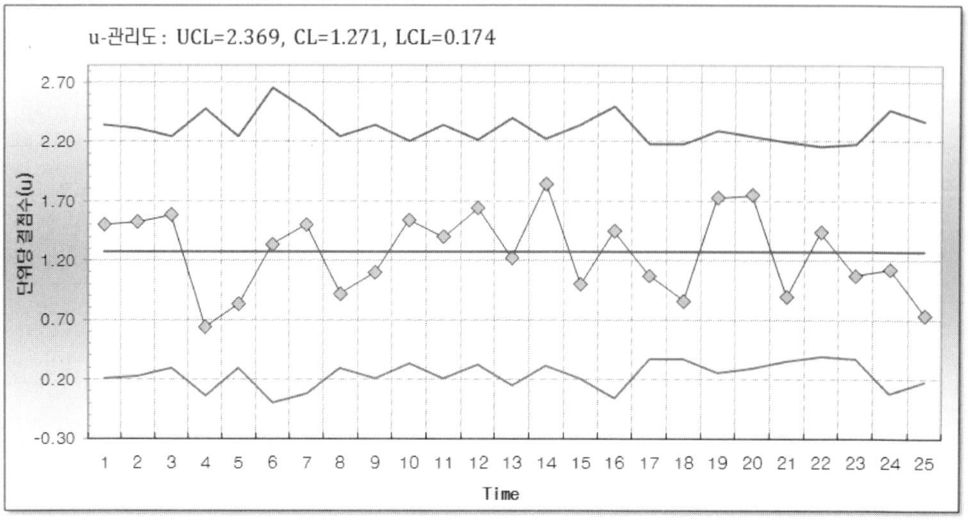

u-관리도에서도 c-관리도에서와 마찬가지로 변수변환을 사용하여 관리도를 작성할 수 있다. 변환이 $Y = \sqrt{X} + \sqrt{X+1}$ 이면

$$\frac{Y_i}{n_i} \overset{\cdot}{\sim} N\left(\frac{\sqrt{\lambda} + \sqrt{\lambda+1}}{n_i}, \frac{1}{n_i^2}\right)$$

을 따른다. 따라서 관리한계는

$$\frac{\sqrt{\lambda}+\sqrt{\lambda+1}}{n_i} \pm \frac{3}{n_i}$$

이 되며, λ가 알려지지 않은 경우에는 Y_i / n_i의 추정량을 사용하여

$$\overline{\overline{Y}} \pm \frac{3}{n_i}$$

으로 설정할 수 있으며, 이 때,

$$\overline{\overline{Y}} = \frac{\sum Y_i}{\sum n_i} = \frac{\sum n_i \overline{Y}_i}{\sum n_i}$$

이다. 즉, 부그룹평균 $\overline{Y}_i$의 가중평균을 나타낸다.

[그림 16.8e] 변수변환된 u-관리도

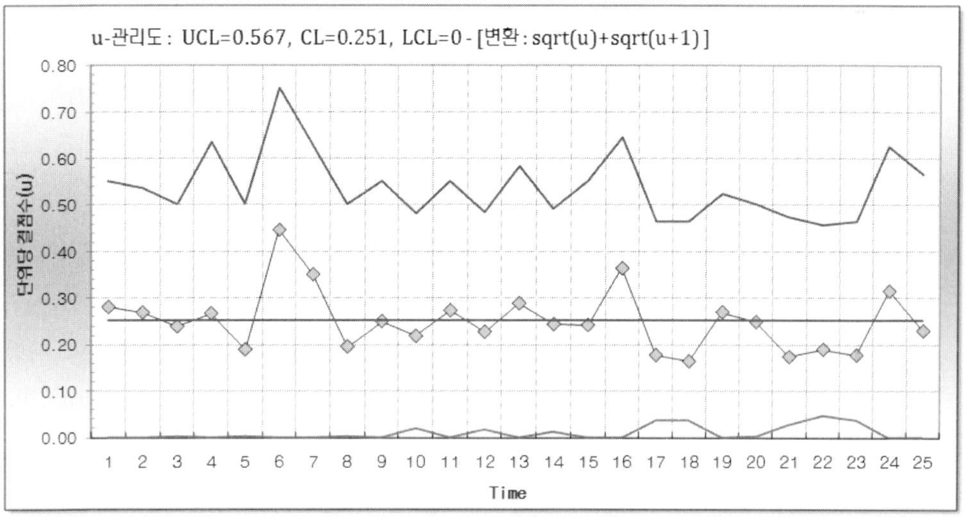

16.9 X-MR 관리도

어떤 공정에서 하나의 제품을 생산하는데 시간이 많이 소요되는 경우에는 크기가 4 또는 5인 부그룹을 형성할 때까지 기다릴 수 없다. 예를 들어, 각 제품이 생산되는데 30분이 소요되면 크기 5인 한 부그룹의 데이터를 얻기까지는 2시간 30분이 필요하여 그 사이 공정이 이미 이상상태로 바뀔 가능성이 많다. 또는 한 제품으로부터의 데이터는 짧은 시간 내에는 거의 변동이 없는 경우가 있다. 예를 들면, 온도와 압력이 같은 데이터는 짧은 시간 동안에는 거의 변동이 없어 4 또는 5개의 데이터를 얻어도 하나의 데이터를 얻는 경우와 실질적으로 다를 바가 없다. 이와 같이 부그룹의 데이터를 형성하기가 곤란하거나 불필요한 경우에는 부그룹 대신 개개의 데이터를 사용하여 관리도를 작성한다.

X-관리도는 개개의 데이터를 이용하여 공정평균 μ를 관리하고자 할 때 사용하는 관리도이다. 이때의 관리통계량은 X_i이며 3σ 한계를 사용한 양쪽관리절차의 관리한계는

$$\mu_0 \pm 3\hat{\sigma}$$

이며, 관리값 μ_0가 알려지지 않은 경우에는 관측값의 평균 $\overline{X}$를 추정값으로 사용하며, 적어도 50개 이상의 관측값으로부터 얻어야 한다. 공정표준편차 σ는 이동범위(moving range)를 사용하여 추정한다.

i번째 이동범위 MRi는 다음과 같이 계산한다.

$$MR_i = | X_{i+1} - X_i |, \quad i = 1, 2, \cdots$$

이 때 MR_i를 크기(span) 2의 이동범위라 한다. 추정값을 사용한 X-관리도의 관리한계는 이동범위 평균을 사용하여

$$\overline{X} \pm 3\frac{\overline{MR}}{d_2}$$

으로 설정된다.

공정분산을 관리하고자 할 때, X-관리도의 경우와 동일한 이유로 부그룹을

형성하기 어려울 때에 MR-관리도(Moving Range Chart)를 작성한다.

MR-관리도에서 사용하는 관리통계량은 이동범위 MR_i로써 양쪽관리를 위한 MR-관리도의 3σ한계는 다음과 같다.

$$UCL = D_4 \overline{MR}$$

$$LCL = D_3 \overline{MR}$$

[표 16.9]의 데이터를 사용하여 X-관리도를 작성하는 것 또한 동일하게 데이터 입력부분에 입력하면 자동으로 인지하여 X-관리도를 작성한다.

[표 16.9] 피스톤링 지름 데이터

번호	측정값(yi)	MR	번호	측정값(yi)	MR
1	71.5		21	71.2	5.7
2	65.1	6.4	22	69.5	1.7
3	69.3	4.2	23	67.4	2.1
4	66.5	2.8	24	66.7	0.7
5	69.4	2.9	25	67.2	0.5
6	68.9	0.5	26	70	2.8
7	71.3	2.4	27	70.2	0.2
8	68.6	2.7	28	70.4	0.2
9	67.1	1.5	29	69.4	1
10	69.4	2.3	30	72	2.6
11	71.5	2.1	31	69.4	2.6
12	65.9	5.6	32	70.6	1.2
13	67.7	1.8	33	67.6	3
14	68.8	1.1	34	70	2.4
15	66	2.8	35	68.8	1.2
16	66.9	0.9	36	68	0.8
17	71.8	4.9	37	72.3	4.3
18	70.5	1.3	38	70.7	1.6
19	68.6	1.9	39	68.3	2.4
20	65.5	3.1	40	69.6	1.3

[그림 16.9a] 피스톤링 지름 데이터연결 후 자동으로 작성된 상태

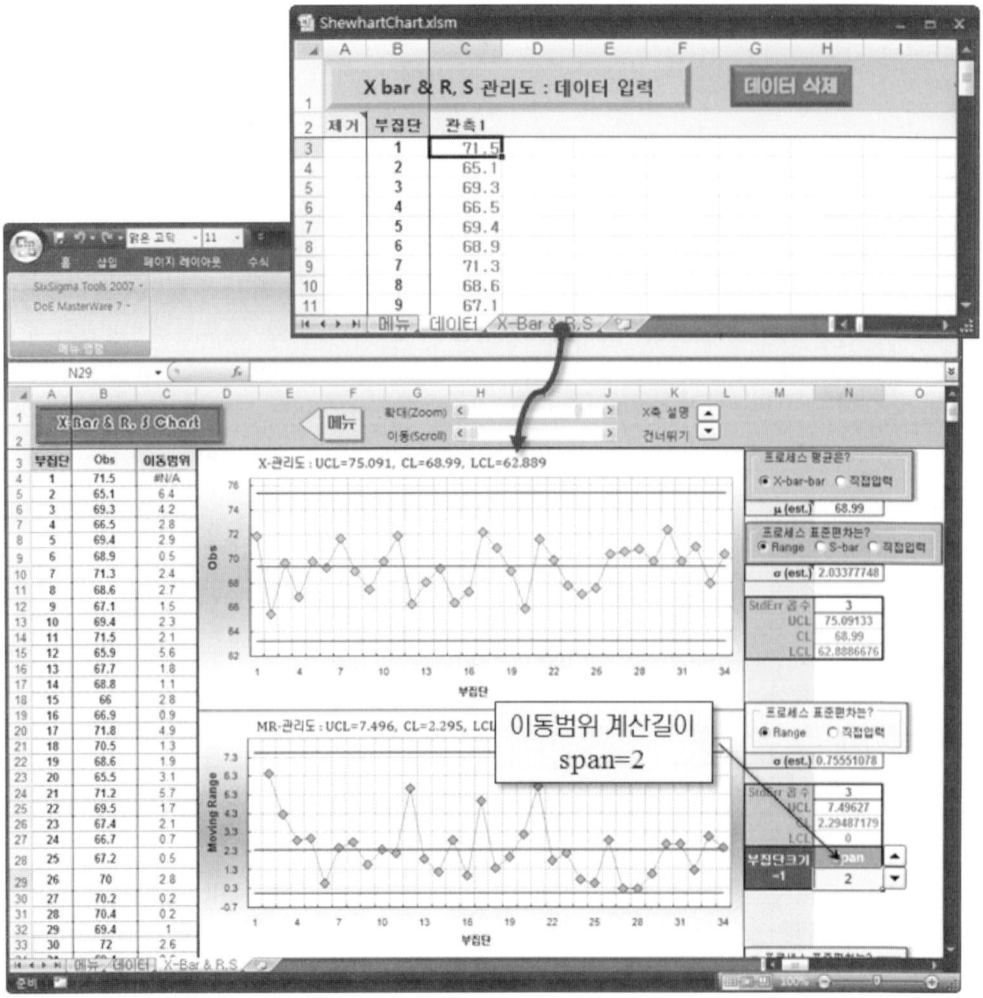

[그림 16.9b] X-MR 관리한계 계산절차

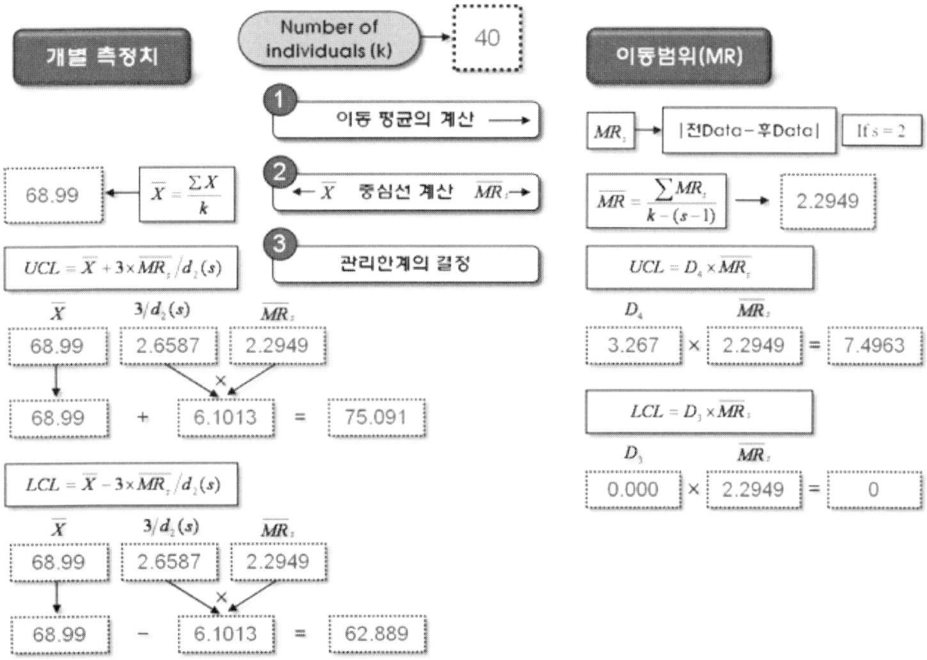

[그림 16.10c] X-MR 관리도

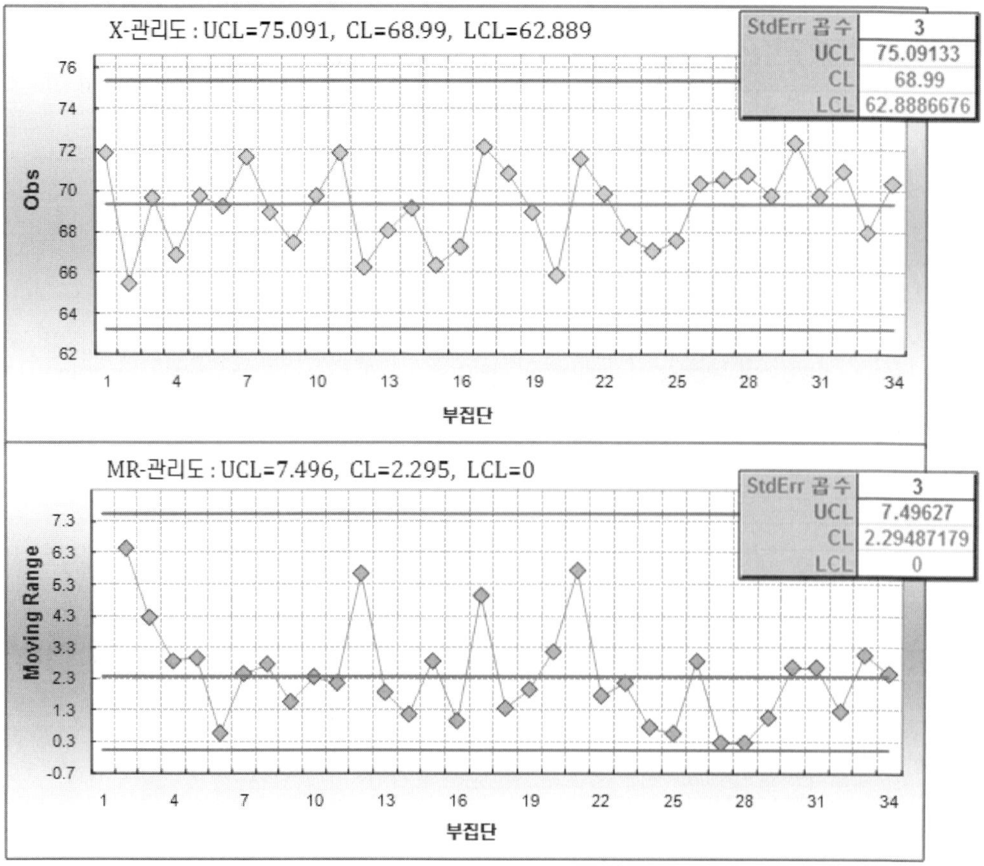

[표 16.7]의 데이터를 이용하여 Minitab에서 X-MR 관리도를 작성해 보기로 한다.

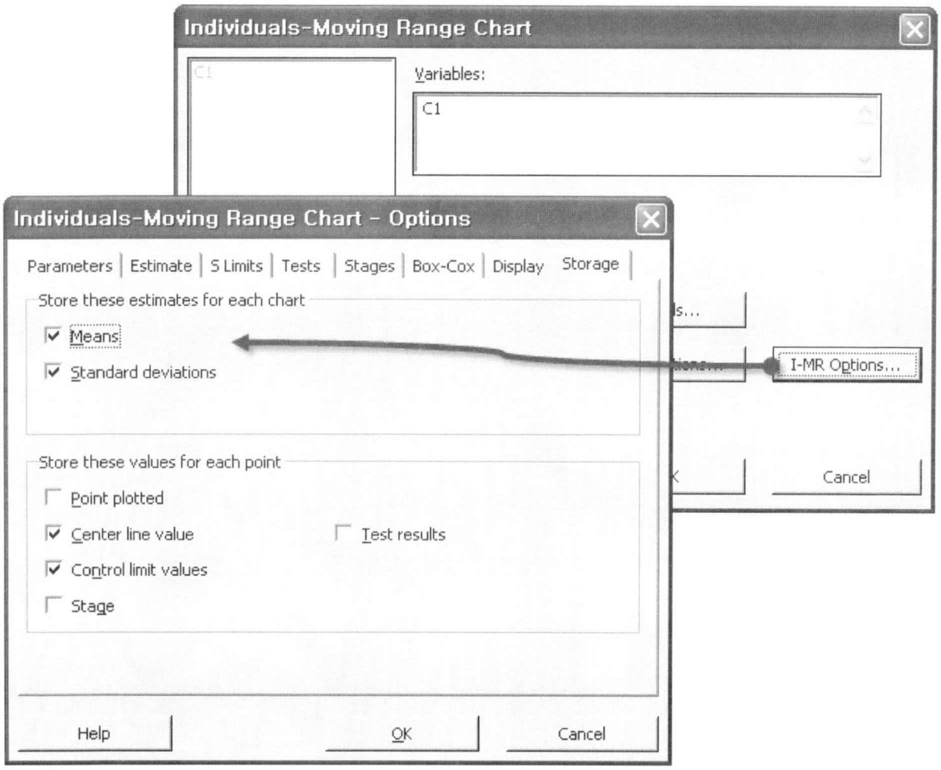

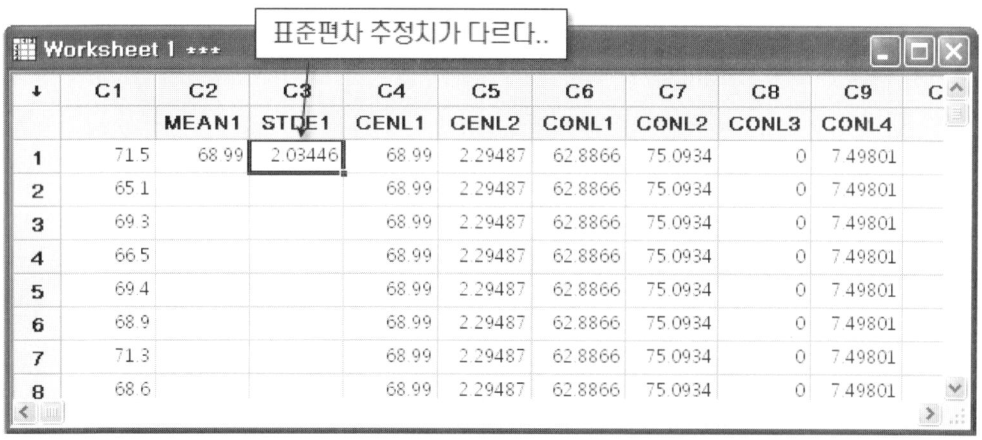

↓	C1	C2	C3	C4	C5	C6	C7	C8	C9
		MEAN1	STDE1	CENL1	CENL2	CONL1	CONL2	CONL3	CONL4
1	71.5	68.99	2.03446	68.99	2.29487	62.8866	75.0934	0	7.49801
2	65.1			68.99	2.29487	62.8866	75.0934	0	7.49801
3	69.3			68.99	2.29487	62.8866	75.0934	0	7.49801
4	66.5			68.99	2.29487	62.8866	75.0934	0	7.49801
5	69.4			68.99	2.29487	62.8866	75.0934	0	7.49801
6	68.9			68.99	2.29487	62.8866	75.0934	0	7.49801
7	71.3			68.99	2.29487	62.8866	75.0934	0	7.49801
8	68.6			68.99	2.29487	62.8866	75.0934	0	7.49801

위 계산 결과를 보면 표준편차 추정치가 '2.03446'으로 필자가 계산한 '2.03377748'인 σ (est.) 2.03377748 과는 차이가 있다. 이렇게 추정치의 계산의 차이로 인해 UCL의 값 또한 미니탭은 '75.0934'이고 SixSigma Tools는 '75.09133'으로 계산값의 차이가 난다. 이로 인해 MR 관리도의 관리한계도 역

시 값의 차이가 남을 알 수 있다. 왜일까? 필자가 다시 계산해 본 결과 Minitab의 계산 상 유효숫자 문제를 제대로 계산하지 못해 나타난 결과로 너무 황당하다는 생각이 든다. 이 원인은 즉 표준편차 추정치는 $\overline{MR}/d_2(2)$으로 Minitab은 다음과 같이 계산하였다.

$$\hat{\sigma} = \overline{MR}/d_2(2)$$
$$= 2.29487/1.128$$
$$= 2.03446$$

즉 Minitab은 $d_2(2)$=1.128을 사용하여 계산하였다. 그러나 컴퓨팅을 할 경우 프로그램의 상식은 유효 숫자를 절삭하여 계산하지 않는다. 절대로 그렇게 계산하지 않는 것이 프로그래밍 철칙이다. 그런데도 $d_2(2)$의 값을 소수점 3자리까지 사용하는 우를 범했다. 기가 찰 노릇이다. 상식이하다. $d_2(2)$의 값을 '1.128379'까지 사용하여 계산한 결과는 다음과 같다.

$$\hat{\sigma} = \overline{MR}/d_2(2)$$
$$= 2.29487/1.128379$$
$$= 2.03378$$

이렇게 계산된 값을 사용하면 X-관리도의 하한과 상한이 '62.8886676'과 '75.09133'이라는 값이 된다. 그런데 Minitab은 '62.8866'과 '75.0934'로 잘못된 값이 된다. 물론 그 차이가 별것 아니라고 하는 사람도 있을 수 있으나 이는 통계패키지로 계산의 정확도가 생명이다. 일반적인 사람들은 관심 밖이라고 하더라도 계산기는 정확한 값을 산출해야 됨이 당연하다. 계산기는 유효숫자를 충분히 활용하여야 한다.

아래 그림은 X-MR 관리도로 유효숫자를 소수점이하 2자리와 3자리까지 출력함으로서 큰 차이를 발견하지 못할 수도 있다. Minitab 앞으로 계속 이런 미묘한 계산오류를 보일 것이다. 이를 감안하고 분석해야 할 것이다.

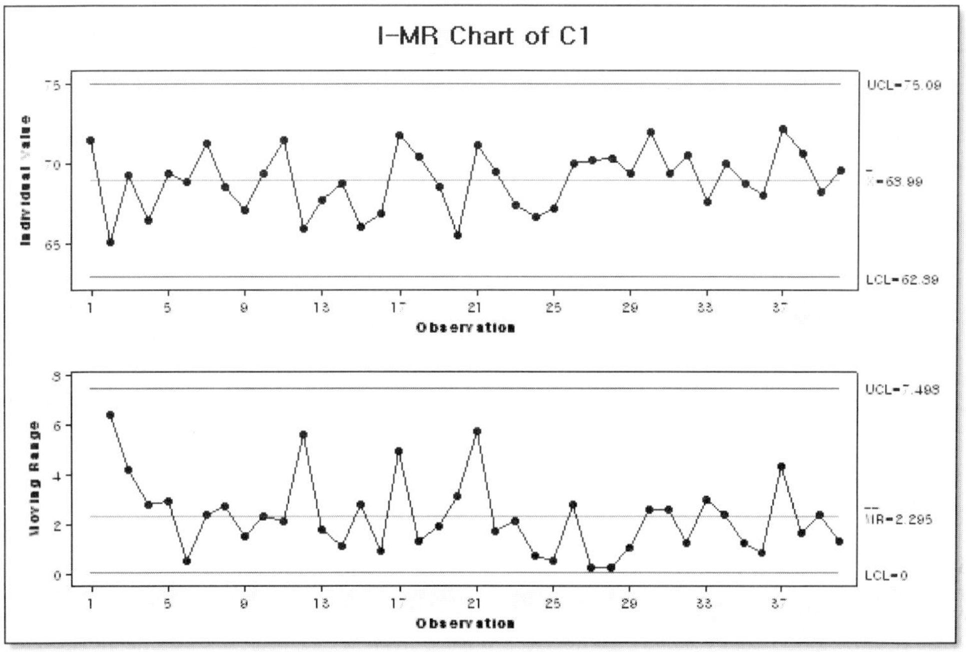
I-MR Chart of C1
Individual Value
Observation
UCL=75.09
LCL=62.89
Moving Range
UCL=7.498
LCL=0
Observation

Introduction to
Behaviorally Statistical Data Analysis
using Minitab & SixSigma Tools for Excel

17 누적합 관리도

17.1 누적합관리도

누적합관리도는 Page(1954)[5]가 제안한 이후 현재까지 많은 연구가 되어왔다. Shewhart 관리도는 이해하기 쉽고 적용이 간편한 장점을 가지고 있으나 현재의 관측값만을 사용하여 공정의 상태를 판단하기 때문에 공정의 작은 변화나 서서히 일어나는 변화에는 비교적 비효율적인 면을 가지고 있다. 경고선(warning lines)을 가진 Shewhart 관리도처럼 보조적인 수단을 사용하여 효율을 증가시키는 방법도 제안되었으나 과거의 정보를 충분히 사용하는 다른 관리도법의 필요성이 있게 되었다. 이와 같이 과거의 관측값을 공정의 상태판단에 사용하는 관리도법의 하나로서 누적합(cumulative sum)관리도가 있다. 누적합관리도는 처음부터 현재까지의 통계량의 누적합을 사용하는 방법으로서 공정에 작은 변화가 발생하여도 그 효과가 누적되어 관리통계량에 나타나므로 작은 변화에도 민감한 관리도를 얻을 수 있다. Shewhart 관리도와 누적합관리도의 민감도의 차는 [표 17.1]의 데이터를 이용하여 설명할 수 있다.

[표 17.1]에서 21번째부터는 공정평균이 +0.7 만큼 커진 것을 나타낸다. 이

5) Page, E. S. (1954). Continuous Inspection Schemes, Biometrika, Vol. 41, pp. 100-115.

때 $\overline{X}$-관리도에서 사용하는 관리통계량은 X_i이라 하고, 누적합관리도에서의 관리통계량은 $Z_i = (X_i - 68.5)$의 누적합, 즉 $\sum Z_i$라 하자. [그림 17.1b]에서처럼 누적합통계량은 29번째 이후부터는 두드러지게 커지는 현상을 쉽게 알 수 있으나 Z_i는 큰 변화가 없는 것처럼 보인다. 따라서 이와 같은 작은 변화에 대해서 Shewhart 관리도는 민감도가 떨어지나(즉, 이상상태일 때 런의 길이가 길다) 누적합관리도는 민감하다는 것을 알 수 있다.

[표 17.1] 개별관측값과 누적합(목표값=68.5)

부집단	Individual	누적합	부집단	Individual	누적합
1	71.5	3	21	71.2	3
2	65.1	-0.4	22	69.5	4
3	69.3	0.4	23	67.4	2.9
4	66.5	-1.6	24	66.7	1.1
5	69.4	-0.7	25	67.2	-0.2
6	68.9	-0.3	26	70	1.3
7	71.3	2.5	27	70.2	3
8	68.6	2.6	28	70.4	4.9
9	67.1	1.2	29	69.4	5.8
10	69.4	2.1	30	72	9.3
11	71.5	5.1	31	69.4	10.2
12	65.9	2.5	32	70.6	12.3
13	67.7	1.7	33	67.6	11.4
14	68.8	2	34	70	12.9
15	66	-0.5	35	68.8	13.2
16	66.9	-2.1	36	68	12.7
17	71.8	1.2	37	72.3	16.5
18	70.5	3.2	38	70.7	18.7
19	68.6	3.3	39	68.3	18.5
20	65.5	0.3	40	69.6	19.6

[그림 17.1a] 개별관측값 관리도(관리상태)

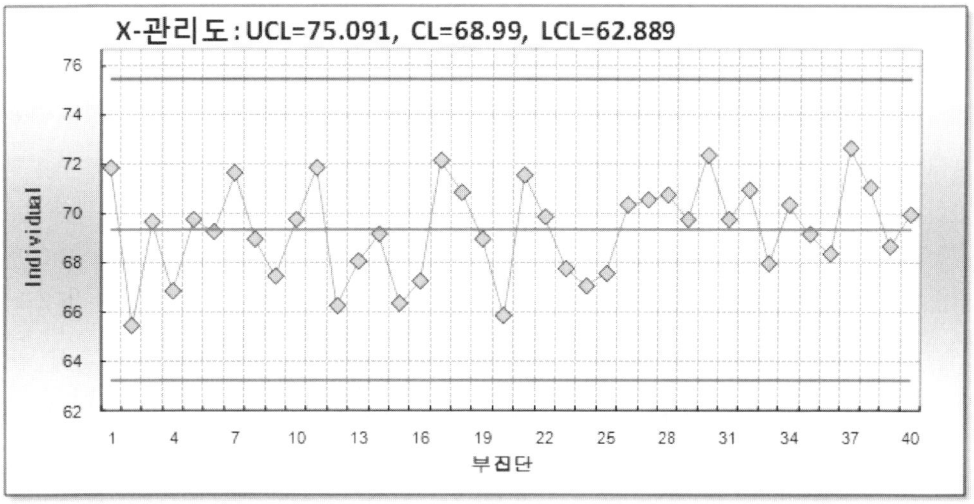

[그림 17.1b] 개별관측값과 누적합 플랏점

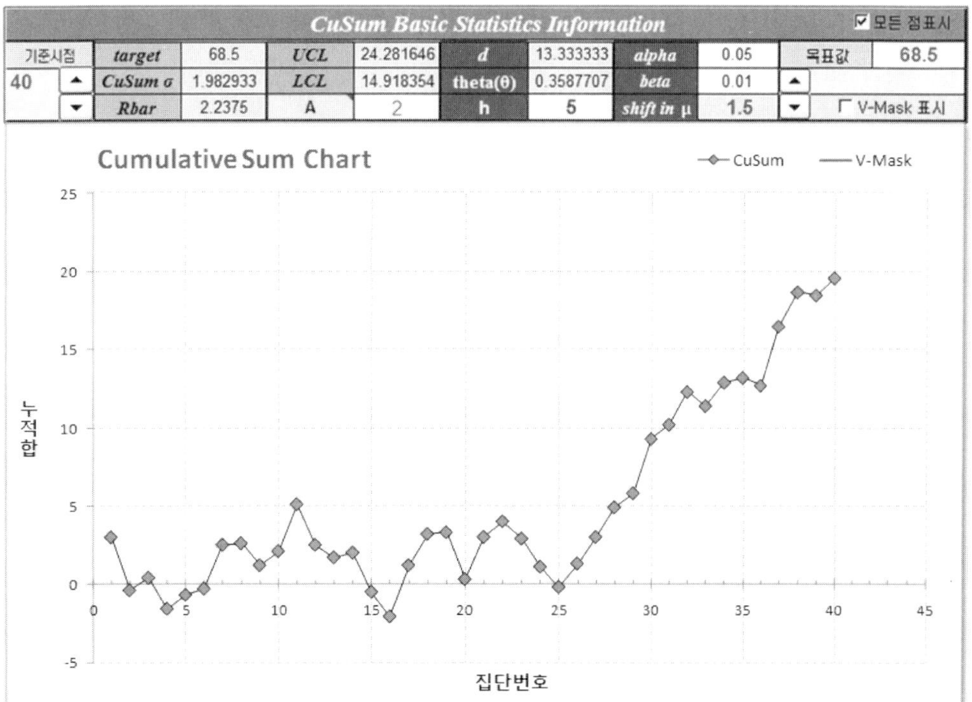

17.2 누적합관리도의 절차

연속생산공정에서 i번째 시점에 관측된 값을 $\underline{X}_i = (X_{i1}, \cdots, X_{in}),\ i = 1,2,\cdots$라 하고 관리모수 θ_0, 기각품질수준을 θ_1이라 하자. 누적합관리도는 먼저 관리모수에 따라 적절한 통계량 S를 선정하고 i번째 통계량을

$$S_i = S(\underline{X}_i\,;\theta_0), \quad i = 1,2,\cdots$$

로 나타낸다. 이 때 통계량 S는 θ에 따라 단순증가하는 경향을 가진다고 가정한다. 관리모수 θ의 양의 변화를 검색하는 누적합관리도의 관리절차는 다음과 같다.

한쪽관리절차 : $Y_j^* \geq h$를 최초로 만족하는 관측시점 j에서 공정을 중지

$$\text{단,}\ Y_j^* = Y_j - \min_{0 \leq l \leq j-1} Y_l\,,\ Y_j = \sum_{i=1}^{j}(S_i - k), \quad Y_0 = 0$$

k와 h는 미리 정해진 상수로써 k는 참고값(reference value), h는 결정구간(decision interval)이라 한다. 한쪽관리절차에서 Y_j^*는 관리통계량, 결정구간 h는 관리한계의 역할을 하게 된다.

위 절차는 다음과 같이 다른 방법으로도 설명될 수 있다. 즉

$$Y_j^* = \max\{0, Y_{j-1}^*\} + (S_j - k)\ , n = 1,2,\cdots$$

$$Y_0^* = 0$$

로 표현할 수 있다. 따라서 $Y_j^* \geq h$ 를 최초로 만족하는 시점 j에서 공정을 중지하게 된다. 위 등식은 다음과 같이 증명된다.

$$
\begin{aligned}
Y_j^* &= Y_j - \min_{0 \le i \le j-1} Y_i \\
&= Y_{j-1} + (S_j - k) - \min\left\{ Y_{j-1}, \min_{0 \le i \le j-2} Y_i \right\} \\
&= (S_j - k) - \min\left\{ Y_{j-1} - Y_{j-1}, \min_{0 \le i \le j-2} Y_i - Y_{j-1} \right\} \\
&= -\min\left\{ 0, -\left(Y_{j-1} - \min_{0 \le i \le j-2} Y_i \right) \right\} + (S_j - k) \\
&= -\min\left\{ 0, - Y_{j-1}^* \right\} + (S_j - k) \\
&= \max\left\{ 0,\ Y_{j-1}^* \right\} + (S_j - k)
\end{aligned}
$$

누적합관리도의 관리절차는 다음과 같이 다시 설명될 수 있다. 통계량 $S_i - k$의 누적합 $\sum_{i=1}^{j}(S_i - k)$를 매 시점마다 0과 결정구간 h와 비교하여 0보다 작거나 같으면 그 시점부터 새로운 누적합을 계산하는 과정을 되풀이 한다.

누적합관리도의 절차도 Shewhart 관리도에서처럼 가설검정의 반복 적용으로 설명할 수 있다. 가설 $H_0 : \theta = \theta_0$, $H_1 : \theta = \theta_1 (> \theta_0)$을 검정하기 위해 동일 독립 분포를 따르는 관측값 $\{S_i,\ i \ge 1\}$를 축차적으로 관측한다고 하자.

이때 축차검정은 통계량 $T(S_i)$를 사용하여 다음과 같이 표현된다. 상수 $a < b$와 $j = 1, 2, \cdots$에 대해

(1) $\sum_{i=1}^{j} T(S_i) \ge b$ 이면 H_0를 기각

(2) $\sum_{i=1}^{j} T(S_i) \le a$ 이면 H_0를 채택

(3) $a < \sum_{i=1}^{j} T(S_i) < b$ 이면 다음 관측값 S_{j+1}을 얻는다.

축차검정에서 $a = 0,\ b = h,\ T(S_i) = S_i - k$로 놓으면 누적합관리도의 절차는 누적합검정에서 H_0를 채택하면 다시 시작하고 H_0를 기각하면 공정을 중지하며, H_0를 채택 또는 기각하지 못하면 다음 공정 관측값을 얻는 것과 동일함을 알 수 있다.

음의 변화를 검색하는 누적합관리도의 관리절차는 다음과 같다.

한쪽관리절차 : $Z_j^* \geq h$를 최초로 만족하는 관측시점 j에서 공정을 중지

$$단, \ Z_j^* = \max_{0 \leq i \leq j-1} Z_i - Z_j, \quad Z_j = \sum_{i=1}^{j}(S_i + k), \ Z_0 = 0$$

S_i에 대한 음의 변화는 $-S_i$에 대한 양의 변화와 같다. 따라서 $-S_i$에 대한 양의 변화를 검색하는 누적합관리절차는 S_i에 대한 음의 변화를 검색하는 절차와 동일함을 알 수 있다.

관리모수 Θ의 양과 음의 변화를 동시에 검색하는 누적합관리도의 관리절차는 양의 변화를 검색하는 절차와 음의 변화를 검색하는 절차를 동시에 사용하여 어느 한 절차에서 누적합통계량이 결정구간보다 크면 공정을 중지한다. 즉

양쪽관리절차 : $Y_j^* \geq h$ 또는 $Z_j^* \geq h$를 최초로 만족하는 시점 j에서 공정을 중지

17.3 관리통계량 S_i의 선정

누적합관리도에서 사용하는 관리통계량 S_i는 모수 θ에 따라 달라진다. 선정된 통계량 S_i는 θ의 변화에 민감한 통계량으로서 모수 θ에 대응하는 표본통계량이 일반적으로 사용된다. 예를 들면 θ가 모분산이면 부그룹분산을 관리통계량으로 선정한다. 또한 선정된 통계량은 표준화한 다음 사용하는 것이 일반적이다. 이것은 표준화된 통계량이 표준정규분포에 근사한 분포를 따르도록 하기 위해서이다. 또한 k와 h의 단위를 부그룹 평균의 표준편차와 일치하도록 할 수 있기 때문이다. 표준화되지 않은 통계량을 사용할 경우의 참고값과 결정구간을 k′과 h′이라 하면 $k' = k\sigma/\sqrt{n}$, $h' = h\sigma/\sqrt{n}$ 로 사용한다.

관리모수가 평균일 때에는 관리통계량은

$$S_i = \frac{\overline{X_i} - \theta_0}{\sigma/\sqrt{n}}$$

로 선정한다. 이 때 S_i의 평균과 분산은 각각 $\frac{\theta-\theta_0}{\sigma/\sqrt{n}}$과 1이며 공정이 관리상태이면 S_i의 평균은 0이 된다. 관리값 θ_0 또는 공정표준편차 σ가 알려지지 않은 경우에는 $\overline{\overline{X}}$와 $\hat{\sigma}_{\overline{X}}$을 대체하여 사용한다. 이 때 $\hat{\sigma}_{\overline{X}}=\hat{\sigma}/\sqrt{n}$이며 공정표준편차 σ는 부그룹표준편차를 이용하여 다음과 같이 추정한다.

$$\hat{\sigma}=\overline{S}/c_4$$

부그룹 크기 n=1 인 경우에는 공정표준편차는

$$\hat{\sigma}=\sqrt{\frac{1}{2(g-1)}\sum_{i=1}^{g-1}(X_{i+1}-X_i)^2}$$

으로 추정한다. 이 때 g는 관측된 부그룹의 수를 나타낸다.

17.4 참고값(k)과 결정구간(h)의 설정

누적합관리도에서 표준화되지 않은 통계량 $S_i=\overline{X}_i$를 사용할 때 참고값 k는 다음과 같이 설정한다.

$$k=\frac{\theta_0+\theta_1}{2}$$

이 때 θ_1은 기각품질수준을 나타낸다. 즉, 누적합통계량은

$$Y_j=\sum_{i=1}^{j}(\overline{X}_i-\frac{\theta_0+\theta_1}{2})$$

$$=(\sigma/\sqrt{n})\sum_{i=1}^{j}\left(\frac{\overline{X}_i-\theta_0}{\sigma/\sqrt{n}}-\frac{\theta_1-\theta_0}{2\sigma/\sqrt{n}}\right)$$

이 된다. 따라서 표준화된 통계량 $S_i=(\overline{X}_i-\theta_0)/(\sigma/\sqrt{n})$를 사용하면 k는 다음과 같이 설정한다.

$$k = \frac{\theta_1 - \theta_0}{2\sigma/\sqrt{n}}$$

결정구간 h는 공정이 정상상태일 때의 평균런길이에 따라 설정한다. 누적합관리도의 런길이를 N이라 하고 공정이 정상상태일 때의 평균런길이는 $E_{\theta_0}N$라 하자. 참고값 k가 설정되면 $E_{\theta_0}N$은 결정구간 h에 따라 달라진다. 따라서 주어진 상수값 A_0에 대해 $E_{\theta_0}N = A_0$를 만족하도록 하는 결정구간 h를 선택해야 한다. 이와 같이 설정된 (k,h)는 주어진 $E_{\theta_0}N = A_0$에 대해 $E_{\theta_1}N$을 최소화한다는 것이 근사적으로 또는 경험적으로 알려져 있어 효율적인 관리도를 작성할 수 있다. 그러나 결정구간을 설정하기 위해서는 평균런길이의 계산이 필요하나 누적합관리도에서는 그 계산이 용이하지 못한 단점을 가지고 있다. 따라서 실제로는

k=0.5, h=4 또는 5

를 흔히 사용하고 있다. k=0.5를 사용한다는 것은 평균의 변화가 부그룹평균의 표준편차만큼(즉, $\theta_1 = \theta_0 + \sigma/\sqrt{n}$) 생겼을 때 가장 효율적인 관리도가 되도록 하는 것을 의미한다. [표 17.2]에서는 Shewhart $\overline{X}$-관리도와 누적합관리도의 효율을 평균런길이를 사용하여 비교하였다.

[표 17.2] $\overline{X}$-관리도와 누적합관리도의 평균런길이

평균변화 (단위 :$\sigma/\sqrt{n}$)	평균런길이	
	$\overline{X}$-관리도 (α= 1/465.44)	누적합관리도 (k=0.5, h=5)
0	465.44	465.44
0.25	349.59	139.49
0.50	189.38	38.00
0.75	97.40	17.05
1.00	51.81	10.38
1.50	17.14	5.75
2.00	7.02	4.01
2.50	3.51	3.11
3.00	2.12	2.57
4.00	1.21	2.01
5.00	1.03	1.69

두 관리도의 공정한 비교를 위해 공정평균변화가 '0'일 때(즉, 공정이 정상상태일 때) 평균런길이는 다 같이 465.44가 되도록 하였다. 누적합관리도에서는 k=0.5, h=5를 사용하였고, $\overline{X}$-관리도에서는 확률한계를 사용하여 α= 1/465.44로 하였다. 두 관리도의 평균런길이를 비교해 볼 때 평균변화가 0.25~2.50 사이일 때는 누적합의 평균런길이가 $\overline{X}$-관리도보다 작고 3.0 이상일 때에는 $\overline{X}$-관리도의 평균런길이가 누적합관리도보다 작음을 알 수 있다. 즉 평균변화가 비교적 작은 경우에는 누적합관리도가 비교적 큰 경우에는 $\overline{X}$-관리도가 더 효율적임을 알 수 있다. 특히 평균변화가 '1'인 경우에는 $\overline{X}$-관리도의 평균런길이는 51.81인 반면 누적합관리도는 '10.38'로써 누적합관리도가 아주 효율적임을 알 수 있다.

17.5 V-마스크(mask)를 사용한 양쪽관리절차

누적합관리도에서 사용하는 부등식은 다음과 같이 설명될 수 있다.

$$Y_j^* = \sum_{i=1}^{j}(S_i - k) - \min_{0 \leq l \leq j-1} \sum_{i=1}^{l}(S_i - k)$$

$$= \max_{0 \leq l \leq j-1} \left\{ \sum_{i=1}^{j}(S_i - k) - \sum_{i=1}^{l}(S_i - k) \right\}$$

$$= \max_{0 \leq l \leq j-1} \left\{ \sum_{i=l+1}^{j}(S_i - k) \right\}$$

$$= \max_{1 \leq r \leq j} \left\{ \sum_{i=j-r+1}^{j}(S_i - k) \right\}$$

따라서 부등식 $Y_j^* \geq h$ 이 성립하는 것은 j개의 부등식

$$\sum_{i=j-r+1}^{j}(S_i - k) \geq h \ , \quad r = 1, 2, \cdots, j$$

중 어느 하나라도 성립하는 것과 동일하다. 유사한 과정을 통해

$$Z_j^* = \max_{0 \leq l \leq j-1} \sum_{i=1}^{l}(S_i + k) - \sum_{i=1}^{j}(S_i + k)$$

$$= \max_{1 \leq r \leq j} \left\{ \sum_{i=j-r+1}^{j}(S_i + k) \right\}$$

따라서 부등식 $Z_j^* \geq h$이 성립하는 것은 j개의 부등식

$$\sum_{i=j-r+1}^{j}(S_i + k) \geq h \ , \quad r = 1, 2, \cdots, j$$

중 어느 하나라도 성립하는 것과 동일하다. 이와 같은 특성 때문에 누적합관리도의 양쪽관리절차는 V-마스크를 사용하여 시행할 수 있다. V-마스크란 V자 형태를 가진 마스크를 통계량의 누적합에 적용하여 공정의 이상유무를 판단하는 것으로 다음과 같이 사용한다.

먼저 각 시점 i와 관리통계량의 누적합 $\sum_{i=1}^{j} S_i$를 [그림 17.2]와 같이 표시한다. 그 다음 가장 최근의 점 $\left(m, \sum_{i=1}^{m} S_i\right)$에 V-마스크의 원점(origin) P를 위치시켜(직선 OP가 j축과 평행하도록) 모든 점이 직선 OU(위사선, upper arm)와 직선 OL(아래사

선, lower arm) 안쪽에 위치하는가를 점검한다. 이 때 어느 한 점이라도 직선 OU 윗쪽에 있으면 공정모수에 음의 변화가 생긴 것으로 판단하고, 직선 OL 아래쪽에 있으면 양의 변화가 생긴 것으로 판단한다.

V-마스크는 [그림 17.2]에서처럼 선분 OP의 길이 d와 직선 OP와 OU의 각 θ에 의해 결정된다. V-마스크를 사용하는 절차는 d와 θ를 다음과 같이 설정하면 [그림 17.2]에서의 양쪽관리절차와 동일한 절차가 될 수 있다.

$$d = A \cdot h/k$$

$$\theta = \tan^{-1}(k/A)$$

이 때 A는 (가로축의 한 눈금 / 세로축의 한 눈금)을 나타낸다.

[그림 17.2] V-마스크

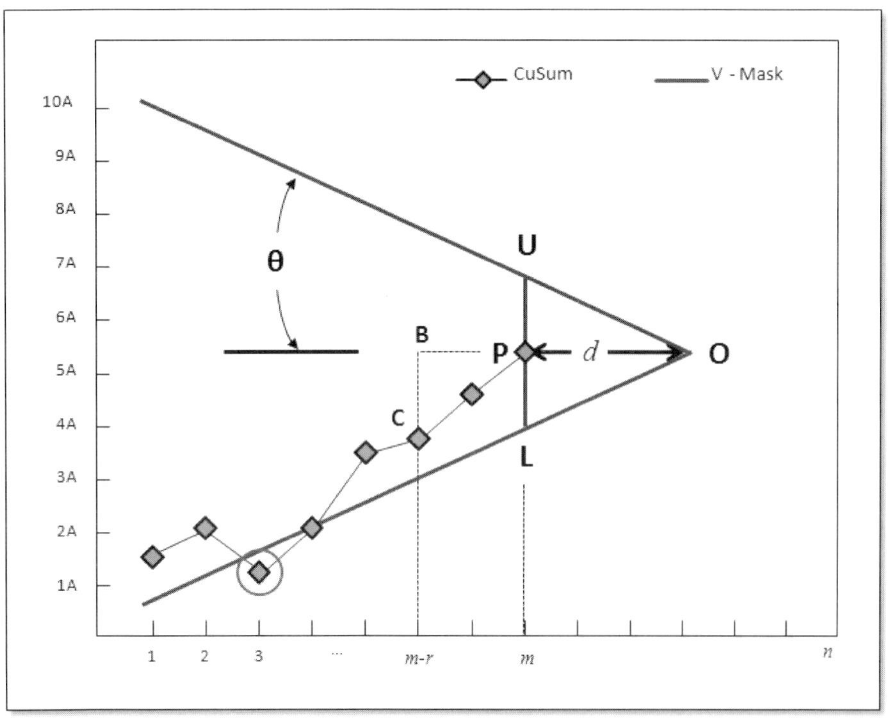

[그림 17.2]에서

$$BC = \sum_{i=m-r+1}^{m} S_i$$

$$BP = r \cdot A$$

만약 $BC \geqq BO \cdot \tan\theta$이면 점 C는 직선 OU보다 윗쪽에 있게 된다. 즉

$$\sum_{i=m-r+1}^{m} S_i \geqq (rA+d)\tan\theta$$

$$\Leftrightarrow \sum_{i=m-r+1}^{m} (S_i - A\tan\theta) \geqq d\tan\theta$$

따라서 양의 변화에 대한 한쪽관리절차와 비교하면

$$k = A\tan\theta$$

$$h = d\tan\theta$$

즉,

$$d = A \cdot h / k$$

$$\theta = \tan^{-1}\left(\frac{k}{A}\right)$$

임을 알 수 있다. 음의 변화에 대한 한쪽관리절차도 유사한 과정을 통해 위 식이 성립함을 알 수 있다.

17.6 평균런길이의 계산

누적합관리도의 런길이 N은 양의 정수값을 취하는 이산확률변수이다. 일반적으로 런길이는 그 확률함수의 정확한 표현이 알려지지 않고 있으며 따라서 평균런길이도 정확한 값이 알려지지 않고 있다. 그러나 관리도의 효율을 검토하기 위해서는 평균런길이의 계산이 필요하여 현재까지 많은 학자들에 의해 근사적으로 또는 수치해석적 방법으로 평균런길이를 계산하였다. Goel과 Wu(1971)[6]는 한쪽관리절차에 대해 수치해석적 방법으로 평균런길이를 계산하였으며

이 값은 실제값에 가장 가까운 것으로 알려져 있다. 양쪽관리절차의 평균런길이는 다음 식에 의해 계산될 수 있다.

$$\frac{1}{E_\theta N} = \frac{1}{E_\theta N_+} + \frac{1}{E_\theta N_-}$$

단 N : 양쪽관리절차의 런길이

N_+ : 양의 변화에 대한 한쪽관리절차의 런길이

N_- : 음의 변화에 대한 한쪽관리절차의 런길이

EXCEL VBA 프로그램인 SixSigma Tools를 실행한 후에 셀에 다음과 같이 평균런길이를 계산하는 함수를 지정한다.

=CUSUMARL(type, delta, h, k)

단, type : 한쪽관리절차이면 'ONESIDED' 또는 'O'

양쪽관리절차이면 'TWOSIDED' 또는 'T'

delta : 공정평균 - 평균의 관리값 ($\sigma/\sqrt{n}$ 의 배수)

h : 결정구간의 값 ($\sigma/\sqrt{n}$ 의 배수)

k : 참고값 ($\sigma/\sqrt{n}$ 의 배수)

이 때 한쪽관리절차에서 k > 0 이면 양의 변화에 대한 관리절차를 나타내고 k < 0 이면 음의 변화에 대한 관리절차를 나타낸다.

6) Goel, A. L. and Wu, S. M. (1971). Determination of ARL and a Contour Nomogram for Cusum Charts to Control Normal Means, Technometrics, Vol. 13.

17.7 누적합관리도의 작성

누적합관리도는 통계량 Y_n^*(또는 Z_n^*)을 관측시점 j에 따라 표시해 나가는 통계적 절차이며 SixSigma Tools에서는 "관리(Control) > CuSum/EWMA 관리도"를 실행하면 CuSum 관리도를 작성할 수 있다.

[표 17.7]은 B형 샤프트의 제조공정에 관해서 바깥 지름을 특성치로 하여 크기가 4인 30개의 부그룹들의 자료를 측정하였다. 목표값은 10이다. 이 데이터를 이용하여 누적합관리도의 양쪽관리절차를 작성해 보자.

[표 17.7] B형 샤프트 바깥지름 측정 데이터(단위 : 1/1000mm)

부그룹	X1	X2	X3	X4	평균	표준편차	범위	CuSum
1	9.6	9.9	10.3	10.8	10.15	0.52	1.2	0.15
2	12.2	10.9	10.1	9.8	10.75	1.07	2.4	0.90
3	11.4	12.3	5.1	12.6	10.35	3.54	7.5	1.25
4	9.4	7.7	9.1	12.8	9.75	2.16	5.1	1.00
5	14.4	11.4	9	11.2	11.5	2.22	5.4	2.50
6	6.4	15.3	11	14.6	11.825	4.08	8.9	4.33
7	11.4	12.4	8.4	12.6	11.2	1.94	4.2	5.53
8	9.5	15	11.1	11.8	11.85	2.31	5.5	7.38
9	9.8	7.6	9.6	10.1	9.275	1.14	2.5	6.65
10	8.7	11.6	8.5	14.4	10.8	2.79	5.9	7.45
11	11	12.7	8.7	14.6	11.75	2.51	5.9	9.20
12	10.1	12.9	14.2	11	12.05	1.85	4.1	11.25
13	7.2	8	10.5	12.7	9.6	2.50	5.5	10.85
14	9.1	13.3	12.1	12.5	11.75	1.84	4.2	12.60
15	11.4	12.2	11.8	13.8	12.3	1.05	2.4	14.90
16	11.8	11.6	12.5	11.7	11.9	0.41	0.9	16.80
17	10.2	9.1	14.2	13.6	11.775	2.51	5.1	18.58
18	9	13.1	10.6	10.8	10.875	1.69	4.1	19.45
19	14	12.2	13.3	9.5	12.25	1.98	4.5	21.70
20	12.1	12.8	11.2	9.7	11.45	1.34	3.1	23.15
21	12.7	10.1	13.3	14.4	12.625	1.82	4.3	25.78
22	8.4	10.7	17.3	11.5	11.975	3.79	8.9	27.75
23	6.4	9.3	8.2	13.2	9.275	2.88	6.8	27.03
24	12.4	11.2	10.1	12.6	11.575	1.16	2.5	28.60
25	12.9	12.3	10.9	12.6	12.175	0.88	2	30.78
26	12.3	11.5	11.9	6.3	10.5	2.82	6	31.28
27	9.7	11.9	9.5	12.6	10.925	1.56	3.1	32.20
28	12.2	8.7	9.7	10.7	10.325	1.49	3.5	32.53

29	9.9	9	13.8	13	11.425	2.33	4.8	33.95
30	9.9	13.6	14.7	8.5	11.675	2.95	6.2	35.63
					11.19	2.04	4.55	

이 데이터는 “AB형 샤프트 바깥지름.xlsx”에 저장되어 있으므로 복사하여 값만 붙여넣기 한다. 이렇게 데이터를 연결하면 시트에 관리도가 실시간 작성되어 있음을 확인할 수 있으면 상단에 X-bar 관리도가 작성되어 있음을 볼 수 있다. $\overline{X}$-관리도는 누적합관리도와 $\overline{X}$-관리도의 비교를 위해 시트에 같이 출력한 것이다. 항상 비교하여 보고 평균변화를 얼마나 잘 감지하는 지를 느끼기 바란다. $\overline{X}$-관리도에서는 모든 30개의 부그룹평균이 관리한계내에 있어 공정평균의 변화를 탐지하지 못함을 알 수 있다. 이와 같이 $\overline{X}$-관리도는 평균의 작은 변화에는 민감하지 못함을 보여주고 있으며, 이때에는 누적합관리도를 사용하는 것이 바람직하다.

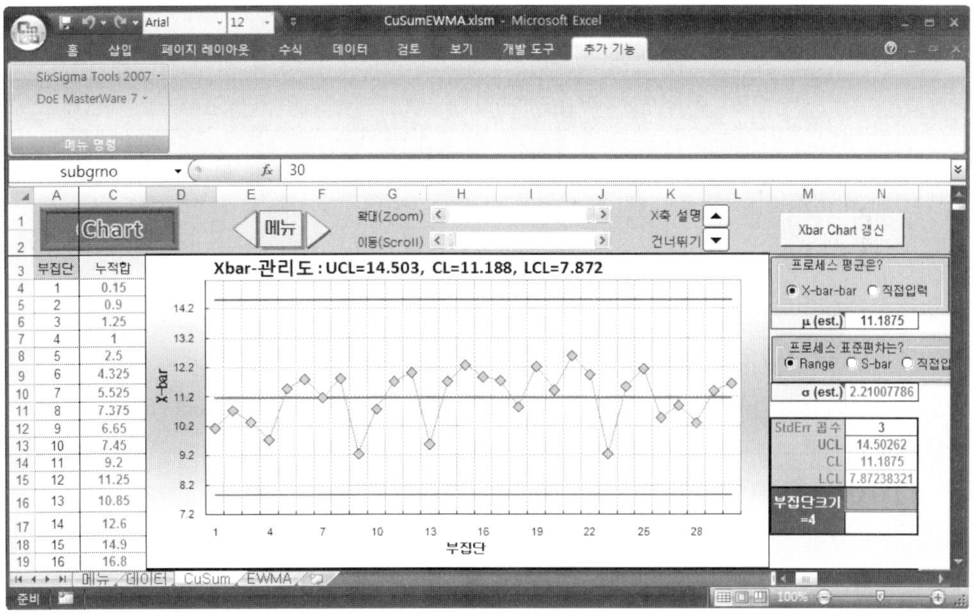

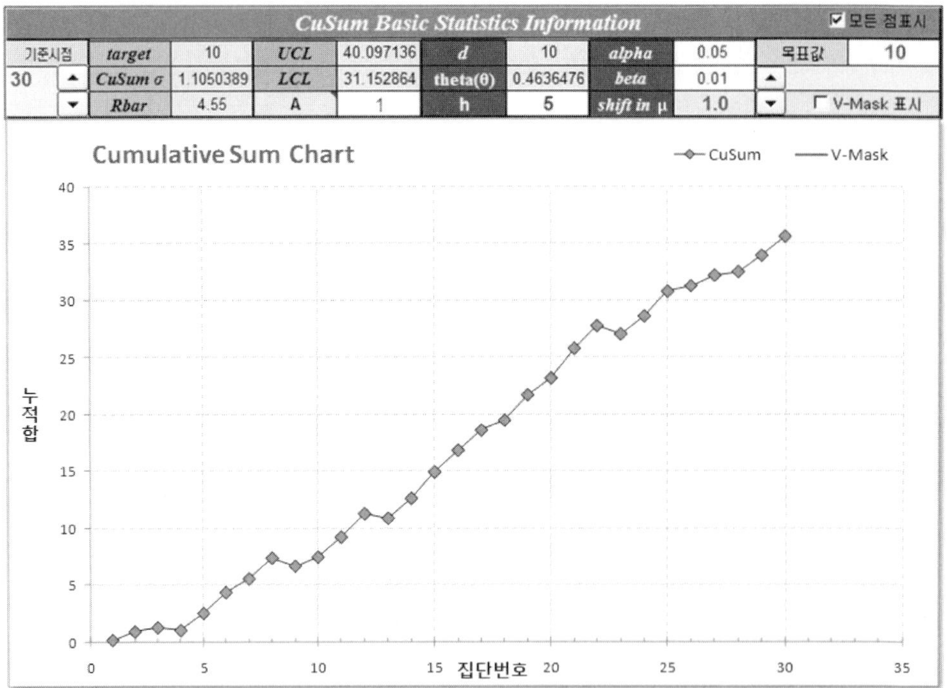

[그림 17.7a] 11번째 관측점에서 V-mask 표시

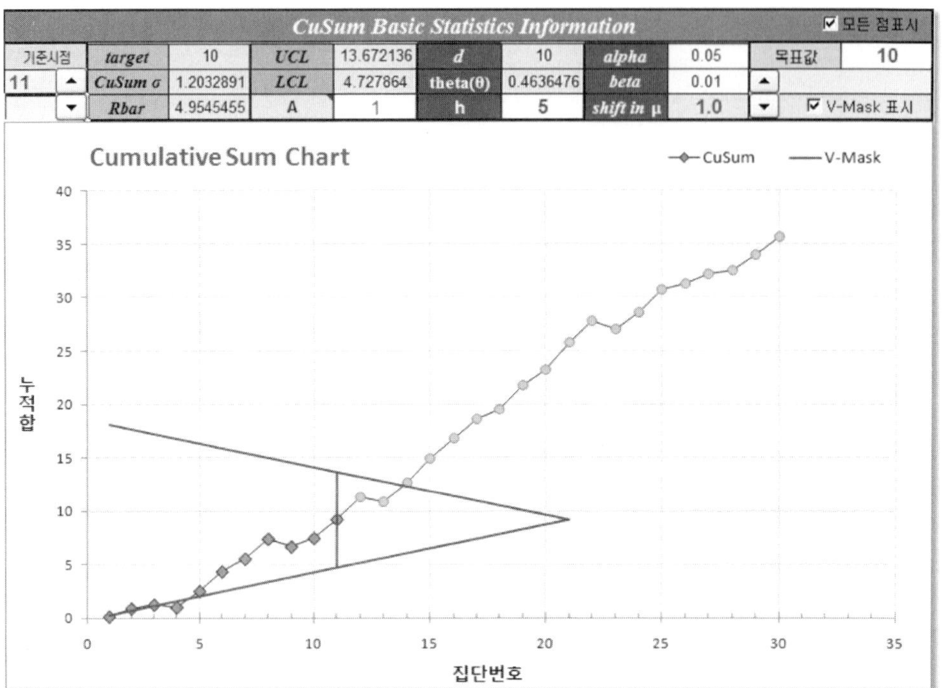

[그림 17.7b] 마지막 관측점에 V-mask 표시

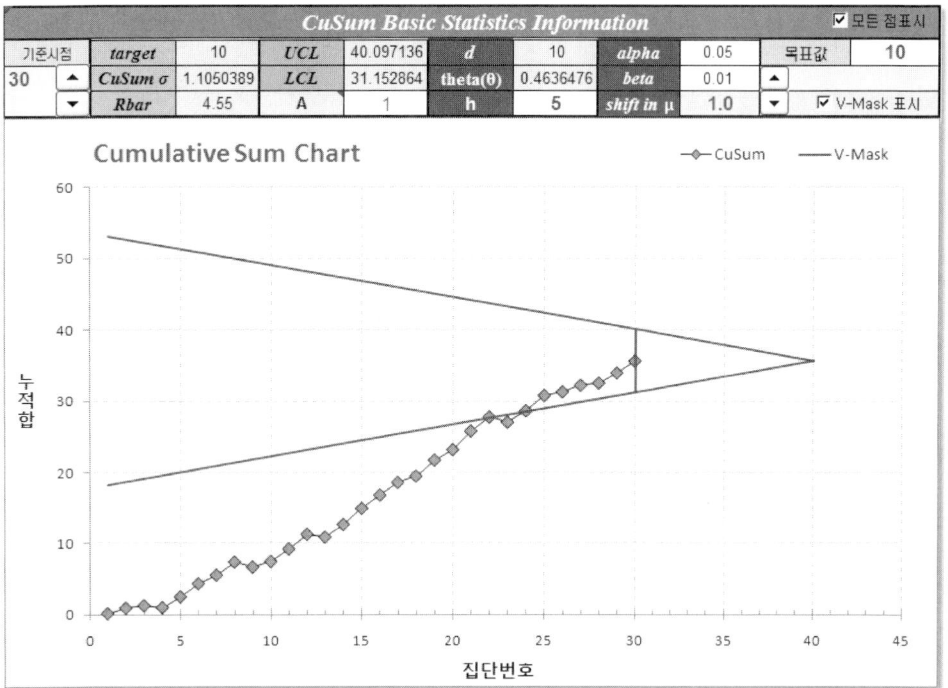

[그림 17.7a]에는 V-마스크가 나타나 있다. 이 경우에는 V-마스크의 원점을 11번째 관측점에 일치시켰으며 [그림 17.7b]는 V-마스크의 원점을 가장 마지막 점(30번째)에서 첫 번째부터 23번째까지 점이 아래사선보다 아래쪽에 있으므로 평균에 대한 양의 변화가 일어났음을 알 수 있다. 그러나 이것은 30번째 시점에서 볼 때 그 이전에 양의 변화가 일어났다는 것을 나타낼 뿐이며 24번째 시점에서 양의 변화를 탐지할 수 있다는 것을 의미하지는 않는다.

지수가중이동평균 관리도

지수가중 이동평균관리도는 Robert(1959)[7]에 의해 최초로 제안된 관리형태로서 누적합관리도와 마찬가지로 공정평균의 작은 변화를 잘 검색하도록 고안된 관리도이다. 이 관리도의 특성은 누적합관리도와 유사하나 관리도의 설정과 운영이 누적합관리도보다 좀 더 용이하다고 할 수 있다.

18.1 지수가중이동평균 관리도

지수가중 이동평균관리도의 절차는 연속적으로 관측된 부그룹 평균의 지수가중 이동평균을 구하여 관리한계선과 비교하는 방법이다. 관측시점 i에서의 부그룹 평균을 $\overline{X}_i$ $(i=1,\ 2,\ \cdots)$라 할 때 지수가중 이동평균 Z_i는 다음과 같다.

$$Z_i = r\overline{X}_i + (1-r)\ Z_{i-1},\quad i=1,2,\cdots$$

$$Z_0 = \mu_0$$

이 때 r은 가중치(weight)를 나타내며 $0 < r \le 1$이다. Z_0는 지수가중 이동평균의 시작값으로서 평균의 관리값 μ_0 를 사용한다. Z_i를 현 시점 i까지의 부그룹 평균

7) Roberts, S. W. (1959). Control Chart Tests based on Geometric Moving Average, Technometrics, Vol. 1, pp. 239-250.

$\overline{X}_1$, $\overline{X}_2$, $\cdots$, $\overline{X}_i$를 사용하여 표현하면 다음과 같다.

$$Z_1 = r\overline{X}_1 + (1-r)Z_0$$
$$Z_2 = r\overline{X}_2 + (1-r)[r\overline{X}_1 + (1-r)Z_0]$$
$$= r\overline{X}_2 + r(1-r)\overline{X}_1 + (1-r)^2 Z_0$$
$$Z_3 = r\overline{X}_3 + (1-r)[r\overline{X}_2 + r(1-r)\overline{X}_1 + (1-r)^2 Z_0]$$
$$= r\overline{X}_3 + r(1-r)\overline{X}_2 + r(1-r)^2\overline{X}_1 + (1-r)^3 Z_0$$
$$\vdots$$

이 과정을 반복하면

$$Z_i = \sum_{j=0}^{i-1} r(1-r)^j\,\overline{X}_{i-j} + (1-r)^i Z_0 \quad ,i \geqq 1$$

로 표현된다. 각 부그룹 평균에 주어진 가중치 $r(1-r)^j$ 는 j가 커짐에 따라 기하적으로 줄어듦을 알 수 있고 모든 가중치의 합은

$$(1-r)^i + \sum_{j=0}^{i-1} r(1-r)^j = (1-r)^i + r\left[\frac{1-(1-r)^i}{1-(1-r)}\right]$$
$$= 1$$

따라서 Z_i는 과거와 현재의 부그룹평균 μ_0, $\overline{X}_1$, $\cdots$, $\overline{X}_i$의 지수가중평균이 되며 이것을 기하이동평균(geometric moving average)라고도 한다. 또한 지수가중 이동평균관리도를 기하이동평균관리도라고도 한다.

지수가중 이동평균관리도의 양쪽관리 절차는 다음과 같다.

양쪽관리절차: $Z_i \geqq UCL$ **또는** $Z_i \leqq LCL$**을 최초로 만족하는 시점** i**에서 공정을 중지**

가중치가 $r=1$인 경우에는 $Z_i = \overline{X}_i$가 되어 현재의 부그룹평균 $\overline{X}_i$만을 사용하는 $\overline{X}$-관리도와 동일하다.

관리도에서 지수가중이동평균을 사용하는 기본적인 의도는 현재와 과거의 모든 데이터를 사용하여 평균의 변화를 검색하되 현재에서 과거로 멀어질수록 비

중을 작게 두자는 것이다.

공정이 관리상태에 있을 때($\mu=\mu_0$) Z_i의 평균과 분산은 다음과 같다.

$$E_0(Z_i)=\sum_{j=0}^{i-1} r(1-r)^j E(\overline{X}_{i-j})+(1-r)^i\mu_0$$

$$=\mu_0$$

$$Var_0(Z_i)=\sum_{j=0}^{i-1} r^2(1-r)^{2j}\,Var(\overline{X}_{i-j})$$

$$=\frac{\sigma^2}{n}\sum_{j=0}^{i-1} r^2(1-r)^{2j}$$

$$=\frac{\sigma^2}{n}r^2\frac{1-(1-r)^{2i}}{1-(1-r)^2}$$

$$=\frac{\sigma^2}{n}\left(\frac{r}{2-r}\right)[1-(1-r)^{2i}]$$

단, n은 부그룹의 크기

Z_i의 평균과 분산을 이용하여 지수가중 이동평균관리도의 관리한계선은 다음과 같이 설정한다.

$$UCL=\mu_0+k\frac{\sigma}{\sqrt{n}}\sqrt{\left(\frac{r}{2-r}\right)[1-(1-r)^{2i}]}$$

$$LCL=\mu_0-k\frac{\sigma}{\sqrt{n}}\sqrt{\left(\frac{r}{2-r}\right)[1-(1-r)^{2i}]}$$

단, k는 양의 상수로써 일반적으로 3을 사용한다(즉, 3σ한계). 이때의 관리한계선은 현 시점 i에 따라 달라지며 i가 커질수록 관리한계도 점점 벌어진다.

공정의 관리값이 알려지지 않은 경우에는 μ_0 대신 $\overline{\overline{X}}$를 사용하며 공정표준편차가 알려지지 않은 경우에는 σ대신 $\hat{\sigma}$을 사용한다. 공정표준편차의 추정량 $\hat{\sigma}$은

$\hat{\sigma}=\overline{R}/d_2$ 또는 $\hat{\sigma}=\overline{S}/c_4$

를 사용한다. 부그룹의 크기 n=1인 경우에 공정표준편차는

$$\hat{\sigma}=\sqrt{\frac{1}{2(g-1)}\sum_{i=1}^{g-1}(X_{i+1}-X_i)^2}$$

으로 추정한다. 이 때 g는 관측된 부그룹의 수를 나타낸다. 그리고 Span을 '2'로 지정한 것과 같으며 이 또한 Span이 '2'인 이동범위를 사용하여 공정표준편차를 추정하여 사용하기도 한다.

지수가중 이동평균의 분산은 i가 증가함에 따라 급격히 상수값으로 수렴한다. 즉,

$$\lim_{i\to\infty}\left\{\frac{\sigma^2}{n}\left(\frac{r}{2-r}\right)[1-(1-r)^{2i}]\right\}=\frac{\sigma^2}{n}\left(\frac{r}{2-r}\right)$$

따라서 i가 아주 작은 값일 때를 제외하고 관리한계를 근사적으로 다음과 같이 설정한다.

$$UCL=\mu_0+k\frac{\sigma}{\sqrt{n}}\sqrt{\left(\frac{r}{2-r}\right)}$$

$$LCL=\mu_0-k\frac{\sigma}{\sqrt{n}}\sqrt{\left(\frac{r}{2-r}\right)}$$

18.2 가중치 r과 관리한계 k의 설정

지수가중 이동평균관리도에서 가중치 r은 기각품질 수준에 따라 다르게 설정되며 $0.05 \leqq r \leqq 0.25$사이에 있을 때에 효율적임이 알려져 있다(예를 들어 r= 0.08, 0.10, 0.15). 관리한계는 k값에 의해 결정되며 일반적으로 3σ한계인 k=3을 사용하고 있다. 가중치 r은 기각품질수준이 관리값에 가까울수록 0에 가까운 값으로 설정하면 관리도의 효율을 높일 수 있다.

Lucas와 Saccucci(1990)[8]는 가중치 r과 관리한계 k의 최적설정에 대한 연구를 하였으며 그 결과는 [표 18.2]와 같다. [표 18.2]에서는 관리상태의 평균런길이와 기각품질수준(단위 :$\frac{\mu - \mu_0}{\sigma / \sqrt{n}}$)이 주어졌을 때 기각품질수준의 평균런길이를 가장 작게 할 수 있는 가중치 r과 관리한계 k를 보여주고 있다. 또한 지정된 r과 k를 사용할 때의 기각품질수준에서의 평균런길이도 나타내고 있다. 예를 들면 관리상태의 평균런길이가 1000, 기각품질수준이 1.0이면 최적모수는 $0.1 \leqq r \leqq 0.13$, $3.059 \leqq k \leqq 3.113$이 되며, 기각픔질수준에서의 평균런길이는 11.7이 된다. 관리상태의 평균런길이가 작을수록 r과 k의 최적값은 작아지며, 또한 기각품질수준이 작아질 때에도 r과 k의 최적값은 작아짐을 나타내고 있다. 가중치와 관리한계의 설정은 [그림 18.2]를 사용하면 [표 18.2]보다 더 넓은 범위의 기각품질수준과 관리상태의 평균런길이에 대한 최적값을 설정할 수 있다.

예를 들어 [그림 18.2]에서 관리상태의 평균런길이가 500, 기각품질수준이 2일 때의 최적모수를 찾아보자. 먼저 그림에서 ARL_0=500과 δ=2인 곡선의 교차점을 찾은 다음 그 점에서 λ축에 수직으로 만나는 값과 k축에 수평으로 만나는 값을 찾으면 최적 r과 최적 k값을 결정할 수 있다. 따라서 이 경우의 최적 r과 k는 다음과 같이 결정된다.

---

8) Lucas, J. M. and Saccucci, M. S. (1990). Exponentially Weighted Moving Average Control Schemes : Properties and Enhancements, Technometrics, Vol. 32, No. 1, pp. 1-29.

$r = 0.37$

$k = 3.05$

[표 18.2]에서 얻은 결과는 다음과 같으며 이것은 [그림 18.2]의 결과와 동일함을 알 수 있다.

$0.36 \leqq r \leqq 0.37$

$3.044 \leqq k \leqq 3.047$

[표 18.2] EWMA 관리도의 최적모수(r, k)

		관리상태의 평균런길이					
기각품질수준		100	300	500	1000	2000	5000
0.5	r	.07~.06	.06~.05	0.05	0.04	.04~.03	0.03
	k	2.015 ~1.954	2.462 ~2.399	2.616	2.817	3.069 ~2.989	3.299
	ARL	17.3	24.9	28.7	34.3	40.1	47.7
1	r	.19~.16	.15~.14	.15~.12	.13~.10	.12~.10	0.09
	k	2.346 ~2.298	2.723 ~2.707	2.907 ~2.858	3.113 ~3.059	3.317 ~3.283	3.538
	ARL	6.97	9.14	10.2	11.7	13.2	15.2
2	r	.52~.47	.42~.38	.37~.36	.35~.31	.32~.28	.29~.26
	k	2.538 ~2.526	2.895 ~2.885	3.047 ~3.044	3.253 ~3.241	3.445 ~3.433	3.686 ~3.677
	ARL	2.62	3.23	3.51	3.9	4.29	4.81
3	r	.81~.77	.74~.71	.70~.66	.66~.59	.61~.53	.53~.47
	k	2.572 ~2.569	2.932 ~2.930	3.086 ~3.084	3.286 ~3.283	3.477 ~3.473	3.714 ~3.711
	ARL	1.45	1.72	1.86	2.06	2.26	2.51
4	r	1.00~.85	.97~.84	.95~.82	.91~.80	.91~.75	.84~.72
	k	2.576 ~2.573	2.935 ~2.934	3.090 ~3.089	3.290 ~3.289	3.480 ~3.480	3.719 ~3.718
	ARL	1.08	1.16	1.21	1.29	1.39	1.53

[그림 18.2] EWMA 관리도의 최적모수와 관리한계

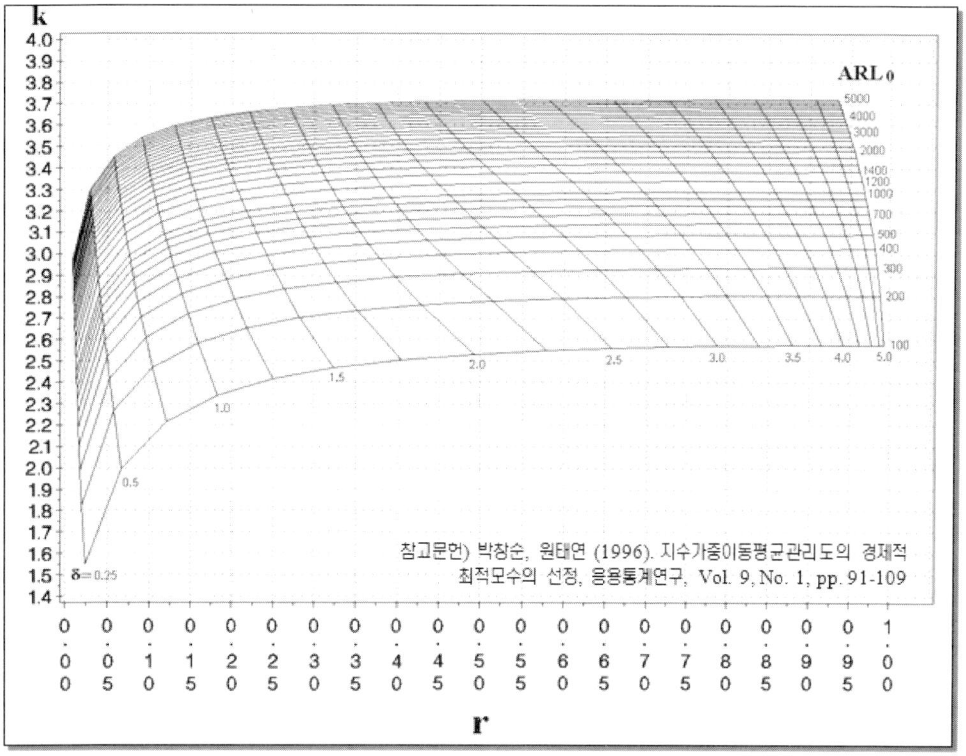

18.3 평균런길이의 계산

지수가중 이동평균관리도의 런길이 N은 양의 정수값을 취하는 이산확률변수이다. 일반적으로 런길이는 누적합관리도에서와 마찬가지로 그 확률함수의 정확한 표현이 알려지지 않고 있으며 따라서 평균런길이도 정확한 값이 알려지지 않고 있다. Crowder(1987)[9]는 수치해석적인 방법으로 참값에 가까운 평균런길이를 계산하였으며 이 방법은 가장 널리 사용되고 있다.

SixSigma Tools에서 평균런길이를 계산하는 함수로서 EWMAARL이 있으며

9) Crowder, S. V. (1987). "Average Run Lengths of Exponentially Weighted Moving Average Control Charts". JQT 19, pp. 161-164

각 셀에 함수를 다음과 같이 지정한다.

=EWMAARL(delta,r,k)

단, delta=$(\mu - \mu_0)/[\sigma/\sqrt{n}]$

r : 가중치, $0 < r \leqq 1$

k : 관리한계 (3σ 한계인 경우 k=3)

[표 18.3]에서는 효율의 비교를 위한 지수가중이동평균 관리도의 평균런길이와 함께 Shewhart $\overline{X}$-관리도, 누적합관리도의 평균런길이도 같이 계산하였으며 정상상태의 평균런길이는 다같이 500이 되도록 조정하였다.

[표 18.3] 평균변화에 대한 평균런길이

평균변화	Shewhart $\overline{X}$ ($\alpha = 0.002$)	누적합 (k=0.5, h=5.0707)	지수가중 이동평균 (r=0.25324, k=3)
0	500.00	500.00	500.00
0.25	374.17	145.53	171.60
0.50	201.58	38.87	48.75
0.75	103.12	17.32	20.26
1.00	54.59	10.52	11.18
1.50	17.89	5.82	5.47
2.00	7.26	4.06	3.61
2.50	3.60	3.15	2.74
3.00	2.16	2.60	2.25
4.00	1.22	2.03	1.72
5.00	1.03	1.72	1.31

[표 18.3]에서 세 관리도의 정상상태의 평균런길이는 다 같이 500이며 평균의 변화(부그룹 평균의 표준편차의 배수)가 커짐에 따라 평균런길이는 다 같이 작아짐을 알 수 있다. 지수가중 이동평균관리도는 누적합관리도와 비교할 때 평균런길이는 0.25≦평균변화≦1일 때는 더 크고 1.5≦평균변화≦5일 때는 더 작다. 따라서 1.0 보다 작거나 같은 변화에 대해서는 지수가중 이동평균관리도가

누적합관리도 보다 비효율적이며 1.0 보다 큰 변화에는 더 효율적임을 알 수 있으나 평균런길이의 차가 크지 않기 때문에 누적합관리도와는 비슷한 특성을 가진다고 할 수 있다. 변화가 큰(평균변화≧3)경우에는 $\overline{X}$-관리도가 가장 효율적이며 지수가중 이동평균관리도는 누적합관리도보다 효율이 약간 증가함을 알 수 있다.

엑셀에서 함수 EWMAARL을 사용하여 지수가중 이동평균관리도의 평균런길이를 계산하는 예는 다음과 같으며 그 결과는 [표 18.3]의 지수가중 이동평균관리도에 대한 평균런길이와 같다.

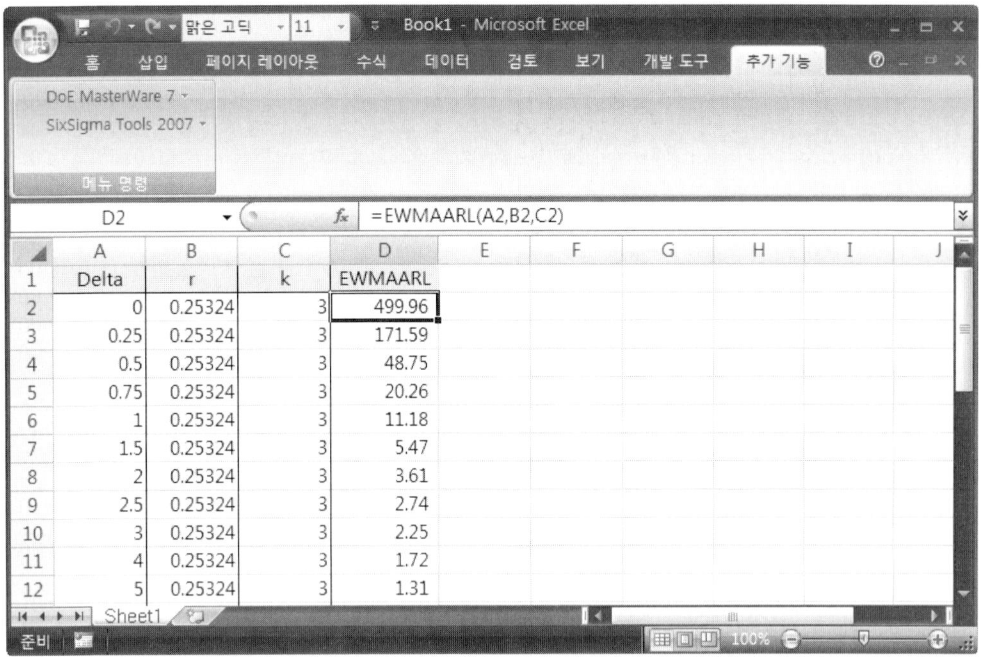

	A	B	C	D
1	Delta	r	k	EWMAARL
2	0	0.25324	3	499.96
3	0.25	0.25324	3	171.59
4	0.5	0.25324	3	48.75
5	0.75	0.25324	3	20.26
6	1	0.25324	3	11.18
7	1.5	0.25324	3	5.47
8	2	0.25324	3	3.61
9	2.5	0.25324	3	2.74
10	3	0.25324	3	2.25
11	4	0.25324	3	1.72
12	5	0.25324	3	1.31

18.4 지수가중 이동평균관리도의 작성

지수가중 이동평균관리도는 통계량 Z_i를 관측시점 i에 따라 표시해 나가는 통계적 절차이며 SixSigma Tools에서는 "관리(Control) > CuSum/EWMA 관리도"에서 작성할 수 있다. [표 18.4]의 데이터를 이용하여 지수가중 이동평균관리도의 양쪽관리절차를 작성해 보자.

[표 18.4] 피스톤 링의 지름 측정 데이터

표본	obs1	obs2	obs3	obs4	obs5	Xbar	R	S	EWMA
1	74.030	74.002	74.019	73.992	74.008	74.010	0.038	0.015	74.00525
2	73.995	73.992	74.001	74.011	74.004	74.001	0.019	0.008	74.00409
3	73.988	74.024	74.021	74.005	74.002	74.008	0.036	0.015	74.00507
4	74.002	73.996	73.993	74.015	74.009	74.003	0.022	0.009	74.00455
5	73.992	74.007	74.015	73.989	74.014	74.003	0.026	0.012	74.00426
6	74.009	73.994	73.997	73.985	73.993	73.996	0.024	0.009	74.00210
7	73.995	74.006	73.994	74.000	74.005	74.000	0.012	0.006	74.00157
8	73.985	74.003	73.993	74.015	73.988	73.997	0.030	0.012	74.00038
9	74.008	73.995	74.009	74.005	74.004	74.004	0.014	0.006	74.00133
10	73.998	74.000	73.990	74.007	73.995	73.998	0.017	0.006	74.00050
11	73.994	73.998	73.994	73.995	73.990	73.994	0.008	0.003	73.99893
12	74.004	74.000	74.007	74.000	73.996	74.001	0.011	0.004	73.99954
13	73.983	74.002	73.998	73.997	74.012	73.998	0.029	0.010	73.99926
14	74.006	73.967	73.994	74.000	73.984	73.990	0.039	0.015	73.99699
15	74.012	74.014	73.998	73.999	74.007	74.006	0.016	0.007	73.99925
16	74.000	73.984	74.005	73.998	73.996	73.997	0.021	0.008	73.99858
17	73.994	74.012	73.986	74.005	74.007	74.001	0.026	0.011	73.99914
18	74.006	74.010	74.018	74.003	74.000	74.007	0.018	0.007	74.00120
19	73.984	74.002	74.003	74.005	73.997	73.998	0.021	0.008	74.00045
20	74.000	74.010	74.013	74.020	74.003	74.009	0.020	0.008	74.00264
21	73.988	74.001	74.009	74.005	73.996	74.000	0.021	0.008	74.00193
22	74.004	73.999	73.990	74.006	74.009	74.002	0.019	0.007	74.00185
23	74.010	73.989	73.990	74.009	74.014	74.002	0.025	0.012	74.00199
24	74.015	74.008	73.993	74.000	74.010	74.005	0.022	0.009	74.00279
25	73.982	73.984	73.995	74.017	74.013	73.998	0.035	0.016	74.00164
26	74.012	74.015	74.030	73.986	74.000	74.009	0.044	0.017	74.00338
27	73.995	74.010	73.990	74.015	74.001	74.002	0.025	0.010	74.00309
28	73.987	73.999	73.985	74.000	73.990	73.992	0.015	0.007	74.00036
29	74.008	74.010	74.003	73.991	74.006	74.004	0.019	0.008	74.00117
30	74.003	74.000	74.001	73.986	73.997	73.997	0.017	0.007	74.00023
31	73.994	74.003	74.015	74.020	74.004	74.007	0.026	0.010	74.00197
32	74.008	74.002	74.018	73.995	74.005	74.006	0.023	0.008	74.00288
33	74.001	74.004	73.990	73.996	73.998	73.998	0.014	0.005	74.00161
34	74.015	74.000	74.016	74.025	74.000	74.011	0.025	0.011	74.00401
35	74.030	74.005	74.000	74.016	74.012	74.013	0.030	0.012	74.00616
36	74.001	73.990	73.995	74.010	74.024	74.004	0.034	0.013	74.00562
37	74.015	74.020	74.024	74.005	74.019	74.017	0.019	0.007	74.00836
38	74.035	74.010	74.012	74.015	74.026	74.020	0.025	0.011	74.01117
39	74.017	74.013	74.036	74.025	74.026	74.023	0.023	0.009	74.01423
40	74.010	74.005	74.029	74.000	74.020	74.013	0.029	0.012	74.01387

[그림 18.42]에서 37번째 지수가중 이동평균의 관리상한보다 더 크므로 공정평균에 양의 변화가 일어났음을 알 수 있다.

[그림 18.4] 지수가중 이동평균관리도

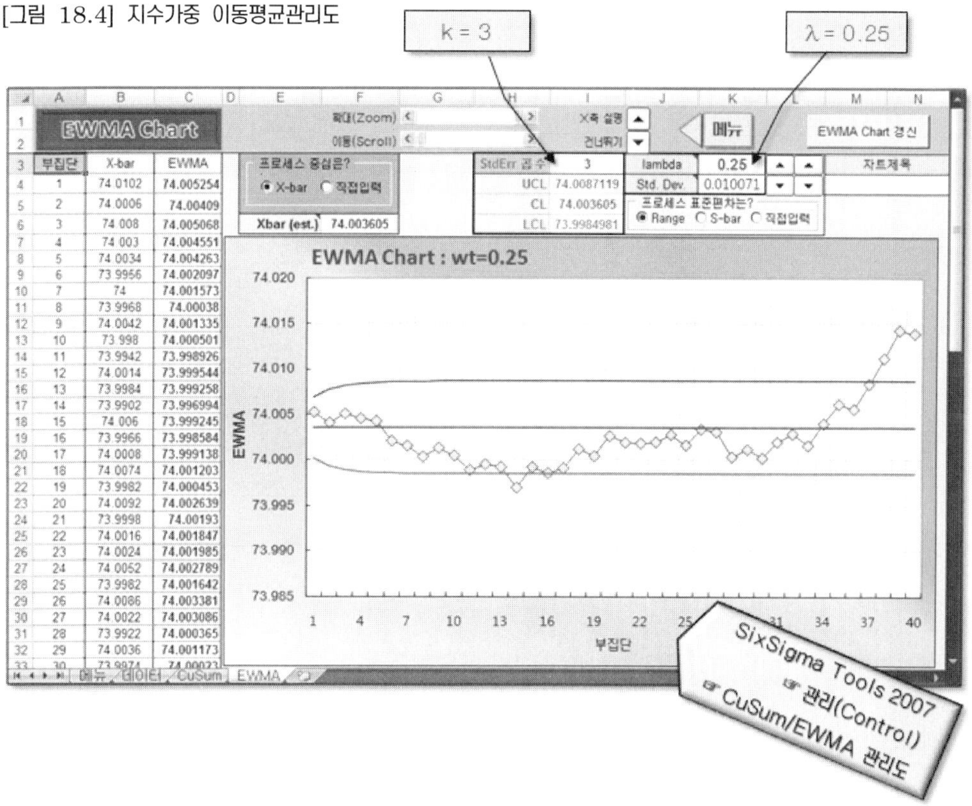

Introduction to
Behaviorally Statistical Data Analysis
using Minitab & SixSigma Tools for Excel

19 공정능력분석

19.1 공정능력이란?

모든 생산제품에는 만족해야 할 규격(specification)이 있으며, 공정에 내재하는 변동은 이 규격과 비교되어 분석된다. 공정의 변동이 커서 규격내에 있는 제품의 비율이 작으면 공정능력이 작고, 반대로 공정의 변동이 작아서 규격내의 제품의 비율이 크면 공정능력이 크다고 판단한다. 즉, 공정능력은 공정의 균일성이라 할 수 있다. 이 때 공정의 변동은 제품의 균일성에 대한 측도가 된다. 공정분석능력이란 공정능력을 추정하는 공학적 연구라 정의한다.

공정능력의 측도로서 품질특성치 분포의 6σ가 일반적으로 사용되고 있다. 이 때 자연공차한계(natural tolerance limits: NTL)는 평균 μ를 중심으로 $\pm 3\sigma$로 설정된다. 즉, 자연공차 상한(UNTL)과 하한(LNTL)은

$$UNTL = \mu + 3\sigma$$

$$LNTL = \mu - 3\sigma$$

품질특성치의 분포가 $N(\mu, \sigma^2)$일 때에는 자연공차한계 내에 생산되는 제품의 비는 99.73%가 되며, 0.27%만이 자연공차한계를 벗어나게 된다. 이 때 0.27%는 아주 작은 비율로 생각할 수 있으나 백만개의 제품을 생산한다면 2,700개는 규격한계를 벗어나는 불량품으로 결코 작은 수는 아님을 알 수 있다. 또한 공정

분포가 정규분포가 아닌 경우에는 자연공차한계를 벗어나는 제품의 비가 0.27%와 상당히 다를 수도 있다.

19.2 공정능력지수(process capability index)

19.2.1 여러 종류의 공정능력지수

공정능력을 나타내는 양적 방법으로 공정능력지수를 사용한다. 공정능력지수는 공정능력비(process capability ratio)라고도 한다. 제품의 규격상한(upper specification limit : USL)과 규격하한(lower specification limit : LSL)이 주어졌을 때 공정능력지수는 다음과 같이 정의한다.

$$C_p = \frac{USL - LSL}{6\sigma}$$

일반적으로 공정표준편차 σ는 알려져 있지 않으며, 이때에는 공정능력지수의 추정은 표준편차 σ의 추정값 $\hat{\sigma}$을 사용하여 다음과 같이 구한다.

$$\hat{C_p} = \frac{USL - LSL}{6\hat{\sigma}}$$

$\hat{\sigma}$은 표본표준편차 S를 사용하거나, 관리도를 사용할 경우에는 $\overline{R}/d_2$ 또는 $\overline{S}/c_4$를 사용한다.

규격상한 또는 규격하한만 있는 경우에는 추정값 $\hat{\mu}$과 $\hat{\sigma}$을 사용하며 다음과 같이 구한다.

$$\hat{C_p} = \frac{USL - \hat{\mu}}{3\hat{\sigma}}$$

$$\hat{C_p} = \frac{\hat{\mu} - LSL}{3\hat{\sigma}}$$

앞에서도 언급한 바와 같이 자연공차한계는

$\mu \pm 3\sigma$

로 설정되어 이 한계를 벗어나는 제품은 불량품으로 취급되어 사용하지 않는다. 이 때 공정능력지수의 역수는

$$\frac{1}{C_p}=\frac{6\sigma}{USL-LSL}=\frac{UNTL-LNTL}{USL-LSL}$$

가 되며 이 값은 공정에서 사용하는 규격한계구간에 대한 자연공차한계구간의 비율을 나타낸다.

공정능력지수 C_p는 공정평균에 관계없이 단순히 6σ에 대한 규격한계의 범위의 비율을 나타내고 있다. 이러한 공정능력지수는 공정평균을 고려하지 않음으로써 공정능력을 잘못 판단할 가능성이 있다. 즉 공정평균이 규격한계의 중간에 있지 않을 경우에는 C_p값이 같은 경우에도 실제 공정능력은 작을 수 있다. [그림 19.1]에서 (a)와 (b)는 C_p값이 다같이 1.6667인 경우이나 (b)의 경우는 공정능력이 작음을 알 수 있다.

[그림 19.1] 같은 Cp=1.6667인 두 공정분포

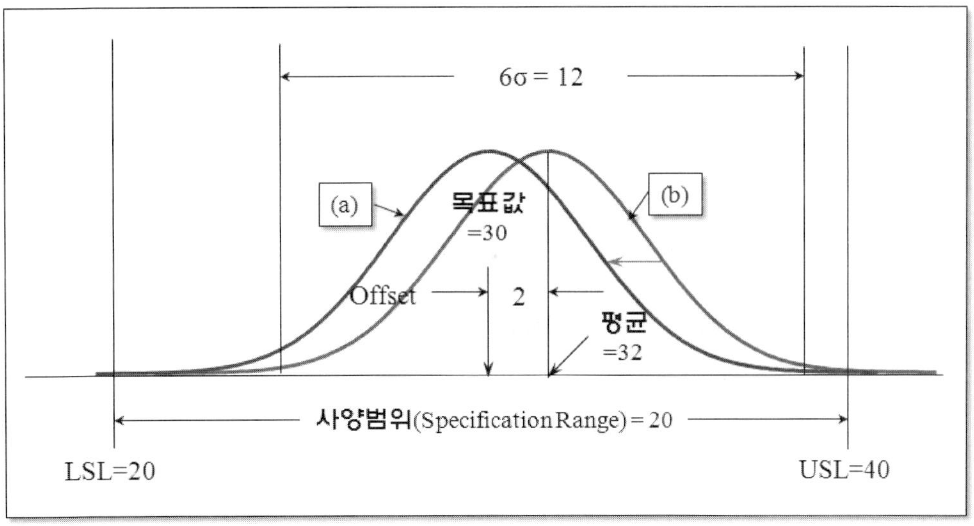

이와 같은 C_p의 단점을 보완하기 위해 새로운 공정능력지수 C_{pk}를 다음과 같이 정의한다.

$$C_{pk} = \min(C_{pu},\ C_{pl})$$
$$= \min\left(\frac{USL-\mu}{3\sigma}, \frac{\mu-LSL}{3\sigma}\right)$$

C_{pk}에서도 μ와 σ가 알려지지 않은 경우에는 $\hat{\mu}$과 $\hat{\sigma}$을 사용한다. 일반적으로 공정평균이 규격한계의 중앙에 있으면 $C_p = C_{pk}$이고 그렇지 않으면 $C_{pk} < C_p$임을 알 수 있다.

[그림 19.1] (b)에서 C_{pk}=1.3333이지만 공정평균을 (USL+LSL)/2로 조정할 수 있다면 C_p=1.6667이 된다. 따라서 C_p는 잠정적 공정능력을 나타내고 C_{pk}는 실제 공정능력을 나타내는 것으로 해석할 수 있다.

C_{pk}는 공정평균이 규격한계의 중앙이 아닐 때를 위해 제안되었으나 이것만으로도 공정능력을 충분히 나타내지 못할 경우가 있다. [그림 19.2]에서 두 분포곡선은 다같이 $C_{pk} = 1$인 경우를 보여주고 있으나 분포 B의 경우는 그 평균이 규격한계의 중앙과 많이 다름을 알 수 있다. 따라서 이와 같은 경우에는 C_{pk}를 C_p와 비교하여 공정의 중앙위치를 특정지을 필요가 있다.

이와 같이 공정의 중앙위치를 지적하는 방법으로 다음과 같은 공정능력지수를 사용한다. (Kane(1986)).

$$K = \frac{2|m-\mu|}{USL-LSL}$$

단, m은 규격한계의 중심을 나타낸다.$(m = (USL+LSL)/2)$ 공정평균 μ가 알려지지 않은 경우에는 $\hat{\mu}$으로 사용한다.

[그림 19.2]에서 두 분포곡선의 K값은 다음과 같다.

A의 경우,

$$K = \frac{2|20-20|}{24-16} = 0$$

B의 경우,

$$K = \frac{2|20-18|}{24-16} = \frac{4}{8} = 0.5$$

이것은 그림에서처럼 A분포의 중심은 규격한계의 중심과 일치하고, B의 분포의 중심은 규격한계의 중심에서 떨어져 있다는 것을 나타낸다. K의 표현에서 절대값을 사용하지 않을 수도 종종 있으며 이때에는 K값이 양일 때는 분포의 중심이 m보다 왼쪽에, 음일 때는 분포의 중심이 m보다 오른쪽에 위치함을 알 수 있다.

C_p, C_{pk}와 K의 관계는 다음 식으로 설명된다.

$$\frac{C_{pk}}{C_p} = 1 - K$$

공정능력지수를 규격한계를 만족하는 정도뿐만 아니라 목표값(target value)에 가까운 값을 어느 정도 생산할 수 있느냐 하는 관점에서 볼 때, 앞에서 열거한 공정능력지수들은 이러한 관점에 합당하지 않다고 할 수 있다. 예를 들어 C_{pk}는 σ가 작을수록 커지는 경향이 있어 중심의 위치에 대한 측도로는 사용할 수 없다. 즉 C_{pk}는 규격한계내에 있는 평균의 위치에 대해서는 아무런 설명을 할 수 없다. 이러한 점을 개선하기 위해 공정능력을 중심위치에 대한 측도로서 나타낸 것이 C_{pm}이다.

$$C_{pm} = \frac{\min\left\{\frac{T - LSL}{3\sigma}, \frac{USL - T}{3\sigma}\right\}}{\sqrt{1 + \left(\frac{\mu - T}{\sigma}\right)^2}}, \quad \text{단, T는 목표값}$$

[그림 19.2]에서 T=55인 경우 두 분포곡선의 C_{pm}값은 다음과 같다.

A의 경우,

$$C_{pm} = \frac{\min\left\{\frac{20 - 16}{3(1.333)}, \frac{24 - 20}{3(1.333)}\right\}}{\sqrt{1 + \left(\frac{20 - 20}{1.333}\right)^2}} = \frac{\min\{1.00, 1.00\}}{1} = 1.00$$

B의 경우,

$$C_{pm} = \frac{\min\left\{\frac{18 - 16}{3(0.667)}, \frac{24 - 18}{3(0.667)}\right\}}{\sqrt{1 + \left(\frac{18 - 20}{0.667}\right)^2}} = \frac{\min\{0.999995, 2.99985\}}{3.162} = 0.3162$$

[그림 19.2] $C_{pk} = 1$인 두 공정분포

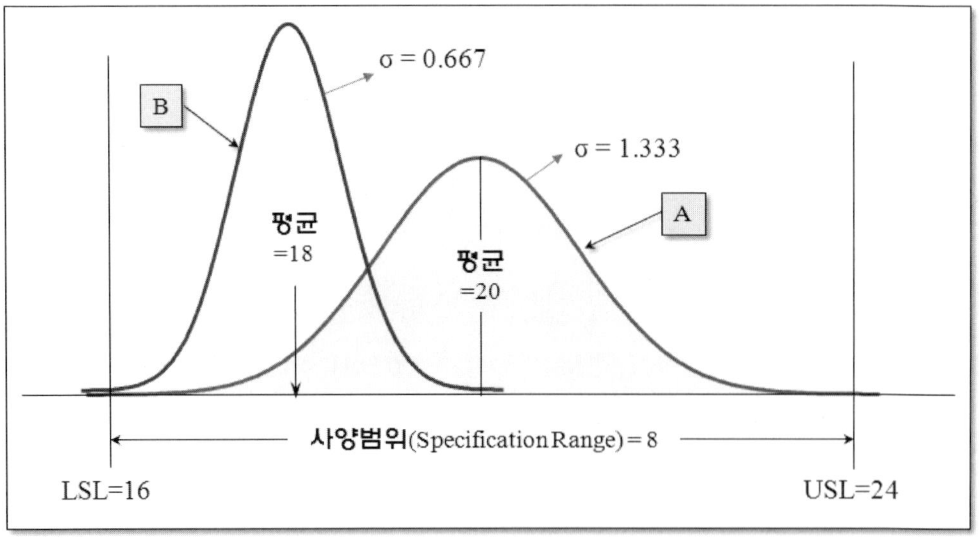

공정능력지수는 SixSigma Tools 2007 > 측정(Measure) > Six Sigma Scorecards...를 사용하여 구할 수 있다. [표 19.1]은 공정변수 X에 대한 100개의 자료를 나타내고 있다. 이 데이터는 "AB형 샤프트 바깥지름.xlsx"의 두 번째 시트에 수록되어 있다. 이 표로부터 공정능력지수를 구해 보기로 한다.

[표 19.1] 개별관측값(t=50, lsl=30, usl=80)

51.05	46.37	56.72	54.12	60.29
55.13	50.38	56.56	59.03	48.91
54.69	49.99	54.02	54.04	42.42
48.3	48.53	58.09	77.5	57.03
54.91	53.18	47.76	58.45	56.97
45.19	70.17	64.55	61.17	73.55
45.67	62.54	67.1	45.43	59.23
50.86	51.96	75.07	39.77	71.9
63.5	69.62	59.74	58.35	57.01
49.6	54.4	51.98	56.26	75.11
52.85	45.71	56.66	57.74	45.89
66.04	66.02	51.23	51.22	50.93
71.48	72.85	59.69	68.6	58.02
59.16	44.3	29.55	57.07	62.31
55.54	41.26	43.75	49.84	62.23
56.18	50.35	57.96	57.25	61.59
52.35	52.45	53.26	53.05	55.41
56.14	51.52	65.45	38.38	50.9
56.87	65.42	39.92	49.02	45.16
49.51	48.88	65.79	47.74	66.46

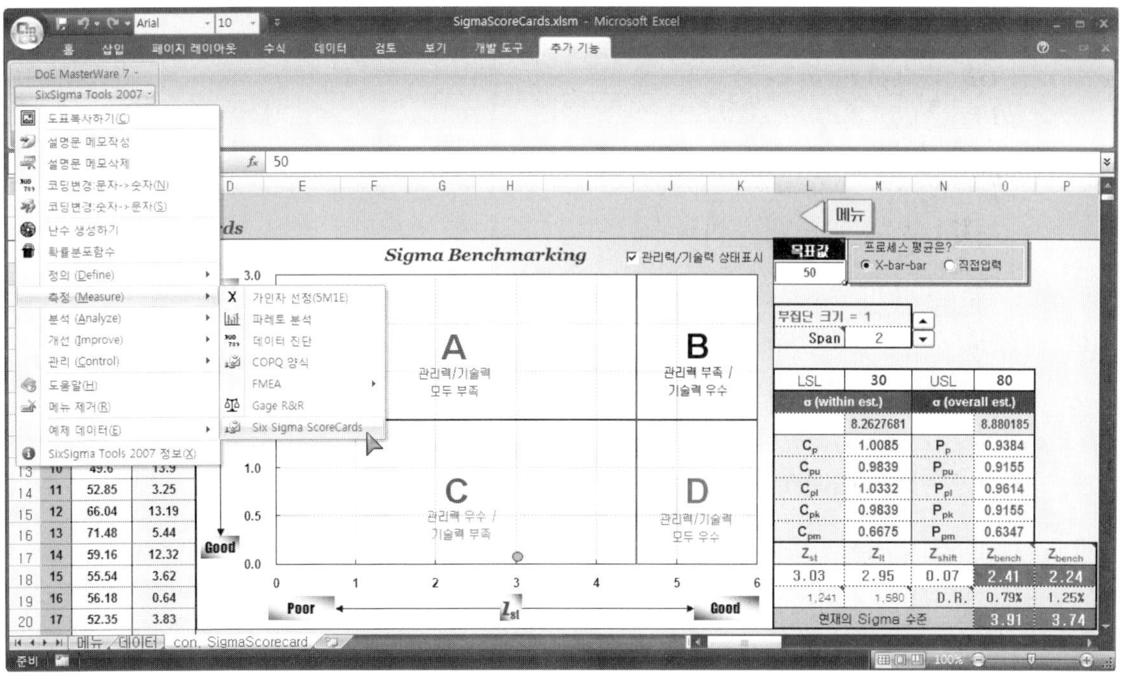

표준편차의 추정량으로 $\overline{R}/d_2$(=8.2627681)를 사용하며 여기에서 d_2는 Span=2인 $d_2(2)$=1.128379를 사용한다. 물론 Span의 값을 크게 하면 그에 따라 값은 달라지나 보통 '2'를 사용하는 것이 데이터의 손실을 줄일 수 있다는 장점이 있다..

LSL	30	USL	80
σ (within est.)		σ (overall est.)	
	8.2627681		8.880185
C_p	1.0085	P_p	0.9384
C_{pu}	0.9839	P_{pu}	0.9155
C_{pl}	1.0332	P_{pl}	0.9614
C_{pk}	0.9839	P_{pk}	0.9155
C_{pm}	0.6675	P_{pm}	0.6347

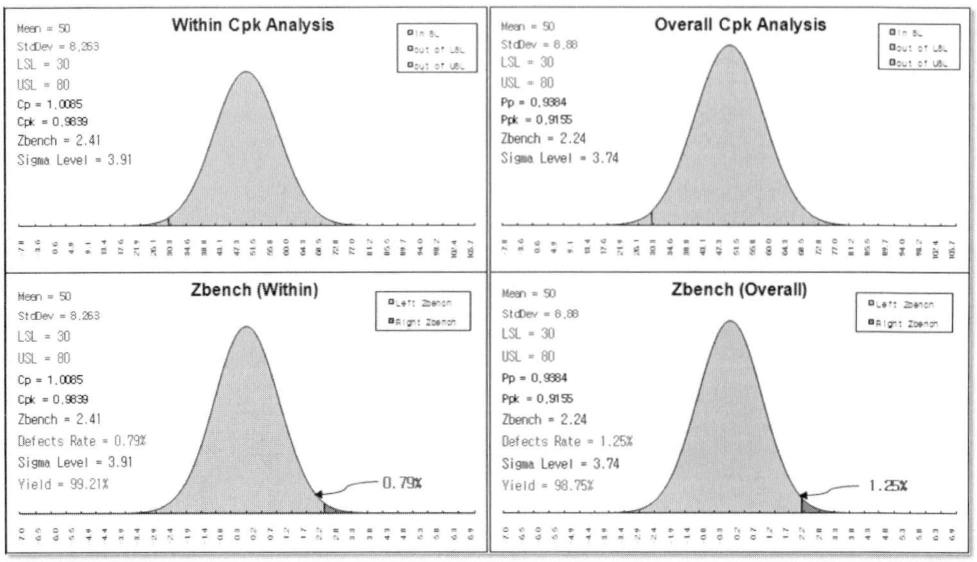

19.2.2 관리도에서 공정능력

관리도를 사용하는 경우 공정능력지수 C_p는 다음과 같이 계산한다.

$$\hat{C_p} = \frac{USL - LSL}{6(\overline{R}/d_2)}$$

또는

$$\widehat{C_p} = \frac{USL - LSL}{6(\overline{S}/c_4)}$$

표준편차의 추정량으로 $\overline{R}/d_2$ 또는 $\overline{S}/c_4$를 사용하는 것은 관리도에서 어느 것을 사용하느냐에 따라 결정된다. "C형 샤프트 바깥지름.xlsx" 데이터를 사용하여 공정능력지수를 구해보자. 목표값은 30, LSL=10, USL=50으로 설정한다.

▶ SixSigma Tools 2007 > 측정(Measure) > Six Sigma Scorecards...

▶ 다음과 같이 데이터를 복사하여 붙여넣기한다.

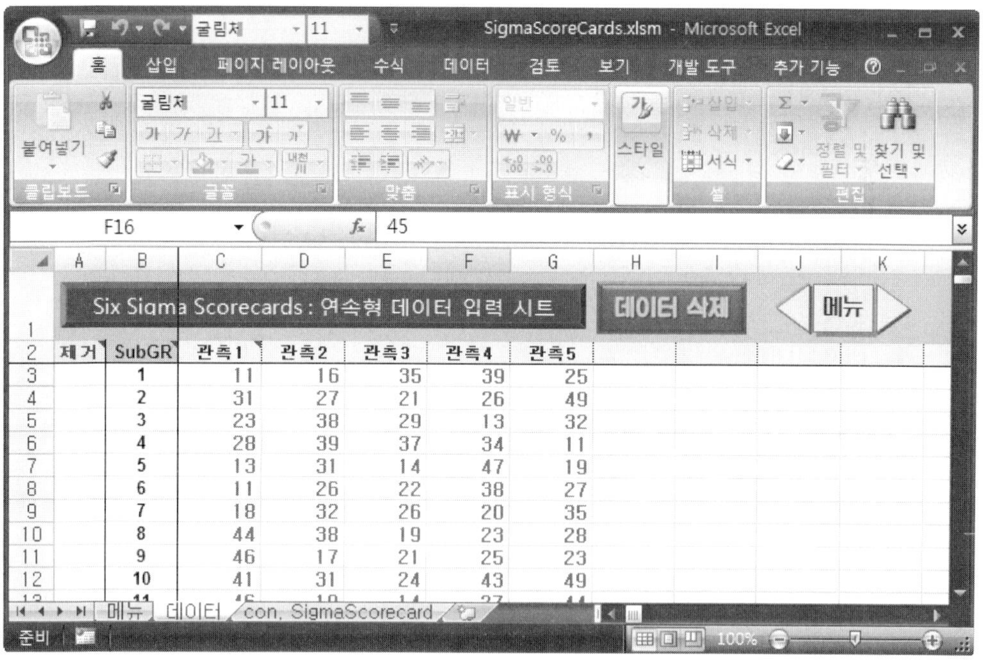

[그림 19.2]에서 $C_p = 0.4129$ $C_{pk} = 0.4004$ 으로 나타났다. 이것은 다음과 같이 계산된 것이다.

$$\widehat{C_p} = \frac{USL - LSL}{6(\overline{R}/d_2)}$$

$$= \frac{50 - 10}{6(28.4/2.058751)}$$

$$= 0.5460$$

$$\widehat{C_{pk}} = \min\left\{\frac{USL-\overline{\overline{X}}}{3(\overline{R}/d_2)}, \frac{\overline{\overline{X}}-LSL}{3(\overline{R}/d_2)}\right\}$$

$$= \min\left\{\frac{50-29.256}{3(28.4/2.058751)}, \frac{29.256-10}{3(28.4/2.058751)}\right\}$$

$$= \min\{0.5257, 0.5663\}$$

$$= 0.5257$$

[그림 19.2] 공정능력 평가와 여러 능력지수

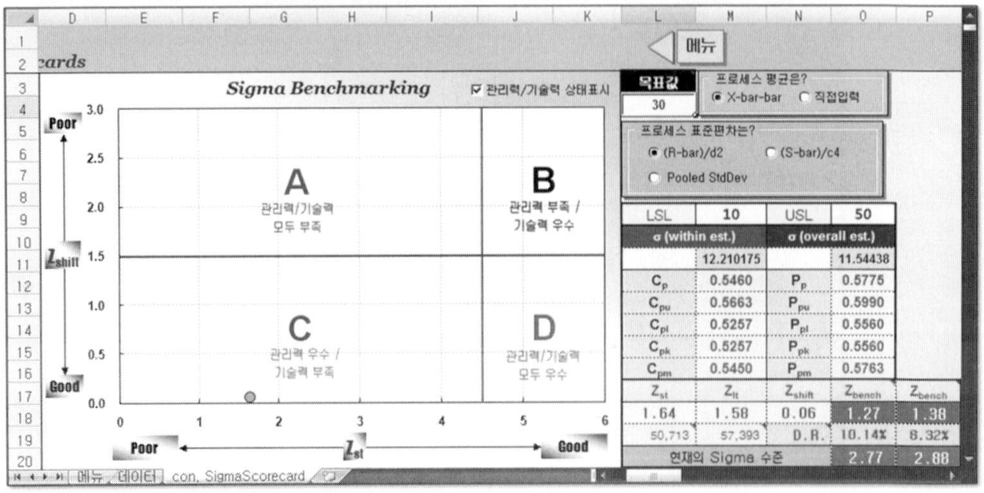

앞에서는 표준편차의 추정치를 $\hat{\sigma} = \overline{R}/d_2$를 사용하였다. $\hat{\sigma} = \overline{S}/c_4$를 사용하려면 아래와 같이 표준편차의 추정을 $\overline{S}/c_4$으로 하면 C_p=0.5301, C_{pk}=0.5104로 달라진다.

$$\widehat{C_p} = \frac{USL-LSL}{6(\overline{S}/c_4)}$$

$$= \frac{50-10}{6(11.82/0.9399856)}$$

$$= 0.5301$$

$$\widehat{C_{pk}} = \min\left\{\frac{USL-\overline{\overline{X}}}{3(\overline{S}/c_4)}, \frac{\overline{\overline{X}}-LSL}{3(\overline{S}/c_4)}\right\}$$

$$= \min\left\{\frac{50-29.256}{3(11.82/0.9399856)}, \frac{29.256-10}{3(11.82/0.9399856)}\right\}$$

$$= \min\{0.5104, 0.5499\}$$

$$= 0.5104$$

와 동일함을 알 수 있다. Pooled StdDev는 통합표준편차로 표준편차의 추정치를 계산할 때 각 부집단의 제곱합(sum of square)을 계산하여 총합을 구하고 자유도(df=데이터수-집단수)로 나누어 준 값이다. 그리고 옆의 P_p나 P_{pk}는 부집단을 구분하지 않고 전체 데이터를 기준으로 표준편차를 계산한 값을 표준편차 추정치(overall est.)로 사용한 값이다. 표준편차 추정치(overall est.)는 11.54438로 계산되었음을 알 수 있다.

목표값: 30

프로세스 평균은? (●) X-bar-bar ( ) 직접입력

프로세스 표준편차는? ( ) (R-bar)/d2 (●) (S-bar)/c4 ( ) Pooled StdDev

LSL	10	USL	50
σ (within est.)		σ (overall est.)	
	12.57514		11.54438
C_p	0.5301	P_p	0.5775
C_{pu}	0.5499	P_{pu}	0.5990
C_{pl}	0.5104	P_{pl}	0.5560
C_{pk}	0.5104	P_{pk}	0.5560
C_{pm}	0.5292	P_{pm}	0.5763

다음 Sigma Benchmarking을 보면 관리력은 우수하나 기술력은 떨어지는 것으로 판정되고 있다.

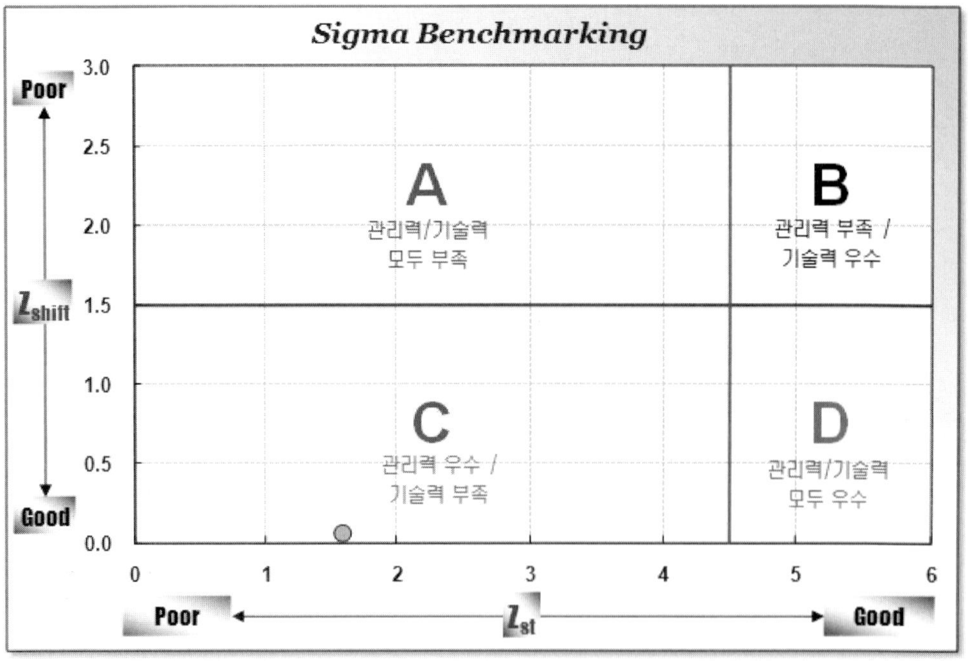

전체적으로 단기공정능력을 보면 11.17%가 결함률(defect rate)로 혁신적인 개선이 필요한 것으로 판단된다. 그리고 장기공정능력 상 수율은 91.68%, 결함률 또는 부적합률은 8.32%로 나타났다.

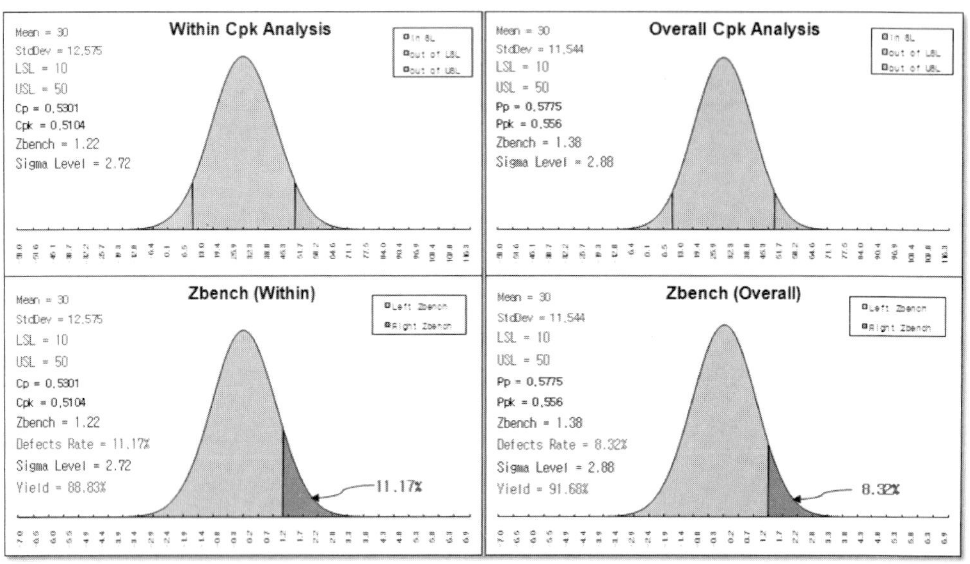

19.2.3 공정능력비의 추정

공정능력지수 C_p에 대한 추정은 공정표준편차의 추정량을 사용한다. 먼저 C_p의 점추정량 $\widehat{C}_p$은 σ대신 $\hat{\sigma}$을 사용하여 다음과 같이 정의한다.

$$\widehat{C}_p = \frac{USL - LSL}{6\hat{\sigma}}$$

$\hat{\sigma}$으로 표준편차 S를 사용한 경우 C_p의 구간추정은 다음과 같이 구한다.

정규분포에서 $(n-1)S^2/\sigma^2$은 $\chi^2(n-1)$을 따른다. 따라서

$$1-\alpha = P\left[\chi^2\left(\frac{\alpha}{2}, n-1\right) < \frac{(n-1)S^2}{\sigma^2} < \chi^2\left(1-\frac{\alpha}{2}, n-1\right)\right]$$

$$= P\left[\sqrt{\chi^2\left(\frac{\alpha}{2}, n-1\right)} < \frac{\sqrt{n-1}\,S}{\sigma} < \sqrt{\chi^2\left(1-\frac{\alpha}{2}, n-1\right)}\right]$$

$$= P\left[\frac{(USL-LSL)}{6S}\sqrt{\frac{\chi^2(\alpha/2, n-1)}{n-1}} < \frac{USL-LSL}{6\sigma} < \frac{(USL-LSL)}{6S}\sqrt{\frac{\chi^2(1-\alpha/2, n-1)}{n-1}}\right]$$

위 식으로부터 C_p의 $100(1-\alpha)\%$ 신뢰구간은 다음과 같이 구한다.

$$\left(\frac{(USL-LSL)}{6S}\sqrt{\frac{\chi^2(\alpha/2, n-1)}{n-1}}, \frac{(USL-LSL)}{6S}\sqrt{\frac{\chi^2(1-\alpha/2, n-1)}{n-1}}\right)$$

또는

$$\left(\widehat{C}_p\sqrt{\frac{\chi^2(\alpha/2, n-1)}{n-1}}, \widehat{C}_p\sqrt{\frac{\chi^2(1-\alpha/2, n-1)}{n-1}}\right)$$

19.2.4 공정능력비의 검정

다음은 C_p에 대한 검정문제를 생각해 보자. C_p에 대한 검정은 일반적으로 C_p가 어떤 값 C_{p_0}보다 큰가(즉, 공정능력이 어느 정도 이상인가)를 알고자 할 때 사용하는 것이 일반적이므로 가설은 다음과 같이 설정한다.

$$H_0: \quad C_p \leq C_{p_0} \qquad vs \qquad H_1: \quad C_p > C_{p_0}$$

위 가설의 검정을 위해 먼저 다음종류의 공정능력지수를 먼저 정의한다.

C_p(high)={확률 $1-\alpha$로써 채택하고자 하는 공정능력지수}

C_p(low)={확률 $1-\beta$로써 기각하고자 하는 공정능력지수}

이 검정에서 사용하는 검정통계량은 공정능력지수의 추정량

$$\widehat{C}_p$$

이며 그 기각역은

$$\{x : x > c\}$$

이다. 즉, $\widehat{C}_p$가 기각값 c보다 크면 귀무가설을 기각한다. 이 때 기각값 c는 확률 α, β에 따라 결정하며 [표 19.2]를 사용하여 구한다.

[표 19.2] 공정능력지수의 검정을 위한 표본의 크기와 기각값

표본 크기 n	$\alpha=\beta=0.10$		$\alpha=\beta=0.05$	
	$\frac{C_p(high)}{C_p(low)}$	$\frac{c}{C_p(low)}$	$\frac{C_p(high)}{C_p(low)}$	$\frac{c}{C_p(low)}$
10	1.88	1.27	2.26	1.37
20	1.53	1.20	1.73	1.26
30	1.41	1.16	1.55	1.21
40	1.34	1.14	1.46	1.18
50	1.30	1.13	1.40	1.16
60	1.27	1.11	1.36	1.15
70	1.25	1.10	1.33	1.14
80	1.23	1.10	1.30	1.13
90	1.21	1.10	1.28	1.12
100	1.20	1.09	1.26	1.11

공정능력지수의 검정에 대한 예를 들어 [표 19.2]를 이용한 검정방법을 알아보자. 품질특성치는 공정능력지수가 적어도 1.33은 만족하여야 한다고 하자. 또한, 만일 공정능력지수가 1.33보다 작으면 0.9의 확률로써 이를 탐지하고(이 공정을 기각), 1.66보다 크면 역시 0.9의 확률로써 이를 알고자(이 공정을 채택) 한다.

먼저 이 경우에 해당하는 가설은

$$H_0:\ C_p \le 1.33 \quad vs \quad H_1:\ C_p > 1.33$$

이 되며

$$1-\alpha=1-\beta=0.9\ \ (\alpha=\beta=0.1)$$

$$C_p(high)=1.66,\quad C_p(low)=1.33$$

이 된다. 따라서

$$\frac{C_p(high)}{C_p(low)}=\frac{1.66}{1.33}=1.25$$

[표 19.2]로 부터 $\alpha=\beta=0.1$일 때 다음을 얻는다.

$$n=70$$

$$\frac{c}{C_p(low)}=1.10$$

즉, 기각값은

$$\begin{aligned} c &= C_p(low)(1.10) \\ &= (1.33)(1.10) \\ &= 1.46 \end{aligned}$$

결론적으로 이 공정의 공정능력검정을 위해서 표본의 크기는 70이 되어야 하며 표본공정능력지수 $\widehat{C}_p$이 1.46보다 크면 귀무가설을 기각하여 공정능력이 1.33보다 크다는 판단을 한다.

공정능력지수에 대한 통계적 추론은 그 기본가정이 공정의 분포가 정규분포를 따른다는 것이다. 만일 공정분포가 정규분포가 아닌 경우에는 공정능력에 대한 평가는 오류를 범하게 된다. 따라서 공정능력분석은 공정분포의 판단에서부터 시작한다고 할 수 있으며 이는 히스토그램 및 확률지 사용을 통해 할 수 있다.

19.2.5 **일반화 공정능력지수**(generalized process capability index)

앞에서 소개한 여러 종류의 공정능력지수들은 모두 공정분포가 정규분포를 따른다는 가정을 하고 있다. 정규분포의 가정하에 정의된 공정능력지수를 표준 공정능력지수(standard process capability index)라 한다. 공정분포가 정규분포를 따르지 않을 때에는 먼저 데이터의 변환을 생각할 수 있다. 변수변환을 통해 정규분포로 변환시킬 수 있는 경우에는 변환된 데이터를 이용하여 공정능력지수를 계산할 수 있다.

공정분포가 정규분포를 따르지 않을 경우의 대책으로 다음과 같은 일반화된 공정능력지수를 사용할 수 있다. 먼저 공정분포의 α분위수를 q_α라 한다. 즉 공정분포가 q_α보다 작거나 같을 확률은 α이다.

$$C_{pl} = \frac{q_{0.5} - LSL}{q_{0.5} - q_{0.00135}}$$

$$C_{pu} = \frac{USL - LSL}{q_{0.99865} - q_{0.5}}$$

$$C_p = \frac{USL - LSL}{q_{0.99865} - q_{0.00135}}$$

$$C_{pk} = \min\{Cpl, Cpu\}$$

$$K = \frac{2 \mid m - q_{0.5} \mid}{USL - LSL}$$

$$C_{pm} = \frac{\min\{\frac{T - LSL}{q_{0.5} - q_{0.00135}}, \frac{USL - T}{q_{0.99865} - q_{0.5}}\}}{\sqrt{1 + (\frac{\mu - T}{\sigma})^2}}$$ 단, $m = (USL + LSL)/2$, T는 목표값

일반화된 공정능력지수의 정의에서는 3σ대신 $q_{0.5} - q_{0.00135}$ 또는 $q_{0.99865} - q_{0.5}$를 사용하고 μ 대신 $q_{0.5}$를 사용하고 있다. 이것은 정규분포에서 적용되는 내용을 일반적인 분포에서도 사용할 수 있도록 분위수를 사용하여 일반화한 것이다. 따라서 공정의 분포가 정규분포이면 일반화된 공정능력지수들은 표준공정능력지수들과 동일하다. 일반화된 공정능력지수를 구하기 위해서는 먼저 공정분포를 알아야 한다.

공정의 분포는 정규분포, 감마분포, 와이블분포 등등 여러 분포에 속할 수 있으나, 경우에 따라서는 우리가 알고 있는 어떤 특정한 형태의 분포를 따르지 않

을 수도 있다. 따라서 특정한 분포에 대한 적합도검정을 먼저 실시한 다음, 그 분포를 따른다는 판단이 서면 일반화된 공정능력지수를 계산하게 된다.

20 측정시스템분석

20.1 측정오차와 측정능력

여러 가지 통계적 공정관리기법은 공정으로부터 품질특성치를 측정하여 그 측정값에 대해 평가 및 분석을 실시하게 된다. 그런데 이러한 측정값을 산출하는 측정기의 측정오차가 크거나 변동이 심하다면 측정기로 인해 측정값들을 가지고 분석한 결과는 신뢰할 수 없는 것이 되고 말 것이다. 따라서 이때에 사용되는 측정기의 측정능력(gage capability)이 적절한 수준에 있는지 확인할 필요가 있다.

측정을 필요로 하는 어떤 문제에서도 관측값의 변동은 품질특성치 자체의 변동과 측정오차(measurement error)의 혼합으로 판단되고 있다. 즉 총변동은 제품변동과 측정변동의 합으로 구성된다.

$\sigma_T^2 = \sigma_p^2 + \sigma_m^2$ 　　단, σ_T^2 : 총변동, σ_p^2 : 제품변동, σ_m^2 : 측정변동

총변동이 이와 같이 표현될 때에는 관리도나 기타 통계적 기법을 이용하여 제품변동과 측정변동을 구분할 수 있으며 또한 측정능력을 평가할 수 있다.

g개의 제품을 추출하여 각 제품을 동일한 측정기구로 n번 반복측정하여 데이터를 얻는 경우([표 20.5]), 같은 제품에서 측정한 n개의 값은 측정변동을 나

타내며 g개의 표본평균값은 제품변동을 나타낸다.

[표 20.5]

제품 번호	측정값 1	2	…	n	평균	범위
1	X_{11}	X_{12}	…	X_{1n}	$\overline{X}_1$	R_1
2	X_{21}	X_{22}	…	X_{2n}	$\overline{X}_2$	R_2
3	X_{31}	X_{32}	…	X_{3n}	$\overline{X}_3$	R_3
⋮	⋮	⋮		⋮	⋮	⋮
g	X_{g1}	X_{g2}	…	X_{gn}	$\overline{X}_g$	R_g
					$\overline{\overline{X}}$	$\overline{R}$

측정오차의 표준편차는 다음과 같이 추정된다.

$$\widehat{\sigma_m} = \frac{\overline{R}}{d_2(n)}$$

이 때 $d_2(n)$는 표본크기 n에 의해 결정된 d_2값을 나타낸다. 측정오차는 일반적으로 정규분포 $N(0,\ \sigma_m^2)$에 의해 잘 근사되므로 측정능력은 측정오차를 99.73% 포함할 수 있는 범위, 즉

$$6\widehat{\sigma_m} = 6(\overline{R}/d_2(n))$$

로 정의한다. 총변동과 제품변동은 다음과 같이 추정한다.

$$\begin{aligned}\hat{\sigma}_T^2 &= S^2 \\ &= \sum_{i=1}^{g}\sum_{j=1}^{n}(X_{ij} - \overline{\overline{X}})^2/(gn-1)\end{aligned}$$

$$\begin{aligned}\hat{\sigma}_p^2 &= \hat{\sigma}_T^2 - \hat{\sigma}_m^2 \\ &= S^2 - (\overline{R}/d_2(n))^2\end{aligned}$$

$6\hat{\sigma}_m$과 $USL-LSL$의 비를 P/T비(precision-to-tolerance ratio)라고 한다.

$$P/T\text{비} = \frac{6\hat{\sigma}_m}{USL-LSL}$$

P/T비가 '0.1'보다 작으면 측정능력이 적절한 수준에 있는 것으로 판단한다. 판

단기준은 [표 20.1a]가 일반적인 기준이다.

[표 20.1a] P/T 비의 해석기준

P/T 비 <= 1:10 측정오차가 부품공차의 10% 이내	ACCEPTABLE
P/T 비 = 1:10 ~ 3:10 측정오차가 부품공차의 10% ~ 30%이내	PARTIALLY ACCEPTABLE
P/T 비 >= 3:10 측정오차가 부품공차의 30% 이상	NOT ACCEPTABLE

다음 [표 20.1b]는 20개의 제품을 각각 3번씩 측정하여 얻은 자료이다. 측정능력을 추정하고 평가해 보자.

[표 20.1b] 20개 제품 3회 반복측정 데이터 (USL=80, LSL=40)

제품번호	측정값			평균	범위
	1	2	3		
1	60.04	59.72	60.13	59.963	0.4
2	65.22	64.49	64.47	64.727	0.8
3	63.20	63.07	63.02	63.097	0.2
4	59.16	58.49	58.48	58.710	0.7
5	59.79	59.67	59.07	59.510	0.7
6	63.54	64.24	64.17	63.983	0.7
7	61.15	60.27	61.05	60.823	0.9
8	59.64	59.84	59.18	59.553	0.7
9	59.07	59.10	59.60	59.257	0.5
10	58.54	59.10	59.93	59.190	1.4
11	62.76	62.82	63.31	62.963	0.6
12	58.87	58.85	58.80	58.840	0.1
13	61.96	62.42	62.89	62.423	0.9
14	59.04	59.39	59.52	59.317	0.5
15	61.26	61.05	59.48	60.597	1.8
16	58.56	58.90	59.44	58.967	0.9
17	55.51	54.64	56.00	55.383	1.4
18	55.57	56.36	56.59	56.173	1.0
19	59.63	59.68	58.75	59.353	0.9
20	60.13	59.26	60.83	60.073	1.6
			평균	60.145	0.8235

측정능력은 [표 20.1b]의 데이터를 이용한 $\overline{X}$-R관리도를 이용하여 판단할 수 있다. 이 때 관리도의 해석은 일반적인 해석과는 좀 달리해야 한다. 먼저 $\overline{X}$-관리도에서 관리한계 밖으로 점이 나타나면 이 측정도구가 제품과 제품을 구별할 수 있는 능력이 있다는 것을 의미한다. 또한 R-관리도가 관리상태에 있다는 것은 이 측정도구가 동일한 제품에 대해서는 일치된 값을 측정할 수 있는 능력(반복성)이 있다는 것을 의미한다. 만일 R-관리도가 이상상태를 나타내면 이 도구의 측정능력은 문제가 있는 것으로 판단한다.

먼저 위 데이터를 사용하여 작성한 $\overline{X}-R$관리도는 다음과 같다.

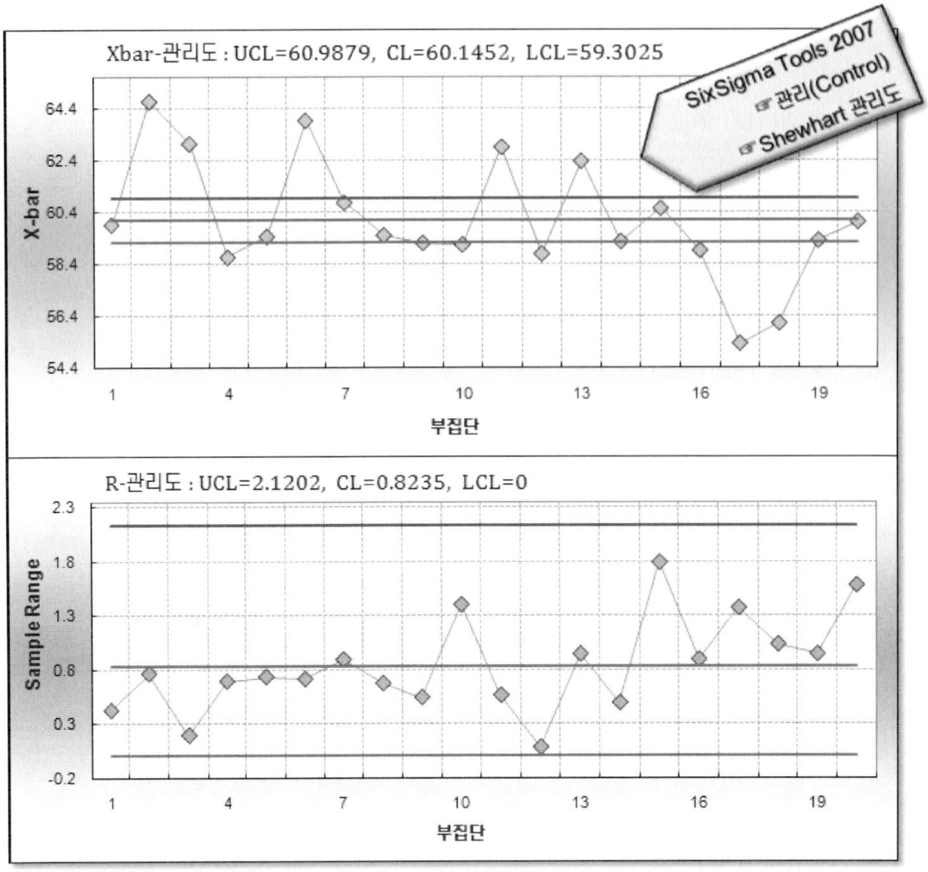

$\overline{X}$-관리도에서 많은 점들이 관리한계 밖으로 나타났으며 이는 제품특성값이 제품에 따라 다를 때 이를 구별할 수 있는 능력이 있음을 보여주고 있다. 또

한 R-관리도에서는 모든 점들이 관리한계 내에 있어 측정능력은 만족할 만한 수준에 있다는 것을 보여준다.

먼저 $\widehat{\sigma_m} = \overline{R}/d_2 = 0.8235/1.6929688 = 0.48654$ 이 때 d_2는 표본크기가 3일 때의 값이다. 따라서 측정변동은

$$\hat{\sigma}^2_m = 0.2367$$

측정능력은

$$6\widehat{\sigma_m} = 6(0.48654) = 2.9192$$

총변동은

$$\widehat{\sigma^2_T} = S^2$$

$$= \sum_{i=1}^{20}\sum_{j=1}^{3}(\overline{X}_i - \overline{\overline{X}})^2/(20 \cdot 3 - 1)$$

$$= 5.5334$$

제품변동은

$$\widehat{\sigma^2_p} = \widehat{\sigma^2_T} - \widehat{\sigma^2_m}$$

$$= 5.5334 - 0.2367$$

$$= 5.2967$$

P/T비는

$$P/T\text{비} = \frac{6\widehat{\sigma_m}}{USL - LSL} = \frac{2.9192}{70 - 30}$$

$$= 0.073$$

P/T비가 0.1보다 작으므로 측정능력은 만족할 만하다고 판단한다. 이 결과는 SixSigma Tools에서 “측정(Measure) > Gage R&R...”을 수행하고 단기적 방법 시트에서 데이터를 붙여넣기하면 다음과 같은 결과를 볼 수 있으며 하단 오른쪽에 결과판정에 대한 텍스트가 출력된다.

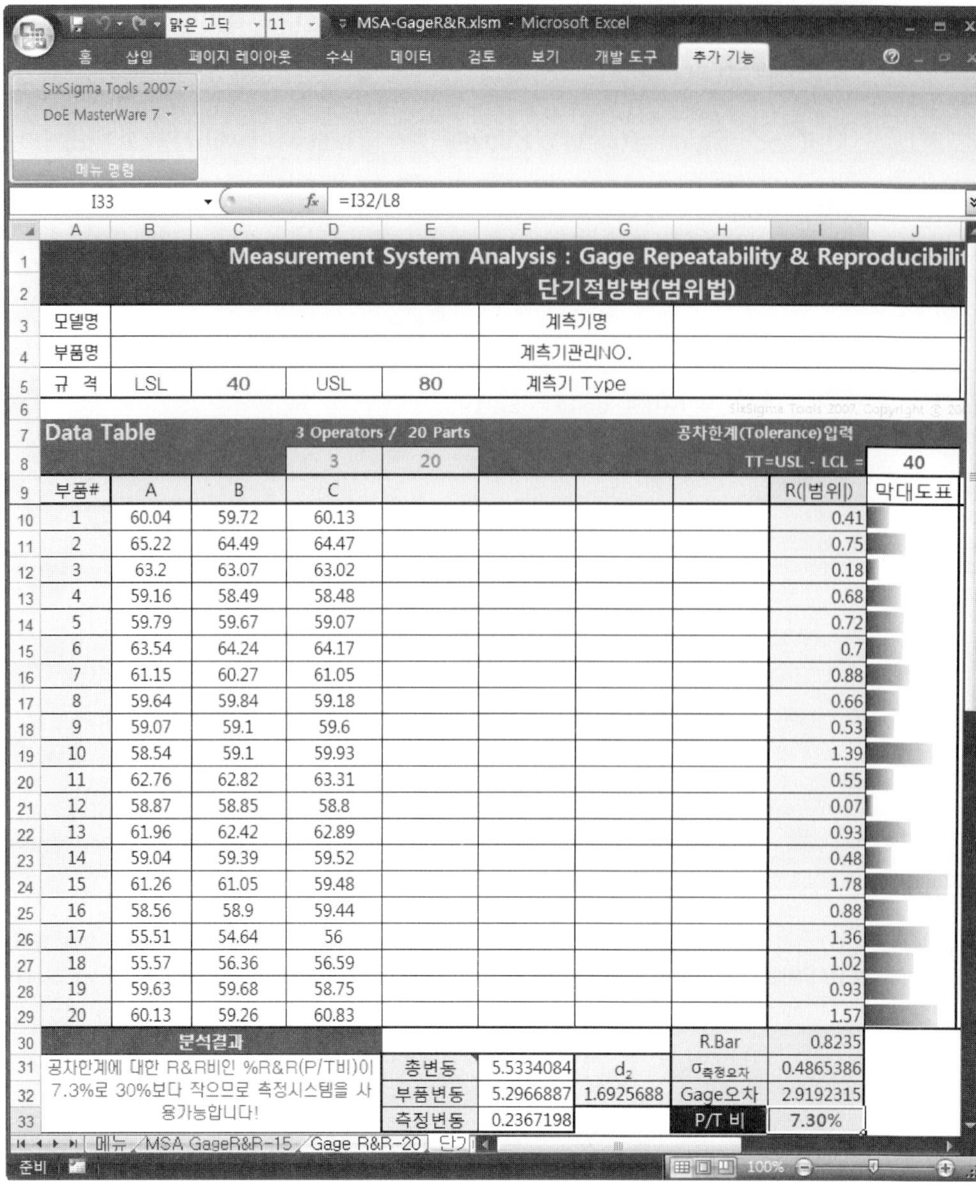

MSA-GageR&R.xlsm - Microsoft Excel

I33 =I32/L8

Measurement System Analysis : Gage Repeatability & Reproducibilit

단기적방법(범위법)

모델명					계측기명	
부품명					계측기관리NO.	
규 격	LSL	40	USL	80	계측기 Type	

Data Table — 3 Operators / 20 Parts (3, 20)

공차한계(Tolerance)입력 TT=USL - LCL = 40

부품#	A	B	C	R(범위)
1	60.04	59.72	60.13	0.41
2	65.22	64.49	64.47	0.75
3	63.2	63.07	63.02	0.18
4	59.16	58.49	58.48	0.68
5	59.79	59.67	59.07	0.72
6	63.54	64.24	64.17	0.7
7	61.15	60.27	61.05	0.88
8	59.64	59.84	59.18	0.66
9	59.07	59.1	59.6	0.53
10	58.54	59.1	59.93	1.39
11	62.76	62.82	63.31	0.55
12	58.87	58.85	58.8	0.07
13	61.96	62.42	62.89	0.93
14	59.04	59.39	59.52	0.48
15	61.26	61.05	59.48	1.78
16	58.56	58.9	59.44	0.88
17	55.51	54.64	56	1.36
18	55.57	56.36	56.59	1.02
19	59.63	59.68	58.75	0.93
20	60.13	59.26	60.83	1.57

분석결과: 공차한계에 대한 R&R비인 %R&R(P/T비)이 7.3%로 30%보다 작으므로 측정시스템을 사용가능합니다!

			R.Bar	0.8235
총변동	5.5334084	d_2	$\sigma_{측정오차}$	0.4865386
부품변동	5.2966887	1.6925688	Gage오차	2.9192315
측정변동	0.2367198		P/T 비	7.30%

20.2 계측변동

계측오차에 대한 변동은 두 가지 요인으로부터 발생한다. 계측기 자체의 측정오차와 계측기를 사용하는 사용자가 달라짐으로 해서 발생되는 오차로 나누어진다. 계측기 자체의 측정 정밀성에 대한 오차는 반복성(repeatability)에 대한 변동이라 하며, 계측기를 사용하는 사용자가 달라짐에 따라 발생하는 오차는 재현성(reproducibility)에 대한 변동이라고 한다. 한 사용자만이 측정한 경우에는 재현성에 의한 변동은 없다. 계측변동은 반복성과 재현성에 대한 변동의 합으로 표현된다.

측정오차의 분산은 다음과 같이 표현한다.

$$\sigma^2_{gage} = \sigma^2_{repeatability} + \sigma^2_{reproducibility}$$

단, $\sigma^2_{repeatability}$: 반복성에 의한 변동

$\sigma^2_{reproducibility}$: 재현성에 의한 변동.

$\sigma^2_{repeatability}$와 $\sigma^2_{reproducibility}$을 추정하기 위하여 실험설계시 여러 명의 계측기사가 필요하며(예를 들어, 3명의 계측기사), 한 부품에 한사람의 계측기사가 여러 번에 걸쳐 측정(예를 들어, 각 부품당 2번 측정)을 한다. 이때 각 계측기사에 대해 부품별로 $\overline{x}$ 와 R을 계산하고, 각 계측기사에 따라 전체적으로 $\overline{x}$와 R을 계산한다. 그래서 3명의 계측기사에 대해 각 부품별, 계측기사별로 $\overline{x}$와 R을 얻을 수 있으며, 또한 전체적으로 $\overline{\overline{x}}$와 $\overline{R}$의 값을 얻을 수 있게 된다. 계측기사의 $\overline{R}$들을 사용하여 $\overline{\overline{R}}$를 얻을 수 있다. 데이터의 구조는 [표 20.2a]와 같다.

[표 20.2a] 재현성과 반복성의 연구를 위한 데이터

제품 번호	사용자 1			사용자 2			…	사용자 r		
	측정값	$\overline{X}$	R	측정값	$\overline{X}$	R	…	측정값	$\overline{X}$	R
	1 ⋯ n			1 ⋯ n				1 ⋯ n		
1	$X_{111} \cdots X_{11n}$	$\overline{X}_{11}$	R_{11}	$X_{121} \cdots X_{12n}$	$\overline{X}_{12}$	R_{12}	…	$X_{1r1} \cdots X_{1rn}$	$\overline{X}_{1r}$	R_{1r}
2	$X_{211} \cdots X_{21n}$	$\overline{X}_{21}$	R_{21}	$X_{221} \cdots X_{22n}$	$\overline{X}_{22}$	R_{22}	…	$X_{2r1} \cdots X_{2rn}$	$\overline{X}_{2r}$	R_{2r}
3	⋮ ⋮ ⋮	⋮	⋮	⋮ ⋮ ⋮	⋮	⋮	…	⋮ ⋮ ⋮	⋮	⋮
⋮										
g	$X_{g11} \cdots X_{g1n}$	$\overline{X}_{g1}$	R_{g1}	$X_{g21} \cdots X_{g2n}$	$\overline{X}_{g2}$	R_{g2}	…	$X_{gr1} \cdots X_{grn}$	$\overline{X}_{gr}$	R_{gr}
		$\overline{\overline{X}}_1$	$\overline{R}_1$		$\overline{\overline{X}}_2$	$\overline{R}_2$			$\overline{\overline{X}}_r$	$\overline{R}_r$

이때 반복성은 각 요인에 대한 추정은 다음과 같이 추정한다.

$$\hat{\sigma}_{repeatability} = \overline{\overline{R}}/d_2(n)$$

단, $\overline{\overline{R}} = (\overline{R}_1 + \overline{R}_2 + \cdots + \overline{R}_r)/r$. 이 때 $d_2(n)$은 표본크기, 즉 반복측정수 n에 의해 결정된 d_2값을 의미한다.

계측기사들 간의 차이로 인해 나타나는 측정변동은 다음과 같다.

$$\hat{\sigma}_{reproducibility} = R_{\overline{\overline{X}}}/d_2(r)$$

단, $R_{\overline{\overline{X}}} = \max\{\overline{\overline{X}}_1, \overline{\overline{X}}_2, \cdots, \overline{\overline{X}}_r\} - \min\{\overline{\overline{X}}_1, \overline{\overline{X}}_2, \cdots, \overline{\overline{X}}_r\}$. 이 때 $d_2(r)$은 표본의 크기 r에 의해 결정된 d_2값을 의미한다. 측정오차의 분산과 P/T비는 다음과 같다.

$$\hat{\sigma}^2_{gage} = \left(\frac{\overline{\overline{R}}}{d_2(n)}\right)^2 + \left(\frac{R_{\overline{\overline{X}}}}{d_2(r)}\right)^2$$

$$P/T\text{비} = \frac{6\widehat{\sigma_m}}{USL - LSL}$$

반복성 및 재현성을 알아보기 위해 다른 3명의 사용자가 동일한 방식으로 측정하여 얻은 데이터는 다음과 같다. SixSigma Tools에서 "측정(Measure) > Gage R&R..."을 수행하고 Gahe R&R-20 시트에 데이터를 붙여넣기 한다.

측정자		A				B				C			
반복		1	2	평균	범위	1	2	평균	범위	1	2	평균	범위
부품 #	1	0.65	0.60	0.625	0.05	0.55	0.55	0.550	0.00	0.50	0.55	0.53	0.05
	2	1.00	1.00	1.000	0.00	1.05	0.95	1.000	0.10	1.05	1.00	1.03	0.05
	3	0.85	0.80	0.825	0.05	0.80	0.75	0.775	0.05	0.80	0.80	0.80	0.00
	4	0.85	0.95	0.900	0.10	0.80	0.75	0.775	0.05	0.80	0.80	0.80	0.00
	5	0.55	0.45	0.500	0.10	0.40	0.40	0.400	0.00	0.45	0.50	0.48	0.05
	6	1.00	1.00	1.000	0.00	1.00	1.05	1.025	0.05	1.00	1.05	1.03	0.05
	7	0.95	0.95	0.950	0.00	0.95	0.90	0.925	0.05	0.95	0.95	0.95	0.00
	8	0.85	0.80	0.825	0.05	0.75	0.70	0.725	0.05	0.80	0.80	0.80	0.00
	9	1.00	1.00	1.000	0.00	1.00	0.95	0.975	0.05	1.05	1.05	1.05	0.00
	10	0.60	0.70	0.650	0.10	0.55	0.50	0.525	0.05	0.85	0.80	0.83	0.05
			평균	0.828	0.05		평균	0.768	0.05		평균	0.828	0.03

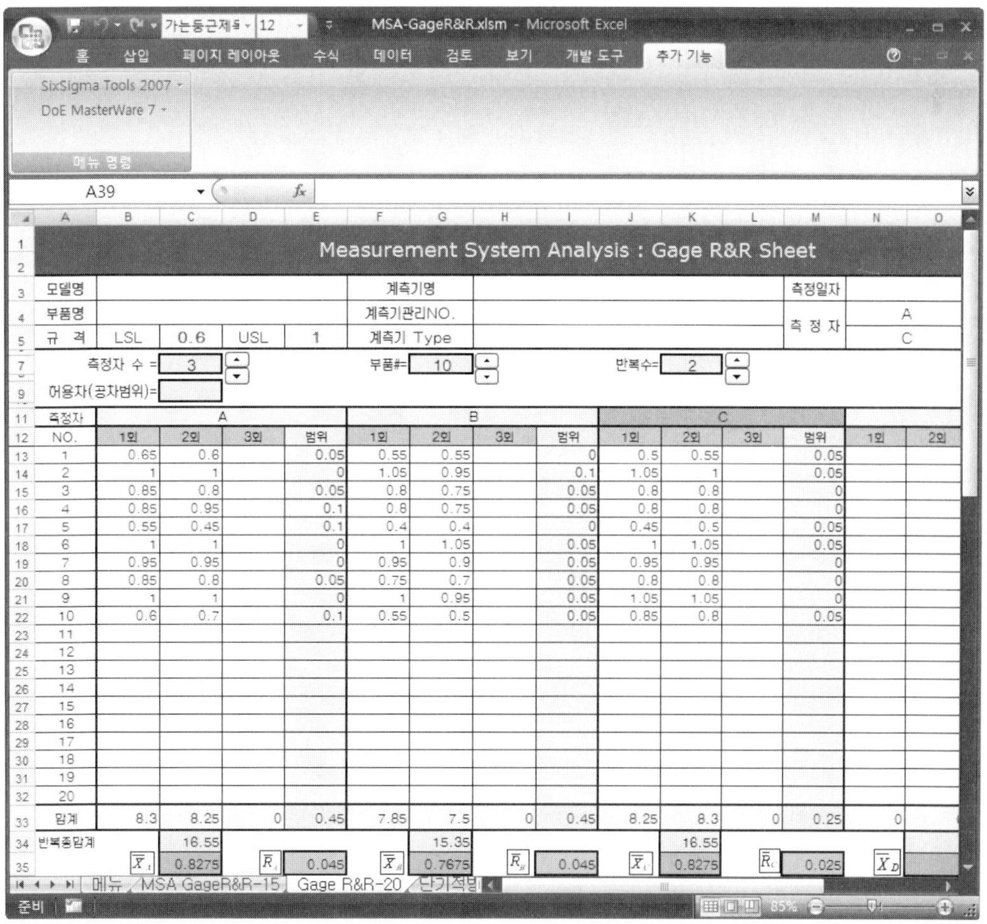

$\overline{\overline{R}}$	$\overline{X}_{Diff}$	$UCL_{\overline{R}}$	Rp	EV	AV	R&R	PV
0.0383	0.06	0.0987	0.5583	0.034	0.0354	0.0491	0.1461
Tolerance			0.4	%EV	%AV	%R&R	%PV
% Tolerance Variation				51.0%	53.2%	73.6%	219.2%
% Process Variation				17.4%	18.2%	25.1%	74.9%
% P/T Ratio				73.65%			

위 결과 표에 출력된 추정값들은 다음과 같이 계산된다.

$$\hat{\sigma}_{repeatability} = \overline{\overline{R}}/d_2(n)$$

$$= \left(\frac{0.045 + 0.045 + 0.025}{3}\right)/1.12838$$

$$= 0.03397$$

$$\hat{\sigma}_{reproducibility} = R_{\overline{\overline{X}}}/d_2(r)$$

$$= (0.8275 - 0.7675)/1.69257$$

$$= 0.03545$$

$$\hat{\sigma}_{gage} = \sqrt{(0.03397)^2 + (0.03545)^2}$$

$$= 0.0491$$

$$\mathrm{P/T}\ ratio = \frac{6\hat{\sigma}_{gage}}{USL - LSL}$$

$$= \frac{6 \times 0.0491}{1 - 0.6}$$

$$= 0.7365$$

P/T비가 매우 큰 값을 나타났다. 73.65%는 계측기의 반복성 및 재현성에 있어 모두 문제로 계측기의 변동성을 수정 보완해야 한다. 보통 30%를 초과하면 계측기 자체를 믿을 수 없는 수준이다. 만일 P/T비가 0.1보다 커지면 사용자들의 교육을 통해 재현성을 향상시키는 노력이 필요하다.

이제 5부로 넘어 갈 것이다. 비록 Minitab의 다변량 모듈들은 매우 빈약하기 그지 없다. 이를 SixSigma Tools로 보완할 것이다. 다변량 해석법은 매우 응용력이 현실적이므로 특히 집중하여 학습하시되 여러 번 반복학습하시기 바란다. 그리고 너무 이론의 증명이나 해체에 집중하지 마시라. 절대로 ...

Introduction to
Behaviorally Statistical Data Analysis
using Minitab & SixSigma Tools for Excel

V

Advanced Statistical Techniques

5부에서 다루는 내용은 고급 통계기법들로 주로 다변량 기법들에 대한 해석을 다룰 것이다. Minitab의 다변량기법에 대한 모듈들은 거의 쓸모가 없을 정도로 유치하기 그지없다. Minitab에서는 품질관리와 실험계획법 모듈들은 상대적으로 매우 잘 구성이 되어 있으나 그 외는 거의 보잘 것 없는 수준이라 보통 통계학자들은 미니탭을 거의 사용하지 않는다. 그러다 보니 학계에서는 학술논문을 저술할 때 SPSS, SAS 등의 패키지만을 고집하는 경향이 있었다. 그러나 최근에는 기본적인 통계량을 제시한다면 데이터가 같은 한 제시되는 통계량의 값이 어떤 패키지이냐에 따라 달라지지 않기 때문에 그다지 통계패키지에 대한 제한을 두려는 경향은 거의 사라져 가고 있다. 그러므로 이제는 사용상의 편리성과 보고서나 학술논문을 신속하고 미려하게 작성할 수 있는가라는 효용성에 더 관심이 모여지고 있다. 결국 효용과 효율을 중시하는 풍토가 조성되고 있다. 매우 다행스런 분위기다. 물론 Minitab도 그러한 환경에 편승하여 앞으로 많은 개선을 보일 것으로 기대된다. 아니 그렇게 되어야 생존할 수 있다. 이 장에서도 Minitab의 한계를 보완하고 극복하기 위하여 그리고 결과를 시각화하기 위하여 Excel VBA add-in Program인 “SixSigma Tools 2007”을 사용하여 위치도나 시각적 도표를 제시하겠다.

Introduction to
Behaviorally Statistical Data Analysis
using Minitab & SixSigma Tools for Excel

21

다변량 통계분석
Multivariate Statistical Analysis

21.1 다변량 통계분석이란?

흔히 독립변수(들)와 단일 종속변수 간의 인과관계를 파악하고자 할 때 일변량 통계분석(univariate statistical analysis)을 적용한다. 즉, 하나의 변수의 변동 원인을 규명하기 위하여 많은 수의 요인 중 한 요인을 선택하여, 선택된 요인과 연구하고자 하는 변수와의 관계를 분석한 후, 다른 요인을 또 선택하여, 같은 절차를 반복하게 된다. 이렇게 하여 개별 분석된 결과를 종합하여 연구하고자 하는 변수를 이들 요인에 의하여 설명하는 것이다. 이러한 일변량 통계분석은 개개의 요인들이 서로 상호작용을 하지 않는 상태에서 연구하고자 하는 변수에만 작용한다고 가정하였을 때에는 아무 문제가 없다. 그러나 현실에서는 요인들 간의 상호작용이 존재하며, 연구하고자 하는 변수 또한 요인들에게 영향을 주는 경우가 많다. 즉, 어떤 변수가 종속변수이고 어떤 변수가 독립변수인지 불분명하며, 독립변수들 간에도 종속 및 독립의 관계가 존재한다. 이러한 문제점들을 해결하기 위하여 개발된 분석방법이 바로 다변량 통계분석(multivariate statistical analysis)이다.

다변량 통계분석은 한마디로 말한다면, 차원(dimension)을 줄이고자 하는 통계분석 체계라고 할 수 있다. 즉, 많은 수의 변수를 최소한의 정보 손실(information loss)을 유지하면서 가능한 한 적은 수의 변수로 줄이는 분야(변수 차원 축소)와 많은 수의 케이스를 그 특성이 비슷한 몇 가지 집단으로 분류하여 전체 케이스가 가지고 있는 의미를 이들 분류된 몇 개의 집단으로 설명하고자 하는 분야(케이스 차원 축소) 등으로 양분되는 분석방법을 다변량 통계분석이라 한다.

21.2 다변량 통계분석의 분류

앞 절에서 언급한 내용에 근거하여 다변량 통계분석을 분류하면 다음과 같다.

■ 변수의 차원을 줄이는 분석

① 다변량 회귀분석(Multivariate Regression Analysis)

② 다변량 분산분석(Multivariate ANOVA: MANOVA)

③ 주성분 분석(Principal Component Analysis)

④ 요인분석(Factor Analysis)

⑤ 정준상관분석(Canonical Correlation Analysis)

■ 케이스의 차원을 줄이는 분석

① 군집분석(Cluster Analysis)

② 판별분석(Discriminant Analysis)

③ 로지스틱 회귀분석(Logistic Regression)

④ 다차원척도법(Multi-Dimensional Scaling: MDS)

⑤ OVERALS, HOMALS, CATPCA 등 범주형 위치도 작성

다변량 통계분석은 많은 변수들을 한꺼번에 고려하여야 하므로, 분산-공분산 행렬, 상관행렬, 거리행렬, 고유값(eigenvalue), 고유벡터(eigen vector) 등 기본적인 행렬이론의 이해가 다변량 통계분석의 이론을 숙지하는데 필요하다.

21.3 유사성 및 상이성 행렬

일반적으로 두 변수의 공분산이 크거나 상관계수가 작다는 말은 두 변수가 서로 이질적이어서 서로 상이한 관계를 나타낸다고 할 수 있다. 이는 곧 공간상에 두 변수를 점으로 표시한다면 두 점 간의 거리가 멀다고 할 수 있다. 반대로 두 변수의 공분산이 작거나 상관계수의 절대값이 '1'에 가깝다면 두 변수는 유사한 변수로 판단할 수 있으며 역시 공간에서 두 변수 간의 거리는 가깝게 위치하고 있음을 의미한다. 다변량 분석에서는 변수들이 많아 변수들의 유사함의 정도를 표시하는 값들을 행렬로서 표현하게 된다. 즉 계산된 통계량의 값이 커질수록 유사함을 의미하는 척도값들이 원소로 구성된 행렬을 유사성(similarity) 행렬이라 한다. 대표적인 유사성 행렬은 상관행렬(correlation matrix)을 들 수 있다. 반대로 상이함을 의미하는 척도값들이 원소로 구성된 행렬을 상이성(dissimilarity) 행렬이라 하며, 대표적인 상이성 행렬은 분산-공분산행렬(variance-covariance matrix)과 거리행렬(distance matrix)을 들 수 있다.

21.3.1 분산-공분산행렬(Variance-Covariance Matrix)

두 변수 X, Y가 다음

$$X:\ X_1, X_2, \cdots, X_n$$

$$Y:\ Y_1, Y_2, \cdots, Y_n$$

과 같이 대응되는 쌍으로 관측되었다고 한다면 이 두 변수의 표본분산과 표본 공분산은 다음과 같이 계산된다.

$$Var(X) = \frac{1}{n-1}\sum_{i=1}^{n}(X_i - \overline{X})^2, \overline{X} = \frac{1}{n}\sum_{i=1}^{n}X_i$$

$$Var(Y) = \frac{1}{n-1}\sum_{i=1}^{n}(Y_i - \overline{Y})^2, \overline{Y} = \frac{1}{n}\sum_{i=1}^{n}Y_i$$

$$Cov(X, Y) = \frac{1}{n-1}\sum_{i=1}^{n}(X_i - \overline{X})(Y_i - \overline{Y})$$

[X와 Y의 분산-공분산행렬]

	X	Y
X	Var(X)	Cov(Y,X)
Y	Cov(X,Y)	Var(Y)

$Cov(X,Y) = Cov(Y,X)$이므로 분산-공분산행렬은 대칭행렬이다. 일반적으로 k개(≥ 2)의 변수들$(X_1, X_2, \cdots, X_k)$에 대한 분산-공분산 다음과 같이 표현할 수 있다.

[k개의 변수$(X_1,\ X_2,\ \cdots,\ X_k)$의 분산-공분산행렬]

	X_1	X_2	$\cdots$	X_k
X_1	$Var(X_1)$	$Cov(X_1, X_2)$	$\cdots$	$Cov(X_1, X_k)$
X_2	$Cov(X_2, X_1)$	$Var(X_2)$	$\cdots$	$Cov(X_2, X_k)$
$\vdots$	$\vdots$	$\vdots$	$\ddots$	$\vdots$
X_k	$Cov(X_K, X_1)$	$Cov(X_K, X_2)$	$\cdots$	$Var(X_k)$

21.3.2 **상관행렬**(Correlation Matrix)

상관행렬은 두 변수 사이의 상관계수를 행렬로 표시한 것으로써 분산-공분산 행렬로부터 구할 수 있다. 두 변수 X와 Y의 표본상관계수는

$$r_{XY} = \frac{Cov(X,\ Y)}{\sqrt{Var(X)}\ \sqrt{Var(Y)}}$$

로 정의되고 같은 변수 사이의 상관계수는 '1'이다. 즉, 변수 X와 X의 표본상관계수는

$$r_{XX} = \frac{Cov(X,\ X)}{\sqrt{Var(X)}\ \sqrt{Var(X)}} = 1$$

이며, 변수 Y와 Y의 표본상관계수는

$$r_{YY} = \frac{Cov(Y,\ Y)}{\sqrt{Var(Y)}\ \sqrt{Var(Y)}} = 1$$

이다.

[X와 Y의 상관행렬]

	X	Y
X	1	r_{XY}
Y	r_{YX}	1

$r_{XY} = r_{YX}$이므로 상관행렬은 대칭정방행렬이다.

일반적으로 k개(≥ 2)의 변수들($X_1, X_2, \cdots, X_k$)에 대한 상관행렬은 다음과 같이 표현할 수 있다.

[k개의 변수($X_1,\ X_2, \cdots, X_k$)의 상관행렬]

	X_1	X_2	X_3	$\cdots$	X_k
X_1	1	r_{12}	r_{13}	$\cdots$	r_{1k}
X_2		1	r_{23}	$\cdots$	r_{2k}
.			.		
.				.	
.	대칭			.	
X_k					1

여기에서 r_{ij}, X_i와 $X_j(i,\ j = 1,\ 2,\ \cdots,\ k)$의 상관계수이다.

21.3.3 거리행렬(Distance Matrix)

거리행렬은 두 변수 사이의 거리를 행렬로 표시한 것으로서 일반적으로 유클리드 거리(Euclidean distance)와 유클리드 제곱거리(squared Euclidean distance)를 주로 사용한다. 표본크기가 n인 두 변수 X와 Y의 유클리드 거리는

$$D_{xy} = \sqrt{(x_1 - y_1)^2 + (x_2 - y_2)^2 + \cdots + (x_n - y_n)^2}$$

$$= \sqrt{\sum_{i=1}^{n} (x_i - y_i)^2}$$

로 정의되고 같은 변수 사이의 유클리드 거리는 '0'이다. X와 Y의 유클리드 제곱거리는

$$D_{xy}^2 = (x_1 - y_1)^2 + (x_2 - y_2)^2 + \cdots + (x_n - y_n)^2$$

$$= \sum_{i=1}^{n} (x_i - y_i)^2$$

이며, 일반적으로 k개(≥ 2)의 변수들$(X_1, X_2, \cdots, X_k)$에 대한 상관행렬은 다음과 같이 표현할 수 있다.

[k개의 변수$(X_1, X_2, \cdots, X_k)$의 유클리드 거리행렬]

	X_1	X_2	X_3	…	X_k
X_1	0	D12	D13	…	D1k
X_2		0	D23	…	D2k
.			.		
.				.	
.	대칭			.	
X_k					0

여기에서 D_{ij}, X_i와 $X_j(i, j = 1, 2, \cdots, k)$의 유클리드 거리이다.

21.4 고유값과 고유벡터

고유값(eigenvalue)은 k차의 정방행렬 A에 대하여 다음을 만족하는 λ를 말한다.

$$|A-\lambda I| = 0$$

단, I는 k차 단위행렬이며, | | 표시는 행렬식을 의미한다.

이때 $f(\lambda) = |A-\lambda I|$ 을 행렬 A의 특성함수(characteristic function)라고 하며 고유값은 특성근(characteristic root)이라고도 한다.

고유벡터는 k차의 정방행렬 A에 대해 다음을 만족하는 벡터 $\underline{v}$를 말한다.

$$[A-\lambda I]\,\underline{v} = 0 \quad \text{또는} \quad A\underline{v} = \lambda\underline{v}$$

단, λ는 고유값, I는 k차 단위행렬

이때 $\underline{v}$를 고유값 λ에 대응하는 고유벡터라 하며, 고유값에 따라 고유벡터가 달라진다.

고유벡터는 임의의 상수를 가지므로 유일하지 않을 수 있다. 따라서 각 고유값 λ_i에 대하여 $\underline{v}_i{}'\underline{v}_i = 1$이 되도록 정규화(normalize)해야 한다. 즉, 고유벡터의 길이(norm)가 '1'이 되도록 하려면 다음과 같이 계산하면 된다.

$$\underline{v}_i = \frac{\underline{v}}{\sqrt{\underline{v}'\underline{v}}}$$

다변량 데이터 분석에서는 고유값에 대한 해석이 매우 중요하다. 그러므로 정의식에서 정방행렬 A는 분산-공분산행렬 Σ로 생각하여 고유값의 성질을 해석에 필요한 사항만을 설명하기로 한다. 기타 자세한 사항은 통계학 서적이나 행렬대수를 참고하기 바란다.

[고유값의 성질]

① 고유값들을 전부 곱하면 $|\Sigma|$의 값과 같다.

② 고유값들을 모두 합하면 Σ의 대각원소들의 합인 트레이스 $tr(\Sigma)$와 같다. 이는 분산–공분산행렬의 대각원소들의 합은 총분산을 의미하며 총분산은 고유값들의 합이 된다.

③ 대각행렬의 고유값은 대각선의 원소가 된다.

④ 분산–공분산행렬 Σ의 고유값 $\lambda_i > 0$이면 역행렬 Σ^{-1}의 고유값은 $1/\lambda_i$이 된다.

[고유벡터의 성질]

① 행렬 Σ은 대칭행렬이므로 Σ의 서로 다른 고유값 λ_i와 λ_j의 고유벡터 $\underline{v}_i$와 $\underline{v}_j$는 서로 직교(직각으로 교차)한다. 각 고유벡터의 곱 $\underline{v}_i{}' \underline{v}_j = 0$을 만족하면 직교하며 통계적으로 독립임을 의미한다.

② 행렬 Σ은 양정치행렬(positive definite matrix)이므로 $\underline{v} \neq \underline{0}$인 고유벡터가 있을 때 $\underline{v}'\Sigma\underline{v} = \underline{v}'(\Sigma\underline{v}) = \underline{v}'(\lambda\underline{v}) = \lambda\underline{v}'\underline{v} = \lambda$, ($\because \underline{v}'\underline{v} = 1$)인 관계가 성립한다.

이와 같은 고유값과 고유벡터의 의미를 이해하고 기억한다면 앞으로 설명할 다변량 분석법의 결과에서 자주 나타나는 고유값의 의미를 해석하는데 결정적인 도움이 될 것이다.

21.5 표본공분산행렬 계산

이제 자동차 사양 데이터를 가지고 표본 공분산 행렬을 계산해 보자.

▶ Stat → Basic Statistics → Covariance

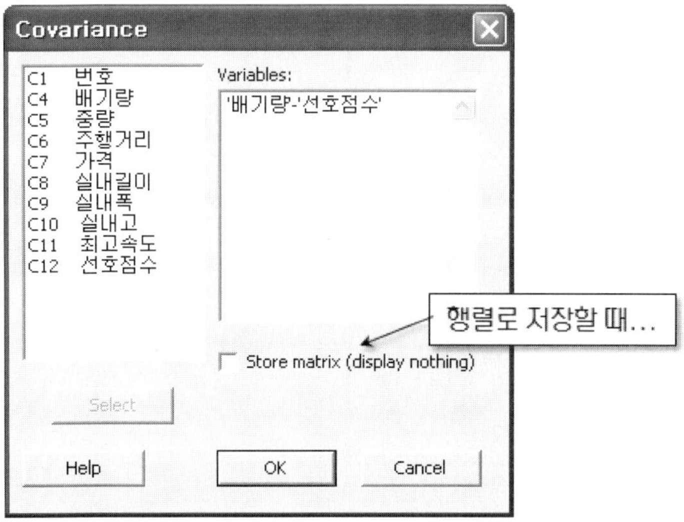

Covariances: 배기량, 중량, 주행거리, 가격, 실내길이, 실내폭, 실내고, ...

	배기량	중량	주행거리	가격	실내길이	실내폭
배기량	653605.3					
중량	255642.8	110673.2				
주행거리	-2928.4	-1222.7	25.7			
가격	1020540.8	375719.9	-4326.9	1698569.6		
실내길이	47518.4	19189.1	-318.0	77354.8	6088.7	
실내폭	47201.6	20921.6	-310.9	68121.1	4518.1	4938.9
실내고	27325.9	15994.3	-125.0	21643.9	631.5	2840.5
최고속도	11274.0	4356.4	-73.7	17283.7	1081.2	1056.0
선호점수	525.1	239.2	-3.5	734.6	49.6	54.2

	실내고	최고속도	선호점수
실내고	8270.4		
최고속도	270.3	348.8	
선호점수	30.0	13.4	0.9

21.6 표본상관행렬 계산

▶ Stat → Basic Statistics → Correlation

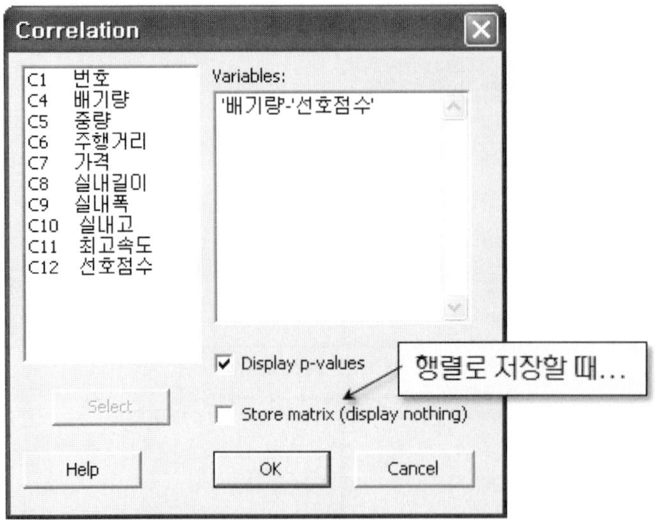

Correlations: 배기량, 중량, 주행거리, 가격, 실내길이, 실내폭, 실내고, 최고속도, 선호점수

	배기량	중량	주행거리	가격	실내길이	실내폭	실내고	최고속도
중량	0.951 0.000							
주행거리	-0.715 0.001	-0.725 0.000						
가격	0.969 0.000	0.867 0.000	-0.655 0.002					
실내길이	0.753 0.000	0.739 0.000	-0.804 0.000	0.761 0.000				
실내폭	0.831 0.000	0.895 0.000	-0.873 0.000	0.744 0.000	0.824 0.000			
실내고	0.372 0.117	0.529 0.020	-0.271 0.261	0.183 0.454	0.089 0.717	0.444 0.057		
최고속도	0.747 0.000	0.701 0.001	-0.779 0.000	0.710 0.001	0.742 0.000	0.805 0.000	0.159 0.515	
선호점수	0.671 0.002	0.742 0.000	-0.706 0.001	0.582 0.009	0.657 0.002	0.796 0.000	0.341 0.153	0.739 0.000

p-value는 귀무가설이 "모상관계수는 '0'이다."에 대한 검정통계량에 대한 값이다.

Cell Contents: Pearson correlation
P-Value

21.7 고유값(eigenvalue)과 고유벡터의 계산

1. Stat → Basic Statistics → Correlation

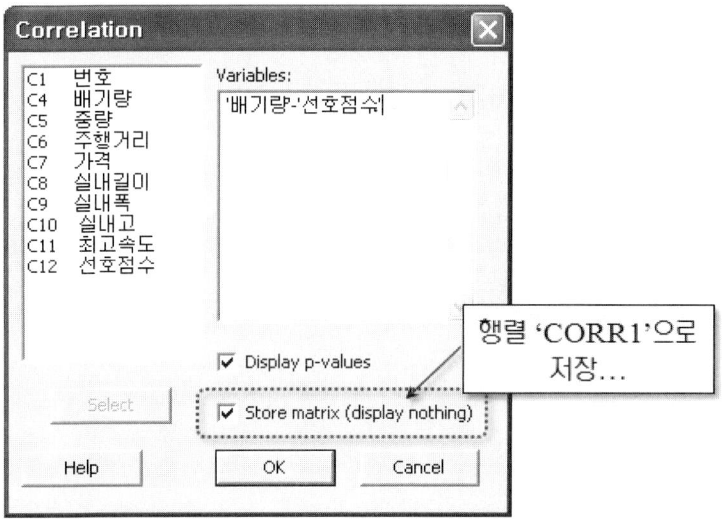

2. Calc → Matrices → Eigen Analysis

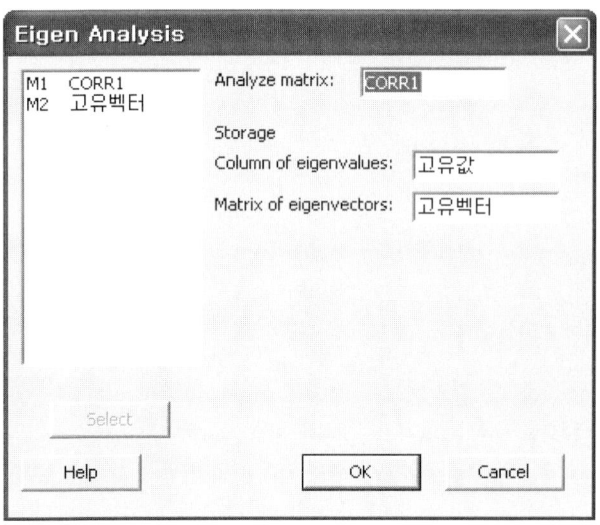

3. 고유값과 고유벡터를 출력하기 위하여 Session 창에서 다음과 같이 명령어를

입력한다.

MTB > print '고유값' '고유벡터' [Enter↵]

```
Data Display

 Matrix 고유벡터

-0.365890  -0.028435  -0.433874   0.106421   0.075424  -0.142600   0.082445  -0.042973   0.794403
-0.368958  -0.202293  -0.252972   0.062133  -0.164763  -0.032401  -0.336859  -0.715924  -0.317606
 0.341734  -0.107193  -0.359508   0.494023  -0.160327   0.636152  -0.227628   0.116936   0.050394
-0.342540   0.149316  -0.562932   0.102813   0.040366  -0.147091   0.214082   0.461141  -0.501159
-0.338668   0.304887   0.049860  -0.412626  -0.417417   0.591079   0.300271  -0.058677   0.048833
-0.374032  -0.075434   0.184576  -0.185614  -0.047884   0.066166  -0.748845   0.462138   0.069841
-0.153485  -0.879862   0.056117  -0.155754   0.133671   0.209238   0.305014   0.132922  -0.050270
-0.336715   0.221040   0.244260   0.282498   0.737527   0.364443   0.037741  -0.125030  -0.066897
-0.323029  -0.053119   0.449726   0.649159  -0.448873  -0.148117   0.191554   0.094687   0.009248


고유값
   6.51443   1.05740   0.61506   0.33092   0.23456   0.13939   0.07749   0.02641   0.00435
```

Introduction to
Behaviorally Statistical Data Analysis
using Minitab & SixSigma Tools for Excel

22

주성분 분석
Principal Component Analysis

22.1 주성분 분석 이란?

주성분 분석(principal component analysis)이란 변수들이 가지고 있는 정보의 손실을 최대한 줄이면서 원래의 변수들의 선형결합을 구성하여 분산-공분산 구조를 설명하는 통계적 방법이다. 이때의 선형결합을 주성분이라고 한다. 주성분분석의 목적은 일반적으로 데이터가 가지는 차원의 축소와 해석에 있다. 예를 들어 원자료에 p 개의 변수가 있다고 할 때 p 보다 작은 숫자인 k개의 주성분으로 전체 변동 중에서 상당 부분을 설명할 수 있다면 이러한 기법은 매우 효과적이라 할 수 있다. 따라서 원자료가 p 개 변수와 n개의 관측값으로 구성되어 있을 때 k개의 주성분과 n개의 관측값으로 데이터를 축소(reduction)할 수 있을 것이다. 이렇게 축소된 주성분을 통하여 데이터를 해석함으로써 원자료에 나타나 있지 않은 관계들을 찾아내 원자료에서 파악할 수 없었던 새로운 사실을 찾아낼 수 있다.

- ⊙ 선형결합을 통하여 분산-공분산 구조를 설명하는 통계적 기법
- ⊙ 직교변환을 이용한 반응변수의 선형결합(주성분)을 찾고
- ⊙ p 개의 원래 변수를 중요한 $m\ (\le p)$ 개의 (보통 2-3개) 주성분으로 분석하고 원데이터에 나타나 있지 않는 관계를 찾아냄(데이터의 축소와 해석)

22.2 주성분의 활용

- ⊙ 회귀분석에서는 포함될 설명변수의 수를 결정하거나 설명변수들 간의 다중공선성 문제가 존재할 경우 이를 회피하기 위하여 주성분을 사용할 수도 있다.
- ⊙ 요인분석에서는 요인을 추출하는 방법 중의 하나로 이용된다.

22.3 주성분 이론

주성분 분석의 기본개념은 다변량 데이터의 변동(variation)을 가장 많이 설명해 주는 선형결합을 찾는 것이다. $\underline{x}' = (x_1, x_2, \cdots, x_p)$를 평균이 $\underline{\mu}$이고 공분산 행렬이 Σ인 다변량정규분포를 따르는 확률벡터라 하자. Σ의 고유값을 $\lambda_1, \lambda_2, \cdots, \lambda_p$라 하고, 이들 고유값에 대한 고유벡터를 $\underline{e}_1, \underline{e}_2, \cdots, \underline{e}_p$라 하자. x_i들의 선형결합으로 표시되는 주성분을 구하기 위해 다음과 같은 선형결합을 생각해 보자.

$$
\begin{aligned}
y_1 &= \underline{l}_1' \underline{x} = l_{11}x_1 + l_{12}x_2 + \cdots + l_{1p}x_p \\
y_2 &= \underline{l}_2' \underline{x} = l_{21}x_1 + l_{22}x_2 + \cdots + l_{2p}x_p \\
&\vdots \\
y_p &= \underline{l}_p' \underline{x} = l_{p1}x_1 + l_{p2}x_2 + \cdots + l_{pp}x_p
\end{aligned}
$$

단, $\underline{l}_i' = (l_{i1}, l_{i2}, \cdots, l_{ip}), \quad i = 1,2,\cdots,p$

이는 일반적으로 $y_i = \underline{l}_i' \underline{x}$라 할 수 있으며, 분산과 공분산은 다음과 같다.

$$Var(y_i) = \underline{l}_i' \sum \underline{l}_i \quad , \ i = 1,2,\cdots,p$$

$$Cov(y_i, y_j) = \underline{l}_i' \sum \underline{l}_j \quad , \ i, j = 1,2,\cdots,p, \ i \neq j$$

위의 선형결합에서 계수벡터의 길이 $\underline{l}_i' \underline{l}_i = 1$이 되도록 한 다음 주성분을 다음과 같이 정의한다.

⊙ 제 1 주성분 = 제약조건 $\underline{l}_1' \underline{l}_1 = 1$하에서 $Var(\underline{l}_1' \underline{x})$를 최대화시키는 $\underline{l}_1' \underline{x}$의 선형결합

⊙ 제 2 주성분 = 제약조건 $\underline{l}_2' \underline{l}_2 = 1$이고 $Cov(\underline{l}_1' \underline{x}, \underline{l}_2' \underline{x}) = 0$하에서 $Var(\underline{l}_2' \underline{x})$를 최대화시키는 $\underline{l}_2' \underline{x}$의 선형결합

⊙ 제 i 주성분 = 제약조건 $\underline{l}_i' \underline{l}_i = 1$이고 $Cov(\underline{l}_i' \underline{x}, \underline{l}_k' \underline{x}) = 0, k < i$하에서 $Var(\underline{l}_i' \underline{x})$를 최대화시키는 $\underline{l}_i' \underline{x}$의 선형결합

즉, y_i는 $y_1, y_2, \cdots, y_{i-1}$과 상관관계가 없으며, $y_1, y_2, \cdots, y_{i-1}$을 제외한 나머지 선형결합 중에서 최대분산을 갖도록 하면 다음과 같이 된다.

$$y_i = \underline{e}_i' \underline{x} = e_{i1} x_1 + e_{i2} x_2 + \cdots + e_{ip} x_p, \quad i = 1,2,\cdots,p$$

여기에서 $\underline{e}_i$는 Σ의 고유값 중에서 크기가 i번째인 λ_i에 대응하는 고유벡터이며 y_i를 제 i 주성분이라 한다.

결국 각 주성분은 고유벡터의 각 원소들을 계수로 하는 선형결합이 되는 것이다. 그리고 주성분들은 서로 상관관계가 없으며, 분산의 합은 다음과 같다.

$$\sum_{i=1}^{p} Var(y_i) = \sum_{i=1}^{p} \lambda_i = \sum_{i=1}^{p} Var(x_i)$$

$k(<p)$개의 주성분의 분산합 $\lambda_1 + \lambda_2 + \cdots + \lambda_k$가 전체분산의 대부분을 설명한다면 p개의 변수 대신에 k개의 새로운 변수 $y_1, y_2, \cdots, y_k$로 전체변동을 설명할 수 있게 된다.

22.4 주성분의 개수(m) 결정

산출가능한 주성분의 수는 데이터 셋에 포함된 변수의 수와 같다. 즉 분석할 변수의 수가 9개라면 도출할 수 있는 주성분의 수도 9개가 된다. 이는 기하적으로는 9차원 공간이론으로 적용된다. 주성분 분석의 근본 목적은 분산을 가장 많이 설명하는 축을 찾되 축들 간의 관계는 직교해야 한다는 규칙을 적용하는 것이다. 그래서 가능한 모든 주성분(축=함수) 9개를 찾는데 있다. 그런데 일반적으로 분석자의 입장은 단지 주성분을 찾는데 목적이 있는 것이 아니라 설명하기 힘든 다차원을 상대적으로 쉬운 저차원으로 설명하기 위하여 차원을 축소하고자 하는 것이므로 주성분을 찾고 난 다음 축소를 하려할 것이다. 여기에서 단지 변동을 많이 설명하면서 서로 독립(직교)인 모든 주성분을 찾는 과정은 주성분 분석이라고 할 수 있으나 찾아진 주성분들의 설명력(또는 기여율)을 기준으로 차원을 축소하려는 행동은 요인분석의 개념이 된다. 이 이묘한 차이를 이해해야 한다. 즉 주성분 분석은 단지 9개의 주성분을 찾는데 국한되며 찾아진 9개의 주성분을 3개로 축소하여 설명하려는 행위는 주성분 분석이라기보다는 요인분석의 개념으로 이해해야 한다는 것이다. 그러나 실제 많은 분석자들이 이 미묘한 경계를 무시하고 주성분 분석도 차원을 축소하는 것이 목적인양 설명하려는 경향이 있다. 물론 틀리고 맞고의 문제는 아니지만 정확한 개념의 한계를 무시한 처사라고 할 수 있으며 이렇게 개념의 경계점을 혼용하게 되면 정명(正名:용어를 바르게 정의함)을 하지 못해 명료한 '앎'을 그르치게 된다. 이로 인해 마음에 확신을 갖지 못하게 된다. 결론적으로 말해서 주성분 분석에서 몇 개의 주성분만을 추출하려는 행동은 요인분석의 개념임을 잊지 말라는 것이다. 주성분은 단지 가능한 주성분만을 모두 산출해주는 것까지 그 임무를 다하는 것이다. 이는 요인분석의 쓰임새를 잘 이해하다면 무슨 말인지 정확하게 이해될 것이다.

다음은 차원을 축소하는 일반적인 기준으로 이해해야 한다. 통계학에서는 절대적인 기준이란 거의 없다. 그리고 요인분석은 차원축소의 기능임을 잊지 말라. p개 변수가 있을 때 각 도출되는 주성분의 분산인 고유값을 λ_i라고 하면 차원축소하기 위한 주성분 중 추출하는 개수는 다음과 같은 기준에 따른다.

1. R (=상관행렬) 사용할 때 : $\lambda_i > 0.7$ 인 λ_i의 개수로 정한다.
2. 스크리 도표(scree plot) : $(i, \lambda_i), i = 1, 2, \cdots, p$를 그려 j번째부터 감소하는 추세가 완만해지면 $m = j - 1$을 선택한다.
3. 누적 기여율을 보고 선택 : 주성분에 의해서 설명되는 분산의 누적비율이 80%라면 80% 이상을 만족하는 차원에서 개수를 결정한다.
4. 선행연구자의 보고서(주로 요인분석의 결과임)의 개수에 따른다.

이와 같은 기준은 요인분석에서도 동일하게 적용되며 요인분석에서 더 자세히 설명할 것이다.

분산 설명력은 다른 말로 기여율이라고도 할 수 있는데 p개 변수가 있을 때 다음과 같이 계산된다.

$\sum_{i=1}^{p} \lambda_i$: 주성분에 의해서 설명되는 분산의 총합

$\dfrac{\lambda_i}{\sum_{i=1}^{p} \lambda_i} < 1$: i번째 주성분에 의하여 설명되는 기여율

$\dfrac{\sum_{i=1}^{m} \lambda_i}{\sum_{i=1}^{p} \lambda_i} < 1$: m번째까지의 주성분에 의해서 설명되는 분산의 누적비율

* 변수들의 측정단위가 다를 때는 반드시 상관행렬 R을 이용해야 함을 잊지 말라. 그러나 대부분 상관행렬로 디폴트가 되어 있으며 특별한 경우를 제외하고 일반적으로는 상관행렬을 사용하는 것이 바람직하다.

22.5 시리얼 시장조사 데이터의 주성분 추출

새로운 제품에 대한 여러 가지 특성 (변수)들이 소비자의 선호도와 관련하여 어떤 요인들을 형성하는지 알아보기 위하여 100명의 소비자를 대상으로 '맛', '가격', '향기', '적당한 요깃거리', '영양가' 즉, 각 요소가 소비자의 제품선정에 얼마나 중요한가를 질문하는 문항에 대하여 선호도 정도에 따라 '적극반대', '반대', '약간반대', '중립', '약간찬성', '찬성', '적극찬성' 7점 척도로 응답하게 하였다. 수집된 데이터는 정리하여 “시리얼시장조사.xlsx” 라는 엑셀 파일로 보관하였다.

이제 주성분을 추출하여 보기로 한다.

1. “시리얼시장조사.xlsx”을 워크시트로 읽기 위하여 엑셀파일을 Minitab을 실해한 후에 Minitab 창 위에 끌어놓기한다.

시리얼시장조사 ***

↓	C1-T	C2-T	C3-T	C4	C5	C6	C7	C8	C9
	일련번호	성별	연령	맛	가격	영양가	향기	요깃거리	
1	1	여자	10대	7	6	6	6	7	
2	2	여자	10대	6	5	5	6	6	
3	3	여자	10대	7	5	6	6	7	
4	4	여자	30대	5	3	3	5	3	
5	5	여자	10대	6	7	6	6	5	
6	6	여자	10대	7	5	6	6	5	
7	7	여자	10대	6	6	5	6	4	
8	8	여자	10대	7	6	6	6	6	
9	9	여자	10대	6	5	5	6	5	
10	10	여자	20대	5	4	4	5	4	
11	11	여자	10대	6	5	5	6	5	

2. Stat → Multivariate → Principle Components...

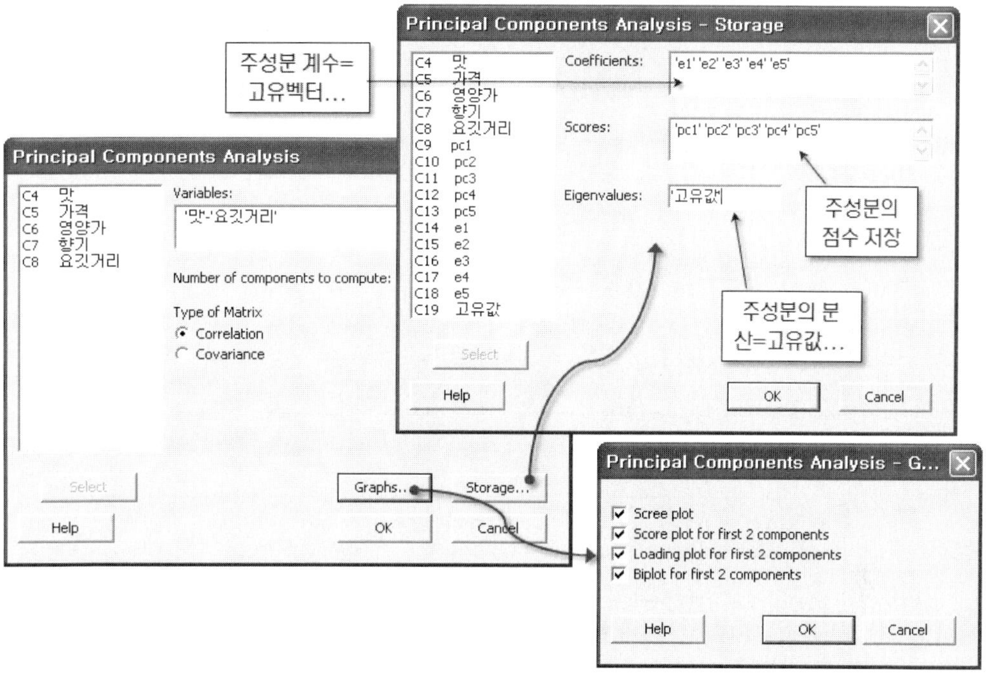
Principal Components Analysis - Storage
주성분 계수=
고유벡터...
Coefficients: 'e1' 'e2' 'e3' 'e4' 'e5'
Scores: 'pc1' 'pc2' 'pc3' 'pc4' 'pc5'
Eigenvalues: '고유값'
주성분의
점수 저장
주성분의 분
산=고유값...
Principal Components Analysis
Variables: '맛'-'요깃거리'
Number of components to compute:
Type of Matrix
Correlation
Covariance
Graphs...
Storage...
Principal Components Analysis - G...
Scree plot
Score plot for first 2 components
Loading plot for first 2 components
Biplot for first 2 components
Help
OK
Cancel

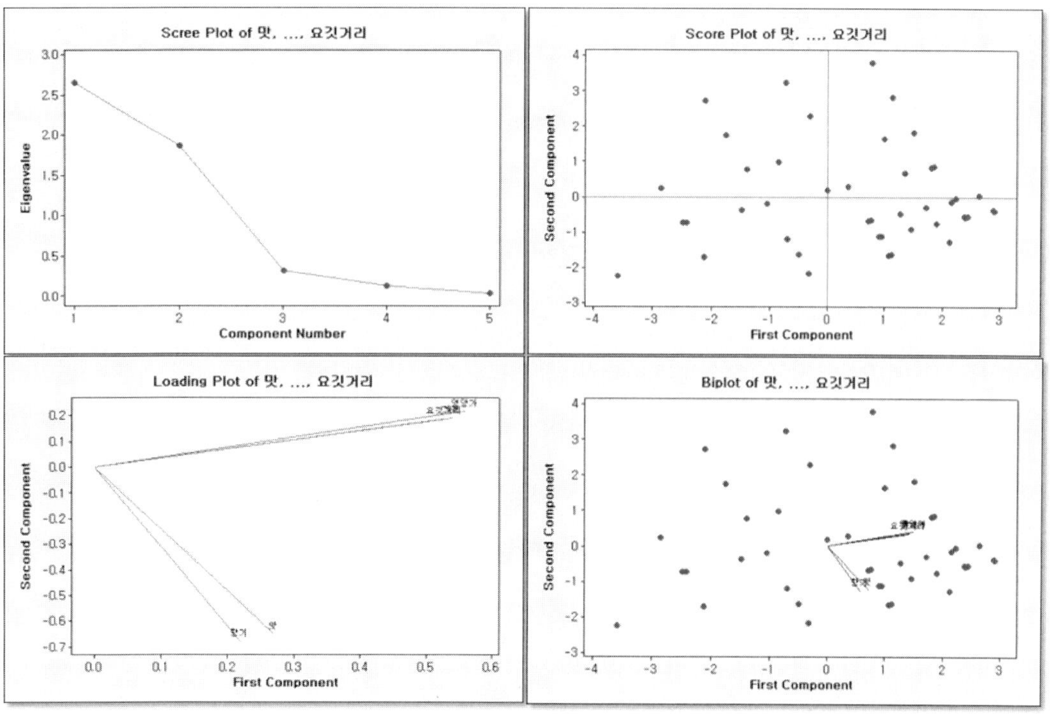
Scree Plot of 맛, ..., 요깃거리
Eigenvalue
Component Number
Score Plot of 맛, ..., 요깃거리
Second Component
First Component
Loading Plot of 맛, ..., 요깃거리
Second Component
First Component
Biplot of 맛, ..., 요깃거리
Second Component
First Component

```
Principal Component Analysis: 맛, 가격, 영양가, 향기, 요깃거리

Eigenanalysis of the Correlation Matrix

Eigenvalue  2.6546  1.8690  0.3163  0.1265  0.0335
Proportion   0.531   0.374   0.063   0.025   0.007
Cumulative   0.531   0.905   0.968   0.993   1.000


Variable     PC1     PC2     PC3     PC4     PC5
맛         0.269  -0.650  -0.020  -0.033  -0.709
가격       0.538   0.191   0.638   0.517  -0.012
영양가     0.559   0.217   0.106  -0.792   0.047
향기       0.218  -0.677   0.021   0.013   0.702
요깃거리   0.527   0.187  -0.763   0.323   0.034
```

[일괄처리 명령어]

```
WOpen "I:₩MINITAB 데이터₩시리얼시장조사.XLSX";
  FType;
    Excel.
Worksheet "시리얼시장조사"
Name c9 "pc1" c10 "pc2" c11 "pc3" c12 "pc4" c13 "pc5"
Name c14 "e1" c15 "e2" c16 "e3" c17 "e4" c18 "e5" c19 "고유값"
PCA  '맛'-'요깃거리';
  Coefficients 'e1' 'e2' 'e3' 'e4' 'e5';
  Scores 'pc1' 'pc2' 'pc3' 'pc4' 'pc5';
  Eigen '고유값';
  GScree;
  GScore;
  GLoading;
  GBiPlot.
```

각 주성분 점수는 다음과 같이 계산된다. 여기에서 "$Z_{변수이름}$"은 해당 변수의 각 변수값에서 평균을 빼고 표준편차로 나누어 준 값, 즉 표준화 값이다.

$$
\begin{aligned}
pc_1 &= 0.269\,Z_{맛} + 0.538\,Z_{가격} + 0.559\,Z_{영양가} + 0.218\,Z_{향기} + 0.527\,Z_{요깃거리} \\
pc_2 &= -0.65\,Z_{맛} + 0.191\,Z_{가격} + 0.217\,Z_{영양가} - 0.677\,Z_{향기} + 0.187\,Z_{요깃거리} \\
pc_3 &= -0.02\,Z_{맛} + 0.638\,Z_{가격} + 0.106\,Z_{영양가} + 0.021\,Z_{향기} - 0.763\,Z_{요깃거리} \\
pc_4 &= -0.033\,Z_{맛} + 0.517\,Z_{가격} - 0.792\,Z_{영양가} + 0.013\,Z_{향기} + 0.323\,Z_{요깃거리} \\
pc_5 &= -0.709\,Z_{맛} - 0.012\,Z_{가격} + 0.047\,Z_{영양가} + 0.702\,Z_{향기} + 0.034\,Z_{요깃거리}
\end{aligned}
$$

PC1이 설명하는 분산은 2.6546로 총분산 5에서 약 53.1%를 설명하고 있다. 그리고 PC2는 PC1과 독립이며 PC2의 분산은 1.8690으로 총분산 5에서 37.4%를 설명한다. 여기에서 독립이라 함은 기하적으로는 두 성분이 서로 직교함을

의미하며 이는 PC2는 PC1이 설명한 분산을 전혀 겹쳐서 설명하지 못하며 독립적으로 PC2만의 분산만을 설명한다는 의미가 된다. 역시 PC3도 동일한 방식으로 확장해 나아간다. 두 주성분이 설명하는 누적 %는 90.5%가 됨을 확인할 수 있다. 그러나 이렇게 5개의 주성분에서 몇 개만을 선택하여 설명하려는 시도 자체는 요인분석에 해당함으로 여기에서는 단지 두 주성분에 의한 시각화 분석에만 치중하기로 하고 요인분석에서는 적은 수의 주성분만을 추출하여 분석하는 방법을 설명하기로 하겠다.

이렇게 계산된 주성분 값들을 가지고 여러 가지 시각적 분석을 수행할 수 있는데 이런 경우 Minitab의 한계를 느끼게 된다. 앞에서 출력된 Biplot의 그림을 다시 보면 아래 각 산점에서 데이터 레이블을 달아두고 싶다. 그것도 연령대로 표시하고 또 성별로도 표시해 보고 각 산점에 맛에 대한 응답값은 얼마가 되는지 산점에 레이블로 표시할 수 있다면 매우 정확하고 흥미로운 많은 분석을 할 수 있으며 그것도 시각적으로 보고 확인할 수 있을 것이다.

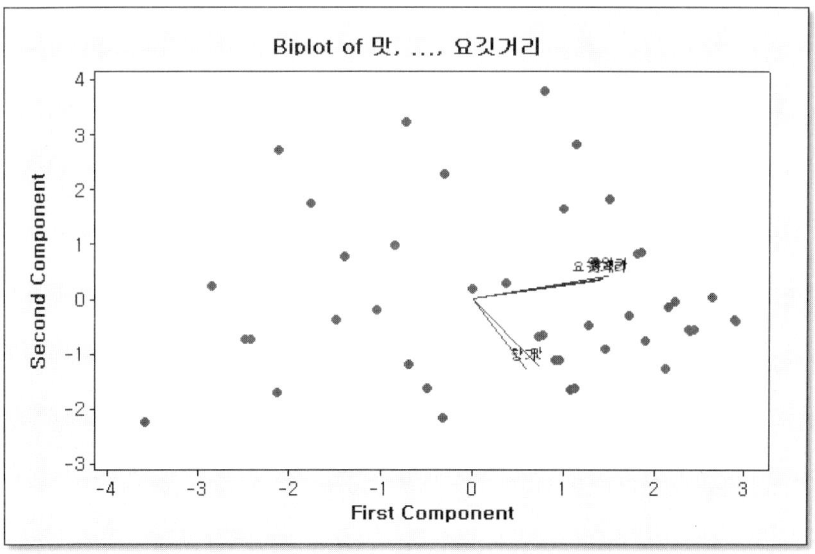

즉 다음의 [그림 22.5a]와 같이 출력하고 싶다면 어떻게 해야 하는가? 그래서 그 방법을 강구하려고 한다. 위 도표에서 데이터 레이블을 자유롭게 지정하여 출력할 수 있다면 좋겠는데 Minitab에서는 벡터축을 출력하지 않으면 가능하고

따로 벡터축 만을 그려서 두 그림을 다른 프로그램을 사용하여 겹치기 하여야 한다. SPSS(PASW)를 사용할 때도 역시 그와 같은 방법을 사용하곤 했었다. 그러나 이는 서로간의 스케일의 문제뿐만 아니라 매우 다양한 컴퓨터 사용 능력을 요구하게 된다. 또한 시간도 많이 걸리고 일반적인 고급 사용자라고 할지

[그림 22.5a] Biplot 시각화 및 데이터 레이블(벡터축은 5배 연장함)]

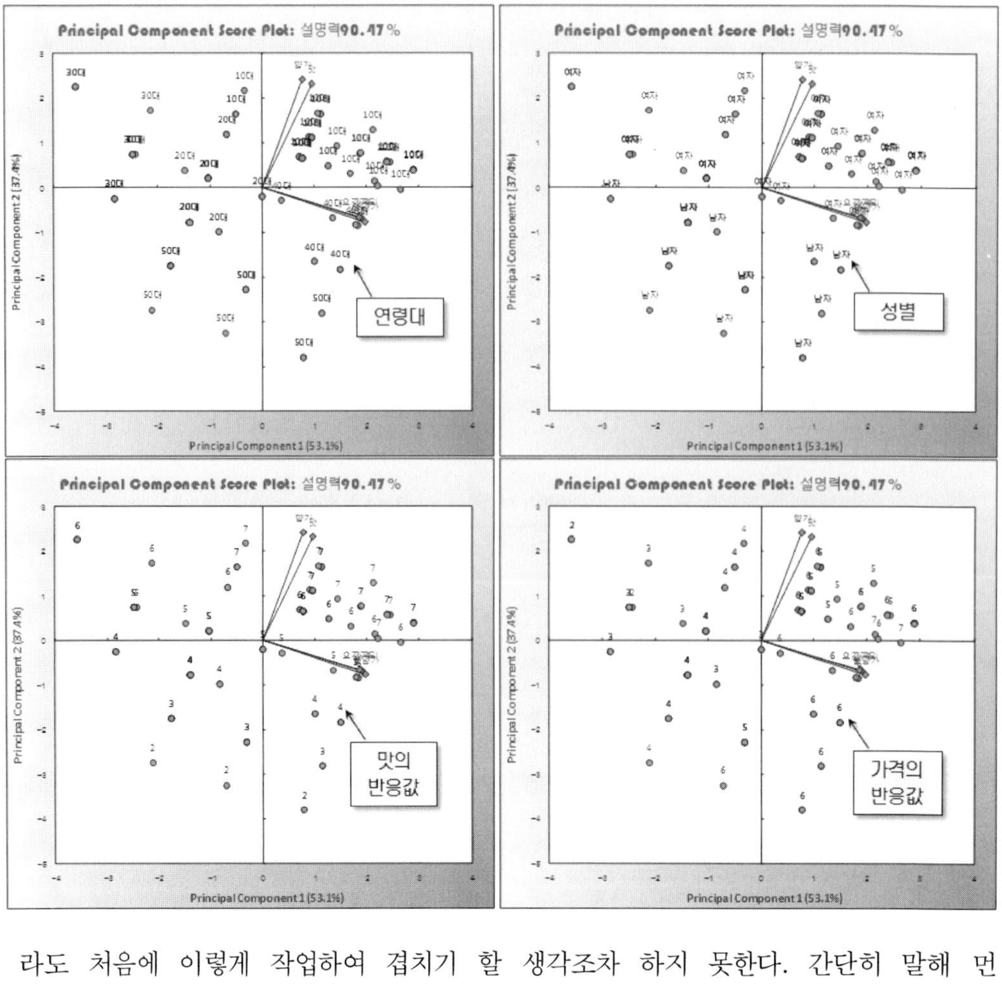

라도 처음에 이렇게 작업하여 겹치기 할 생각조차 하지 못한다. 간단히 말해 먼저 '앎'이 있고 매우 귀신같이 컴퓨터를 잘 쓰지 못하면 구현하기 힘든 문제가 되고 만다. Minitab 이나 SPSS, 이외 세계적인 통계팩키지 등은 거의 예외 없이 Biplot을 작성할 때 몇 가지가 부족한 그림을 출력하고 있다. 이는 통계팩키지

를 만들 때 분석자의 시각에서 프로그램화되지 않고 프로그래머 시각에서 프로그램이 만들어졌음을 짐작할 수 있다. 프로그래머는 컴퓨터 언어 사용에 능하지만 데이터 분석에는 잼병이다. 그래서 분석전문가나 통계학자가 조언하여 프로그램화한다고 하더라도 분석전문가나 통계학자 역시 몇몇을 제외하고는 데이터 분석에 대한 체험이 부족하거나 '앎'이 깊지 않고 단지 이론적 지식에만 박식하다면 역시 마찬가지의 결과를 초래할 것이다. 누가 얼마나 유명하든 얼마나 아는 척을 하던 간에 시각적으로 보고 싶은 분석의 핵심은 볼 수 있게 만들어야 하는 것이다. 어찌하겠는가! 시각적인 분석 결과가 목적이지 도구의 한계에 부딪쳐 매우 세련되고 효율적인 분석을 포기할 것인가? 남의 탓을 하기보다는 우리가 직접 보고자 하는 분석 결과를 어떻게든 만드는 것이 현명하고 지혜로운 행동이 아니겠는가? 이 문제의 핵심임을 잊지 말자.

이제 Excel VBA addin 프로그램인 SixSigma Tools를 사용하여 시각화 분석을 해 보기로 한다. 우선 SixSigma Tools 2007을 실행한 후에 데이터 파일 "시리얼시장조사.xlsx"을 열기하고 다음과 같이 그림을 따라 데이터를 연결하고 나면 모든 분석결과가 엑셀창의 워크시트에 실시간으로 나타난다. 단지 여기에서 결과를 보고 해석하는 방법만을 익히면 된다.

① 분석(Analyze) → 차원축소 → 주성분 분석...

② 데이터입력을 클릭하고 데이터연결 단추를 클릭한다.

③ "시리얼시장조사.xlsx"의 데이터 시트에서 데이터의 범위를 변수이름과 같이 끌기하여 선택하고 선택(Ctrl+* 또는 Ctrl+Shift+8),

④ 도구에서 연결 단추를 클릭하고 나타나는 대화상자에서 구분(ID)변수를 지정(선택사항임)한다.

⑤ 주성분 시트에서 "PCA 실행" 단추를 클릭하면 시각화 도표가 작성된다.

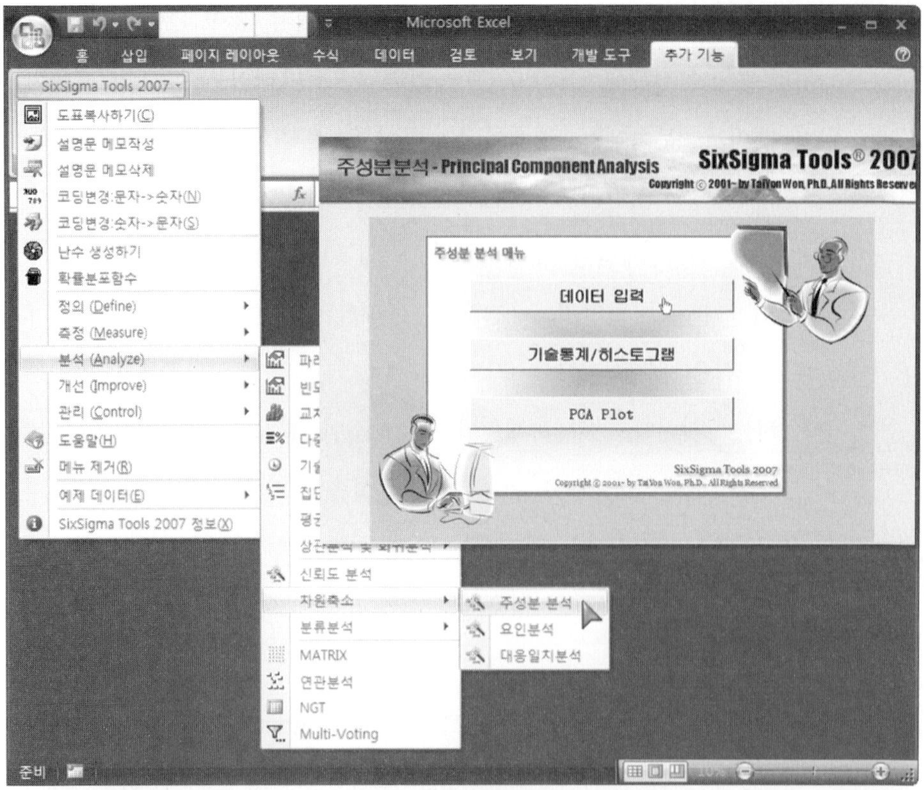
Microsoft Excel
홈
삽입
페이지 레이아웃
수식
데이터
검토
보기
개발 도구
추가 기능
SixSigma Tools 2007
도표복사하기(C)
설명문 메모작성
설명문 메모삭제
코딩변경:문자->숫자(N)
코딩변경:숫자->문자(S)
난수 생성하기
확률분포함수
정의 (Define)
측정 (Measure)
분석 (Analyze)
개선 (Improve)
관리 (Control)
도움말(H)
메뉴 제거(R)
예제 데이터(E)
SixSigma Tools 2007 정보(X)
신뢰도 분석
차원축소
분류분석
MATRIX
연관분석
NGT
Multi-Voting
주성분 분석
요인분석
대응일치분석
주성분분석 - Principal Component Analysis
SixSigma Tools® 2007
주성분 분석 메뉴
데이터 입력
기술통계/히스토그램
PCA Plot
SixSigma Tools 2007
준비

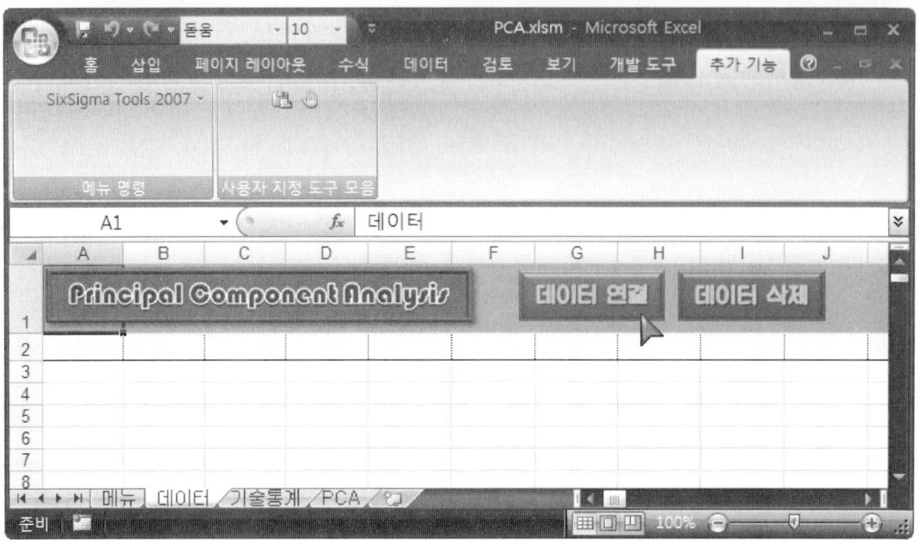
PCA.xlsm - Microsoft Excel
홈
삽입
페이지 레이아웃
수식
데이터
검토
보기
개발 도구
추가 기능
SixSigma Tools 2007
메뉴 명령
사용자 지정 도구 모음
A1
데이터
Principal Component Analysis
데이터 연결
데이터 삭제
메뉴
데이터
기술통계
PCA
준비
100%

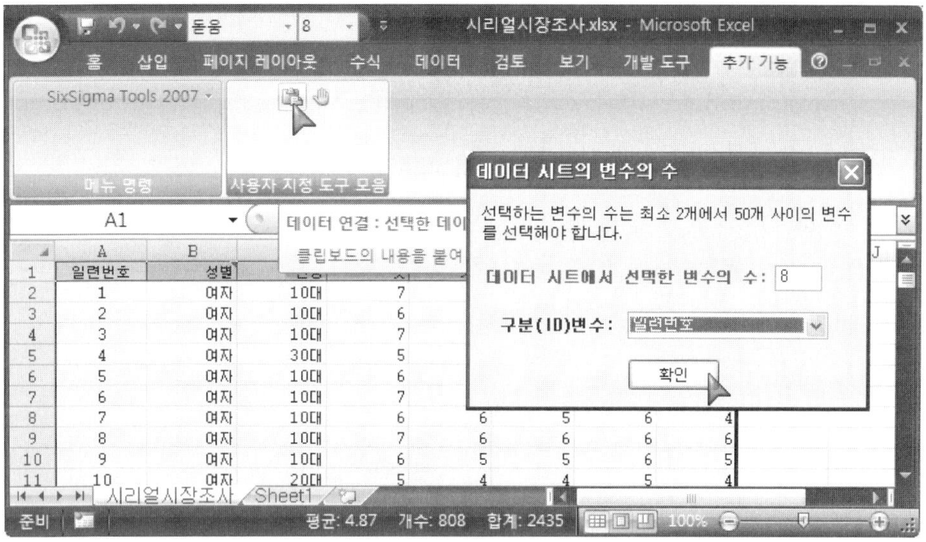

주) 원데이터를 연결할 때 원데이터의 엑셀시크 상의 범위를 선택할 때 열전체를 선택하면 안 되며 데이터에 해당하는 셀들을 변수이름과 같이 선택(Ctrl+* 또는 Ctrl+Shift+8)하고 연결 단추를 클릭한다.

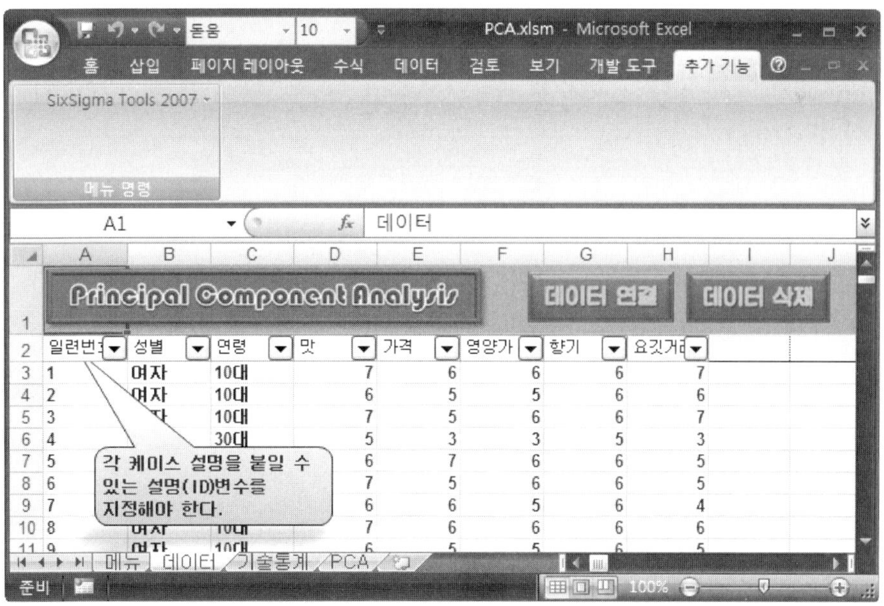

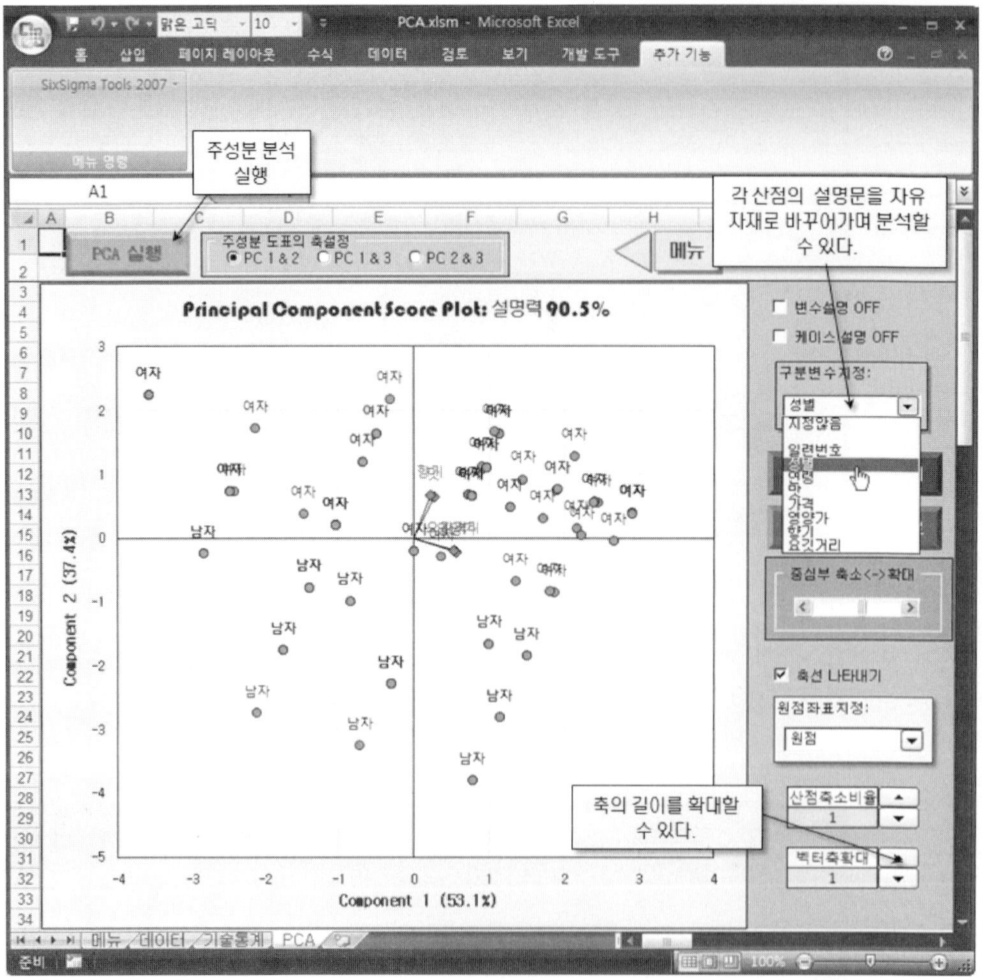

Minitab의 biplot과 비교하면 상하 대칭되어 나타난다. 이는 단지 부호만 달라지는 문제로 SPSS의 결과와 비교하면 동일하게 나타난다. Minitab만 부호가 뒤집혀 나타난다. 이는 분석에 지장을 주는 요소는 아니다. 뒤집혀져 있으면 뒤집힌 대로 분석하면 된다. PCA를 실행하고 난 다음 산점의 레이블을 자유자재로 바꾸어가며 분석할 수 있다. 이는 필자가 수많은 시간과 여러 가지 통계패키지를 사용하면서 이렇게 되었으면 하는 깊은 바람이 있었는데 SPSS, SAS, Minitab 등은 이를 쉽게 구현할 수 없고 가능하다고 해도 몇 가지 편법 및 노하

우를 동원해야만 하는 작업이었다. 매우 패키지를 잘 쓰지 못하면 생각하기 힘든 일이다. 그래서 이와 같이 자동화할 생각을 오래 전부터 해왔는데 드디어 완성하게 되어 개인적으로 흡족하다. 해보면 알 것이다.

22.6 미국 Wisconsin주 사회경제조사

다음 표는 미국 Wisconsin 주 14개 지역에 대한 5개 사회경제적 변수에 대한 자료이다. ('WISCONSIN사회경제.MTW')

C1 = Pop(총인구수(천명))
C2 = School(교육년수 중위값(년))
C3 = Employ(총고용자수(천명))
C4 = Health(의료기관고용자수(천명))
C5 = Home(주택가격 중위수(만불))

지역	Pop	School	Employ	Health	Home
1	5.935	14.2	2.265	2.27	2.91
2	1.523	13.1	0.597	0.75	2.62
3	2.599	12.7	1.237	1.11	1.72
4	4.009	15.2	1.649	0.81	3.02
5	4.687	14.7	2.312	2.5	2.22
6	8.044	15.6	3.641	4.51	2.36
7	2.766	13.3	1.244	1.03	1.97
8	6.538	17	2.618	2.39	1.85
9	6.451	12.9	3.147	5.52	2.01
10	3.314	12.2	1.606	2.18	1.82
11	3.777	13	2.119	2.83	1.8
12	1.53	13.8	0.798	0.84	4.25
13	2.768	13.6	1.336	1.75	2.64
14	6.585	14.9	2.763	1.91	3.17

1. 표본상관행렬 R에서 표본주성분을 구해본다.

2. 각 표본주성분에 의하여 설명되어지는 전체표본분산에 대한 비율을 분석하고 차원을 축소할 경우 몇 개 주성분으로 데이터를 요약할 수 있는지 판단해 본다.(요인분석의 개념임.)
3. 선택된 주성분의 의미를 해석해 본다.(요인분석의 개념임.)

1. Stat >Basic Statistics >Correlation...

[그림 22.6a] 상관계수행렬과 p-값

```
Correlations: Pop, School, Employ, Health, Home

           Pop  School  Employ  Health
School   0.610
         0.020

Employ   0.971   0.494
         0.000   0.072

Health   0.740   0.095   0.848
         0.002   0.746   0.000

Home    -0.172   0.186  -0.249  -0.358
         0.557   0.525   0.390   0.209

Cell Contents: Pearson correlation
               P-Value
```

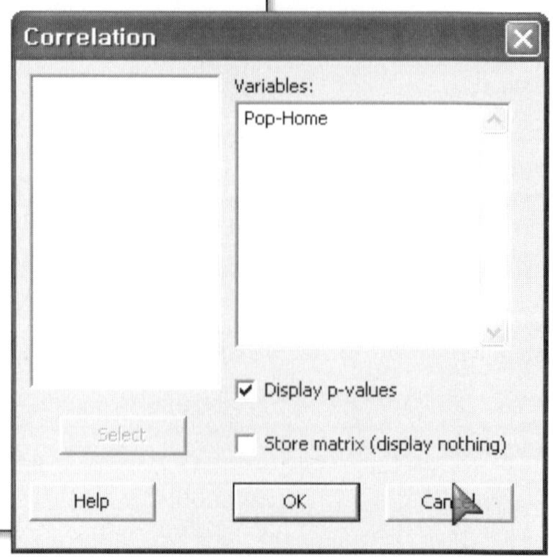

[그림 22.6a]를 보면 상관계수가 큰 경우가 존재하므로 설명력이 큰 주성분이 존재하고 있음을 판단할 수 있다.

2. Stat → Multivariate → Principal Components

[그림 22.6b] 주성분 대화상자

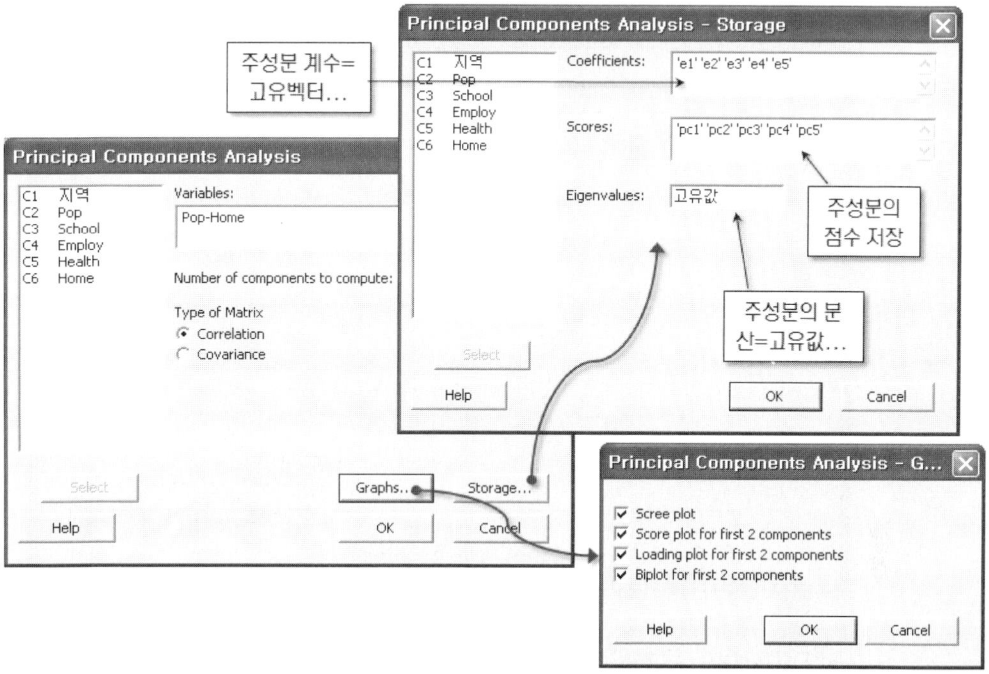

주성분을 몇 개조 축소하여 분석할 경우 몇 개가 적절한가를 알아보자. [그림 22.6c]의 스크리 도표를 보면 대략 2개 정도의 주성분을 추출하여 봄이 바람직해 보인다.

[그림 22.6c] 주성분 개수 결정 Scree

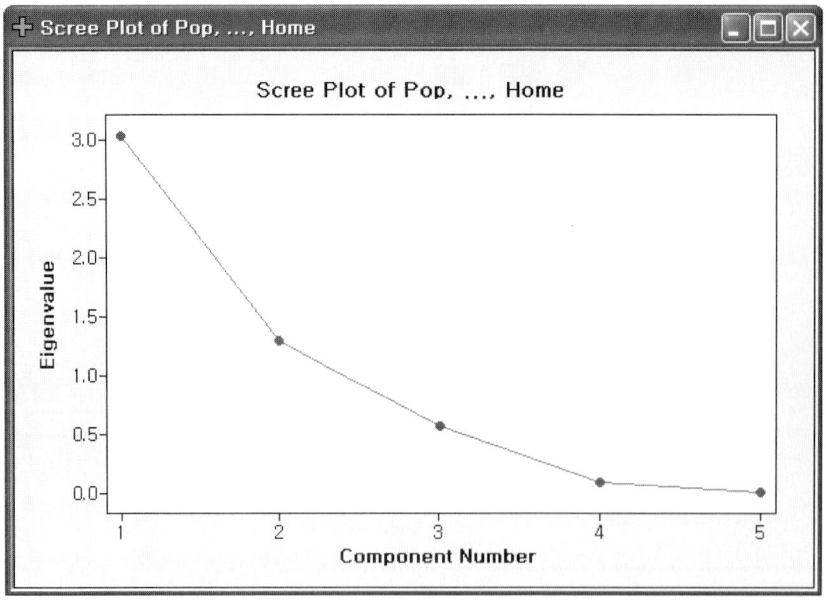

Principal Component Analysis: Pop, School, Employ, Health, Home

Eigenanalysis of the Correlation Matrix

Eigenvalue	3.0289	1.2911	0.5725	0.0954	0.0121
Proportion	0.606	0.258	0.114	0.019	0.002
Cumulative	0.606	0.864	0.978	0.998	1.000

Variable	PC1	PC2	PC3	PC4	PC5
Pop	0.558	0.131	-0.008	-0.551	0.606
School	0.313	0.629	0.549	0.453	-0.007
Employ	0.568	0.004	-0.117	-0.268	-0.769
Health	0.487	-0.310	-0.455	0.648	0.201
Home	-0.174	0.701	-0.691	-0.015	-0.014

제 1 주성분은 분산(고유값)이 3.0289를 갖고 총분산의 60.6%로 설명하고 있다. 5개의 추출된 주성분 함수의 유도된 계수들(고유벡터의 원소들)을 함수로 표현하면 아래와 같이 표현된다.

$$PC_1 = 0.558\,Z_{Pop} + 0.313\,Z_{School} + 0.568\,Z_{Employ} + 0.487\,Z_{Health} - 0.174\,Z_{Home}$$

$$PC_2' = 0.131\,Z_{Pop} + 0.629\,Z_{School} + 0.004\,Z_{Employ} - 0.31\,Z_{Health} + 0.701\,Z_{Home}$$

$$PC_3' = -\,0.008\,Z_{Pop} + 0.549\,Z_{School} - 0.117\,Z_{Employ} - 0.455\,Z_{Health} - 0.691\,Z_{Home}$$

$$PC_4' = -\,0.551\,Z_{Pop} + 0.453\,Z_{School} - 0.268\,Z_{Employ} + 0.648\,Z_{Health} - 0.015\,Z_{Home}$$

$$PC_5' = 0.606\,Z_{Pop} - 0.007\,Z_{School} - 0.769\,Z_{Employ} + 0.201\,Z_{Health} - 0.014\,Z_{Home}$$

여기에서 $Z_{변수이름}$은 평균이 '0'이고 분산이 '1'인 각 변수의 표준화값을 의미한다. 제 1 주성분은 총인구수(Pop), 고용수준(Employ)의 계수의 절대값이 상대적으로 크므로 이 변수들의 효과를 잘 반영하는 성분이라고 할 수 있다. 제 2 주성분은 분산이 1.2911이고, 이것은 총분산의 25.8%을 설명한다. PC1에 반해 교육수준(School)과 주택가격 중위수(Home)의 계수의 절대값이 상대적으로 크게 나타났다. 즉 특정변수를 고정하여 주성분들 간의 계수의 절대값을 비교하여 어떤 주성분이 상대적으로 큰지를 판단하여 절대값이 큰 값들을 표시하면 한 눙에 보일 것이다. 이 과정을 엑셀에서 표로 작업하여 음영으로 표시하여 다음 [표 22.6]으로 나타내었다.

[표 22.6] 주성분 계수의 절대값이 0.5보다 큰 경우

	PC1	PC2	PC3	PC4	PC5
Pop	0.558	0.131	-0.008	-0.551	0.606
School	0.313	0.629	0.549	0.453	-0.007
Employ	0.568	0.004	-0.117	-0.268	-0.769
Health	0.487	-0.310	-0.455	0.648	0.201
Home	-0.174	0.701	-0.691	-0.015	-0.014

의료기관 고용자수(Health)는 PC4에 크게 효과를 나타내고 있음을 알 수 있다. 여기에서 만일 2개 주성분을 추출하여 분석한다면 Health 변수는 주성분 1과 2 중에서 PC1에 절대값이 더 큰 계수가 곱해지므로 PC1에 더 효과를 나타내는 것으로 판단한다. 그리고 부호의 문제는 해당 주성분 점수를 계산할 때 그 주성분의 값을 크게 하거나 작게 하는 것이므로 음수 인 경우 와 양수인 경우를 같이 고려하여 그 효과를 해석해야 함을 잊지 말라. 또한 처음 2개의 주성분들과 처음 3개의 주성분들은 각각 총변동이 86.4%와 97.8%를 나타낸다. 따라서

대부분의 데이터의 분산구조는 2차 또는 3차의 근원적 차원(underlying dimensions)으로 형성될 수 있다. 나머지 주성분은 총변동의 매우 작은 비율을 설명하고 있으므로 거의 중요하지 않다고 보아도 무리는 없다.

다음 [그림 22.6c]는 Biplot으로 첫 두 장의 그림을 겹쳐 그린 것이 마지막 그림인 Biplot 이다. 이는 처음 두 개의 주정분 점수로 산점도를 작성하고 각 주성분의 계수인 고유벡터의 원소들을 2차원 편면에 좌표로 산점을 작성하고 원점

[그림 22.6c] Biplot

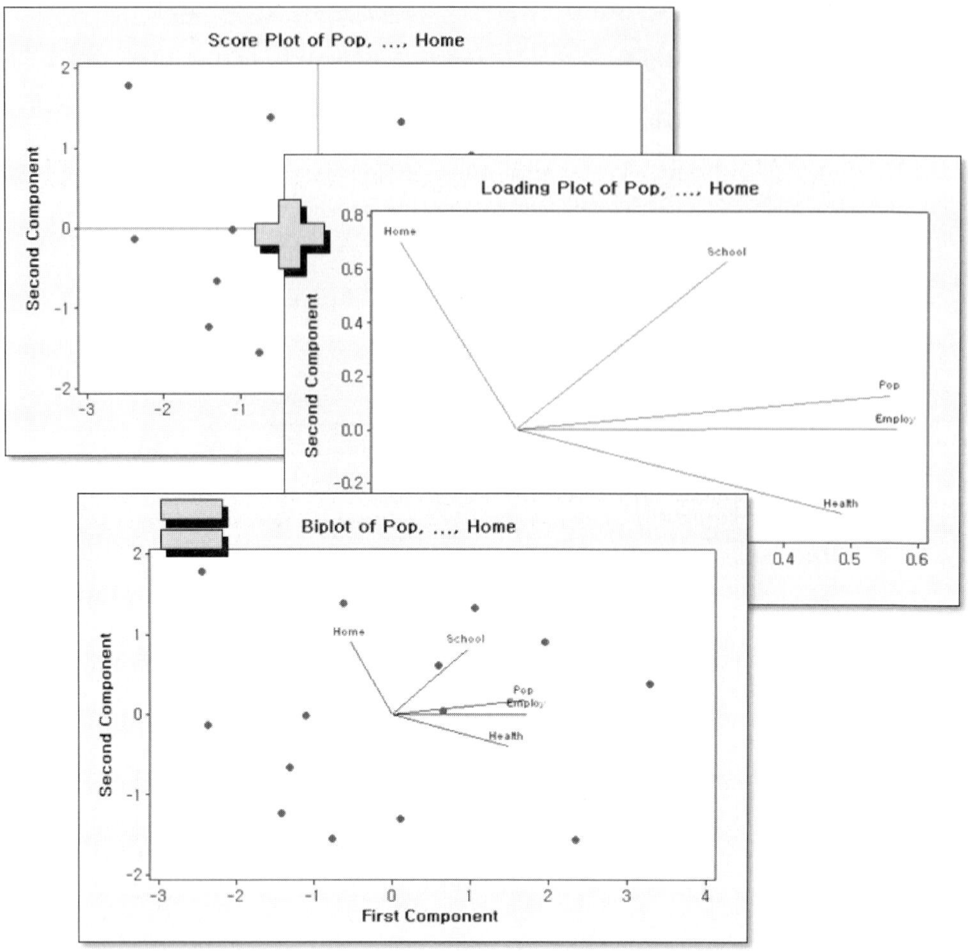

에 말뚝(spikes)을 그린 것이다. 그리고 이 두 장의 그림을 겹쳐 그린 것이다.

그런데 미니탭에서의 Biplot에서 각 관측값의 위치, 즉 산점에 ID 변수의 변수값을 레이블로 표시하고자 하는 경우에, 예를 들어 주택가격 중위수를 표시하고 할 경우에 다시 각 두 장의 그림을 작성하여 다른 툴을 이용하여 겹쳐 그려야 한다. 그리고 다시 레이블을 다른 변수의 변수값으로도 보고 싶다면 다시 이 과정을 반복하여 작성해야 한다. 이런 경우에 SPSS라는 통계패키지도 역시 불편하기는 마찬가지다. 실제 교육과정에서 이 쓸모없는 과정이 약 30분~40분 정도가 소요된다. 그것도 아주 컴퓨터를 잘 사용하는 경우다. 이는 통계툴들이 분석적 시각이 2(??!#@$%?)% 부족하여 나타나는 현상이다.

그러므로 Excel에서 SixSigma Tools을 사용한다.

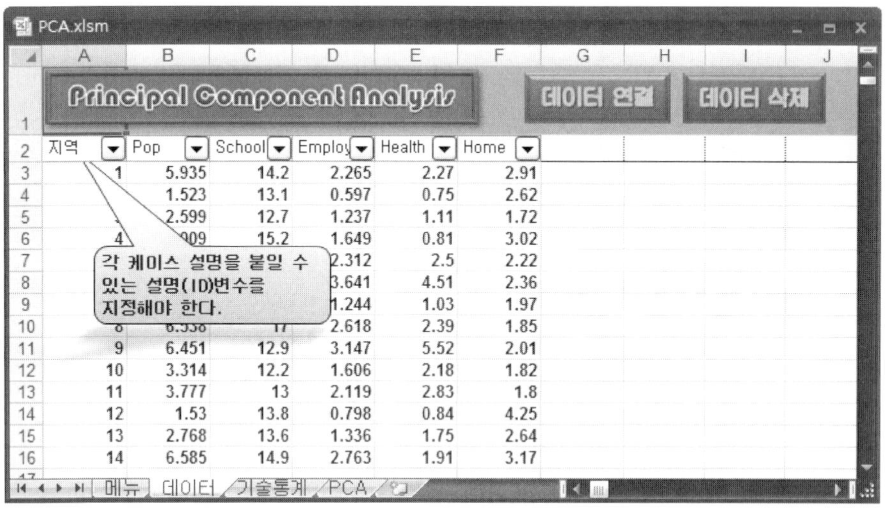

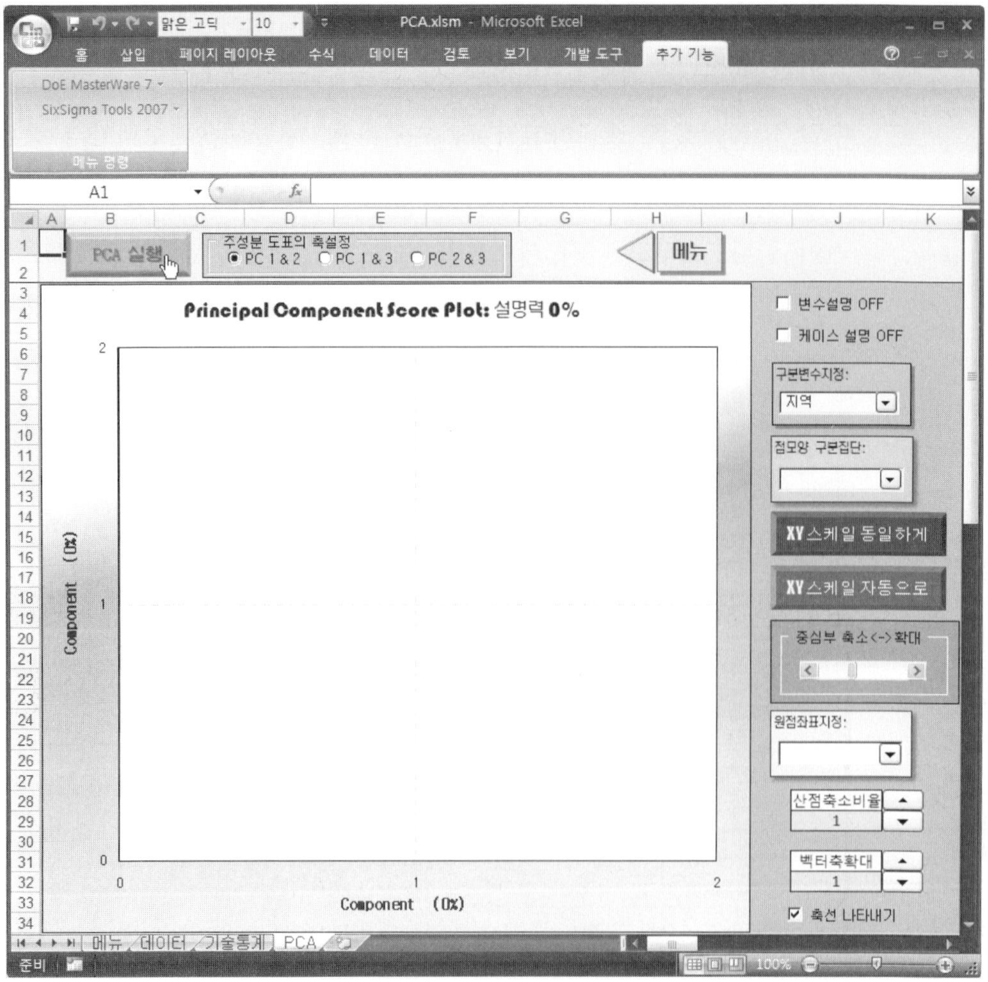

데이터를 연결한 후에 PCA 시트에서 상단의 실행단추를 클릭한다. 오른쪽 구분변수지정 콤보상자에서 'Employ' 변수를 지정하면 각 산점에 총고용자수를 확인할 수 있다. 다른 변수로도 바꾸어 보기 바란다.

[그림 22.6d] Biplot의 구분변수지정

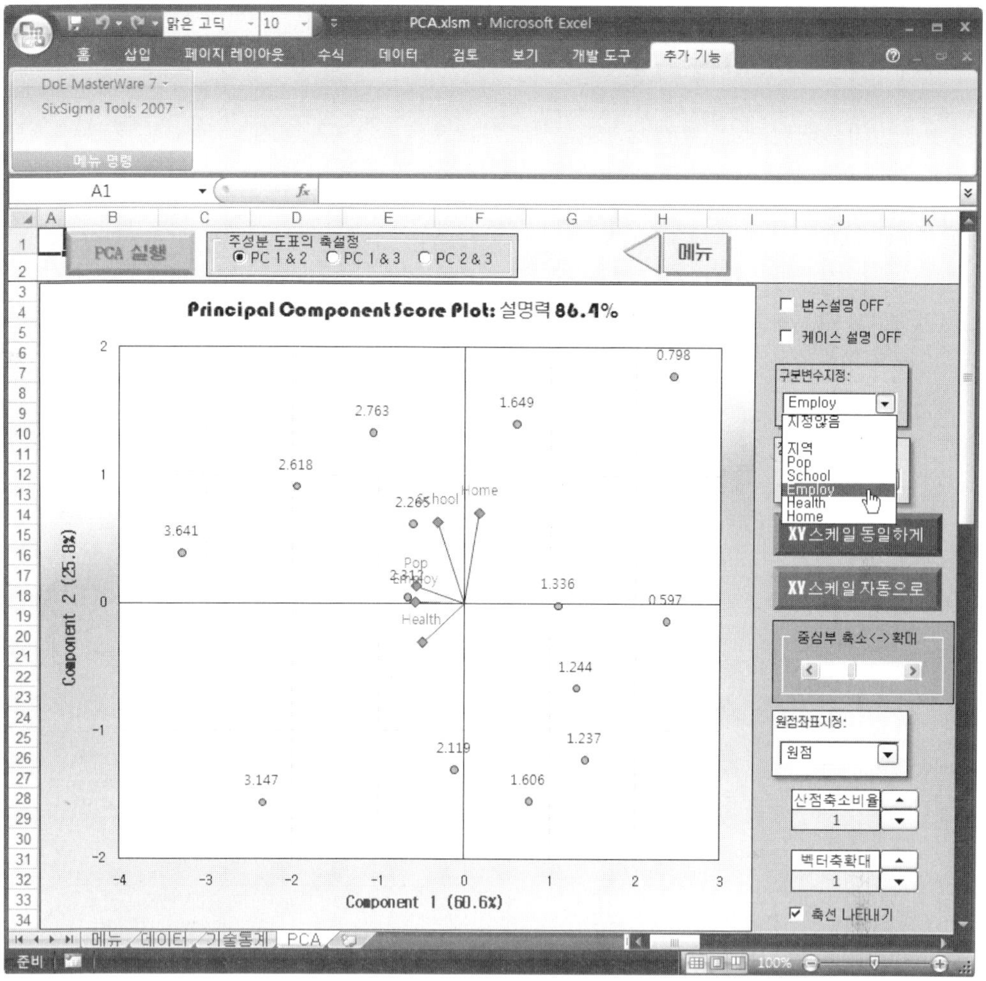

각 5개의 벡터를 축으로 양의 방향으로는 그 벡터의 값이 커지며 음의 방향으로는 그 벡터의 값이 작아진다. 오른쪽 하단의 원점좌표지정 콤보상자를 클릭하면 각 점의 레이블이 나타나며 이 중 하나를 선택하여 지정하면 그 산점으로 벡터축의 원점이 이동하게 된다. 매우 유용하고 중요한 기능이므로 잘 활용하기 바란다. 즉 이렇게 이동하게 되면 해석을 원점 중심으로 했으나 이제 각 산점을 중심으로 방향성을 이해하고 해석할 수 있게 해준다.

[그림 22.6e] 벡터축 원점좌표이동(축선 2배 연장)

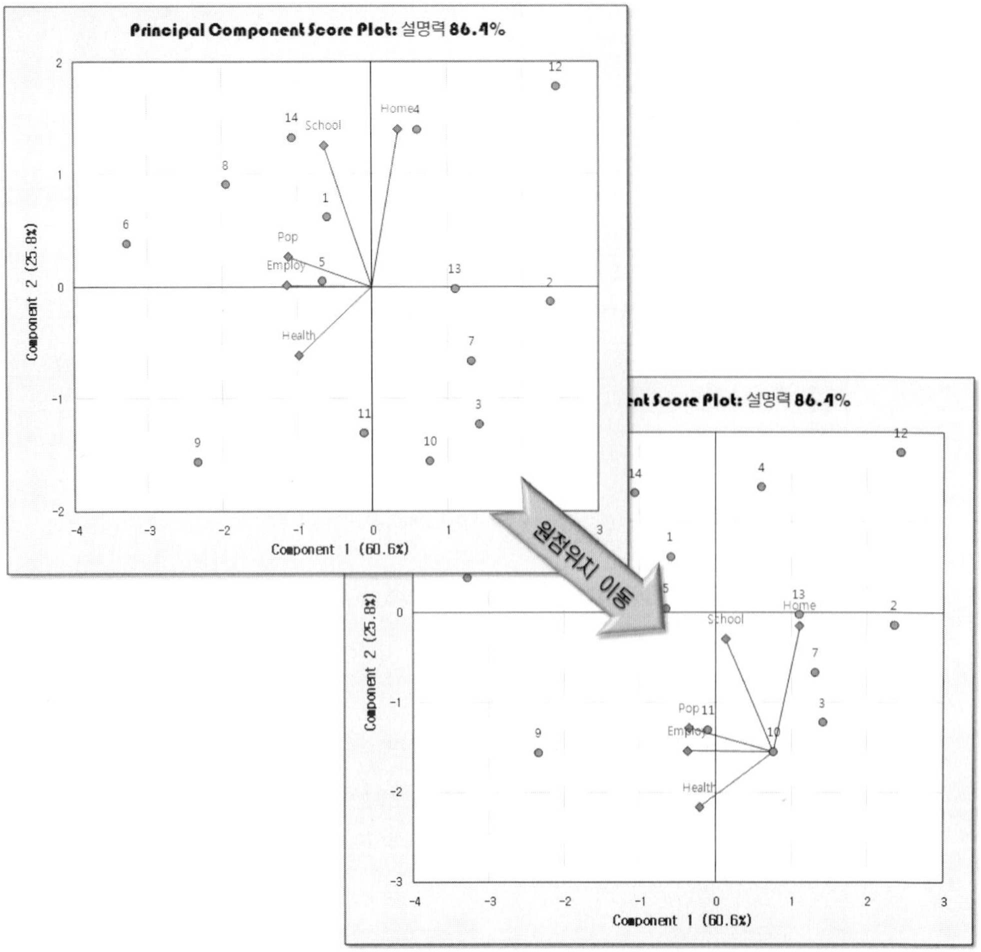

요인분석 - Factor Analysis

23.1 요인분석이란?

만족도, 브랜드 이미지, 인지도, 창의성, 사랑과 같이 추상적인 개념을 가지는 변수들을 생각해 보자. 이러한 변수들은 매출액, 파괴강도, 혈압, 온도 등과 같은 변수들과는 달리 수치로 간단하게 표시할 수 없다. 그러나 이러한 변수들은 추상적인 개념에 부합되는 여러 변수집단으로 반응을 측정하고 이러한 변인들을 통합함으로써 간접적으로 측정할 수 있다. 예를 들어 설문조사에서 나에게 꽃을 보낸다든지, 내 문제를 이해하여 준다든지, 내 농담에 웃어 준다든지 또는 나를 지긋이 쳐다본다든지 등의 문항에 "매우 찬성"이라는 항목에 반응한다면 이에 반응한 사람들은 사랑이라는 "요인(factor)"이 존재한다고 결론을 내리게 될 것이다. 즉, 사랑이라는 요인은 하나의 문항으로 측정가능한 것이 아니라 여러 문항에 의해서 간접적으로 측정하게 되며 이들 변수들을 통합하는 과정을 거쳐 사랑이라는 추상적인 개념에 대해 가시적인 점수를 부여할 수 있게 된다.

더 나아가 이러한 요인들은 사회적 연관성과 같은 복잡한 문제를 이해하고 설명하는데 도움을 준다. 예를 들어 "사랑"이라고 하는 것이 당연히 존재한다고 가정하는 것은 여러 가지 상황들과 많은 사람들의 반응들 간에 상관계수로서 설명할 수 있는 것이다.

요인분석은 서로 관련된 많은 변수들 간에 관계를 나타내 줄 수 있는 비교적 작은 수의 요인들로 확증하는데 사용하는 통계적 기법이다. 예를 들어 종합적성고사의 점수는 문장 구사력이나 수리적 능력, 눈치 등의 요인들로 나타낼 수 있다. 즉, 요인분석은 이와 같이 직접적으로 관측되지 않는 변수(이념, 개념, 추상성, 잠재적 변인)들을 확인하는데 유용하게 사용된다.

- ⊙ 서로 상관되어 있는 변수들 사이의 복잡한 구조를 잠재적인 소수의 공통 요인을 이용하여 설명하는 다변량 기법
- ⊙ 변수들과 잠재적인 공통요인 사이의 관계를 나타내는 통계적 모형을 설정하여 변수들간 상호 관계를 설명할 수 있는 관측되지 않는 잠재적인 소수의 공통요인을 찾아내어 해석하는 방법
- ⊙ 주성분 분석에서는 통계적 모형을 설정하지 않고 단순히 전체 분산의 대부분을 설명할 수 있는 주성분을 선택하여 변수들의 관계를 설명함
- ⊙ 요인모형은 일반적으로 변수들이 상관구조에 의하여 몇 개 그룹으로 분류될 수 있을 때 사용되어진다. 예를 들어 어떤 특정한 그룹에 속한 모든 변수들은 서로 상관관계가 매우 높으나, 다른 그룹에 속한 변수들과는 상대적으로 작은 상관을 가진다면, 이때 각 변수들의 집단은 관측된 상관관계를 설명할 수 있는 하나의 잠재적인 요인으로 대표될 수 있을 것이다.

요인분석은 그 쓰임새에 따라 탐색적 요인분석과 확증적 요인분석으로 분류하기도 한다. 요인과 변수의 관계에 대한 사전지식이 없는 경우에 잠재적인 관계를 찾아 요인들을 결정하려는 과정에 사용되면 탐색적 요인분석(exploratory factor analysis)이라고 하며 이에 반해 기존에 나와 있는 이론적인 배경을 바탕으로 잠재변수를 구성하는 항목들이 지정이 되어 있고 개별 변수들의 상관성 및 방향성이 이미 정해진 상태의 모형하에서 분석을 진행하여 기존의 요인구조를

확인하고 검증하려는 분석방법으로 활용되면 확증적 요인분석(confirmatory factor analysis) 이라고 한다. 확증적 요인분석으로 사용되는 경우는 경로분석(path analysis) 또는 구조방적식 모형(LISREL) 등에서 자주 이용된다. 그러므로 이 두 가지 방법은 요인분석모형이라는 이론적 측면에서 같지만 사용용도나 그 분석 과정상 서로 상이하게 활용되고 있다는 점에서 다르다. 그래서 연구상 처음인 경우는 탐색적 요인분석으로 접근하는 것이 일반적이며 이를 바탕으로 시간이 흐른 연후에는 확증적 요인분석을 적용하는 사례가 많아 질 수밖에 없다.

23.2 요인모형의 이론적 배경

요인분석의 이론을 정리하기 위하여 다음과 같이

$\underline{X}' = [X_1, X_2, \cdots, X_p]$

$\underline{\mu} = \underline{X}'$ 의 평균

Σ : $\underline{X}'$ 의 공분산 행렬

$F_1, \cdots, F_n$: μ 와 공통요인(common factor)인 m 개의 확률변수

$\epsilon_1, \cdots, \epsilon_p$: 오차, 특수요인

로 표기법을 정하면 요인모형은 다음과 같이 설정된다.

$$X_1 = \mu_1 + a_{11}F_1 + a_{12}F_2 + \cdots + a_{1m}F_m + \varepsilon_1$$

$$X_2 = \mu_2 + a_{21}F_1 + a_{22}F_2 + \cdots + a_{2m}F_m + \varepsilon_2$$

$$\vdots \qquad \vdots \qquad \vdots$$

$$X_p = \mu_p + a_{p1}F_1 + a_{p2}F_2 + \cdots + a_{pm}F_m + \varepsilon_p$$

단, $X_i = i$ 번째 반응치, $\mu_i = i$ 번째 변수의 평균치,

$F_j = j$ 번째 공통요인 변수, $a_{ij} =$ i번째 반응치 구성에서 j번째 요인의 중요성을 나타내는 모수 (적재량, loading)

$\varepsilon_i = i$ 번째 오차 , $i = 1, 2, \cdots, m,\ \ j = 1, 2, \cdots, p\ \ (m < p)$

이와 같은 요인모형을 행렬로 나타내면

$\underline{X} = \underline{\mu} + A\underline{F} + \underline{\varepsilon}, \quad A$: 적재량 행렬

으로 간략하게 표현할 수 있다.

이러한 요인분석에서의 기본가정은 다음과 같다.

가정)

$E(\underline{F}) = \underline{O}$

$Cov(\underline{F}) = E(\underline{F}\underline{F}') = I$

F_i : 평균 '0'이고 분산이 '1'인 임의의 확률변수

$E(\underline{\varepsilon}) = \underline{O}$

$$Cov(\underline{\varepsilon}) = E(\underline{\varepsilon}\,\underline{\varepsilon}') = \Psi = \begin{bmatrix} \psi_1 & 0 & \cdots & 0 \\ 0 & \psi_2 & \cdots & 0 \\ \vdots & \vdots & \ddots & \vdots \\ 0 & 0 & \cdots & \psi_p \end{bmatrix}$$ 이며,

ε_i 는 평균이 0이고 분산이 ψ_i(즉, ψ_i는 i 번째 반응치의 특수분산)

$Cov(\underline{F}, \underline{\varepsilon}) = E(\underline{\varepsilon}\,\underline{F}') = \underline{O}\ \ (\underline{F}, \underline{\varepsilon}$ 는 독립)

$\Sigma = AA' + \Psi$

분산(위와 같은 가정하에서)은 $Var(X_i) = h_i^2 + \psi_i$으로 분리된다. 여기서 $\psi_i = Var(\varepsilon_i)$: 특수분산, $h_i^2 = \sum_{j=1}^{m} a_{ij}^2$: X_i의 공통분산(공통성/Communality)이라 한다.

요인분석에서는 일반적으로 데이터를 표준화시켜 적용하기 위해서 공분산 행렬 Σ 대신에 상관행렬 ρ로 대치시켜 분석한다. 그리고 대부분의 통계분석용 패키지들은 디폴트가 상관계수행렬로 되어 있다. $Cov(X_i, F_j) = a_{ij}$ 또는 요인적

재량(factor loading)이라고 한다. 이는 X_i가 표준화 되어 있고 요인점수인 F_i 역시 표준화 되어 분산이 '1'이므로 적재량은 X_i와 요인 F_i 간의 상관계수임을 알 수 있다. 그러므로 이에 대한 해석 역시 상관계수와 동일하게 해야 한다. 통상적으로 a_{ij}의 추정값이 0.3이하이면 거의 그 요인과 변수간의 상관성이 매우 낮다고 보며, 0.3이상 0.4이하이면 약간의 상관성이 있으나 미약하다고 보며, 0.4 이상이면 0,5 사이는 상관성이 있는 정도로 보며 0.6 이상이 되면 해당 요인과의 상관성이 높은 것으로 판단한다. 그러나 이 또한 절대적인 기준이 아니므로 고정해서는 안 된다. 그리고 커뮤널리티 $h_i^2 \fallingdotseq 1$일수록 추출된 요인들에 의하여 i번째 변수가 잘 대변됨을 나타낸다. '1'이 되면 추출된 요인들에 의하여 i번째 변수가 100% 설명되고 있음을 의미하나 이 경우는 변수의 수와 요인수가 같은 경우에 정확하게 '1'이 된다. 공통성 역시 분산이므로 추출된 요인들에 의해 해당 변수의 분산을 얼마나 잘 표현해 주고 있는가를 의미하게 된다.

23.3 주성분 법의 요인모형

요인패턴 행렬을 추정하기 위해서 각 변수별 공통성 혹은 특수분산을 추측한 다음 주어진 상관 행렬의 대각원소인 1을 각 변수별로 추측된 공통성으로 대치시킨 행렬 작성

$$\Sigma = AA' + \Psi$$

여기서, $A = [\sqrt{\lambda_1}\underline{\beta}_1, \sqrt{\lambda_2}\underline{\beta}_2, \cdots, \sqrt{\lambda_m}\underline{\beta}_m]$이고,

$$\Psi = \begin{bmatrix} \psi_1 & 0 & \cdots & 0 \\ 0 & \psi_2 & \cdots & 0 \\ \vdots & \vdots & \ddots & \vdots \\ 0 & 0 & \cdots & \psi_p \end{bmatrix} \text{이다.}$$

왜냐하면, 스펙트럼 분해에서

$$\Sigma = \lambda_1\underline{\beta}_1\underline{\beta}_1' + \lambda_2\underline{\beta}_2\underline{\beta}_2' + \cdots + \lambda_m\underline{\beta}_m\underline{\beta}_m' + \lambda_{m+1}\underline{\beta}_{m+1}\underline{\beta}_{m+1}' + \cdots + \lambda_p\underline{\beta}_p\underline{\beta}_p'$$

이므로 주성분 분석에서 충분히 큰 λ_m 이 계수를 가진 항까지를 AA'로 택하고 나머지를 ψ로 놓으면

즉, $\lambda \underline{\beta}_1 \underline{\beta}_1' + \cdots + \lambda_m \underline{\beta}_m \underline{\beta}_m' = AA'$,

$\lambda_{m+1} \underline{\beta}_{m+1} \underline{\beta}_{m+1}' + \cdots + \lambda_p \underline{\beta}_p \underline{\beta}_p' = \Psi$

따라서, $A = [\sqrt{\lambda_1 \underline{\beta}_1}, \sqrt{\lambda_2 \underline{\beta}_2}, \cdots \sqrt{\lambda_m \underline{\beta}_m}]$가 된다.

i 번째 특수분산 $\psi_i = \sigma_{ii} - \sum_{j=1}^{m} a_{ij}^2, (i = 1, 2, \cdots, p)$

그밖에 $\underline{X}$가 다변량 정규분포를 따른다는 가정하에서의 최우도법(Maximum likelihood Method)이 있고 주축요인법(Principal Factor Method)등이 있다.

23.4 공통요인의 수의 결정기준

몇 개의 요인을 추출할 것인가는 차후의 요인의 해석에 관건이 되므로 매우 중요하다.

① 최소고유값(minimum eigenvalue) 기준: 가장 많이 사용되는 방법의 하나로 적용하기가 매우 간단하지만 분석자가 기본 모형으로 주대각성분 분석법 또는 공통요인 분석법을 사용하는가에 따라 적용이 달라진다. 주대각성분 분석법에서는 상관행렬의 대각에 '1'이 들어간다는 것을 상기하면 분석에서 전체 변량이 고려된다. 주대각성분분석법에서 요인들은 고유값(eigenvalue)이 '1'보다 적을 경우에는 의미가 없는 것으로 간주하고 무시한다. 공통요인 분석법을 선택할 경우 고유치는 약간 하향 조정되어야 한다. 요인 수의 결정에 있어서 최소고유값 기준 하나만으로 결정하는 것은 매우 위험하다. 다른 기준들도 고려한 후 결정하는 것이 좋다. 일반적으로 대부분의 통계팩키지에서는 요인추출을 결정하는 최소고유값은 기본값이 '1'로 지정되어 있다. 그리고

고유값은 해당 요인에 의해 설명되는 분산의 량이다. 간단히 말해 각 요인의 분산이 고유값이다.

⊙ 공분산 행렬을 이용시 : $\dfrac{\lambda_i}{\lambda_1 + \cdots + \lambda_p} > 1$ 또는 $0.7 \times \overline{\lambda} (= \sum_{i=1}^{p} \lambda_i / p)$ 인 고유값 λ_i의 개수

⊙ 상관행렬 이용시 : $\lambda_i > 1$인 (또는 0.7)인 고유값 λ_i의 개수

② 스크리검정(Scree test): 주대각성분 분석법에서 뒤에 추출되는 요인들은 공통변량과 고유변량을 포함한다. 모든 요인들은 고유변량을 포함하는데 초기에 추출된 요인의 고유변량의 비율은 뒤에 추출되는 요인들의 고유변량의 비율보다 적은 데 근거하여, 요인의 수가 증가하면 고유값이 점점 작아지다가 일정 수준에 이르면 완만하게 된다. X-축과 평행을 이루기 직전의 요인이 추출하여야 할 요인의 수이다. 실제에 있어서 고유값에 의한 기준보다 스크리 검정 기준(Scree test criterion)에 의한 것이 하나 또는 두, 세 개의 요인이 더 추출되는 경향이 있다. 다음 스크리 도표 [그림 23.4]를 보고 요인의 수를 결정하는 방법은 급한 경사와 완만한 경사 사이의 팔꿈치를 연상하여 팔꿈치에 해당하는 부분을 찾아보도록 한다. 대략 성분 번호 '3' 부분을 팔꿈치로 가정할 수 있을 것이다. 스크리 도표에서 급한 경사와 완만한 경사 사이의 팔꿈치로 생각되는 부분을 제외하고 위에 나타난 점의 수를 곧 요인의 수로 결정하면 된다. 팔꿈치 부분에 점 표시가 존재하면 그 점은 요인의 수에서 제외시킨다. 그러므로 요인의 수는 2개로 결정할 수 있을 것이다.

[그림 23.4] Scree Plot

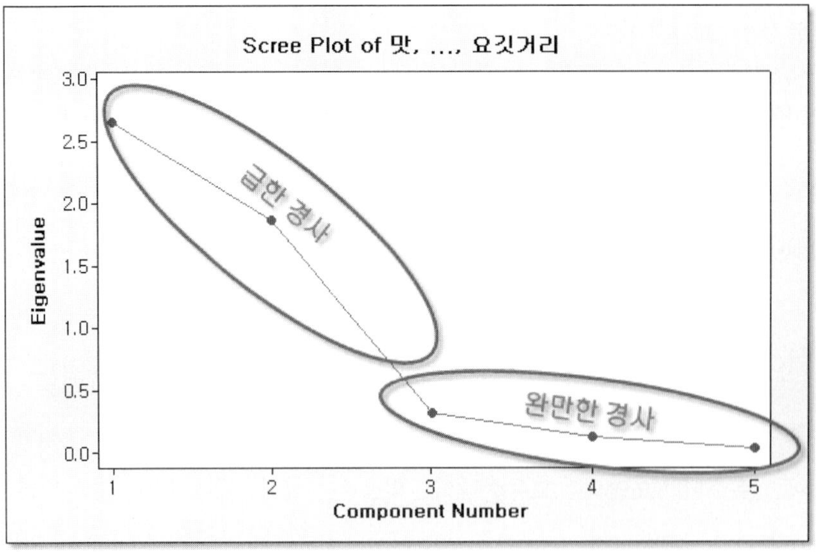

③ 분산의 비율(percentage of variance): 각 변수의 고유값을 변수의 수로 나누면 각 요인이 설명할 수 있는 요인 공통분산의 총분산에 대한 비율을 구할 수 있다. 모든 자료에서 채택될 수 있는 기준은 없지만 엄격하게는 가장 작은 분산의 비율이 5%가 될 때까지, 또 전체의 추출된 요인이 95%를 설명하게 될 때까지로 기준을 삼는다. 하지만 사회과학에서는 데이터가 덜 단순하기 때문에 전체 분산의 약 60%를 설명하는 것이 보통의 기준이다.

④ 선행이론: 선행이론에 의한 방법은 특별한 상황에서 믿을 만하게 사용될 수 있는 좋은 방법이다. 이것을 적용할 때에는 몇 개의 요인이 추출될 것인가를 분석 전에 알고 있어야 한다. 분석자는 간단하게 지정된 숫자에서 컴퓨터는 수행을 멈출 것이다. 이러한 상황은 선행연구에 대한 복사연구, 이론이나 가설의 검정에서 사용될 수 있다. 요인추출 대화상자에서 '**요인의 수**'를 선택하고 연구자가 직접 요인의 수를 지정한다.

23.5 요인회전(factor rotation)

요인 추출법에 의해 구해진 잠재요인들이 뚜렷한 의미를 갖지 못하는 경우에 사용하게 된다. 그러므로 회전을 하지 않아도 잠재요인들이 뚜렷하게 분리된다면 구태여 회전을 수행할 필요는 없다. 그러나 대부분의 경우 그렇지 않은 경우가 많아 회전을 하게 되며 직각(90°)을 유지하고 회전하는 경우는 요인들 서로 간의 독립관계를 훼손시키지 않는다.

$\hat{A}_{ij}$가 $(p\times m)$ 행렬이고, T : 직교행렬(orthogonal matrix)

$\hat{A}^* = \hat{A}\,T$ (여기서 $TT' = T'T = I$)

여기에서 $\hat{A}^*$은 회전전 적재량의 $(p\times m)$행렬이다.

$m=2$인 경우에 θ만큼 시계방향 회전이면

$$T = \begin{bmatrix} \cos\theta & \sin\theta \\ -\sin\theta & \cos\theta \end{bmatrix}$$

시계방향의 반대 회전이면

$$T = \begin{bmatrix} \cos\theta & -\sin\theta \\ \sin\theta & \cos\theta \end{bmatrix}$$

이다. 그리고

$$\hat{\Sigma} = \hat{A}'\hat{A} + \hat{\Psi} = \hat{A}\,TT'\hat{A}' + \hat{\Psi}$$

$$= \hat{A}^*\hat{A}^{*\prime} + \hat{\Psi}$$

$A^* = A\,T$: 회전된 요인행렬

[참고]

⊙ 공통성과 특수분산은 요인회전에 의해 영향을 받지 않는다.

23.6 회전방법

요인들의 회전은 요인분석에서 중요한 개념이다. 요인회전이란 단어의 의미 그대로 요인들의 축을 어떤 원하는 위치에 도달할 때까지 원점을 중심으로 돌리는 것을 말한다. 이때 각 요인의 축 사이의 각도를 90°로 유지하면 직각회전(orthogonal rotation), 직각을 유지하지 않으면 사각회전(oblique rotation)이라 한다. 직각회전에는 쿼티멕스(QUARTIMAX), 베리멕스(VARIMAX), 이퀴멕스(EQUIMAX), Orthomax 등의 방법이 있으며 사각회전에는 OBLIMIN, Promax, Harris-Kaiser 방법 등이 있다. 요인분석에서 요인을 회전시키는 것은 보다 간편하고 이론적으로 더 의미가 있는 요인의 해를 구하기 위함이다. 대부분의 경우 요인들의 회전은 초기 회전되지 않은 요인의 해에서 나타나는 불확실성을 줄여서 설명하기 편하게 만든다. 또한 요인들 간의 상관성을 존재하는 것으로 보고 사각회전을 통해 요인들 간의 상관계수를 구할 수도 있다.

23.6.1 직각회전(Orthogonal Rotation)

원래의 요인 좌표축 (F_1, F_2)를 θ만큼 회전시켜 좌표축 (p_1, p_2)가 직교(90°)하도록 회전시키는 방법으로 Quatmax(요인 행렬의 행을 단순화), Varimax(열을 단순화), Equimax(행과 열을 단순화), Orthomax 등이 있으며 Minitab에서는 사각회전만 지원하고 있다.

쿼티멕스회전(QUARTIMAX)

쿼티멕스회전의 궁극적인 목적은 요인행렬의 행을 단순화하는 것이다. 그것은 요인행렬의 열에 해당하는 각 변수의 요인들 중 요인적재값이 작은 것은 더욱 극소화시키고 요인적재값이 큰 것은 더욱 극대화시킴으로써 그 차이를 극대화하려는 방법이다. 그래서 요인적재값 행렬의 행에 해당되는 각 변수에 대해서 단 하나의 요인에 의해서만 크게 실리고, 나머지 요인에 대해서는 극히 적게 실리든지 '0'의 값으로 실리도록 하는 것이다. 이 방법은 어떤 특정 변수에 대해서 그 변수와 관련된 요인의 수를 작게 회전하는 방법이므로 그 변수에 대한 해석을 쉽게 하는 대신 요인에 대한 해석을 소홀히 할 위험이 있다.

베리멕스회전(VARIMAX)

쿼티멕스 회전이 각 변수 별로 각 요인에 실린 적재값 제곱의 분산이 최대가 되도록 회전하는 방법인데 비해 베리멕스 회전은 각 요인 별로 전체의 관찰변수에 실린 적재값 제곱에 대한 분산이 최대가 되도록 요인축을 회전하는 방법이다. 즉, 쿼티멕스 회전은 요인행렬의 각 변수를 단순화시키려는 것임에 반해 베리멕스 회전은 요인행렬의 각 요인을 단순구조에 맞도록 단순화시키려는 차이가 있다. 이 원칙에 따라 요인을 단순화시키면 동시에 변수도 단순구조에 부합되어 간다는 논리이다. 이와 같이 요인행렬의 요인의 변량을 극대화하면 가능성과 단순화가 극대화된다. 이 방법은 가장 널리 사용되고 있다.

이퀴멕스회전(EQUIMAX)

이퀴멕스 회전은 쿼티멕스 회전(QUARTIMAX)과 배리멕스 회전(VARIMAX)을 절충한 방법이다. 행과 열을 동시에 간략히 하려는 방법이다. 하지만 이 방법은 널리 인정받지 못하고 있고 따라서 자주 사용되지 않는다.

23.6.2 사각회전(Oblique Rotation)

두 개의 요인 좌표축 (F_1, F_2)를 회전시켰을 때 회전된 요인 좌표축 (p_1, p_2)가 직교하지 않는 방법으로 OBLIMIN, Promax, Harris-Kaiser 방법 등이 있으나 Minitab에서는 지원하지 않는다. 다른 패키지에서는 지원되는 오블리민만 간략하게 설명한다.

오블리민회전(OBLIMIN)

대부분의 사회 과학에 관련된 요인들 간의 관계가 상호독립적인 경우는 매우 드물다. 일반적으로 어느 정도의 관계는 항상 존재하기 때문에 앞에서 사용한 직각회전 방법들을 사용하는 것은 현실성을 외면하는 것이다. 보통 분석자가 단순히 이론적으로 더 의미있는 구조, 차원을 얻는 데 관심이 있다면 사각회전을 많이 사용한다.

23.7 요인의 해석

요인의 수가 결정되고 적합한 방법에 의해 회전된 요인분석의 결과를 연구목적에 알맞게 해석하는 단계이다.

① 요인행렬(적재값 행렬)을 검사한다. 요인의 위치와 변수의 위치를 파악한다. 변수의 이름을 기억하면 더 쉽게 해석이 가능할 것이다.

② 요인을 해석하기 위해서 요인적재값이 고려할 만한가를 결정해야 한다. 수학적인 가정에 기초한 것은 아니지만, 요인분석에 의해 가장 많이 사용되는 규칙으로 요인적재값이 +.30 이상이면 고려할 만한 유의성을 갖는 것이고, +.40 이상이면 더 중요하게 고려되어야 한다. 또 +.50 이상일 경우 매우 의미 있는 것이다. 이와 같은 기준은 표본의 수가 50개 이상일 때 유용하다. 이 기준은 매우 단순한 면이 있지만 아직까지 인정할 만한 것으로 활용되고 있다. 해석을 시작하기 위해 제1요인의 첫 변수에서 왼쪽에서 오른쪽으로 가면서 절대값이 가장 높은 요인적재값을 찾는다. 가장 높은 적재값을 확인하고 그것이 유의하다면 밑줄을 친다. 이런 식으로 다음의 나머지 줄에서도 밑줄을 친다. 100개보다 작은 표본에서는 가장 작은 요인적재값이 의미가 있기 위해서는 +.30이 되어야 한다는 점을 명심하자. 밑줄을 긋는 단계에서 기억해야 할 점은 각 변수에 대해 단지 하나의 의미 있는 요인적재값이 존재하는 것이 아닐 수 있다는 것이다. 각 변수의 한 요인에 대해 의미 있다고 고려되는 요인

적재값이 하나일 때, 각 요인은 상당히 단순화되어 있다고 해석된다. 실제로는 많은 변수들이 여러 개의 적절한 요인적재값을 가지게 되는데 이때에는 해석이 복잡해진다. 이러한 어려움은 여러 개의 의미가 있는 요인적재값을 갖는 변수는 해당되는 요인마다 해석되어야 하는 데 있다. 거의 모든 요인분석의 결과는 단순구조를 갖는 것이 아니기 때문에 분석자는 모든 요인에 대한 변수마다의 의미 있는 적재값에 밑줄을 치며 요인행렬을 계속 평가하여야 한다. 궁극적으로 분석자는 의미 있는 적재값의 수를 최소화하고 무시할 만한 적재값을 최대화하기 위해 계속 노력한다.

③ 분석자는 다음으로 밑줄이 그어지지 않은 즉, 어떤 요인에도 실리지 않은 변수를 확인한다. 이런 경우는 두 가지 해결방법이 있다. 하나는 의미 있는 적재값이 없는 변수를 단순히 무시해 버리는 것이고, 또 다른 한 가지 방법은 적재값이 없는 변수 각각을 비판적으로 평가하는 것이다. 이 평가는 변수의 공통성(communality)뿐만 아니라 변수의 연구 전반에 대한 기여도를 살펴보는 것이 될 것이다. 만약 변수가 연구목적에 덜 중요하거나 공통성이 낮을 경우, 분석자는 변수를 제거하고 새로운 요인분석결과를 얻을 수 있을 것이다.

④ 더 높은 적재값을 가진 변수가 요인 해석의 단계에서는 더 중요하게 여겨진다. 그것들이 요인을 나타내는 이름에 더 큰 역할을 한다. 이 절차는 요인이 추출된 다음의 과정이다. 마지막 결과는 가능하면 정확하게 표현된 요인들의 이름이 될 것이다. 어떤 경우에는 요인의 이름을 정하는 것이 불가능할 때도 있다. 그런 상황이 되면, 그 요인에 **'무명'**이라고 정하는 수밖에 없다. 이런 경우, 분석자는 의미가 있는 요인만을 해석하고 명명할 수 없거나 의미가 없는 요인은 버려야 한다. 중요한 것은 요인분석의 결과를 기술할 때, 명명할 수는 없지만 파생되어 나온 요인과 의미있는 관계를 나타내는 요인들을 표시해야 한다.

이제 모든 변수들을 각 요인으로 분류하였으면, 요인적재값의 형태에 따라 요인을 설명한다. 즉 적재값이 높은 변수에 더 비중을 두어 각 요인들을 설명한다.

시리얼 시장조사 데이터의 경우 [그림 23.7a]에서 적재값을 보면 Factor1을 '효율요인'으로, Factor2를 '미각요인'으로 볼 수 있다.

[그림 23.7a] 두 요인의 적재값과 분산비

Factor Analysis: 맛, 가격, 영양가, 향기, 요깃거리

Principal Component Factor Analysis of the Correlation Matrix

Unrotated Factor Loadings and Communalities

Variable	Factor1	Factor2	Communality
맛	0.439	**-0.889**	0.983
가격	**0.877**	0.261	0.838
영양가	**0.910**	0.297	0.917
향기	0.355	**-0.926**	0.983
요깃거리	**0.859**	0.256	0.803
Variance	2.6546	1.8690	4.5236
% Var	0.531	0.374	0.905

절대값 큰 적재값에 밑줄!

아래 [그림 23.7b]는 회전하지 않은 요인을 축으로 한 각 변수의 위치를 나타내는 적재값 도표이다. 도표 상에서 요깃거리, 영양가, 가격 변수들은 서로 유사한 위치에 중복되어 도표 상에는 잘 나타나지 않았으나 도표 우측의 각 변수의 좌표를 참조하면 그 위치를 잘 알 수 있다.

[그림 23.7b] 적재값 도표

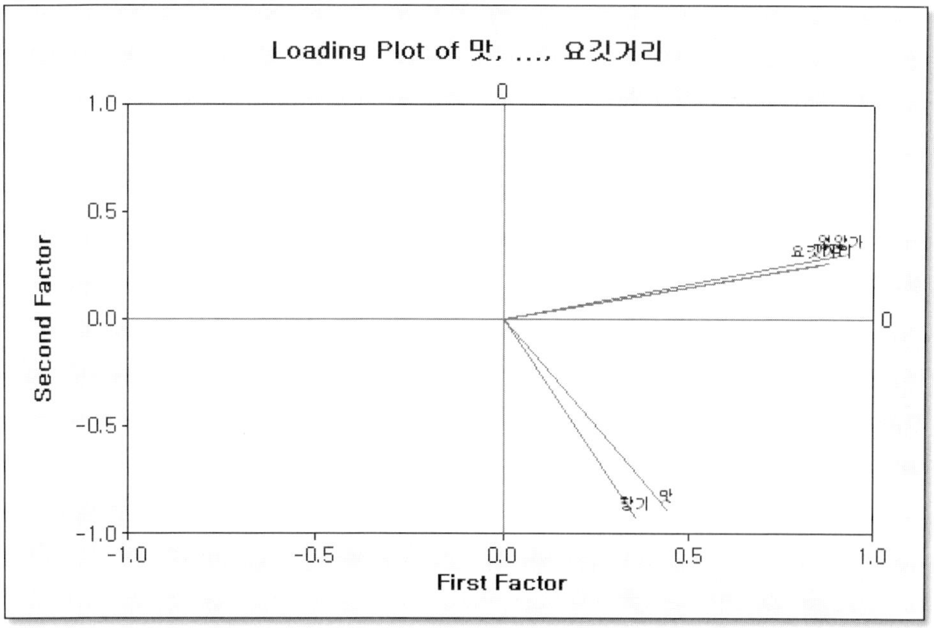

23.8 요인점수의 계산

추출된 요인에 요인해석에서 이름붙이기가 끝나면 이제 각 잠재요인에 대한 요인점수를 계산할 수 있다. 물론 이렇게 계산된 요임점수들은 요인분석을 적용하려는 목적에 따라, 요인에 의한 설명뿐만 아니라 요인점수(factor score)를 구한 후 다른 통계분석으로 연결될 수도 있다. 만약 연구목적이 변수나 응답자의 합리적인 조합을 만들어 내는 것이라면 요인에 대한 설명으로 분석이 끝난다. 그러나 연구목적이 다른 통계분석에 적용하기 위하여 적절한 변수를 가려내는 것이라면 요인행렬을 검토한 후 각 요인에 대하여 가장 큰 적재값을 갖는 변수를 뽑아야 하고, 다른 통계분석에 적용하기 위하여 원래 변수들을 대신할 수 있는 적은 수의 새로운 변수들을 만들어 내는 것이 목적이라면, 각 요인을 대표할 수 있는 요인점수를 계산한다. 이러한 요인점수는 이어서 사용될 회귀분석이나 판별분석, 상관분석, 군집분석 등 다른 통계분석의 독립변수로 사용된다. 즉, 요인점수는 어떤 대상이 원래의 변수보다는 새로 만들어진 요인에 대하여 어떤 수준을 갖는지를 나타낸다.

23.9 시리얼 시장조사

설문이나 검사 또는 실험에서 나오는 여러 개의 질문에 대한 응답에서 실제 그 결과를 초래하게 된 작은 수의 요인을 찾아내고 그 요인을 통하여 목표로 하는 명제를 설명, 분석하는 다변량 요인분석의 기본을 설명하기 위해 [그림 23.7a]에 시리얼 시장 조사 데이터의 분석변수의 구조를 시각화하였다. 시리얼 시장조사는 새로운 제품에 대한 여러 가지 특성(변수)들이 소비자의 선호도와 관련하여 어떤 요인들을 형성하는지 알아보기 위하여 100명의 소비자를 대상으

[그림 23.7a] 시리얼 시장조사 데이터 변수구조

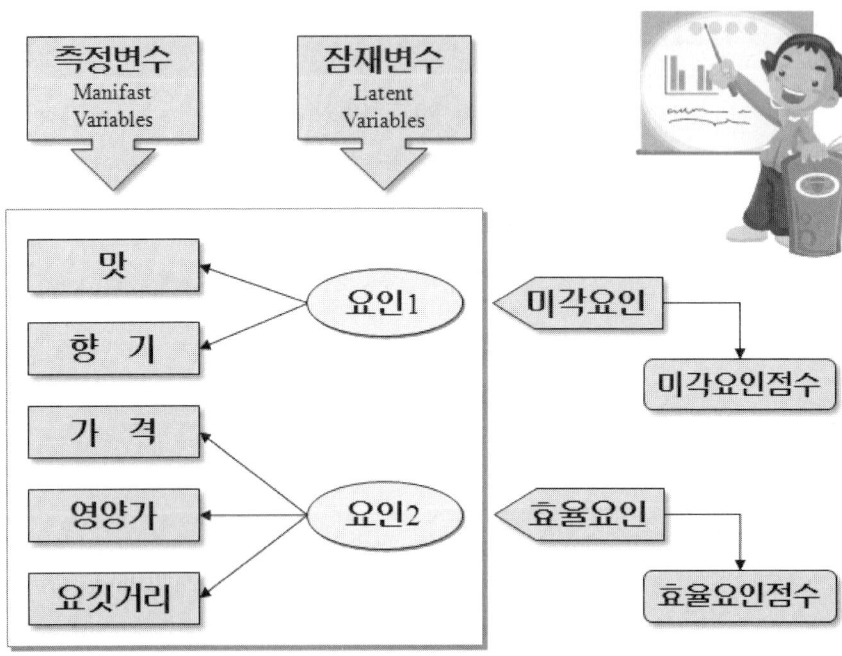

로 '맛', '가격', '향기', '적당한 요깃거리', '영양가' 등의 다섯 가지 특성에 대하여 조사하였다. 즉, 각 요소가 소비자의 제품선정에 중요한가를 질문하는 문항에 대하여 선호도 정도에 따라 '적극반대', '반대', '약간반대', '중립', '약간찬성', '찬성', '적극찬성' 등의 7점 척도로 응답하게 하였다. 수집된 데이터는 정리하여 "시리얼시장조사.xlsx"라는 파일로 보관하였다.

시리얼 시장조사 설문지의 질문 중에 '맛'과 '향기'를 묻는 질문(두 변수)은 '미각'이라는 요인에 의하여 좌우된다고 볼 수 있다.

23.9.1 요인분석 실행

1. Stat → Multivariate → Factor Analysis

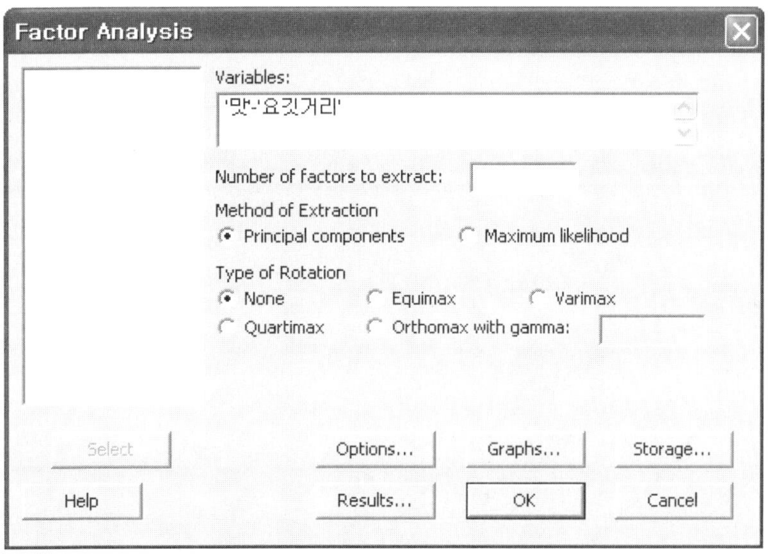

아래 결과는 산출 가능한 모든 요인과 요인점수계수를 나타낸다. 여기에서 사용자는 요인의 수를 결정해야 한다. 분산 설명비로 보면 추출요인이 2개인 경우 약 90.47%(=0.531+0.374)로 매우 우수하다. 즉 잠재요인 2개로 총분산을 90.47%를 설명할 수 있다는 것이다. 이는 고유값이 '1'이상인 것들의 수와도 일치하며 또한 Scree 검정을 위한 도표를 봐도 2개가 적절함을 알 수 있다.

Factor Analysis: 맛, 가격, 영양가, 향기, 요깃거리

Principal Component Factor Analysis of the Correlation Matrix

Unrotated Factor Loadings and Communalities

Variable	Factor1	Factor2	Factor3	Factor4	Factor5	Communality
맛	0.439	-0.889	-0.011	-0.012	-0.130	1.000
가격	0.877	0.261	0.359	0.184	-0.002	1.000
영양가	0.910	0.297	0.060	-0.282	0.009	1.000
향기	0.355	-0.926	0.012	0.005	0.129	1.000
요깃거리	0.859	0.256	-0.429	0.115	0.006	1.000
Variance	2.6546	1.8690	0.3163	0.1265	0.0335	5.0000
% Var	0.531	0.374	0.063	0.025	0.007	1.000

Factor Score Coefficients

Variable	Factor1	Factor2	Factor3	Factor4	Factor5
맛	0.165	-0.476	-0.035	-0.092	-3.875
가격	0.330	0.140	1.134	1.453	-0.066
영양가	0.343	0.159	0.188	-2.227	0.258
향기	0.134	-0.495	0.038	0.036	3.837
요깃거리	0.323	0.137	-1.356	0.909	0.188

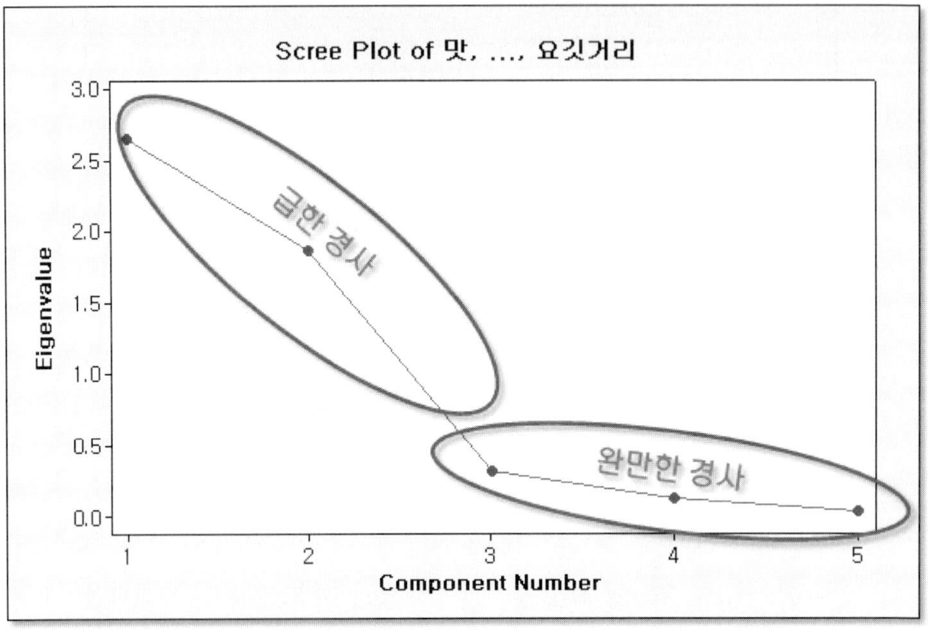

23.9.2 요인점수계산

요인의 수를 '2'로 지정하고 요인점수를 계산해 보자.

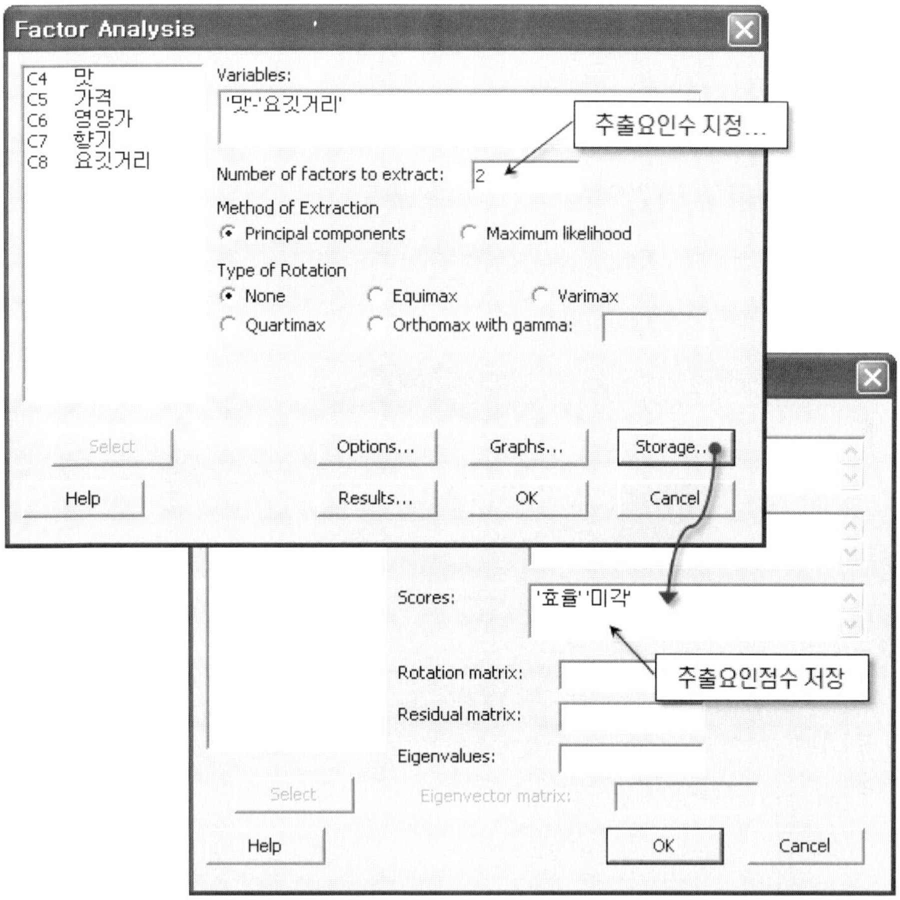

Factor Score Coefficients

Variable	Factor1	Factor2
맛	0.165	-0.476
가격	0.330	0.140
영양가	0.343	0.159
향기	0.134	-0.495
요깃거리	0.323	0.137

요인점수는 아래식으로 계산된다.

$$효율요인점수 = 0.165\,Z_{\text{맛}} + 0.33\,Z_{\text{가격}} + 0.343\,Z_{\text{영양가}} + 0.134\,Z_{\text{향기}} + 0.323\,Z_{\text{요깃거리}}$$

$$미각요인점수 = -\,0.476\,Z_{\text{맛}} + 0.14\,Z_{\text{가격}} + 0.159\,Z_{\text{영양가}} - 0.495\,Z_{\text{향기}} + 0.137\,Z_{\text{요깃거리}}$$

이렇게 계산된 요인점수는 서로 독립이므로 상관계수가 '0'이 된다. 그리고 분산은 각 고유값이 되며 평균은 '0'이다.

23.9.3 산점도 작성하여 Biplot 만들기

효율요인점수를 X축, 미각요인점수를 Y축으로 하여 산점도를 작성하되 각 산점에 레이블을 연령, 성별로 지정해 보자.

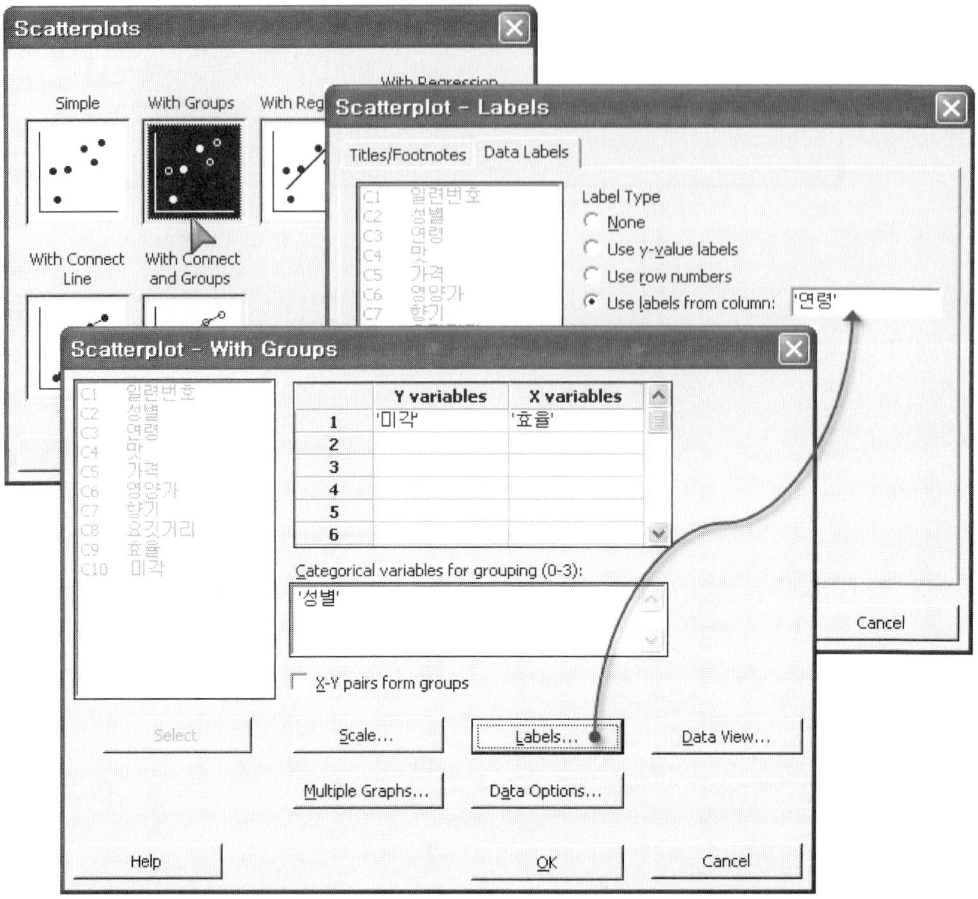

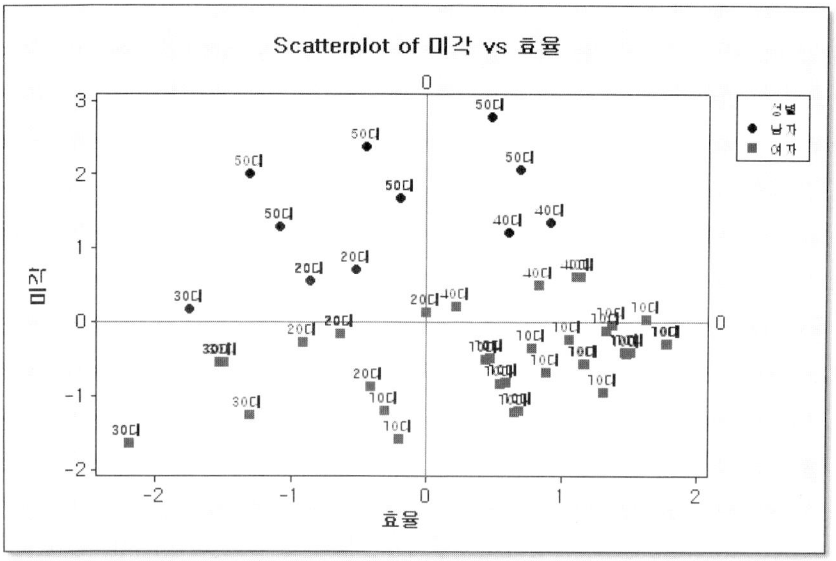

축을 작성하기 위하여 다음과 같이 요인점수계수를 워크시트에서 편집한다.

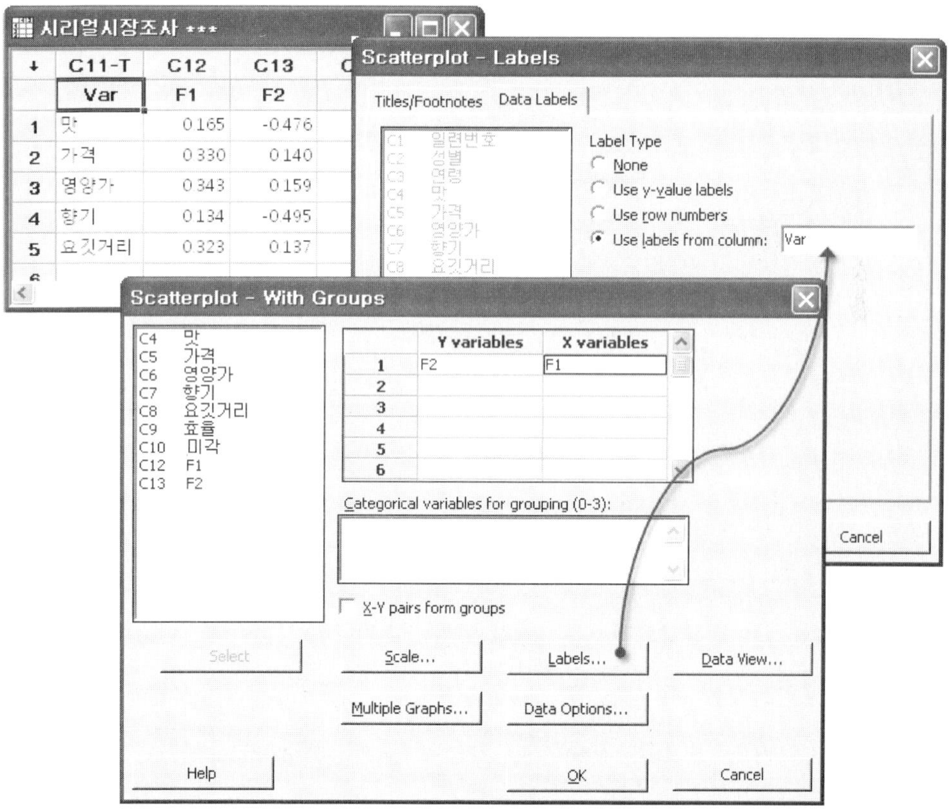

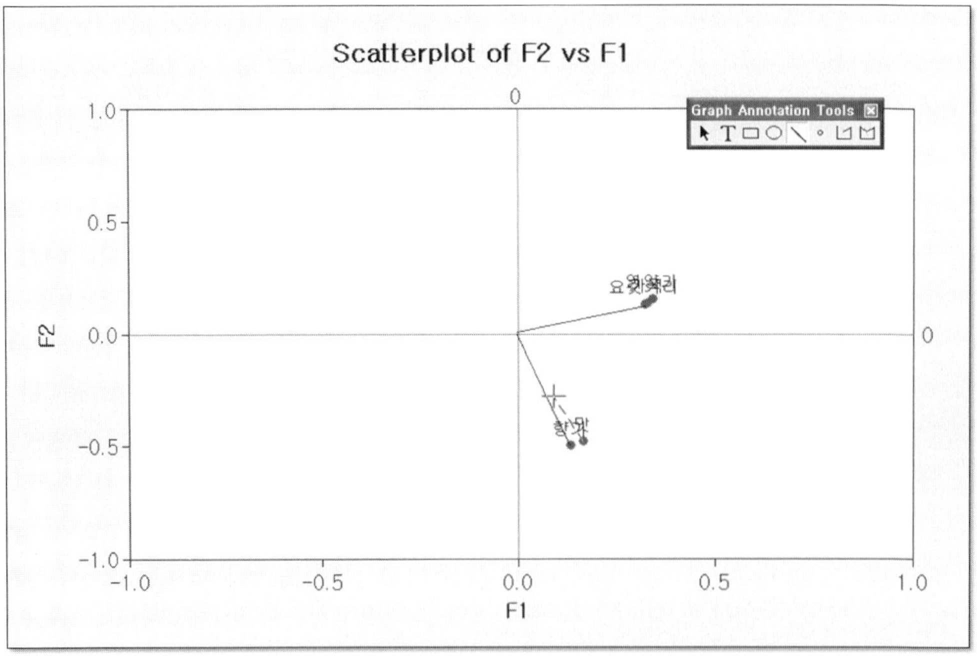

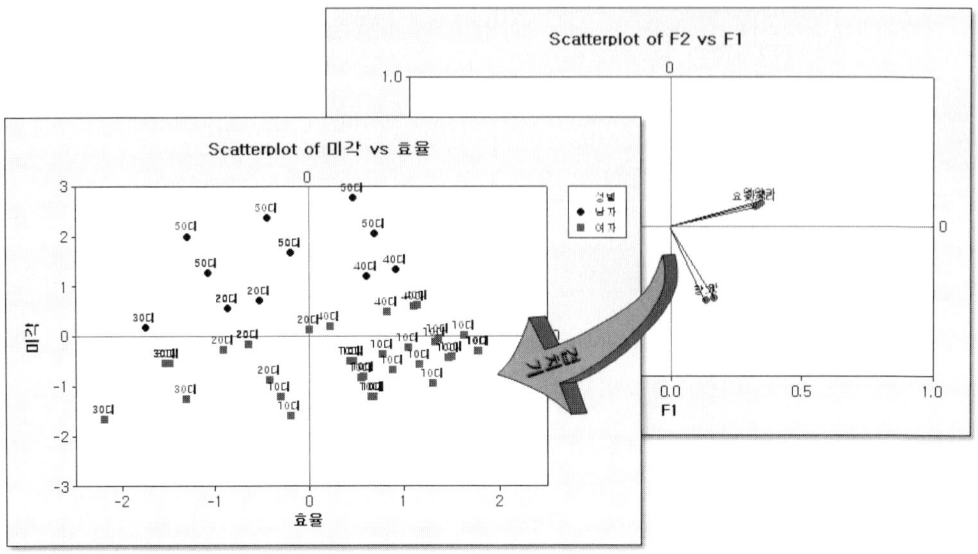

위와 같이 겹쳐그리기를 하면 최종그림이 완성되는데 이 겹쳐그리기 작업은 파워포인트에서 각 그림을 '그룹 해제'하면 도표를 모두 분해할 수 있게 되며 축이 그려진 도표를 분해하여 가운데 축에 해당하는 부분과 레이블만을 남겨 두고 모두 제거한다. 그런 다음 축을 산점도 위의 원점에 맞추어 올려놓으면 완성

된다.

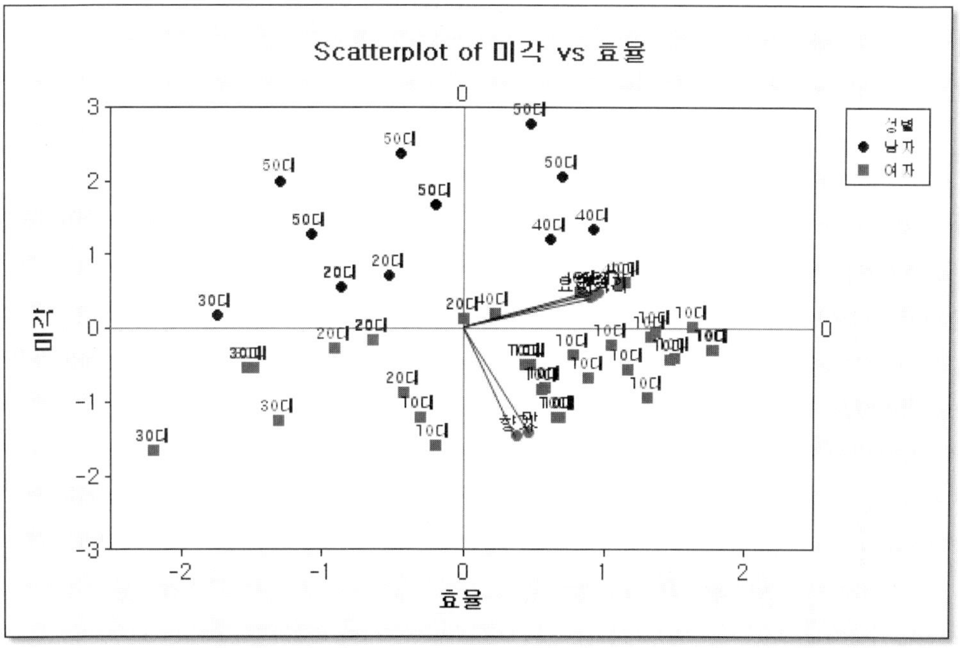

이는 SPSS 에서도 같은 방식의 작업을 해야만 Biplot을 얻을 수 있다. SPSS는 나름 세계적인 패키지인데도 불구하고 분석적인 부분은 별로 고려하고 있지 못하다. 그래도 전반적으로 SPSS, SAS, S-Plus 만한 통계패키지는 없는 것 같다. 물론 사용법을 익히는데 상당한 시간이 걸린다는 것이 난점이다.

23.9.4 **신속하게 Biplot 만들기**

이 부정확하고 한심한 과정을 간편하게 해결해 보자.

① SixSigma Tools 2007 > 분석(Analyze) > 차원축소 > 요인분석...

② 데이터입력을 클릭하고 데이터연결 단추를 클릭한다.

③ “시리얼시장조사.xlsx”의 데이터 시트에서 데이터의 범위를 변수이름과 같이 끌기하여 선택하고 선택(Ctrl+* 또는 Ctrl+Shift+*8),

④ 도구에서 연결 단추를 클릭하고 나타나는 대화상자에서 구분(ID)변수를 지정(‘일련번호’를 지정하자 - 선택사항임)하고 ‘확인’을 클릭한다.

⑤ 각 시트를 차례대로 넘기면서 여러 가지 통계량 및 Correlation 등을 분석한다.

⑥ “LoadingPlot" 시트에서 Factor Analysis 실행 을 클릭하면 요인점수를 이용한 위치도를 작성해 준다.

⑦ 여러 가지 옵션 및 콤보상자를 이용하여 작성된 도표를 분석한다.

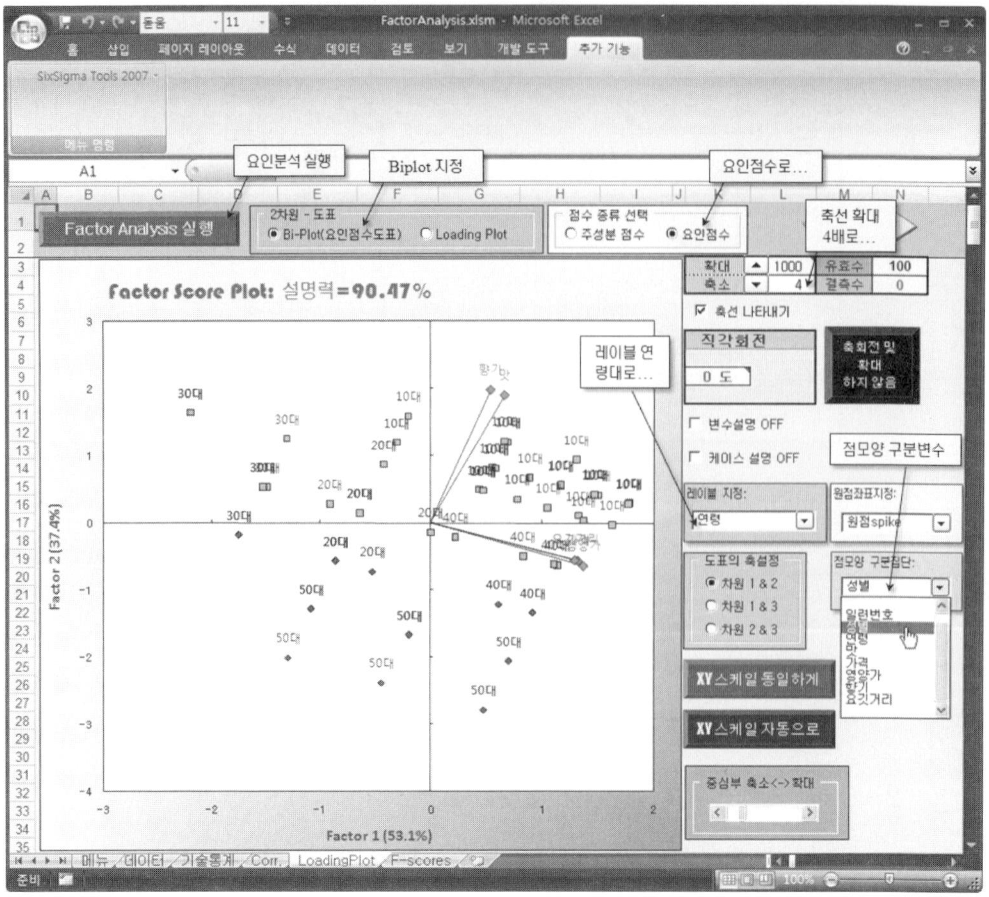

23.10 운동화 구매요인분석

다음은 운동화 구매시 중요하게 생각되는 다섯 개의 속성들에 대해서 40명의 사람에 대한 1점에서 7점 척도로 측정한 데이터이다. 요인분석을 실행해 보자.

[표 23.10] 운동화구매요인 측정 데이터(운동화구매요인.xlsx)

번호	편안함	디자인	수명	색상	세탁의 용이성
1	1	5	1	5	3
2	4	3	5	2	4
3	5	1	5	1	5
4	3	4	5	3	5
5	3	1	3	1	4
6	5	1	6	2	1
7	3	4	2	5	4
8	4	3	2	3	5
9	2	5	1	4	4
10	5	3	5	3	4
11	6	2	7	3	4
12	4	3	4	2	6
13	6	1	5	2	2
14	6	2	6	2	1
15	2	5	2	6	6
16	3	2	2	2	4
17	3	6	2	5	4
18	4	1	4	1	5
19	6	3	6	3	3
20	3	2	3	2	7
21	5	2	6	2	3
22	5	2	4	3	2
23	1	5	1	5	7
24	3	2	3	2	4
25	3	5	3	5	3
26	3	2	4	1	6
27	7	4	7	4	2
28	4	1	3	2	6
29	4	3	4	3	3
30	3	3	5	3	1
31	2	4	1	4	5
32	4	1	3	2	4
33	2	4	2	4	3
34	4	2	6	2	5
35	5	5	6	4	4
36	3	2	4	1	6
37	6	3	5	2	2

38	4	3	5	4	3
39	3	1	4	4	6
40	3	1	4	1	5

① SixSigma Tools 2007 > 분석(Analyze) > 차원축소 > 요인분석...

② 데이터입력을 클릭하고 데이터연결 단추를 클릭한다.

③ “운동화구매요인.xlsx”의 데이터 시트에서 데이터의 범위를 변수이름과 같이 끌기하여 선택하고 선택(Ctrl+* 또는 Ctrl+Shift+8),

④ 도구에서 연결 단추를 클릭하고 나타나는 대화상자에서 구분(ID)변수를 지정(‘일련번호’를 지정하자 - 선택사항임)하고 ‘확인’을 클릭한다.

⑤ 각 시트를 차례대로 넘기면서 여러 가지 통계량 및 Correlation 등을 분석한다.

⑥ “LoadingPlot" 시트에서 Factor Analysis 실행 을 클릭하면 요인점수를 이용한 위치도를 작성해 준다.

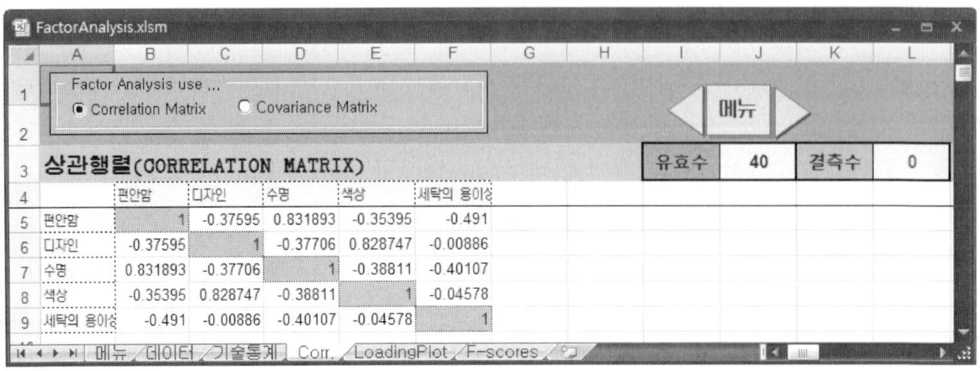

위의 상관계수행렬을 보면 변수들 간의 상관이 크고 작음이 뚜렷하게 구분되고 있음을 알 수 있다. ‘디자인’과 ‘색상’은 매우 큰 양의 상관을 가지므로 이 두 변수는 같은 요인으로 작용함을 예측할 수 있다. 그리고 ‘편안함’과 ‘수명’이 큰 양의 상관을 나타내고 있다. 즉 이렇게 서론 간의 상관계수의 절대값이 큰 변수들이 존재한다는 것은 기하적으로 데이터의 형상이 원형으로부터 찌그러진 타원의 형태를 띠게 되고 이는 주성분으로 설명하면 분산을 상대적으로 크게

설명하는 작축이 존재하고 이 장축이 제 1주성분이 됨을 알 수 있는 것이다. 그러므로 앞으로는 상관계수 행렬만을 보고도 요인분석모형을 적합할 만한지 아닌지를 판단할 수 있다면 분석을 진행하는데 보다 더 깊은 통찰력을 가질 수 있다.

아래 각 추출된 주성분이 설명하는 분산의 양을 나타내는 표를 보면 제 1 주성분이 53.82%를 설명하고 제2주성분은 29.07%를 설명하고 있다. 즉 2차원으로 설명할 경우 총분산인 고유값의 합인 '5'에서 약 82.89%를 설명하게 됨을 알 수 있다.

요인추출					추출된 요인		
요인 (차원)	비정칙값	고유값	분산 설명력(%)	분산누적 설명력(%)	고유값	분산 설명력(%)	분산누적 설명력(%)
1	1.640	2.691	53.82	53.82	**2.691**	**53.82**	**53.82**
2	1.206	1.453	29.07	82.89	**1.453**	**29.07**	**82.89**
3	0.724	0.524	10.49	93.38			
4	0.424	0.180	3.60	96.98			
5	0.389	0.151	3.02	100.00			
합계		5.000	100.00				-

요인수는 대부분의 세계적인 통계패키지들에서 디폴트가 고유값이 '1' 이상인 경우로 설정되어 있다. 이는 각 변수들을 표준화했을 때 각 변수들이 담고 있는 정보량, 즉 분산이 '1'로 표준화되었으므로 이에 따른 것이다. 그런데 변수들 간의 상관성이 존재하면 주성분들의 설명하는 분산이 '1'이 아닌 더 큰 값들이 존재하게 되어 변수 자신의 분산 '1'보다 커지게 된다. 만일 변수들 간의 상관성이 존재하지 않아 서로간의 모두 상관계수가 '0'이 된다면 추출된 모든 주성분들의 분산인 고유값도 모두 '1'이 된다. 위의 표에서 고유값이 '1'보다 큰 경우는 2차원까지 이므로 그리고 2차원까지 사용했을 때 분산 설명력이 82.89%로 매우 만족스러운 적합을 보이므로 2차원으로 설명하는 무리가 없다. 참고로 차원을 축소하려는 목적으로 반드시 고유값 '1' 이상이 되는 개수만을 고집할 필요는 없다. 고유값이 대략 0.7이상인 점의 개수를 요인의 수로 결정할

수도 있다.

다음 결과를 보면 요인점수계수를 좌표로 2차원 평면상에 표시하고 원점을 중심으로 말뚝표시한 것이다. 그런데 이 축들의 좌표값이 너무 작아서 가운데 작게 나타났다. 축을 확대하여 표현하면 보다 각 데이터 점들의 상호관계를 보다 쉽게 파악할 수 있을 것이다. 상단의 확대축소 회전자를 사용하여 확대해 보라. 재미있을 것이다.

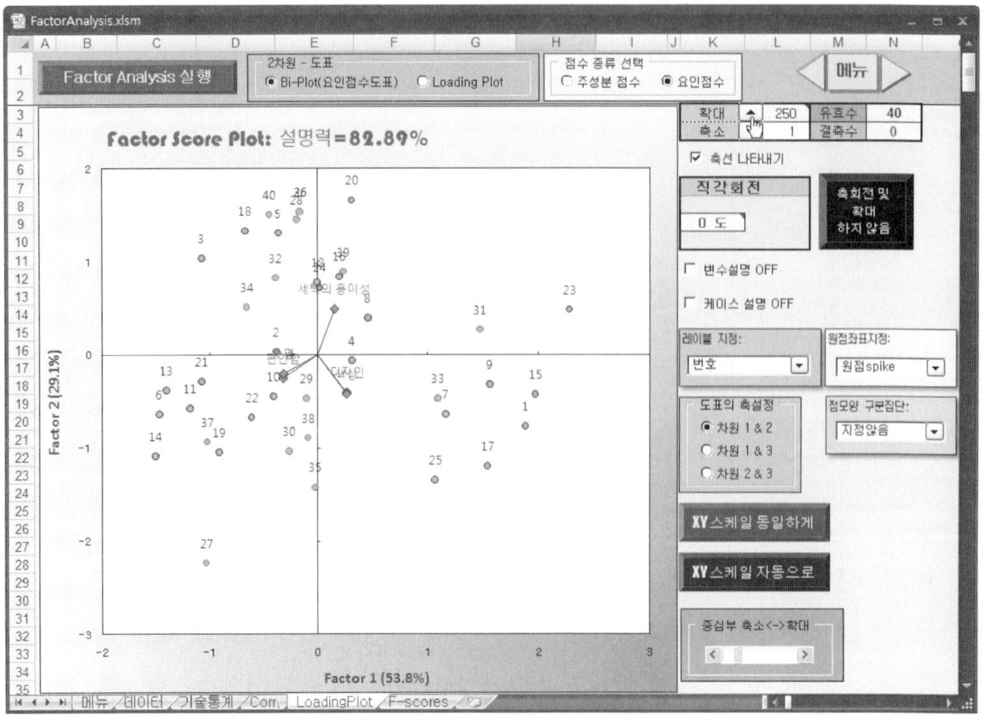

추출한 요인을 rotation하기 전의 결과로서 모든 변수가 FACTOR1에 0.40이상의 매우 높게 관련되어 있으며, FACTOR2에는 디자인, 색상, 세탁의 용이성이 관련 있게 나타나고 있다. 요인과 변수간에 구분이 잘 되고 있지 않고 있기 때문에 이들 구조를 더 잘 설명할 수 있는 구조로 rotation하는 것이 필요하다.

요인추출 후에 각 요인에 대한 eigenvalue와 추출한 요인들에 의해 각 변수의 설명정도를 나타내는 공통성(communality)이 출력되어 있는데, 전반적으로 두 요인에 의한 설명 정도가 82.9%로 매우 높게 나타났다.

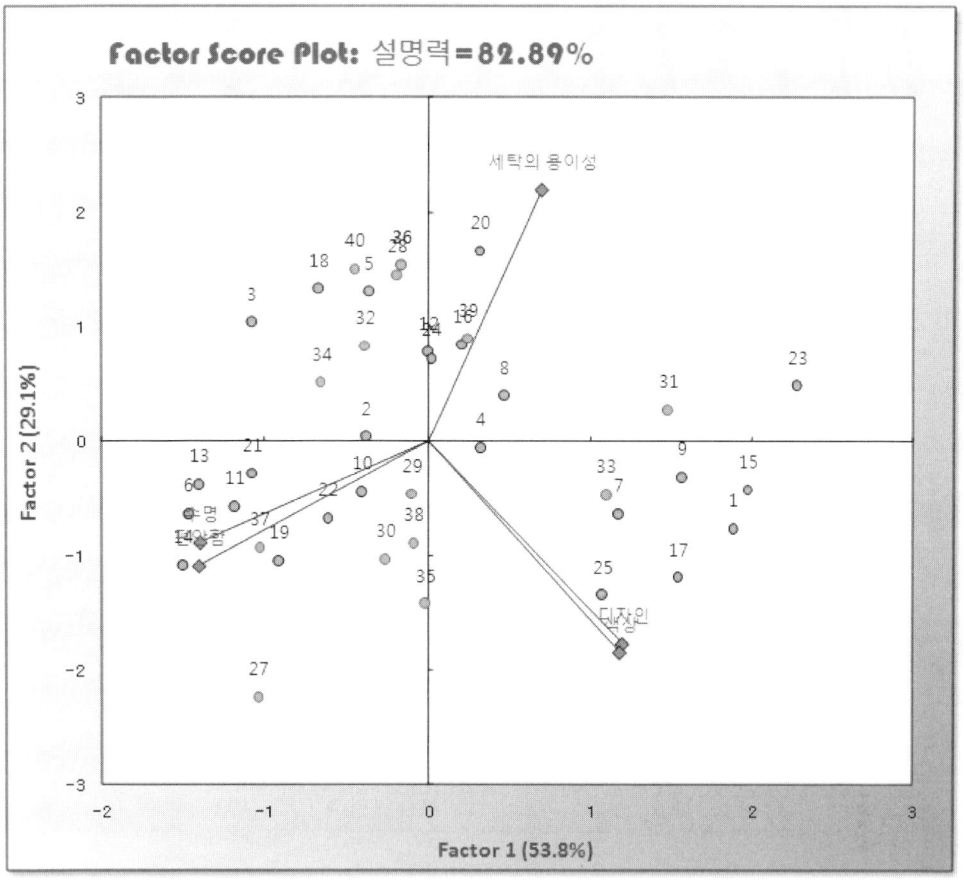

위의 결과에서는 축의 길이를 확대한 결과이다. 확대 전의 요인점수를 계산한 요인점수계수로 표현 하면 다음과 같이 계산된다.

$$FS_1 = -0.318\,Z_{편안함} + 0.272\,Z_{디자인} - 0.316\,Z_{수명} + 0.268\,Z_{색상} + 0.159\,Z_{세탁의용이성}$$

$$FS_2 = -0.248\,Z_{편안함} - 0.403\,Z_{디자인} - 0.202\,Z_{수명} - 0.419\,Z_{색상} + 0.498\,Z_{세탁의용이성}$$

위 산점의 각 좌표는 FS1과 FS2의 두 요인점수를 X축과 Y축으로 하는 산점도를 나타내며 각 축의 좌표는 요인점수계수들을 좌표로 나타내고 이들의 좌표를 일정수준으로 확대하여 표현한 것이다. 그리고 각 Z 변수들은 각 변수의 표준화 점수를 의미한다.

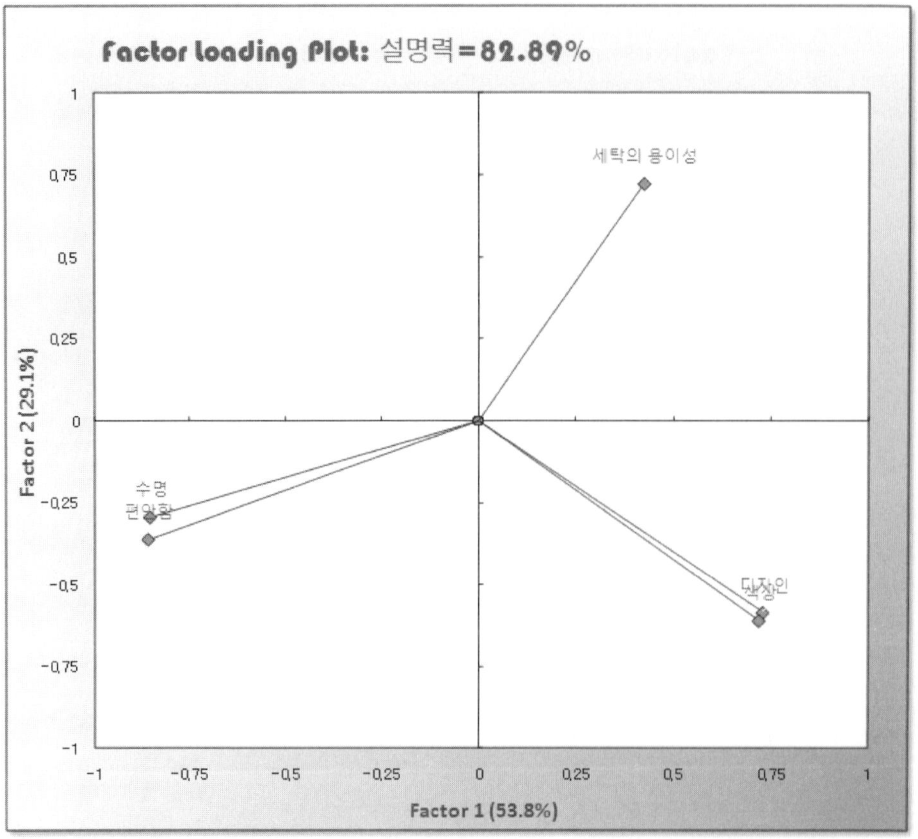

위의 결과는 요인에 대한 각 변수의 factor loading을 가지고 변수와 요인의 그림을 나타낸 것이다. '편안함'이라는 변수와 '수명'이라는 변수에 대해서 비슷하게 인식하고 있으며, '색상'과 '디자인' 또한 서로 비슷하게 인식되고 있다. 반면에 '세탁의 용이성'은 다른 형태의 grouping을 하고 있는 것으로 나타났다. Factor1과 관련된 변수는 '편안함', '수명', '세탁의 용이성' 등으로 '신발의 실용성'이라는 잠재요인으로 이해할 수 있으며, Factor2와 관련된 변수는 '색상'과 '디자인'으로 '신발의 미적 가치'라는 이름으로 잠재요인을 명명할 수 있을 것이다. 잠재요인에 대한 명명은 구성되는 변수를 살펴보고 연구자가 적절하게 붙일 수 있다. 이렇게 잠재요인에 대한 명명을 시도한 후에 이 명명된 요인의 점수를 사용하여 다른 분석으로 확장 적용할 수 있다. 결국 이러한 요인점수는 실제 측정된 점수가 아닌 추상적인 개념에 대해 간접적인 방식을 사용하여 점수를 부여할 수 있음을 알 수 있다.

[CaseStudy 23.10a] 어느 회사는 입사후 3년이 지난 사원의 업무능력을 평가하고 있다. 업무실적과 업무에 대한 잠재력 테스트를 시행하여 비교하여 보았다. 25명의 사원이 임의로 채택되었으며 업무실적 평가를 위해 판매실적, 새로운 고객확보실적의 변수들이 고려되었다. 이 점수는 20점 만점으로 되어 있다. 그리고 잠재력 테스트를 위해 각 개인들에게는 개발능력, 행동력, 사고능력, 계산능력의 4가지 테스트가 주어졌다. 이 점수는 100점 만점이다. 테스트 결과는 다음과 같다. 요인분석을 실시하되 군집분석을 통해 각 사원들을 몇 개의 유사한 집단으로 구성 한 후에 요인분석의 biplot 상에 표시하고 군집별 특성을 설명해 보라.

사원	판매실적	고객확보실적	개발능력	행동력	사고능력	계산능력
P1	15	15.3	65	50	40	68
P2	12.2	14.3	35	45	25	32
P3	15.1	15.3	55	60	55	64
P4	15.5	15.5	55	70	55	70
P5	14.3	15.5	25	70	65	60
P6	14.9	16	85	85	55	54
P7	16	16	70	80	60	78
P8	16	16.1	50	80	55	98
P9	13.8	15.7	40	50	65	34
P10	15.9	15	45	85	55	88
P11	15.9	15.7	90	75	50	86
P12	13.2	16.5	65	55	40	20
P13	14.4	14.5	35	75	55	54
P14	14.1	15.1	50	60	55	38
P15	15.9	14.9	90	85	50	84
P16	15.9	16.5	40	65	70	94
P17	13.8	16.1	90	80	40	36
P18	15.3	15.5	65	60	70	56
P19	16.2	15.5	75	95	60	82

P20	16	16.2	70	100	60	74
P21	15.4	16	45	85	65	64
P22	13.9	15.6	65	75	30	46
P23	15.5	14.9	85	100	50	64
P24	16	16	70	100	70	75
P25	15.3	16	75	60	60	52

[CaseStudy 23.10b] 다음 표는 미국 Wisconsin 주 14개 지역에 대한 5개 사회 경제적 변수에 대한 자료이다.

C1 = Pop(총인구수(천명))
C2 = School(교육년수 중위값(년))
C3 = Employ(총고용자수(천명))
C4 = Health(의료기관고용자수(천명))
C5 = Home(주택가격 중위수(만불))

지역	Pop	School	Employ	Health	Home
R1	5.935	14.2	2.265	2.27	2.91
R2	1.523	13.1	0.597	0.75	2.62
R3	2.599	12.7	1.237	1.11	1.72
R4	4.009	15.2	1.649	0.81	3.02
R5	4.687	14.7	2.312	2.5	2.22
R6	8.044	15.6	3.641	4.51	2.36
R7	2.766	13.3	1.244	1.03	1.97
R8	6.538	17	2.618	2.39	1.85
R9	6.451	12.9	3.147	5.52	2.01
R10	3.314	12.2	1.606	2.18	1.82
R11	3.777	13	2.119	2.83	1.8
R12	1.53	13.8	0.798	0.84	4.25
R13	2.768	13.6	1.336	1.75	2.64
R14	6.585	14.9	2.763	1.91	3.17

요인분석을 실시하고 2차원 요인점수 위치도를 작성한 후에 각 14개 지역별 특성을 설명하시오.

[CaseStudy 23.10c] 다음 표는 1984년 LA 올림픽에서 국사별 육상경기의 기록이다. 요인점수 위치도(biplot)를 작성하고 각 국가별 강점 및 약점을 설명하시오.

국가	100m (초)	200m (초)	400m (초)	800m (분)	1500m (분)	5000m (분)	10,000m (분)	마라톤 (분)
ARGENTIN	10.39	20.81	46.84	1.81	3.7	14.04	29.36	137.72
AUSTRALI	10.31	20.06	44.84	1.74	3.57	13.28	27.66	128.3
AUSTRIA	10.44	20.81	46.82	1.79	3.6	13.26	27.72	135.9
BELGIUM	10.34	20.68	45.04	1.73	3.6	13.22	27.45	129.95
BERMUDA	10.28	20.58	45.91	1.8	3.75	14.68	30.55	146.62
BRAZIL	10.22	20.43	45.21	1.73	3.66	13.62	28.62	133.12
BURMA	10.64	21.52	48.3	1.8	3.85	14.45	30.28	139.95
CANADA	10.17	20.22	45.68	1.76	3.63	13.55	28.09	130.15
CHILE	10.34	20.8	46.2	1.79	3.71	13.61	29.3	134.03
CHINA	10.51	21.04	47.3	1.81	3.73	13.9	29.13	133.53
COLOMBIA	10.43	21.05	46.1	1.82	3.74	13.49	27.88	131.35
COOKISLA	12.18	23.2	52.94	2.02	4.24	16.7	35.38	164.7
COSTARIC	10.94	21.9	48.66	1.87	3.84	14.03	28.81	136.58
CZECHO	10.35	20.65	45.64	1.76	3.58	13.42	28.19	134.32
DENMARK	10.56	20.52	45.89	1.78	3.61	13.5	28.11	130.78
DOMINICA	10.14	20.65	46.8	1.82	3.82	14.91	31.45	154.12
FILAND	10.43	20.69	45.49	1.74	3.61	13.27	27.52	130.87
FRANCE	10.11	20.38	45.28	1.73	3.57	13.34	27.97	132.3
EGERMAN	10.12	20.33	44.87	1.73	3.56	13.17	27.42	129.92
WGERMAN	10.16	20.37	44.5	1.73	3.53	13.21	27.61	132.23
ENGLAND	10.11	20.21	44.93	1.7	3.51	13.01	27.51	129.13
GREECE	10.22	20.71	46.56	1.78	3.64	14.59	28.45	134.6
GUATEMAL	10.98	21.82	48.4	1.89	3.8	14.16	30.11	139.33
HUNGARY	10.26	20.62	46.02	1.77	3.62	13.49	28.44	132.58
INDIA	10.6	21.42	45.73	1.76	3.73	13.77	28.81	131.98
INDONESI	10.59	21.49	47.8	1.84	3.92	14.73	30.79	148.83
IRELAND	10.61	20.96	46.3	1.79	3.56	13.32	27.81	132.35
ISRAEL	10.71	21	47.8	1.77	3.72	13.66	28.93	137.55
ITALY	10.01	19.72	45.26	1.73	3.6	13.23	27.52	131.08
JAPAN	10.34	20.81	45.86	1.79	3.64	13.41	27.72	128.63
KENYA	10.46	20.66	44.92	1.73	3.55	13.1	27.38	129.75
KOREA	10.34	20.89	46.9	1.79	3.77	13.96	29.23	136.25
NKOREA	10.91	21.94	47.3	1.85	3.77	14.13	29.67	130.87
LUXEMBOU	10.35	20.77	47.4	1.82	3.67	13.64	29.08	141.27

MALAYSIA	10.4	20.92	46.3	1.82	3.8	14.64	31.01	154.1
MAURITIU	11.19	22.45	47.7	1.88	3.83	15.06	31.77	152.23
MEXICO	10.42	21.3	46.1	1.8	3.65	13.46	27.95	129.2
NETHERLA	10.52	20.95	45.1	1.74	3.62	13.36	27.61	129.02
NEWZEALA	10.51	20.88	46.1	1.74	3.54	13.21	27.7	128.98
NORWAY	10.55	21.16	46.71	1.76	3.62	13.34	27.69	131.48
NEWGUINE	10.96	21.78	47.9	1.9	4.01	14.72	31.36	148.22
PHILLIPP	10.78	21.64	46.24	1.81	3.83	14.74	30.64	145.27
POLAND	10.16	20.24	45.36	1.76	3.6	13.29	27.89	131.58
PORTUGAL	10.53	21.17	46.7	1.79	3.62	13.13	27.38	128.65
RUMANIA	10.41	20.98	45.87	1.76	3.64	13.25	27.67	132.5
SINGAPOR	10.38	21.28	47.4	1.88	3.89	15.11	31.32	157.77
SPAIN	10.42	20.77	45.98	1.76	3.55	13.31	27.73	131.57
SWEDEN	10.25	20.61	45.63	1.77	3.61	13.29	27.94	130.63
SWITZERL	10.37	20.46	45.78	1.78	3.55	13.22	27.91	131.2
TAIPEI	10.59	21.29	46.8	1.79	3.77	14.07	30.07	139.27
THAILAND	10.39	21.09	47.91	1.83	3.84	15.23	32.56	149.9
TURKEY	10.71	21.43	47.6	1.79	3.67	13.56	28.58	131.5
USA	9.93	19.75	43.86	1.73	3.53	13.2	27.43	128.22
USSR	10.07	20	44.6	1.75	3.59	13.2	27.53	130.55
WESTERNS	10.82	21.86	49	2.02	4.24	16.28	34.71	161.83

24

판별분석
Discriminant Analysis

24.1 판별분석이란?

수정 구슬을 통하여 앞으로 일어날 일을 예견하는 일은 이제 더 이상 점쟁이들만의 점유물이 아니다. 판사, 회계사, 금융인 및 기타 많은 전문인들이 법정 판결, 기업 재무구조의 적정 여부, 고객의 신용도 판정 등과 같이 미지의 현상을 예측하여야만 한다.

이러한 문제들을 해결하기 위해서 먼저 해볼 수 있는 일은, 이미 결과를 알고 있는 개체들의 사례를 비교해 보는 것이다. 이렇게 함으로써 결과가 다르게 나타난 개체들의 집단 간의 유사점과 차이점을 기준으로 아직 결과를 알 수 없는 개체에 대한 결과를 예측할 수 있는 것이다. 통상적으로 이러한 예측은 의사 결정자의 경험과 지식을 바탕으로 한 주관적인 판단에 의하여 수행된다. 그러나 당면한 문제가 점점 더 복잡해지고 잘못된 판단으로 야기되는 손해가 점점 더 심각해지면서, 결과를 예측하는데 보다 객관적인 절차를 만드는 것이 점점 더 필요하게 되었다.

판별분석(discriminant analysis)은 'R. A. Fisher'에 의하여 체계화된 통계이론으

로서 앞에서 언급한 것들과 유사한 문제들을 다루는 데 많이 적용되고 있다. 판별분석의 기초 개념은 비교적 단순한 것으로, 사전에 정의된 하나의 집단변수(group variable) 개개의 변수값을 판별하는 데 중요한 역할을 하는 판별변수(discriminant variable)의 선형결합(linear combination)인 판별함수(discriminant function)를 만든 후, 이 판별함수에 새로운 개체의 특성을 대입하여 어떤 집단에 속할지를 판별하는 것이다. 여기에서 사전에 정의된 하나의 집단변수는 종속변수(dependent variable)라 하겠고 판별에 중요한 역할을 하는 판별변수는 독립변수(independent variable)라고 할 수 있다.

24.2 판별분석의 목적

판별분석의 목적은 크게 다음과 같이 두 가지로 볼 수 있다.

① 이미 알려진 상호 겹치지 않는(mutually exclusive) 몇 개 집단에 속하는 다변량 자료로부터 각 집단의 차이를 분류할 수 있는 판별함수를 추정한다.

② 소속집단이 알려지지 않은 새로운 관측치를 추정된 판별함수를 이용하여 어떤 집단에 분류될 것인가로 결정하고 이에 다른 행동전략을 입안한다.

즉, 판별분석의 목적은 개체들을 분류해 낼 수 있는 기준을 마련하고 분류하기 위한 목적이다. 그 쓰임새가 분류(classifications)분석에 해당한다. 이와 유사한 분석이 로지스틱 회귀모형으로 이 역시 분류분석방법임을 잊지 말라.

활용예로는 신용카드 발급대상 적격자와 부적격자 판정하거나 은행여신 업무에서 고객의 신용도를 평가 하거나 기업의 파산가능성을 분석하여 이에 적절한 대응 전략을 구축하거나 생물학, 의학 등의 분야에서 병아리의 암수 판정, 암의 진단, 당뇨병 진단 등 그 활용 분야는 무궁무진하다. 어떻게 효율적으로 적절하게 활용되고 응용하느냐는 분석자의 기지에 달려있다. 그러기 위해서는 기본에 충실하고 예제 데이터의 사례를 충분히 익히고 유사 데이터의 사례를 반복적으로 체험하여 '지식'이 아닌 자신의 '앎'으로 만들어야 한다.

24.3 이론적 배경 - 일차판별함수(π_1과 π_2의 두 집단 경우)

$\underline{X}' = [X_1, X_2, \cdots, X_p]$

$f_1(\underline{X}),\ f_2(\underline{X})$: 두 모집단의 확률밀도함수로 표현됨

두 모집단의 분류 문제에 있어 우리가 측정하여야 할 변수들을 예를 들어 놓은 다음 표를 참고해 보라.

[표 24.3a] 측정대상 변수들

모집단 π_1과 π_2	변 수
1. 대학을 졸업하는 학생과 중퇴생	입학시험성적, 고등학교성적, 부모의 소득 등
2. 신용카드 발급대상의 합격자와 불합격자	소득, 나이, 신용카드 보유수, 가족의 수 등
3. 신상품의 즉시 구매자와 느린 구매자	소득, 교육, 가족의 수 등
4. 도산기업과 건전기업	수익성, 자본구조, 활동성 등

⊙ **모형**

$$\underline{\mu}_1 = E(\underline{X}_1 \mid \pi_1)$$

$$\underline{\mu}_2 = E(\underline{X}_2 \mid \pi_2)$$

$$\sum\nolimits_i = E(\underline{X} - \underline{\mu}_i)(\underline{X} - \underline{\mu}_i)' \quad (i = 1, 2)$$

$$Y = \underline{a}'\ \underline{X}$$

$$\mu_{1Y} = E(Y \mid \pi_1) = E(\underline{a}'\ \underline{X} \mid \pi_1) = \underline{a}'\ \underline{\mu}_1$$

$$\mu_{2Y} = E(Y \mid \pi_2) = E(\underline{a}'\ \underline{X} \mid \pi_2) = \underline{a}'\ \underline{\mu}_2$$

$$Var(Y) = Var(\underline{a}'\ \underline{X}) = \underline{a}'\ Cov(\underline{X})\underline{a} = \underline{a}' \sum \underline{a}$$

⊙ **일차판별함수의 모형**

$$Y = \underline{a}'\ \underline{X} = (\underline{\mu}_1 - \underline{\mu}_2)' \sum\nolimits^{-1} \underline{X}$$

(중복을 최소화 하면서 구분할 수 있는 조건으로 구함)

⊙ **분류 규칙을 만들기 위한 중간값**

$$m = \frac{1}{2}(\mu_{1Y} + \mu_{2Y}) = \frac{1}{2}(\underline{a}'\underline{\mu}_1 + \underline{a}'\underline{\mu}_2)$$

$$= \frac{1}{2}(\underline{\mu}_1 - \underline{\mu}_2)' \sum^{-1}(\underline{\mu}_1 + \underline{\mu}_2)$$

$$Y_0 = (\underline{\mu}_1 - \underline{\mu}_2)' \sum^{-1} \underline{X}_0$$

X_0 : 관찰벡터

$$E(Y_0 | \pi_1) - m \geqq 0$$

$$E(Y_0 | \pi_2) - m < 0$$

⊙ **분류 규칙**

만일 $Y_0 - m \geqq 0$이면 X_0를 π_1 으로 분류

만일 $Y_0 - m < 0$이면 X_0를 π_2 으로 분류

24.4 표본으로부터 계산

$$\overline{\underline{X}}_1 = \frac{1}{n_1}\sum_{j=1}^{n_1}\underline{X}_{1j}$$

$$S_1 = \frac{1}{n_1 - 1}\sum_{j=1}^{n_1}(\underline{X}_{1j} - \overline{\underline{X}}_1)(\underline{X}_{1j} - \overline{\underline{X}}_1)'$$

$$\overline{\underline{X}}_2 = \frac{1}{n_2}\sum_{j=1}^{n_2}\underline{X}_{2j}$$

$$S_2 = \frac{1}{n_2 - 1}\sum_{j=1}^{n_2}(\underline{X}_{2j} - \overline{\underline{X}}_2)(\underline{X}_{2j} - \overline{\underline{X}}_2)'$$

$$S_p = \frac{(n_1 - 1)S_1 + (n_2 - 1)S_2}{n_1 + n_2 - 2} \quad : \text{합동 공분산}$$

⊙ **표본 일차판별함수**

$$Y = \underline{a}'\,\underline{X} = (\underline{\overline{X}}_1 - \underline{\overline{X}}_2)'\,S_p^{-1}\,\underline{X}$$

⊙ **표본의 중간값**

$$m = \frac{1}{2}(\overline{Y}_1 + \overline{Y}_2) = \frac{1}{2}(\underline{\overline{X}}_1 - \underline{\overline{X}}_2)'\,S_p^{-1}(\underline{\overline{X}}_1 + \underline{\overline{X}}_2)$$

여기서, $\overline{Y}_1 = \underline{a}'\,\underline{\overline{X}}_1$, $\overline{Y}_2 = \underline{a}'\,\underline{\overline{X}}_2$

⊙ **표본의 할당 규칙**

만일 $Y_0 - m \geq 0$ 이면 X_0를 π_1 으로 분류

만일 $Y_0 - m < 0$ 이면 X_0를 π_2 으로 분류

여기서, $Y_0 = (\underline{\overline{X}}_1 - \underline{\overline{X}}_2)'\,S_p^{-1}\,\underline{X_0}$

24.5 일반적인 분류 문제

⊙ **분류가 정확하지 못하면 손실 비용 발생**

$C(2|1)$는 π_1의 구성원을 π_2에 속한 것으로 분류할 때 생기는 손실비용

$C(1|2)$는 π_2의 구성원을 π_1에 속한 것으로 분류할 때 생기는 손실비용

$\underline{X}$는 반드시 π_1 또는 π_2로 분류

$R_2 = S - R_1$

S : 표본 공간

R_1 : 개체들이 π_1에 속하는 값들의 집합

R_2 : π_2에 속하는 개체들에 대한 나머지 $\underline{X}$의 값들

24.6 X의 분류 규칙

$$R_1 = \{ \underline{X} : C(2|1) \cdot P_1 \cdot f_1(\underline{X}) - C(1|2) \cdot P_2 \cdot f_2(\underline{X}) \geq 0 \}$$

$$R_2 = \{ \underline{X} : C(2|1) \cdot P_1 \cdot f_1(\underline{X}) - C(1|2) \cdot P_2 \cdot f_2(\underline{X}) < 0 \}$$

또는

$$R_1 = \left\{ \underline{X} : \frac{f_1(\underline{X})}{f_2(\underline{X})} \geq \frac{C(1|2)\, P_2}{C(2|1)\, P_1} \right\}$$

$$R_2 = \left\{ \underline{X} : \frac{f_1(\underline{X})}{f_2(\underline{X})} < \frac{C(1|2)\, P_2}{C(2|1)\, P_1} \right\}$$

단, $\begin{cases} P_1 : \text{ 한 개체가 } \pi_1 \text{ 에서 나올 사전확률} \\ P_2 = 1 - P_1 : \text{ 한 개체가 } \pi_2 \text{ 에서 나올 사전확률} \end{cases}$

* Minitab에서는 $C(1|2) = C(2|1)$ 라고 가정

24.7 정규 모집단의 분류문제

⊙ $\sum_1 = \sum_2 = \sum$인 경우

$$R_1 = \left\{ \underline{X} : \underline{X}' \textstyle\sum^{-1}(\underline{\mu}_1 - \underline{\mu}_2) - \frac{1}{2}(\underline{\mu}_1 + \underline{\mu}_2)' \textstyle\sum^{-1}(\underline{\mu}_1 - \underline{\mu}_2) \geq \ln \cdot \frac{P_2}{P_1} \right\}$$

$$R_2 = \left\{ \underline{X} : \underline{X}' \textstyle\sum^{-1}(\underline{\mu}_1 - \underline{\mu}_2) - \frac{1}{2}(\underline{\mu}_1 + \underline{\mu}_2)' \textstyle\sum^{-1}(\underline{\mu}_1 - \underline{\mu}_2) < \ln \cdot \frac{P_2}{P_1} \right\}$$

이 된다.

표본으로 계산하면

$$R_1 = \left\{ \underline{X} : \underline{X}' S_p^{-1}(\overline{\underline{X}}_1 - \overline{\underline{X}}_2) - \frac{1}{2}(\overline{\underline{X}}_1 + \overline{\underline{X}}_2)' S_p^{-1}(\overline{\underline{X}}_1 - \overline{\underline{X}}_2) \geq \ln \cdot \frac{P_2}{P_1} \right\}$$

$$R_1 = \left\{ \underline{X}: \underline{X}' S_p^{-1} (\overline{\underline{X}}_1 - \overline{\underline{X}}_2) - \frac{1}{2} (\overline{\underline{X}}_1 + \overline{\underline{X}}_2)' S_p^{-1} (\overline{\underline{X}}_1 - \overline{\underline{X}}_2) < \ln \cdot \frac{P_2}{P_1} \right\}$$

일차 판별함수모형과 동일하다.

⊙ $\sum_1 \neq \sum_2$ 인 경우

$$R_1 = \left\{ \underline{X}: \frac{f_1(\underline{X})}{f_2(\underline{X})} \geq \frac{P_2}{P_1} \right\}$$

$$R_2 = \left\{ \underline{X}: \frac{f_1(\underline{X})}{f_2(\underline{X})} < \frac{P_2}{P_1} \right\}$$

$f_1(\underline{X})$ 를 평균 vector μ_1 이고 $\sum_1$ 이 공분산행렬인 p 변량정규분포

$f_2(\underline{X})$ 를 평균 vector μ_2 이고 $\sum_2$ 이 공분산행렬인 p 변량정규분포

를 대입하여 ln 을 취하여 판별함수로 구하면 이차판별함수로서 R_1, R_2 로 나타낼 수 있다. 또한, 표본에서 $\overline{\underline{X}}_1, \overline{\underline{X}}_2, S_1, S_2$ 로 대치하여 분석할 수 있다.

24.8 파산기업 판별함수

기업파산에 대한 통계적 예측모형을 개발하기 위하여 영향을 미칠 수 있는 네 개 독립변수를 고려하였다. 첫 번째 변수는 일정한 기간 중에 동태적 유동성 상태를 나타내는 지표로 현금흐름 대 총부채 비율(X1=Cash Flow/Total Debt), 두 번째 변수는 수익성 지표로 순이익 대 총자산 비율(X2=Net income/Total Assets), 세 번째 변수는 기업의 단기지급능력을 측정하는 지표로 유동자산 대 유동부채 비율(X3=Current Assets/Current Liabilities), 네 번째 변수는 자산운영의 효율성을 측정하는 지표로 유동자산 대 순매출액 비율(X4=Current Assets/Net Sales)등 4가지 재무비율을 고려하였다. 분류모형을 추정하기 위하여 파산된 21개 기업과 정상적으로 운영되는 25개 기업을 선정하여 각 기업에 대하여 네 가지 재무비율을 구하였다. 판별함수를 유도하고 그 분류정확도를 평

가해 보기로 하자.

[표 24.8] 파산/생존 기업 재무데이터(파산기업.xlsx)

id	현금보유지수	자산순수익지수	유동지수1	유동지수2	파산여부
1	-0.4485	-0.4106	1.0865	0.4526	파산
2	-0.6633	-0.3114	1.5134	0.1642	파산
3	0.0643	0.0056	1.0077	0.3978	파산
4	-0.0721	-0.093	1.4544	0.2589	파산
5	-0.1002	-0.0917	1.5644	0.6683	파산
6	-0.1421	-0.0651	0.7066	0.2794	파산
7	0.0351	0.0147	1.5046	0.708	파산
8	-0.0653	-0.0566	1.3737	0.4032	파산
9	0.0724	-0.0076	1.3723	0.3361	파산
10	-0.1353	-0.1433	1.4169	0.4347	파산
11	-0.2298	-0.2961	0.331	0.1824	파산
12	0.0713	0.0205	1.3124	0.2497	파산
13	0.0109	0.0011	2.1495	0.6969	파산
14	-0.2777	-0.2316	1.1918	0.6601	파산
15	0.1454	0.05	1.8762	0.2723	파산
16	0.3703	0.1098	1.9941	0.3828	파산
17	-0.0757	-0.0821	1.5077	0.4215	파산
18	0.0451	0.0263	1.6756	0.9494	파산
19	0.0115	-0.0032	1.2602	0.6038	파산
20	0.1227	0.1055	1.1434	0.1655	파산
21	-0.2843	-0.2703	1.2722	0.5128	파산
22	0.5135	0.1001	2.4871	0.5368	생존
23	0.0769	0.0195	2.0069	0.5304	생존
24	0.3776	0.1075	3.2651	0.3548	생존
25	0.1933	0.0473	2.2506	0.3309	생존
26	0.3248	0.0718	4.2401	0.6729	생존
27	0.3132	0.0511	4.45	0.6852	생존
28	0.1184	0.0499	2.521	0.6925	생존
29	-0.0173	0.0233	2.0538	0.3484	생존
30	0.2169	0.0779	2.3489	0.397	생존
31	0.1703	0.0695	1.7973	0.5174	생존
32	0.146	0.0518	2.1692	0.55	생존
33	-0.0985	-0.0123	2.5029	0.5778	생존
34	0.1398	-0.0312	0.4611	0.2643	생존
35	0.1379	0.0728	2.6123	0.5151	생존
36	0.1486	0.0564	2.2347	0.5563	생존
37	0.1633	0.0486	2.308	0.1978	생존
38	0.2907	0.0597	1.8381	0.3786	생존

39	0.5383	0.1064	2.3293	0.4835	생존
40	-0.333	-0.0854	3.0124	0.473	생존
41	0.4785	0.091	1.2444	0.1847	생존
42	0.5603	0.1112	4.2918	0.4443	생존
43	0.2029	0.0792	1.9936	0.3018	생존
44	0.4746	0.138	2.9166	0.4487	생존
45	0.1661	0.0351	2.4527	0.137	생존
46	0.5808	0.0371	5.0594	0.1268	생존

이제 판별분석을 수행해 보자.

▶ Stat → Multivariate → Discriminant Analysis

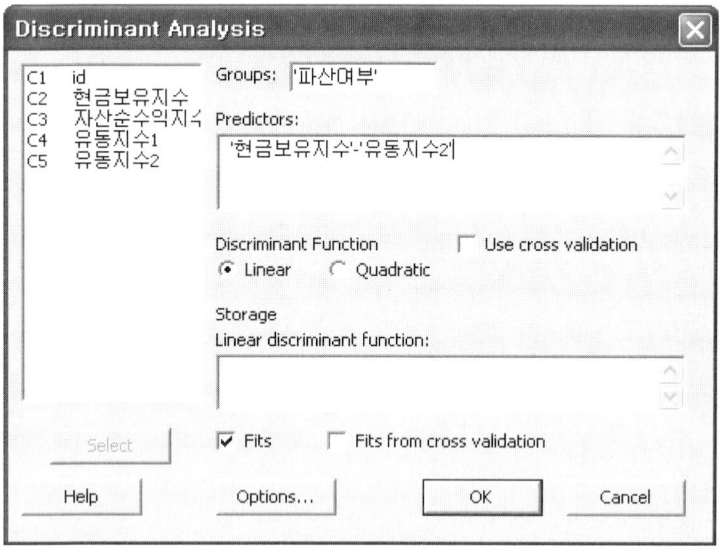

```
Linear Method for Response: 파산여부

Predictors: 현금보유지수, 자산순수익지수, 유동지수1, 유동지수2

Group  생존  파산
Count    25    21

Summary of classification

                  True Group
Put into Group    생존   파산
생존                24      3
파산                 1     18
Total N             25     21
N correct           24     18
Proportion       0.960  0.857

N = 46          N Correct = 42          Proportion Correct = 0.913
```

위의 결과는 유도된 선형판별함수의 분류정확도를 나타낸다. 생존기업을 생존기업으로 판별해 내는 정확도는 0.960으로 96%의 정확도를 나타내며 또 판산기업을 파산기업으로 판별해 내는 정확도는 85.7%로 나타났다. 결국 전체적인 정확도는 91.3%의 정확도를 자랑하고 있다. 매우 좋은 편이다.

```
Linear Discriminant Function for Groups

                    생존      파산
Constant          -6.692    -4.345
현금보유지수       4.669     3.525
자산순수익지수    -9.342   -17.955
유동지수1          3.347     1.648
유동지수2          9.613    11.909
```

상기의 결과는 Fisher의 선형판별함수(linear discriminant function) 또는 분류함수(classification function)라고 하며 다음과 같이 표현된다.

$$D_{\text{생존}} = -6.692 + 4.669 \times \text{현금보유지수} - 9.342 \times \text{자산순수익지수} + 3.347 \times \text{유동지수1} + 9.613 \times \text{유동지수2}$$

$$D_{\text{파산}} = -4.345 + 3.525 \times \text{현금보유지수} - 17.955 \times \text{자산순수익지수} + 1.648 \times \text{유동지수1} + 11.909 \times \text{유동지수2}$$

이렇게 표현된 함수에 독립변수들의 값을 대입하여 판별점수를 계산한 다음 두 판별점수의 값을 비교하여 큰 값이 $D_{\text{생존}}$이면 '생존'으로 판별하고 큰 값이 $D_{\text{파산}}$이면 '파산'으로 판별한다.

다음의 결과는 원데이터의 집단변수와 다르게 분류된 케이스들만 출력한 것이다. 원 데이터의 집단은 'True Group'에 나타나고 예측판별집단은 'Pred Group'에 나타난다. 당연 오분류 케이스들만 출력했으므로 두 결과가 서로 상반되어 있을 것이다.

Summary of Misclassified Observations

Observation	True Group	Pred Group	Group	Squared Distance	Probability
15**	파산	생존	생존	1.535	0.693
			파산	3.162	0.307
16**	파산	생존	생존	1.366	0.822
			파산	4.432	0.178
20**	파산	생존	생존	6.696	0.566
			파산	7.227	0.434
34**	생존	파산	생존	8.330	0.093
			파산	3.772	0.907

판별함수는 정준판별함수(canonical discriminant function)도 있는데 SPSS, SAS는 이 함수를 디폴트로 출력해 주며, 표준화/비표준화 두 종류의 정준판별함수가 출력되며 이 정준판별함수를 훨씬 많이 사용하게 된다. 그러나 Minitab에서는 아직 이를 제공하고 있지 않다. 게다가 여러 판별변수들 중에서 판별력이 우수한 변수들을 선택하는 변수선택법이 제공되지 않고 있다. 물론 이외에도 제공되지 않는 통계량들이 있으나 열거하지 않겠다. 결론적으로 말해 Minitab은 기초통계 교육용 패키지이었던 시절을 아직은 벗어나지 못한 것이다. 그러므로

학계나 고급분석의 활용이 필요한 연구에서는 거의 사용하지 않는다. 아니 사실은 이름조차 모르는 학자들도 많다. 최근 Six Sigma 경혁신전략으로 인해 유명해진 셈이다. Minitab은 다변량해석법에 대한 모듈이 다른 통계패키지에 비해 유치한 수준이다. 그러므로 깊이 있는 분석을 수행할 수 없으므로 다음 절에서는 3집단 판별분석을 간략하게 소개하기로 한다.

24.9 3집단 판별분석 - 은행신용도

24.9.1 은행 신용도 데이터 개요

일본의 한 은행에서 대출 담당자가 있다. 그는 자신에게 대출 신청이 너무 많이 밀려 있고, 그 절차 또한 매우 까다롭기 때문에, 그 많은 서류를 일일이 다 검토하고 대출 여부를 결정하는 것은 너무나 많은 시간과 비용이 소비된다고 느꼈다. 따라서 어떻게 하면 가장 적은 변수로 고객의 신용도가 좋은지 나쁜지를 효과적으로 판별할 수 있는가 하는 것이 이 대출 담당자의 주된 관심사이다. 이 문제를 해결하기 위하여 기존의 대출 실적이 있는 고객들을 대상으로 [표 24.9a]와 같은 데이터를 수집하였다.

[표 24.9a] 은행의 고객신용도 데이터 코딩양식(은행신용도.sav)

변수 이름	내용	코딩 형식
일련번호	고객의 일련번호	
결혼상태	결혼상태	0 = 미혼, 1 = 기혼, 2 = 이혼
신용카드	신용카드 사용 여부	0 = 미사용, 1 = 사용
주택소유	주택소유 여부	0 = 미소유, 1 = 소유
집세	월 평균 집세	단위 1,000엔(¥)
수입	월 평균 수입	단위 1,000엔(¥)
연령	연령	단위 년
거주년수	현재의 주택에 거주한 년수	단위 년
교육년수	피교육 년수	단위 년
고객년수	은행의 고객이 된 년수	단위 년
근무년수	현 직장에서 근무한 년수	단위 년
신용도	은행에서 판별한 신용도 정도	1 = 신용도 양호 2 = 신용도 모호 3 = 신용도 불량

고객의 신용도 정도는 상기 은행에서 다음과 같은 기준으로 판정한 것이다.

- **신용도 양호:** 현재까지 입금 일자를 어긴 적이 없이 대출금을 모두 입금하였

음

- **신용도 모호:** 현재까지 대출금은 모두 입금하였으나, 가끔 입금 일자를 지키지 않았음
- **신용도 불량:** 현재까지 대출금을 모두 입금하지 않았고, 입금 일자를 지키지 않은 적이 많음

24.9.2 판별분석 프로시저의 수행

Minitab 주메뉴에서

▶ Stat → Multivariate → Discriminant Analysis...

을 선택하면 다음과 같은 **'판별분석'** 대화상자가 열린다.

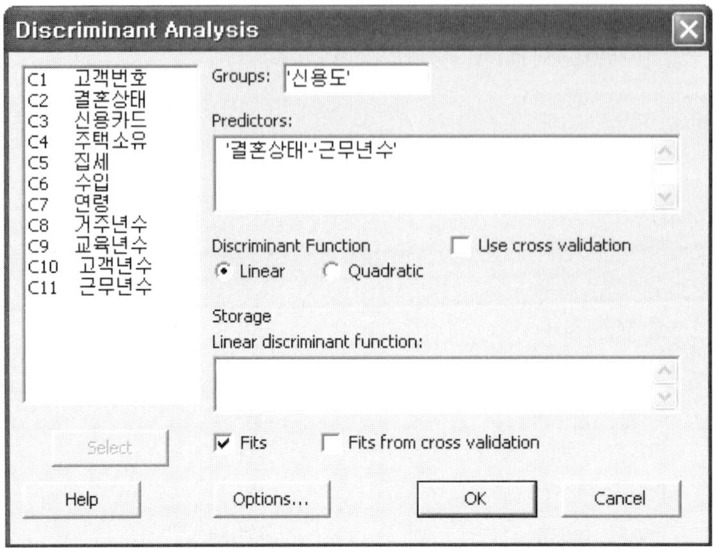

'Group:'에 **'신용도'** 변수를 지정하고, 'Predictors:'에 판별변수로 사용되는 변수들을 지정한다. 여기에서는 결혼상태, 신용카드 사용 여부, 주택소유 여부, 월평균 집세, 월평균 수입, 연령, 현재의 주택에 거주한 년수, 피교육년수, 은행의 고객이 된 년수, 현 직장에서 근무한 년수 등 10개 변수를 지정하였다.

```
Linear Method for Response: 신용도


Predictors: 결혼상태, 신용카드, 주택소유, 집세, 수입, 연령, 거주년수,
교육년수, 고객년수, 근무년수


Group   모호  불량  양호
Count    83    58   216


Summary of classification

                         True Group
Put into Group     모호    불량    양호
모호                 58      10      26
불량                  8      45       3
양호                 17       3     187
Total N              83      58     216
N correct            58      45     187
Proportion        0.699   0.776   0.866

N = 357          N Correct = 290          Proportion Correct = 0.812
```

전체 357명의 고객 중 216명은 위험도가 거의 없는 고객들이므로 대출을 해줘도 별문제가 없고, 58명은 위험도가 매우 큰 고객들이므로 대출해 줘서는 안 되며, 83명은 다소 위험한 고객들이므로 서류를 좀 더 검토한 후 대출 여부를 결정하여야 할 것이다.

위의 결과에서 분류정확도를 알아보자. 신용도가 좋은 고객 216명중에 97.7%에 해당하는 187명은 정확히 판별된 반면 26명은 신용도가 모호한 고객으로, 3명은 신용도가 불량인 고객으로 원데이터의 집단과는 다르게 판별되었으므로 신용도가 좋은 고객의 판별 정확성은 86.6%라고 할 수 있다. 같은 요령으로 신용도가 모호한 고객은 69.9%, 신용도가 불량인 고객은 77.6%의 판별 정확성을 보였다. 결국 전체적으로 앞에서 도출한 선형판별함수로 전체고객의 81.2%를 정확히 판별할 수 있다는 것이다.

24.9.3 선형판별함수

R. A. Fisher가 제시한 분류함수(classification function) 계수가 출력되는데 일반적으로 판별함수를 이용하여 집단을 판별하는 것보다 훨씬 쉽기 때문에 분류함수를 이용하는 방법을 많이 사용하기도 한다.

```
Linear Discriminant Function for Groups

              모호      불량      양호
Constant   -76.409   -60.137   -90.170
결혼상태     3.102     0.916     0.872
신용카드    27.413    17.382    30.374
주택소유     2.140     2.408     2.017
집세         0.000    -0.000     0.001
수입        -0.062    -0.069    -0.059
연령         0.144     0.219     0.084
거주년수    -0.065    -0.091    -0.058
교육년수     9.495     8.985    10.313
고객년수     0.174     0.327     0.177
근무년수    -0.320    -0.384    -0.149
```

판별방법은 위의 계수를 사용하여 3개의 분류함수를 만든 후 새로운 개체의 변수값을 대입하여 구한 세 가지 분류점수 중에서 가장 큰 값을 갖는 분류점수에 해당하는 집단으로 판별하면 된다.

24.9.4 판별변수의 선택

앞에서 도출한 판별함수들은 10개의 판별변수를 고려한 것이다. 그러나 판별분석의 최대 목적은 가장 적은 수의 판별변수만을 가지고도 효율적으로 판별이 가능한 판별함수를 도출해 내는 데 있다. 따라서 기여도가 적은 독립변수를 제거시키고 기여도가 큰 독립변수만을 판별변수로 채택하여 판별함수를 만들어야 하는데, 이러한 과정을 변수선택(variable selection)이라 한다. 변수선택의 어려움은 각 독립변수가 한 개씩만 사용될 경우에 종속변수(집단변수)에 대한 기여도가 높다고 좋은 것이 아니므로, 변수를 선택할 때 다른 독립변수들과의 상관관계도 고려하여야 한다는 점이다.

독립변수를 선택하는 방법에는 기여도에 따라 하나씩 판별함수에 포함시키는 단계선택법(stepwise method)과 독립변수들의 기여도를 검토하지 않고 모든 독립변수를 판별함수에 포함시키는 직접선택법(direct method)이 있다. 단계선택법은 많은 수의 독립변수를 고려하여야 할 때 유용하며, 각 단계별로 선택되는 변수들의 기여도를 확인할 수 있는 장점을 가지고 있다. 직접선택법은 모든 독립변수들을 다 고려하고자 할 때 사용되며, 분석의 시간이 단축되는 반면에 분석의 중간 과정을 볼 수 없다. Minitab에서는 선택법이 제공되지 않으므로 사용할 수 없다. 그러므로 SPSS에 제공되는 판별분석의 변수선택 방법들만 다음과 같이 소개하기로 한다.

선택법	선택기준설명
강제 선택	직접선택법, 디폴트 변수선택방법
Wilk의 람다	Wilk의 람다 통계량에 의한 단계선택법
설명되지 않는 분산	잔차최소제곱을 기준으로 한 단계선택법
Mahalanobis의 거리	Mahalanobis의 거리에 근거한 단계선택법
최소 F-비	집단간 최대 F-값에 기준으로 한 단계선택법
Rao의 V	Rao의 V 통계량에 의한 단계선택법

24.9.5 사전확률의 부여

만약 상기 은행의 모든 대출 고객에 대한 사전정보를 알고 있다면, 즉, 현재 판별분석에 포함 고객은 물론 본 판별분석의 결과를 적용하고자 하는 모든 대상(미래의 대출고객 포함)에 대한 비율을 알 수 있다면 보다 정확한 분석을 수행할 수 있다. 사전확률(prior probability)이란 판별하고자 하는 집단들이 모집단 속에서 차지하는 비율을 말한다. 여기에서 보다 신중하게 생각해야 될 사항은 사전확률을 모든 집단에 동일하게 적용할 것인가 아니면 다르게 적용할 것인가 이다. 은행 신용도 데이터의 경우 신용도가 양호한 고객이 일반적으로 모집단에서 차지하는 비율이 높고, 신용도가 모호하거나 불량인 고객은 모집단에서 차지하는 비율이 비교적 낮은 비율을 차지할 것이다. 그리고 표본 추출이 '무작위로' 추출되었다면 표본에서 각 집단이 차지하는 비율은 곧 모집단에서 차지하는 비율을 추정한 값으로 생각할 수 있다. 그러므로 각 집단이 표본에서 차지하는 비율은 곧 모집단에서 차지하는 비율로 적용하는 것이 타당하다.

Minitab의 경우 디폴트 사전확률은 모든 집단에 대하여 동일한 확률을 적용하고 있으나 이는 실제 데이터에 적용하는 사례는 그리 흔하지 않을 것이다. 사전확률이 동일하지 않는 경우에는 고객들을 각 집단으로 분류하는 판별경계점이 달라지게 되는데 대부분의 통계패키지는 주어진 데이터로부터 이러한 사전확률을 추정하여 판별분석에 적용시키는 기능이 있으나 Minitab에는 없다. 그러므로 Minitab에서는 종속변수에 대해 빈도분석을 실행한 후에 각 집단의 비율의 추정값을 찾고 다음과 같이 비율값을 사전확률로 지정해야 한다.

[그림 24.9] 신용도 빈도분석

Tally for Discrete Variables: 신용도

신용도	Count	Percent
모호	83	23.25
불량	58	16.25
양호	216	60.50
N=	357	

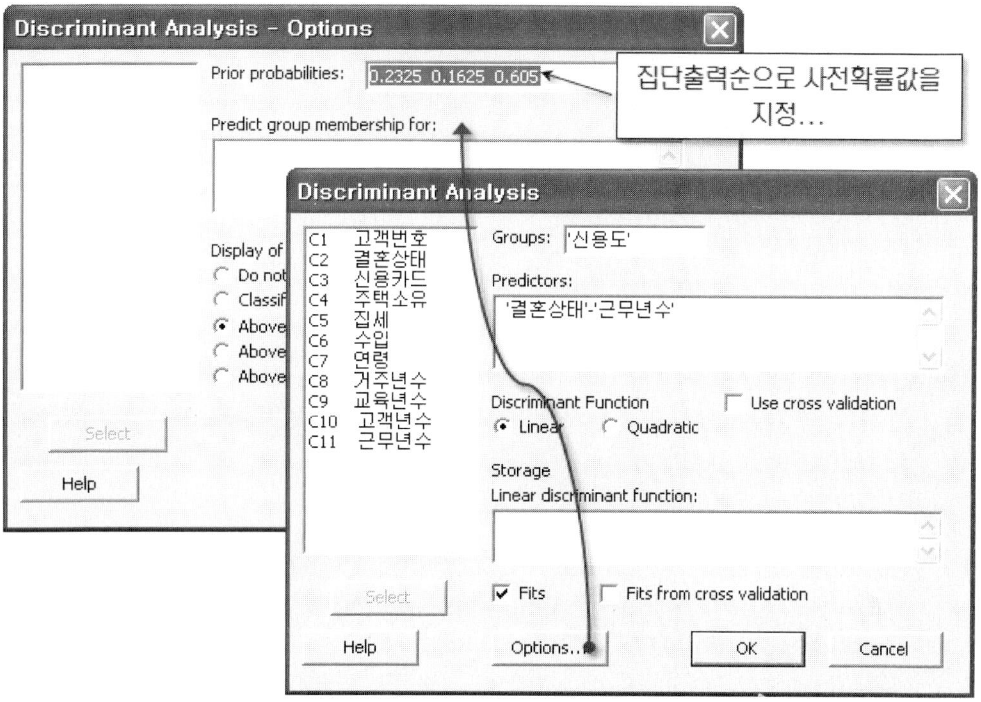

다음의 출력결과를 보면 사전확률이 신용도가 모호, 불량, 양호 집단의 순으로 0.233, 0.163, 0.605로 계산되어 있음을 알 수 있다. 즉, 어느 정도 현실에 맞게 사전확률을 적용할 수 있게 된다.

```
Linear Method for Response: 신용도


Predictors: 결혼상태, 신용카드, 주택소유, 집세, 수입, 연령, 거주년수,
교육년수, 고객년수, 근무년수

Group    모호    불량    양호
Count     83      58     216
Prior  0.233   0.163   0.605
```

그리고 사전확률을 표본으로부터 추정하지 않고 이미 사전에 알려져 있는 경우는 명령문을 사용하여 직접 사전확률을 지정할 수 있다. 즉, 판별하고자 하는 집단변수의 변수값의 출력순으로 사전확률을 0.7, 0.2, 0.1을 지정하면 된다. 또는 명령문을 사용하는 경우는 다음과 같이 'Priors' 부명령문에 지정하면 된다.

Discriminant '신용도' '결혼상태'-'근무년수';

Priors 0.2, 0.1, 0.7;

Fits 'FITS1'.

```
Summary of classification

                    True Group
Put into Group    모호    불량    양호
모호                50       9       4
불량                 6      44       1
양호                27       5     211
Total N             83      58     216
N correct           50      44     211
Proportion       0.602   0.759   0.977

N = 357           N Correct = 305           Proportion Correct = 0.854
```

위 결과에서 신용도가 좋은 고객 216명중에 97.7%에 해당하는 211명은 정확히 판별된 반면 4명은 신용도가 모호한 고객으로, 1명은 신용도가 불량인 고객으로 잘못 판단되었으므로 신용도가 좋은 고객의 판별 정확성은 97.7%라고 할 수 있다. 같은 요령으로 신용도가 모호한 고객은 60.2%, 신용도가 불량인 고객은 75.9%의 판별 정확성을 보였다. 결국 전체적으로 앞에서 도출한 판별함수로 전체고객의 85.4%를 정확히 판별할 수 있다는 것이다. 앞의 사전확률이 같은 경우보다 분류정확도가 향상되었음을 알 수 있다.

```
Linear Discriminant Function for Groups

              모호      불량      양호
Constant  -77.868  -61.954  -90.672
결혼상태     3.102    0.916    0.872
신용카드    27.413   17.382   30.374
주택소유     2.140    2.408    2.017
집세         0.000   -0.000    0.001
수입        -0.062   -0.069   -0.059
연령         0.144    0.219    0.084
거주년수    -0.065   -0.091   -0.058
교육년수     9.495    8.985   10.313
고객년수     0.174    0.327    0.177
근무년수    -0.320   -0.384   -0.149
```

유도된 분류함수는 사전확률을 동일하게 적용한 경우와 다른 점은 상수항의 값 달라진 것을 확인할 수 있다. 이는 분류기준이 수평으로 이동됨을 의미하며 당연히 분류된 결과, 즉 분류정확도에 영향을 주게 된다.

로지스틱 회귀분석

25.1 로지스틱회귀분석이란?

어떤 사건의 발생 여부를 예측하는 것과 예측에 중요한 역할을 하는 변수를 규명하는 것은 현실에서는 물론 대부분의 학문분야에서도 대단히 중요한 문제이다. 약리학이나 생체실험 분야에서 실험대상에 일정한 자극을 주고 이에 대한 반응을 조사하고자 하는 경우에 로지스틱 회귀분석(간단히 '로짓분석'이라고도 함)을 적용할 수 있으며, 이 경우 자극의 수준(독립변수)은 약이나 독성 투입량의 정도를 뜻하게 되고, 두 가지의 반응(종속변수)은 사망(0)과 생존(1)이 된다. 또한 어떤 시민들은 투표를 하고 어떤 시민들은 투표를 하지 않는 이유는 무엇일까? 왜 어떤 사업가는 실패하는 반면 어떤 사업가는 성공하는 것일까? 또한 어떤 고객은 지속적으로 구매하는 반면 어떤 고객은 왜 구매하지 않는 것일까? 등의 문제 또한 자극의 정도에 따라 행동이 2가지 양상으로 나타나는 현상을 설명하는데도 이용할 수 있다.

여러 독립변수들로부터 두 범주만을 가지는 종속변수를 예측하는 데는 다양한 다변량 통계 기법들이 사용될 수 있다. 그 중 다중회귀분석과 판별분석은 널리 사용되고 있으며, 이들은 서로 연관성이 있는 기법들이다. 그러나 이러한 기법들은 종속변수가 '사건이 일어났느냐' 또는 '일어나지 않았느냐'와 같은 두 가지의 값만을 갖게 될 때 여러 가지 문제점이 발생한다. 종속변수가 단지 두 개의 값만 취하게 될 때, 회귀분석의 경우에 가설검정에 필요한 가정들이 성립하지 않는다. 예를 들어 이러한 경우에는 오차항이 정규분포를 따른다는 가정이 만족되지 않는다. 다중회귀분석에 있어서의 또 다른 문제점은 예측값들을 확률로써 설명할 수 없다는 것이다. 즉, 확률이 '0'과 '1' 구간 밖의 값을 가질 수도 있다. 선형판별분석의 경우에는 집단구성원을 직접 추정하는 것은 가능하지만, 예측방법이 최적이기 위해서는 독립변수들이 다변량 정규분포에서 추출되었다는 것과 두 집단간의 분산-공분산 행렬이 동일하다는 가정이 필요하게 된다. 이 장에서는 어떤 사건이 일어날 확률을 추정할 수 있는 또 다른 기법인 로지스틱 회귀모형(logistic regression model)을 다루기로 한다.

25.2 로지스틱 모형의 효용

로지스틱 회귀모형은 판별분석보다 훨씬 적은 가정들을 사용하며, 판별분석에서 필요한 가정들이 만족될 때에도 로지스틱 회귀분석은 잘 적합된다(Hosmer & Lemeshow, 1989, "an introduction to logistic regression" 참고). 로지스틱 반응함수(logistic response function)는 종속변수가 '0'에서 '1'의 값을 갖는 회귀모형이 선형이 아닌 경우에 독립변수와 종속변수 사이의 관계를 정확히 나타낼 수 있도록 변환된 비선형 함수로서 '0'과 '1'의 값을 가지며 단조증가하는 함수이다. 로그 선형모형에서 특정한 변수의 비율에 관심이 있는 경우, 특히 다른 범주형 변수들은 설계변수(즉, 실험자에 의해서 수준의 조절이 가능한 변수)이고 두 개의 값을 갖는 반응변수(종속변수)에 대한 범주형 변수의 효과를 평가하는 모형에 관심이 있을 때, 반응변수의 비율에 대한 연구를 위해서는 자료에 적합한 모형을 찾아야 한다. 이때 적용할 수 있는 적합한 모형이 로지스틱모형(logistic model)이며, 이때 사용되는 통계적 분석방법이 로지스틱 회귀분석(logistic regression)이다. 로지스틱 모형은 생물학적 연구에서 광범위하게 이용되고 있으며, 특히 반응의 종류가 두 가지인 자료에서 비율을 분석하는 경우에 매우 설득력이 있고 적용하기도 쉽다. 그러나 독립변수들이 다변량 정규분포를 따르는 경우에는 로지스틱 회귀분석보다 판별분석을 사용하면 더 좋은 예측값을 얻을 수 있는 것으로 알려져 있다. 로지스틱 회귀분석은 독립변수가 명목척도나 서열척도와 같은 범주형 데이터와 등간척도 데이터가 섞여 있으면서 변수들이 다변량 정규분포를 따른다는 가정이 불확실할 때 좋은 분석방법이라 할 수 있다.

25.3 로지스틱 반응함수

종속변수 y 가 2개의 값만을 갖는 회귀모형을 생각해 볼 수 있다. 이 경우는 흔히 생물학적 실험의 결과인 경우가 많다. 예를 들어 어떤 독성물질에 노출시킨 후 시간의 경과에 따라 생존해 있는 동물의 수를 기록한다고 하자. 이러한 실험의 반응은 대개 S자 모형의 곡선과 같은 형태이다. 독립변수의 평균반응값들은 다음과 같은 제한조건을 만족시킨다.

$$0 \leq E(y) \leq 1$$

로지스틱 곡선은 이러한 제한조건을 만족시키며 그것의 함수는 다음과 같은 방정식으로 쓸 수 있다.

$$E(y) = \frac{\exp(\beta_0 + \beta_1 x)}{1 + \exp(\beta_0 + \beta_1 x)}$$

종속변수가 이분형일 때는 여러 가지 문제점이 발생한다. 오차항이 정규분포를 따르지 않으며 오차의 분산이 일정하지 않기 때문에, 단순회귀분석에서 사용했던 최소제곱법을 더 이상 사용할 수 없다. 로지스틱 회귀분석은 이러한 경우에 사용되는 회귀분석 방법으로서, 로지스틱 변환

$$p' = \log_e\left(\frac{p}{1-p}\right) = \log_e\left(\frac{E(y)}{1-E(y)}\right)$$

을 통하여 로지스틱 함수의 β_0와 β_1을 추정한다(단, p는 $y=1$ 일 확률). β_0, β_1 의 추정값을 각각 b_0^*, b_1^* 라 하면, 추정된 로지스틱 함수식은

$$\hat{y} = \hat{p} = \frac{\exp(b_0^* + b_1^* x)}{1 + \exp(b_0^* + b_1^* x)}$$

이다.

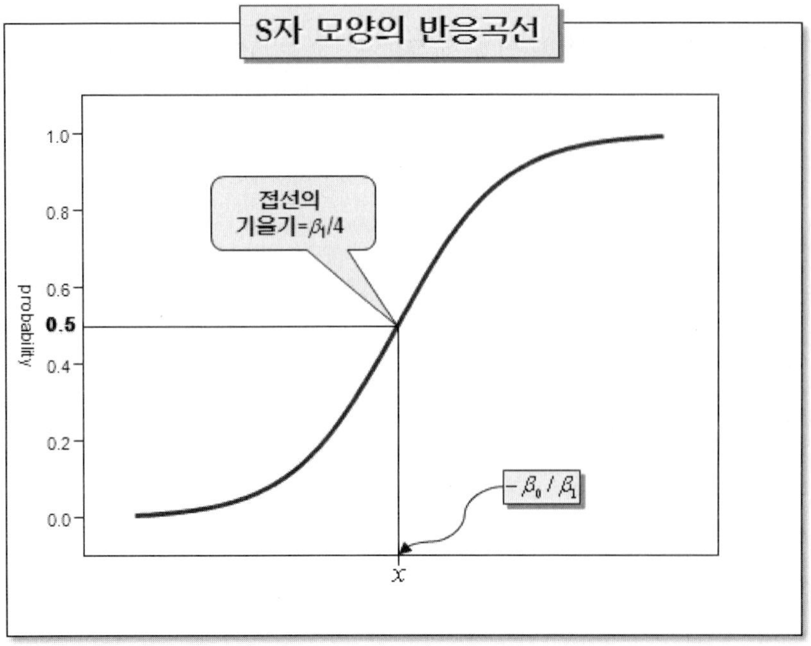

25.4 Amex 신용등급 판별

과연 Amex 카드를 사용하는 고객들은 신용상태가 양호한가? 혹 신용등급에 고객의 직업이나 급여상태 또는 이외의 어떤 변인들이 영향을 주는 것은 아닐까? 등 신용등급에 영향을 주는 변수를 찾을 수 있다면 미리 신용등급을 파악하거나 앞으로 어떠한 고객을 주 목표고객으로 설정할 것인가? 등에 대한 해

법을 제시해 줄 수 있을 것이다. 또한 새로운 고객이 앞으로 양호고객일 가능성이 높은지 아니면 불량고객이 될 가능성이 큰지도 알 수 있을 것이다.

표본크기 323명의 고객들에서 Amex 카드 사용여부와 직업, 급여상태(주급, 월급), 연령대등을 조사하고 이들의 신용등급을 추가로 조사하였다. 신용등급은 양호와 불량으로 측정하였다. 이렇게 조사된 데이터는 'Amex카드신용등급.xlsx'라는 파일로 저장되어 있다.

▶ Stat → Regression → Binary Logistic Regression...

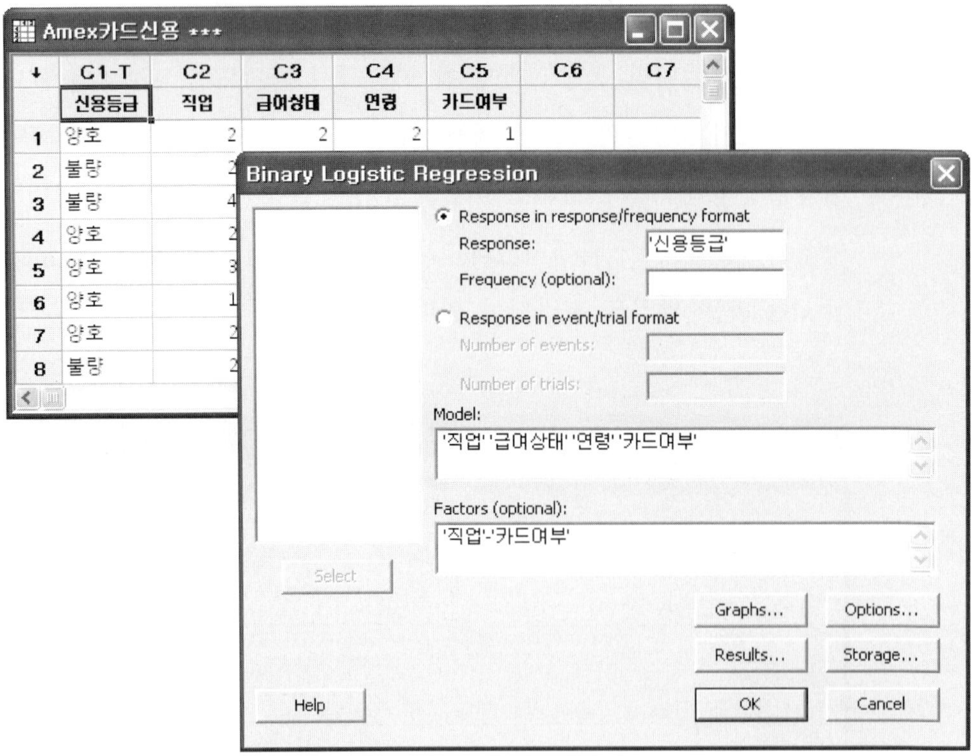

모형에 포함되는 설명변수들 중에서 연속형 변수를 공변량이라고 한다. 그런데 여기에서는 공변량인 변수가 없으며 모두 범주형 변수들이므로 'Factors (optional):'에 모두 지정한다. 그러면 이 범주형 변수들은 더미변수로 취급하여 모형을 적합하게 된다.

```
Link Function: Logit


Response Information

Variable  Value  Count
신용등급  양호     155  (Event)
          불량     168
          Total    323
```

위의 출력에서 'Event'는 판별해야 할 기준 집단이 '양호'로 설정되어 있음을 나타낸다.

Logistic Regression Table

Predictor	Coef	SE Coef	Z	P	Odds Ratio	95% CI Lower	95% CI Upper
Constant	0.567882	1.32614	0.43	0.668			
직업							
2	-3.58660	1.37260	-2.61	0.009	0.03	0.00	0.41
3	-2.97467	1.38631	-2.15	0.032	0.05	0.00	0.77
4	-4.10435	1.64263	-2.50	0.012	0.02	0.00	0.41
5	-2.98658	1.44432	-2.07	0.039	0.05	0.00	0.86
급여상태							
2	3.30990	0.524945	6.31	0.000	27.38	9.79	76.62
연령							
2	2.47484	0.533618	4.64	0.000	11.88	4.17	33.81
3	4.84827	1.12324	4.32	0.000	127.52	14.11	1152.65
카드여부							
1	-0.321513	0.396378	-0.81	0.417	0.73	0.33	1.58

Log-Likelihood = -89.415
Test that all slopes are zero: G = 268.420, DF = 8, P-Value = 0.000

Goodness-of-Fit Tests

Method	Chi-Square	DF	P
Pearson	56.3819	21	0.000
Deviance	42.3784	21	0.004
Hosmer-Lemeshow	11.8927	6	0.064

추정된 로지스틱 함수 :

$$Z = 0.567882 - 3.58660\,D_{\text{직업}}(2) - 2.97467\,D_{\text{직업}}(3) + \cdots - 0.321513\,D_{\text{카드여부}}(1)$$

$$p(\text{양호}) = \frac{\exp(Z)}{1+\exp(Z)} = \frac{1}{1+\exp(-Z)}$$

p-값이 0.000이므로 이 함수식은 매우 유의하다.

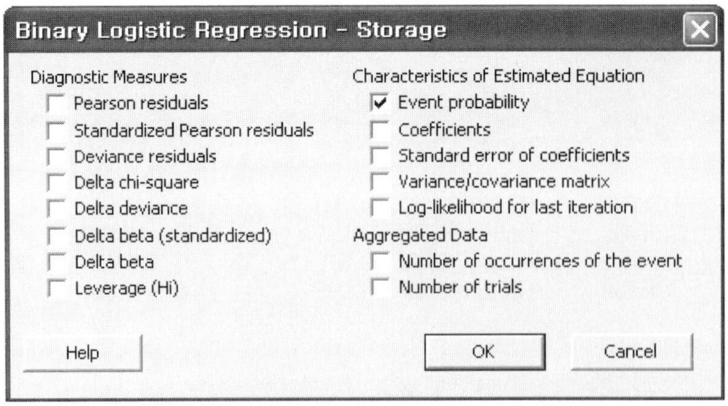

위와 같이 저장 대화상자에서 'Event probability'를 체크하고 실행하면 양호의 확률을 저장해 준다. 그런데 일부 아니 많은 케이스의 양호 확률값을 계산해 주지 못하는 결과가 나타났다. 그러므로 이 오류로 인해 판별의 분류정확도를 평가할 수 없다. 또한 SPSS, SAS와 비교해 본 결과 역시 계산상의 오류도 발견되어 더 이상 이 모듈은 사용하지 않는 것이 좋겠다.

Amex카드신용 ***

↓	C1-T	C2	C3	C4	C5	C6	C7
	신용등급	직업	급여상태	연령	카드여부	EPRO1	
1	양호	2	2	2	1	0.920159	
2	불량	2	1	2	0	0.367284	
3	불량	4	1	1	1	0.020674	
4	양호	2	2	2	0	0.940812	
5	양호	3	2	1	0	0.711589	
6	양호	1	2	1	1	0.972247	
7	양호	2	2	3	0	0.994173	
8	불량	2	2	1	0	0.572286	

첫 번째 케이스의 양호확률 '0.920159'는 직업이 '2', 급여상태가 '2', 연령이 '2', 카드여부가 '1'인 경우로 이에 해당하는 계수를 더하고 상수를 더하면 다음과 같이 계산된다.

$$Z = 0.567882 - 3.5866 + 3.3099 + 2.47484 - 0.321513$$
$$= 2.444509$$

이렇게 계산된 값을 '양'호의 확률로 계산하면 다음과 같다.

$$p(\text{양호}) = \frac{1}{1+e^{-2.444509}}$$
$$= 0.920159$$

즉, 이 값이 '0.5'보다 크면 양호로 작으면 불량으로 판별하는 것이다.

[그림 25.4] 계산오류로 인해 결측값으로 나타남

Amex카드신용 ***

↓	C1-T	C2	C3	C4	C5	C6	C7	C8	C9
	신용등급	직업	급여상태	연령	카드여부	EPRO1	판별집단	EPRO2	
23	불량	5	1	1	0	*	*	*	
24	불량	4	1	1	0	0.028292	0	0.028292	
25	불량	3	1	1	1	*	*	*	
26	불량	2	1	2	1	*	*	*	
27	불량	4	1	1	1	*	*	*	
28	불량	2	2	1	1	*	*	*	
29	불량	5	1	1	1	0.060642	0	0.060642	
30	불량	2	1	1	0	*	*	*	
31	불량	3	1	1	0	*	*	*	

Introduction to
Behaviorally Statistical Data Analysis
using Minitab & SixSigma Tools for Excel

26

군집분석 - Cluster Analysis

26.1 군집분석이란?

"새들은 깃털이 같은 것끼리 모인다."라는 말이 있다. 이러한 말 이면에는 전체 새들을 특성이 서로 유사한 몇 개의 집단으로 분류할 수 있다는 의미를 내포하고 있다. 이 경우 개개의 새들을 가르쳐 '개체', '대상'이라 하고 특성이 서로 유사한 각각의 집단을 '군집'이라 하며 집단의 분류에 기준이 되는 유사성들을 가르쳐 '속성' 또는 '설명변수'라고 한다.

군집분석(cluster analysis)이란 많은 개체(object)들을 일정한 속성에 따라 몇 개의 군집(cluster)으로 분류하여, 같은 군집에 속한 객체들의 유사성과 서로 다른 군집에 속한 객체간의 상이성을 규명하고자 하는 통계분석방법이다.

생물학에서 동식물들을 분류하는데 군집분석이 사용되며, 의학에서는 환자를 대상으로 질병의 종류 및 상태를 분류하는데 군집분석을 사용할 수 있으며, 심리학에서는 성격유형에 따른 개인의 분류에 군집분석이 사용된다. 또한, 마케팅 조사(marketing research)에서는 소비자들의 상품구매행태나 생활양식에 따라 몇 개의 소비자 군으로 분류하여 시장세분화(market segmentation) 전략을 수립하고자 할 때에 군집분석을 이용하며, 동종업종에서 생산된 많은 기존 상품들을 몇 개의 속성에 근거하여 군집화(clustering)함으로써 새로운 상품의 시장진출 가능성을 예측해 볼 때에도 군집분석이 사용된다.

군집분석은 다음과 같은 용도로 활용된다.

- ⊙ 다양한 특성을 지닌 관찰 대상을 유사성을 바탕으로 동질적인 집단으로 분류하는데 쓰이는 기법
- ⊙ 집단의 수 또는 집단 구조에 대한 가정이 없이 오직 개체들 사이의 유사성 또는 거리에 의하여 군집을 형성하고, 형성된 군집의 특성을 파악하여 군집들 사이의 관계를 분석하는 기법
- ⊙ 개체들 사이의 정의된 거리를 유사성이라 하고 이로써 군집을 형성하고 그 특성을 파악하고, 그 군집들 사이의 관계를 분석하는 기법
- ⊙ 분명한 분류 기준이 없거나 알려져 있지 않은 상태에서 활용될 수 있는 기법

26.2 군집분석 절차

군집분석의 기본원리는 분석하고자 하는 객체들의 여러 가지 특성들을 유사성 거리로 환산하여, 유사성 거리가 상대적으로 가까운 객체들을 동질적인 집단으로 군집화(clustering)하는 것으로, 다음과 같은 3가지 중심과제가 있다.

① 어떠한 특성들을 비교할 것인가? (설명변수들의 선정문제)

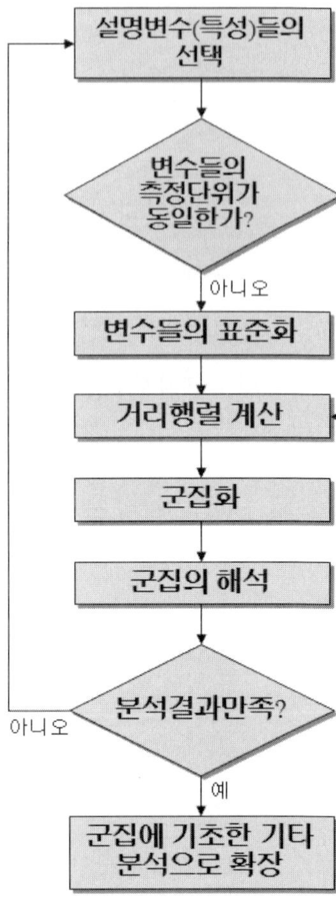

② 어떻게 유사성 거리를 측정할 것인가? (유사성 거리의 측정방법)

③ 어떻게 동질적인 집단으로 분류할 것인가? (군집화 방법)

26.3 설명변수의 선정

군집분석에서 가장 중요한 문제로 중요한 설명변수를 제외시키거나 불필요한 설명변수가 추가되는 경우 유사성 거리가 제대로 측정되지 못하게 된다. 회귀분석이나 판별분석 등과는 달리 군집분석에는 의미없는 설명변수들을 제외시키는 기능이 없으므로 특히 설명변수의 선정에 유의하여야 한다. 즉, 군집분석에서는 선정된 설명변수들이 모두 동일한 비중으로 유사성 거리의 측정에 반영되므로 잘못된 설명변수의 선정은 엉뚱한 결과를 도출하게 되는 직접적인 원인이 된다. 또한 군집분석은 다른 분석방법과는 달리 최종결과에 대한 통계적 유의성 검정의 방법이 없으므로 더욱 설명변수의 선정에 유의하여야 한다.

경우에 따라서는 요인분석(factor analysis)을 통하여 사전에 변수들 간의 중복부분을 제거한 순수요인인 요인점수(factor score)들을 계산하여 이 요인변수들을 군집분석의 설명변수로 사용하기도 한다.

26.4 유사성의 측정

j 번째 자료를 $[X_{1j}, X_{2j}, \cdots, X_{pj}]' = \underline{X}_j{}'$

k 번째 자료를 $[X_{1k}, X_{2k}, \cdots, X_{pk}]' = \underline{X}_k{}'$

라 하면 두 자료의 상이성(dissimilarity)은 다음과 같이 정의한다.

⊙ Euclidean 거리(수학적 거리)

$$d_{jk} = d(\underline{X}_j, \underline{X}_k) = \sqrt{(\underline{X}_j - \underline{X}_k)'(\underline{X}_j - \underline{X}_k)}$$
$$= \sqrt{(X_{1j} - X_{1k})^2 + (X_{2j} - X_{2k})^2 + \cdots + (X_{pj} - X_{pk})^2}$$
$$= \sqrt{\sum_{i=1}^{p} (X_{ij} - X_{ik})^2}$$

⊙ Manhattan 거리

$$d_{jk} = \sum_{i=1}^{p} | X_{ij} - X_{ik} |$$

⊙ Pearson 거리(표준화 방법)

$$d_{jk} = d(\underline{X}_j, \underline{X}_k) = \sqrt{\sum_{i=1}^{p} (X_{ij} - X_{ik})^2 / S_{ii}}$$

⊙ Squared Euclidean 거리(수학적 거리)

$$d_{jk}^2 = \sum_{i=1}^{p} (X_{ij} - X_{ik})^2$$

⊙ Squared Pearson 거리(표준화 방법)

$$d_{jk}^2 = \sum_{i=1}^{p} (X_{ij} - X_{ik})^2 / S_{ii}$$

유사성거리의 측정시 주의해야 할 점은 변수값들을 **표준화**(standardized)하여야 한다는 점이다. 만약 변수값을 표준화하지 않는다면 변수값의 단위에 따라 상이한 결과를 초래할 수 있기 때문이다. 예를 들어 자동차의 배기량과 가격을 기준으로 자동차를 군집화할 때 배기량은 1000 - 2000 CC 정도의 편차가 있을 수 있지만, 가격은 1,000,000원 이상의 편차가 있을 수 있다. 그러므로 배기량에서는 1000이란 차이가 매우 큰 차이이지만, 가격에 있어서 1000이란 차이는 매우 적은 차이이므로, 유사성 거리의 측정에 있어서 배기량의 차이가 거의 무시되며 가격의 차이가 객체간의 거리를 완전히 좌우하게 될 것이다. 따라서 선정된 설명변수들의 단위가 서로 다를 경우에는 표준화를 통하여 설명변수들의 중요도를 동일하게 하여야만 한다.

26.5 군집의 유형

군집의 유형은 대체로 다음과 같이 나누어 생각할 수 있다.

① 상호배반적(disjoint) 군집

- 각 객체들이 상호배반적인 여러 군집 중에서 어느 한 군집에만 속하는 경우로, 군집이 구형(spherical)을 이루고 있으므로 대부분의 군집화 방법들이 만족할 만한 결과를 유도하게 된다.

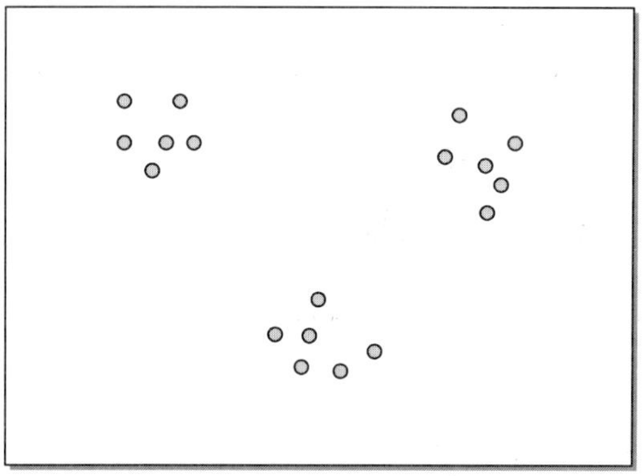

② 계층적(hierarchical) 군집

- 한 군집이 다른 군집의 내부에 포함되나 군집 간의 중복이 허용되지 않고 가계보 또는 나무모양의 형태를 가지고 있는 경우로, 객체 A는 객체 C와 같은 군집에 속한다고 보아야 하나, 객체 B와 더 가깝다고 판정되기 쉽다. 따라서 이 같이 군집의 모양이 긴 경우에는 군집의 기준으로서 단순히 객체들 사이의 단순거리만을 사용하면 잘못된 결과를 얻기가 쉽다.

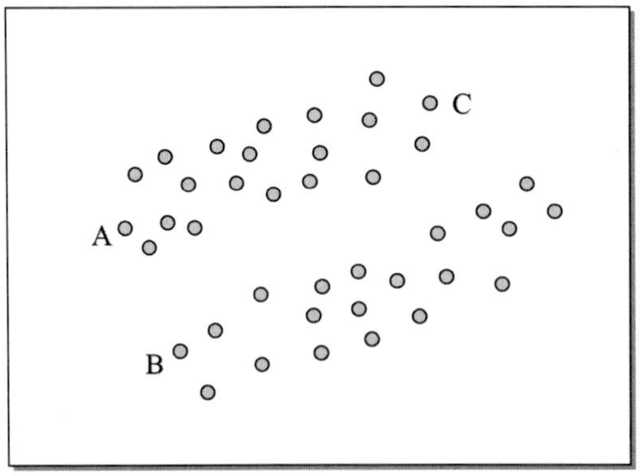

③ **중복(overlapping) 군집**

- 두 개 이상의 군집에 한 객체가 동시에 소속되는 경우로, 객체 A와 객체 B가 두 군집 사이에 '**고리**' 역할을 하여 군집화 방법에 따라서 상이한 군집으로 판정될 수 있다.

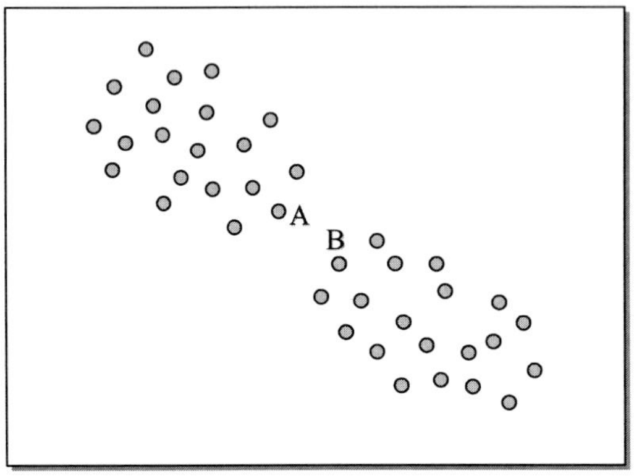

26.6 군집 연결 방법

객체들을 군집화하는 방법에는 다음과 같은 것들이 있는데, 모든 방법들이 같은 군집 내의 유사성 거리는 되도록 가깝게 하고 군집 간의 유사성 거리는 되도록 멀게 한다는 기본 원리에 입각한 것이다.

① 최단연결법(Single Linkage Method)

- 기존의 군집에 속해 있는 객체들 중에서 어느 한 객체와 가장 가까운 객체부터 군집에 포함시키는 방법이다. Minitab에서 디폴트로 사용하는 방법이다.

이제 예를 들어 최단연결법을 설명하겠다. 5개의 객체들 간의 유사성 거리가 다음과 같은 거리행렬로 주어졌다고 하였을 때,

$$D = \begin{array}{c} \\ 1 \\ 2 \\ 3 \\ 4 \\ 5 \end{array} \begin{array}{c} \begin{array}{ccccc} 1 & 2 & 3 & 4 & 5 \end{array} \\ \begin{bmatrix} 0 & 7 & 1 & 9 & 8 \\ 7 & 0 & 6 & 3 & 5 \\ 1 & 6 & 0 & 8 & 7 \\ 9 & 3 & 8 & 0 & 4 \\ 8 & 5 & 7 & 4 & 0 \end{bmatrix} \end{array}$$

첫 단계로 $d_{13} = 1$ 이 최소거리이므로 객체1과 객체3을 묶어 군집 (1,3)을 만든다. 다음으로 군집(1,3)과 나머지 객체들 2,4,5와의 거리는

$$d\{(2)(1,3)\} = \min\{d_{21}, d_{23}\} = d_{23} = 6$$

$$d\{(4)(1,3)\} = \min\{d_{41}, d_{43}\} = d_{43} = 8$$

$$d\{(5)(1,3)\} = \min\{d_{51}, d_{53}\} = d_{53} = 7$$

이므로, 다음과 같은 거리행렬 D_1을 얻는다.

$$D_1 = \begin{array}{c} \\ (1,3) \\ 2 \\ 4 \\ 5 \end{array} \begin{array}{c} \begin{array}{cccc} (1,3) & 2 & 4 & 5 \end{array} \\ \begin{bmatrix} 0 & 6 & 8 & 7 \\ 6 & 0 & 3 & 5 \\ 8 & 3 & 0 & 4 \\ 7 & 5 & 4 & 0 \end{bmatrix} \end{array}$$

두 번째 단계로서 d_{24} =3이 최소거리가 되므로 객체 2와 객체 4를 묶어 군집(2,4)을 만든다. 그러면

$d\{(1,3)(2,4)\} = \min[d\{(2)(1,3)\},\ d\{(4)(1,3)\}] = d\{(2)(1,3)\} = 6$

$d\{(5)(2,4)\} = \min\{d_{52},\ d_{54}\} = d_{54} = 4$

이므로 다음 거리행렬 D_2를 얻는다.

$$D_2 = \begin{array}{c} \\ (1,3) \\ (2,4) \\ 5 \end{array} \begin{array}{c} \begin{array}{ccc} (1,3) & (2,4) & 5 \end{array} \\ \begin{bmatrix} 0 & 6 & 7 \\ 6 & 0 & 4 \\ 7 & 4 & 0 \end{bmatrix} \end{array}$$

세 번째 단계로서 d{(2,4)(5)} = 4가 최소거리가 되므로 군집(2,4)와 객체 5를 묶어 군집(2,4,5)를 이루고 최종적으로 전체가 한 군집을 이루게 된다.

이와 같은 군집과정을 덴드로그램(dendrogram)으로 나타내면 다음과 같다.

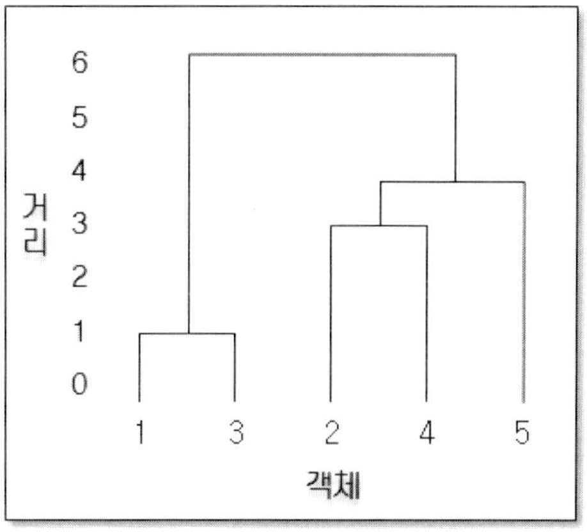

최단연결법은 수리적인 면이 우수하고, 컴퓨터 처리시간이 다른 방법들에 비하여 적게 걸리며, 순서 데이터를 군집화할 때 좋은 결과가 도출되나, 이른바 '고리' 현상의 객체들의 군집화할 때에는 매우 불리하다.

② 최장연결법(Complete Linkage Method)

- 기존의 군집에 포함되어 있는 모든 객체에 대하여 일정 거리 이내에 들어와야만 동일한 군집에 포함시키는 방법이다. 또한 군집 간의 거리는 각 군집에 속해 있는 객체 간에 가장 먼 거리로 산정된다. 따라서 새로운 객체를 포함시킬 때도 가장 먼 거리에 있는 객체와 비교하여 그 거리가 가장 가까운 군집에 포함시킨다.

최단연결법의 설명에서 사용한 거리행렬을 가지고 최장연결법을 설명하겠다. 즉, 5개의 객체들 간의 유사성 거리가 다음과 같은 거리행렬로 주어졌다고 하였을 때,

$$D = \begin{array}{c} \\ 1 \\ 2 \\ 3 \\ 4 \\ 5 \end{array} \begin{array}{c} \begin{array}{ccccc} 1 & 2 & 3 & 4 & 5 \end{array} \\ \begin{bmatrix} 0 & 7 & 1 & 9 & 8 \\ 7 & 0 & 6 & 3 & 5 \\ 1 & 6 & 0 & 8 & 7 \\ 9 & 3 & 8 & 0 & 4 \\ 8 & 5 & 7 & 4 & 0 \end{bmatrix} \end{array}$$

첫 단계로 최단연결법과 동일하다. 즉, d_{13}=1이 최소거리이므로 객체 1과 객체 3을 묶어 군집(1,3)을 만든다. 다음으로 군집(1,3)과 나머지 객체들 2,4,5와의 거리는

$$d\{(2)(1,3)\} = \max\{d_{21},\ d_{23}\} = d_{21} = 7$$

$$d\{(4)(1,3)\} = \max\{d_{41},\ d_{43}\} = d_{41} = 9$$

$$d\{(5)(1,3)\} = \max\{d_{51},\ d_{53}\} = d_{51} = 8$$

이므로, 다음과 같은 거리행렬 D_1 을 얻는다.

$$D_1 = \begin{array}{c} \\ (1,3) \\ 2 \\ 4 \\ 5 \end{array} \begin{array}{c} \begin{array}{cccc} (1,3) & 2 & 4 & 5 \end{array} \\ \begin{bmatrix} 0 & 7 & 9 & 8 \\ 7 & 0 & 3 & 5 \\ 9 & 3 & 0 & 4 \\ 8 & 5 & 4 & 0 \end{bmatrix} \end{array}$$

두 번째 단계로서 d_{24} =3이 최소거리가 되므로 객체 2와 객체 4를 묶어 군집(2,4)를 만든다. 그러면

$$d\{(1,3)(2,4)\} = \max[\{\mathrm{d}\ (2)(1,3)\},\ d\{(4)(1,3)\}] = d\{(4)(1,3)\} = 9$$

$$d\{(5)(2,4)\} = \max\{d_{52},\ d_{54}\} = d_{52} = 5$$

이므로 다음 거리행렬 D_2를 얻는다.

$$D_2 = \begin{array}{c} (1,3) \\ (2,4) \\ 5 \end{array} \overset{\begin{array}{ccc} (1,3) & (2,4) & 5 \end{array}}{\begin{bmatrix} 0 & 9 & 8 \\ 9 & 0 & 5 \\ 8 & 5 & 0 \end{bmatrix}}$$

세 번째 단계로서 d{(2,4)(5)} = 5가 최소거리가 되므로 군집(2,4)와 객체 5를 묶어 군집(2,4,5)를 이루고 최종적으로 전체가 한 군집을 이루게 된다. 이와 같은 군집과정을 덴드로그램(dendrogram)으로 나타내면 다음과 같다.

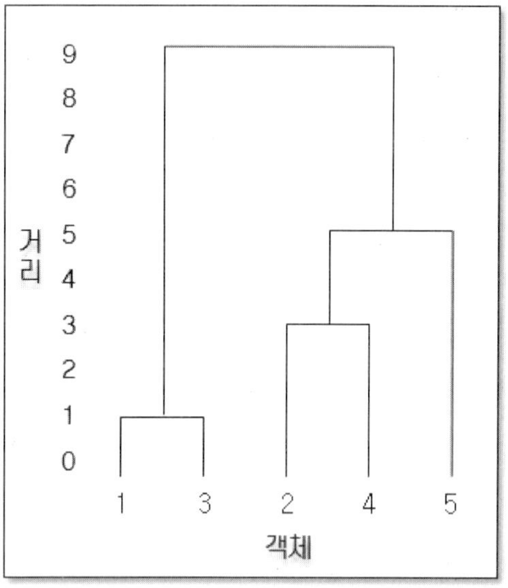

최장연결법은 앞서 소개한 최단연결법과 상호 보완적인 관계가 있다. 즉, 최단연결법이 고립(isolated)되어 있는 군집을 찾는 데 치중하고 있다면, 최장연결법은 군집들 간의 내부적 응집성(internal cohesion)에 중점을 두고 있다고 하겠다. 따라서 두 방법의 장단점을 모두 고려한 군집화 방법으로 중심연결법, 중위수연결법, 평균연결법 등이 제안되어 있다.

③ **중심연결법**(Centroid Linkage Method)

- 군집 간의 거리는 각 군집의 중심들 사이의 '**거리**'를 사용한다. 따라서 새로운 객체를 포함시킬 때도 군집의 중심과의 거리가 가장 가까운 군집에 객체를 포함시킨다. 중심연결법은 반드시 유클리드 제곱거리로 측정한 유사성 거리를 사용하여야 한다. 또한, 중심연결법은 이상값(outlier)의 영향을 적게 받으므로, 특이한 객체들이 포함되어 있는 경우의 군집화에 매우 효과적이다.

④ **중위수연결법**(Median Linkage Method)

- 앞의 중심연결법은 새로운 군집의 중심은 군집의 크기에 따른 가중평균값(weighted mean)을 사용한다. 이러한 군집화 방법은 군집의 크기가 매우 상이한 경우에는 크기가 작은 군집이 크기가 큰 군집에 포함되는 단점이 생긴다. 그러므로 중위수연결법에서는 이러한 단점을 극복하기 위하여 군집의 크기에 관계없이 일정한 중심을 갖도록 하였다. 중위수연결법은 앞의 중심연결법과 마찬가지로 반드시 유클리드 제곱거리로 측정한 유사성거리를 사용하여야 한다.

⑤ **군집 간 평균연결법**(Between Average Linkage Method)

- 군집 간의 거리는 각 군집에 속해 있는 객체와의 평균거리로 산정된다. 따라서 새로운 객체가 기존의 군집에 포함될 때 기존의 군집 내에 있는 모든 객체와의 평균거리가 가장 가까운 군집에 포함시키는 방법이다.

⑥ **군집 내 평균연결법**(Within Average Linkage Method)

- 앞의 군집 간 평균연결법과 유사하나, 새로운 객체를 기존의 군집에 포함시킬 때 새로운 객체를 포함한 모든 객체 간의 평균거리가 최소

가 되는 군집에 포함시키는 방법이다. 즉, 군집 내의 객체들의 응집에 더 중점을 두는 군집화 방법이다. 두 군집이 연결될 경우 한 군집에서 새로운 군집까지의 평균거리를 사용한다.

⑦ McQuitty **연결법**(McQuitty's Linkage) :

- 두 군집이 연결될 경우 한 군집에서 새로운 군집까지의 평균거리를 사용한다.

⑧ **왈드 군집법**(Ward's Method)

- 중심연결법과 유사한 방법으로 군집중심(centroid) 간의 거리에 가중치를 부여하여 군집 간의 거리를 계산한다는 점이 다르다. 왈드 군집법은 앞의 중심연결법, 중위수연결법과 마찬가지로 반드시 유클리드 제곱거리로 측정한 유사성 거리를 사용하여야 한다.

26.7 미국맥주 군집화

이제 1983년 미국의 맥주 소비자 보고서에서 발췌한 데이터를 가지고 군집분석을 수행해 보기로 한다. 본 데이터는 20가지 맥주의 칼로리 함량, 염분 함량, 알코올 농도, 생산원가 등을 발췌하여 "맥주군집.xlsx"라는 파일로 저장하였다. 본 군집분석의 수행 예에서는 칼로리 함량, 염분 함량, 알코올 농도 및 생산원가 등의 네 가지 변수를 기준으로 20가지 맥주들을 군집화하고자 한다.

[표 26.7] 맥주 데이터 입력형식(맥주군집.xlsx)

변수 이름	변수의 내용	응답범주와 내용
맥주이름	상품명	문자 변수
칼로리	칼로리 함량(12온스 용량 1병)	
염분	염분 함량(mg 12온스 용량 1병)	
알코올	알코올 농도(% 퍼센트)	소수점 이하 1자리
생산가	생산원가(달러 12온스 용량 1병)	소수점 이하 2자리

군집분석을 수행하기 위해 "맥주군집.xlsx"을 Minitab 워크시트에 끌어놓기한다. 그러면 다음과 같이 워크시트에 데이터가 올라온다. 만일 에러가 나면 엑셀 시트를 읽고 데이터 영역을 복사여 미니탭 워크시트에 붙여넣기하면 된다.

맥주군집 ***

↓	C1-T	C2	C3	C4	C5	C6	C7
	맥주이름	칼로리	염분	알코올	생산가		
1	Budweiser	144	15	4.7	0.43		
2	Schlitz	151	19	4.9	0.43		
3	Lowenbrau	157	15	4.9	0.48		
4	Kronenbourg	170	7	5.2	0.73		
5	Heineken	152	11	5.0	0.77		
6	Old Milwaukee	145	23	4.6	0.28		
7	Augsberger	175	24	5.5	0.40		
8	Strohs Bohemian Style	149	27	4.7	0.42		

26.7.1 미국맥주 군집분석 실행

이제 주메뉴에서 다음과 같이 군집분석을 실행한다.

1. Stat > Multivariate > Cluster Observations...

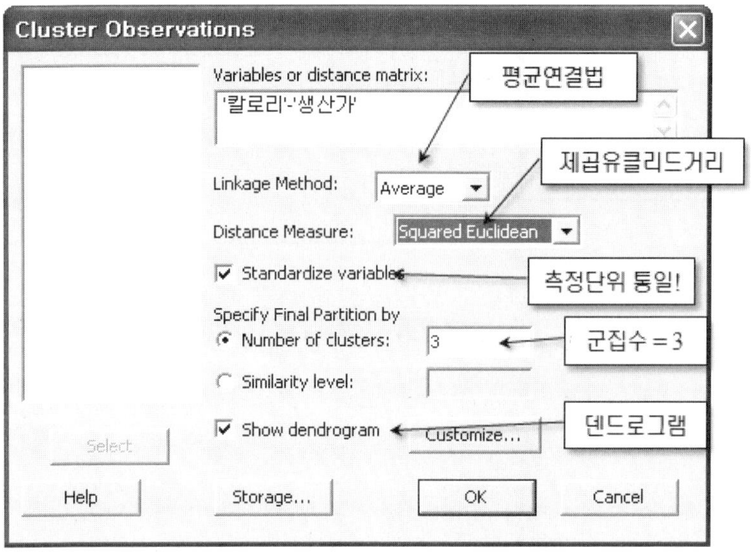

군집화할 때 보통의 학술연구 분야에서 세계적으로 알려진 통계 소프트웨어들은 디폴트로 평균연결법과 제곱유클리드거리를 사용한다. Minitab은 디폴트가 다르므로 주대화상자에서 평균연결법과 제곱유클리드거리로 변경한다. 그리고 군집수를 '3'으로 지정하고 이를 칼럼에 저장하기로 한다. 그리고 덴드로그램도 확인한다.

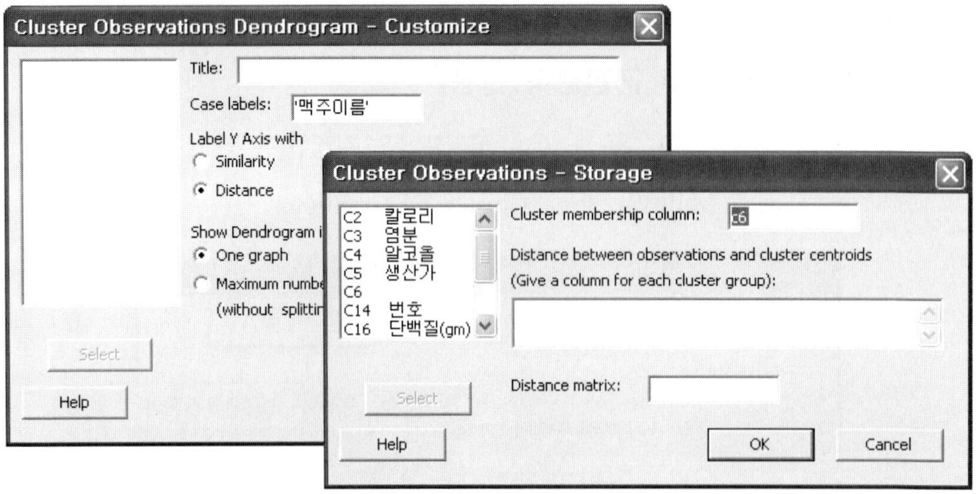

[그림 26.7a] 군집화 일정표

Cluster Analysis of Observations: 칼로리, 염분, 알코올, 생산가

Standardized Variables, Squared Euclidean Distance, Average Linkage
Amalgamation Steps

Step	Number of clusters	Similarity level	Distance level	Clusters joined		New cluster	Number of obs. in new cluster
1	19	99.6560	0.1147	11	17	11	2
2	18	99.0794	0.3069	9	20	9	2
3	17	99.0724	0.3092	8	18	8	2
4	16	98.8756	0.3749	1	3	1	2
5	15	98.5079	0.4974	2	11	2	3
6	14	98.1811	0.6064	5	15	5	2
7	13	97.9870	0.6711	1	2	1	5
8	12	97.5729	0.8091	4	5	4	3
9	11	97.4290	0.8571	9	10	9	3
10	10	96.2136	1.2623	9	12	9	4
11	9	96.0684	1.3107	6	8	6	3
12	8	94.9902	1.6702	9	13	9	5
13	7	93.8752	2.0419	1	6	1	8
14	6	91.5385	2.8209	16	19	16	2
15	5	90.9908	3.0035	1	7	1	9
16	4	90.0182	3.3278	4	14	4	4
17	3	80.8741	6.3762	1	9	1	14
18	2	71.4208	9.5278	1	4	1	18
19	1	49.2653	16.9139	1	16	1	20

"Clusters joined"로 표시된 열에는 각 Step 마다 몇 번 맥주들이 군집을 형성하는지를 표시하여 준다. 즉, 1번째 단계에서 11번 맥주와 17번 맥주가 가장 짧

은 거리(0.1147)로 군집을 형성하고 11번 군집으로 명명된다. 그리고 다음 열 “Number of Obs. ..."이라고 표시된 열의 2는 2개의 맥주가 군집화됨을 의미한다. 5 Step에서 2번 맥주가 11번 맥주와 군집을 형성하는데 11번 맥주는 1 Step에서 17번 맥주와 군집화되면 11번으로 명명되었기 때문에 마지막 열에 관측값의 수가 3으로 나타난다. 즉 11,17,2 번 맥주가 군집화되었다.

다시 7단계에서 1번과 2번이 군집화되는데(2번 및 11번(1단계에서 11번과 17번 맥주 군집을 지정한 것임을 상기할 것)) 1번은 4Step에서 이미 3번 맥주와 군집이 형성되어 관측수가 5개가 되는 것이다. 이와 같이 말로 설명하였으나 이해하기가 쉽지 않을 것이다. 결국 이러한 결과를 쉽게 표현한 그림으로 덴드로그램을 사용하므로 이 결과를 이해하지 않아도 크게 걱정할 일은 아니다.

Distance Level이라는 상이성 거리계수가 [그림 26.7a]의 군집화 일정표에는 출력되는데, 이러한 계수(coefficient)들은 각 단계에서 얼마나 상이한 군집이 형성되었는지를 판단할 수 있으며, 군집의 수를 몇 개로 결정하여야 하는지에 대한 유익한 정보를 주고 있다. 즉, 각 단계의 계수가 클수록 상이한 두 개의 군집이 합쳐짐을 말하며, 계수가 작을수록 유사한 두 군집이 합쳐짐을 의미한다. 따라서 이러한 계수가 갑자기 큰 폭으로 증가하기 전 단계에서 군집의 형성을 종료하면 결과적으로 군집의 수를 몇 개로 하여야 할 것인가를 판단할 수 있다. 맥주 군집화의 경우에는 16번째 단계와 17번째 단계에서 계수가 가장 크게 증가하므로 군집의 개수는 네 개로 하는 것이 적절할 것이다.

군집화 결과를 도식적으로 표현하는 방법으로 [그림26.7b]와 같은 덴드로그램(Dendrogram)이다. 도표 상의 Y축은 [그림 26.7a]의 Distance Level의 계수가 0에서 16.91 사이의 숫자로 출력되었으며, 수평축은 각 개체들이 군집화된 과정을 나무구조(tree structure)로 맥주의 군집화되는 결과가 출력되어 있다.

[그림 26.7b] 덴드로그램

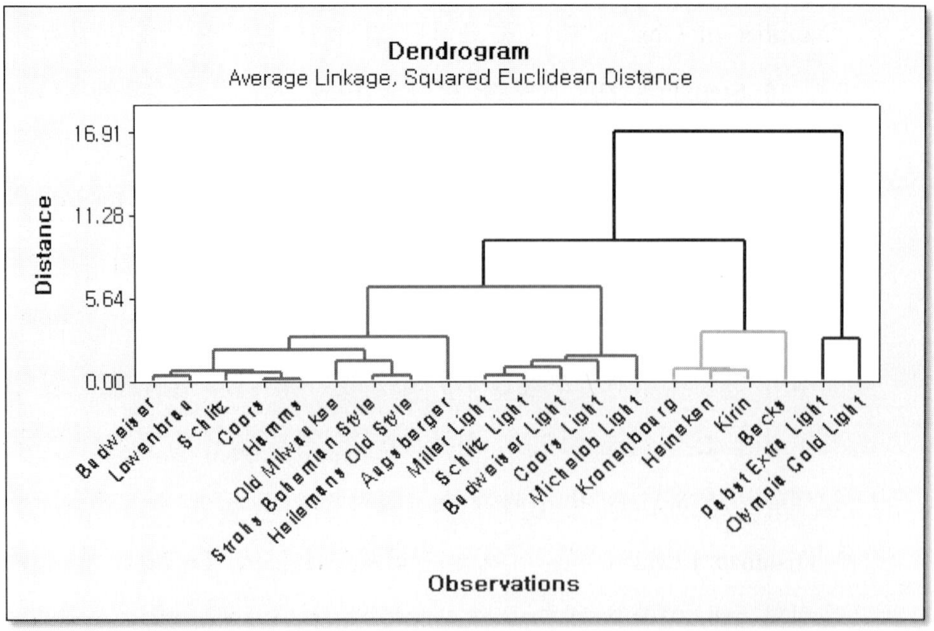

그리고 중요한 사항은 3개의 집단으로 군집화한 결과가 컬럼에 저장되어 있다.

맥주군집 ***

↓	C1-T	C2	C3	C4	C5	C6	C7
	맥주이름	칼로리	염분	알코올	생산가	군집3	
1	Budweiser	144	15	4.7	0.43	1	
2	Schlitz	151	19	4.9	0.43	1	
3	Lowenbrau	157	15	4.9	0.48	1	
4	Kronenbourg	170	7	5.2	0.73	2	
5	Heineken	152	11	5.0	0.77	2	
6	Old Milwaukee	145	23	4.6	0.28	1	
7	Augsberger	175	24	5.5	0.40	1	
8	Strohs Bohemian Style	149	27	4.7	0.42	1	
9	Miller Light	99	10	4.3	0.43	1	
10	Budweiser Light	113	8	3.7	0.44	1	
11	Coors	140	18	4.6	0.44	1	
12	Coors Light	102	15	4.1	0.46	1	
13	Michelob Light	135	11	4.2	0.50	1	
14	Becks	150	19	4.7	0.76	2	
15	Kirin	149	6	5.0	0.79	2	
16	Pabst Extra Light	68	15	2.3	0.38	3	
17	Hamms	136	19	4.4	0.43	1	

26.7.2 군집속성 파악

이렇게 저장된 군집변수는 집단간의 평균분석을 통하여 각 군집에 소속된 맥주들의 특성을 파악하고 이 특성에 따라 군집 1, 2, 3에 대한 이름붙이기를 시도한다. 사실 군집분석은 군집화하는 과정이외는 별 다를 것이 없다. 즉 분석이 군집화 과정으로만 끝나지 않는다. 그러므로 군집분석을 수행할 때 군집의 수를 적절하게 정하고 그 군집들 각각에 대한 속성을 정의하고 정의된 군집들을 활용하여 여타 다른 분석 기법들로 여정을 떠나야 한다. 궁극적으로 이렇게 하려고 군집화하는 것이지 괜히 군집만 형성하고 더 이상 진행이 없다면 그 또한 바보스런 분석이 될 것이다. 다음은 군집화항 결과로 형성된 군집화 변수를 추가하여 요인분석에서 요인점수를 이용하여 위치도를 작성 한 도표이다. 이를 보면 각 군집에 따라 그 속성을 정의할 수 있다.

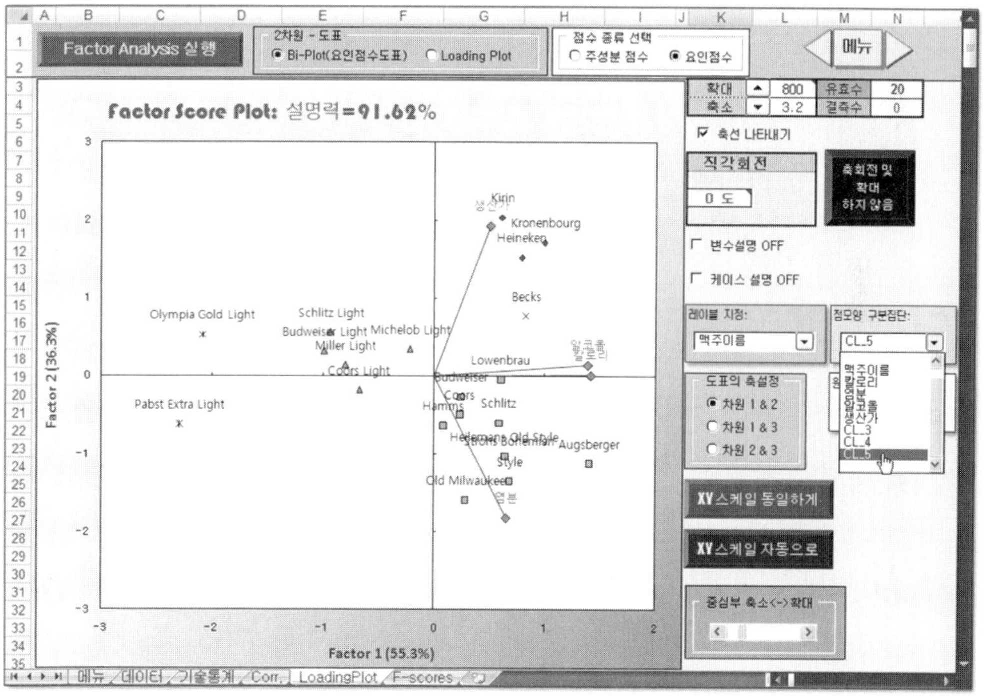

다음 그림은 4개의 군집 번호를 표시한 것이다. 염분 축을 기준으로 보면 염분의 농도가 가장 큰 군집은 1이고 군집 2,4,3은 염분 축에 직교 영사하면 서로

겹쳐지므로 으로 염분의 차이가 없는 것으로 판단할 수 있다.

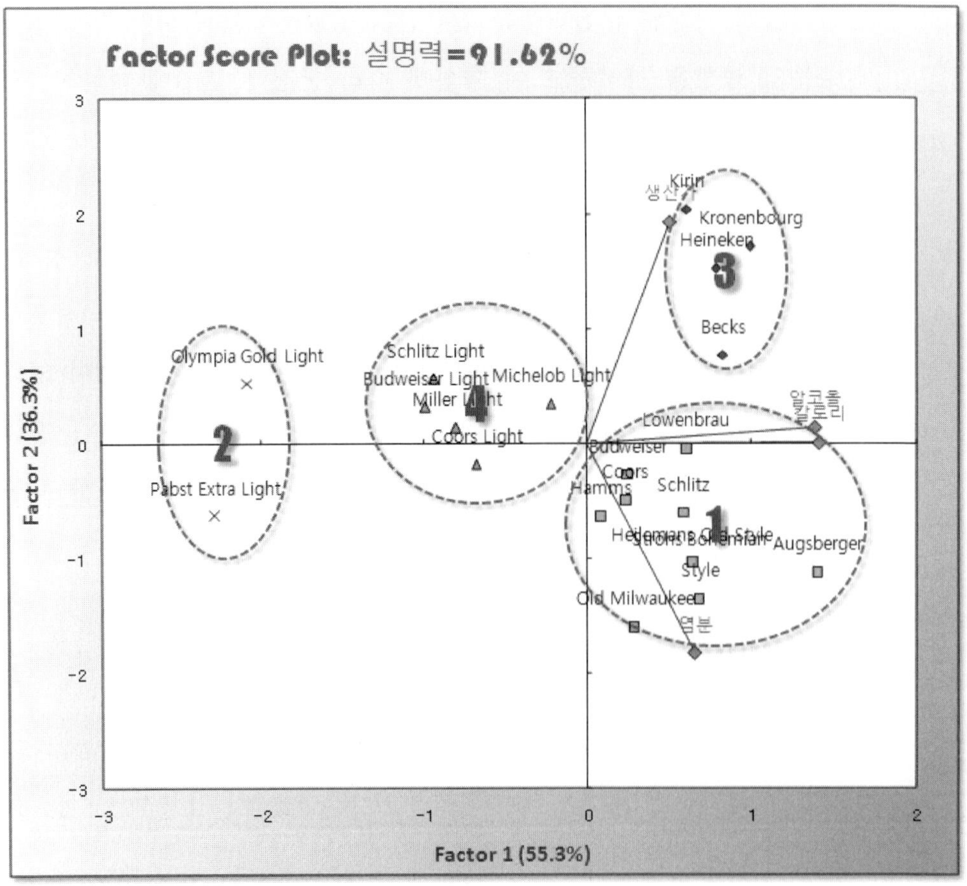

그리고 2,4,3,은 알코올과 칼로리 함량의 차이가 있으며 3은 1와 같이 알코올과 칼로리 함량이 가장 크다. 당연히 알코올과 칼로리 함량이 가장 작은 맥주 군집은 1이 된다. 생산가가 가장 큰 군집은 3이며 4와 1은 동일해 보이고 2는 생산가가 가장 작은 것으로 판단된다. 이러한 해석과 판단은 상단의 설명력이 91.62%로 매우 높기 때문에 그만큼의 설득력을 가지게 된다고 볼 수 있다. 만일 설명력이 너무 저조하여 50% 미만으로 떨어지는 경우는 해석과 판단이 잘못될 가능성도 커진다. 결국 상기의 도표는 군집분석과 요인분석의 요인위치도를 결합한 분석이며 이와 같이 어떤 하나의 다변량분석에서 그치지 않고 분석기법끼리의 상호 연관성에 의식을 집중하여 학습해야 함을 잊지 말라.

26.8 12종의 시리얼 군집화

다음 데이터는 아침식사로 이용되는 곡물식인 12종의 시리얼(cereals)에 대해 5가지 영양분 변수인 단백질(gm), 탄수화물(gm), 지방(gm), 칼로리(온스 당), 비타민 A(하루 필요한 섭취량의 %) 등을 조사한 데이터이다. 이에 대해 군집분석을 실시해 보자.

[표 26.8a] 12종의 시리얼의 5가지 영양분 데이터

번호	시리얼	단백질 (gm)	탄수화물 (gm)	지방 (gm)	칼로리 (oz당)	비타민A (%)
1	라이프	6	19	1	110	0
2	그레이프 너트	3	23	0	100	25
3	슈가 크리습	2	26	0	110	25
4	스페셜 K	6	21	0	110	25
5	라이스 크리습	2	25	0	110	25
6	레이진 브란	3	28	1	120	25
7	프로닥 19	2	24	0	110	100
8	휘티즈	3	23	1	110	25
9	토탈	3	23	1	110	100
10	퍼프 라이스	1	13	0	50	0
11	콘팝	1	26	0	110	25
12	스맥스	2	25	0	110	25

▶ Stat > Multivariate > Cluster Observations...

[그림 26.8a] 군집분석의 변수 선택 및 옵션지정

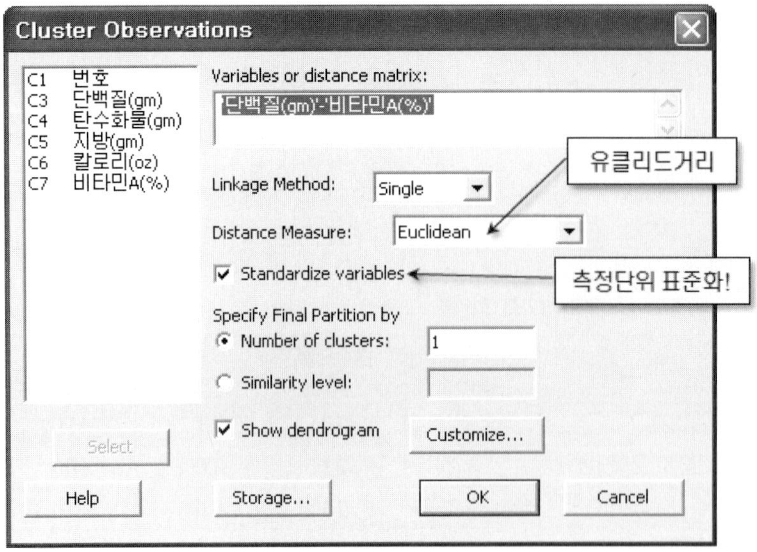

여기에서 특히 주의해야 할 점은 변수들의 측정단위가 다르므로 반드시 표준화해야 한다. 그래야 유클리드 거리를 계산할 때 왜곡되지 않는다. 만일 모든 변수들이 5점 척도로 사람들의 심리적인 의지, 태도, 신념 등을 측정하였다면 이는 동일한 스케일의 점수들이므로 이런 경우는 표준화하지 않고 분석한다. 그런데 만일 변수들이 모두 금액을 표시하는 것이라고 해도 그 금액이 변수들마다 매우 차이가 많이 난다면 예를 들어 X1은 십만원 단위로 측정되고 X2는 백억원 단위로 측정되었다면 표준화하지 않고 유클리드 거리를 계산하면 이 또한 엄청난 거리의 왜곡이 생겨 분석을 그르치게 된다. 그러니 같은 돈을 측정한 변수들이라고 할지라도 그 단위가 고르지 않으면 표준화해야 한다. 어떤 책을 보니 표준화하지 않고 실행한 예를 자주 보게 되는데 변수들의 측정단위가 다른데도 표준화하지 않고 거리를 계산한 사례를 종종 보게 된다. 이는 분석이 틀렸다. 저자가 몰라서 그렇게 했을 리는 없고 정신을 놓은 탓일 것이다. 너그럽게 실수로 이해하자.

Cluster Analysis of Observations: 단백질(gm), 탄수화물(gm), 지방(gm), 칼로리(oz), 비타민A(%)

Standardized Variables, Euclidean Distance, Single Linkage
Amalgamation Steps

Step	Number of clusters	Similarity level	Distance level	Clusters joined		New cluster	Number of obs. in new cluster
1	11	100.000	0.00000	5	12	5	2
2	10	95.784	0.25289	3	5	3	3
3	9	89.849	0.60892	3	11	3	4
4	8	83.831	0.96999	2	3	2	5
5	7	76.943	1.38316	6	8	6	2
6	6	67.050	1.97666	2	4	2	6
7	5	64.878	2.10696	2	6	2	8
8	4	64.404	2.13535	7	9	7	2
9	3	62.914	2.22477	1	2	1	9
10	2	61.611	2.30295	1	7	1	11
11	1	32.648	4.04041	1	10	1	12

Final Partition
Number of clusters: 1

	Number of observations	Within cluster sum of squares	Average distance from centroid	Maximum distance from centroid
Cluster1	12	55	1.92217	4.31911

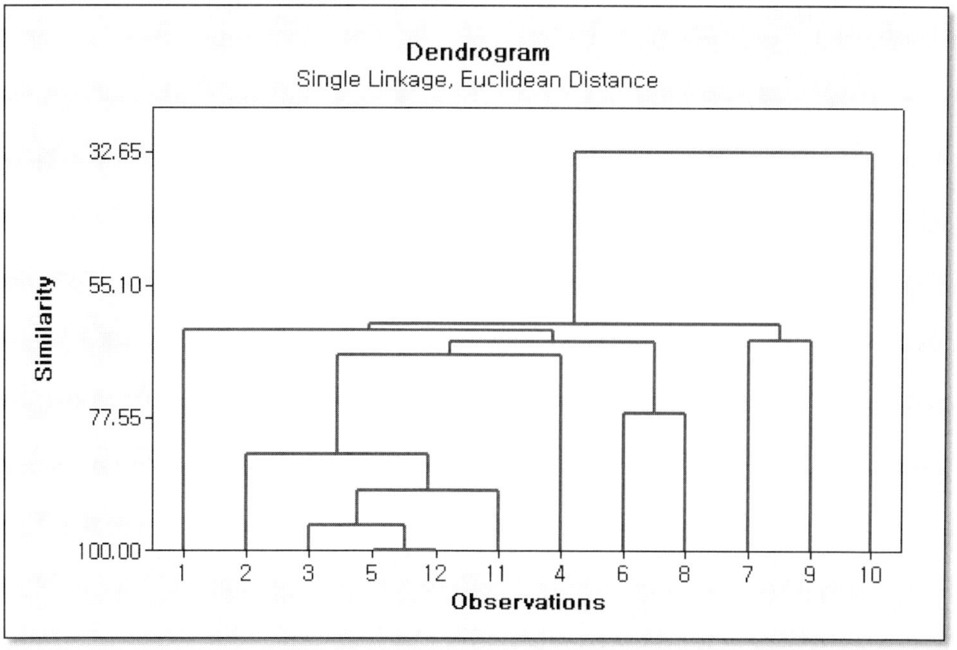

다음의 두 CaseStudy는 직접해보기도 하지만 이런 경우에도 군집분석을 이용할 수 있음을 감잡기 위하여 수록하였다.

[CaseStudy 26.8a] 다음 표는 미국의 화학산업 회사, 건강관리산업 회사와 식품산업 회사 등 3개 산업체에서 수집된 25개회사의 재무데이터를 나타내고 있다. 수집된 7개 재정 변수는 다음과 같이 정의되었다. 아래 자료에 대하여 군집분석을 실시하여 적절한 군집수를 결정하고 위치도로 나타내 보라.

① 주당수익주가비율	(주가/주당수익)×100%
② 총자본이익율	(순이익/총자본)×100%
③ 부채비율	타인자본/자기자본
④ 매출액순이익율	매출액순이익율(%)
⑤ 주당이익률증가	주당 이익률 증가(%)
⑥ 매출순이익율	(당기순이익/매출액)×100%
⑦ 주당수익	주당수익

대분류	ID	주당수익 주가비율	총자본 이익율	부채 비율	매출액순 이익율	주당이익 률증가	매출순 이익율	주당수익
Chemical	C1	9	13	0.7	20.2	15.5	7.2	0.426398
Chemical	C2	8	13	0.7	17.2	12.7	7.3	0.380693
Chemical	C3	8	13	0.4	14.5	15.1	7.9	0.40678
Chemical	C4	9	12.2	0.2	12.9	11.1	5.4	0.568182
Chemical	C5	5	10	0.4	13.6	8	6.7	0.324544
Chemical	C6	6	9.8	0.5	12.1	14.5	3.8	0.508083
Chemical	C7	10	9.9	0.5	10.2	7	4.8	0.378913
Chemical	C8	9	10.3	0.3	11.4	8.7	4.5	0.481928
Chemical	C9	11	9.5	0.4	13.5	5.9	3.5	0.573248
Chemical	C10	9	9.9	0.4	12.1	4.2	4.6	0.490798
Chemical	C11	7	7.9	0.4	10.8	16	3.4	0.48913
Chemical	C12	7	7.3	0.6	15.4	4.9	5.1	0.272277
Chemical	C13	7	7.8	0.4	11	3	5.6	0.315646
Chemical	C14	10	6.5	0.4	18.7	-3.1	1.3	0.384
Health	C15	21	9.2	2.7	39.8	34.4	5.8	0.390879
Health	C16	22	8.9	0.9	27.8	23.5	6.7	0.16129
Health	C17	19	8.4	1.2	38.7	24.6	4.9	0.30303
Health	C18	19	9	1.1	22.1	21.9	6	0.303318

Health	C19	14	12.9	0.3	16	16.2	5.7	0.2875
Grocery	C20	8	15.2	0.7	15.3	11.6	1.5	0.59893
Grocery	C21	9	18.4	0.2	15	11.6	1.6	0.578313
Grocery	C22	6	9.9	1.6	9.6	24.3	1	0.194946
Grocery	C23	8	9.9	1.1	17.9	15.3	1.6	0.32107
Grocery	C24	6	10.2	0.5	12.6	18	0.9	0.453731
Grocery	C25	7	9.2	1	11.6	4.5	0.8	0.594966

27

문항의 신뢰도 분석

27.1 신뢰도분석의 개요

측정이론은 전통적으로 심리학과 교육학 분야에서 설문지와 시험지의 구성과 관련하여 연구되어 왔으나 근래에 들어와서는 사회학, 정치학, 인류학, 가정학 등 여러 분야에서 관심을 끌고 있다. 측정은 추상적인 개념을 경험적 지표로 구현시키는 과정이라고 할 수 있는데 이때 문제가 되는 것은 측정의 신뢰성(reliability)과 타당성(validity)이다. 그 중 전자의 측도인 신뢰도는 반복측정이 얼마나 동일한 결과를 표출하는지에 관한 것이며, 타당도는 경험적 지표가 그것이 측정하고자 한 추상적인 개념을 얼마나 충실하게 반영하고 있는가 하는 것이다. 예를 들어 특정 제품에 대해 고객의 만족도를 조사한다고 하자. 이 조사의 목적이 설문을 사용하여 그 제품을 사용해 본 고객들이 제품에 얼마나 만족하고 있는가를 측정하는데 목적이 있다. 과연 의도대로 만족도라는 추상적인 개념이 설문조사를 통해 경험적 지표로 나타내어지고 있는지 평가하기 위해서 신뢰성과 타당성의 두

관점에서 분석이 요구된다. 신뢰도가 낮은 설문은 마치 측정할 때마다 다른 수치를 가리키는 저울과 같은 것으로, 이 경우에 신뢰성이란 고객이 서로 동등한 여러 설문지로 만족도를 측정하였을 경우 과연 만족도 점수가 어느 정도 유사하게 나타나는가에 관한 것이다.

27.2 신뢰도란?

27.2.1 신뢰도의 의미

신뢰도란 한 검사가 측정대상이 되는 내용을 어느 정도의 안정성을 가지고 일관성있게 측정하고 있느냐라는 것과 관련된 정확성(accuracy)을 말한다.

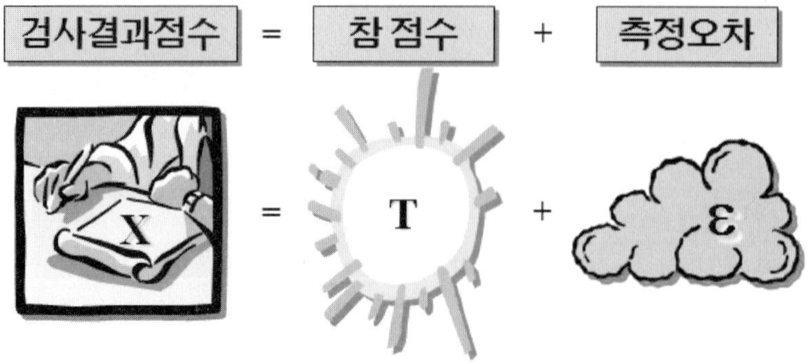

X = 검사결과점수
T = 참점수
ε = 오차점수 (측정오차)

신뢰도는 다음과 같이 정의한다.

$$\text{신뢰도} = \frac{T}{T+\varepsilon}$$

신뢰도가 '1'이 되면 측정오차(ε)가 '0'이라는 의미이며, 이는 마치 설문을 측정할 때마다 동일한 반응을 응답자로부터 얻게 되는 신뢰할 만한 측정도구(설문지)라고 할 수 있다. 그러나 신뢰도가 '0'이거나 '0'에 가까운 값이 되면 측정오차가 커서 마치 측정할 때마다 다른 수치를 가리키는 저울과 같은 것으로 응답자의 반응을 일관성있게 측정하지 못하는 측정도구로 판단할 수 있다.

27.2.2 신뢰도의 종류

재검사 신뢰도(test-retest reliability)

동일한 설문을 같은 응답자에게 2회 실시하는 것으로 가장 고전적인 방법이다. 이 방법은 동일한 설문을 일정 시간 후에 단순히 반복하여 신뢰도를 추정하는 방법이다. 만약 응답자가 두 검사에서 동일한 결과를 보인다면 신뢰도는 당연히 '1'이어야 하나 실제로는 서로 다른 두 시점에서의 응답자 반응은 여러 이유에서 다를 수 있다. 이 방법은 매우 단순하다는 이점이 있으나, 응답자의 기억효과(memory effect)로 인하여 신뢰도가 과대 추정될 소지가 있으며, 충분한 간격의 두 시점에서 동일한 응답자로부터 측정이 이루어져야 하므로 관리상의 애로점이 있다.

동형검사신뢰도(equivalent form reliability)

형식이 같은 A형과 B형의 설문을 실시하는 것으로 수준이 같고 내용은 다른 문항의 제작에 어려움이 있다. 이 방법은 서로 매우 유사한 유형의 설문지를 2부 개발하여 각 응답자에게 적용하여 신뢰도를 추정하는 방법이다. 이 방법에서는 두 설문지의 각 문항들은 서로 유사하나 같지는 않으므로 재검사 신뢰도에서 나타나는 기억효과가 여기에서는 문제가 되지 않는다. 그러나 동형(equivalent form)의 설문지 개발이 경우에 따라서는 상당히 어려울 수 있다는 사실이 현실적 문제로 남는다.

반분신뢰도(split-half reliability)

설문의 문항들을 양분하여 각각 채점하는 방법이다. 이 방법은 한 설문지의 문항들을 반으로 나누어 구성된 두 부분의 상관계수로부터 신뢰도의 추정값을 얻는 방법이다. 예를 들어 홀수 문항의 응답치 합계를 X_1, 짝수문항의 응답값의 합계를 X_2 라고 할 때 X_1 과 X_2 의 상관계수 $\rho_{x_1 \cdot x_2}$ 를 가지고 신뢰계수 ρ에 관한 추정을 하는 것이다. 그러나 $\rho_{x_1 \cdot x_2}$ 는 문항수가 절반인 설문지의 신뢰도에 관한 척도이므로 전체 설문지의 신뢰도 ρ 에 대한 것으로 쓰기 위해서는 다음과 같이 수정되어야 한다.

$$\rho = \frac{2\,\rho_{x1 \cdot x2}}{(1+\rho_{x1 \cdot x2})}$$

그 이유는 X와 동등한 X'을 가상하고 $\rho = corr(X_1 + X_2,\, X_1' + X_2')$를 계산하여 보면 명확하다. 이 식은 스피어만-브라운 공식으로 알려져 있다.

문항내적합치도(inter-item consistency reliability)

한 개의 문항을 한 개의 설문지로 가정하는 것으로, 예를 들어 문항이 10개라면 설문조사를 10번 한 것처럼 가정한다. 앞에서 설명한 반분신뢰도의 결점은 실제의 자료분석에 있어서는 어떻게 설문지를 두 부분으로 나누느냐에 따라 신뢰도 ρ의 추정값이 달라진다는 사실이다. 이에 대한 대안으로서 다음과 같은 생각을 할 수 있다. $X_1, \cdots, X_N$을 각 문항 점수라고 하고 $X_1', \cdots, X_N'$ 을 동형의 문항점수라고 한다면(즉, 문항 1, ..., N, 1′, ..., N′이 문항들의 전체집단으로부터의 확률표본이라면), 등분산성(equal variances)과 등공분산성(equal covariances)의 가정하에서

$$Cov(X_1 + \cdots + X_N,\, X_1' + \cdots + X_N') = N^2 \sigma_{12}$$

$$Var(X_1 + \cdots + X_N) = Var(X_1' + \cdots + X_N')$$

$$= N\sigma^2 + N(N-1)\,\sigma_{12}$$

이다. 여기서 $\sigma_{12} = Cov(X_i,\, X_j)$, $\sigma^2 = Var(X_i)$이다. 한편

$$Cov(X_1 + \cdots + X_N, X_1' + \cdots + X_N') =$$

$$\frac{N}{(N-1)}[Var(X_1 + \cdots + X_N) - \sum Var(X_i)]$$

이 된다. 따라서 신뢰도는

$$\rho = Corr(X_1 + \cdots + X_N, X_1' + \cdots + X_N')$$

$$= \frac{N}{(N-1)} \frac{Var(X_1 + \cdots + X_N) - \sum Var(X_i)}{Var(X_1 + \cdots + X_N)}$$

$$= \frac{N}{(N-1)} \left[1 - \frac{\sum Var(X_i)}{Var(\sum X_i)} \right]$$

으로 표현된다. 이 공식을 Cronbach의 Alpha[10](크론바 알파) 혹은 그냥 알파계수라고 한다. 만약 각 문항의 동등성에 관한 가정이 깨지게 되면 알파는 신뢰도 ρ를 과소 측정하게 된다는 사실이 알려져 있으므로 실제 알파계수는 신뢰도의 하한(lower bound)으로 생각될 수 있다. 알파계수는 각 문항이 이분형(0 또는 1)인 경우 KR-20(Kuder-Richardson-20) 계수로도 알려져 있다.

만약 모든 문항점수를 표준화하여 $Var(X_i) = 1$이라면

$$\rho = \frac{N\rho_{12}}{1 + \rho_{12}(N-1)}$$

이 된다. 이 식에서 N이 2인 경우는 스피어만-브라운 공식과 일치하며, 또 이 식으로부터 신뢰도 ρ는 문항간의 상관계수 ρ_{12}에 뿐만 아니라 문항수 N에도 의존하고 있음을 알 수 있다. 신뢰도에 관한 [표 27.2]에서 볼 수 있는 분명한 사실은 10개 문항에서 평균상관계수가 0.2라면 알파는 0.71이다. 만일 문항수가 30으로 많아지면 알파는 0.88이 된다. 비록 문항간의 상관계수가 작다고 하더라도 문항수가 충분히 많으면 신뢰도 혹은 알파계수는 '1'에 가깝게 커진다는 것이다. 이 점이 설문지의 문항수가 커

10) Cronbach, L.J.(1951), Coefficient alpha and the internal structure of tests, Psychometrika, 16:3, 297-334.

지는 경향이 있게 되는 부분적 이유이다. 그렇지만 응답자의 인내 한계와 반응오류를 고려한다면 설문지의 문항수 N이 작을수록 좋으므로, 연구자는 절약의 원칙을 지켜야 할 것이다.

[표 27.2] 상관계수와 표본크기에 따른 신뢰도

		문항간의 평균상관계수 ρ_{12}										
		0	0.1	0.2	0.3	0.4	0.5	0.6	0.7	0.8	0.9	1
문항수 (N)	2	0	0.18	0.33	0.46	0.57	0.67	0.75	0.82	0.89	0.95	1
	6	0	0.40	0.60	0.72	0.80	0.86	0.90	0.93	0.96	0.98	1
	10	0	0.53	0.71	0.81	0.87	0.91	0.94	0.96	0.98	0.99	1
	15	0	0.63	0.79	0.87	0.91	0.94	0.96	0.97	0.98	0.99	1
	20	0	0.69	0.83	0.90	0.93	0.95	0.97	0.98	0.99	0.99	1
	25	0	0.74	0.86	0.91	0.94	0.96	0.97	0.98	0.99	1.00	1
	30	0	0.77	0.88	0.93	0.95	0.97	0.98	0.99	0.99	1.00	1
	35	0	0.80	0.90	0.94	0.96	0.97	0.98	0.99	0.99	1.00	1
	40	0	0.82	0.91	0.94	0.96	0.98	0.98	0.99	0.99	1.00	1
	45	0	0.83	0.92	0.95	0.97	0.98	0.99	0.99	0.99	1.00	1
	50	0	0.85	0.93	0.96	0.97	0.98	0.99	0.99	1.00	1.00	1

참고로 신뢰도 분석은 다른 말로 문항분석(item analysis)라고도 하며 신뢰성 공학의 'Reliability'라는 용어가 있으므로 이와 구분하기 위하여 Minitab에서는 'Item(문항)'이라는 용어를 사용하고 있으며 크론바 알파계수만 제공하고 있다. 이는 문항내 합치도로 여러 논문 및 연구에서는 크론바 알파계수를 주로 사용하고 있으므로 특별한 경우를 제외하고는 크론바 알파계수를 사용할 것을 추천한다.

27.3 척도화(Scaling)란?

우리는 태어나는 그 순간부터 수많은 측정의 세계를 경험하게 된다. 신체측정, 지능측정, 학업성취도 측정, 직업적성 측정, 신용도 측정, 제품선호도 측정, 제품만족도 측정 등 수없이 많은 측정의 대상물이 된다.

개인의 키나 몸무게 등과 같은 물리적 특성들은 계측기에 의해 직접 측정할 수 있지만, 성격, 지능, 태도 등과 같은 심리적 특성들은 직접 측정하기가 매우 곤란하다. 그러므로 이러한 심리적 특성들을 측정하기 위해서는 특별히 고안된 측정도구가 필요하다. 과거에는 경험적 관측을 통하여 이러한 심리적 특성들을 직감하였으나, 과학적인 분석법이 중시되는 현시점에서는 보다 합리적이고 계량적인 측정방법이 요구된다.

체계적인 법칙과 의미있는 측정의 단위를 개발하여 경험적 관측들을 적절히 수량화하는 과정을 가리켜 척도화(scaling)라 한다.

척도화의 목적은 같은 속성 또는 태도를 가진 사람들 중 대부분이 같은 점수(score)를 갖도록 숫자를 배정하는데 있다. 이러한 목적을 달성하기 위해 여러가지 척도화 방법들이 제안되었는데, Thurstone 척도법, Likert 척도법, Guttman 척도법 등이 있다.

- Thurstone 척도법 - 자극 또는 문항 중심의 접근방법
- Likert 척도법 - 응답자 중심의 접근방법
- Guttman 척도법 - 반응 중심의 접근방법

이 중에서 제작이 용이하고 경제적인 Likert 척도법이 가장 널리 사용된다.

27.4 Likert 척도화 방법

Likert 척도화 방법은 응답자에게 언어적 자극을 준 후 나타나는 반응으로부터 측정하고자 하는 속성을 척도화하는 것이다. Likert 척도의 제작 과정을 살펴보면 다음과 같다.

1. 측정하려고 하는 일차원의 속성을 정의한다.
   - 원자력(nuclear power)산업에 대한 긍정도
   - 라면에 대한 호의도
   - TV광고에 대한 호의도

2. 정의된 속성에 대해 강한 긍정의 문항과 강한 부정의 문항들을 만든다. 긍정의 문항과 부정의 문항들이 반반씩 되도록 한다. 이러한 문항들을 무순위(무작위)로 배열한다.
   - 원자력 산업은 과학의 진보이다. (강한 긍정)
   - 원자력 산업은 삶의 질을 향상시킨다. (강한 긍정)
   - 원자력 산업은 철폐되어야 한다. (강한 부정)
   - 원자력 산업은 나라를 망치게 한다. (강한 부정)
   - 라면은 경제적인 식품이다. (호의적)
   - 라면은 편리한 식품이다. (호의적)
   - 라면은 영양가가 없는 식품이다. (비호의적)
   - 라면은 비위생적인 식품이다. (비호의적)
   - TV광고는 재미있다. (호의적)
   - 나는 TV광고의 제품들을 구입하려고 한다. (호의적)
   - TV광고는 좋은 제품을 구입하도록 도와준다. (호의적)
   - TV광고는 정규 TV프로그램보다 더 재미있다. (호의적)
   - TV광고는 다양한 정보를 제공하여 준다. (호의적)
   - TV광고를 법적으로 금지해야 한다. (비호의적)
   - TV광고를 보는 것은 시간낭비이다. (비호의적)
   - TV광고는 해롭다. (비호의적)
   - TV광고는 허위이거나 과장되어 있다. (비호의적)

- TV광고는 백해무익하다. (비호의적)

3. 연구대상과는 비슷하면서도 측정하려는 태도 또는 속성에 관해 다양성을 보일 수 있는 사람들(보통 50-100명)에게 각 문항마다 주어진 범주(보통 5~7개) 중 하나를 택하도록 한다.

범 주	강한 부정	부 정	보 통	긍 정	강한 긍정
점 수	1	2	3	4	5

범 주	적극 반대	반 대	중 립	찬 성	적극 찬성
점 수	1	2	3	4	5

부정적인 문항은 범주 점수를 반대로 부여한다.

4. 응답자들이 택한 각 범주 점수를 합하여 그들의 점수로 한다.

5. 다음 4가지 기준에 근거하여 문항을 평가한다.
   - 각 문항과 전체점수(그 문항을 제외한)간의 상관계수를 계산한다.
   - 음수의 상관계수가 나오면 부정적인 문항들의 범주점수를 거꾸로 주었는지를 확인하고, 제대로 주었는데도 음수의 상관계수가 나오면 해당 문항은 뜻이 모호한 것으로 간주하여 수정하거나 삭제한다.
   - 0에 가까운 상관계수가 나오면, 응답자들이 구별하지 못하는 불명료한 문항이거나, 모든 사람들이 동의해야하는 사실에 대한 문항이거나, 또는 처음에 정의한 일차원 속성 이외의 속성을 측정하는 문항일 수 있으므로 배제하는 것이 바람직하다.
   - 척도의 내적일치성을 측정하기 위하여 알파계수나 반분계수 신뢰도를 구한다.

6. 바람직한 상관계수를 나타내고, 또 알파계수가 높은 값을 가지는데 기여하는 문항들로써 개정된 척도를 제작한다.

7. 개정된 척도를 규준집단(보통 수백명)을 대상으로 실시한다. 이러한 과정을 통해서 앞에서 얻은 상관계수와 알파계수가 우연히 얻은 값이 아님을 확인할 수 있다. 규준집단에서도 계속 바람직한 상관계수와 알파계수를 유지하는 문항들로 구성된 최종적 척도를 만든다.

8. 이 검사를 연구대상 집단에게 실시하여 응답자들의 척도값, 즉 합산점수를 구한다.

문항작성시 주의하여야 할 사항

(1) 명확하고 간단한 문항을 쓴다. 되도록 '만약에', '왜냐하면' 등의 단어를 포함하는 절은 쓰지 않는다.

예) 만약 내가 죽으면 많은 사람들이 슬퍼할 것이다. (X)

(2) 각 문항은 단일한 idea를 가져야 한다.

예) 많은 국민들이 건강 상태가 안 좋고, 의사들은 너무 많은 돈을 요구하므로 정부는 낮은 비용의 의료서비스를 제공해야 한다.(X)

(3) 이중 부정은 혼동을 일으킬 수 있으므로 피한다.

예) 나는 흡연자들이 공공장소에서 담배를 피우지 않아야 한다는 것을 믿지 않는다. (X)

(4) 문장이 애매해서 사람에 따라 해석이 두개 이상으로 될 수 있는 문장은 피한다.

(5) 서술적 문장을 써야하며 모든 사람이 동의해야 하는 사실을 다루어서는 안 된다.

예) 담배를 피우는 것은 건강에 좋지 않다.

(6) 문장은 현재의 시제로 쓴다.

(7) 긍정과 부정의 느낌을 표현하는 문항들의 수가 거의 같도록 한다.

(8) 문법적으로 적절한 문장이어야 한다.

(9) 항상(always), 모두(all), 절대로(never), 아무도(none) 등의 전체긍정이나 부정어를 포함하는 문장을 피하는 것이 좋다.

(10) 응답자들이 이해하기 쉬운 단어를 사용한다.

27.5 신뢰도 분석 활용위치

조사절차 8단계에 연계하여 신뢰도 분석을 활용하는 위치를 표시해 놓은 [그림 27.5]를 보면 신뢰도 분석의 주목적은 새롭게 작성된 문항의 수정/보완에 있음을 알 수 있다. 그리고 본조사 이후에 신뢰도를 계산한다는 것은 현재 측정된 문항들의 최종적인 신뢰도의 정도를 확인하기 위한 용도로 사용된다.

[그림 27.5] 신뢰도 분석 활용위치

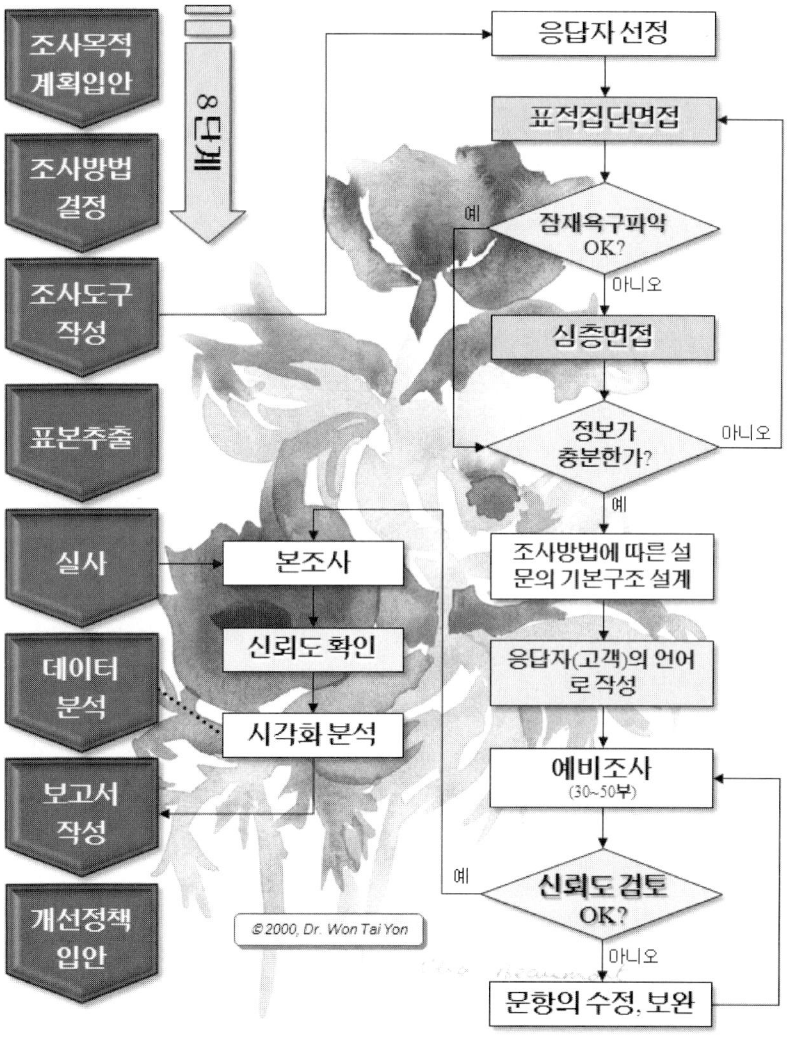

27.6 PC 만족도 문항의 신뢰도 분석

PC를 보유하고 있는 29명의 대학생을 대상으로, 현재 보유하고 있는 PC에 대한 종합적인 만족도를 측정하는 다음과 같은 14개 항목에 대하여 '전혀 아니다', '아니다', '보통', '그렇다', '매우 그렇다' 등의 5개의 범주를 제시하고 이 중에 하나씩을 선택하도록 하여 '대학생PC만족도.xlsx'라는 파일로 저장하였다.

- 주위에 추천하고 싶다.
- 최고의 제품이다.
- 다음에도 같은 회사제품을 구입하겠다.
- 주위에서 같은 제품을 산다면 만류하겠다.
- 나에게 충분한 제품이다.
- 기대 이상의 성능을 가지고 있다.
- 가끔 갖다 버리고 싶도록 화가 난다.
- 타인의 PC에 비하여 성능이 떨어진다.
- 본 제품을 구매한 것을 후회한다.
- 정말 매력적인 제품이다.
- 생각보다 괜찮은 제품이다.
- 타사의 제품광고에 관심이 있다.
- 만족스럽다.
- 역시 현명한 선택이었다.

응답자들로부터 설문지를 수집하여, '전혀 아니다'에 1점, '아니다'에 2점, '보통'에 3점, '그렇다'에 4점, '매우 그렇다'에 5점을 부여하였다. 부정적인 질문항목에 대하여는 반대로 점수를 부여하였다. 신뢰도분석을 통하여 14개 문항에 대한 신뢰도를 구하고 전체 신뢰계수에 악영향을 주는 문항을 제거하여 전체 신뢰도를 향상시켜 보기로 하겠다.

이러한 문항에 대한 신뢰도를 분석을 실행해 보자.

27.6.1 Minitab 활용

1. Stat ☞ Multivariate ☞ Item Analysis... 을 선택하면 다음과 같은 "문항분석(Item Analysis)" 대화상자가 나타난다.

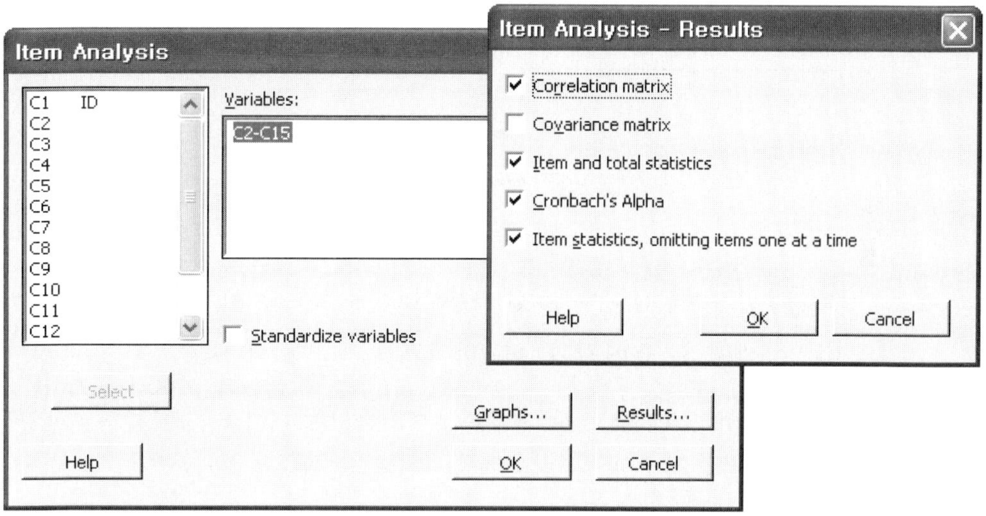

여기에서 14개의 PC 만족도 측정문항들을 선택하고 결과에 "Cronbach's Alpha"가 체크되어 있는지를 확인한다. 여기에서 "Item statistics, omitting items one at a time"을 체크하면 한 번에 하나씩 문항을 제거하고 다시 계산된 신뢰계수 및 통계량을 계산해 준다. 이 결과는 각 문항의 상대적 신뢰성을 평가할 수 있도록 해주므로 반드시 체크되어 있어야 한다.

Item and Total Statistics

Variable	Total Count	Mean	StDev
C2	29	2.897	0.860
C3	29	2.759	0.912
C4	29	2.897	1.113
C5	29	3.103	0.976
C6	29	3.138	0.875
C7	29	2.759	0.511
C8	29	3.483	0.871
C9	29	3.069	1.033
C10	29	3.379	0.775
C11	29	2.621	0.820
C12	29	2.966	0.731
C13	29	2.483	0.986
C14	29	3.000	0.802
C15	29	2.897	0.724
Total	29	41.448	8.437

알파계수=0.9171

문항제거시 알파계수

Cronbach's Alpha = 0.9171

Omitted Item Statistics

Omitted Variable	Adj. Total Mean	Adj. Total StDev	Item-Adj. Total Corr	Squared Multiple Corr	Cronbach's Alpha
C2	38.552	7.785	0.7346	0.8250	0.9077
C3	38.690	7.737	0.7428	0.8704	0.9072
C4	38.552	7.785	0.5385	0.6381	0.9167
C5	38.345	7.640	0.7946	0.7863	0.9050
C6	38.310	7.965	0.5009	0.7577	0.9160
C7	38.690	8.094	0.6548	0.7572	0.9129
C8	37.966	8.029	0.4264	0.8308	0.9185
C9	38.379	7.646	0.7384	0.7671	0.9073
C10	38.069	7.887	0.6848	0.7370	0.9098
C11	38.828	7.815	0.7362	0.6760	0.9079
C12	38.483	7.877	0.7472	0.8058	0.9082
C13	38.966	8.073	0.3161	0.4448	0.9239
C14	38.448	7.785	0.7953	0.7912	0.9060
C15	38.552	7.895	0.7286	0.6329	0.9088

알파계수는 0.9171로 매우 높게 나타났으나 해당문항을 제거했을 때(그 문항을 제외한) 변화되는 알파계수를 나타내는 문항 제거시 Cronbach 알파계수와 전체 알파계수 = 0.9171과 비교하여 값이 크게 나타난 항목은 수정 또는 보완하거나 최악의 경우에는 삭제하는 것이 바람직하다. 여기에서는 문항을 수정 보완하고 다시 조사할 수 없으므로 전체 신뢰도를 낮추는 문항을 제외하면 다음과 같이 10개의 문항까지 남게 된다. 여기에서는 0.9297보다 큰 알파계수가 없으므로 제거해야 할 문항이 없는 것으로 판단할 수 있다.

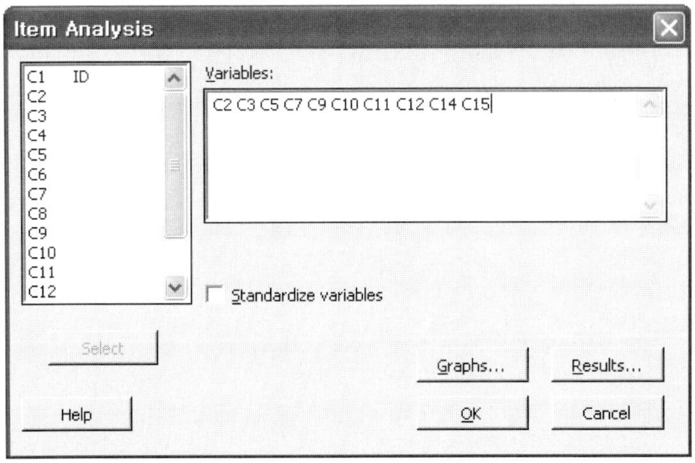

```
Cronbach's Alpha = 0.9297  <-- 알파계수=0.9297

Omitted Item Statistics
                        Adj.                 Squared
Omitted   Adj. Total   Total    Item-Adj.   Multiple   Cronbach's
Variable        Mean   StDev   Total Corr       Corr        Alpha
C2            26.552   5.779       0.7739     0.6706       0.9199
C3            26.690   5.733       0.7772     0.6542       0.9198
C5            26.345   5.703       0.7503     0.6139       0.9218
C7            26.690   6.118       0.6606     0.5528       0.9277
C9            26.379   5.641       0.7679     0.6830       0.9213
C10           26.069   5.928       0.6625     0.5374       0.9256
C11           26.828   5.844       0.7312     0.6146       0.9222
C12           26.483   5.920       0.7219     0.7053       0.9230
C14           26.448   5.822       0.7804     0.7659       0.9197
C15           26.552   5.932       0.7120     0.5581       0.9235
```

27.6.2 SixSigma Tools **활용**

1. 분석(Analyze) ☞ 신뢰도 분석... 을 선택하면 다음과 같은 워크북이 나타난다.

2. 데이터 입력 ☞ 데이터 연결을 클릭하여 준비하고 예제 데이터에서 '대학생 PC만족도.xlsx'을 열고 데이터를 블록설정 후 연결한다.

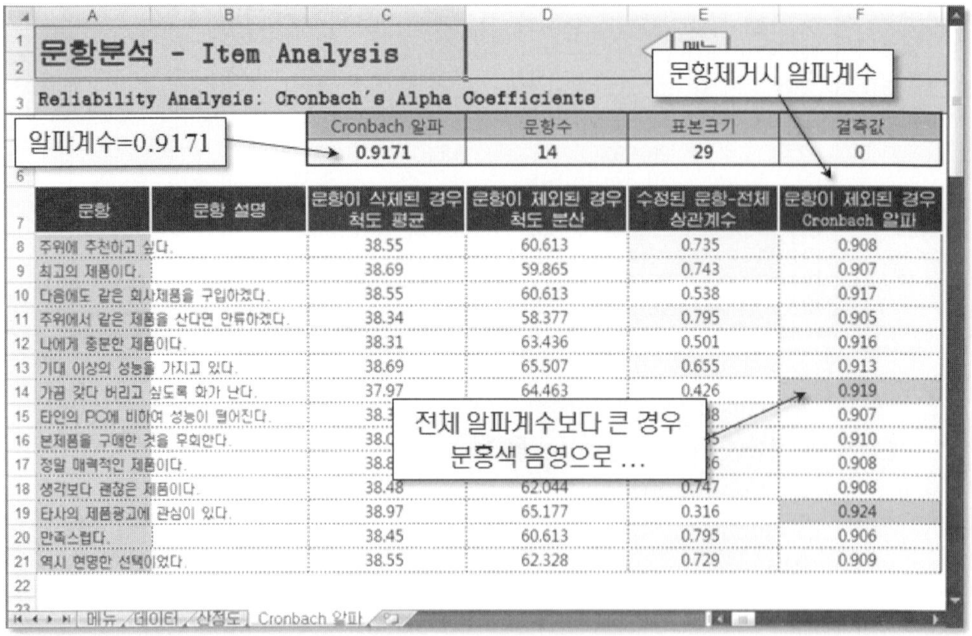

Cronbach 알파	문항수	표본크기	결측값
0.9171	14	29	0

	문항	문항 설명	문항이 삭제된 경우 척도 평균	문항이 제외된 경우 척도 분산	수정된 문항-전체 상관계수	문항이 제외된 경우 Cronbach 알파
8	주위에 추천하고 싶다.		38.55	60.613	0.735	0.908
9	최고의 제품이다.		38.69	59.865	0.743	0.907
10	다음에도 같은 회사제품을 구입하겠다.		38.55	60.613	0.538	0.917
11	주위에서 같은 제품을 산다면 만류하겠다.		38.34	58.377	0.795	0.905
12	나에게 중요한 제품이다.		38.31	63.436	0.501	0.916
13	기대 이상의 성능을 가지고 있다.		38.69	65.507	0.655	0.913
14	가끔 갖다 버리고 싶도록 화가 난다.		37.97	64.463	0.426	0.919
15	타인의 PC에 비하여 성능이 떨어진다.		[illegible]	[illegible]	[illegible]	0.907
16	본제품을 구매한 것을 후회한다.		[illegible]	[illegible]	[illegible]	0.910
17	정말 매력적인 제품이다.		[illegible]	[illegible]	[illegible]	0.908
18	생각보다 괜찮은 제품이다.		38.48	62.044	0.747	0.908
19	타사의 제품광고에 관심이 있다.		38.97	65.177	0.316	0.924
20	만족스럽다.		38.45	60.613	0.795	0.906
21	역시 현명한 선택이었다.		38.55	62.328	0.729	0.909

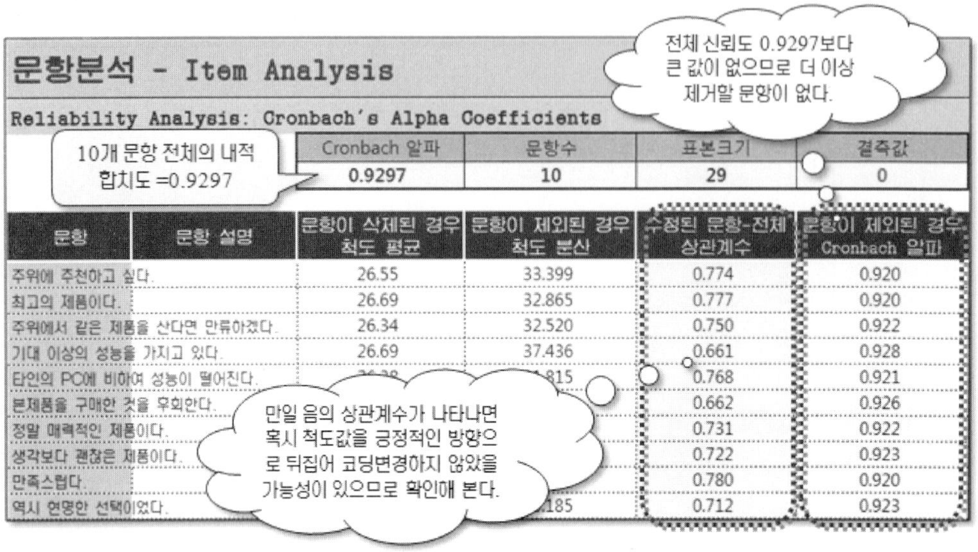

Cronbach 알파	문항수	표본크기	결측값
0.9297	10	29	0

문항	문항 설명	문항이 삭제된 경우 척도 평균	문항이 제외된 경우 척도 분산	수정된 문항-전체 상관계수	문항이 제외된 경우 Cronbach 알파
주위에 추천하고 싶다.		26.55	33.399	0.774	0.920
최고의 제품이다.		26.69	32.865	0.777	0.920
주위에서 같은 제품을 산다면 만류하겠다.		26.34	32.520	0.750	0.922
기대 이상의 성능을 가지고 있다.		26.69	37.436	0.661	0.928
타인의 PC에 비하여 성능이 떨어진다.		[illegible]	[illegible]	0.768	0.921
본제품을 구매한 것을 후회한다.		[illegible]	[illegible]	0.662	0.926
정말 매력적인 제품이다.		[illegible]	[illegible]	0.731	0.922
생각보다 괜찮은 제품이다.		[illegible]	[illegible]	0.722	0.923
만족스럽다.		[illegible]	[illegible]	0.780	0.920
역시 현명한 선택이었다.		[illegible]	[illegible]	0.712	0.923

대응일치분석
Correspondence Analysis

28.1 최적화 척도법 개요

시장조사, 서베이 조사를 비롯한 많은 사회과학적 조사에서 가장 많이 접하는 데이터는 범주형 데이터이다. 실제로 많은 조사 분석가들이 전적으로 범주형 데이터만을 취급하고 있다.

범주형 데이터를 요약하는 가장 전통적인 방법은 교차표를 작성하는 것이다. 교차표로 요약된 데이터를 분석하는 데 있어서 적용되는 통계적 분석모형은 통상적인 상관분석이나 회귀분석과 같은 연속형 데이터에 적용되는 통계적 접근법과는 성격을 달리하고 있다.

최적화 척도법(optimal scaling)은 변수들 간의 관계를 가능한 한 적은 수의 차원(2차원 또는 3차원)에 표시함으로써 변수들 간의 내적구조나 패턴을 설명하고자 하는 통계적 분석기법이다. 시장조사 분야에서는 이러한 분석기법을 위치도(perceptual mapping)라고 하는 위치도 작성에 활용할 수 있다.

위치도(perceptual map)란 사람들이 유사한 많은 제품이나 개체들 중에서 각 제품이나 개체의 이미지를 어떻게 지각하는가를 나타내는 지도이다. 위치도는 통상적으로 '**지각도**', '**인지도**' 또는 '**포지셔닝 맵**'이라고도 부른다.

최적화 척도법으로는 다음과 같은 것들이 있다.

① ANACOR - 대응일치분석(Correspondence Analysis)

: 2차원 교차표로 나타낼 수 있는 범주형 데이터의 분석

② HOMALS - 다중대응일치분석(Multiple Correspondence Analysis)

: 다차원 교차표로 나타낼 수 있는 범주형 데이터의 분석, 동질성분석 (Homogeneity Analysis;HOMALS)이라고도 함.

③ CatPCA - 범주형 주성분분석(Categorical Principal Components Analysis)

: 한 종류의 혼합형 변수군의 변동 유형을 분석

④ OVERALS - 비선형 정준상관분석(Nonlinear Canonical Correlation Analysis)

: 두 종류 이상의 혼합형 변수군들의 변동 유형을 분석

28.2 대응일치분석

대응일치분석(correspondence analysis)은 2차원 교차표로 나타낼 수 있는 정보를 일목요연하게 도식화하는 분석방법이다.

위치도(perceptual map) 작성에 널리 사용되는 통계분석기법인 다차원척도법 (MDS)은 주로 연속형 변수에 적용되는데 반하여 대응일치분석은 주로 범주형 변수에 폭넓게 적용될 수 있다.

흔히 두 범주형 변수의 상관관계를 분석하고자 할 때 교차표(Crosstabs)를 작성하고, 두 변수 간의 독립성검정(카이제곱검정)을 하여 통계적으로 유의한 상

관이 있다고 판단될 때에는 두 변수 간에 얼마만큼의 연관성이 있는지를 나타내는 상관도, 즉, 결합도(measure of association)를 계산한다. 그러나 상관도는 단지 두 변수간의 상관의 정도만을 나타내 줄 뿐 두 변수의 각 수준별로 어떻게 상관이 있는지에 대한 정보를 제시하여 주지 못한다. 대응일치분석은 두 변수의 각 수준별 관측점들을 2차 평면상에 도식화하여 줌으로써 개개의 수준에 따른 차이를 명확히 볼 수 있게 한다.

28.3 개인용 컴퓨터(PC) 이미지의 위치화

삼성, 삼보, 금성, 현대, 대우 및 용산상가 조립품의 여섯 가지 컴퓨터 브랜드에 대하여 32명의 대학생을 대상으로 A/S, 가격, 성능, 확장성, 디자인, 안정성 및 다기능성 등의 7가지 제품 이미지를 중복을 허용하여 선택하도록 하여 수집된 데이터는 [표 28.3]과 같다.

[표 28.3] PC 이미지와 브랜드명과의 교차집계표(PC이미지.xlsx)

		제품 이미지							전체
		가격	성능	확장성	디자인	안정성	다기능	A/S	
제조사	삼성	6	13	12	15	14	15	23	98
	삼보	7	19	10	10	14	9	13	82
	LG	6	8	9	14	10	9	9	65
	현대	6	7	8	7	12	8	9	57
	대우	5	8	6	6	6	6	8	45
	상가조립품	30	13	15	7	6	12	8	91
전체		60	68	60	59	62	59	70	438

Minitab 상에서 이와 같은 데이터를 입력하려면, 우선 브랜드명과 제품이미지를 나타내는 2개의 변수를 준비한다. 범주형 변수이므로 변수값 설명문을 부여한다.

Worksheet 2 ***

↓	C1-T	C2	C3	C4	C5	C6	C7	C8	C9-T
	제조사	가격	성능	확장성	디자인	안정성	다기능	A/S	이미지
1	삼성	6	13	12	15	14	15	23	가격
2	삼보	7	19	10	10	14	9	13	성능
3	LG	6	8	9	14	10	9	9	확장성
4	현대	6	7	8	7	12	8	9	디자인
5	대우	5	8	6	6	6	6	8	안정성
6	상가조립품	30	13	15	7	6	12	8	다기능
7									A/S

이제 작업 데이터 파일이 준비되었다. 실행에 앞서 교차표를 분석해 보자. [표 28.3]의 교차표를 보면 가장 많은 반응을 보인 PC 제품은 상가조립품으로 나타났으며, 가장 적은 반응을 보인 것은 대우 제품인 것으로 나타났다. 이는 "말도 많고 탈도 많다"로 표현되는 상가조립품 PC를 대변하는 현상이다. 반면에 대우 제품은 본 설문의 응답학생들에게 가장 무미건조한 제품으로 평가된 것이다.

개별 제품 이미지와 PC 제품명을 연결시켜서 살펴보면, 상가조립품은 가격이 저렴하고 확장성이 뛰어난 것으로 인지되고 있으며, 삼성 제품은 A/S가 잘되며, 디자인이 세련되고 기능이 다양한 것으로 인지되고 있으며, 대부분의 제품 이미지에서 지명도가 높은 것으로 나타났다. 삼보 제품은 특히 성능이 우수하며 안정성이 뛰어난 것으로 인지되고 있으며, LG 제품은 디자인이 세련된 것으로 인지되고 있다.

이제 Minitab을 사용하여 6가지 PC 제품과 7가지 제품 이미지를 결합하여 도식화하는 결합도표(joint plot)를 그려보도록 하자.

우선 주메뉴에서

▶ Stat > Multivariate > Simple Correspondence Analysis...

을 선택하면, 다음과 같은 'Simple Correspondence Analysis' 대화상자가 열린다.

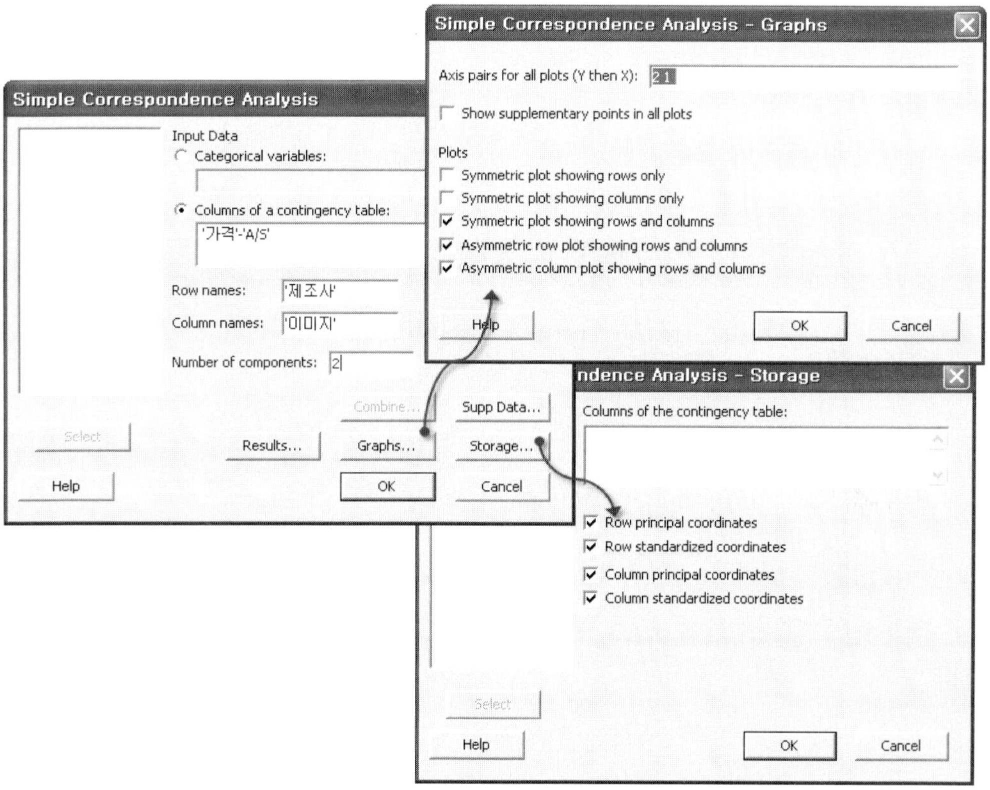

행변수 이름(Row names:) 항목에 변수 **'제조사'**를 선택하고, **열변수 이름**(Column names:) 항목에 변수 **'이미지'**를 선택 지정한다. 이렇게 지정하지 않으면 각 산점에 레이블이 출력되지 않고 번호가 출력되어 각 산점이 무엇인지 확인하는데 어려움이 생긴다. Minitab은 이런 점에서 SPSS에 비하면 아직 멀었다는 생각이 든다. 사실 프로그램머 입장에서는 매우 간단한 문제인데도 개선하지 못하는 이유가 무엇인지 묻고 싶다. 그래봐야 듣지도 않겠지만 쩝~~!

다음의 저장된 결과는 산점에 나타날 좌표값을 나타낸다. 여기에서 RPC는 'Row Principle Coordinates'의 약자로 행주좌표이다. 그리고 RSC는 'Row

Standardized Coordinates'로 행 표준좌표를 의미한다. 보통의 경우 행과 열을 주좌표로 만 사용하는 경우는 행/열 변수가 대칭적(symmetric) 관계일 때 사용하며 한쪽이 주좌표이고 다른 변수는 표준좌표를 사용하여 위치도를 작성한다면 주좌표가 반응변수가 되며 표준좌표는 설명변수로 보고 해석해야 한다. 즉 설명변수를 기준으로 반응변수가 어떻다라고 표현해야 한다. 설명변수를 먼저 언급하고 이에 따라 반응변수가 어떻게 되는지를 말해야 한다. 잊지 말라.

Worksheet 2 ***

↓	C9-T	C10	C11	C12	C13	C14	C15	C16	C17
	이미지	RPC1	RPC2	RSC1	RSC2	CPC1	CPC2	CSC1	CSC2
1	가격	-0.251731	-0.083328	-0.79083	-0.69758	0.729106	-0.026538	2.29053	-0.22216
2	성능	-0.141778	0.220548	-0.44540	1.84630	-0.026117	0.242670	-0.08205	2.03149
3	확장성	-0.149411	-0.149350	-0.46938	-1.25027	0.107832	-0.030494	0.33876	-0.25528
4	디자인	-0.115632	-0.014464	-0.36326	-0.12108	-0.224910	-0.152158	-0.70657	-1.27377
5	안정성	-0.068948	0.046101	-0.21660	0.38593	-0.260036	0.058638	-0.81692	0.49088
6	다기능	0.612097	-0.016057	1.92294	-0.13442	-0.020779	-0.090939	-0.06528	-0.76129
7	A/S					-0.254606	-0.033891	-0.79986	-0.28372
8									

보통 3장의 결과를 출력할 수 있는데 대치적 관계인 위치도와 비대칭(asymmetric)인 경우 2장을 출력할 수 있다. 실전에서는 이 모두를 번역할 수 없다 이들 중에 데이터에 내용에 맞는 하나의 위치도를 선택하여 분석하게 된다.

다음 [그림 28.3a]는 대칭적 관계일 때 위치도이다. 먼저 행변수인 제조사에 따른 각 제품의 위치도를 살펴보면, 삼성과 현대, LG 제품이 매우 근사하게 위치하고 있으며, 대우와 삼보 제품이 역시 근사하게 위치하여 있는 것을 알 수 있다.

열변수인 제품 이미지에 따른 위치도를 살펴보면, **안정성**과 **A/S**는 매우 근사하게 위치하고 있으며, **다기능**과 **확장성** 역시 근사하게 위치하고 있다.

이제 제조사와 제품 이미지를 결합한 위치도(결합도표)를 확인해 보도록 하

자. **상가조립품**은 **가격**이 저렴한 것이 가장 특징적인 이미지로 나타났으며, **삼보**와 **대우**는 **성능**에 가장 부각되는 이미지를 갖고 있는 것으로 나타났다. 또한 **삼성**과 **현대**는 **안정성**과 **A/S**로 이미지가 부각되었으며, LG는 **디자인**에서 탁월한 이미지로 부각되었음을 알 수 있다.

[그림 28.3a] 대칭적 관계일 때 위치도

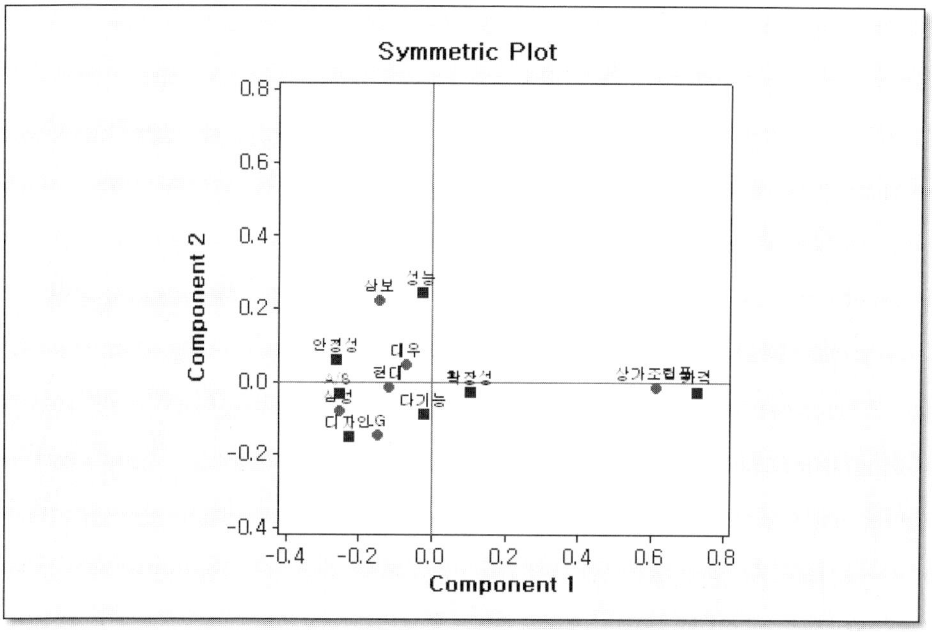

대응일치분석은 가능한 적은 수의 차원에 행변수와 열변수 간의 관계를 표현하고자 하는 것인데, 가능하면 적은 차원(2차원)에서 정보의 손실을 최소화하여 표현된다면 매우 바람직할 것이다.

```
Simple Correspondence Analysis: 가격, 성능, 확장성, 디자인, 안정성, 다기능, A/S

Analysis of Contingency Table

 Axis  Inertia  Proportion  Cumulative  Histogram
    1   0.1013      0.7852      0.7852  ******************************
    2   0.0143      0.1106      0.8958  ****
    3   0.0082      0.0634      0.9592  **
    4   0.0052      0.0406      0.9998  *
    5   0.0000      0.0002      1.0000
Total   0.1290
```

각 차원별로 원래의 모든 데이터가 갖고 있는 정보를 얼마만큼 표현해 주는가를 알 수 있는 통계표를 출력하여 주는데 상기의 결과에서 알 수 있듯이 2차원 평면에서 나타난 결합도표는 전체 데이터가 갖고 있는 정보의 89.58%(Cumulative)를 나타내 준다고 볼 수 있다. 다른 말로 표현하면 2차원 공간상에 각 관측점들을 투영했을 때 약 10.42%의 정보 손실이 발생된다는 것을 의미한다.

만약 3차원 공간상에 각 관측점들을 투영했다면 원래 데이터가 갖고 있는 정보의 95.92%를 표현할 수 있음을 알 수 있다.

Column Contributions

					Component 1			Component 2		
ID	Name	Qual	Mass	Inert	Coord	Corr	Contr	Coord	Corr	Contr
1	가격	1.000	0.137	0.565	0.729	0.998	0.719	-0.027	0.001	0.007
2	성능	0.907	0.155	0.079	-0.026	0.010	0.001	0.243	0.896	0.641
3	확장성	0.928	0.137	0.014	0.108	0.859	0.016	-0.030	0.069	0.009
4	디자인	0.750	0.135	0.103	-0.225	0.514	0.067	-0.152	0.235	0.219
5	안정성	0.713	0.142	0.109	-0.260	0.679	0.094	0.059	0.035	0.034
6	다기능	0.789	0.135	0.012	-0.021	0.039	0.001	-0.091	0.750	0.078
7	A/S	0.693	0.160	0.118	-0.255	0.681	0.102	-0.034	0.012	0.013

올바른 축의 해석을 위하여 각 관측점의 공헌도(Contr)를 검토하여야 하는데, 제품 이미지에 있어서 X축에 가장 크게 기여한 것은 **'가격'**으로 기여도가 71.9%로 나타났으므로 X축은 **가격** 축으로 해석하여도 크게 무리가 없다. Y축의 경우에는 **'성능'**이 64.1%의 기여도를 나타냈으며, **디자인**이 21.9%의 기여도를 보이므로, Y축은 **'성능'**과 **'디자인'** 축으로 해석하면 되겠다.

Row Contributions

					Component 1			Component 2		
ID	Name	Qual	Mass	Inert	Coord	Corr	Contr	Coord	Corr	Contr
1	삼성	0.810	0.224	0.151	-0.252	0.730	0.140	-0.083	0.080	0.109
2	삼보	0.974	0.187	0.102	-0.142	0.285	0.037	0.221	0.689	0.638
3	LG	0.606	0.148	0.085	-0.149	0.303	0.033	-0.149	0.303	0.232
4	현대	0.276	0.130	0.050	-0.116	0.272	0.017	-0.014	0.004	0.002
5	대우	0.638	0.103	0.009	-0.069	0.441	0.005	0.046	0.197	0.015
6	상가조립품	0.999	0.208	0.604	0.612	0.998	0.768	-0.016	0.001	0.004

반면에 제품의 측면에서 살펴본다면 **가격** 축인 X축에 가장 기여한 제품은 **'상가조립품'**으로 약 76.8%의 설명력을 보인다고 할 수 있다. **삼보** 제품은 **성능** 축에 의하여 약 63.8% 정도 설명된다고 볼 수 있으며, LG 제품인 경우 **디자인** 축에 의하여 약 23.3% 정도 설명된다고 볼 수 있다. Minitab에서의 대응일치분석의 위치도는 SPSS의 결과와 비교하면 원점대칭이동된 상태로 나타난다. 그러니 이러한 대칭 이동은 상대적인 해석을 할 경우는 상관이 없다. 서로간의 상대위치에 대한 해석일 뿐 그림 전체가 뒤집혀져 있는가는 문제가 되지 않는다. 이는 고유값(inertia: 분산을 의미 함)을 계산할 때 부호가 반대로 출력되었기 때문이다.

이제 SixSigma Tools에서 결과물을 만들어 보자. 앞의 과정보다 훨씬 간편하다. 그러나 출력된 결과물을 읽고 해석할 줄 모르면 다 필요없는 일이다. 그러므로 작성시간을 획기적으로 줄이고 남는 시간에 해석하는 방법과 통계적 이해에 시간을 투자하는 것이 보다 효율적이라고 할 수 있다. 그리고 결코 잊지 말아야 할 것은 분석은 행동하기 위하여 하는 것이므로 반드시 행동전략을 수립해야 함을 잊지 마시라. 결코...

▶ 분석(Analyze) > 차원축소 > 대응일치분석...

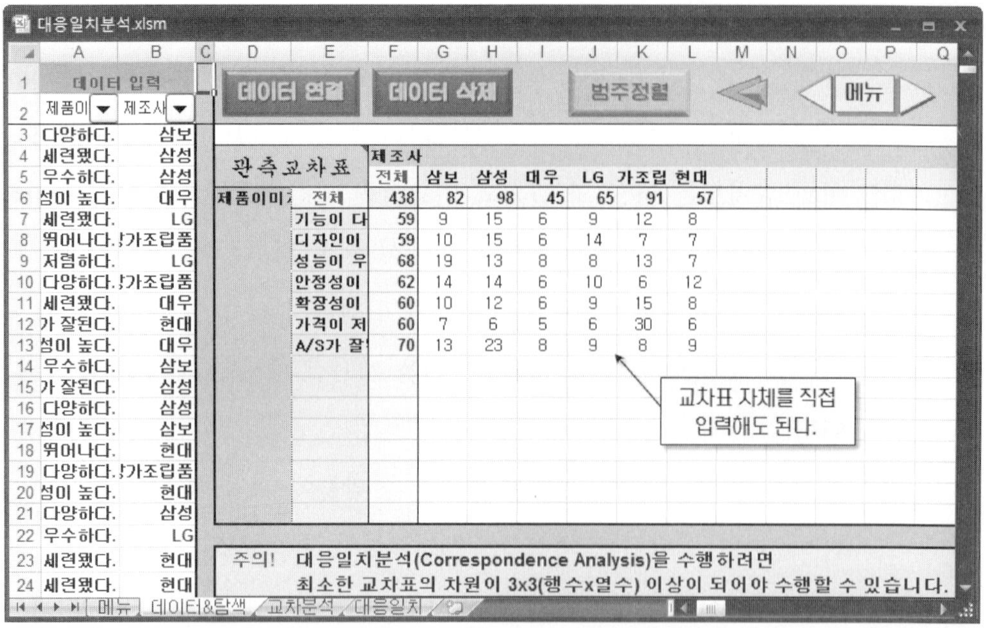

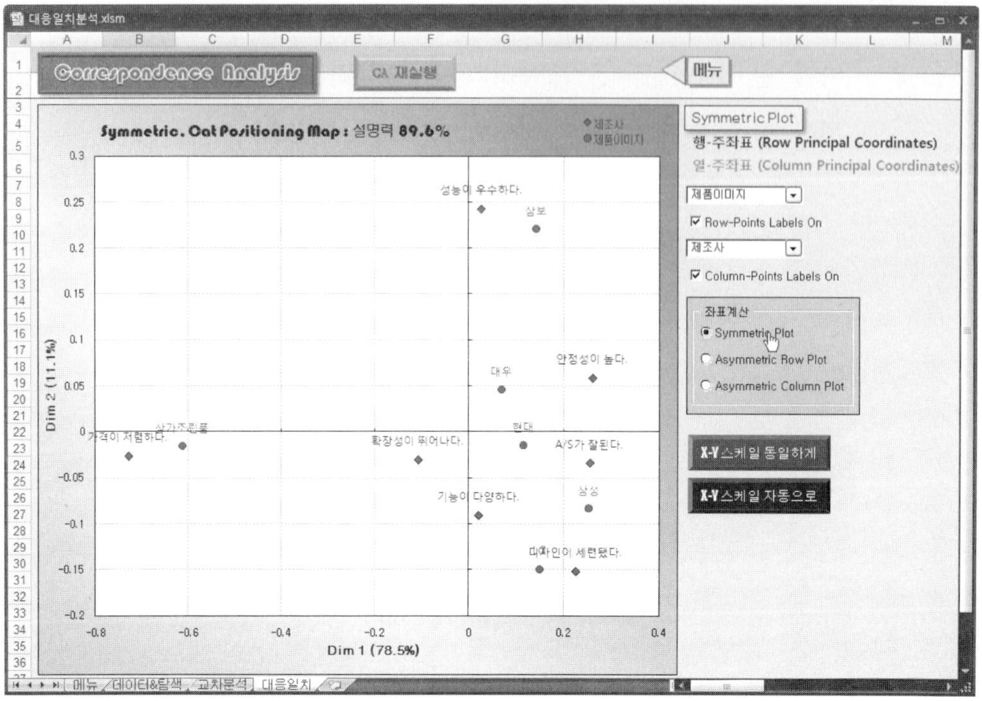

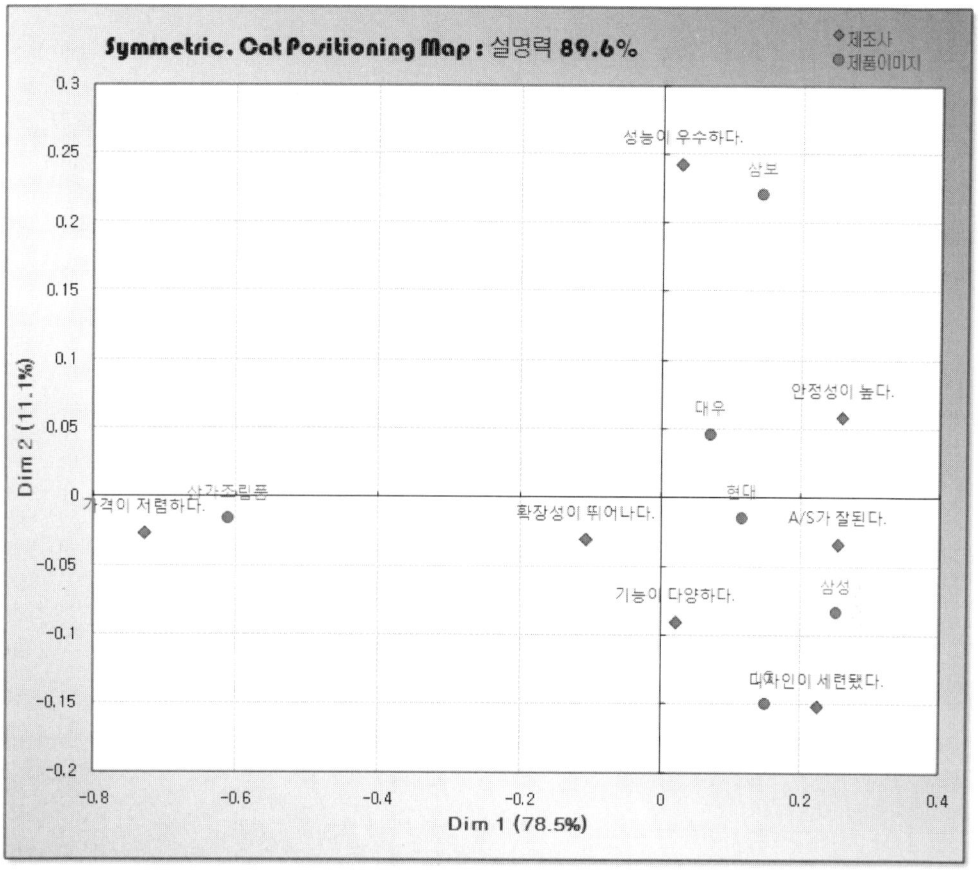

결론적으로 말하면 상가조립품은 저렴한 가격의 이미지가 소비자의 머릿속에 뚜렷이 인지되어 있으며, 삼보 제품은 우수한 성능의 이미지로, LG 제품은 세련된 디자인 이미지로 소비자의 머릿속을 점하고 있는 것으로 나타났다. 이 조사를 보다 다양한 계층에 적용하여 실시하였다면 계층별로 각 PC 제품이 어떠한 이미지로 부각되고 있는지를 분석할 수 있을 것으로 기대된다. 지금까지 살펴본 바와 같이 대응일치분석은 많은 사회과학조사 및 마케팅/홍보 조사에서 쉽게 얻을 수 있는 범주형 데이터에 근거하여 각 제품 또는 서비스 등을 소비자에 마음속에 인지되고 있는 다양한 이미지와 결합시켜 분석해 볼 수 있는 매우 유용한 분석법이다. 잘 활용할 수 있도록 반복 체험하여 자신의 앎으로 승화시키도록 하자.

Introduction to
Behaviorally Statistical Data Analysis
using Minitab & SixSigma Tools for Excel

29

다중대응일치분석
Multiple Correspondence Analysis

다중대응일치분석(multiple correspondence analysis; MCA)은 동질성 분석(homogeneity analysis)으로 보다 더 잘 알려져 있는 분석이다. 케이스(개체)와 범주에 계량적 수치를 부여함으로써 범주형 데이터를 수량화하는 분석법으로 약어로 'HOMALS'로 부르기도 한다.

29.1 음료수와 스낵 선호도의 위치화

대학생 25명에게 국내에서 판매되는 음료수 네 가지 중에 어떤 것을 가장 선호하는지를 물어보았으며, 아울러 일주일에 음료수 구입비용은 얼마만큼 지출하는지와 음료수와 함께 가장 즐겨 먹는 스낵은 어떠한 것인지를 질문하였다.

> ☝ 다음의 4가지 음료 중에 귀하가 가장 선호하는 음료는 어떤 것입니까 ?
>
> 1) 콜라 2) 사이다 3) 홍차 4) 주스
>
> ☝ 귀하는 1주일 동안에 평균적으로 얼마만큼의 돈을 음료수 구입비로 지출하십니까?
>
> 1) 1000원 미만 2) 1000원 - 3000원 미만 3) 3000원 이상
>
> ☝ 다음의 5가지 스낵 중에서 1번 문항에서 선택한 음료수와 같이 먹기를 선호하는 것은 어떤 것입니까?
>
> 1) 젤리 2) 땅콩 3) 쵸코렡 4) 포테이토칩 5) 과일

수집된 데이터(SOFTDRiNK.xlsx)는 다음과 같다.

음료	구입비용	스낵
사이다	1,000원 미만	과일
주스	3,000원 이상	포테이토칩
콜라	1,000~3,000원	젤리
콜라	1,000~3,000원	땅콩
홍차	1,000~3,000원	초콜릿
사이다	1,000원 미만	과일
주스	3,000원 이상	포테이토칩
콜라	1000~3000원	젤리
주스	3,000원 이상	포테이토칩
홍차	1,000~3,000원	땅콩
사이다	1,000원 미만	과일
홍차	1,000~3,000원	초콜릿
사이다	1,000원 미만	과일
주스	3,000원 이상	포테이토칩
⋮	⋮	⋮

이제 Minitab을 사용하여 3가지 범주형 변수에 대해 도식화하는 결합도표(joint plot)를 그려보도록 하자.

우선 주메뉴에서

▶ Stat > Multivariate > Multiple Correspondence Analysis...

을 선택하면 다음과 같은 'Multiple Correspondence Analysis' 대화상자가 열린다.

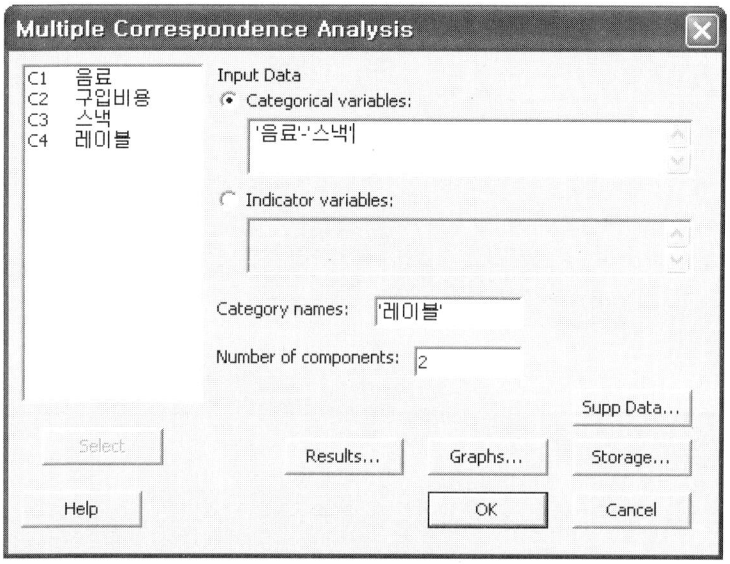

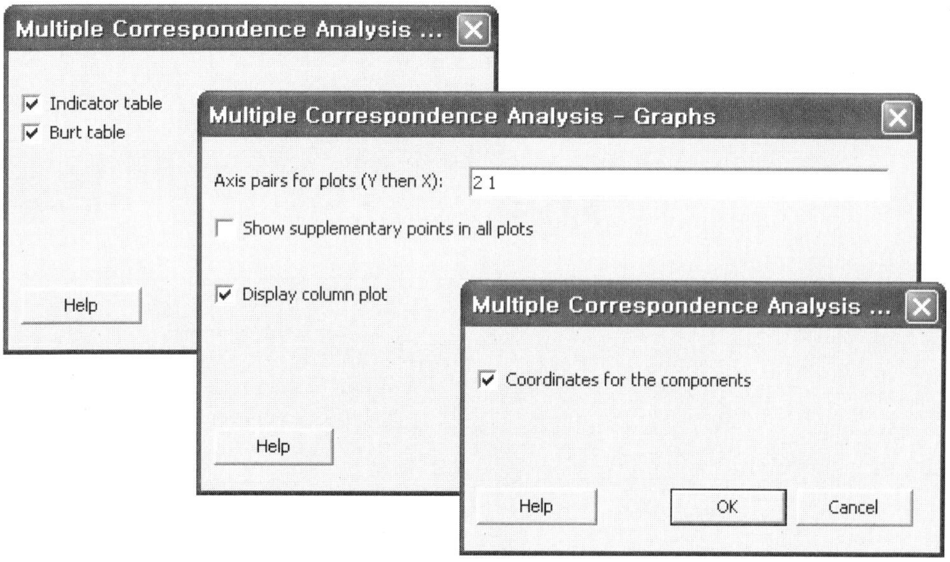

SOFTDRINK ***

↓	C1	C2	C3	C4-T	C5	C6	C7	C8
	음료	구입비용	스낵	레이블	CCor1	CCor2		
1	2	1	5	콜라	-0.86062	0.04391		
2	4	3	4	사이다	0.82277	-0.93131		
3	1	2	1	홍차	-1.42750	-0.22549		
4	1	2	2	주스	0.69407	1.19405		
5	3	2	3	1000원 미만	0.95373	-1.63827		
6	2	1	5	1000-3000원	-1.29522	-0.08752		
7	4	3	4	3000원 이상	0.62621	0.81627		
8	1	2	1	젤리	-0.74504	0.37311		
9	4	3	4	땅콩	-1.46699	-0.17724		
10	3	2	2	쵸코렛	-0.97256	-0.20925		
11	2	1	5	포테이토칩	0.78570	1.11414		
12	3	2	3	과일	0.82449	-1.13182		

먼저 대화상자에서 좌표점의 값을 저장하도록 하였으므로 워크시트에 좌표값이 저장된 것을 확인할 수 있다. 이 좌표값을 산점도로 작성하면 다중대응일치의 위치도가 된다. 아래 결과는 각 범주형 변수들의 범주 수에서 종속된 개수인 '1'을 빼고 더하면 9개 차원(4-1+3-1+5-1=12-3=9)까지 도출할 수 있으며 각 차원의 고유값인 관성(inertia)과 설명비율인 누적%가 표시되어 있다. 즉 2차원으로 설명하는 경우 55.41%를 설명하고 있음을 알 수 있다.

```
Analysis of Indicator Matrix

 Axis  Inertia  Proportion  Cumulative  Histogram
    1   0.9091      0.3030      0.3030  ******************************
    2   0.7531      0.2510      0.5541  ************************
    3   0.5614      0.1871      0.7412  ******************
    4   0.3360      0.1120      0.8532  ***********
    5   0.1734      0.0578      0.9110  *****
    6   0.1333      0.0444      0.9554  ****
    7   0.0812      0.0271      0.9825  **
    8   0.0446      0.0149      0.9974  *
    9   0.0079      0.0026      1.0000
Total   3.0000
```

다음으로 각 좌표값과 기여도, **범주 수량화**(category qualifications) 도표가 출력되는데, 각 범주에 부여되는 수치인 범주수량화점수(category qualifications scores)에 따라 위치하게 된다. 이는 한 범주에 속한 모든 대상의 평균대상점수를 뜻한다.

Column Contributions

					Component 1			Component 2		
ID	Name	Qual	Mass	Inert	Coord	Corr	Contr	Coord	Corr	Contr
1	콜라	0.186	0.067	0.089	-0.861	0.185	0.054	0.044	0.000	0.000
2	사이다	0.727	0.107	0.076	0.823	0.319	0.079	-0.931	0.408	0.123
3	홍차	0.522	0.067	0.089	-1.428	0.509	0.149	-0.225	0.013	0.005
4	주스	0.742	0.093	0.080	0.694	0.187	0.049	1.194	0.554	0.177
5	1000원 미만	0.898	0.067	0.089	0.954	0.227	0.067	-1.638	0.671	0.238
6	1000-3000원	0.948	0.120	0.071	-1.295	0.944	0.221	-0.088	0.004	0.001
7	3000원 이상	0.832	0.147	0.062	0.626	0.308	0.063	0.816	0.524	0.130
8	젤리	0.132	0.053	0.093	-0.745	0.106	0.033	0.373	0.027	0.010
9	땅콩	0.298	0.040	0.098	-1.467	0.293	0.095	-0.177	0.004	0.002
10	쵸코렛	0.189	0.053	0.093	-0.973	0.180	0.055	-0.209	0.008	0.003
11	포테이토칩	0.723	0.093	0.080	0.786	0.240	0.063	1.114	0.483	0.154
12	과일	0.763	0.093	0.080	0.824	0.264	0.070	-1.132	0.498	0.159

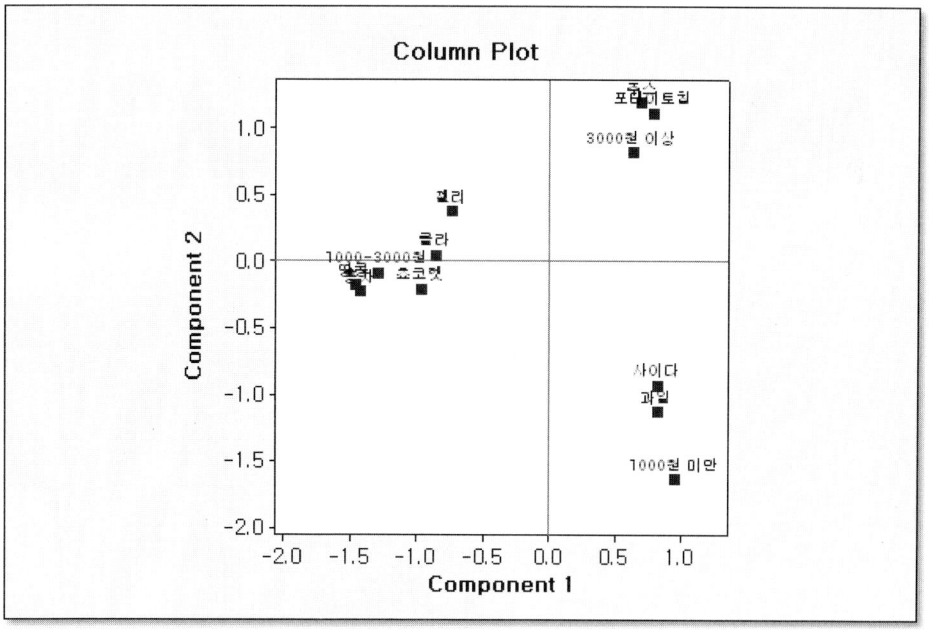

X축 양의 방향에 콜라나 카페인이 있는 음료들이 위치하고 X축의 음의 방향에 주스나 카페인이 없는 음료들이 위치하므로 X축(Component 1)을 카페인 축으로 해석할 수 있다. 반면 Y축(Component 2)은 명확히 소비 습성에 의해 좌우된다.

주스를 선호하는 소비자들이 가장 많은 돈을 지출하였으면 포테이토칩을 선호하는 것으로 나타났다. 반면에 사이다를 선호하는 소비자들이 가장 적은 돈을 지출하였으며, 과일류의 스낵을 선호하는 것으로 나타났다. 콜라와 홍차를 선호하는 사람들은 다소 유사한 소비 습성을 가지고 있는 것으로 판단된다.

이와 같이 동질성 분석의 목적은 각 범주들을 가능한 한 잘 분류해 주는 최적의 수량화 점수를 찾아내는 데 있다. 즉, 같은 범주에 속한 대상들이 도표상에 가까이 위치하고 다른 범주에 속한 대상들과는 가능한 한 멀리 위치하도록 하는 것이 동질성 분석의 목적이다.

정가 39,000원

Minitab&SixSigmaTools 통계자료분석

2010년 10월 14일 초판 인쇄
2010년 10월 25일 초판 발행
저 자 : 원 태 연
발행자 : 우 명 찬 · 송 준
발행처 : 홍릉과학출판사
주 소 : 서울시 강북구 인수동 455-60
142-885
등 록 : 1976년 10월 21일 제5-66호
전 화 : (02)999-2274 ~ 5, 996-8341, 903-7037
팩 스 : (02)905-6729
ISBN : 978-89-7283-899-9
e-mail: hongpub@hongpub.co.kr
http://www.hongpub.co.kr

저자와의 협의하에 인지생략